LA FRANCE EN ALGÉRIE

OUVRAGES DU MÊME AUTEUR

LES COLONIES FRANÇAISES, *leur commerce, leur situation économique, leur utilité pour la métropole*. 1 vol. in-8 (Librairie Guillaumin).

LA FRANCE DANS L'AFRIQUE DU NORD, *Algérie et Tunisie*. 1 vol. in-8 (Librairie Guillaumin).

L'EXPANSION DE LA FRANCE. 1 vol. in-12 (Librairie Guillaumin).
 Ouvrage honoré d'une première récompense par l'Académie des sciences morales et politiques.

LA

FRANCE EN ALGÉRIE

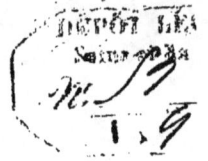

PAR

LOUIS VIGNON

ANCIEN CHEF DU CABINET DU MINISTRE DES FINANCES
PROFESSEUR A L'ÉCOLE COLONIALE

Avec six cartes en noir dans le texte

PARIS

LIBRAIRIE HACHETTE ET Cie

79, BOULEVARD SAINT-GERMAIN, 79

1893

Droits de traduction et de reproduction réservés.

INTRODUCTION

L'idée de ce volume est née des discussions qui se sont élevées il y a moins de deux ans au sujet de l'Algérie.

Quelle est, à l'heure actuelle, la situation vraie de notre colonie? Quels résultats sont acquis en matière de « colonisation »? Lesquels doivent être poursuivis? Quelle politique avons-nous suivie à l'égard des indigènes? Laquelle devons-nous suivre?

Au mois d'avril 1891, le Sénat a confié l'examen de ces importantes questions à une Commission spéciale, et le premier soin de celle-ci a été de publier un questionnaire indiquant l'objet de ses travaux, le programme qu'elle s'imposait.

C'était ouvrir une grande enquête algérienne, c'était solliciter tous les concours, appeler tous les témoignages.

Il nous a paru, à nous, qui depuis dix ans étudions les questions coloniales et particulièrement la question africaine, qu'il était de notre devoir d'apporter notre déposition. Nous avons pensé, toutefois, que nous ne devions pas nous en tenir à ce que nous avions précédemment écrit. Suivant le conseil du philosophe, nous avons voulu, faisant « table rase » de nos jugements antérieurs, de nos conclusions précédentes, nous placer à nouveau, sans idées préconçues, en face de la réalité. Nous avons repris l'étude de tous les faits, l'examen de toutes les questions.

C'est ainsi que nous donnons le présent volume, à titre de document, pour être joint au dossier de l'enquête. Si, sur certains points, nous avons été amené à nous écarter d'opinions précédemment exprimées, on n'y pourra voir que le résultat de réflexions plus approfondies, ou le désir de tenir compte de faits et d'éléments nouveaux.

Il est des questions que n'indique pas le programme de la Commission d'enquête sénatoriale et que cependant nous aurions désiré aborder, — ce sont celles relatives à notre politique dans le Sud et l'Extrême-Sud algériens. Nous aurions eu, pour le faire, au moins deux raisons : c'est, d'abord, que le Tell et le Sahara, le Nord et le Sud, sont indissolublement liés l'un à l'autre; c'est ensuite que, depuis la signature de la Convention franco-anglaise du 5 août 1890, les limites sud de notre colonie ont été portées très loin en avant dans le Désert, jusque sur les rives du Moyen-Niger et du lac Tchad.

Combien on est sollicité à parler du Sud, combien facilement on se laisserait entraîner!

Si nous étudions le commerce algérien, nous songeons naturellement à observer les routes que suivent les caravanes, à chercher comment nous pourrions les attirer dans nos postes, comment nous pourrions faire de ces postes de grands marchés sahariens. Nous occupons-nous des chemins de fer? Il est impossible de ne pas parler « des voies de pénétration » et alors se présente la question du Transsaharien, — chemin de fer gigantesque qui doit relier la région tellienne avec la vallée du Niger et le lac Tchad. Traitons-nous la question religieuse, l'importance et l'action des congrégations?

Les unes et les autres ont des affiliés aussi bien dans les oasis que dans la région du Tell; partout nous devons les surveiller; l'action de celles qui nous sont favorables peut nous être également utile au nord et au sud. Envisageons-nous la politique algérienne proprement dite? Notre action dans le Sud n'est pas indifférente à la tranquillité du territoire civil lui-même; l'occupation du Touât, par exemple, ne pourra qu'affermir notre autorité morale sur les populations indigènes qui s'étendent du Maroc à la Tunisie, de la mer à Tougourt et Ouargla. Si, enfin, nous nous préoccupons du gouvernement et de l'administration, nous ne pouvons éviter de choisir entre ces deux systèmes : le gouverneur général seul maître dans la colonie, ayant sous ses ordres les généraux commandant les territoires militaires, aussi bien que les préfets des trois départements, ou, au contraire, les généraux distraits de l'autorité du gouverneur, constitués les lieutenants d'une autorité militaire indépendante du pouvoir civil.

C'est à peine si dans le présent volume nous avons pu indiquer d'un mot, au passage, ces différentes questions et les solutions qui ont nos préférences. Peut-être consacrerons-nous plus tard au Sud algérien un travail spécial; aujourd'hui nous nous bornons à suivre le programme tracé par la Commission d'enquête sénatoriale.

Il ne nous sera peut-être pas interdit de formuler l'espoir, que, même circonscrit de la sorte, le présent ouvrage pourra contribuer, pour sa part, à faire quelque lumière sur la politique que la France doit suivre dans l'Afrique du Nord.

LA FRANCE EN ALGÉRIE

LIVRE I

LES DONNÉES DU PROBLÈME ALGÉRIEN

CHAPITRE I

LA CONQUÊTE [1]

Conditions toutes particulières de notre établissement en Algérie. — Anciennes relations de la France avec ce pays. — Mouvement des affaires entre Marseille et la côte africaine.
Insolence des pirates algériens. — Ils défient l'Europe. — Organisation de la Régence d'Alger en 1830. — Le coup d'éventail. — Hésitation du gouvernement de Charles X à venger l'injure. — Les propositions de Mehemet-Ali. — L'expédition est décidée, mais le gouvernement reste indécis quant à ses suites. — Les vues du prince de Polignac. — Prise d'Alger. — Raisons pour lesquelles la conquête de l'Algérie a duré plus d'un quart de siècle.
Période des hésitations de 1830 à 1841. — Les premières années de l'occupation. — Les débats devant la Chambre. — L'ordonnance de 1834. — Étendue de nos possessions vers cette époque. — Abd-el-Kader. — Le traité Desmichels. — Échec de la Macta. — Victoire de la Sikka. — Traité de la Tafna. — Les deux expéditions de Constantine. — La puissance d'Abd-el-Kader augmentée par les fautes des généraux français.
Rupture du traité de la Tafna. — Premiers combats. — Discussions à la Chambre. — Période de la conquête de 1841 à 1847. — Le général Bugeaud. — Tableau de nos possessions et de celles de l'Émir vers 1841. — Caractère de la guerre d'Afrique. — Bravoure et fanatisme de nos adversaires. — Importance des forces exigées par la guerre. — Lutte contre Abd-el-

---

1. Camille Rousset, *la Conquête d'Alger*; *les Commencements d'une Conquête* (1830-1840); *la Conquête de l'Algérie* (1841-1857). Plon, Nourrit et Cie, éditeurs, Paris. — Léon Roches, *Trente-deux ans à travers l'Islam* (1832-1864). Firmin-Didot, éditeur, Paris.

Kader. — Nos succès. — Prise de la Smala. — Intervention du Maroc. — Victoire de l'Isly. — Traité de Tanger. — La Grande Insurrection. — Ruine de l'influence d'Abd-el-Kader. — Derniers succès de Bugeaud. — Son départ. La reddition de l'Émir. — Les derniers mouvements. — Les fanatiques. — Le siège de Zaatcha. — Les insurrections et la soumission du Sud. — Le maréchal Randon. — Conquête de la Petite et de la Grande Kabylie. — La conquête française et la conquête romaine.

L'Algérie est aujourd'hui la première de nos colonies; elle est riche, commerçante, peuplée de Français plus que toutes les autres; ses trois départements sont, depuis longtemps, regardés comme le « prolongement » de la métropole par delà la Méditerranée.

S'il est, après cette constatation, une remarque curieuse à faire, digne d'être inscrite au seuil d'une étude sur le développement et les progrès de notre grande possession de l'Afrique du Nord, sur la politique qu'il convient d'y suivre, c'est assurément de rappeler que nous avons acquis cette colonie sans la chercher, que nous sommes débarqués à Alger sans avoir le dessein arrêté d'y demeurer.

Le Portugal, l'Espagne, la Hollande, la France, l'Angleterre, la Russie, l'Italie, l'Allemagne, dans les siècles passés et dans celui-ci, n'ont acquis des établissements d'outre-mer que parce qu'ils l'ont voulu. La persévérance dans les entreprises, leur mode de conduite, les sacrifices consentis n'ont certes pas été les mêmes suivant les pays, les époques, les circonstances, mais toutes les nations qui ont envoyé des explorateurs, des soldats, des colons en Amérique, en Afrique, en Asie et en Océanie ont agi dans le dessein de s'assurer des mines ou des épices, un monopole commercial, de grandes étendues de terres, d'importants comptoirs.

L'histoire de l'établissement de la France en Algérie est une exception à cette règle générale. Lorsqu'en 1830 le gouvernement de Charles X envoyait une flotte et une armée devant Alger pour venger une insulte faite, trois années auparavant, à notre consul, il entreprenait cette expédition à contre-cœur, il mettait le pied en Afrique « sans le vouloir », il n'avait aucun projet d'avenir et ne songeait point à doter la France d'une riche colonie.

Notre indifférence première pour l'Algérie est d'autant plus curieuse que cette terre, située sur le rivage méridional de la Méditerranée, en face de nos côtes, ne nous était pas inconnue. Les relations de Marseille et du Maghreb remontent, au contraire, presque jusqu'aux temps les plus anciens. Durant tout le moyen âge, Marseille, comme d'ailleurs les villes commerciales d'Italie, Gênes, Pise, Florence, Venise, Naples, et aussi, comme les ports aragonais, entretenait des relations commerciales suivies avec les populations musulmanes des côtes de Barbarie (du nom des populations primitives, les Berbères). Au xiii° siècle les négociants provençaux, placés sous la protection de consuls dont l'autorité était reconnue par les princes arabes, trafiquaient à Tunis, à Bougie, à Ceuta. La croisade de saint Louis ne fit qu'interrompre les relations commerciales. Au xiv° et au xv° siècle les Marseillais visitaient, outre les villes déjà nommées, Dellys, Alger et plusieurs autres ports; bien que chrétiens, ils avaient avec les souverains musulmans et leurs sujets des relations sûres.

La conquête d'Alger et de Tunis par les frères Barberousse (1515-1534), la soumission de ces villes à l'autorité des Sultans de Constantinople, ou au moins à leur suzeraineté, survinrent au moment où le cardinal Ximénès commençait à entreprendre la conquête de l'Afrique du Nord pour l'Espagne. Avec la domination turque parut le fanatisme; déjà, d'ailleurs, l'expulsion des Maures d'Espagne (1492) l'avait éveillé. Les chrétiens des factoreries, jusqu'alors traités avec égard, deviennent des « infidèles », des « chiens », des « ghiaours »; sans cesse ils furent inquiétés ou molestés par une population dont les maîtres entretenaient l'hostilité. Les relations commerciales anciennement contractées ne disparurent pas cependant. Les Marseillais, à la vérité, portèrent particulièrement leur activité vers l'Orient où les Capitulations de François Ier venaient de leur assurer une situation privilégiée, mais ils ne cessèrent point de fréquenter la côte barbaresque. Au xvi° siècle, des négociants de Marseille possèdent des pêcheries de corail au « Bastion de France », à la Calle, au cap Rose, à Collo; au xvii° siècle, une compagnie marseillaise joint à la pêche du corail le commerce des grains, des laines, des cuirs, des cires; enfin, au siècle suivant, les relations se développent au point, qu'en certaines années, la France achète 200 000 hectolitres de blé dans la Régence d'Alger ; en 1775, le chiffre des affaires s'élève à 4 millions et demi.

Mais en même temps que les Turcs souffrent le commerce des Chrétiens — encore ont-ils des moments d'intolérance pendant lesquels ils détruisent les comptoirs, — ils organisent la piraterie pour en vivre. On peut dire, en effet, que Barberousse et son successeur Hassan fondèrent à Alger un État de pirates. La haine de l'Infidèle, le besoin du pillage, du massacre, du butin, seront, jusqu'en 1830, les traits dominants du caractère des habitants de la Régence, en même temps que toute la politique de leurs souverains. Charles-Quint, qui a échoué en 1541 dans une expédition contre Alger, a donné à cette ville la réputation d'imprenable. Dès lors la piraterie s'organise : montés ou sur des bateaux légers, rapides à la course, ou sur des vaisseaux de haut bord, propres à tenir la grosse mer, les Algériens poursuivent dans la Méditerranée et même dans l'Océan les navires commerçants des nations chrétiennes ; ils confisquent les marchandises, réduisent les matelots et les passagers en esclavage, insultent les côtes d'Espagne, de France et d'Italie, sur lesquelles ils ne craignent pas de faire de rapides descentes. Fait curieux et qui est un signe des temps ! Les États européens dévorent tous ces outrages et cherchent quelquefois, à prix d'argent, à obtenir pour leurs navires une sécurité relative. Un jour vient cependant où la France veut venger ces insultes. Le « grand roi » fait trois fois bombarder Alger par Duquesne et d'Estrées en 1682, en 1683 et en 1688. Ces énergiques démonstrations ne nous valent aucune réparation. Toutefois, elles inspirent aux pirates une suffisante terreur pour qu'ils soient, durant le xviiie siècle, plus respectueux que par le passé de nos navires et de nos négociants.

L'Espagne, elle aussi, a le droit de se plaindre des Algériens ; elle veut les châtier, mais l'escadre du général O'Reilly qu'elle envoie contre leur ville en 1774 échoue, comme avait échoué un siècle auparavant, celle de Charles-Quint.

La fortune insolente de ces écumeurs de mer finit par émouvoir l'Europe entière. En 1815, le Congrès de Vienne décide qu'il doit être mis un terme à l'esclavage pratiqué par les corsaires d'Alger. Dès l'année suivante, l'Angleterre envoie lord Exmouth pour imposer au dey le respect de cette décision. L'amiral bombarde la ville; mais, ses navires partis, pourquoi les Algériens renonceraient-ils à leur industrie? que craignent-ils?

La Conférence d'Aix-la-Chapelle (1818) charge alors l'Angleterre et la France de signifier à nouveau au dey la volonté de l'Europe : il devra s'engager à supprimer la course, à abolir l'esclavage; Hussein ne s'engage à rien.

Quelques années plus tard, en 1824, les Anglais reparaissent seuls devant Alger pour demander réparation d'une insulte faite à leur consul : ils doivent se retirer sans avoir obtenu satisfaction. C'est la troisième fois, depuis le commencement du siècle, que les corsaires algériens résistent aux nations européennes!

L'Europe impuissante, les pirates triomphants, la France obligée de payer une redevance annuelle pour les comptoirs établis sur la côte par les Marseillais [1], telle était la situation lorsque se produisit notre intervention.

Quelle était donc cette puissance que l'on ne pouvait atteindre, dont on souffrait les insultes, à qui l'on payait tribut?

A Alger régnait un Dey, représentant nominal de la Porte Ottomane, mais en réalité indépendant. Élu par la milice turque, il était presque sa chose, sans autorité propre. Elle le choisissait quelquefois dans les dernières classes de la population, le déposait ou l'assassinait à son gré. Au delà d'Alger trois Beys installés à Constantine, à Oran, et à Titeri (Médéa), se partageaient le territoire de la Régence. Vassaux tributaires du dey d'Alger, ils n'étaient cependant tenus à lui que par un lien assez lâche. Le principal souci du dey est la surveillance de ses vaisseaux, l'organisation de la course, le partage de ses profits. L'administration de ses sujets l'occupe peu; ce sont des Turcs, des Arabes, des Berbères

---

[1]. Lorsqu'en 1827 des difficultés, latentes depuis longtemps, éclatèrent, le dey d'Alger demandait que la redevance annuellement payée fût de 300 000 fr., alors que la France prétendait s'en tenir au chiffre de 90 000 francs qu'elle acquittait précédemment.

« arabisés »; quant aux Berbères purs, ils sont en général demeurés indépendants dans la montagne. Quinze à vingt mille Turcs, dont le chiffre se maintient grâce à des recrutements faits à Constantinople, à Smyrne, etc., forment une classe privilégiée à qui reviennent toutes les dignités, tous les emplois militaires ou civils. Pour les Arabes et les Berbères « arabisés », ce sont des vaincus. Mais ici même on constate que le gouvernement fondé par Barberousse, et qui paraît si faible, si peu organisé, qui n'a aucune racine, aucune sympathie, a été cependant établi avec beaucoup d'intelligence puisqu'un « état-major » turc est parvenu à tenir, à peu près soumises, des populations très nombreuses. Dans les territoires d'Alger, de Constantine, d'Oran, de Titeri, de petites garnisons ont été jetées sur des points choisis; elles tiennent une route, un défilé, une vallée; partout les marabouts locaux, d'origine arabe, gagnés par quelques faveurs, mettent leur influence au service des Turcs; enfin, ceux-ci ont divisé les populations algériennes en tribus civiles et sujettes, appelées *Rayas*, qui doivent payer l'impôt, supporter toutes les charges, et en tribus militaires, appelées *Makhezen*, qui font rentrer cet impôt et en gardent une part pour prix de leurs services.

C'est dans son audience solennelle du 27 avril 1827 que le dey Hussein, mécontent de ne pas voir régler d'après ses désirs certaines négociations pendantes avec la France, donne à notre consul Deval le fameux « coup d'éventail ». Voici une nouvelle injure survenant après bien d'autres. Que fait la France? Songe-t-elle à se venger? Point. Le gouvernement de Charles X engage des négociations. Il envoie une division navale devant Alger pour en faire le blocus, mais il compte moins sur la force que sur la patience, les pourparlers. Pendant deux ans (1827-1829), les négociations se poursuivent, malgré l'exagération des prétentions émises par le dey. Enhardi par notre faiblesse, Hussein se croit tout permis. Le 3 août 1829 il fait tirer dans le port d'Alger sur le navire amiral parlementaire. C'est un outrage à une grande nation, c'est un manquement au droit de tous les peuples. Nous ne pouvons plus tarder davantage à demander réparation. Mais à qui le prince de Polignac, président du conseil, songe-t-il pour venger cette injure? A nos navires? A nos soldats? Nullement! Il veut confier à des mains étrangères le soin de venger l'honneur et les intérêts de la France; il accueille les ouvertures de Méhémet-Ali lui offrant de soumettre les trois régences barbaresques (Tripoli, Alger, Maroc), et de les gouverner aux mêmes conditions que l'Égypte, c'est-à-dire comme vassal et tributaire du Sultan. Le chef du cabinet français fait officiellement part de ce projet aux grandes puissances de l'Europe par une note du 16 janvier 1830. Il faut que ce plan timide, pour ne pas dire plus, soit désapprouvé à Constantinople, accueilli partout, à l'étranger, avec froideur, combattu, dans le conseil, par les ministres de la guerre et de la marine pour que M. de Polignac y renonce.

C'est le 31 janvier 1830 que l'expédition d'Alger est enfin résolue en conseil. Nos troupes partiront donc, mais la ville prise on n'a pas l'intention d'y rester, ou du moins, on subordonne la résolution qu'on prendra au bon vouloir de l'Europe. Deux notes diplomatiques, envoyées par M. de Polignac le 12 mars et le 12 mai, témoignent de cet état d'esprit. Le gouvernement, y est-il dit, organise l'expédition d'Alger pour venger la France et l'Europe, mais le roi a le « désir » de se « concerter » avec ses « alliés » « dans le cas où le gouvernement actuellement existant à Alger viendrait à se dissoudre au milieu de la lutte qui va s'engager. On rechercherait alors en commun quel serait l'ordre de choses nouveau qu'il serait convenable d'établir dans cette contrée pour le plus grand avantage de la chrétienté. Sa Majesté, dès ce moment, donne l'assurance à ses alliés qu'elle se présenterait à ces délibérations prête à fournir toutes les explications qu'ils pourraient encore désirer, disposée à prendre en considération tous les droits et tous les intérêts, exempte elle-même de tout engagement antérieur, libre d'accepter toute proposition qui serait jugée propre à assurer le résultat indiqué et dégagée de tout sentiment d'intérêt personnel. » Ainsi nous nous engagions, sans qu'on nous le demandât, à provoquer un Congrès!

Cependant l'Angleterre, seule des puissances à la vérité, n'était pas encore satisfaite. Elle trouvait que nous ne garantissions pas suffisamment à la nation anglaise que la France ne garderait pas Alger. Une note en ce sens fut remise à notre ministre des affaires étrangères. Cette fois M. de Polignac fit preuve de résolution. Il se borna, par un billet simple et laconique, à se référer aux communications que le roi venait de faire à ses « alliés » et qui « ne demandait aucun nouveau développement ».

Cette fermeté ne cachait point des desseins arrêtés. Le premier ministre n'était toujours pas fixé sur ce que l'on ferait d'Alger. Il songeait réellement à consulter l'Europe et flottait entre huit systèmes : les cinq premiers étaient l'abandon de la conquête, le sixième le don d'Alger à l'ordre de Malte, le septième la conservation d'Alger par la France et le huitième le partage de la Régence entre l'Autriche, la Sardaigne, la Toscane, Naples, la France, le Portugal, l'Angleterre et l'Espagne !

Pendant que l'on rêvait de pareils projets au ministère des affaires étrangères, on agissait aux ministères de la guerre et de la marine. La flotte quitta Toulon le 25 mai ; elle était forte de 104 navires de guerre de tous rangs, et de 572 transports ou bateaux composant la flottille de débarquement. L'amiral Duperré la commandait. Le corps expéditionnaire montait à 35 000 hommes sous les ordres du général de Bourmont. Sur sa route, la flotte rencontra un amiral turc envoyé en France par le sultan avec le titre de « pacificateur et conciliateur » entre la France et la Régence, mais elle ne se laissa pas arrêter et, le 13 juin, elle parut devant Alger. Le lendemain 14, commence le débarquement sur la pointe de Sidi-Ferruch ; le 24, l'armée française est victorieuse au combat de Staouéli ; le 4 juillet, elle emporte le Château de l'Empereur [1] ; le 5 juillet, elle entre dans Alger.

En ce même mois, à quelques jours d'intervalle, Charles X signait les ordonnances et provoquait la Révolution de Juillet. Le 3 août, il devait abdiquer ; le 9, le duc d'Orléans était élu roi des Français.

La nouvelle de la prise d'Alger surprenait ainsi Paris, la

---

1. *Sultan Kalassi*, château élevé par les Turcs à l'endroit où l'empereur Charles-Quint avait planté sa tente.

France entière, en pleine révolution. C'était un nouveau gouvernement qui héritait de notre conquête de la veille, c'était à lui que revenait le soin d'arrêter une ligne de conduite. Il ne le sut point faire, et il importe de noter que ce ne sont pas les susceptibilités de l'Angleterre, si méfiante à la veille de l'expédition, qui l'ont empêché de vouloir. A Londres, en effet, les ministres changent, d'autres préoccupations surviennent qui appellent ailleurs les esprits, retiennent l'attention des diplomates [1].

Les faits et les dates appartiennent à l'histoire : Alger est pris en 1830 et c'est seulement en 1857 que la guerre prend fin. Si la conquête a demandé vingt-sept années, c'est assurément parce que la résistance des habitants fut longue, acharnée, fanatique, mais c'est aussi parce que, pendant les onze premières années, une suite d'hésitations et de fautes ont paralysé nos soldats. Les fautes, les hésitations, il faut

[1]. Le cabinet anglais ne fut assurément pas satisfait au lendemain de la prise d'Alger. Dans son ouvrage, *les Commencements d'une Conquête*, M. Camille Rousset raconte que le 25 juillet 1830, l'ambassadeur de France à Londres, le duc de Laval, au moment de s'en aller en congé à Paris, échangea avec lord Aberdeen des adieux d'une courtoisie menaçante. « Jamais, disait le ministre du cabinet britannique, jamais la France n'a donné à l'Angleterre un sujet de plainte aussi grave », et il ajouta : « Je me sépare de vous avec plus de peine que jamais, car peut-être ne sommes-nous plus destinés à nous revoir. » A quoi le duc de Laval répliquait fièrement : « J'ignore, milord, ce que vous espérez de la générosité de la France, mais ce que je sais, c'est que vous n'obtiendrez jamais rien d'elle par la menace ».

Les paroles de lord Aberdeen demeurèrent des paroles. Le cabinet tory, dont il faisait partie, dut renoncer à la direction des affaires dès le mois de novembre 1830 au profit des whigs. L'attention du nouveau cabinet fut absorbée, à la fois, par les difficultés, les troubles intérieurs, et par l'état général des affaires en Europe, notamment la nouvelle attitude de la Russie qui, tout à coup, devenait hostile à la France. Les ministres anglais étaient, d'ailleurs, quelque peu tenus dans la voie de l'abstention par l'attitude réservée de Talleyrand, ambassadeur du roi à Londres, qui ne voulait à aucun prix engager la question. « Quant à Alger, écrit-il à notre ministre des affaires étrangères le 27 novembre 1830, j'ai évité d'en parler; j'aimerais bien que nos journaux en fissent autant; il est bon qu'on s'accoutume à notre occupation et le silence est le meilleur moyen. Je crois que l'opinion a changé sur cette question en Angleterre et que nous n'éprouverons pas d'insurmontables difficultés lorsqu'il s'agira de la traiter. »

Cinq ans plus tard, dans une note diplomatique datée de 1835, rapportée par Thureau Dangin, le duc de Broglie expliquant l'attitude de la France à l'égard de l'Angleterre et se plaignant des incartades de notre alliée ajoute, en matière de consolation : « Si nous sommes forcés de passer bien des choses au ministre anglais, nous lui avons fait avaler, il faut en convenir, de notre côté, quelques pilules assez amères, témoin... nos déclarations publiques sur la possession d'Alger ».

en faire remonter la responsabilité au gouvernement, qui ne sait pas vouloir, qui, ayant à envoyer des chefs en Afrique, fait des choix médiocres; — à la Chambre, qui n'aime pas l'armée d'Afrique, qui est toujours prête à l'évacuation et, en tous les cas, n'accepte que l'occupation restreinte; — aux généraux, enfin, qui, plusieurs fois, commettent de lourdes fautes et oublient, dans des sentiments de mesquine rivalité, l'impérieux devoir d'une action commune.

A Alger, le général Clauzel a succédé au général de Bourmont. Sommes-nous des maîtres sur une terre conquise, ou des vainqueurs dans un camp que nous allons lever? Il ne le sait, d'autant que la révolution de Bruxelles (août 1830) a ému le cabinet de Paris qui a rappelé une partie des troupes du corps expéditionnaire. Se souvenant alors que le gouvernement de Charles X n'avait pas été loin de confier le soin de sa vengeance à Méhémet-Ali, le général Clauzel traite, de sa propre autorité, avec le bey de Tunis pour lui confier à titre de vassal de la France le beylicat de Constantine (décembre 1830) et le beylicat d'Oran (février 1831). Le général est heureusement désavoué, ses actes « préjugeant une question sur laquelle le gouvernement du roi ne s'était pas prononcé encore, à savoir : si la France conserverait indéfiniment et dans quelle mesure, le gouvernement d'Alger ».

C'est au mois de novembre 1832 que, pour la première fois, les ministres font entendre des paroles donnant à penser que « l'occupation d'Alger subsistera ». Et cependant, il n'y a point là une résolution formelle. On peut en juger lorsque, l'année suivante, le maréchal Soult, ministre de la guerre, après avoir dit à la Chambre que « le gouvernement n'a pris aucun engagement avec aucune puissance [1], qu'il est entièrement libre de faire tout ce que l'honneur et l'intérêt de la France pourraient exiger », n'ose cependant déclarer que l'occupation est définitive. Elle l'est si peu, définitive, qu'en cette même année de 1833, une commission d'enquête est envoyée à Alger, et que la première question qu'elle a à

---

1. Cette déclaration était une réponse à ceux qui prétendaient que Louis-Philippe, en montant sur le trône, avait promis au gouvernement anglais l'évacuation de l'Algérie.

résoudre est : « Notre conquête doit-elle être conservée? » La commission revient et conclut : « oui ». Alors, un débat s'ouvre à la Chambre (mars 1834). Hippolyte Passy et quelques-uns de ses collègues réclament l'évacuation. Que leur répond d'abord le ministre, maréchal Soult? « La question principale est trop controversée, dans un système comme dans l'autre, pour que, au nom du gouvernement, je puisse émettre une opinion. Une grande discussion s'est ouverte et je ne sais encore de quel côté de la Chambre je pourrais en prendre une. Il ne m'a pas paru qu'elle se fût manifestée de telle sorte que je puisse dire au conseil : Voilà l'opinion de la Chambre, il est à présumer que c'est celle du pays. Dans cet état je ne crois pas qu'il soit en mon pouvoir d'entrer plus avant dans la discussion. » (30 avril.) Il faut les insistances les plus grandes d'un orateur partisan de l'occupation pour que, dans la même séance, le maréchal se corrigeant dise : « Il n'est jamais entré dans la pensée du gouvernement d'évacuer la Régence d'Alger. Je répète que c'est la pensée du gouvernement tout entier de conserver Alger et ne point l'abandonner. »

Quelques mois après cette discussion, une ordonnance royale du 22 juillet 1834 adopta les conclusions de la commission d'enquête et décida qu'un « gouverneur général serait chargé de l'administration des possessions françaises dans le nord de l'Afrique ».

Cette ordonnance, bien qu'elle pût donner confiance à notre armée, ne résolvait pas définitivement la question de la conquête et surtout de la politique à suivre sur les côtes méridionales de la Méditerranée. A ce moment, d'ailleurs, nous ne possédions dans l'ancienne Régence que quelques villes : Alger, Oran, Arzeu, Mostaganem, Bône et Bougie. Ces ports, avec leur banlieue, étaient tout le domaine de la France. En arrière d'Alger, la plaine de la Mitidja était si peu soumise que le marché de Boufarik avait été interdit aux Européens. Fait plus grave, depuis deux ans nos généraux luttaient contre Abd-el-Kader, et l'un d'eux venait de signer avec lui un traité désastreux pour notre influence.

Qu'était-ce qu'Abd-el-Kader? — Abd-el-Kader, issu d'une

lignée de saints et d'ascètes, était un personnage religieux de la province d'Oran, un « chérif », parce qu'il descendait du prophète par sa fille Fatima ; il était aussi « hadj », parce qu'il avait fait le pèlerinage de la Mekke ; mais ce n'était point un homme de grande tente, et l'aristocratie militaire arabe était hostile à celui qu'elle considérait comme un simple marabout. Son intelligence, son esprit délié, le mettaient bien au-dessus des gens au milieu desquels il vivait ; sa bravoure, admirée dans plusieurs combats, le désignait pour le commandement. Toutefois, lorsqu'en 1832 quelques tribus belliqueuses des environs d'Oran le proclamèrent leur chef, aucun prophète politique n'aurait pu lui prédire la glorieuse destinée qu'il devait rencontrer.

D'ailleurs, la destinée d'Abd-el-Kader, ce sont les généraux français qui l'ont faite, Desmichels et Bugeaud, — Bugeaud ! qui devait, plus tard, poursuivre et vaincre celui que d'abord il avait élevé.

Desmichels commandait à Oran. Voyant dans Abd-el-Kader un ennemi chevaleresque, il espéra, en signant avec lui une paix honorable, en faire un allié. C'est ainsi, que dans un traité du 26 février 1834 qui porte dans l'histoire le nom de traité Desmichels, Abd-el-Kader n'est pas un vaincu mais un égal. L'article 1er porte : « A dater de ce jour les hostilités entre les Français et les Arabes cesseront. Le général commandant les troupes françaises et l'Emir ne négligeront rien pour faire régner l'union et l'amitié qui doivent exister entre deux peuples que Dieu a destinés à vivre sous la même domination. A cet effet les représentants de l'Emir résideront à Oran, Mostaganem et Arzeu. De même, pour préserver toute collision entre Français et Arabes, des officiers français résideront à Mascara. »

A Paris on est mécontent du traité, mais on l'accepte. Ainsi le chef de quelques tribus est reconnu « Emir », c'est-à-dire prince, par le gouvernement français ! Ce n'est pas assez : la paix faite, de grands chefs, en haine d'Abd-el-Kader, viennent à nous, Desmichels les repousse ; — l'Emir rencontre des difficultés et des résistances au milieu des siens ; des tribus refusent de le reconnaître ; Desmichels lui fournit des armes, l'aide à étendre son autorité sur ceux qui lui résistent et tire le canon pour célébrer ses victoires (juillet 1834).

La paix n'est pour Abd-el-Kader qu'une trêve. Lorsqu'il a étendu son autorité sur plusieurs tribus, occupé Miliana et Médéa, reçu des armes du général comte d'Erlon, gouverneur à Alger, il trouve un prétexte pour reprendre l'offensive. Au mois de juin 1835, il écrasa les troupes du général Trézel dans les gorges de la Macta.

Étrange état des esprits! Au moment où le général Trézel vient d'être battu par Abd-el-Kader, le cabinet de Paris demande au maréchal Clauzel, nouveau gouverneur général, de réembarquer une partie de ses troupes pour la France et lui envoie, chargé d'une mission d'enquête, un député, partisan avoué de l'évacuation!

Un moment le général d'Arlanges se voit obligé de reculer devant Abd-el-Kader, faute de troupes suffisantes. Mais bientôt arrive le général Bugeaud, envoyé de France avec des renforts; il reprend l'avantage et inflige à Abd-el-Kader une sérieuse défaite sur les rives de la Sikka (juillet 1836). Malheureusement Bugeaud, nouveau venu sur la terre d'Afrique, est, sinon partisan de l'évacuation, du moins, de l'occupation restreinte. Il renonce donc à poursuivre ses succès et signe avec l'Emir le traité de la Tafna (30 mai 1837). C'est un nouveau traité Desmichels! Par l'article 1ᵉʳ Abd-el-Kader reconnaissait la souveraineté de la France en Afrique, mais cette reconnaissance, toute de forme, lui était chèrement payée! Dans la province d'Oran, la France ne se réservait autour d'Oran qu'un territoire limité de l'est à l'ouest par le marais de la Macta, le Sig, la rive méridionale de la grande Sebkha et l'oued Malah (rio Salado) jusqu'à la mer; plus, en dehors de ces limites, Mazagran et Mostaganem avec leurs territoires; — dans la province d'Alger, la Mitidja, limitée de l'ouest à l'est par une ligne comprenant Koléa, suivant le cours de la Chiffa et la crête du Petit Atlas, y compris Blida jusqu'à l'oued Khadra. Tout le reste de la province d'Alger, avec Titeri; tout le reste de la province d'Oran, y compris Tlemcen, était abandonné à « l'administration » de l'Emir!

Ce traité désastreux qui va grandir encore Abd-el-Kader, le présenter en vainqueur des « chrétiens » aux tribus musulmanes qu'il appelle à la « guerre sainte », est approuvé à Paris. A ce moment les dispositions du cabinet Molé et de la Chambre sont mauvaises; Guizot et Thiers qui, dans les discussions des années précédentes, se sont prononcés pour l'affermissement de notre conquête, sont moins fermes, plus modestes. « Si l'on pouvait arriver, disait Thiers, à nous assigner quelques lieues de terrain autour d'Oran, d'Alger et de Bône, je serais satisfait. Je ne suis donc pas partisan de l'occupation illimitée » (avril 1837).

L'excuse du cabinet Molé est, peut-être, qu'il approuva le traité de la Tafna, afin d'obtenir la liberté dont il avait besoin pour venger notre échec de Constantine. Mais combien cette affaire de Constantine avait été mal dirigée! Combien on voit, à en lire le récit, jusqu'à quel point était indécise notre politique africaine!

Au cours de l'année 1836, le maréchal Clauzel avait été conduit à juger que, pour établir notre autorité dans la province de Constantine, il convenait d'aller chasser le bey qui régnait dans cette ville. Il demanda l'autorisation à Paris; on lui répondit qu'il pouvait, s'il le voulait, marcher sur Constantine. Il répliqua qu'on lui en donnât l'ordre; on lui répondit qu'on autorisait l'expédition, mais qu'on ne l'ordonnait pas. Le ministère de la guerre ne consentait nullement, d'ailleurs, à mettre à la disposition du gouverneur des forces suffisantes.

Ainsi, le maréchal Clauzel doit entreprendre l'expédition de Constantine avec seulement 7 400 hommes de troupes françaises, 1 300 hommes de troupes indigènes, sans une pièce d'artillerie de siège, avec un service d'intendance très insuffisamment organisé. A ces conditions défavorables viennent se joindre le mauvais temps et des pluies diluviennes qui démoralisent l'armée. Elle arrive, enfin, devant Constantine : la position de la ville, plantée sur un rocher, est formidable; à ses pieds coule un torrent, le Rummel, qui rend son approche particulièrement difficile; un fanatique, Ben-Aïssa, encourage la population à la résistance. Le maréchal se sent impuissant à vaincre et donne l'ordre de la retraite (novembre 1836).

Pense-t-on qu'à la nouvelle de ce grave échec le cabinet Molé songea, de suite, à le réparer? On se tromperait! Le ministre voulut d'abord négocier avec le bey de Constantine estimant qu'on ne devait lui faire la guerre « qu'à la dernière extrémité ». Il fallut que le bey se refusât à tout arrangement pour qu'une nouvelle expédition, mieux préparée que la première, fût confiée au général Damrémont. Dans la ville la population fanatisée par les discours de Ben-Aïssa est résolue à se défendre; elle tient la victoire pour certaine. Comme le général Damrémont envoie de dernières propositions de paix avant l'attaque, le chef du palais du bey lui fait répondre : « Si les chrétiens manquent de poudre, nous leur en enverrons; s'ils n'ont plus de biscuit, nous partagerons le nôtre avec eux; mais tant qu'un de nous sera vivant ils n'entreront pas dans Constantine ». La ville fut enlevée, et l'on sait quel courage durent déployer nos soldats (octobre 1837).

La prise de Constantine n'a pas rassuré le comte Molé; l'idée d'un établissement dans l'intérieur l'effraie. Pendant sept mois, il songe à une transaction avec l'ancien bey qui aurait été remis en possession de Constantine en se reconnaissant vassal de l'autorité française. Ce fut la Chambre elle-même qui dut empêcher le président du conseil de poursuivre cette idée [1].

D'ailleurs, la faiblesse est partout en Afrique. Le gouverneur, maréchal Valée, au lendemain de la prise de Constantine, alors que nous occupions seulement la plaine de la Mitidja et les villes de Koléa et de Blida, entretient l'idée de vivre en bons termes avec son puissant voisin Abd-el-Kader. Il signe avec lui une convention additionnelle au traité de la Tafna (juillet 1838); il lui fournit des armuriers, des mécaniciens, de la poudre, des fusils; il l'aide enfin, en lui envoyant 400 obus, à prendre sur les limites du désert le

---

1. Le seul gré que l'on puisse avoir au cabinet Molé est sa résistance devant les observations présentées par l'Angleterre, au lendemain de la prise de Constantine; encore ces observations, faites par le cabinet de Londres dans le dessein de se garder des attaques des journaux et du parlement, ne furent-elles pas bien pressantes.

ksar d'Aïn-Madhi, défendu avec énergie par un marabout de grand renom, Mohammed-el-Tedjini, qui, chef d'un ordre religieux important, refuse de faire obéissance à Abd-el-Kader.

Politique funeste! Fortifié par notre faiblesse, aidé de nos secours, Abd-el-Kader s'est taillé un État dans les beylicats d'Oran et d'Alger. Il a proclamé l'égalité générale, fait taire, au nom de la religion, les vieilles rancunes, afin de constituer, s'il est possible une forte unité nationale sous une hiérarchie de pouvoirs nettement définis. Au sommet, lui, l'Émir, le Sultan; au deuxième rang, les *khalifa*; au-dessous des *khalifa*, les *agha*; sous les *agha*, les *caïd* à la tête de chaque tribu. Les *khalifa* sont établis à Tlemcen, Mascara, Miliana, Médéa, dans la Medjana, dans le Zab et dans le Sahara. Leur devoir est de faire rentrer l'impôt qui sert à l'entretien des troupes et de recruter des soldats. C'est ainsi qu'Abd-el-Kader a, outre son armée régulière forte de 4 800 fantassins, 1 000 cavaliers et 14 pièces de campagne, 50 000 chevaux fournis par les *khalifa*. Enfin, dans le fond du Tell, à Takdempt, Boghar, Taza, Saïda, Tafraoua, sont les magasins, les poudrières, les manufactures d'armes, les fonderies de canons de l'Émir.

Tel est notre adversaire, telles sont ses forces, ses ressources, lorsque le 28 novembre 1839 il rouvre les hostilités. Ce jour même, 3 000 cavaliers, venant de tous côtés, envahissent la plaine de la Mitidja, brûlent les établissements agricoles déjà florissants, massacrent les colons. A Alger, le maréchal Valée, gouverneur général, est surpris, démonté par cette brusque attaque. On lui envoie des renforts, mais la décision lui manque. Toutefois, dans la campagne de 1840, il prend Cherchell, chasse Abd-el-Kader de Médéa et Miliana.

Pendant ce temps, à Paris, la Chambre discute encore sur l'occupation. Il faut que Thiers, redevenu ministre, s'y oppose énergiquement, que le général Bugeaud, abjurant ses premières erreurs, déclare qu'il convient d'entreprendre résolument la conquête avec, au moins, 50 000 hommes de troupes, que le temps est venu de renoncer aux petits détachements, aux petits postes (mai 1840).

Huit mois après, une ordonnance royale relevait de ses fonctions le maréchal Valée et nommait à sa place le général Bugeaud. L'affaire d'Algérie allait enfin, grâce à cette nomination, entrer dans une phase active, décisive. Combien était alors médiocre notre situation sur une terre où nous étions débarqués depuis déjà onze ans! Dans la province de Constantine, nous occupions avec cette ville Bône, Philippeville, Sétif et Djidjelli; dans la province d'Alger, Alger, Koléa, Boufarik, Blida, Médéa et Miliana; dans la province d'Oran, Mostaganem, Cherchell, Arzeu, Oran. Ces villes, leur banlieue, quelques postes détachés et c'était là tout notre territoire! Encore les communications dans la Mitidja n'étaient-elles pas sûres; Cherchell et Miliana étaient-elles inquiétées. Enfin, partout, dans les trois provinces, nous sommes menacés, attaqués, par Abd-el-Kader et ses lieutenants, — Abd-el-Kader que ses échecs récents ont peu diminué, qui est toujours grand, et grand par nous. Il a la foi, de la persévérance, un dessein suivi, une volonté que rien ne décourage.

L'arrivée du général Bugeaud en Afrique va changer du tout au tout la marche des événements, la politique suivie. Revenu des idées qui lui ont fait signer le traité de la Tafna, il va poursuivre la ruine d'Abd-el-Kader, la conquête du pays entier jusqu'au désert. Bientôt il inspirera la confiance à Paris et les voix qui réclamaient à la Chambre l'évacuation partielle cesseront de se faire entendre. Sur la terre d'Afrique il sera secondé par des officiers de premier ordre, suivi avec pleine confiance par une armée enthousiaste de son « père Bugeaud ».

Il n'en faut pas moins, pour que la France sorte à son honneur de la guerre d'Afrique. Elle est difficile, cette guerre! Partout c'est l'inconnu; le pays, personne ne l'a vu, aucune carte n'en a été levée, il est immense; ici, c'est la plaine; là, un enchevêtrement de chaînons et de collines; ailleurs, les Hauts Plateaux et leurs steppes immenses; plus loin, le désert; suivant les saisons ou l'altitude, il pleut à torrents, il neige; le soleil est accablant, la terre brûlante; les fièvres, les émanations paludéennes, déciment l'armée;

dans un défilé, l'Arabe ou le Berbère se cache derrière les rochers, dans la steppe, derrière une broussaille, un repli de terrain. Les guides mentent souvent ; au risque de leur vie, ils perdent les colonnes dans les montagnes ou les conduisent sur le parti ennemi. Dans le combat le soldat français rencontre un adversaire comme il n'en a jamais vu, comme il ne savait qu'il pouvait en exister. Ce sont, à côté d'une infanterie berbère solide et brave, des « cavaliers au teint fauve, aux vêtements flottants, aux longs fusils, criant et hurlant, arrivant de toute la vitesse de leurs chevaux, debout sur leurs étriers, la bride au vent, les mains libres, faisant feu sans s'arrêter, puis tournant court et, toujours au galop, rechargeant leurs armes, puis revenant à l'attaque et par les tours et retours de ce va-et-vient perpétuel s'efforçant d'étourdir et de déconcerter l'adversaire »[1].

Ce n'est pas l'idée de patrie qui pousse les indigènes à se défendre, elle leur manque ; les Arabes et les Kabyles sont ennemis, les tribus arabes perpétuellement en lutte les unes avec les autres ; c'est le sentiment religieux, la haine de « l'Infidèle » qui fait taire les haines, les rivalités, réunit tous les courages. Abd-el-Kader, Ben-Aïssa, tous les marabouts, tous les fanatiques que nous rencontrerons, vrais croyants et comédiens, arment les indigènes au nom de la religion. Il est dit dans le Koran : « Tuez les infidèles partout où vous les trouverez et chassez-les d'où ils vous auront chassé... Ceux qui sacrifient la vie d'ici-bas à la vie future combattent dans la voie de Dieu ; qu'ils succombent ou qu'ils soient vainqueurs, nous leur donnerons une récompense généreuse.... Les jouissances d'ici-bas sont bien peu de chose comparées à la vie future[2]. » C'est le « Djihad », la « Guerre sainte », que prêche Abd-el-Kader. Il la prêchait en 1832, il la prêche avec plus de force en 1839 et 1840. « La paix avec l'infidèle, répète-t-il, c'est le Koran qui l'a dit, doit être considérée par le musulman comme une trêve pendant laquelle il doit se préparer à la guerre » ; et, lorsqu'il parcourt les tribus, l'Emir leur promet qu'il va entreprendre « non pas

---

1. Rousset, *loc. cit.*
2. Koran, chap. II, IV et IX.

une guerre comme par le passé qui n'avait dû qu'irriter le Prophète, mais une guerre vraiment sainte, où chacun pour gagner le paradis devait se préparer à mourir ». Depuis la fin de 1839 où, se croyant prêt, il a levé l'étendard de la révolte, jusqu'au jour de sa soumission en 1847, il prêchera partout la guerre sainte, et, au nom du devoir de résistance à l'infidèle, il razziera les tribus hésitantes ou tièdes pour les faire marcher par la crainte.

Il en est toujours, heureusement pour nous, des tribus hésitantes ou tièdes. Nous n'avons pas en même temps six à sept cent mille ennemis les armes à la main[1]; des grands chefs, notamment dans le Sud, sont opposés à Abd-el-Kader; un ordre religieux important, celui de Tidjanya, lui est ennemi. Tandis que les uns et les autres observent à notre égard une neutralité bienveillante[2], secondent mollement l'Emir ou refusent de le suivre, des tribus, comme les Douair et les Smela des environs d'Oran, marchent au milieu de nos colonnes, des familles influentes comme les Mokrani, du massif des Bibans, nous sont favorables.

Cependant la religion ne va pas cesser de soulever des populations nombreuses. Ici, Abd-el-Kader marche contre nous; là, des marabouts et des fanatiques se lèvent et entraînent les populations. Bientôt les Arabes n'auront plus ni armes, ni canons, ni trésors. Ils nous sauront forts, nombreux, mais ils n'hésiteront pas à continuer la lutte : c'est que « la victoire vient de Dieu », qu'il « fait, quand il le veut, triompher le faible et abattre le fort »[3].

On comprend, dans de pareilles conditions, les difficultés

---

1. Le recensement de 1851 évalue la population indigène à 2 323 845 individus, répartis ainsi :

Alger	756 267
Oran	466 157
Constantine	1 101 421

2. M. de Neveu, dans son ouvrage sur *les Khouan*, rapporte que le chef de l'ordre des Tidjanya, interrogé par ses « frères » en 1844 sur l'attitude qu'ils devaient prendre vis-à-vis des Français, répondit: « C'est Dieu qui a donné l'Algérie aux Français; c'est lui qui protège leur domination. Restez donc en paix et ne faites pas parler la poudre contre eux. »

3. Interrogatoire d'un fanatique, Mohammed-ben-Abd-Allah, cité par de Neveu dans son ouvrage sur *les Khouan*. Guyot, éditeur, Paris.

de la lutte en Algérie. On s'explique que de 1841 à 1847 la guerre ait été constante, que l'armée d'Afrique, forte déjà au 1er janvier 1841 de 61 000 hommes, ait été portée à 80, puis à 100 000, pour atteindre le chiffre de 107 000 en 1846. Le général Bugeaud a, d'ailleurs, expliqué lui-même pourquoi une force aussi considérable était nécessaire dans ce pays, alors que l'Italie, par exemple, avait pu être conquise avec une armée de 30 000 hommes. « En Europe, disait-il, il suffit de gagner une ou deux batailles décisives pour s'emparer des grands intérêts de l'ennemi qui se trouvent concentrés sur quelques points, mais, en Afrique, des combats, même convenables, n'ont rien de décisif. Ce n'est que par leur multiplicité, et en prenant les tribus les unes après les autres, que nous sommes parvenus à vaincre les Arabes. »

Dès que Bugeaud a le commandement (février 1841), les événements se précipitent et chaque événement est un succès. Lamoricière, Changarnier secondent le général en chef; l'armée, confiante dans ceux qui la conduisent, ne craint ni fatigues, ni combats. En 1841, Bugeaud ruine ou occupe les villes construites sur la limite des Hauts Plateaux dans les provinces d'Alger et Constantine. En 1842, nous prenons Tlemcen, ville par laquelle Abd-el-Kader communiquait avec le Maroc; Mascara devient le centre d'opérations de Lamoricière; les corps d'armée d'Alger et d'Oran communiquent, pour la première fois, par terre dans la vallée du Chélif, razziant et soumettant les tribus hostiles. Cette année même, Changarnier fait, sur les rives du Nahr-Ouassel, une razzia extraordinaire de 3 000 prisonniers, 1 500 chameaux, 50 000 têtes de bétail.

A la fin de la campagne de 1842, Abd-el-Kader avait perdu les cinq sixièmes de ses États, ses forts, ses dépôts, son armée permanente, et, qui plus est, le prestige qui l'entourait encore deux ans auparavant.

Sur les Arabes l'impression est profonde; de nombreuses tribus viennent à nous, les unes convaincues de notre force, les autres en haine de l'Emir. Cependant, en 1843, Abd-el-Kader reprend l'offensive, envahit l'Ouarenscnis et le Dahra. Sentant que la fortune l'abandonne, il se montre impitoyable pour les tribus qui se sont soumises aux Français, lorsqu'il lui est donné de les atteindre. Dans sa « smala », sorte de capitale ambulante, forte de trois cents douars et de plus de 40 000 âmes, où à côté des volontaires sont de nombreux otages, il fait crier : « De quiconque cherchera à fuir de ma smala, à vous les biens, à moi sa tête! » Mais, par un heureux coup de fortune, le duc d'Aumale surprend la smala d'Abd-el-Kader au milieu de laquelle il fait 3 000 prisonniers (16 mai 1843).

Cet échec, ce grave échec, ne saurait abattre notre ennemi. Il refait une armée, il opère partout des razzias, si rapide qu'il demeure insaisissable. Vaincu un jour, il reparaît le lendemain. Bugeaud comprenait bien le caractère de son ennemi lorsqu'il écrivit à Paris : « La grosse guerre est finie, la conquête est assurée.... Abd-el-Kader n'abandonnera la partie que quand il ne lui restera plus ni un soldat, ni un écu, ni une mesure d'orge! » Et de fait, l'Emir, en même temps qu'il parcourt les provinces d'Oran et d'Alger, incite, par ses envoyés, les mécontents et les chefs religieux à soulever la province de Constantine.

Il voudrait même avoir le concours des Kabyles du Djurjura et des Berbères de l'Aurès, mais ceux-ci résistent à ses sollicitations. Nos succès d'ailleurs continuent : les colonnes des provinces de Constantine et d'Alger se rencontrent en 1843 comme s'étaient rencontrées l'année précédente celles d'Alger et d'Oran; d'autre part, une colonne fait une pointe jusqu'à Bou-Saada dans le Hodna. L'année suivante, le duc d'Aumale chasse de Biskra un lieutenant d'Abd-el-Kader et y laisse garnison; dans le même temps, le corps expéditionnaire de la province d'Alger s'engage très avant dans le Sud, va visiter Aïn-Madhi et Laghouat par delà le Djebel-Amour. Mais tandis que le général Bugeaud s'empare de Dellys et soumet les Kabyles de l'ouest, Lamoricière, dans la province d'Oran, est attaqué à nouveau par Abd-el-Kader qui, confiant dans l'appui de l'empereur du Maroc, a repris l'offensive avec une hardiesse inouïe. Il s'est établi derrière la frontière marocaine, dans la province d'Oudjda. A cette nouvelle, le commandant en chef s'empresse au secours de son lieutenant, le rejoint, et, sans hésiter, entre sur le territoire marocain. Le 14 août 1844, Bugeaud remportait la victoire de l'Isly sur les troupes marocaines commandées par Mouley-Mohammed, fils du sultan; presque à la même heure le prince de Joinville bombardait Mogador. Bugeaud, maréchal depuis l'année précédente, reçut en récompense de son succès, le titre de duc d'Isly; le Maroc effrayé réclama la paix et promit, dans le traité de Tanger (10 septembre 1844), de cesser de soutenir Abd-el-Kader.

Mais celui-ci, que rien ne peut abattre, ne renonce pas à la lutte, et les fanatiques, se considérant comme trahis par un Sultan qui a consenti à traiter avec des chrétiens, augmentent d'audace. Dès les premiers jours de 1845 les hostilités reprennent et alors commence ce que l'on a appelé la « Grande Insurrection ». Le 30 janvier, un parti de *khouan* de l'ordre des Derkaoua, le plus fanatique de tous et le plus dangereux, tente un coup de main sur Sidi-bel-Abbès. Au mois d'avril, le Dahra, pays entre le Chélif et Cherchell, se soulève à la voix de Bou-Maza, *khouan* de Mouley-Taïeb. Il se dit « le maître de l'heure », envoyé de Dieu pour chasser les Chrétiens; aussitôt il réunit des bandes; l'insurrection gagne l'Ouarensenis; d'autres fanatiques encore, de faux Bou-Maza, se lèvent. Nos colonnes ont raison de tous. Mais Abd-el-Kader, qui a pu se ravitailler au Maroc malgré les engagements pris par l'empereur, reparaît dans la province d'Oran, et nous avons à nous défendre à la fois contre lui et Bou-Maza. C'est en septembre 1845 que l'Émir passe la frontière, et aussitôt, de tous côtés, dans la province d'Alger comme dans la province d'Oran, des insurrections se dessinent, éclatent. Alors il s'élance : il est à Sebdou, puis sur les Hauts Plateaux d'Alger, puis dans l'Ouarensenis, puis dans la vallée du Chélif, puis dans le Djurjura où il tente, sans y réussir, de soulever les Kabyles. A ce moment nous avons 100 000 hommes en Algérie; dix-huit colonnes tiennent la campagne. Abd-el-Kader harcèle nos postes, nos colonnes, refusant souvent le combat, mais nous inquiétant toujours. Il est partout, dans la plaine, dans la montagne, dans le Sahara. C'est une course brisée extraordinaire; aucun fait saillant, aucun engagement ne distingue cette campagne et c'est assurément la plus difficile et la plus sérieuse qui ait été faite en Algérie. Vaincu dans cent engagements, il reparaît sans cesse. La guerre lui est d'ailleurs singulièrement plus facile qu'à nous. En opérant tous ces mouvements en zigzag, il n'a jamais à se préoccuper de s'assurer des vivres de ses troupes régulières et irrégulières, chaque homme pouvant emporter avec lui sous forme de *rouina* [1] des vivres

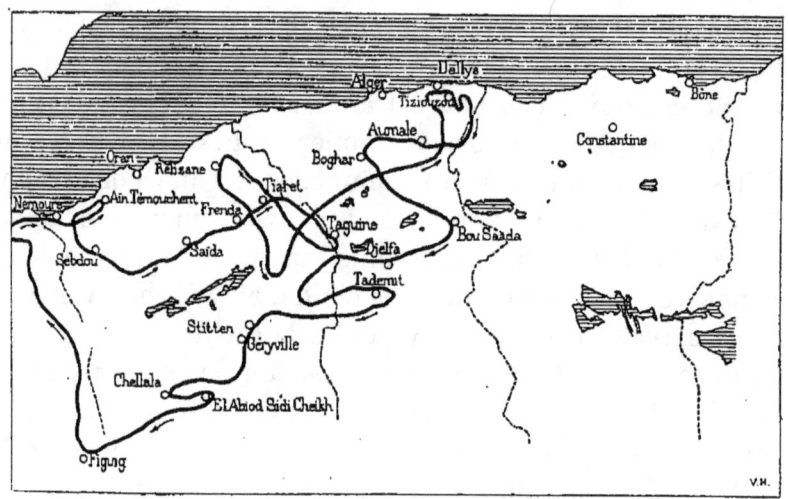

Course d'Abd-el-Kader pendant la « Grande Insurrection ».

pour plus de huit jours, et les cavaliers trouvant de l'orge pour leurs chevaux dans les *silos* [2] dont ils connaissent partout la situation. Combien de difficultés, au contraire, s'opposent à la marche de nos troupes, obligées de traîner après elles d'immenses convois, à travers un pays inconnu, exposées aux intempéries d'un climat meurtrier, harcelées, toutes les heures, par un ennemi pour ainsi dire invisible !

La Kabylie est le point extrême des courses d'Abd-el-Kader à travers l'Algérie. Il lui faut alors reculer; il est atteint, razzié, poursuivi, abandonné; il doit fuir avec une faible escorte dans le désert jusqu'à Bou-Saada, et, par le

---

1. Farine que l'on délaye dans l'eau pour la manger.
2. Les *silos* sont des trous en forme d'entonnoir renversé, dans lesquels les Arabes, leur moisson faite, enfouissent leurs grains. L'orifice, très étroit, est caché par de la terre, des pierres et des branchages.

territoire des Oulad-Sidi-Cheikh, gagner l'oasis de Figuig au Maroc (juillet 1846). Devant nos succès ses anciens alliés l'abandonnent. Les Oulad-Sidi-Cheikh lui disent : « Tu es comme la mouche qui excite le taureau, et quand tu l'as irrité, tu disparais et c'est nous qui recevons les coups ».

Abd-el-Kader rentré au Maroc, Bou-Maza continue la lutte; il ne se rend qu'en avril 1847. Six semaines avant lui, un des meilleurs *khalifat* d'Abd-el-Kader, Ben-Salem, a déjà renoncé au combat. Alors la paix s'étend de plus en plus : les tribus découragées demandent « l'aman » (le pardon); nos colonnes visitent sur les plateaux et dans le désert Tiout, Aïn-Sefra, Aïn-Sfisifa, Laghouat, Aïn-Madhi, etc. Une promenade est aussi faite en Kabylie; mais, malgré une soumission feinte, les Kabyles qui en haine des Arabes ont refusé de suivre Abd-el-Kader, ne sont pas résignés. Ils sont jaloux de leur indépendance séculaire; ils ne veulent point la perdre. Le maréchal le sent, et voudrait faire dans leurs montagnes une expédition décisive, mais il n'y est pas autorisé, les Chambres ayant refusé les crédits demandés à cet effet. C'est ainsi que lorsqu'en juin 1847 Bugeaud quitte le gouvernement général, il laisse l'Algérie conquise jusqu'au désert, de la frontière marocaine à la frontière tunisienne, à l'exception du massif du Djurjura.

Quelques mois après son départ, le 23 décembre 1847, Abd-el-Kader épuisé, n'ayant plus ni un soldat, ni un écu, ni une mesure d'orge, chassé du Maroc par le sultan qui consent, enfin, à exécuter les promesses du traité de Tanger, se rend au général Lamoricière.

La reddition de notre indomptable ennemi, « héros de la foi et du patriotisme », laissa les populations arabes, de la mer au désert, du Maroc à la Tunisie, frappées de stupeur. Toutes les résistances cependant n'étaient pas vaincues; la guerre devait durer dix années encore. En 1849, les Arabes s'agitèrent sur plusieurs points et nos colonnes durent courir de tous côtés. La plus forte affaire fut le siège et la prise de l'oasis de Zaatcha au sud-ouest de Biskra. Les murs de terre des jardins de l'oasis faisaient de chaque carré une redoute; les habitants étaient soutenus dans leur héroïque résistance par un fanatique, ancien cheikh d'Abd-el-Kader, Bou-Ziane. La prise de Zaatcha exigea cinquante-deux jours de siège et nous coûta 800 hommes et 50 officiers. Bou-Ziane mourut sur cette parole : « Vous avez été les plus forts. Dieu seul est grand, que sa volonté soit faite » (fin 1849). Cette héroïque résistance n'est point la seule. Des troubles s'élèvent dans l'Aurès et dans la Kabylie. Dans ce dernier pays, un fanatique, Bou-Baghla, soulève les tribus qui ne se soumettent à notre passage que pour reprendre aussitôt les armes (1850, 1851, 1852). D'un autre côté, aux environs de Ouargla, dans la *zaouïa* de Rouissat, un nouveau « maître de l'heure » paraît, Mohammed-Ben-Abdallah, qui veut reprendre le grand rôle laissé par Abd-el-Kader (décembre 1851). Il soulève toutes les tribus du sud de la province de Constantine et une expédition contre lui est nécessaire. Le général Pélissier, qui la conduit, prend Laghouat, défendue par Mohammed-Ben-Abdallah lui-même (décembre 1852). En même temps un grand chef des Oulad-Sidi-Cheikh, Si Hamza, nous aide à soumettre les Mzabites soulevés. Le sud est pacifié; une garnison laissée à Laghouat. Mais cette pacification n'est qu'une trêve. Mohammed-Ben-Abdallah n'a pas renoncé à la lutte et reparaît en septembre 1853. Le général Randon, nouveau gouverneur de la colonie, aidé par les *goums* (troupes irrégulières) de Si Hamza, s'avance dans le sud contre le nouveau prophète. Mohammed-Ben-Abdallah est vaincu, puis nous occupons Tougourt, Ouargla, soumettons les populations de Souf et l'oued Rir (1854).

Le maréchal est encore dans l'extrême sud lorsque d'importantes nouvelles le rappellent vers le nord. En 1853, il a conquis la Petite Kabylie, mais la Grande Kabylie n'a pas consenti encore à reconnaître notre autorité, et Bou-Baghla vient d'y reparaître (1854). Trois campagnes sont nécessaires (1854-1856-1857), pour soumettre définitivement le massif du Djurjura. Ses populations sont denses, pleines d'énergie; les marabouts locaux les encouragent à la résistance; elles peuvent mettre sur pied 29 000 guerriers; enfin, elles se battent pour conserver une indépendance qui a résisté à tous les conquérants de l'Afrique du nord. C'est en 1857 que Randon qui vient de recevoir le titre de maréchal, secondé par Mac-Mahon et Bourbaki, fort d'une armée de 30 000 hommes, vient à bout des dernières résistances.

Alors la conquête est vraiment terminée; les vainqueurs établissent leur camp sur la crête des Aït-Iraten, puis y construisent le fort Napoléon, « qui est une épine dans l'œil de la Kabylie ». Un poète berbère résume nos vingt-sept années de conquête dans un cri de douleur : « Comprenez, ô vous qui savez comprendre! l'El Djézair (Alger) est tombée. Ce qui arrive aux Aït-Iraten ne s'est jamais vu depuis le commencement du monde! »

Ce cri était l'expression de la vérité, car jamais ni les Romains, ni les Arabes, ni les Turcs n'avaient dominé au cœur de la Kabylie. Ainsi la conquête avait duré vingt-sept ans et l'on a vu que sans bien des fautes elle aurait peut-être demandé dix années de moins. Les territoires soumis à la France dépassaient sensiblement ceux sur lesquels s'était étendue jadis la domination romaine. En 600 ans d'occupation, les maîtres du monde n'avaient jamais possédé le Djurjura ni soumis les populations des Hauts Plateaux d'Alger et d'Oran; Biskra, au seuil du désert, paraît avoir été le point extrême de leur pénétration.

CHAPITRE II

LA TERRE ET SES HABITANTS

La Terre. — Aspect général du Magreb ou Ile de l'Occident. — Principales lignes géographiques de l'Algérie. — Les deux chaînes de l'Atlas. — Les trois zones. — Le Djurjura; l'Aurès. — Le Tell, ses djebels, ses plaines et ses torrents. — Climat de la région tellienne. — Les Hauts Plateaux. — Aridité de la steppe. — Les Chotts. — Chaîne de l'Atlas méridional. — Le Désert; ses différentes formes. — Les hamada, les vallées, les dunes. — Les eaux souterraines. — Les oasis.
Les habitants. — La configuration du pays indique qu'il n'est pas habité par un seul peuple. — Pourquoi aucun des peuples de l'Algérie n'a su faire l'unité à son profit. — Les Arabes et les Berbères.
Les Arabes. — Leur vie; sa grande simplicité. — Ils sont pasteurs et agriculteurs. — Les tribus et les douars. — Forme aristocratique de la société arabe. — Les nomades sur les ruines romaines.
Les Berbères. — Les premières populations de l'Afrique ont été nomades. — — Les Lybiens; leurs mœurs. — Les Aurasiens. — Les Kabyles; ils sont sédentaires, agriculteurs, commerçants et artisans. — Le village kabyle. — La langue berbère. — Haine des Kabyles pour les Arabes. — Traits de ressemblance entre les Kabyles et les paysans français.
Les Berbères et les Arabes dans les *ksour* et les oasis. — Soins donnés aux palmiers. — Les Mzabites. — Les Touareg. — Proportion des Arabes et des Berbères. — Arabisation et islamisation des Berbères. — Mélange des deux races. — Le type a perdu de sa pureté. — Les Maures, les Koulouglis, les Juifs, les Haratins, les Nègres. — Les « Beni Ramassés ». — Caractères communs à toutes les populations du Magreb central : misère, ignorance, état déplorable de l'agriculture, de l'industrie et du commerce.
Les « civilisés » d'Europe et les « primitifs » d'Algérie.

La terre.

La guerre est terminée. Quelle est la terre conquise? Quelles populations l'habitent?

Voyons d'abord la terre, — la terre au lendemain même de

---

1. *Géographie universelle* de Élisée Reclus, Hachette et Cie, éditeurs, Paris. — *Du Spitzberg au Sahara* de Charles Martins, Germer Baillière, éditeur, Paris. — *Les Prolégomènes* d'Ibn Khaldoun; traduction de de Slane, Impri-

la prise d'Alger, lorsque ni cultures, ni routes, ni ponts, ni travaux hydrauliques, ni villages, ni villes ne témoignent encore de la présence d'une nation européenne ; ce sera une simple étude géographique.

Avant de la parcourir, élevons-nous en ballon au-dessus des plus hauts sommets ; prenons une lunette assez puissante pour nous faire voir le pays en tous sens, à plusieurs centaines de kilomètres, et jugeons de son aspect général.

Le pays d'Algérie, séparé à l'ouest et à l'est du Maroc et de la Tunisie par des lignes conventionnelles, qu'aucun accident de terrain n'indique, fait partie, avec ces deux États, d'une même unité géographique, d'un même tout. Ce tout limité au nord par la Méditerranée, à l'ouest par l'Atlantique, au sud et à l'est par le Sahara forme une sorte de presqu'île dans le continent africain. Les Arabes, en la désignant dans leur langage imagé sous le nom de « *Djezirat-el-Maghreb* », « l'Ile de l'Occident », ont très exactement constaté l'œuvre de la nature. Des sables, des dunes, des plateaux, des landes séparent « l'Ile de l'Occident » du continent africain et la science la considère comme une ancienne dépendance de l'Europe.

Mais cette unité géographique est elle-même divisée par les deux hautes chaînes de l'Atlas. Elles courent, l'une et l'autre, du Maroc à la Tunisie plus ou moins parallèles, plus ou moins éloignées, plus ou moins rapprochées, suivant une direction générale sud-ouest-nord-est, formant deux barrières qui partagent le pays en trois zones. En Algérie, ces barrières sont particulièrement indiquées ; d'où le Tell ou zone maritime, les Hauts Plateaux ou zone des landes, le Désert ou zone des oasis. La superficie totale de ces trois zones est considérable ; réunies, elles ont presque l'étendue de la France [1] ; encore le Désert est-il illimité : en s'y enfonçant,

---

merie impériale, Paris. — *Trente-deux ans à travers l'Islam*, déjà cité. — *La Kabylie et les coutumes kabyles* de Hanoteau et Letourneux, Imprimerie nationale. — *La Civilisation des Arabes* du D' G. Le Bon, Firmin-Didot, éditeur, Paris. — *La France dans le Sahara* de Ernest Mercier, Leroux, éditeur, Paris.

1. L'Algérie occupe sur la Méditerranée, en face des côtes de France et d'Espagne, une étendue d'environ 1 100 kilomètres. Sa superficie totale est d'environ 480 000 kilomètres carrés ; celle de la France est de 529 000 kilomètres carrés. Le Tell a 136 000 kilomètres carrés ; les Hauts Plateaux, 88 000 kilomètres carrés ; le Désert, 255 000 kilomètres carrés.

on arriverait aux collines de sable qui forment le contour septentrional du bassin du Niger, puis, en allant plus loin, jusqu'au fleuve même.

Au nord, la côte, faite le plus souvent de falaises à pic ou de collines, se détache, sur une mer bleue, comme une ligne presque droite. Combien ce rivage algérien est moins découpé, moins gracieux que celui de la France ou encore que celui immédiatement voisin de la Tunisie! Les golfes sont rares et forment presque tous des demi-cercles d'une pureté géométrique. Nulle part, on ne voit des flots entrer profondément dans les terres; nulle part, on ne rencontre sur la côte algérienne l'équivalent du lac de Bizerte, des golfes de Tunis, de Hammanet ou de Gabès.

Le système orographique algérien est loin d'être aussi simple. Entre la mer et la chaîne de l'Atlas septentrional, c'est par centaines que l'on compte les « djebels » ou chaînons qui forment une saillie distincte, une vallée, un plateau.... L'ensemble est tourmenté; d'immenses plaines sont entourées de montagnes descendant en pentes rapides ou même escarpées. Bien des pics de l'Atlas septentrional dépassent 1 500 mètres, mais c'est souvent moins par leur hauteur que par les escarpements de leurs falaises, mises à nu par des éboulis ou des érosions, que les montagnes algériennes sont remarquables. Les routes stratégiques, que nos soldats et nos ingénieurs devront construire, ne pourront quelquefois franchir les montagnes qu'en passant en d'étroites gorges, comme celles de la Chiffa, du Chabet, ou bien en gravissant par de nombreux lacets des croupes élevées.

En avant du Tell, partie dans Alger, partie dans la province de Constantine, s'élève un des massifs les mieux délimités de l'Algérie, le Djurjura. L'oued Sahel, l'oued Isser et la mer l'entourent. Le Djurjura avec ses mille contreforts, ses mille pics fièrement dressés, a un aspect grandiose. Son sommet le plus élevé, le Lalla-Khedidja, atteint 2 308 mètres. A l'est du Djurjura, et comme le continuant, les Bibans et les Babors forment un autre massif montagneux.

Les Hauts Plateaux, tantôt vastes steppes dénudées, dépourvues, sur des espaces considérables, de végétation arborescente, tantôt, en d'autres parties, couverts de forêts, sont la zone de transition entre le Tell fertile et le Désert aride et nu partout où il n'est pas arrosé. Leur altitude moyenne atteint 900 à 1 200 mètres, mais çà et là des montagnes pelées s'élèvent brusquement de ces surfaces horizontales. A l'extrémité méridionale des Hauts Plateaux se déroulent les chaînes, se dressent les sommets du second Atlas; les principaux sont : le Djebel-Amour et le Djebel-Aurès. Ce dernier est le massif de montagnes le plus élevé d'Algérie; son pic suprême, le Chélia, a 2 312 mètres et dépasse de quelques mètres le Lalla-Khedidja dans le Djurjura. De sa croupe on distingue à la fois au nord, la surface immense des Hauts Plateaux et de leurs Chotts, tandis qu'au sud, par-dessus les alignements grisâtres des montagnes inférieures, on aperçoit une ligne bleue, droite, immense : la mer du Sahara. Ici, les roches brûlées par les rayons qui se reflètent du sol ardent sont complètement dépourvues de végétation; elles brillent de couleurs éclatantes; l'une s'appelle le mont de la Joue-Rouge.

Tel est l'aspect général; on a l'impression de contrastes très accusés; le détail les fera plus accentués encore.

Voici les grandes plaines du Tell : plaine de Bône, plaine de la Mitidja, plaine du Chelif, plaine du Sig près de la mer; plaine d'Affreville, plaine d'Eghris dans l'intérieur. Elles sont fertiles, l'humus apporté par les rivières et les torrents, par les eaux d'orage, y forme une couche profonde; elles produisaient du blé au temps de Rome, mais elles ont presque cessé de le produire avec les Arabes. Partout, à perte de vue, ce sont des friches, des buissons, des broussailles, des champs de palmiers nains parcourus par de maigres troupeaux; au loin, quelques groupes de tentes. Si le voyageur qui parcourt ces plaines à demi désertes, car la population est rare, avance ou seulement tourne la tête, il voit d'innombrables chaînes, chaînons et collines qui courent dans toutes les directions, s'enchevêtrent les unes dans les autres. Le Tell, en effet, ne tire pas son appellation du mot romain « tellus », plaine; mais d'un mot arabe qui signifie colline, terrain accidenté, et le nom a été justement donné. Des hauteurs tiennent tout le pays, viennent mourir sur les bords de la mer. Les rivières, les torrents sont encaissés. Ces hauteurs même deviennent sur certains points de véritables montagnes : le massif du Dahra, celui plus élevé de l'Ouarensenis, dont un pic atteint 1 985 mètres, celui plus élevé encore, plus découpé, plus sauvage du Djurjura que continuent vers l'est les Bibans et les Babors. Il est peu de massif montagneux aussi curieux que celui du Djurjura : partout des arêtes vives, des crêtes escarpées, des ravins profonds sans corniches, ni retraits, qu'il faut longtemps contourner pour parvenir aux cimes. Les parties supérieures du Djurjura, rendues à peu près infranchissables de novembre à mai par les neiges, n'ont d'autre végétation que des cèdres clairsemés; plus bas, dans les cols, dans les hautes vallées, se dressent des futaies incomparables.

Dans un pays aussi accidenté que le Tell, il ne peut y avoir de fleuves, non plus qu'en Kabylie, et cependant ces régions reçoivent des nuages pluvieux en quantité considérable. Les pluies, plus violentes, plus grosses qu'en France, tombent en abondance à certaines époques; il semble que le ciel fonde sur la terre. Les eaux roulent alors sans obstacle sur les pentes dénudées des montagnes, creusant et ravinant le sol, entraînant avec elles l'humus des collines et des coteaux; au bout de quelques jours, ou de quelques semaines, elles se sont écoulées vers la mer en torrents troubles, à moins qu'elles ne se soient amassées en lagunes salées ou en marais pestilentiels au voisinage du littoral, comme à la « Sebkha » d'Oran, dans la plaine du Sig, dans la plaine de la Mitidja, au lac Haloula, au lac Fezzara et aux lacs de la Calle[1]. Pendant la plus longue partie de l'année l'eau manque presque partout. C'est ainsi que le lit des rivières, ou mieux des torrents, subit des variations extraordinaires. La Macta, le plus régulier de tous, roule 800 mètres cubes à la seconde dans ses crues, et n'en a plus que 2 à la saison sèche; le

---

1. Le lecteur ne doit point oublier que le pays est décrit ici tel que nous l'avons rencontré à l'époque de la conquête. Les travaux d'assèchement ne sont point encore faits, de même que les cultures européennes ne couvrent pas une partie du sol et que les villages ne piquent pas leur note blanche et rouge dans la campagne.

Chélif varie de 1450 mètres cubes à 1 mc. 05; l'Isser, le Sébaou, l'oued Sahel, torrents de la Kabylie, l'oued el Kebir, la Seybouse, elle-même, qui a un cours presque normal, ont le même régime. A l'exception du Chélif, qui vient du Djebel-Amour et traverse toute la région des Hauts Plateaux, ces torrents sont d'une médiocre étendue parce qu'ils naissent dans les chaînes de l'Atlas septentrional. Partout les lits fluviaux sont beaucoup trop vastes pour le flot qui les parcourt. Autrefois, il y a des siècles, peut-être n'en était-il pas ainsi. On croit qu'à des époques reculées, et même encore au temps de l'occupation romaine, la quantité d'eau qui tombait sur la terre d'Afrique était considérable. Mais aujourd'hui le terrain est presque sec. Pendant une partie de l'année, les oueds algériens laissent voir le fond de leur lit, fait, tantôt de rocs nus et de cailloux, tantôt de nappes de sable où, comme sur les grandes routes, le vent soulève la poussière en tourbillons. A la vérité, au-dessous du lit superficiel desséché, se trouve souvent un lit souterrain sur lequel les masses d'infiltration ne cessent pas de couler pendant les chaleurs les plus fortes de l'été.

On pressent, en constatant une semblable sécheresse, que le Tell, bien que voisin des côtes de la Provence, bien que région maritime, ne doit pas jouir du même climat que la France méridionale. L'hiver, qui est la saison des pluies, commence généralement en janvier et ne dure guère que deux mois; le printemps finit avant le mois de mai; l'été se prolonge jusqu'en septembre; à cette époque, des pluies rafraîchissent le sol et la terre se revêt d'un deuxième printemps. La température est sur le bord de la mer assez semblable à celle des côtes méridionales de l'Europe; dans l'intérieur, elle varie en raison de l'altitude ou de la disposition des montagnes. A Alger, la moyenne annuelle est de 18°,1; en août, mois le plus chaud, le thermomètre monte à 25°; dans les régions montagneuses du Tell on constate, en hiver 5° au-dessous de 0, en été, 32 au-dessus. A Tizi-Ouzou, en Kabylie, le thermomètre dépasse 40°; en Petite Kabylie, il atteint en août 43°. Les mois de juillet, d'août et de septembre sont sur presque tous les points très pénibles; certaines régions, d'ailleurs, sont particulièrement éprouvées; c'est ainsi que dans les plaines fermées par un cercle de collines ou de montagnes, privées ainsi de la brise de mer, l'air est stagnant, la chaleur étouffante; des maxima de 46° sont constatés presque chaque année à Orléansville dans la vallée de Chelif; dans quelques ravins, entre Oran et Aïn-Temouchent, on a subi jusqu'à 55° à l'ombre.

Le climat, les eaux, l'aspect général du sol sont, dans les Hauts Plateaux, tout différents de ce que l'on a observé dans le Tell. En parvenant au sommet des chaînes de l'Atlas septentrional on met le pied dans une plaine immense, unie, pierreuse, à l'aspect vague et gris, interminable steppe dont le regard cherche en vain les profondeurs.... A certains jours, le « siroco », vent intolérable qui apporte l'air enflammé du désert, souffle dans ces plaines désolées, brûlant les lèvres et les yeux, desséchant la gorge. Voici l'alfa, longue feuille finement roulée d'un vert bleuâtre qui pousse par touffes rondes et couvre le sol à perte de vue; voici, ailleurs, des pâturages clairsemés, verts en hiver, brûlés en été; puis le tableau change, le terrain n'est plus le même : d'un côté, ce sont des ondulations assez larges et profondes pour dissimuler, à 2 ou 3 kilomètres du regard, un parti de soldats, une armée même; d'un autre, ce sont des forêts de cèdres, là touffues, ici dépouillées, des bouquets de pistachiers, de frênes, de genévriers, de broussailles, et, dans le lointain, des montagnes dénudées. On ne trouve d'eau presque nulle part. Il pleut cependant, surtout il neige, dans ce « pays de la soif » où l'hiver le thermomètre descend quelquefois à plus de 10° au-dessous de zéro. Durant la saison rigoureuse, la neige tombe fréquemment; le vent, quelquefois, amasse les flocons en énormes remous de plusieurs mètres d'épaisseur; plus tard, des pluies abondantes tombent, mais sur les grandes plaines unies, sans abri, sans ombre, le soleil de l'été a bientôt desséché les oueds, brûlé les plantes, et fait baisser très bas le niveau des « chotts ». Les chotts sont des lacs intérieurs, de petites mers, qui reçoivent les eaux de toute la steppe, car les Hauts Plateaux forment un bassin lacustre; leurs rivières, à l'exception du Chelif, ne se jettent pas dans la Méditerranée. Encadrée dans les chaînes parallèles de l'Atlas, la région des steppes s'affaisse assez régulièrement vers le centre dans toute sa longueur, dessinant ainsi deux versants inclinés vers une même dépression. De nombreux oueds, au fond de sable, alimentés seulement pendant quelques mois de l'année, font converger les eaux, que la terre et le soleil n'ont point absorbées, vers des bas-fonds étendus où le sel et le soufre se rencontrent mêlés au sable. Ces dépressions ne sont, à proprement parler, ni des lacs, ni des marais, ni des salines. Que l'on imagine de vastes surfaces d'eau immobiles, sans profondeur, s'étendant à perte de vue en contournant les berges, peu élevées, de plateaux gypseux. Sur leurs bords une légère croûte de sel s'est formée; des tamarins, des roseaux, de hautes herbes y trouvent leur vie. Sous les rayons du soleil, ces lacs ont un reflet d'une couleur bleuâtre métallique qui rappelle celle de l'acier. Entre les chotts, qui s'étendent en longueur (chotts Gharbi, Chergui, El-Hodna, Guerah), on rencontre quelques salines ou « Sebkha » (Zahrez-Gharbi, Zahrez-Chergui), immenses nappes de sel longues et larges de plusieurs dizaines de kilomètres, miroirs démesurés étincelant aux rayons du soleil.

Le versant sud de la ligne des chotts est remonté jusqu'au sommet, et voici l'Atlas septentrional avec ses principales chaînes : d'abord, les montagnes des Ksour, les moins élevées, puis, le Djebel Amour, ensemble de plateaux découpés par des torrents, où la neige tombe en hiver si drue que son épaisseur dépasse quelquefois 30 centimètres; puis, le massif de l'Aurès, aux formes arrondies, revêtu de bois de chênes verts, et de pins d'Alep. Tout à coup, d'une dernière hauteur ou d'une brèche ouverte dans la montagne, l'œil surprend un spectacle nouveau : c'est, dans le profond silence d'une complète solitude, dans une atmosphère d'une rare transparence, le désert éclairé par le soleil incandescent, un immense décor où nulle forme n'arrête et ne soutient la couleur.

Le Sahara paraît, au premier aspect, une mer de sable. Est-ce aussi le fond d'une mer dont les eaux auraient disparu? Les savants l'ont cru d'abord, mais aujourd'hui, on sait que ces sables arides étaient, il y a des siècles, vivifiés par des eaux abondantes, que des forêts couvraient d'immenses espaces. Des « pierres écrites » trouvées, il y a quelques années, dans le Sud oranais et sur d'autres points, ont même permis de reconstituer les différentes phases de l'existence des premiers habitants du Sud : nous assistons à leurs chasses, nous les voyons vivre en groupes, tailler leurs silex, préparer leurs aliments; nous apprenons que leur pays était habité par des éléphants, des hippopotames, des rhinocéros, des buffles à grandes cornes. La science n'est certaine de rencontrer des fonds, autrefois couverts par les eaux, que dans la partie du désert formant le sud de la province de Constantine, et une partie de celui de la province d'Alger. L'immense dépression observée aux pieds des derniers contreforts des chaînons de l'Aurès méridional, et dont le centre est occupé par le chott Melrir, serait le lit d'une ancienne mer, d'un grand golfe, prolongement de la Méditerranée.

Le Désert n'est point, comme on se le figure quelquefois, un long tapis de sable uni, dépourvu de toute végétation; il présente au moins trois aspects différents : les hammada, les vallées, les dunes.

Les « hammada » sont des plateaux calcaires, secs, pierreux, arides, où l'eau est rare; souvent ils se terminent, sur un ou plusieurs côtés, par de véritables falaises à pic. Le plus souvent nus, quelquefois couverts d'une herbe rare, ils sont le vrai désert. — Les « vallées » ont un tout autre aspect. Leur point de départ est dans les montagnes, les plateaux, les défilés du versant septentrional des Ziban, de l'Aurès, du Djebel Amour; leur direction générale, le sud. Sans doute, elles étaient parcourues autrefois par les grandes rivières qui devaient arroser le Sahara. Aujourd'hui elles sont, pour la plupart, desséchées, mais beaucoup possèdent des fleuves souterrains, telles les vallées du Souf, de l'oued Rir, du Gourara, du Touat, d'In-Salah. Dans d'autres régions, ces vallées ont des fleuves apparents, tels l'oued Igharghar, l'oued Mia, l'oued M'saoura, l'oued Namous, torrents aux lits très larges, peu profonds, où coule l'eau des pluies pendant l'hiver et qui, le reste de l'année, demeurent complètement à sec. Le sable des vallées n'est pas stérile; une végétation brûlée par le soleil en été, mais verdoyante après les premières pluies d'hiver, couvre une grande partie du sol : ce sont différentes variétés d'arbrisseaux, quelques plantes sans tiges couvertes de fleurs, puis aussi un gazon fin. — Les « dunes » sont le désert de sable, — sable très fin, très sec, jaune ou rouge, ici presque uni, là vagué, ailleurs amoncelé en dunes élevées par le vent, modelées parfois, mais rarement déplacées par lui. La végétation est plus rare dans ces sables que dans les vallées, cependant on y rencontre de l'herbe, quelques touffes d'alfa et une graminée haute de 2 mètres, le drin, très recherchée par le chameau. Au désert de sable appartient l'Erg, ou « région des dunes », qui s'étendent au loin dans le sens de la latitude du Maroc à la Tripolitaine.

Désert des hammada, désert des vallées, désert des dunes, c'est partout la même immensité morte, le même silence accablant, la même chaleur torride, la même atmosphère desséchée. L'été dure d'avril à octobre. En juin, juillet et août, la température s'élève de 20 à 30 degrés à 45, et même à 50; c'est ainsi que le thermomètre indique à certains jours 48 degrés à Biskra et 50 à Ouargla. Il n'y pas dans l'air un atome d'humidité; la sérénité du ciel est telle que jusqu'à l'extrême horizon les êtres et les choses se révèlent avec une netteté parfaite; le berger indigène monté sur une dune ou le minaret d'une oasis aperçoit les maraudeurs jusqu'à deux journées de marche. Le soleil est si chaud au milieu de l'été que l'on ne peut poser le pied nu sur le sol, ni porter la main sur un objet [1]. Cependant la créature humaine ne souffre pas encore assez; tout à coup, le ciel prend à l'horizon une teinte rougeâtre, devient peu à peu grisâtre et livide; le soleil, dépouillé de ses rayons, offre un aspect sanglant; l'atmosphère se charge de sable fin, emporté par le vent comme l'écume de la mer pendant la tempête; le désert se creuse et devient houleux; c'est le *simoun* qui passe! La poitrine du voyageur est oppressée, son œil est sanglant, les chameaux

---

1. Le sol atteint, en été, au milieu du jour, une température de 65 et 70 degrés.

s'emportent dans un galop furieux, ou s'arrêtent et couchent leur long cou dans le sable.

Une région aussi déshéritée n'est cependant pas morte; des hommes y vivent. C'est que l'été brûlant est suivi d'un hiver pendant lequel la température baisse, et quelques pluies tombent; c'est aussi, que, par un phénomène curieux, aux journées les plus chaudes des mois de juillet et d'août, succèdent des nuits froides où le thermomètre fléchit jusqu'à 2 et 3 degrés au-dessous de zéro; c'est surtout que, sous ces sables brûlants et desséchés, coulent des rivières souterraines. On l'a vu, le versant des chaînes bordières des plateaux qui regardent le sud épanche ses torrents dans le désert; la plupart sont bus par le soleil, d'autres disparaissent sous la terre. Ceux-ci, protégés par le sable qui les recouvre contre les feux du jour, coulent sur un fond argileux qui les empêche de se perdre dans les profondeurs de la terre. Ainsi un réseau de rivières souterraines parcourt le Sahara : qu'une de ces rivières, qui tendent sans cesse à reprendre le niveau de leur point d'infiltration, vienne à rencontrer une composition de terrain favorable, elle rejettera le sable qui la protège et surgira à la surface : c'est une source, c'est un puits naturel. Souvent le sol est trop dur pour que les eaux puissent s'ouvrir un passage; mais, que l'homme vienne à creuser, les eaux jaillissent : c'est un puits artificiel.

L'eau crée l'oasis. On appelle oasis, dans le Sahara, un assemblage de jardins et de cultures, qui doivent leur vie soit à une source, soit à un puits naturel ou artificiel; le village ou les villages sont dans le centre ou au pourtour. Brisé par la fatigue et la chaleur, le voyageur aperçoit tout à coup, au loin, un point d'un vert sombre; il peut comme le marin au terme d'un long voyage crier : « Terre! » c'est une oasis. Il y trouvera l'eau et le palmier dattier, arbre nourricier du désert. Sans le palmier le Sahara serait inhabité. La poésie arabe a fait de cet arbre un être animé, créé par Dieu le sixième jour en même temps que l'homme. C'est un arbre privilégié supportant, à la fois, les froids nocturnes de 6 degrés au-dessous de zéro, et les chaleurs diurnes dépassant quelquefois 50 degrés. Il atteint une quinzaine de mètres, sa cime flexible résiste au vent du désert, il se contente d'une eau saumâtre, reste vert pendant que tout ce qui l'entoure se torréfie à un soleil implacable. A l'ombre du palmier[1], poussent, dans certaines oasis, les arbres à fruits, la vigne, les céréales, la luzerne, les légumes et d'autres plantes encore, parmi lesquelles le henné qui sert à teindre les ongles des femmes arabes, — et les cheveux des Européennes.

Les habitants.

Est-il surprenant que dans un pays aussi accidenté, divisé par la nature en zones si distinctes, délimité par des obstacles difficilement franchissables, la population ne soit pas unie? Non, assurément.

Supposons un géographe, dans son cabinet, attentivement penché sur une carte : il voit les divisions du pays si caractéristiques, si nettes, ses plaines, ses massifs montagneux, sa steppe, son désert. Il ne sait de l'histoire qu'une chose, à savoir : que ce pays a reçu des invasions successives. Demandons-lui si les habitants sont unis en une même nation ou, au contraire, sont séparés en groupes de caractères distincts? Il répondra que les populations doivent être divisées, dissemblables, à moins qu'une race sensiblement plus forte, sensiblement plus intelligente que les autres ait réussi à faire l'unité malgré la nature et contre elle.

La France a été, depuis le commencement des temps histo-

---

[1]. Tous les palmiers ne donnent pas de fruits; cet arbre est dioïque. « Il y a des pieds mâles et des pieds femelles. Les pieds mâles ont des fleurs munies d'étamines seulement, et formant une grappe renfermée, avant la maturation du pollen, dans une enveloppe appelée spathe. Les pieds femelles, au contraire, portent des régimes de fruits enveloppés également dans une spathe, mais qui ne sauraient se développer si le pollen, ou poussière des étamines, ne les a pas fécondés. Pour assurer cette fécondation sans planter un trop grand nombre de mâles improductifs, les Arabes montent, à l'époque de la floraison, vers le mois d'avril, sur tous les individus femelles, et insinuent dans la spathe un brin chargé de fleurs mâles dont les étamines fécondent sûrement les jeunes ovaires; alors les fruits grossissent, deviennent charnus, et forment des grappes appelées régimes, dont le poids atteint quelquefois de 10 à 20 kilogrammes. Pour multiplier les dattiers, on ne sème pas les noyaux des fruits, quoiqu'ils germent avec une extrême facilité, car on ne saurait ainsi deviner d'avance quel sera le sexe de l'arbre ; on préfère donc détacher du tronc des palmiers femelles un rejeton que l'on plante, et qui devient un arbre productif à partir de l'âge de huit ans. » (Charles Martins.)

riques, plusieurs fois envahie, conquise, traversée par des populations diverses, qui tour à tour se sont établies, plus ou moins nombreuses, dans l'ensemble du pays ou seulement dans certaines régions, subjuguant les premiers habitants; elle a reçu des Ligures, des Ibères, des Basques, des Celtes, des Kimris, des Romains, des Wisigoths, des Burgondes, des Francs, des Sarrasins, des Normands, des Arabes. Pourquoi toutes ces races, si diverses, se sont-elles fondues en un seul peuple, en une seule nation, dont chaque membre parle la même langue, aime la même patrie? C'est, d'abord, parce qu'aucun accident de terrain considérable, aucune barrière, ne séparaient les régions comprises entre la Manche, l'Océan, les Pyrénées, la Méditerranée, les Alpes, le Jura et le Rhin [1]. C'est, ensuite, parce que les Romains ont été assez forts pour fondre en une seule nation toutes les races qu'ils ont rencontrées dans la Gaule; et que, plus tard, les nouveaux vainqueurs, les Francs, ont été à leur tour assez forts pour soumettre le pays entier, tout en prenant sa langue, sa religion, sa civilisation; c'est, enfin, que la Royauté et la Révolution ont réalisé une unité préparée par les Barbares.

L'Algérie, comme la France, a été souvent envahie par des peuples différents. Les premiers habitants, les Lybiens, ont été successivement envahis, couverts, soumis ou refoulés par les Phéniciens, les Grecs de la Cyrénaïque, les Romains, les Vandales, les Grecs du Bas Empire, les Arabes, les Turcs. Mais parmi ces peuples, ni les uns ni les autres n'ont pu, ou n'ont su, occuper tout entière cette région si accidentée. Les barrières élevées par la nature ont arrêté les vainqueurs, servi de refuge aux vaincus. C'est ainsi que les Phéniciens, les Romains, les Grecs, les Turcs, ne se sont établis que sur le littoral, dans les plaines, dans les vallées basses, sur une partie seulement des Hauts Plateaux et, au plus loin, sur quelques points de la ligne septentrionale du désert.

Les Arabes, derniers conquérants véritables — car les Turcs,

---

1. Le Rhin est le point faible des frontières naturelles de la Gaule; il n'est pas infranchissable; ce n'est pas un mur comme la chaîne des Pyrénées et celle des Alpes; aussi a-t-il été franchi par des populations de races germaniques qui se sont établies sur sa rive gauche.

s'ils les ont soumis, n'ont jamais constitué en Afrique qu'un état-major peu nombreux, — sont arrivés au vii⁰ siècle, puis surtout au xi⁰, plus forts, plus hardis, plus nombreux peut-être qu'aucun des précédents envahisseurs. Ils ont parcouru le pays tout entier, se sont établis dans le Tell, sur les Hauts Plateaux, dans le Désert. Mais, parmi les vaincus, les groupes qui ont voulu conserver leur liberté ont pu se réfugier, les uns, dans les massifs montagneux du Tell ou de l'Atlas, les autres, dans les oasis dont le Désert est semé. Montagnes et oasis étaient des barrières que la nature offrait à leur sentiment d'indépendance. Sur ces hommes rebelles aux vainqueurs, ni la langue, ni les mœurs des Arabes n'ont pu mettre leur définitive empreinte. C'est ainsi que la France, en Algérie, a rencontré, outre les Turcs très peu nombreux et qui pour une bonne part ont immédiatement quitté le pays [1], les conquérants, les Arabes; — les vaincus — débris confondus des descendants des races aborigènes et des races conquérantes continuellement refoulées, — les Berbères.

Les Arabes sont comme les Juifs, comme les Syriens, de race sémitique. Ce sont des « primitifs » sur qui les siècles ont passé sans apporter aucun changement. Au lendemain de la conquête nous avons pu observer que leur genre de vie, leurs coutumes, leurs mœurs étaient exactement ce que nous savons qu'elles étaient déjà il y a plusieurs siècles. Comme aux temps bibliques, ils vivaient en tribus. Ils sont, en général, d'une taille un peu au-dessus de la moyenne, robustes, bien faits, leur peau est hâlée ou brune, ils ont le visage ovale, le front large, élevé, le sourcil noir, l'œil de la même couleur, vif et enfoncé, le nez droit, la bouche bien taillée. On est frappé de la finesse des extrémités et de la fierté de l'attitude. Les Arabes ont les qualités et les défauts engendrés par leurs conditions d'existence, par la vie nomade. Le trait le plus saillant de leur caractère est un mélange intime d'ardeur pour le pillage et d'hospitalité, de cruauté et de générosité chevaleresque. Mais par-dessus tout, ils ont

---

1. Au lendemain de la prise d'Alger, le général de Bourmont fit embarquer les soldats et les fonctionnaires turcs pour l'Orient, en même temps que partaient, de leur propre volonté, de nombreuses familles.

un sentiment très vif de l'indépendance, sentiment porté à un point dont, en Europe, on ne peut facilement se faire une idée. Pour avoir leur liberté, ils renoncent à se fixer au sol. En rencontrant en Algérie des tribus toujours errantes, on vient à se souvenir de ce passage de Diodore de Sicile où il est dit, que, chez les Nabathéens nomades de l'Arabie Pétrée, il était défendu de planter du blé, des arbres à fruits, de bâtir des maisons, parce qu'à garder de tels biens on sacrifie sa liberté.

Déjà, on pressent la vie des Arabes d'Algérie. N'aimant pas la terre, ils ne connaîtront pas la propriété privée, seule forme que nous voulions adopter en Europe. « Où entre la charrue, dit un de leurs proverbes, entre la honte. » Ils seront pasteurs plutôt qu'agriculteurs, et leur vie nomade entraînera le particularisme de la tribu. Il existe chez les Arabes trois sortes de terre, trois formes de la propriété : c'est d'abord le terrain de parcours de la tribu elle-même; il peut être immense; c'est une propriété collective ; c'est le domaine que les tribus voisines doivent respecter ; — puis le terrain communal, qui appartient à l'ensemble du douar, sur lequel paissent les troupeaux de chacun ; — enfin, à côté de cette propriété collective, se rencontre la propriété familiale; chaque famille peut posséder une ou plusieurs parcelles de terre lui venant par héritage, par achat. Sur ces parcelles, vivent en commun les membres d'une grande famille ; — ils sont cinquante, cent, deux cents, plus peut-être ; lorsque s'ouvrent des successions, le *Cadi* (juge) constate les droits de chacun, délivre quelquefois des titres ; la propriété cependant reste indivise entre tous les ayants droit.

Sur cette terre dont elle semble si peu se soucier, si l'on juge, au point de vue européen, de son mode d'appropriation, mais à laquelle elle tient en réalité profondément, parce que c'est sa vie, son existence, la tribu se déplace suivant les saisons. Le plus souvent son territoire de parcours s'étend en profondeur; il a quelquefois 300 et 400 kilomètres de longueur; il est, partie dans le Tell, partie sur les Hauts Plateaux; partie dans le Tell, partie dans le Sahara. Elle est, suivant la saison, sur un point ou sur un autre; elle estive dans le Tell, hiverne dans le Sahara; sa première préoccupation est d'assurer la vie des troupeaux; elle cherche dans ses déplacements les pâturages du Tell, l'alfa des Hauts Plateaux, l'herbe et les broussailles du Désert; elle fuit la sécheresse, évite les plus grandes chaleurs et les plus grands froids. Cependant l'indigène ne sait pas soigner ses bêtes; il ne s'inquiète ni de leur nourriture, ni de leur reproduction. — Le lait et la viande des troupeaux ne suffiraient pas à sa vie; des céréales lui sont nécessaires; il sèmera donc. A la saison des labours, il retourne la terre avec une charrue primitive qui est encore telle que la charrue décrite par Magon : le soc est de bois, on le chausse, au moment du travail, d'un sabot de fer terminé en pointe. Cet araire trace des sillons irréguliers, peu profonds, contourne, pour les respecter, les buissons, les palmiers nains. La récolte semée, l'Arabe repart. Il ne reviendra que pour la moisson; alors il coupera le blé ou l'orge avec la faucille, et, pour la conserver, mettra sa récolte dans un silo [1].

Médiocres pasteurs et médiocres agriculteurs, les Arabes n'ont aucune disposition pour l'industrie et le commerce : avec la laine et les peaux de leurs bêtes, ils font quelques étoffes, quelques tapis, quelques objets de cuir. Quant au commerce, ils ne le comprennent pas. Le Koran, d'ailleurs, le tolère à peine; ses commentateurs font de même. Après avoir interdit certaines opérations, l'historien Ibn-Khaldoun qui définit le commerce l'art « de faire augmenter son capital en achetant des marchandises et en cherchant à les vendre plus cher qu'elles n'ont coûté », observe aussitôt que le négociant doit être entreprenant, hardi, qu'il doit savoir éblouir ses juges (car il aura des difficultés) et que souvent il est conduit à « la fraude et à l'adultération des marchandises ».

Une vie aussi simple, aussi peu active, entraîne une organisation sociale et des mœurs particulières. La tribu est une grande famille qui porte le nom de son père ou de son fondateur [2]. Ses chefs, *agha* et *caïd*, appartiennent à une aristocratie guerrière (*djouad*), ou à une aristocratie religieuse (*mara-*

---

1. Voir, plus haut, la note 2 de la page 23.
2. Léon Roches, *loc. cit.*

bouts). Elle se divise en plusieurs douars. Chaque douar est commandé par un *cheikh*; la réunion de tous les *cheikh* des douars forme la *Djemaa* ou conseil des anciens de la tribu. Comme les *agha* et les *caïd*, les *cheikh* appartiennent à de grandes familles qui commandent souverainement depuis des siècles. Les membres de ces familles sont les seigneurs des pays où ils vivent; seigneurs qui ne négligent point de s'enrichir par le butin en temps de guerre, la rapine et les exactions en temps de paix. Ils « mangent » le peuple, les « *fellah* » et les « *khammès* » [1]. Ainsi, les Arabes ont une organisation aristocratique féodale qui a de grandes ressemblances avec celle sous laquelle vivait notre pays au moyen âge. Dans le douar, dans la tribu, l'individu n'est rien; il appartient à sa famille, à son douar, à sa tribu. Son nom dit sa tribu, sa famille, un surnom le distingue; insouciant de la vie, il n'a ni acte de naissance, ni acte de mariage. « Quel est ton âge, lui demande-t-on? — Je l'ignore; nous autres, musulmans, nous vivons jusqu'à notre mort sans nous occuper de notre âge. » La vie se passe sous une tente que l'on plie lors des déplacements, pour la charger sur les chameaux ou les mulets. Attachée à la terre par des pieux, elle est faite d'étoffe tissée avec des poils de chèvre et de chameau; à l'intérieur, chez les riches, quelques tapis couvrent le sol ou créent des séparations, découpent des chambres. Mais nulle part, ni chez le riche, ni chez le pauvre, il n'y a un lit, une table, un siège; le seul meuble est le « *sendouk* », grand coffre solide, plus ou moins incrusté de cuivre. On y serre les bijoux des femmes, les objets précieux, les titres de propriété, si l'on en possède. Au milieu des tentes, dans le rond qu'elles forment, sont les chameaux, les chevaux, les mulets. Derrière elles, sont les troupeaux de moutons blancs et de chèvres noires confiés aux enfants, aux khammès et aux esclaves. Des chiens veillent pour éloigner les chacals et les rôdeurs.

[1]. Les *fellah* et les *khammès* sont tous ceux qui ne sont point nobles, qui n'appartiennent pas à l'aristocratie. Les uns et les autres travaillent, mais souvent le *fellah* surveille le *khammès* ou lui commande. Le *khammès* (de *khoms*, cinquième) est un métayer qui, n'ayant ni terre, ni bétail, ni semences, exécute les travaux de labour, les semailles, etc., sur le bien de son maître et reçoit comme salaire le cinquième de la récolte.

L'Arabe n'est véritablement assujetti au travail que pendant deux mois d'hiver, pour le labour et les semailles, et un mois d'été, pour la récolte; encore les riches font-ils travailler les khammès qu'ils se bornent à surveiller. L'homme est donc un oisif : il passe ses journées accroupi devant sa tente, un chapelet aux doigts; s'il sort, il se rend au marché ou chez ses voisins pour perdre le temps dans d'interminables causeries. Souvent aussi, surtout dans le désert, il chasse. Son vêtement rappelle celui des moines. La tête est encadrée dans un *haïk* ou couverte d'un capuchon; le corps entier est enveloppé dans un long et large burnous, les pieds souvent nus; — mais, ce moine a toujours des armes près de lui : un fusil, des pistolets, des sabres; son cheval maigre, au large poitrail, rapide dans la course, est aussi à portée de sa main. Sous la tente, les femmes — car le musulman est polygame et peut avoir jusqu'à quatre épouses légitimes — prennent tous les soins qu'exige l'existence : elles tissent les étoffes, cuisent la galette, préparent le couscoussou, le café, le mouton rôti; ce sont des servantes. Si l'une meurt, le voisin dit au veuf : « Tu n'as pas de mal, la femme se remplace ».

La nature avait déjà donné à l'Algérie sur plusieurs points l'aspect et le caractère de l'Arabie : des plaines arides, sablonneuses, des rivières desséchées, une chaleur accablante.... Les Arabes ont complété l'œuvre du Créateur et accommodé le milieu à leur genre de vie. Là où les colons romains avaient planté des oliviers, fertilisé la terre, canalisé les eaux, tracé des routes, élevé des cités, les Arabes poursuivant l'œuvre de destruction commencée par les Vandales ont coupé les arbres, dédaigné la terre, laissé disparaître les canaux, les routes et les cités, sans doute pour mieux retrouver l'aspect désolé des pays d'où venaient leurs pères. Toutes ces observations, le voyageur les fait; tous ces tableaux, il les voit, lorsqu'il parcourt le pays à cheval. Partout il saisit la vie indigène dans ses diverses manifestations : ici, c'est un douar auprès d'un torrent desséché dans le lit duquel des enfants font paître quelques moutons ou quelques bœufs; là ce sont dans la plaine dix à vingt pauvres « gourbis » —

cabanes faites de terre et de branchages, — entourés de maigres récoltes; plus loin une troupe de nomades en marche; la caravane s'avance dans la poussière, laissant un nuage derrière elle, les cavaliers, graves, aux vêtements flottants, sont en tête; les femmes et les enfants vont à pied ou sont montés sur des ânes; ailleurs, dans un ravin, des femmes, aux joues et au front tatoués, portant à leurs oreilles de grands anneaux, emplissent des outres qu'elles vont charger sur des ânes pour retourner vers un groupe de tentes qui se dessine à l'horizon. Voici dans le Désert une tribu entière en voyage : la plupart des chameaux sont chargés de marchandises, de blé, de farine, de dattes, de tabac et d'outres pleines d'eau; ils suivent, en balançant leur long cou, des sentiers que les caravanes précédentes ont tracés dans le sable et broutent les touffes d'herbes qui sont à leur portée. Enfin, toujours dans le Désert, voici un douar plus riche que ceux précédemment rencontrés : le sommet de la tente du chef s'élève très haut; il est orné de plumes d'autruche. On peut tenir à cheval sous cette tente. Elle est divisée en plusieurs compartiments par de grands tapis, celui des hôtes, celui des femmes, celui des juments et des jeunes poulains. Nous sommes chez des Arabes de « grande tente » — grands seigneurs, grands chefs des tribus du désert et des Hauts Plateaux, grands barons de la féodalité qui, le faucon sur l'épaule, le sloughi lancé devant eux, chassent le lièvre ou la gazelle. Quelquefois, non loin des tentes de cette aristocratie militaire, s'élèvent les tentes d'une grande famille religieuse; telle la tribu des Oulad-Sidi-Cheikh. Ses membres descendent du Prophète par son beau-père Abou-Beker; ils exercent sur de très nombreux douars une autorité politique et religieuse, perçoivent sur les populations des offrandes volontaires ou obligatoires.

Tribus du Désert, tribus des Hauts Plateaux, tribus du Tell, ne reconnaissaient aucune autorité supérieure qui les aurait contenues; les unes servaient les Turcs par intérêt, les autres consentaient à payer l'impôt ou quelquefois s'insurgeaient. Toutes se jalousaient, toutes étaient enrégimentées dans de grands partis rivaux — les « *soff* », — irréconciliables depuis plusieurs générations. De la jalousie et de la rivalité à l'hostilité, il n'y a qu'un pas. C'était à chaque instant, avant l'arrivée des Français, une nouvelle « *r'azia* » ou surprise, exécutée, au point du jour, par une tribu sur une autre qui n'avait plus que l'idée de lui rendre la pareille.

Mais, une chose frappe de plus en plus le voyageur dans ses courses : s'il y a entre les tribus des Hauts Plateaux et celles du Désert des nuances, il y en a davantage entre les tribus du Tell et celles des Hauts Plateaux. Dans le Tell, tantôt il rencontre des Arabes semi-nomades, agriculteurs plutôt que pasteurs, tantôt même des Arabes complètement fixés au sol, sédentaires, par conséquent, logeant sous un gourbi et non sous une tente. Il rencontre aussi, semi-nomades et surtout sédentaires, des hommes qui parlent la langue arabe, mais qui n'ont pas le type de l'Arabe, qui, on n'en peut douter, sont d'une autre race. Si le voyageur s'informe, un autre trait le frappe, c'est que l'indigène devant qui il se trouve, tient plus à la terre que n'y tiennent les nomades des Hauts Plateaux ou du Désert. Le droit est-il différent? est-il le même, mais modifié par l'usage? Une chose est certaine, c'est que dans les régions moyennes du Tell, habitées par des sédentaires, les populations sont attachées au sol, que chaque famille possède sa part, son bien propre distinct de celui du voisin. Elle le cultive. En outre, il est admis que la « terre morte » — ce sont les broussailles, les terrains de parcours — est à tout le monde jusqu'au jour où quelqu'un en la « vivifiant » l'aura légalement acquise. Défricher, construire un gourbi, planter un arbre, creuser un puits, semer, c'est vivifier la terre, s'est se l'approprier.

L'indigène est ici beaucoup plus agriculteur que pasteur. C'est lui qui dans les grandes plaines du Tell, dans les vallées basses, fait pousser le blé que les négociants marseillais venaient, avant la prise d'Alger, acheter dans leurs comptoirs de la côte.

Quels sont ces hommes? Ce peuvent être des Arabes d'abord; car l'Arabe n'est pas toujours nomade; il est aussi, suivant le milieu où il se trouve, semi-nomade ou sédentaire.

Dans les régions fertiles de l'Arabie et de l'Égypte, l'Arabe a toujours été sédentaire. Mais ce sont surtout des Berbères « arabisés », les fils des anciens vaincus demeurés dans les basses vallées et qui, de bonne heure, ont adopté la langue et la religion des vainqueurs. Ce sont, enfin, des Berbères presque purs qui n'ont pas oublié complètement leur langue, laquelle est sensiblement différente de l'arabe.

Toutes les populations berbères ne sont pas, d'ailleurs, sédentaires; plusieurs ont les habitudes des nomades et de grands terrains de parcours sur les Hauts Plateaux. Nous savons aujourd'hui que la plupart des Lybiens, des Gétules, des Numides de l'époque romaine étaient nomades. On s'accorde à ne voir dans le mot *Numidæ* que la transcription latine du mot grec νομαδες[1]. Sur le littoral, et dans les montagnes, les Africains s'attachaient au sol, habitaient des cabanes de branchages ou de pierre, mais, dans l'intérieur, semi-nomades ou nomades, ils vivaient sous la tente, groupés en grandes familles, avec des troupeaux qui constituaient leur seule richesse. Généralement ils portaient un vêtement de dessous rayé dont ils rejetaient un pan sur l'épaule gauche, et un burnous noir mis par-dessus; la tête était rasée[2]. En mettant le pied sur la terre d'Afrique, nous n'y avons donc pas seulement trouvé les Arabes tels qu'étaient leurs aïeux, au temps de Mahomet, nous y avons aussi rencontré, sous le nom de Berbères, les fils des Numides, des Gétules — en tout semblables à leurs pères, — qui vécurent sous la domination romaine. Ainsi les Berbères du xix⁰ siècle vivent sous la tente, ou dans de misérables gourbis, n'ayant ni porte, ni fenêtre, dont le sol n'est pas même battu, où bêtes et gens s'entassent pêle-mêle.

Les populations berbères se sont, naturellement, conservées plus pures dans les massifs montagneux où les conquérants ont pénétré avec moins de facilité, — telles les populations des massifs de l'Ouarensenis, des Bibans, des Babors, des

---

[1]. Charles Tissot, *Géographie comparée de la province romaine d'Afrique.* Imprimerie nationale, Paris.

[2]. Ernest Mercier, *Histoire de l'Afrique septentrionale.* Leroux, éditeur, Paris.

Tababors et de l'Aurès. Les Chaouïa de l'Aurès, notamment, représentent les plus anciens habitants de la contrée et les colons romains refoulés de la plaine; ils parlent un dialecte berbère dans lequel les linguistes ont reconnu des syllabes et des mots appartenant aux langues lybienne et égyptienne. Ils vivent, pour la plupart, en semi-nomades parce qu'ils doivent conduire leurs troupeaux de chèvres et de moutons sur de lointains paturages, mais il sont bons agriculteurs et savent aménager les eaux; leurs villages sont entourés de figuiers, d'oliviers. Toutefois, les Chaouïa sont demeurés dans l'état des populations agricoles de l'Empire romain; on a retrouvé chez eux des pressoirs à huile absolument semblables à ceux dont se servaient les Latins [1].

Ce n'est, d'ailleurs, pas dans le massif de l'Aurès que l'on retrouve la race berbère pure. L'Aurès n'est point, comme le Djurjura, disposé en forme de citadelle présentant de tous points à l'ennemi une muraille; il se compose, au contraire, de chaînons distincts formant autant d'avenues par lesquelles les envahisseurs ont pu remonter presque dans les hautes vallées. C'est seulement dans le massif si nettement déterminé du Djurjura que les Berbères se sont conservés purs : on les appelle les Kabyles.

Au physique, le Kabyle se distingue à première vue de l'Arabe. La tête est moins fine, le corps moins sec, trapu quelquefois. L'ovale du visage et la mâchoire sont plus larges, les pommettes plus fortes, les arcades sourcilières bien développées, alors que, chez l'Arabe, elles sont à peine indiquées. Mais sous ces traits généraux, combien de physionomies diverses chez les Kabyles ! On sent que des races différentes se sont réfugiées dans ces montagnes. Ici, l'homme est blond avec des yeux bleus; là, brun avec des yeux noirs; beaucoup de femmes seraient blondes si elles ne se teignaient pas en brunes. En parcourant les villages, on rencontre des milliers d'individus qui, s'ils changeaient de costume, pourraient être confondus avec des Auvergnats, des Cadurciens, des Limousins, des paysans français de toutes les provinces. Cette

---

1. Charles Tissot, *loc. cit.*

constatation de parenté ne saurait surprendre les savants s'accordant à reconnaître aujourd'hui que le Maghreb a été peuplé par des « blancs » venus de la Gaule, de l'Espagne et de l'Italie, au temps où la Méditerranée formait deux bassins, où le détroit de Gibraltar et le détroit de Sicile étaient deux isthmes reliant l'Espagne et l'Italie au continent africain. Les « Lybiens » d'Hérodote et des Romains étaient des blancs venus d'Europe; à côté d'eux, on rencontrait des « bruns » venus d'Asie par l'isthme de Suez, appartenant pour la plupart au peuple chananéen; Hérodote les appelait des « Éthiopiens ». C'est ainsi que les « Berbères », qui offrent des traces de cette double origine, sont issus du mélange de ces deux races primitives appelées lybienne et éthiopienne. Les colons romains, les Vandales se sont, plus tard, fondus avec eux.

On le voit, les Berbères et les Arabes n'appartiennent pas à la même race; aussi les différences entre les Kabyles, Berbères purs, et les Arabes doivent-elles être bien tranchées. Elles ne le sont pas moins au moral qu'au physique. Tandis que l'Arabe est indolent, paresseux, nomade, médiocre pasteur, mauvais agriculteur, soumis à un régime aristocratique, le Kabyle est actif, entreprenant, sédentaire, attaché au sol, industrieux, fidèle à des institutions démocratiques. Il est vrai d'ajouter que la configuration géographique de la Kabylie la rend absolument impropre à la vie pastorale et à la culture extensive des Arabes, tandis qu'elle est particulièrement favorable à la constitution de petites sociétés indépendantes.

C'est le trait dominant du montagnard kabyle d'aimer la terre, de s'y attacher, d'y donner tous ses soins. La vie est dure pour lui dans ces vallées étroites, le long de ces montagnes escarpées. Lorsqu'il le faut, il descend dans le ravin chercher la terre végétale dont il couvrira son champ; l'herbe lui manquant, il recueille les feuilles des frênes pour nourrir son bétail pendant l'hiver; il alterne les cultures; il plante des oliviers, des figuiers, sur les escarpements où il n'est pas possible de faire venir des céréales; il tient par-dessus toute chose à sa charrue qui est demeurée l'araire primitif des colons romains; voler une charrue est, dans le massif du Djurjura, un crime sévèrement puni. Excellents agriculteurs, les Kabyles sont aussi commerçants et ouvriers : les uns, colporteurs, vont avec leur mulet de village en village pour vendre et acheter; les autres, artisans, fabriquent différents objets : dans une tribu on fait des vases d'argile; dans une autre, on tisse des étoffes; une troisième est habile au travail du fer; une quatrième, à celui des armes; une autre, encore, s'entend à la fabrication des bijoux. Cette vie de travail, si différente de celle de l'Arabe, fait prévoir d'autres lois, d'autres mœurs. Puisqu'il aime la terre, le Kabyle ne saurait comprendre la propriété indivise entre tous les membres d'une tribu; il veut être maître de son champ. Cependant il n'a point la propriété privée telle que nous la concevons en Europe, ou du moins, elle n'est chez lui que l'exception. S'il est vrai que, d'après les coutumes kabyles, nul ne peut être tenu dans l'indivision en matière d'immeubles, il est également vrai que « la coutume favorise les associations de parents », et que « la règle commune est l'indivision pour les immeubles d'une même famille » [1]. Mais tout le monde travaille : le père, la mère, les fils, leurs femmes, leurs enfants, leurs petits-enfants, les oncles, les tantes, les neveux, les cousins.... La propriété est extrêmement morcelée; chaque famille ne possède en moyenne que 2 hectares. Quelquefois la terre est à l'un, l'arbre à l'autre; ou même une branche à l'un, une branche à l'autre. Faut-il ajouter que, dans ces conditions, la terre, dont d'ailleurs personne ne veut se défaire, atteint des prix considérables? A côté de la propriété familiale, la propriété collective : chaque village a un « communal »; c'est le *mechmel*.

Sans cesse occupé par la culture de son champ, le Kabyle ne peut être que sédentaire : il a donc une maison, et les maisons constituent des villages. Le village est fait de constructions uniformément basses, serrées les unes contre les autres, aux murs de pierre, couvertes de tuiles rouges que noircissent le temps et la mousse. Une grande place occupe généralement

---

[1]. Hanoteau et Letourneux, *loc. cit.*

le milieu. De loin on croirait voir un village de France ; de près, on juge, d'abord, que l'on s'est trompé ; les choses et les gens sont trop malpropres. La pièce unique de la maison, qu'aucune fenêtre n'éclaire, se divise en deux compartiments : un pour les gens, l'autre pour les bêtes. La fumée de la cheminée doit chercher une issue par la porte ou à travers les fissures du toit. Est-il rien de plus primitif, de plus grossier ? Et cependant, quand il réfléchit, le voyageur songe que certains villages français de la région montagneuse du centre, des Alpes ou des Pyrénées sont bien près de ressembler aux villages du Djurjura. Cette observation et quelques autres nous ont vite amené à penser que le Kabyle était très éloigné de l'Arabe et très près de nous, du paysan français ; on retrouvera plus loin cette erreur [1].

Le Kabyle est au moins aussi malpropre que l'Arabe : jamais il ne quitte ses vêtements ; sa chemise est en loques : sa tunique grise, rayée de noir — car il porte la tunique plutôt que le burnous, — couverte de taches. Il couvre sa tête d'une calotte, rouge lorsque la crasse ne l'a pas noircie au point de lui donner l'aspect du cuir. A la différence de l'Arabe, le Kabyle n'a généralement qu'une femme ; mais il divorce fréquemment ; lorsqu'elle n'est pas aux champs, cette compagne doit, au logis, tisser des étoffes et préparer la nourriture. Celle-ci se compose d'un peu de viande, de lait aigre, de figues ordinaires et de figues de Barbarie, d'artichauts sauvages, de couscoussou fait avec un mélange de farine de glands et de farine d'orge, accommodé d'huile rance.

L'organisation politique des populations kabyles est essentiellement démocratique. L'unité politique est le village (*taddert*), qui a sa vie propre, son autonomie. Il nomme ses chefs, fait ou modifie ses lois (*kanoun*), s'administre lui-même. Le pouvoir est aux mains de la *Djemâa*, assemblée générale des citoyens. C'est elle qui choisit le chef du pouvoir municipal, l'*Amin*. Lui-même s'adjoint quelques auxiliaires appelés *t'emmans* (au singulier *t'amen*). Deux ou plusieurs villages, unis par certains liens d'affinité, d'intérêt, consti-

---

[1]. Voir au livre III, chap. II, p. 417.

tuent la tribu; ils ont un chef de guerre, l'*Amin-el-Arch*; la réunion de plusieurs tribus forme la Confédération, qui, en temps de guerre, obéit à l'*Amin-el-Thak'-ebilt*. L'ensemble des populations de la Kabylie est divisé en plusieurs Confédérations.

Ainsi organisés, les Kabyles sont en même temps divisés et forts : divisés, parce que les habitants de chaque village appartiennent à deux « *soff* » rivaux ou ennemis; forts, parce que, jaloux de leur indépendance, les Kabyles savent, quand le danger les menace, faire taire leurs divisions, s'unir sous un chef de guerre, qui a un pouvoir assez semblable à celui du dictateur romain, et marcher à l'ennemi. Les Romains n'ont jamais pu les soumettre; ils ont pénétré, par la mer, dans les vallées basses jusqu'à 15 ou 20 kilomètres du rivage, mais le Djurjura, lui-même, est demeuré pour eux imprenable; ils l'appelaient le « mons Ferratus ». Plus tard, les Arabes et les Turcs ont été également impuissants contre ces montagnards; et l'on sait quelle peine le maréchal Randon eut à les soumettre.

La différence de races entre Arabes et Kabyles n'est pas seulement accusée par les traits du visage, les mœurs, le genre de vie. La langue n'est pas la même. Les Kabyles, comme les Aurasiens, parlent un dialecte berbère, reste d'une langue que saint Augustin avait appelée « punique » et qui s'écrivait avec des caractères spéciaux, des ronds, des barres et des points. Toutefois, cette langue, d'une écriture difficile, trop rudimentaire pour qu'elle pût servir à autre chose qu'à composer des inscriptions ou conserver le souvenir d'une chanson de quelques vers, ne s'écrit plus depuis des siècles. La seule langue écrite est l'arabe; aussi les *kanoun* sont-ils, soit en langue berbère et transmis d'âge en âge par la tradition orale, soit écrits en caractères arabes[1]. Bien que les Arabes aient donné aux Kabyles leur langue écrite et, ce qui est plus, leur religion, il existe entre les deux races, entre les deux peuples, un fossé profond. L'Arabe

---

[1]. En 1859, M. Hanoteau estimait encore à 850 000 le nombre des individus parlant les idiomes berbères : le plus grand nombre habitait la Kabylie et l'Aurès; mais il observait que la langue arabe ne cessait de gagner parce qu'elle était la langue écrite en même temps que la langue religieuse.

méprise le Kabyle, le Kabyle hait l'Arabe; il est le vainqueur qui a chassé le Berbère de la plaine, qui l'a refoulé dans les montagnes. En 1857, des délégués kabyles viennent négocier avec le maréchal Randon les conditions de leur soumission. « Nous conserverons nos institutions? — Oui. — Nous nommerons nos chefs ainsi que par le passé? — Oui, seulement comme nous ne voulons pas que ce soient des hommes de désordre, ces nominations seront approuvées par nous. — Vous ne nous donnerez pas d'Arabes pour nous commander? — Non. — Alors vous pouvez compter sur notre soumission et demain nous déposerons entre vos mains notre contribution de guerre. »

Tous les Berbères qui ont voulu fuir pour conserver leur indépendance ne se sont pas réfugiés dans les massifs du Tell, dans le Djurjura et dans l'Aurès. Les *ksour*[1], les oasis du Désert ont été comme la montagne un refuge. C'est ainsi que nous retrouvons des populations berbères jusqu'à l'extrémité méridionale de l'Algérie; toutes ne sont pas pures parce que les Arabes, ici, à demi vainqueurs, ont exigé le partage des terres; là, maîtres absolus des vaincus, les ont réduits à la condition de travailleurs et de serfs. La vie des habitants des *ksour* et des oasis n'est pas désœuvrée, car le palmier réclame autant de soins que les champs, les jardins, les figuiers et les oliviers de Kabylie; aussi retrouve-t-on chez les Berbères des *ksour* une partie au moins des qualités de travail, d'économie et de ténacité observées chez leurs frères du Djurjura. Ils doivent, en effet, défendre les puits contre l'ensablement ou l'accumulation des détritus des végétaux, entretenir les canaux d'irrigation qui alimentent chaque jardin, repousser les dunes qui les entourent lorsque le vent les déplace. Il faut assurer au palmier l'eau qui lui est indispensable si l'on veut conserver l'oasis, faire vivre ses habitants. Que le précieux liquide vienne à manquer, que les

---

[1]. Au singulier *ksar*. Les *ksour* sont des villages fortifiés, égrainés le long de la chaîne de l'Atlas méridional, particulièrement dans la région du Djebel Amour, et regardant le grand désert. Un puits, un oued, alimenté toute l'année fournit de l'eau aux Ksouriens et leur permet de planter des palmiers, quelquefois de cultiver aussi les céréales. *Ksour* et oasis ont donc les mêmes conditions de vie, les mêmes cultures.

sables s'amassent au pied des arbres, l'oasis dépérit, disparaît, ses habitants sont condamnés à la faim, à la mort.

Combien de travaux sont parfois nécessaires pour vivifier les sables ingrats du Sahara! Voici, installée dans une région de plateaux et de mamelons désertiques de la province d'Alger, une population nombreuse de Berbères d'un type spécial, les Mzabites [1], qui avec une rare patience recueillent les moindres gouttes d'eau tombées, plantent des palmiers, créent des jardins. L'ensemble de leurs oasis et de leurs villages forme une confédération de petites républiques indépendantes. Les Mzabites, que les besoins de l'agriculture ne retiendront pas dans leur pays, vont, à la faveur de la paix assurée par notre domination, se disperser dans toute l'Algérie pour se livrer au commerce.

Mais, étrangeté de contrastes, témoignage de l'influence du milieu sur les hommes! à côté des Berbères travailleurs des *ksour*, des oasis et du Mzab vivent d'autres Berbères que l'on serait tenté de prendre pour des Arabes et de classer parmi les plus nomades, ce sont les Touareg [2]. On croit qu'ils viennent du Sahara central, peut-être de l'Égypte, mais leur type, leur origine africaine, leur occupation du pays, bien antérieure à celle des Arabes, font qu'on doit les considérer comme les frères des Kabyles du Djurjura. Hommes de haute taille, maigres et nerveux, à la peau blanche, à la face voilée, ils parcourent le Désert montés à mehari [3], pillent les caravanes, menacent les oasis, razzient les troupeaux des tribus nomades, qu'elles soient berbères ou arabes. La vie du Désert a marqué les Touareg de son empreinte : le soleil, malgré le voile qui les protège, leur a donné une teinte bronzée, et, fait curieux, a modifié avec les siècles leur appareil optique. Ils ont des sourcils très épais, abritant le globe de l'œil, petit et profondément enfoncé. L'invasion musulmane les a également marqués : comme les Kabyles, ils

---

1. Les Beni Mzab ou Mzabites sont appelés « zénetes » par les ethnographes et considérés comme plus empreints de sémitisme que les autres Berbères. — On a vu plus haut que la race dite berbère résultait de la fusion des Lybiens venus d'Europe et des Chananéens venus d'Asie.
2. Au singulier *Targui*.
3. Au singulier *mehara*.

ont conservé leur indépendance et leur langue (le temahag, langue qui s'écrit), mais ils ont dû accepter la religion du Prophète et aussi adopter sa langue parce qu'elle se peut écrire bien plus facilement que la leur, réduite à quelques caractères.

Toutes ces populations qui couvrent le territoire algérien ne demeurent point isolées les unes des autres. La guerre et les razzias mettent d'abord les voisins en contact; le *ksar* et l'oasis doivent se défendre contre le nomade; la tribu des Hauts Plateaux ou du Tell, contre les tribus voisines; le sédentaire doit craindre à la fois le nomade et le Turc. La force des choses a, d'autre part, fait naître, en même temps, des relations commerciales. Les Arabes conduisent sur les marchés du Tell leurs chevaux, leurs chameaux et leurs moutons; les habitants des oasis y apportent leurs dattes et y achètent les céréales nécessaires à leur consommation; des caravanes sillonnent ainsi le pays, mais, partout où elles ne se sont pas assuré des alliances, elles doivent craindre les ennemis et les maraudeurs.

Arabes et Berbères peuplent seuls, on peut le dire, l'Algérie, car les faibles contingents étrangers dont il sera parlé plus loin, n'ont qu'une minime importance.

Mais en quelle proportion sont les Arabes et les Berbères?

Au premier abord, l'observateur superficiel pourrait penser, en voyant toutes les populations suivre la religion musulmane, toutes nomades ou semi-nomades, presque toutes parlant la langue arabe, que, les Kabyles exceptés, le pays appartient à la race arabe. Ce serait une grave erreur : longtemps nos officiers et nos administrateurs l'ont commise. La vérité est que les vainqueurs sont bien moins nombreux que les vaincus. Un tiers, mais, plus probablement, un quart seulement, de la population totale de l'Algérie est faite d'Arabes purs. Tout le reste appartient à la grande famille berbère. Mais ici les nuances sont nombreuses : à côté des Kabyles ou Berbères purs, à côté des Berbères presque purs de l'Aurès ou de certains *ksour* sont, plus nombreux, des Berbères « arabisés ». Les conquérants arabes, en effet, ont peu à peu couvert dans les vallées basses, dans les plaines, sur les Hauts Plateaux, dans plusieurs oasis, les populations autochtones auxquelles ils ont fait adopter leur religion, leur langue et leurs mœurs. Dès les premières années du VIII° siècle, l'islamisation des Berbères avait été entreprise par les Arabes, arrivés au siècle précédent. « Toutes les anciennes églises des chrétiens furent transformées en mosquées », dit un auteur [1]. Au XIV° siècle, après la seconde invasion, Ibn Khaldoun constate que de nombreuses tribus berbères ont « adopté non seulement le langage, l'habillement des Arabes, mais encore tous leurs usages »; parlant des habitants d'une région, il ajoute : « Ils ont oublié leur dialecte berbère pour apprendre la langue plus élégante des Arabes et à peine comprennent-ils une parole de leur ancien langage ». Faut-il ajouter pour expliquer cette arabisation, en somme assez rapide, que beaucoup de Berbères étaient pasteurs, nomades et menaient, depuis les temps les plus reculés, la même vie que les Arabes? Les croisements ont aussi contribué dans une large part à la fusion. « Vous pouvez choisir vos femmes entre celles qui sont sous votre dépendance et même entre vos esclaves », avait dit Mahomet.

L'établissement, après la conquête brutale, la langue, l'islamisation, les unions, ont depuis des siècles mélangé, confondu à tel point les deux peuples, on peut dire les deux races, que les types ont perdu leur netteté première. L'œil hésite souvent, surtout dans la région du Tell, à distinguer l'Arabe du Berbère, et l'on rencontre rarement l'Arabe pur. D'autre part, des Berbères d'origine se croient de race arabe. Telles tribus, soumises depuis longtemps aux musulmans vainqueurs, ont perdu jusqu'au souvenir de leur origine; elles se disent et se croient arabes; ainsi les populations des environs de Saïda et de Frenda, les Beni-Menasser au sud de Cherchell, les Beni-Miscera, les Beni-Azzoun dont les territoires bordent la Mitidja.

La population de l'Algérie composée d'Arabes nomades, demi-nomades, de Berbères « arabisés », de Berbères purs, les uns nomades, semi-nomades, les autres sédentaires, pré-

---

1. Les Berbères étaient, lors de l'invasion arabe, chrétiens ou fétichistes.

sente au voyageur un ensemble déjà singulièrement nuancé. Cet ensemble n'est cependant pas complet. Les Maures, les Kouloughis, les Juifs, les Haratins et les Nègres, les uns et les autres en petit nombre d'ailleurs, vont jeter dans le tableau de nouvelles notes. — On désigne sous le nom de Maure la population mixte des villes, faite des descendants islamisés des Berbères, des Phéniciens, des Romains, et des

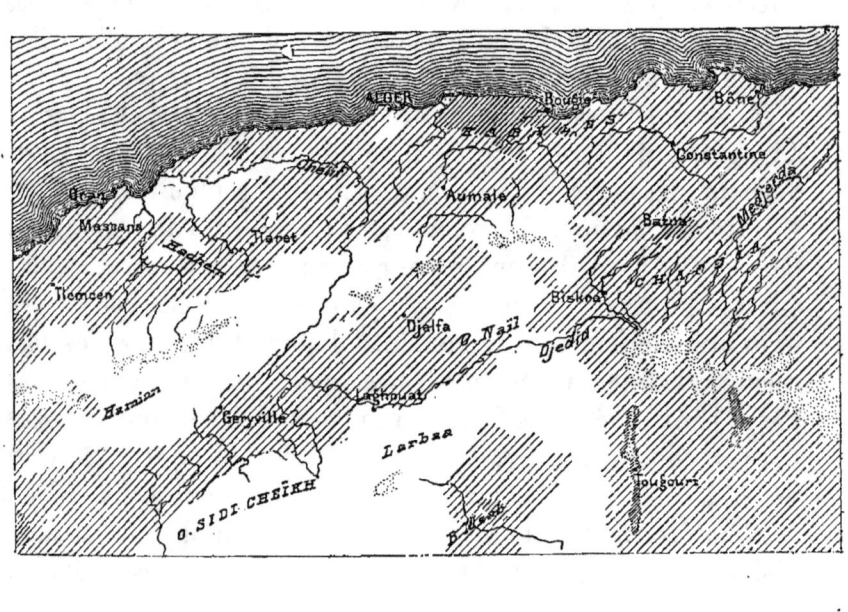

Arabes et Berbères de l'Algérie.

Arabes conquérants. Les éléments européens, amenés dans les cités du littoral, par la volonté des corsaires ou les hasards d'une existence vagabonde, se sont fondus parmi les Maures. — Les Kouloughis, fils de femmes indigènes et de soldats de la milice turque, perpétuent par leur présence le souvenir de la domination ottomane disparue. — Les Juifs sont très anciennement établis dans le pays. Comment y sont-ils arrivés? Sans doute par les colonies phéniciennes. Peut-être, même, celles-ci se sont-elles converties au judaïsme. Ce sont là des hypothèses faites pour expliquer la dispersion des Juifs dans tout le pays. Vêtus d'une robe sordide, se livrant, dans les villes et les campagnes, au commerce et plus encore à l'usure, ils sont méprisés et haïs par les Arabes. — Les Haratins, bien que noirs, ne doivent pas être confondus avec les Nègres; leur nez n'est pas épaté, leur front n'est pas déprimé. Ce sont les anciens propriétaires des oasis, réduits par les Berbères ou les Arabes à la condition de cultiver pour leurs vainqueurs [1]. — Enfin, les Nègres : ils sont évidemment venus du Soudan, la plupart comme esclaves; on les rencontre surtout dans le Sud mêlés, ici à la population des oasis et des *ksour*, là aux tribus nomades du Désert. Toutefois, l'élément nègre se retrouve jusque dans la région du Tell et même parmi les Kabyles.

Frappés de cet extraordinaire mélange des sangs, embarrassés devant cette confusion de races si peu fondues, bien qu'une même religion soit commune à tous, nos soldats ont quelquefois donné aux populations de l'Algérie, un nom qui, dans sa trivialité, fait image : les « Beni-Ramassés ».

Mais les « Beni-Ramassés » ont des traits communs qu'il faut mettre en lumière : tous sont presque également pauvres, tous sont ignorants, tous sont en arrière des nations, même les moins avancées, pour l'agriculture, l'industrie ou le commerce.

Arabes, Berbères, Kabyles, nomades ou sédentaires, sont misérables; la demeure, la nourriture, le vêtement, le genre de vie témoignent de la simplicité toute primitive de l'existence. Sauf chez les riches, le couscous ou le mouton rôti ne se servent que les jours de fête; il y a des milliers de burnous gris, crasseux ou troués, pour quelques centaines de robes de belle laine blanche et de haïks de soie; le bel Arabe « drapé dans un riche burnous », monté sur un « fin coursier », vêtu lui-même d'étoffes aux couleurs éclatantes, appartient bien plus à la légende et à la gravure qu'à la réalité. Quelques familles de la région du Tell, une partie des tribus du Sud sont seules vraiment riches. D'ailleurs l'indigène désire peu de chose; sa pauvreté ne lui pèse pas, il ne rêve aucune amélioration. — L'ignorance est le lot

---

1. Général Colonieu, *Nouvelles géographiques*, 6 février 1892. Hachette et Cⁱᵉ, éditeurs, Paris.

commun. Ils sont rares ceux qui savent lire, plus rare ceux qui comprennent ce qu'ils lisent. Que lit-on d'ailleurs? Le Koran et les rares ouvrages de quelques commentateurs, livres copiés par des « savants », car les musulmans d'Algérie ne connaissent pas l'imprimerie — cette découverte mille fois plus admirable que toutes les autres, — qui a fait l'Europe pensante et agissante! Il est des pays musulmans où l'étude, la science sont honorées, mais le Maghreb central n'est pas au nombre de ces pays; Ibn Khaldoun, qui déplorait déjà de son temps l'abaissement du haut enseignement à Fez et à Kaïrouan, citait à peine en Algérie les écoles de Tlemcen et de Bougie. La misère? L'ignorance? Ce sont les conséquences naturelles de la vie nomade ou de la vie « cloîtrée » dans les montagnes.

Enfin — et c'est un dernier trait qu'il faut se garder de négliger, — dès le lendemain du débarquement, dès les premières expéditions à quelques lieues des côtes, les vainqueurs purent se convaincre que ni les Arabes, ni les Berbères d'Algérie n'étaient parvenus à la civilisation agricole et industrielle des musulmans d'Espagne. On a souvent loué l'état florissant où étaient parvenues les provinces de l'Espagne conquises par les Arabes. Dans les campagnes, un ingénieux système d'irrigation entretenait la fertilité des terres; on cultivait le riz, le coton, le mûrier, la canne, le pistachier, le bananier; dans les villes, on préparait le cuir, on tissait le coton, la soie, la laine; on trempait les lames; dans les montagnes, on exploitait les mines; sur la côte, on pêchait le corail et les perles. Cordoue, Grenade étaient des capitales peuplées, riches, commerçantes, instruites; et les historiens sont unanimes à reconnaître que l'expulsion de la population musulmane espagnole (1492) a été aussi funeste au royaume de Castille que la révocation de l'Édit de Nantes, au royaume de France.

Les côtes septentrionales de l'Afrique, et l'Algérie plus encore que le Maroc ou la Tunisie, ne sont jamais parvenues à un pareil état de prospérité agricole et industrielle. L'historien des Arabes [1] qui s'est plu à décrire l'état florissant de

---

1. Sédillot, *Histoire générale des Arabes.*

l'Espagne, sous la domination musulmane, ne rencontre presque aucune trace de cette civilisation dans le Maghreb. A peine s'il parle de « l'activité manufacturière et rurale de la Maurétanie Tingitane » (Maroc), de la « fertilité du Sous » (région du Maroc au sud de l'Atlas), et de « l'intelligence de ses habitants ».

Certes, il ne faut rien exagérer. Dans les premiers siècles de la conquête arabe, quelques petits États de l'Afrique du Nord arrivèrent à une situation assez florissante par l'agriculture et le commerce, plus tard les royaumes de Tlemcen (1235-1560) et de Bougie (1228-1525) eurent leur temps de prospérité. Mais, pour diverses causes, l'Algérie musulmane ne devait jamais atteindre, ni même approcher, de l'état de civilisation où parvint l'Espagne musulmane. Tout d'abord, tandis que les provinces conquises de la péninsule vivaient fortes, unies pendant plus de deux siècles sous l'autorité des princes de la dynastie des Ommiades (756-1031), qui compte de grands et célèbres souverains, l'Afrique septentrionale demeurait, tantôt divisée entre plusieurs petits royaumes, la plupart faibles, rivaux ; tantôt à la merci des gouverneurs et des lieutenants des Fatimites d'Égypte ; toujours agitée par les querelles religieuses ou les révoltes des Berbères. En outre — et cette raison n'est pas moins forte que la première, — les Arabes ne rencontrèrent pas en Afrique et en Espagne les mêmes populations. Dans le Maghreb, vivaient, à côté des populations berbères sédentaires, travailleuses, qui déjà sous la domination romaine cultivaient les champs et faisaient la richesse du pays, d'autres populations, celles-là pastorales, nomades, guerrières, rebelles à l'agriculture, à l'industrie, au commerce. Les habitants de la péninsule espagnole, au contraire, étaient sédentaires et travailleurs. « Les indigènes seuls, écrit Dozy[1], connaissaient les procédés de l'agriculture et, d'ailleurs, les conquérants étaient trop fiers pour s'en occuper. On imposa donc aux serfs l'obligation de cultiver les terres, comme par le passé, et de rendre au propriétaire musulman quatre cinquièmes des récoltes et des autres pro-

---

1. Dozy, *Histoire des Musulmans d'Espagne*. Traduction française, Brille, éditeur, Leyde.

duits de la terre. » Si les Arabes furent souvent des artisans et des commerçants pleins d'intelligence, les Ibères, les descendants des colons romains et des Goths, qui formaient la partie la plus nombreuse de la population, se montrèrent d'excellents agriculteurs. Les indigènes n'aimaient pas seulement la terre, il en était parmi eux qui aimaient la littérature et les sciences. « S'il s'agit d'écrire en arabe, dit un auteur de l'époque cité par Dozy, vous trouverez une foule de personnes qui s'expriment dans cette langue avec la plus grande élégance et vous verrez qu'elles composent des poèmes préférables, sous le point de vue de l'art à ceux des Arabes eux-mêmes. » Fait curieux! en Espagne, « les barbares », ce sont les Léonais qui parviendront à chasser les Arabes — ou, plus exactement, les musulmans, c'est-à-dire avec les descendants des conquérants, les indigènes convertis; — « barbares qui ne savent pas lire, qui, quand ils voulaient faire arpenter leurs terres, devaient se servir de Sarrasins et qui, quand ils parlaient d'une bibliothèque, entendaient par là l'Ecriture sainte ».

Enfin, une dernière cause explique l'état misérable où nous trouvons les populations berbères, arabes et « arabisées » de l'Algérie en 1830. C'est la seconde invasion arabe, celle du XIe siècle, l'invasion hilalienne, du nom des premiers envahisseurs, les Hilal. Nous savons qu'elle fut terrible. 500 000 individus, peut-être un million, venus des territoires de la mer Rouge et de la vallée du Nil, à l'appel des Fatimites d'Égypte, se ruèrent sur le Maghreb. C'étaient des barbares, des sauvages, qui, sur leur passage, renversaient les villes, coupaient les arbres, brûlaient les récoltes, faisaient partout place nette pour leurs troupeaux. On a dit « qu'ils apportaient avec eux le désert ». Plus tard, avec Barberousse et ses successeurs, les Turcs devinrent les maîtres et l'on sait qu'ils ne possèdent aucune des qualités nécessaires pour développer chez les peuples qui leur sont assujettis, le goût du travail ou du commerce.

Un fait brutal est là, d'ailleurs.

Le « civilisé » européen qui dans son pays a défriché la terre, desséché les marais, cultivé les champs, ouvert des routes et des canaux, jeté des ponts, élevé des fermes, des villages, des villes, juxtaposant son œuvre à celle de la nature au point même de modifier celle-ci, se trouve, en Algérie, dans un pays où l'œuvre de la nature est entière. L'habitant n'y a point touché; à peine s'il a, par places, creusé dans le sol un maigre sillon; il campe sur les ruines de la civilisation romaine depuis longtemps disparue; il passe sur cette terre, indifférent au bien-être, à toute amélioration, insouciant du sort réservé à lui-même et à ses enfants!

CHAPITRE III

LA RELIGION MUSULMANE [1]

Les Berbères et les Arabes ont une même religion. — C'est elle qui les unit. — Mahomet. — Le rôle qu'il s'est assigné. — Ce que l'on sait de lui. — Simplicité de la religion qu'il a donnée. — Ses emprunts au Judaïsme et au Christianisme. — Les cinq devoirs fondamentaux. — Comment Mahomet est le « sceau des prophètes ». — Le Koran; ses contradictions.
Les saints. — Le clergé séculier. — Les *Marabouts*. — Les *Chourfa*. — Les biens *habbous*. — Le Koran renferme des prescriptions religieuses et juridiques. — Prescriptions religieuses : la prière, le jeûne, le pèlerinage. — Prescriptions juridiques : législation civile et pénale. — La *Sounah*, seconde source du droit islamique. — L'*idjma* et le *qiyas*. — Les quatre grands *imam* et leurs écoles. — Sidi Khelil et son Précis. — Toutes les questions de droit ont été prévues et tranchées par Mahomet et ses « compagnons ». — Situation de la femme. — Le droit pénal.
Le fatalisme et l'immobilité. — Controverse sur la prédestination et le libre arbitre. — Les *Motazelites*. — La prédestination et la promotion deviennent la seule doctrine orthodoxe. — La loi de l'immuable. — Influence de la religion de Mahomet sur les populations qui l'ont embrassée.
La vie religieuse au xiv° siècle de l'Hégire. — Son activité. — Les congrégations religieuses; leurs principales règles. — Organisation d'une congrégation : le *cheikh*, les *khalifa*, *moqaddem* et *khouan*. — Le *dikr* ou prière. — L'obéissance absolue. La *ziara* ou cotisation. — La direction; intelligence des chefs. — Le fanatisme. — Paroles du Koran contre les infidèles. — La Croisade d'Abd-el-Kader. — Les intrigues des *Khouan*.
La France est entrée en Afrique dans le monde musulman. — Son étendue. — Ses forces. — Le sultan de Constantinople et l'empereur du Maroc en rapport avec les musulmans d'Algérie. — Intervention directe et intrigues secrètes.

Décrire les populations de l'Algérie, leur genre de vie, insister sur le mélange des races, montrer vivant côte à côte,

---

1. *Le Koran,* traduction de Kasimirski, édition de la Baume. Maisonneuve, éditeur, Paris. — Perron, *l'Islamisme.* Ernest Leroux, éditeur, Paris. — Rinn, *Marabouts et Khouan.* Jourdan, éditeur, Alger.

mais non confondus, des hommes d'origine différente, souvent ennemis, toujours divisés, ce n'est point dire assez pour faire connaître avec tous leurs caractères les vaincus dans le pays desquels nos troupes, et derrière elles nos colons, viennent de s'établir.

L'Arabe, le Berbère « arabisé », n'ont le sentiment de leur solidarité qu'à l'égard de la famille, du village, de la tribu. Ils n'ont nullement conscience qu'habitant un même pays ils pourraient faire un même peuple. La nationalité, d'ailleurs, est chose de développement moderne; il n'est pas surprenant que les populations du Maghreb qui, au xixe siècle de notre ère, vivent dans des formes et des moules qui rappellent à la fois les temps bibliques et le moyen âge, ne soient pas parvenues à l'état de nationalité. Ce qui fait leur force, leur caractéristique, ce qui les distingue notamment des populations de l'Inde, primitives elles aussi, mais tiraillées entre mille superstitions et mille divinités, c'est qu'elles sont toutes réunies dans une même foi, dans une même religion. C'est la religion qui donne, à toutes les populations si diverses du Maghreb central, la même langue, qui à certains jours peut faire cesser les divisions et réunir les ennemis de la veille dans un sentiment unanime, dans une action commune. On a pu en juger déjà, dès les premières pages de ce livre, en lisant l'histoire de la conquête.

Étudions donc cette religion.

Lorsque, dans les premières années du viie siècle de notre ère, Mahomet[1] proclama sa mission aux tribus au milieu desquelles il vivait, les populations de l'Arabie suivaient divers cultes, parmi lesquels celui du soleil et des principaux astres; quelques-unes étaient converties au christianisme ou au judaïsme; plusieurs, mais non toutes, vénéraient la pierre noire de la « Kaaba » de la Mekke. D'après la tradition musulmane qui a fait de la Mekke et de sa Kaaba le berceau de la religion des Arabes, ce sanctuaire avait été fondé par le « prophète » Abraham; les statues ou images de trois

---

[1] Mahomet, dont le nom exact est Mohammed, né en 570 de notre ère, mort en 632.

cent soixante dieux ou idoles, parmi lesquels Jésus-Christ et Marie, y étaient réunies [1].

Tous les détails de la vie de Mahomet, son caractère, les sentiments qui l'ont fait agir, qui expliquent son rôle n'ont pas encore été complètement pénétrés. Les savants ne cessent d'étudier; ils s'informent auprès des premiers personnages religieux lorsque, par un rare bonheur, ils peuvent visiter la Mekke dont le séjour est interdit aux non musulmans; ils rétablissent les textes des auteurs arabes, les traduisent, les contrôlent. Mahomet était un mystique, un halluciné, un politique, mais quelle est dans sa vie, dans son Livre, la part de l'halluciné, celle du politique? Il ne savait, croit-on, ni lire ni écrire; toutefois cet illettré n'était certainement pas un ignorant. Il était intelligent, il avait des connaissances sur la religion des juifs et celle des chrétiens; il devait posséder de mémoire les belles poésies dont se nourrissait l'imagination arabe; il sut parler en poète à des hommes qui aimaient les paroles sonores et chatoyantes, que les récits, les mots entraînaient. Comme il approchait de l'âge de quarante ans, Mahomet paraît avoir été possédé, halluciné, par l'idée d'un Dieu unique et de la vie future. Le Livre révélé, l'acharnement dans la propagande, la persévérance dans le but, la volonté de fonder, l'esprit politique avec ses habiletés et ses ruses découleraient ainsi d'une première hallucination, d'une première foi.

Mahomet n'inventa rien; ce ne fut ni un grand philosophe, ni un grand penseur, mais il sut — et là fut sa plus grande science — adapter les règles et les principes de la religion nouvelle à l'esprit et aux mœurs des Arabes. L'idée de l'unité absolue de Dieu, dont il était pénétré, était un dogme simple, facile à comprendre pour des populations « simples »; on

---

[1]. La tradition musulmane veut que l'ange Gabriel ait apporté la « pierre noire » à Abraham et à son fils pendant qu'ils construisaient la Kaaba. — Aux yeux du voyageur la Kaaba est un simple oratoire de construction grossière, un carré fruste de vingt-cinq coudées de long sur vingt-cinq coudées de large, placé au milieu d'un grand espace entouré de galeries, mais pour Mahomet la Kaaba est exactement au-dessous du temple appelé Dourah, dans le ciel, et où des milliers d'anges vont chaque jour glorifier le Très-Haut. « Si le Dourah, a dit le prophète, venait à tomber sur la terre, il tomberait juste sur la Kaaba. »

pouvait, d'autre part, grouper toutes les tribus arabes autour de la Kaaba de la Mekke que plusieurs visitaient déjà. Enfin, Mahomet annonça qu'il venait continuer et terminer la chaîne des prophètes dont le premier est Adam et le dernier Jésus. Ce n'est pas lui qui parle; ce qu'il dit, ce n'est pas sa parole, mais celle de Dieu, et elle lui est portée par l'ange Gabriel, qui vingt-quatre mille fois honora de sa visite le dernier envoyé de Dieu. La religion qu'il prêche est d'une grande simplicité : « En quoi consiste l'Islamisme? » demande l'ange à Mahomet; et celui-ci répond : « A professer qu'il n'y a qu'un seul Dieu et que je suis son envoyé, à observer strictement les heures de la prière, donner l'aumône, jeûner le mois de Ramadân et accomplir le pèlerinage de la Mekke si on a le pouvoir de le faire. »

La plupart des préceptes de la religion musulmane paraissent empruntés au judaïsme et au christianisme, de telle sorte que ces trois religions sont les trois branches d'un même tronc. Mahomet aurait pris aux Juifs l'idée de son Dieu unique, Dieu « un » qu'il oppose au Dieu « trinitaire » du christianisme (Père, Fils et Saint-Esprit), ses traditions, l'esprit de ses prières, la réprobation du culte des idoles, une partie de ses règlements relatifs au mariage, peut-être la polygamie que, cependant, les Arabes pratiquaient déjà et que, pour cette raison, il aurait plutôt réglée [1]; il semble devoir aux chrétiens, en grande partie la croyance au jugement dernier, la rétribution selon les vertus, le paradis [2];

---

1. La polygamie des Juifs est précisément plus large que celle des musulmans, car ceux-ci ne doivent avoir que quatre épouses légitimes alors que ceux-là peuvent en prendre autant qu'ils veulent. « L'homme peut avoir plusieurs femmes en même temps, mais à la condition de pourvoir à leur nourriture et à leur entretien. » Sautayra, *Code rabbinique*. Chalamel, éditeur, Paris.

2. Il convient de noter ici que les plaisirs promis par Mahomet à ses disciples dans le paradis n'ont point le caractère d'immoralité que l'on a souvent prétendu. Le plus grand bonheur que l'on y aura sera de voir Dieu. Toutefois, comme les hommes auxquels le prophète apportait une religion nouvelle étaient des esprits grossiers, il était nécessaire de parler à leurs sens; le paradis qui sera leur récompense est sensuel, mais il n'est ni vicieux ni immoral. Les versets suivants du Koran en témoignent : « L'amour du plaisir éblouit les mortels; les femmes, les enfants, les richesses, les chevaux superbes, les troupeaux, les campagnes, font les objets de leurs ardents désirs. Telles sont les jouissances de la vie mondaine. Mais l'asile que Dieu

l'enfer, la fraternité des croyants ; enfin, il tiendrait des juifs et des chrétiens l'aumône et le jeûne.

Les quatre devoirs fondamentaux auxquels les fidèles ne peuvent se soustraire, « les piliers » sont : l'acte de foi musulmane, la prière, le jeûne du Ramadân, le payement de la dîme ; un cinquième devoir, tout aussi d'obligation divine, mais dont certaines circonstances dispensent les fidèles, est le pèlerinage de la Mekke. La « Guerre sainte » ou, pour prendre le mot « al-Djihad » dans son sens le plus adouci, la « propagande religieuse », est un devoir de la « communauté musulmane », comme aussi la prière du vendredi.

Afin de rendre ses lois à jamais indiscutables, Mahomet se donne comme le « Sceau des prophètes ». Dieu l'a envoyé pour compléter la mission prophétique de Jésus, « Aïssa », qui est un prophète et non le Fils de Dieu, puisque Dieu est un. Ainsi les musulmans acceptent Mahomet comme le dernier des envoyés et des prophètes, ce qui implique dans leur esprit la supériorité de l'Islam sur les autres religions. Le vrai croyant reconnaît que le Pentateuque et l'Évangile sont aussi bien des révélations de Dieu que le Koran, le « Livre » par excellence, mais les hommes ont falsifié les premiers, tandis que le Koran n'a jamais été corrompu et ne pourra jamais l'être. Si donc il se trouve dans les croyances chrétiennes des dissemblances avec le Koran, c'est par la faute des hommes ; mais entre le vrai Évangile et le Koran, il ne peut pas exister de différence essentielle ; enfin, le Koran étant la dernière révélation, c'est lui qui, en cas de controverse, contient la vérité [1]. D'ailleurs, Jésus reviendra sur la

---

prépare est bien plus délicieux. » « Dis : que puis-je annoncer de plus agréable à ceux qui ont la piété que des jardins arrosés par des fleuves, une vie éternelle, des *épouses purifiées* et la bienveillance du seigneur qui a l'œil ouvert sur ses serviteurs ? » (Chap. III.) — « Les justes habiteront le séjour de la paix ; les jardins et leurs fontaines seront leur partage. Ils seront vêtus d'habits de soie et ils se regarderont avec bienveillance. Nous leur donnerons pour compagnes *des épouses aux grands yeux, aux yeux noirs*. » (Chap. XLIV.) « Accoudés sur des lits rangés en ordre (ceux qui craignaient Dieu) nous les avons mariés à des filles aux grands yeux noirs.... *Ils s'y prêteront mutuellement la coupe qui ne fera naître ni propos indécent, ni occasion de péché.* » (Chap. LII).

1. « Il faut confesser... que le Koran a été envoyé au prophète Mohammed (que Dieu lui soit propice et lui accorde le salut !) fragment par fragment, dans

terre quarante ans avant la fin du monde, pour glorifier l'Islam, avouer la supériorité prophétique de Mahomet, et appeler tous les hommes à la foi et à la pratique de l'Islam. Le « Fatihah » ou Introduction au Kóran, qui est analogue au « Pater » des chrétiens condamne les Juifs qui ont encouru la « colère de Dieu » et les chrétiens qui « sont dans l'égarement » [1].

Pourtant les Juifs et les chrétiens sont les « hommes du Livre » parce qu'ils ont une religion révélée, un prophète, Moïse ou Jésus, aussi peuvent-ils être admis à habiter des pays placés sous l'autorité des musulmans; il n'est pas d'obligation divine de les convertir comme les idolâtres qui, eux, doivent accepter la loi de Mahomet ou mourir. Dicté par l'ange Gabriel au jour le jour et suivant les nécessités religieuses ou politiques du moment, le Koran divisé en 114 chapitres ou « sourates », coupés eux-mêmes en versets, ne présente ni ordre, ni logique, et l'on y rencontre à chaque page les plus absolues contradictions. Mahomet, d'ailleurs, ne l'écrivit pas, et sa rédaction définitive est postérieure au prophète. Toutefois la pureté, la tenue originale de la diction du Koran sont louées par les Arabes qui considèrent le « Livre » comme le modèle accompli de leur langue.

L'Islamisme a ses saints semblables aux nôtres, et son clergé dont le ministère n'est pas, comme celui du nôtre, indispensable.

l'espace de vingt-trois ans; que le Pentateuque a été envoyé au prophète Moïse, sur qui soit la paix; l'Évangile, au prophète Jésus, sur qui soit la paix;... que les autres livres ont été envoyés à d'autres prophètes;... que tous ces livres sont vrais; que toutefois le sublime Koran, qui est descendu du ciel le dernier de tous, doit être suivi jusqu'au jour du jugement dans les lois qu'il a établies; qu'il ne peut être ni abrogé ni changé. Quelques lois des anciens livres révélés ont été abrogées par le Koran et actuellement il n'est plus permis de les suivre. » *Exposition de la foi musulmane* de Berveki, traduite par Garcin de Tassy dans *l'Islamisme*, Maisonneuve et Cie, éditeurs, Paris.
La dernière phrase de ce catéchisme mérite peut-être une explication. Elle veut dire que Dieu lui-même, dans son amour pour les hommes, s'est quelquefois corrigé dans le Koran; c'est ainsi, par exemple, qu'après avoir, par l'intermédiaire du prophète Jésus, ordonné la monogamie et permis le vin, il a, par la voix de Mahomet, autorisé la polygamie et défendu le vin.

1. « C'est toi (Dieu) que nous adorons,... dirige-nous dans le sentier droit (l'Islamisme), dans le sentier de ceux que tu as comblés de tes bienfaits (les prophètes et les envoyés de Dieu), non pas de ceux qui ont encouru ta colère (les Juifs) ni de ceux qui s'égarent (les chrétiens). »

Mahomet n'a pas parlé des saints. Ils sont entrés dans la religion musulmane après sa mort, du fait de la religiosité des fidèles qui ont voulu placer auprès de Dieu des êtres capables d'intervenir en leur faveur. Parmi les saints les plus vénérés de l'Islamisme est Abd-el-Kader el Djilani (né à Bagdad, l'an 371 de l'Hégire). Depuis la mer de la Sonde jusqu'à l'Atlantique, la dévotion des musulmans a partout multiplié les monuments placés sous son tout-puissant patronage, « car Dieu ne refuse jamais d'accueillir l'intercession de Sidi Abd-el-Kader, dont l'âme plane toujours entre le ciel et la terre, prête à venir en aide à quiconque a besoin de secours ».

Pour le clergé musulman il est composé non de prêtres, mais exactement de « personnages religieux », dont l'autorité est plus ou moins grande sur les fidèles, quelquefois considérable, mais dont le musulman n'est jamais obligé de réclamer ce que l'on appelle dans la religion catholique « le ministère ». Dans la religion de Mahomet, en effet, les sacrements n'existent pas. L'Islamisme n'admet aucun intermédiaire entre Dieu et ses serviteurs. Ainsi, la conversion à l'Islamisme ne comporte aucune formalité religieuse. Celui qui fait cette profession de foi : « Il n'y a qu'un Dieu et Mohammed est son prophète » devient musulman. Toutefois, deux personnages religieux se rencontrent en pays d'Islam qui forment ce qu'on pourrait appeler le « clergé séculier » : le *Mofti*, l'interprète de la loi, qui donne des décisions sur des questions de religion ou de droit; l'*Imam*, qui dans la mosquée se place « en avant » des fidèles pour dire la prière.

A côté du « clergé séculier », le « clergé régulier », si tant est que l'on puisse employer ces mots; ce sont, outre les membres des associations religieuses dont il sera parlé plus loin, les *marabouts*. On ne devient pas marabout, on naît marabout. Un homme savant dans la loi, donnant l'exemple de toutes les vertus prescrites par l'Islam, est durant sa vie honoré comme saint. Mort, il devient marabout, et cette qualité se transmet à ses descendants lors même qu'ils ne seraient ni vertueux, ni savants, ni saints. Les descendants du saint, ou ceux qui prétendent descendre de lui, s'installent auprès de sa *Koubba* (son tombeau); ils sont généralement aimés, respectés ou craints des fidèles. Consultés par eux, ils vivent de leur libéralité. Le caractère maraboutique ne couvre point seulement des individus, mais quelquefois aussi des familles, des tribus entières, dont l'ancêtre était saint. C'est ainsi qu'en Algérie sont maraboutiques plusieurs tribus de la Kabylie et aussi la puissante confédération des Oulad-Sidi-Cheikh. La « noblesse religieuse » ne comprend pas seulement les marabouts, mais aussi les *chourfa* (au singulier *chérif*), nobles qui descendent du prophète, sont les membres de sa famille [1]. Enfin, le « clergé séculier » et le « clergé régulier » jouissent de la propriété des revenus des biens laissés par des fidèles pieux, avec une perpétuelle affectation à une œuvre religieuse ou de bienfaisance. On les appelle en Algérie des biens *habbous*.

Le musulman, Mahomet l'a voulu aussi, ne peut vivre une heure sans rencontrer une prescription, un ordre de la loi koranique. Le « Livre » et la *Sounah*, recueil des paroles du prophète [2], ne sont pas seulement, en effet, la révélation et l'indication de la voie que doit suivre le fidèle, ce sont deux maîtres jaloux qui prescrivent mille pratiques religieuses, règlent mille détails de la vie; ils forment aussi un code complet où sont la loi civile et la loi pénale. Il semble, à voir ces choses, que le prophète ait eu l'intuition de cette vérité dite par Montesquieu : « Une religion chargée de beaucoup de pratiques attache plus à elle qu'une autre qui l'est moins; on tient beaucoup aux choses dont on est toujours occupé ». La prière d'abord est une suggestion; elle doit être dite cinq fois par jour [3], précédée des ablutions [4], accom-

---

[1]. Mahomet n'a pas laissé de fils, le seul qu'il ait eu étant mort jeune, mais il avait une fille, Fatima, qu'il donna en mariage à Ali, le célèbre khalife. Fatima mit au monde deux enfants, Hasam et Hosani. Ce sont leurs descendants qui forment la famille du Prophète et ont droit au titre de *chourfa*.

[2]. Voir plus loin, p. 72.

[3]. La prière *El-Fedjr*, aurore; la prière *El D'hour*, une heure après midi; la prière *Elaâsser*, à égale distance du *D'hour* et du *Maghreb*; la prière *El Maghreb*, coucher du soleil; la prière *El Acha* (soit deux heures et demie après le coucher du soleil).

[4]. Dans les pays où il n'y a pas d'eau le Koran permet au croyant de remplacer les ablutions par l'imposition des mains sur la terre.

pagnée d'une série de mouvements (élévation des mains, salut, agenouillement, prosternation) qui sont réglés dans leur succession comme un exercice militaire. Cette prière doit être autant que possible faite en commun [1], car le prophète a dit : « Dieu se complaît à voir les rangs serrés à la prière et à la guerre sainte ». Les paroles sacrées toujours redites sont : « Dieu est grand, il n'y a de Dieu que Dieu, et Mahomet est son prophète ». Le vendredi, jour férié, la prière est publique et solennelle à la mosquée.

La religion associe le jeûne à la prière; il est toujours méritoire; il est, un mois par an, obligatoire. Alors, de la pointe du jour, c'est-à-dire depuis le moment où on peut distinguer « un fil blanc d'un fil noir » jusqu'au coucher du soleil, tout musulman majeur doit, durant le mois de *Ramadân*, s'abstenir de manger, de boire et de fumer.

La prière, le jeûne, ne suffisent pas : le pèlerinage à la Mekke est, une fois dans la vie, obligatoire « si on a le pouvoir de le faire » [2]. Mahomet a dit : « Qui meurt sans avoir fait le pèlerinage, peut mourir s'il le veut ou en juif ou en chrétien ». Enfin, le prophète défend les occupations ou les travaux qui absorbent trop entièrement l'esprit, éloignent la pensée de Dieu. Tels sont : la musique, la peinture, la sculpture, les ouvrages d'or et d'argent, les jeux de hasard, un luxe excessif dans la toilette.

Mais ce n'est pas tout encore. Ainsi que Renan l'a dit avec beaucoup de raison l'Islam est « l'union indiscernable du spirituel et du temporel, le règne du dogme ». Il ne faut,

---

1. Dans la plupart des pays mahométans des crieurs placés sur les tours des mosquées proclament le commencement du temps fixé pour chaque prière; on les appelle *muezzin*.
2. Quand cette prescription fut édictée par le prophète, l'empire musulman était encore si restreint que presque tous les fidèles étaient à même de se rendre au sanctuaire, dussent-ils faire la route à pied. Depuis l'expansion de l'islamisme sur près d'une moitié de l'ancien monde, le voyage à la Mekke entraîne, pour les habitants de plusieurs contrées, des frais, des difficultés tels que très peu de personnes sont en situation de l'entreprendre.... Il en résulte que, dans ces pays, le fidèle qui fait le pèlerinage est l'objet d'une sorte de vénération et que le titre de « hadj » (celui qui s'est acquitté du « hadjdj » ou pèlerinage) est devenu dans une certaine mesure un titre honorifique et donne plus de prestige que celui de membre du clergé. Il en est notamment ainsi en Algérie.

d'ailleurs, en être surpris qu'à demi. Sir Henry Maine a très justement remarqué qu'aux premières heures de la vie sociale la religion absorbe les divers mouvements intellectuels que plus tard on désigne sous le nom de philosophie, de science, d'art, de morale, de droit. La spécialisation de leur domaine est lente à se produire. Elle ne s'est pas produite dans la société musulmane où, par suite d'une extrême immobilité dans les intelligences, la loi civile et pénale est encore aujourd'hui intimement liée à la loi religieuse ; elle est demeurée « un don précieux du Ciel ».

Dans le Koran, Mahomet donne aux musulmans de nombreux préceptes concernant les devoirs et les rapports juridiques. Mais, après la mort du prophète, on s'aperçut bientôt que le « Livre » était loin de prévoir tous les cas qui se présentaient ; aussi fut-on conduit à rechercher, à titre d'indications, d'exemples, les paroles et les actes de Mahomet, ainsi que l'approbation explicite ou tacite qu'il avait donnée aux paroles et aux actes d'autrui. Des jurisconsultes de grande autorité réunirent, dans la première partie du IIIe siècle de l'Hégire, tous les faits (*hadith*) rapportés par des témoins dignes de foi et le livre ainsi formé fut nommé la *Sounah*, c'est-à-dire la « conduite » du prophète. L'authenticité de la *Sounah*, « seconde source » du droit islamique, est indiscutée ; le Koran et la *Sounah* sont des « sources mères » ; elles émanent directement de Dieu. Il est encore après elles deux « sources principales » dues aux « compagnons » du prophète, aux « adeptes » des « compagnons » et aux « suivants » des « adeptes », l'*idjma*, « troisième source », et le « *qiyas* », « quatrième source ». L'*idjma* est « l'opinion unanime » rendue en concile sur le sens précis d'une parole ou d'un silence du prophète, le *qiyas* est « l'analogie légale » qui assimile un fait nouveau ou connu à un autre fait déjà qualifié [1]. Est-ce là tout ? Pas encore : Après avoir dit que les musulmans reconnaissent quatre sources principales du droit, il faut ajouter qu'ils se sont répartis dans les premiers siècles de l'Hégire entre quatre grandes écoles également

---

[1]. Sawas Pacha, *Étude sur la théorie du droit musulman*. Marchal et Billard, éditeurs, Paris.

orthodoxes. Les fondateurs de ces écoles ou rites sont des personnages religieux considérables; les quatre grands *imam* sont « jurisconsultes en matière de législation » ou « autorités en matière de droit ». Aucune dissidence importante n'existe, d'ailleurs, entre eux en ce qui concerne les croyances fondamentales de l'Islam. Le désaccord est seulement sensible pour ce qui touche certaines pratiques religieuses et les questions judiciaires. Les quatre *imam*, chefs d'écoles, fondateurs de rites sont : Hanifa, Malek, Chafei, Hanbal [1].

Les musulmans d'Algérie, comme d'ailleurs tous ceux qui suivent le rite de Malek ou rite malekite, reconnaissent l'autorité d'un commentateur d'une grande autorité, Sidi Khelil, qui a laissé un Précis.

Il suffit de lire la table des matières de cet ouvrage qui, en traduction, ne comporte pas moins de six gros volumes pour juger que Mahomet et ses « compagnons » n'ont négligé aucun sujet. La première partie, de beaucoup la plus courte, est consacrée aux « matières religieuses » : la purification, la prière, le *zekkat* (prélèvement pour les pauvres, les malheureux, non pour les dépenses de l'État), le jeûne, le pèlerinage; la seconde traite, sous un titre et dans un ordre qui surprend les Européens, — de la « jurisprudence civile », — des prescriptions pour tuer les animaux, de la guerre, des serments, du mariage, de la répudiation, de l'entretien des esclaves, des rentes, du gage, des créances, de l'interdiction et de la minorité, du transport des dettes, des sociétés commerciales, de la paternité, de la filiation, du dépôt, du prêt, du partage, du louage, du régime des terres et des eaux, des fondations pieuses, de la justice distributive, des devoirs du *cadi* (juge), de l'appel, du témoignage judiciaire, du

---

[1]. Le rite « hanifite » domine en Turquie, en Asie Mineure, au Turkestan, aux Indes anglaises, en Chine; il a conservé de nombreux adeptes en Égypte.
Le rite « malekite » est suivi par les populations de l'Yemen et de l'Afrique du Nord.
Le rite « chafeite » est répandu dans l'Archipel Indien, dans la presqu'île de Malacca, dans l'Arabie, l'Égypte, le Dekkan, Ceylan, la côte orientale d'Afrique. Son centre est la fameuse mosquée d'el Azhar au Caire.
Le rite « hanebalite » ne se rencontre plus que dans quelques contrées de l'Arabie centrale et orientale, et dans certaines parties de l'Afghanistan.

crime, du prix du sang, du vol, du châtiment correctionnel, etc.

Nous nous exposerions à écrire une étude sur le droit musulman si nous voulions faire une analyse même rapide de ces chapitres. Il nous suffira de fixer au passage quelques traits particuliers à la religion et au droit musulmans.

Il n'est pas seulement permis au mari d'avoir quatre épouses légitimes, sans parler des concubines; tout l'autorise à traiter sa femme comme un être inférieur. Si Mahomet a dit : « je vous recommande, je vous prescris d'avoir soin de vos femmes », il a ajouté : « car avec vous elles sont vos captives, vos prisonnières », et Ali, le quatrième khalife, insistant en quelque sorte, a prononcé cette parole : « Garde-toi de prendre le conseil des femmes ». Certes, la femme n'est pas sans droits : elle garde sa propre fortune; son mari doit l'entretenir; elle prend une part dans sa succession; le cadi peut lui accorder le divorce; mais en fait, elle est placée dans une situation malheureuse, que la loi affirme en accordant au mari seul le droit de répudiation [1]. — En matière pénale,

---

1. Si l'on voulait défendre Mahomet on pourrait dire qu'il a trouvé, en Arabie, la femme dans une situation plus malheureuse que celle où il l'a laissée; on pourrait aussi rappeler que, à certaines heures, des docteurs chrétiens ont considéré la femme comme un être inférieur et lui ont refusé une âme. Mais nous nous bornerons à dire quelques mots sur la polygamie.

Il serait très injuste de la considérer comme immorale. Il est mieux de reconnaître que le genre de vie des Arabes nomades pasteurs, que les lois de la nature dans les pays chauds contraignent presque l'homme à la polygamie. C'est ainsi qu'elle a été défendue par un homme qui n'est pas suspect, Le Play. Le savant auteur des *Ouvriers en Orient* écrit à ce sujet : « Comme les aînés des familles se marient très jeunes, en général, leur première femme, mère d'une nombreuse famille, se trouve déjà vieille quand ils sont eux-mêmes encore dans la force de l'âge. Ces hommes contractent alors un nouveau mariage, souvent à la prière et presque toujours avec le consentement de la première femme.... On s'étonnera peut-être qu'une femme puisse engager elle-même son mari à contracter un second mariage. Mais il faut se rappeler que dans les familles musulmanes (agricoles) les femmes de la maison doivent exécuter tous les travaux du ménage, quelque difficiles et pénibles qu'ils puissent être. La domesticité féminine étant inconnue chez les paysans, les femmes ne peuvent avoir pour aides que des esclaves ou des parentes vivant dans la même communauté. Les parentes peuvent faire défaut; plus souvent encore l'occasion manque pour acheter des femmes esclaves. Celles-ci, d'ailleurs, deviennent, le plus souvent, concubines du chef de la famille où elles sont introduites, et rivales de la première femme qui n'a aucune raison de les préférer à d'autres femmes légitimes. On conçoit que, dans ces circonstances, une femme conseille à son mari de contracter un

le droit musulman a pour base, comme la loi de Moïse, la peine du talion, vie pour vie; c'est, peut-on dire, le principe de tous les codes primitifs. Toutefois il est permis de payer le « prix du sang ». Pour le vol, il est châtié par l'amputation de la main; les délits plus légers sont punis du bâton.

Nous avons dit suffisamment sur le droit, mais il n'est pas possible de négliger dans cet exposé rapide des doctrines de Mahomet deux traits plus originaux, plus importants que tous les autres, parce qu'ils marquent depuis déjà plus de treize siècles, et sans doute pour bien longtemps encore, toutes les populations musulmanes d'une profonde empreinte : le fatalisme et l'immobilité. Ce sont peut-être ces deux idées qui ont le plus contribué à creuser à travers les siècles un fossé aujourd'hui infranchissable entre les populations qui suivent la loi de Mahomet et celles qui suivent celle de Moïse et celle du Christ.

Tout est écrit d'avance, dans le Livre Éternel, Livre Évident, Livre des décrets de Dieu : la destinée des États, la vie des hommes; aussi, la recherche des biens, la lutte contre la nature ou l'adversité sont-elles inutiles. « Chaque nation a son terme. Quand leur terme est arrivé, les hommes ne sauraient ni l'avancer ni le reculer. » « Il n'y a dans les cieux et sur la terre rien, qu'il soit plus petit ou qu'il soit plus grand qu'un atome, qui ne soit consigné dans le Livre Évident. » « Aucune calamité ne frappe soit la terre, soit vos personnes, qui n'ait été écrite dans le Livre avant que nous ayons été créés. C'était facile à Dieu. » « Lorsque le terme fixé par Dieu arrive nul autre ne saurait le retarder. » — « Toute chose petite ou grande, tout y est écrit » (dans le Livre Évident) [1].

Des protestations s'élevèrent cependant contre ces paroles fatales. Sous le règne des khalifes Abassides, une grande con-

---

nouveau mariage, surtout si on réfléchit que déjà elle commence à vieillir et qu'elle est absorbée par les devoirs de la maternité. »

Le Play montre également que, parmi les motifs importants de la polygamie chez les Orientaux, domine en général le désir de laisser une nombreuse postérité. A leurs yeux, la privation d'enfant est le plus grand malheur dont un homme puisse être frappé. Ceux mêmes qui n'en ont que quelques-uns veulent en avoir en plus grand nombre, et ils épousent successivement plusieurs femmes dans cette seule intention. »

1. Koran, chap. VII, XXXIV, LVII, LXXI.

troverse divisa les partisans de la « prédestination » et ceux du « libre arbitre ». La secte des *Motazélites* observa que si le Koran contenait un grand nombre de textes, faisant de la prédestination la loi du monde, on y rencontrait également un certain nombre de sourates desquelles il résulte que l'homme est responsable de ses actions; elle déclara donc qu'elle rejetait la prédestination comme incompatible avec la théorie de la rétribution des actes dans l'autre vie, laquelle suppose le libre arbitre absolu de l'homme. Que serait-il arrivé? quelle aurait été l'histoire, la destinée des populations musulmanes si les *Motazélites* avaient triomphé? Mais ils furent vaincus, condamnés, et le « fatalisme » devint le dogme officiel, orthodoxe. Un docteur d'une autorité considérable, Ghazali, que l'on a nommé « le rénovateur de l'Islam », écrivit « que le bien, le mal, que tout enfin a lieu par l'effet de la prédestination et de la prémotion de Dieu ». Le célèbre catéchisme de Berveki ou *Exposition de la foi musulmane*, au chapitre « Prédestination et prémotion », est plus explicite encore. « Il faut encore confesser que le bien, le mal, que tout enfin, a lieu par l'effet de la prédestination et de la prémotion de Dieu. Que tout ce qui a été et tout ce qui sera est décrété dans l'éternité et est écrit sur la table conservée (livre des décrets divins). Que rien ne peut y être contraire. Que la foi du croyant, la piété de l'homme pieux et les bonnes œuvres sont prévues, voulues, prédestinées, décrétées par écrit sur la table conservée, produites, agréées et aimées de Dieu; mais que l'incrédulité des infidèles, l'irréligion des indévots et les mauvaises actions arrivent bien avec la prévoyance de Dieu, avec sa volonté, par un effet de sa prédestination consignée sur la table conservée, et par l'opération de Dieu, mais non point avec sa satisfaction et son affection.... Que si l'on demande pourquoi Dieu les produit et pourquoi il les veut (les choses mauvaises), on doit répondre que Dieu très haut, en produisant le mal et en le voulant, en formant le diable, en le laissant vivre jusqu'au jour de la résurrection et en lui donnant le pouvoir de tenter les hommes,... a des vues de sagesse qu'il ne nous est point donné de connaître. »

Est-ce tout? Non, car la loi de l'immuable est là pour resserrer, s'il est possible, le cercle de fer dans lequel la prédestination enferme les musulmans. Mahomet, craignant qu'un prophète vînt après lui, comme il s'était présenté après Aïssa (Jésus), a dit : « Toute loi nouvelle est une innovation; toute innovation est un égarement, et tout égarement mène au feu éternel ». Ainsi le prophète a proclamé que rien ne pouvait changer, que rien n'était perfectible, alors que tout marche et que tout progresse.

Les musulmans, condamnés à l'immobilité, sont, après une période brillante mais assez courte, demeurés pour toujours bien loin de la société européenne. Alors que le grand mouvement de la Renaissance entraînait l'Europe vers le progrès, la civilisation arabe n'était déjà plus. Les populations musulmanes se tinrent à l'écart, négligèrent d'emprunter à Gutenberg l'art de l'imprimerie, se condamnant ainsi à l'ignorance, à l'oubli, à la mort.

Mais le contact avec les autres peuples, la connaissance de l'imprimerie sont eux-mêmes impuissants à entraîner des hommes qui professent la religion de Mahomet à la suite des nations chrétiennes. Les Turcs, qui, depuis des siècles, sont entrés en relations avec l'Europe, ne paraissent-ils pas aujourd'hui encore, dominés, écrasés par le fait de leur conversion à l'Islam? Peut-être avaient-ils les vertus qui font les grands peuples; les observateurs qui ont vécu en Orient leur reconnaissent plusieurs qualités, le courage militaire, la finesse diplomatique, la discipline civique, d'autres encore, — mais ils sont musulmans! « L'islamisme a de belles parties comme religion, écrit Renan [1]; je ne suis jamais entré dans une mosquée sans une vive émotion, le dirai-je? sans un certain regret de n'être pas musulman. Mais, pour la raison humaine, l'islamisme n'a été que nuisible. Les esprits qu'il a fermés à la lumière y étaient déjà sans doute fermés par leurs propres bornes intérieures; mais il a persécuté la libre pensée, je ne dirai pas plus violemment que d'autres systèmes religieux, mais plus effica-

---

[1]. Renan, *l'Islamisme et la Science*. Lévy, éditeur, Paris.

cement. Il a fait des pays qu'il a conquis un champ fermé à la culture rationnelle de l'esprit. »

Nous venons de rappeler les traits principaux de la religion musulmane ; il faut dire maintenant l'action qu'elle exerçait sur les populations de l'Algérie lorsque nous y sommes débarqués, son influence sur les hommes, le nombre des fidèles, les pays qu'ils habitaient [1].

Partout le musulman croit et pratique ; il récite la prière avec l'*imam* ; il consulte le marabout, suit ses conseils ; il s'affilie aux congrégations religieuses. On peut affirmer qu'aucun schisme [2] n'a divisé les fidèles, qu'aucune école de libres penseurs n'est venue ébranler leur foi [3]. Cette foi, que le « clergé séculier » et le « clergé régulier » ne cessent d'entretenir, de puissantes associations religieuses viennent encore l'aviver.

Les associations religieuses, qui ont dans tous les pays musulmans un rôle et une importance considérables, sont nées, les plus anciennes comme les plus récentes, du « sou-

---

1. Nous essayons ici de montrer la religion musulmane, le monde musulman tels qu'ils étaient à l'époque de la conquête. On trouvera plus loin (liv. III, chap. I, p. 357) un tableau de la société musulmane d'Algérie et du monde musulman, tels qu'ils sont à l'heure présente. La conquête a eu lieu dans la seconde partie du XIIIe siècle de l'Hégire ; nous sommes aujourd'hui dans les premières années du XIVe siècle. — Le premier jour du mois de « moharem » (le premier de l'année musulmane) de l'an 1300 était le 12 novembre 1882 du calendrier Grégorien.

2. La société musulmane a été presque dès sa naissance divisée en deux grandes sectes : celles des « Chiites » et des « Sunnites ». Les « Chiites » prétendent que la succession de Mahomet revenait à Ali, fils adoptif du prophète, et accordent à celui-ci presque autant d'importance qu'à Mahomet lui-même.
Les « Sunnites » prétendent au contraire que la succession des Khalifes telle qu'elle a eu lieu (Abou-Bekr, Omar, Othman, Ali) a été régulière. Ce sont les orthodoxes et ils sont de beaucoup les plus nombreux, puisque, hors la Perse qui est hétérodoxe, on rencontre fort peu de « Chiites ». Sunnites et Chiites sont profondément divisés, ennemis même ; et l'on a vu en 1872 les Sunnites massacrer les Chiites dans le royaume de Cachemire.
En disant qu'aucun schisme n'a divisé les fidèles il importe d'ajouter, pour être parfaitement exact, qu'au siècle dernier une secte s'est formée au centre de l'Arabie, celle des Wahabites. Les Wahabites qui prétendent rétablir l'islamisme dans son ancienne pureté n'acceptent ni l'intermédiaire des saints entre l'homme et Dieu, ni l'*idjma* ou « opinion unanime » ; ils déclarent aussi que pour être bon musulman il n'est pas nécessaire d'accepter un quelconque des quatre grands rites.

3. Nous ne parlons pas des *Motazélites*, puisqu'ils ont été condamnés et ont complètement disparu.

fisme », qui est « la recherche, par l'exercice de la vie contemplative et les pratiques pieuses, d'un état de pureté morale et de spiritualisme assez parfait pour permettre à l'âme des rapports plus directs avec la divinité »[1]. Les plus anciennes remontent aux premières années de l'Hégire, quelques-unes au siècle précédent, le XIII°.

Toutes ces associations ont été fondées par de saints personnages, sous l'inspiration de Dieu, dans le double but de convertir les infidèles et de maintenir les mahométans dans la pure doctrine du prophète. Elles sont orthodoxes et enseignent l'obéissance aux cinq commandements de Mahomet. D'ailleurs, toutes se relient à Mahomet lui-même par des « chaînes mystiques de saints » qui remontent à l'ange Gabriel et au prophète, ou à un très saint personnage qui lui-même se rattache à l'envoyé de Dieu. Cette « chaîne » leur a transmis la vérité et les pures doctrines. Ainsi, une association ne peut différer essentiellement de l'association voisine, mais « chacune prétend tenir la meilleure voie pour éviter l'erreur, arriver au salut de l'âme par la connaissance de la vérité, et atteindre par Dieu seul et avec Dieu seul, le but de la vie qui est l'union avec Dieu ».

Trois traits essentiels se retrouvent dans toutes les sociétés religieuses musulmanes : l'organisation, la discipline, l'argent.

A la tête de l'ordre est l'héritier spirituel de son fondateur, le *Cheikh*; c'est le supérieur général, le grand maître, le chef de la congrégation. Il réside le plus souvent à l'endroit où est le tombeau du saint, fondateur de l'ordre, ou dans le principal établissement de la congrégation qu'il dirige. Le *cheikh* a d'abord sous ses ordres les *khalifa* ou lieutenants qui sont comme les provinciaux de l'ordre, puis au-dessous d'eux un nombre variable de *moqaddem* ou prieurs. Ceux-ci sont sédentaires et chargés d'une mission déterminée autour de leur résidence, directeurs d'une *zaouïa*[2] appartenant à

---

1. Rinn, *loc. cit.*
2. Les *zaouïa* (lieux de retraite, monastères) sont tantôt des « maisons mères », des « maisons provinciales » de l'ordre, fréquentées par des savants, des étudiants, des élèves, et tantôt de simples masures, près desquelles l'en-

la congrégation ou voyageurs chargés d'une mission de propagande ou de diplomatie dans l'intérêt de l'ordre. Les uns et les autres ont généralement qualité pour donner l'initiation soit dans une étendue de pays déterminée, soit à tous les fidèles qui s'adressent à eux. Les initiés, compagnons des *moqaddem,* simples membres de l'ordre, portent le nom de *khouan* ou frères [1]. Avant d'être définitivement initiés, ils ont dû passer par le noviciat. Souvent ils jouissent d'une grande influence parmi les musulmans au milieu desquels ils vivent. Enfin, toutes les congrégations ont, sous des noms divers, des serviteurs religieux ou clients laïques, des agents subalternes mis à la disposition des *moqaddem.*

Le premier résultat poursuivi par le *Cheikh* et ses *moqad-*

---

seignement religieux se donne en plein air aux enfants, des lieux de réunions accidentelles ou périodiques.

M. de Neveu, auteur d'un ouvrage déjà cité, donne une intéressante physionomie des *zaouïa* qui s'applique surtout aux *zaouïa* importantes.

« La *zaouïa,* dit-il, est un établissement qui n'a aucune analogie dans les États d'Occident. C'est à la fois une *chapelle,* qui sert de lieu de sépulture à la famille qui a fondé l'établissement et où tous les serviteurs, alliés ou amis de la famille viennent en pèlerinage à des époques fixes; une *mosquée,* où se réunissent les musulmans des tribus voisines pour faire leur prière en commun; une *école,* où toutes les sciences sont enseignées : lecture, écriture, arithmétique, géographie, histoire, alchimie, magie, philosophie et théologie et où les enfants pendant toute l'année, les étudiants (*tholba*) pendant certaines saisons, les savants (*eulema*) à des époques fixes se réunissent, soit pour apprendre ce qu'ils ignorent, soit pour former des conciles et discuter certaines questions de droit, d'histoire ou de théologie; un *lieu d'asile,* où tous les hommes poursuivis par la loi ou persécutés par un ennemi trouvent un refuge inviolable; un *hôpital,* une *hôtellerie,* où tous les voyageurs, les pèlerins, les malades, les infirmes et les incurables trouvent un gîte, des secours, des vêtements, de la nourriture; un *office de publicité,* un *bureau d'esprit public,* où s'échangent les nouvelles, où l'on écrit l'histoire des temps présents; enfin une *bibliothèque,* qui s'accroît tous les jours par les travaux des hommes qui y sont attachés et où l'on conserve la tradition écrite des faits passés.

« Généralement, les *zaouïa* possèdent de grands biens provenant de dotations.... De nombreux serviteurs (*khoddam*) sont attachés à chaque *zaouïa* soit pour cultiver les terres qui en dépendent, soit pour servir le nombreux personnel d'écoliers, de marabouts, d'infirmes et de voyageurs fréquentant l'établissement.... Une *zaouïa* est quelquefois un village de vingt à trente maisons.... On peut affirmer que l'Algérie est divisée en circonscriptions de *zaouïa,* comme chez nous le pays est divisé en circonscriptions religieuses : paroisses, évêchés, archevêchés, et comme la *zaouïa* est également une école, le ressort de cet établissement correspond aussi à un ressort académique. Sous ce double rapport, les *zaouïa* méritent une surveillance et une attention toute particulière. »

1. Le mot *khouan* est employé dans l'Afrique du Nord. On dit *faquir* dans l'Extrême-Orient et *derwich* en Turquie.

dem est d'avoir beaucoup d'adhérents. Dans cette intention ils se gardent d'exiger de leurs « frères » des vertus transcendantes ou des pratiques austères qui pourraient les éloigner de la congrégation; ils se bornent à vanter les mérites surnaturels des prières qu'ils enseignent et les grâces attachées au titre de *khouan* : la croyance est réduite à la plus simple expression, mise à la portée des illettrés et des inintelligents. C'est ainsi que la seule pratique religieuse exigée de la masse des *khouan* est la récitation du *dikr* ou prière spéciale et distinctive de la congrégation. Le *dikr* est une phrase très courte mais qui doit se répéter de suite un nombre considérable de fois. Lorsqu'un « frère » a redit trois mille fois pendant vingt-quatre heures sa prière : « Il n'y a pas d'autre divinité que Allah, Mohammed est l'envoyé de Dieu », il semble bien difficile qu'il puisse conserver une parfaite lucidité d'esprit et surtout qu'il ait l'intelligence disposée au raisonnement ou même à la gestion des affaires ordinaires de la vie; ordinairement l'homme devient un automate religieux. Mais ce n'est pas encore assez. Le bon *khouan*, celui qui aspire à un plus haut degré de sainteté ou qui veut arriver à avoir, dès cette vie, des extases qui lui donneront un avant-goût des félicités éternelles, doit décupler le *dikr* ou y joindre de très nombreuses prières. Il est telle congrégation où l'on peut ainsi arriver à quatre mille six cent cinquante récitations par jour, au lieu de quatre cent soixante-cinq. Mais il n'est pas nécessaire que le fidèle s'astreigne à ces prières supplémentaires, marmottées le chapelet à la main (chaque congrégation a son chapelet), pour devenir bientôt, lorsque son intelligence s'est atrophiée, l'instrument docile et aveugle de maîtres qui se sont réservé le droit de penser pour lui. Le but poursuivi est alors atteint. Il importe, en effet, que les *khouan* soient absolument pliés à la discipline de l'ordre; la formule musulmane est encore plus énergique que celle des jésuites : « Tu seras entre les mains de ton *cheikh* comme le cadavre entre les mains du laveur (des morts) ». Et elle ajoute : « Obéis-lui en tout ce qu'il a ordonné, car c'est Dieu qui commande par sa voix : lui désobéir, c'est encourir la colère de Dieu. N'oublie pas que tu es son esclave et que tu ne dois rien faire sans son ordre. »

Le premier devoir des *khouan* après l'obéissance absolue est le payement de la *ziara* [1], cotisation obligatoire, perçue par les *moqaddem* suivant la fortune de chacun. Les « frères » les plus pauvres n'en sont point exemptés. Les *ziara* constituent le trésor de l'ordre.

Telles sont les lignes générales que l'on retrouve dans toutes les associations religieuses : les *khouan* ont sur leurs voisins et amis une certaine influence ; les *moqaddem* ont souvent une autorité considérable au milieu de la tribu dans laquelle ils vivent ; toutes les tentes, toutes les familles leur rendent visite, prennent leurs conseils, leur apportent exactement la *ziara*. Une ou deux fois par année les *moqaddem* et les *khalifa* se réunissent en assemblée ou chapitre sous la présidence du *cheikh*, reçoivent ses ordres et ses inspirations. M. de Neveu [2] et M. Roches [3] étudiant, au lendemain de la conquête, les associations religieuses que nous rencontrions en Algérie, étaient également frappés de l'importance des ordres, de la discipline à laquelle tous les membres obéissaient, de leur fanatisme, de l'intelligence réellement supérieure de la plupart des *cheikh*.

Le fanatisme, vient-on de dire ; nous en avons vu les effets dans l'histoire de la conquête de l'Algérie. C'est dans les versets du Koran, dans les paroles enflammées des marabouts et des membres des congrégations religieuses, que les indigènes ont puisé leur force de résistance. Chaque jour, dans toutes les prières, le *fatihah* leur rappelle que les Juifs « ont encouru la colère de Dieu », que les chrétiens « sont dans l'égarement » ; chaque jour, ils peuvent réciter ou entendre réciter cette parole du Koran : « O vous, les croyants ! combattez les infidèles qui habitent votre voisinage ; qu'ils éprouvent toutes vos rigueurs. Frappez les infidèles partout où vous les trouverez. Combattez-les jusqu'à ce que vous n'ayez pas à craindre

---

1. *Ziara* est la visite d'un lieu saint ; par extension, l'offrande que l'on remet au cours de la visite.
2. De Neveu, *loc. cit.*
3. Roches, *loc. cit.*

la tentation et que tout culte soit celui du Dieu unique[1]. »
— La mauvaise volonté à prendre part à la « Guerre sainte » est, le prophète l'a dit, un « péché majeur ».

Les Arabes avaient subi le joug des Turcs parce que ceux-ci étaient musulmans; ils nous repoussaient parce que nous étions chrétiens. En 1838, le général Pelet écrivait d'Alger au ministre de la guerre : « Suivant moi, ce n'est pas une coalition que forme l'Emir, c'est une *croisade* qu'il prêche avec tout l'ascendant que lui donne son caractère fier et austère, sa position royale et sacerdotale. Il conquiert les peuples par sa haute position, par le *fanatisme* qu'il excite. »

M. de Neveu, dans son ouvrage écrit en 1846, ne doute pas que les *khouan* de la plupart des ordres ne se soient unis contre nous; ils aidaient Abd-el-Kader, ils suscitaient et soutenaient les *chourfa*, vrais ou faux partout où ils se levaient. Les congrégations faisaient, grâce à leurs membres répandus dans les trois provinces, une continuelle propagande contre l'infidèle; plusieurs d'entre elles furent ennemies déclarées : notamment les « Derkaoua », les « Rahmanya » et les « Taïbya »[2]. Ce dernier ordre, appelé aussi ordre de « Mouley-Taïeb », soutint de toutes ses forces l'insurrection de Bou-Maza.

Le tableau qui vient d'être fait de la religion musulmane, du droit qui en découle, de la vitalité des associations religieuses, du fanatisme qui est en germe dans le cœur de tout fidèle et qu'elles peuvent à leur gré développer, tout cela ne montre-t-il pas que la France en débarquant en Afrique n'entrait pas seulement dans un pays nouveau, peuplé d'indigènes braves et belliqueux, mais, ce qui est plus grave, qu'elle entrait dans un monde nouveau, le *monde musulman*?

On verra plus loin[3] l'étendue de ce « monde » ennemi

---

1. Chap. II.
2. Les ordres religieux les plus répandus en Algérie à l'époque de la conquête, comptant le plus grand nombre de membres, étaient : les Quadrya, les Chadelya-Durkaoua, les Aïssaoua, les Taïbya, les Tidjanya, les Hansalya, les Rahmanya. Nous ne nommons pas, à dessein, le fameux ordre des Snoussya, qui n'a été fondé qu'en 1835 de notre ère.
3. Voir liv. III, chap. I, p. 369.

du « monde chrétien », on dira le nombre de ses fidèles, les pays qu'ils habitent, en Europe, en Asie, en Afrique, l'importance des congrégations, leurs intrigues, les prétentions du Sultan de Constantinople à la direction religieuse et politique de toutes les populations islamiques. Ici, où nous ne prétendons noter que les faits observés à l'époque même de la conquête, il suffit de retenir la part que l'empereur du Maroc et le sultan de Constantinople ont prise, comme princes musulmans, à la guerre contre les chrétiens. L'un et l'autre n'ont pas cessé d'exhorter à la résistance les Arabes et les Berbères, d'encourager les fanatiques, les congrégations. L'empereur du Maroc, on l'a vu, a pris une part directe à la lutte. Dans une proclamation trouvée sur le champ de bataille de l'Isly, il disait aux Algériens soulevés : « Sachez qu'après la croyance en Dieu l'action la plus méritoire est la guerre contre les infidèles. Nulle prière, nulle aumône, nul sacrifice ne vaut cette guerre aux yeux de Dieu. » Puis il citait les nombreux versets du Koran dans lesquels Dieu « commande de combattre l'impie » et il ajoutait : « Levez-vous donc, ô musulmans, écoutez la voix de Dieu et de son prophète. Suivez notre fils bien-aimé Mohammed qui va combattre pour la gloire de Dieu à la tête d'une armée formidable de guerriers saints ; allez et que le vent de la victoire fasse flotter les étendards de l'Islam ; allez avec la bénédiction de Dieu ! »

L'intervention du Sultan de Constantinople, pour avoir été moins directe, n'en est pas moins certaine. En 1830 c'est beaucoup moins le chef temporel — le suzerain, dont la suzeraineté était d'ailleurs toute nominale — que le chef religieux qui envoie un ambassadeur en France pour arrêter la flotte de l'amiral Duperré. Si son intervention se borne à une démarche diplomatique, c'est qu'il sent qu'il ne peut lutter avec avantage contre la flotte française. Mais s'il devait renoncer à l'intervention directe, le Sultan pouvait recourir aux intrigues secrètes moins dangereuses. C'est ainsi qu'il félicite, encourage les principaux agitateurs qui nous combattent en Algérie, notamment Bou-

Maza [1]; c'est ainsi, encore, que dans les années qui suivent la révolution de 1848, le gouvernement ottoman, croyant la France affaiblie, aide la congrégation des « Senoussya » à nous créer des difficultés dans le Sud par la Régence de Tripoli et par Laghouat; dans cette ville Mohammed Ben-Abdallah est l'instrument de ces sourdes intrigues. Aujourd'hui même le Commandeur des croyants ne reconnaît pas notre établissement sur une terre musulmane et refuse de considérer comme des « sujets français » les musulmans algériens qui résident ou voyagent dans ses États.

---

1. M. de Neveu cite l'interrogatoire, par les autorités françaises, d'un « frère » (*khouan*) de Bou-Mazza où nous relevons les lignes suivantes :

D. « Par qui a-t-il été encouragé ou poussé? par Abd-el-Kader sans doute, par celui que vous appelez le sultan? »

R. « Il a commencé la guerre seul; sa réputation s'est bientôt étendue au loin, chez les Flitta, les Sbéha, les Beni-Tigrin, les Keraich, et puis seulement alors il a reçu des lettres de Mouleï-Abd-er-Rahman (l'empereur du Maroc), d'El-Hadj-Abd-el-Kader et des sultans de *Constantinople* et de Tunis. Ces lettres lui disaient de continuer, qu'il était bien le maître de l'heure annoncée par les Livres saints, et que, s'il parvenait à chasser les chrétiens, ils le proclameraient leur sultan, se contentant du titre de ses khalifa. »

LIVRE II

LA COLONISATION FRANÇAISE

CHAPITRE I

DIFFICULTÉS QUE RENCONTRE LA COLONISATION

Difficultés particulières que la France doit rencontrer dans la colonisation de l'Algérie. — Intérêt que présente la comparaison de l'Algérie et de l'Australie. — En Algérie, une guerre de conquête de vingt-sept années; une population nombreuse établie sur le sol. — En Australie, aucune guerre; la terre libre. — Les « convicts » australiens. — Dix ans de tâtonnements en Algérie. — Erreurs administratives. — L'Algérie ne peut pas comme l'Australie recevoir tous les émigrants. — Les conditions climatériques dans les deux pays. — Les débuts comparés du peuplement. — La découverte des mines d'or. — L'Algérie est une *colonie mixte*; ses caractères propres.

La lecture des trois chapitres précédents a déjà fait pressentir que l'œuvre de colonisation de la France devait rencontrer sur la terre d'Afrique des difficultés particulières. On a vu des troupes considérables combattre, pendant vingt-sept années, sur tous les points d'un immense territoire, pour soumettre des populations braves et guerrières. On a vu les tribus vaincues demeurer sur le sol; la lutte les a épuisées, mais ne les a point détruites; elles sont aussi nombreuses qu'au premier jour, elles vont même s'accroître. Enfin, ces populations de races et d'origines différentes, ennemies ou rivales, ont un lien commun qui leur donne une grande force, aussi bien pour la lutte que pour la résistance passive : leur religion.

Il est, d'autre part, manifeste que l'Algérie ne peut prendre place dans aucune des trois classes où l'observation a fait, en général, entrer toutes les colonies. Ce n'est point une colonie de commerce, car ce ne sont pas seulement quelques négociants qui y débarquent pour faire le troc, mais de nombreux colons, qui veulent s'établir sans esprit de retour, cultiver la terre. Ce n'est point non plus une colonie d'exploitation, où quelques Européens viennent comme « élément directeur » pour faire travailler les indigènes, « élément dirigé ». Enfin, l'Algérie n'est pas une colonie de peuplement proprement dite, puisqu'elle n'est pas comme l'Australie une terre libre, vide d'habitants, où les émigrants de la nation colonisatrice peuvent s'établir sans aucun obstacle. Cependant on a bien souvent comparé l'Algérie à l'Australie; une semblable erreur lui a beaucoup nui dans l'opinion.

Ne voit-on pas tout d'abord entre les deux pays une différence considérable? L'Australie est presque inhabitée, l'Algérie est, au contraire, occupée, à l'époque de la conquête, par une population de plus de deux millions d'individus, — et cette différence essentielle s'accentue du fait de la résistance qu'opposent aux Européens les Arabes et les Berbères. Ainsi, la France s'est trouvée dès les premiers jours, sur les côtes africaines de la Méditerranée en présence d'un double obstacle que n'ont point connu les véritables colonies de peuplement. C'est, d'abord, une population nombreuse, maîtresse du sol, jalouse de son indépendance, fanatisée par sa religion; c'est, ensuite, l'obligation de conquérir chaque parcelle de cette terre possédée, de tailler sa part au colon et de le défendre contre les retours des anciens propriétaires.

Nous avons raconté cette histoire, — la puissance d'Abd-el-Kader s'élevant et grandissant de 1832 à 1839, la grande guerre de 1839 à 1847; nous avons dit la prodigieuse énergie déployée par l'Emir, les insurrections éclatant de tous côtés; nos troupes marchant contre Abd-el-Kader, contre Ben-Aissa, contre Bou-Maza, contre Mohammel Ben-Abdallah, contre Bou-Barla; nous avons montré tout le pays soulevé, fanatisé, ou au moins troublé, par les prédications des marabouts, par les intrigues des *khouan*. Partout le colon est menacé; sa ferme, son village doivent être fortifiés; il sait, lorsque l'ennemi ne l'attaque pas un jour, qu'il peut être surpris le lendemain.

Faut-il, au hasard, prendre quelques exemples? En novembre 1839, lorsqu'Abd-el-Kader dénonce le traité de la Tafna, la plaine de la Mitidja est immédiatement envahie de tous côtés; les établissements agricoles, déjà florissants, sont saccagés, brûlés, les colons massacrés. Entre 1835 et 1841, dans le seul village de Boufarik, 36 colons sont tués à l'ennemi, 38 enlevés et conduits en captivité. Est-il besoin d'ajouter que la continuation de la guerre et la propagation de semblables nouvelles ne sollicitaient guère les Français de France à passer la mer pour devenir colons?

En Australie, les choses s'étaient présentées bien différemment. Les premiers colons libres qui étaient débarqués en 1815 sur les côtes de la Nouvelle-Galles du Sud n'y avaient rencontré que quelques hommes paraissant relégués, par leur état intellectuel, au dernier rang de l'humanité. Ces sauvages n'avaient ni religion, ni organisation sociale; vivant par petits groupes de quinze à vingt individus, ils ne possédaient, sauf le chien, aucun animal domestique, ne pratiquaient pas l'agriculture, se nourrissaient de fruits, de racines, du produit de leur chasse et de leur pêche. La venue seule des Européens fut suffisante pour les disperser, les refouler vers l'intérieur et les colons anglais eurent ainsi devant eux une terre libre, sans maîtres, ce qui est la chose la plus désirable pour une colonie de peuplement.

Ce n'est pas tout encore; tandis que les premiers colons algériens devaient vivre toujours sur la défensive, craindre les attaques, et ne rencontraient, pour les travaux agricoles, qu'un bien faible concours auprès des habitants de quelques douars, les colons de la Nouvelle-Galles trouvaient un précieux avantage dans la présence des « convicts ». Les « convicts » étaient les condamnés aux travaux forcés de la métropole transportés sur les côtes australiennes depuis 1788. Par les soins de l'administration, les uns furent employés aux grands travaux publics des routes et des ports, à ce que les Anglais appellent « *the preparation* », c'est-à-dire l'ensemble de ces ouvrages indispensables à une colonie nouvelle; les autres, « assignés » chez les colons, leur furent livrés « presque comme des esclaves », suivant les termes d'un rapport officiel. Le colon devait la nourriture, le vêtement, le logement, des soins hygiéniques, des exhortations religieuses; le « convict » devait son travail. On sait combien « l'assignement » a d'abord rendu de services à la population libre en lui assurant pour un faible prix un travail abondant [1]. Lorsque, plus tard, l'élément pénal cessa d'être utile, devint une gêne et un souci pour les colonies grandissantes, l'importation des « convicts » fut supprimée.

Le pays libre, le pays occupé, c'est la première et la plus frappante des différences existant entre l'Australie et l'Algérie; ce n'est point la seule. Il n'est pas sans intérêt de mettre les autres en valeur afin de montrer, à la fois, combien il serait injuste de comparer le développement de deux pays aussi dissemblables et les difficultés spéciales que la France a rencontrées en Afrique.

Tout d'abord, il convient de relever les fautes et les difficultés du début, ce que l'on pourrait appeler « la période de tâtonnement » qui se lie intimement avec l'histoire même de la conquête. Alger est pris, mais y restera-t-on? S'étendra-t-on dans le pays? Sur quelles régions? adoptera-t-on le système de l'administration directe ou celui du protectorat? On a lu toutes ces incertitudes au chapitre premier. Le général de Bourmont venait en Alger châtier les Turcs, aussi, il ne songea pas un instant, après la capitulation, à accueillir les ouvertures de plusieurs. Il les embarqua, il les chassa tous, coupant ainsi brusquement le fil des traditions gouvernementales et administratives en Algérie, puisque les Turcs occupaient seuls tous les emplois. On se trouva donc aussitôt en face d'une population indigène à conduire, en présence de besoins administratifs à satisfaire, sans avoir la moindre idée de ce qui se faisait, à cet égard, avant notre arrivée. Les

---

1. De 1787 à 1836, 75 000 condamnés ont été transportés à la Nouvelle-Galles et 27 000 sur la terre de Van-Diemen. Sur 40 000 condamnés que contenaient vers 1840 les colonies australiennes, on en comptait 26 000 « donnés en assignement » sur lesquels plus de 8 000 étaient bergers.

choses allèrent si loin que, pour donner un service public en exemple, quand une fontaine cessait de couler, on ne savait où chercher les conduites qui y amenaient l'eau pour les réparer, l'*Amin el-Aïoun* (le chef des fontaines) ayant été mis dehors comme tous les autres fonctionnaires turcs [1].

Voulait-on coloniser? ne le voulait-on pas? Pendant les dix premières années, l'opinion du gouvernement de Paris et du gouvernement d'Alger est presque toujours incertaine, flottante, mais généralement peu favorable à la colonisation. En 1832, une décision ministérielle est prise « afin d'arrêter une émigration trop nombreuse et trop hâtive »; en 1835, Guizot, après s'être opposé dans la Chambre des députés à l'évacuation, dit, à propos de la colonisation : « quant à l'extension de l'agriculture et de la colonisation, sachons nous en remettre à l'avenir, ne rien presser, attendre les faits et n'y prêter que la portion d'aide et de secours qui conviendra aux intérêts nationaux de la mère patrie ». Peu de temps après, le général Maison, ministre de la guerre, blâme le maréchal Clauzel, gouverneur général, d'avoir, dans une proclamation, encouragé les espérances des colons. C'est seulement avec le général Bugeaud que commence véritablement la période de colonisation, et encore avec combien de tâtonnements, combien d'incertitudes, combien de difficultés!

En Australie, sans prétendre qu'aucune faute n'ait été commise, il est permis de dire que l'on ne connut point une « période de tâtonnement » comparable. Tout d'abord, il faut le rappeler, les Anglais ne rencontrent aucune population à administrer; ils sont chez eux, non chez les autres. Pendant les premières années, ils donnent presque tous leurs soins à la colonisation pénale; mais, lorsqu'ils se décident à aider la colonisation libre, des « compagnies de colonisation » sont formées; des « commissaires pour l'émigration en Australie » sont choisis qui favorisent l'émigration, l'établissement des colons. Ces compagnies, ces commissaires n'ont pas, d'ailleurs, à se préoccuper si la conquête du pays est terminée ou proche de l'être, si l'on craint ou non une nouvelle insurrec-

---

[1]. Léon Roches, *loc. cit.*

tion. C'est une terre libre et tranquille que l'on donnera d'abord, que l'on vendra ensuite à l'émigrant britannique; quant à l'espace, il ne manque pas; tous peuvent venir, tous sont assurés de gagner leur vie.

Nous rencontrons précisément ici une autre des différences qui distinguent si profondément l'Australie de l'Algérie. Tous les malheureux, tous les gens sans travail, peuvent passer en Australie; il n'est pas besoin qu'ils aient de l'argent, un pécule; il suffit qu'ils aient leurs bras, ils trouveront à s'employer à la ville ou aux champs. C'est ainsi que, lors de la crise irlandaise de 1838 à 1841 et de la crise ouvrière, amenée un peu plus tard par la substitution du métier mécanique au métier à bras, tous les malheureux purent aller gagner leur vie en Australie.

L'ancienne Régence d'Alger, au contraire, n'est pas un déversoir pour les gens sans ressources. Les indigènes qui, le fusil déposé, seront prêts à travailler chez les colons à des prix assez bas, forment un prolétariat agricole qui exclut absolument le manœuvre français. En Algérie, le colon doit posséder un champ, être maître de ferme; celui qui n'ayant ni une terre de quelques hectares, ni un petit capital, ni un métier spécial voudrait s'engager comme berger ou laboureur, ne trouverait pas d'ouvrage. C'est ainsi que lorsqu'en 1857, le gouvernement accorde, avec beaucoup trop de précipitation, 80 000 passages, il doit rapatrier 70 000 individus. C'est ainsi encore qu'en 1849 et 1850, l'installation, en qualité de colons, d'ouvriers sans travail recrutés dans les villes, donne de très médiocres résultats.

Il ne suffit pas d'installer le colon sur la terre, il faut que cette terre soit assez salubre pour qu'il y puisse vivre. Le climat de l'Algérie, on l'a déjà vu, n'est pas malsain pour l'Européen; mais lorsque nous sommes arrivés dans ce pays, les marais couvraient les plaines et les vallées basses, à tel point que les fièvres terrassaient soldats et colons. En 1840, le capitaine de Montagnac constatait que, dans un mois, un bataillon de 700 hommes en évacuait 400 à l'hôpital « sous l'influence des miasmes de cette infernale Mitidja où personne ne peut vivre ».

Où le soldat était atteint, le colon devait l'être; en 1842, à Boufarik, sur 300 habitants, 92 mouraient des fièvres pernicieuses. La mortalité fut si grande pendant les vingt ou vingt-cinq premières années que l'on put douter de l'avenir de la colonisation. En 1836, on comptait encore parmi les Français 43 décès par 1 000 habitants, contre 41 naissances, et depuis la conquête jusqu'au 31 décembre 1864, il y eut dans la population civile 62 768 décès contre 44 900 naissances. C'est seulement vers 1856 que l'on constata un excédent des naissances sur les décès.

Les statistiques des colonies australiennes accusent des résultats bien différents, parce que les émigrants débarqués dans la Nouvelle-Galles du Sud trouvèrent un climat moins malsain que celui de l'Afrique. En 1825, dix ans après le débarquement des premiers colons, on constate dans la Nouvelle-Galles 13 naissances par 1000 habitants contre 11 décès; en 1833, 25 naissances contre 18 décès; en 1842, 39 naissances contre 16 décès. Dans la colonie de Victoria, qui date de 1835, l'acclimatation des Européens paraît avoir été encore plus facile et plus prompte : en 1840, les naissances sont de 34 par 1 000, les décès de 19; en 1850, les naissances de 35, les décès de 10.

Si l'on voulait poursuivre plus avant la recherche des principales différences existant entre l'Algérie et l'Australie, il faudrait encore noter que, les terres étant possédées dans notre colonie, l'administration et les colons eurent de grosses difficultés pour s'en procurer; chaque jour ils rencontraient un obstacle dans la législation ou dans les mœurs indigènes, alors qu'aucune difficulté semblable ne se présentait en Australie.

Fait consolant et bien digne d'être noté! malgré toutes ces difficultés premières rencontrées par la France en Algérie, ce pays ne se développe pas moins vite que l'Australie, placée cependant dans des circonstances plus favorables. Les chiffres en témoignent : en 1850, l'Australie avait reçu en trente-cinq ans, 188 000 immigrants (les premiers colons libres étaient débarqués en 1815); en 1862, après 32 années d'occupation, la population européenne de l'Algérie atteignait 200 000 âmes.

A cette époque de la vie des deux pays, un rapprochement eût donc été tout en faveur de notre colonie; mais un fait considérable allait changer la marche des choses. Tandis que l'Algérie demeurait une région agricole, l'Australie, ou du moins les deux provinces de la Nouvelle-Galles et de Victoria, devenaient en 1851, par la découverte des mines d'or, de riches placers. Aussitôt les émigrants y affluèrent à tel point que la bourgade de Melbourne devint en quinze ans une ville de 200 000 âmes; que, de 1851 à 1861, l'Australie reçut de la métropole seule 508 000 âmes. Dix ans après la découverte des mines, en 1861, les provinces australiennes comptaient 1 168 000 âmes.

Dès lors, il n'est possible d'établir aucun rapport entre le développement de la population des deux colonies, car on se trouve en présence, d'un côté, d'une progression régulière et, de l'autre, d'une progression anormale.

Il suffit, d'ailleurs, d'avoir montré que l'Australie et l'Algérie ne peuvent être, en rien, comparées et que, dès la première heure, notre œuvre, dans l'ancienne Régence d'Alger, a rencontré des difficultés toutes particulières. Nulle part ailleurs, dans aucune autre terre, les nations colonisatrices n'en ont trouvé de semblables.

Aussi conclurons-nous que la terre d'Alger, marquée, en tant que colonie de peuplement, « d'un vice originel » — l'occupation du sol, — est une *colonie mixte de peuplement et d'exploitation*. C'est une colonie de peuplement, parce que la région du Tell, salubre, fertile, insuffisamment peuplée, insuffisamment cultivée par les indigènes peut recevoir plusieurs millions de cultivateurs européens; — c'est une colonie d'exploitation, d'abord, parce que dans l'ensemble du pays les indigènes sont les auxiliaires indispensables des Européens, ensuite, parce que dans la majeure partie des Hauts Plateaux et dans le Sahara entier les conditions climatériques ne permettront jamais l'établissement d'une nombreuse population française; là, un petit nombre de colons constituera toujours l' « élément directeur » ou « exploitant » des tribus africaines.

CHAPITRE II

LA COLONISATION

Les premiers débuts de la colonisation. — Les colons « libres » et les colons « officiels ». — De 1830 à 1841. — La colonisation officielle du général Bugeaud. — Villages militaires. — Les Trappistes. — La colonisation ouvrière de 1848-1850. — Des différents systèmes de colonisation essayés. — La Compagnie genevoise. — Les progrès de la colonisation libre. — — De 1860 à 1870. — Les lettres de l'empereur sur l'Algérie. — Le système de la vente après 1863. — La Société de l'Habra et de la Macta et la Société générale algérienne.
La colonisation officielle après 1870. — Installation des Alsaciens-Lorrains. — Les décrets de 1871 et de 1878. — Critique du décret de 1878. — Les résultats de la colonisation officielle d'après les statistiques de 1883. — Discussion de ces statistiques. — Le projet des 50 millions. — Son rejet ne fait pas abandonner le système des concessions gratuites.
Critique de la colonisation officielle. — Pourquoi il fut nécessaire au début de donner des passages et des terres. — L'Angleterre a fait de la colonisation officielle en Australie et au Cap. — La faute a été de poursuivre trop longtemps le système des concessions. — Avantage de la vente sur la concession. — Des quelques ventes faites en Algérie dans ces dernières années. — Le système de la vente paraît devoir être prochainement préféré. — Discussion à la Chambre. — Le projet de loi adopté par le Sénat. — La construction des routes, des fontaines doit rester à la charge de l'État. — Des principales dispositions que devrait contenir une loi sur la vente des terres. — La vente aux enchères et la vente de gré à gré. — Les facilités de payement. — Les concessions deviendraient l'exception. — Une large publicité est indispensable à la vente des terres. — Le Domaine a des terres disponibles qu'il peut, dès maintenant, mettre en vente. — L'avenir est assuré. — Des compagnies de colonisation en Algérie.

Nous avons présenté dans le chapitre précédent, en les mettant en relief, les difficultés que la colonisation française devait rencontrer en Algérie. Il convient maintenant de retracer l'histoire même de la colonisation depuis ses débuts jusqu'à ce jour. On verra, d'une part, la venue et l'établissement des « colons libres » soutenus par leurs seules ressources, leur seule énergie; d'autre part, la persévérance du gouvernement dans le système dit de la « colonisation officielle », les nécessités qui l'imposèrent durant les premières années, puis ses vices et ses erreurs. Partout, « colons libres » et « colons officiels » rencontreront un ennemi qui est la nature même, c'est-à-dire l'insalubrité du pays, les rigueurs d'un climat encore mal connu, les fièvres d'une terre nouvellement défrichée; presque partout, à côté d'hommes prêts aux rudes labeurs de la colonisation, en seront d'autres, ignorants du travail agricole, incapables de s'y faire, révoltés contre une destinée qui ne leur convient pas. Enfin, la constatation de l'état actuel, la vue des progrès accomplis, la certitude de l'avenir, en même temps qu'elles convaincront que nos efforts dans l'ancienne Régence d'Alger n'ont pas été vains, indiqueront clairement comment doit désormais être poursuivie l'œuvre entreprise.

Les commencements de la colonisation en Algérie sont particulièrement intéressants à rappeler; ils ont eu leur historien [1]. Dès le lendemain de la prise d'Alger, quelques hommes entreprenants y débarquèrent avec l'intention de cultiver les régions nouvelles. De 1832 à 1837, ils achetèrent des terres, soit aux indigènes, soit à l'administration, aux portes d'Alger, dans la plaine de la Mitidja. En 1837, huit adjudications publiques furent faites et le prix moyen monta à 48 francs l'hectare. Cette année même, on estimait que les colons avaient mis 9 091 hectares en culture, dont la moitié en blé. Ils essayaient, sur quelques parcelles, la culture du coton, de la canne; ils avaient greffé 60 000 oliviers, planté 85 000 mûriers; aux environs de Blida, quelques orangeries entraient en rapport; de belles fermes s'élevaient dans la campagne. A côté de ces débuts de la « colonisation libre », les débuts de la « colonisation officielle » : dès 1832, l'administration avait donné des terres et construit des maisons à quelques familles alsaciennes débarquées à Alger; Boufarik fut bientôt fondé et, en 1838, on y comptait déjà 500 colons.

---

1. Louis de Baudicourt, *Histoire de la colonisation de l'Algérie*. Challamel, éditeur, Paris.

Mais la guerre était à nos portes. En novembre 1839, lorsqu'Abd-el-Kader dénonce le traité de la Tafna, les fermes de la Mitidja sont attaquées, brûlées, détruites et lorsque le maréchal Bugeaud arrive, en 1841, il trouve les colons désespérés.

Le nouveau gouverneur doit relever leur courage; poursuivre énergiquement l'œuvre de la colonisation. « La guerre, dit-il dans sa proclamation du 22 février, indispensable aujourd'hui, n'est pas le but. La conquête serait stérile sans la colonisation. Je serai donc colonisateur ardent, car j'attache moins de gloire à vaincre dans les combats, qu'à fonder quelque chose de durable à la France. » Sa devise, d'ailleurs, sera : *ense et aratro*. Conduisant « militairement » l'armée, Bugeaud entend conduire « militairement » la colonisation. Il est, on peut le dire, le véritable organisateur de la « colonisation officielle » : le colon sera transporté gratuitement; on lui donnera, en un lieu désigné d'avance, pour devenir « un centre » ou un « village », un « lot urbain » et un « lot rural »; on lui remettra environ 800 francs de matériaux pour élever une maison, ou bien l'on fera construire les maisons par les condamnés militaires; quelquefois des détachements de soldats seront commandés pour aider les colons au défrichement. Mais, dans ce pays ennemi, où une escorte était nécessaire aux géomètres qui dressaient les plans des villages futurs dans la Mitidja [1], souvent on se préoccupait plus de la position stratégique du centre nouveau que de la qualité des terres ou de la présence de l'eau.

De 1841 à 1844, 25 villages furent créés; on y installa 1765 familles; 104 792 hectares furent distribués dans les trois provinces. Beaucoup de demandes de concessions parvenaient de France et aussi des provinces rhénanes; d'autre part, les « colons libres » ne cessaient pas d'arriver à côté des « colons officiels ». La richesse de la colonie augmentait et cependant les morts dépassaient les naissances dans la population européenne; beaucoup de villages avaient été établis dans des lieux pestilentiels ou manquaient d'eau; bien des maisons étaient abandonnées, plusieurs centres menacés de disparaître.

1. Colonel Ribourt, *le Gouvernement de l'Algérie de 1852 à 1858*. Panckoucke et Cⁱᵉ, éditeurs, Paris.

La population dans les provinces d'Alger et d'Oran était, en 1849, plus faible qu'en 1846.

A côté des villages officiels « civils », le général Bugeaud veut établir des villages « militaires »; il en fonde trois : Aïn-Fouka, Beni Mered, Maelma; dans l'un, il installe des militaires libérables : un officier, deux sergents, six caporaux, un tambour, soixante-six soldats dont vingt sont mariés avec des filles recrutées à Toulon. Pour les deux autres, il choisit des soldats non encore libérables afin que la discipline règne dans ces villages qui seront des casernes. Ces essais donnent de médiocres résultats. Bugeaud, cependant, aurait poursuivi ses projets de colonisation militaire, si la Chambre n'avait refusé les crédits qu'il demandait (1847). Déçu de ce côté, le gouverneur a, d'autre part, la satisfaction d'assister aux progrès d'une entreprise qu'il a contribué à fonder. Les Trappistes appelés en 1843 en Algérie, mis en possession d'un domaine d'un peu plus de 1000 hectares à Staoueli, aux environs d'Alger, y réussissent. Ils ont défriché, canalisé, drainé; ils plantent des céréales, des vignes; ils élèvent du bétail.

Un détail peindra le milieu dans lequel se poursuivait alors la colonisation. Tout village, civil ou militaire, est entouré de murs, de fossés, de ponts-levis et de tourelles d'observation; c'est une forteresse. Le colon qui couche à l'abri des murs est en sûreté, mais, dans la campagne, son champ, son « lot rural » reste exposé au pillage des maraudeurs. Encore une fois, comment, dans de pareilles conditions, comparer le colon algérien au colon australien?

Le gouvernement issu de la Révolution de 1848 fit dans notre colonie un très curieux essai de colonisation officielle. Jusqu'alors, les concessions, bien que données un peu à tout le monde, avaient été attribuées le plus souvent à des agriculteurs, à des gens de la campagne. L'Assemblée nationale, préoccupée de donner du pain aux ouvriers inoccupés des villes, vota en plusieurs fois une somme de 55 millions (sept. et nov. 1848, mai 1849) pour leur transport et leur installation en Algérie. C'était vouloir transformer, en un jour, l'artisan en un laboureur! De 1848 à la fin de 1850, 20 500 ouvriers-colons furent transportés en Afrique. Répartis dans 56 centres préparés par l'administration du génie militaire, ils trouvèrent des maisons construites, reçurent, avec la terre, des semences, des instruments de culture, du bétail, des vivres et même des secours en argent qui devaient leur permettre d'attendre la récolte. Est-il besoin de dire que cette entreprise se termina par un échec? Les colons de l'Assemblée nationale ne connaissaient pas la terre, ni la vie des champs; ils ignoraient quelquefois jusqu'à l'époque des semailles; en outre, les centres ayant été établis hâtivement, ici, les maisons s'écroulaient, là, la terre était improductive, ailleurs l'eau manquait, la fièvre régnait. Au 1er janvier 1851, des 20 500 colons amenés, il n'en restait que 10 400; 7 000 étaient partis, 3 000 morts.

Le ministère de la guerre à Paris, qui avait charge de l'Algérie, le gouvernement général à Alger, devaient tout essayer pour implanter des colons sur la terre d'Afrique. En 1845, en 1846, pendant que l'on continue le système de la concession directe, on essaye de la colonisation « par concessionnaire ». Plusieurs personnes reçoivent gratuitement des territoires d'une certaine étendue sur lesquels elles s'engagent à installer des immigrants : elles donneront à chacun une maison, des semences et du bétail; elles sont en même temps autorisées à réclamer aux colons, sous certains délais, le remboursement de leurs avances. Ce système donnant, dès ses débuts, de très médiocres résultats, le gouvernement imagine de traiter en 1853 avec une compagnie, la « Compagnie genevoise », constituée au capital de 3 millions. Il lui concède, aux environs de Sétif, un domaine de 22 000 hectares, avec charge d'installer un certain nombre de colons, justifiant de ressources suffisantes; elle devra les établir dans des villages dont elle fera les frais, elle aura le privilège de se faire rembourser plus tard. Ce sont toujours les mêmes clauses, mais la Compagnie étant riche on peut espérer qu'elle saura réussir où d'autres ont échoué. Les premiers débuts furent, en effet, satisfaisants; mais bientôt les colons cessèrent de venir, de telle sorte qu'au 31 décembre 1858 les six villages fondés par la Compagnie n'avaient ensemble qu'une population de 519 individus. Un peu plus tard, une décision, toute gracieuse et singulièrement bienveillante, du gouvernement impérial laissa la Compagnie genevoise en possession de son magnifique domaine, sans réclamer l'exécution des charges qui lui étaient imposées.

On continue à poursuivre mille projets. D'après l'un d'eux, on donnerait un domaine à chaque département français qui se chargerait de construire un centre et de le peupler. Le village, aujourd'hui prospère, de Vesoul-Benian sur la route de Blida à Miliana est né de cette idée; ses premiers colons furent envoyés par le préfet de la Haute-Saône.

Cependant, malgré toutes les « écoles », tous les abus, tous les échecs partiels, l'Algérie se peuple, les cultures s'étendent; beaucoup d'Allemands, de Suisses, viennent avec les Français, et les entreprises qui réussissent font moins de bruit que celles qui échouent. L'administration civile et l'administration militaire, chacune sur leur territoire — car déjà il y a deux territoires en Algérie, — rivalisent, appelant des colons, fondant des villages. On fait des travaux de routes, d'adduction d'eau, on élève des mairies, des écoles, des églises dans les centres nouveaux des trois provinces. L'initiative privée, si elle est quelquefois contrariée par une réglementation arbitraire, ne cesse cependant pas de se développer. C'est ainsi que, lorsqu'en 1858 la fondation d'un « centre de population de 94 feux avec un territoire de 286 hectares » est décidée près de Tizi-Ouzou, en Kabylie, on s'aperçoit que depuis trois ans 600 colons sont venus librement se fixer en cet endroit et y construisent une ville. Un moment on crut que la terre allait manquer. Partout où elle était arrivée, la France avait pris les terres qui appartenaient au dey, au Domaine; mais, partout aussi elle les avait données aux colons. Le devoir de se procurer de nouveaux espaces conduisit le gouverneur général, maréchal Randon, à essayer sur plusieurs points ce que l'on a appelé « la politique du refoulement ». Elle consistait à « cantonner » les indigènes dans des périmètres déterminés, de façon à leur prendre une partie des surfaces dont ils avaient l'habituelle jouissance. Bientôt, heureusement, on devait renoncer à ce système [1].

---

1. Voir le chapitre suivant : Le régime des terres.

Au 31 décembre 1857, la population urbaine de l'Algérie était de 112 126 âmes; la population rurale et agricole, de 68 346. Cinq ans plus tard, on évaluera le nombre des Européens à 200 000, sur lesquels 120 000 Français, et l'étendue de terrain occupé par la population européenne à 420 000 hectares.

De 1860 à 1870, on doit constater un ralentissement dans la marche de la colonisation; les causes en sont diverses. Au nombre des premières, il faut évidemment placer les deux lettres publiques de l'empereur du 6 février 1863 et du 20 juin 1865. La lettre de 1863 adressée au maréchal Pelissier, gouverneur de l'Algérie, avait pour objet essentiel d'arrêter « la politique de refoulement » et de reconnaître aux tribus la propriété du sol qu'elles occupaient. Mais l'empereur y laissait échapper cette déclaration inutile, un peu étrange : « L'Algérie n'est pas une colonie proprement dite, mais un royaume arabe. Les indigènes ont, comme les colons, un droit égal à ma protection et je suis aussi bien l'empereur des Arabes que l'empereur des Français. » Ces paroles étaient plus que suffisantes pour inquiéter les colons, surtout à une époque où l'administration militaire toute-puissante les entravait quelquefois. La seconde lettre de Napoléon III les menaçait plus directement. Elle indiquait au nouveau gouverneur général, le maréchal de Mac-Mahon, les vues du souverain « sur la politique de la France en Algérie ». Après avoir tracé « un périmètre à la colonisation autour des chefs-lieux des trois provinces », périmètre « dans lequel les Européens pourront développer leurs intérêts », l'empereur ajoutait : « Dans la province d'Oran, les territoires de Nemours, de Mascara et de Tiaret, ne pourront prendre de nouveaux développements que lorsque les populations deviendront plus denses. Il en sera de même dans la province d'Alger pour le territoire d'Aumale; dans la province de Constantine, pour les postes de Bougie, Djidjelli, Collo et Batna. Quant aux postes de Maghnia, Sebdou, Daya, Saïda, Ammi-Moussa, dans la province d'Oran; les postes de Teniet-el-Haad, Boghar, Tizi-Ouzou, Fort-Napoléon, dans la province d'Alger; enfin, les postes de Bordj-bou-Areridj, Biskra, Aïn-Beïda et Tébessa, dans la province de Constantine, ils devront rester dans l'état actuel, sans que leur territoire puisse être augmenté. Toutefois, on viendra en aide, par des subsides, aux colons qui demanderont à rentrer dans les zones de colonisation. » Plus loin, on lit dans la même lettre ces curieuses recommandations : « Diminuer insensiblement l'importance politique et militaire des postes de Geryville, de Laghouat, de Djelfa. Rattacher les tribus de ces cercles à celles de la lisière du Tell, chez lesquelles ces tribus viennent s'approvisionner. Rappeler de ces lieux tous les colons. »

De semblables mesures pouvaient paraître arbitraires. Le désir d'assurer la sécurité des colons, dans un pays pacifié depuis peu, ne les expliquait pas suffisamment. Une chose est d'ailleurs certaine, c'est qu'elles soulevèrent de la part de ceux-ci de vives protestations, en même temps qu'elles furent condamnées par les hommes qui discutaient alors avec le plus de compétence les questions algériennes [1].

Si les lettres de Napoléon III doivent être citées parmi les causes de ralentissement des progrès de la colonisation entre 1860 et 1870, il faut ajouter qu'elles ne sont pas les seules. D'une part, la grande famine de 1866-1867 vint jeter sur l'Algérie un discrédit passager, effrayer ceux qui pouvaient avoir l'idée de s'y rendre; d'une autre, l'abandon de la colonisation officielle ralentit le peuplement. Ce fut l'empereur qui prescrivit cet abandon. Il faut cesser, disait-il dans sa lettre de 1863, de soutenir péniblement « des individus sans ressources attirés par des concessions gratuites ». Les terres furent alors vendues, non plus données.

Ce système nouveau n'était, certes, pas condamnable, mais il était trop exclusif. A une époque où les souvenirs de la guerre, à peine effacés, pouvaient encore effrayer les émigrants, il convenait de conserver le système de la concession à côté de celui de la vente.

Si l'on en croyait les publications officielles, de 1860 à 1871, il n'aurait été créé que 11 centres nouveaux, représentant une

---

[1]. Jules Duval, *l'Algérie et les colonies françaises*. Guillaumin, éditeur, Paris.

population européenne de 4 582 habitants. L'Algérie n'aurait ainsi gagné que 4 582 immigrants ! Mais les publications officielles se trompent; elles négligent les progrès de la colonisation libre. Le chiffre des nouveaux colons a sensiblement dépassé 4 600 individus, puisque, d'après les recensements, la population agricole européenne durant cette période de onze années s'est accrue de 32 000 unités.

On se tromperait, d'ailleurs, si l'on pensait que Napoléon III, rêvant d'un « royaume arabe », condamnant le système des concessions gratuites, se désintéressait de l'avenir de l'Algérie. Il voulait son progrès; seulement il entendait le poursuivre par d'autres moyens que ceux jusqu'alors employés. Il crut — et cette idée est assurément défendable — que la mise en valeur de la colonie, son développement, devaient être poursuivis surtout par de grandes associations de capitaux européens, par de grandes sociétés; sociétés d'assainissement, de travaux, qui feraient des avances à l'État ou prendraient à leur charge des dépenses dont le Trésor serait ainsi dispensé.

C'est dans cet esprit que le gouvernement impérial accorda à des particuliers deux concessions considérables qui ont fait naître deux grandes compagnies : la Société de l'Habra et de la Macta et la Société générale algérienne.

La Société de l'Habra et de la Macta, qui devait devenir plus tard la Société franco-algérienne, fut fondée en 1865. Le but poursuivi était l'assainissement et la mise en valeur de la plaine de l'Habra (province d'Oran) et la culture du coton [1]. Déjà l'État avait construit dans la même région, sur le Sig, un barrage-réservoir qui desservait un territoire de 5 000 hectares environ autour de Saint-Denis du Sig. Ce centre s'étant rapidement développé, on voulait créer dans son voisinage, un centre semblable, mais, cette fois, aux frais d'une compagnie et non du Trésor. La Société de l'Habra et de la Macta s'engagea donc à construire sur la rivière de l'Habra un barrage-réservoir, emmagasinant une

---

[1]. On pensait, à cette époque, que la culture du coton pouvait réussir en Algérie et que la production de notre colonie parviendrait à faire une sérieuse concurrence aux États-Unis.

réserve de 30 millions de mètres cubes d'eau, à dessécher la plaine de la Macta et à construire un réseau de canaux d'irrigation, tant sur les terrains qu'on lui donnait que sur un lot voisin de 12 000 hectares adjugé à des tribus arabes et à de petits colons. En retour de ces charges, la Société acquérait, au prix de 1 franc l'hectare, un immense lot de 24 000 hectares de terres domaniales, situé précisément dans la plaine de l'Habra et de la Macta. Ces terres, dont elle devenait propriétaire, elle pouvait soit les vendre, soit les louer, soit les cultiver directement. Le barrage achevé en 1871, éprouvé par la violence des eaux en 1872, réparé aussitôt, a été définitivement terminé en 1873. Renversé sept ans après, en 1881, par une crue extraordinaire, il a été reconstruit. D'autre part, les travaux de défrichement et de desséchement entrepris par les adjudicataires ont ouvert le pays à la colonisation. N'a-t-on aucun reproche à faire à la Compagnie? a-t-elle rempli toutes ses obligations? a-t-elle, pour le bien de la colonie, mis en valeur son grand domaine de 24 000 hectares [1]? L'examen de ces questions donnerait certainement lieu à de nombreuses observations ou critiques [2]. Mais deux faits sont là, c'est, d'abord, que l'ensemble des travaux de barrage, de défrichement et de desséchement a représenté pour la compagnie adjudicataire, avec le loyer des capitaux mis en œuvre, une dépense de plus de 5 millions; — c'est, ensuite, que toute la région conquise sur les broussailles, les marais et arrosée par les eaux du barrage est aujourd'hui parmi les plus riches du département d'Oran.

La Société générale algérienne a moins répondu que la Société de l'Habra et de la Macta aux espérances que l'on mettait en elle. Fondée en 1868 avec l'appui et le concours du gouvernement impérial (loi du 12 juillet 1865), elle aurait

---

1. Ce domaine est loin d'être complètement en valeur. Il appartient aujourd'hui à la Société du Domaine de l'Habra qui l'a acheté à la Société franco-algérienne en 1886, moyennant le prix principal de 8 millions (sur cette somme 7 millions devaient être apportés à la purge des hypothèques qui grevaient le domaine). La Franco-Algérienne n'a pas cessé d'exister, mais elle est devenue une compagnie de chemin de fer.

2. La reconstruction du barrage en 1881 a été entreprise aux frais de l'État, qui est aujourd'hui en procès avec la Société franco-algérienne à qui il réclame le remboursement de ses dépenses.

pu peut-être hâter considérablement les progrès de l'Algérie. Elle s'engageait vis-à-vis de l'État : 1° à réaliser à la réquisition du gouvernement, dans les proportions qu'il jugerait nécessaires, et jusqu'à concurrence de 100 millions, dans le délai de six années, des sommes qu'elle devrait employer à des entreprises industrielles et agricoles, travaux publics, exploitations de mines, de terres et de forêts, exécution de barrages et de canaux d'irrigation, établissement d'usines ; 2° à mettre à la disposition de l'État une autre somme de 100 millions, qu'il devait employer dans le délai de six années à l'exécution de grands travaux d'utilité publique, routes, ports, chemins de fer, canaux, etc. L'État, de son côté, devait rembourser les avances qui lui seraient ainsi faites au moyen d'annuités calculées au taux de 5 fr. 25 et comprenant la somme nécessaire pour assurer l'amortissement en cinquante ans ; il promettait, en outre, de vendre à la Société 100 000 hectares de terre moyennant un prix fixé à 1 franc de rente par hectare et par an, payable pendant cinquante ans. On voit dans quel but était passé ce contrat : l'État désireux de dépenser en peu de temps des sommes importantes en Algérie et ne voulant pas les inscrire à son budget ordinaire cherchait un prêteur et lui promettait, outre le remboursement, certains avantages.

La convention de 1866 ne fut jamais pleinement exécutée. La Société avança 87 millions à l'État, qui les employa en travaux publics en Algérie, mais on ne lui adressa pas la réquisition visée dans le paragraphe 1er. La guerre de 1870 survint bientôt, puis l'insurrection de Kabylie ; d'autre part, la Société s'engagea dans des spéculations antistatutaires. Elle dut liquider en décembre 1877.

Au résumé, la Société générale algérienne a reçu les 100 000 hectares qui lui avaient été promis et avancé 87 millions à l'État. Les annuités qui assurent le remboursement de cette somme sont inscrites chaque année au budget. Quant aux 96 000 hectares qu'elle possédait en 1877, ils ont été achetés par une nouvelle compagnie, la Compagnie algérienne, qui, étant substituée aux obligations de son vendeur, doit à l'État un franc de rente par hectare et par an jusqu'à la fin de la période cinquantenaire prévue à la convention de 1866. Ainsi les deux grandes sociétés algériennes créées par l'Empire — pour ne rien dire de la compagnie de Sétif, qui appartient cependant à son administration — n'ont rendu à la colonisation que de médiocres services. Est-ce à dire qu'il faut condamner absolument en Algérie le système des grandes compagnies? La question demeure douteuse et demande examen [1].

Au lendemain même de la guerre de 1870-71, la colonisation officielle fut reprise. Depuis dix ans elle était condamnée; tout à coup, elle revint en complète faveur, grâce à la nécessité patriotique où le gouvernement de la République se trouva brusquement de donner des moyens d'existence aux Alsaciens-Lorrains qui, pour demeurer Français, abandonnaient leur pays.

Une loi du 21 juin 1871 alloua 100 000 hectares de terre aux Alsaciens-Lorrains. Aussitôt, quelques hommes, parmi lesquels M. Jean Dollfus et M. le comte d'Haussonville, se dévouèrent à cette œuvre de transfert d'une partie de la population alsacienne-lorraine en Afrique. Cette œuvre était, en effet, difficile; il s'agissait de transformer en colons algériens des hommes du Nord pour lesquels l'acclimatation devait être longue, ouvriers des villes plutôt que paysans, presque tous sans ressources, sans pécule, à qui il fallait non seulement donner des terres, mais encore livrer des maisons construites, fournir des vivres, etc. Un millier de familles, représentant environ 5 000 individus, profitèrent immédiatement des concessions qu'on leur offrait; d'autres familles, représentant de 2 à 3 000 personnes, suivirent; 70 villages furent créés ou agrandis pour installer les nouveaux colons. La période d'acclimatation et d'installation a été longue; bien des échecs partiels ont pu être constatés; mais aujourd'hui, après vingt ans de persévérance, la « Société de protection des Alsaciens-Lorrains » croit pouvoir se féliciter de la prospérité à laquelle sont venus presque tous ses centres.

---

1. Voir plus loin ce qui est dit à ce sujet, p. 121.

Ce ne fut pas seulement l'installation des Alsaciens qui donna à la colonisation officielle l'occasion de reparaître. La répression de l'insurrection de 1871 venait de reconstituer le Domaine en mettant à sa disposition environ 300 000 hectares confisqués aux tribus révoltées. Comment ne pas céder à la tentation de donner ces terres? Une fois encore, on jugea folle l'idée de mettre à un prix quelconque des terres situées dans un pays nouveau; on refusa de voir qu'elles avaient une valeur certaine, puisque la plupart au moins étaient en production; on pensa qu'il importait avant tout de ne faire aucun prélèvement sur le capital, ordinairement fort mince, des colons. On ne vit pas que donner des terres au lieu de les vendre, c'était s'exposer à appeler des gens sans aucune ressource, de mauvais colons.

C'est ainsi qu'un décret intervint, le 15 juillet 1874, qui autorisa le gouvernement général à consentir aux Français d'origine européenne, sous promesse de propriété définitive, des locations de terres domaniales d'une durée de cinq années; pendant ces cinq années, le locataire était assujetti à la résidence sous peine de déchéance et devait acquitter un loyer de 1 franc par hectare et par an.

Quatre ans plus tard, le 30 septembre 1878, un nouveau décret fut rendu. Mais il ne s'agissait pas de corriger d'anciens errements, d'introduire des principes nouveaux; le système de la colonisation officielle conservait toutes les préférences du gouvernement. Le décret de 1878 est encore aujourd'hui en vigueur. La vente des terres de gré à gré ou aux enchères n'y figure qu'à titre d'exception; la concession est la règle. Les terres affectées au service de la colonisation sont divisées en « lots de village », de 40 hectares au maximum et en « lots de ferme » dont la superficie ne doit pas dépasser 100 hectares. Le gouverneur général est autorisé à les concéder aux Français d'origine européenne et aux Européens naturalisés qui justifient « de ressources jugées par lui suffisantes ». La concession est faite sous condition suspensive; le concessionnaire tenu, sous peine de déchéance, de résider pendant cinq ans sur son terrain; il peut, toutefois, abréger ce délai et obtenir son titre de propriété après trois ans, s'il justifie d'une dépense moyenne de 100 francs par hectare, réalisée en améliorations utiles et permanentes, dont un tiers au moins en bâtiments d'habitation ou d'exploitation agricole. Pour les « lots de ferme », la résidence personnelle peut être remplacée par l'installation d'une ou plusieurs familles françaises et par la dépense, en améliorations, d'une somme de 150 francs par hectare. Enfin, pendant la période de concession provisoire, le colon ne peut consentir hypothèque qu'au bénéfice du prêteur qui lui fournit les fonds nécessaires pour améliorer sa propriété.

Le trait caractéristique de ce décret est qu'en exécution de ces mots : le demandeur en concession devra justifier de ressources suffisantes, l'administration décida qu'il ne serait accordé des terres qu'aux immigrants possédant en propre un capital de 5 000 francs. Était-il douteux qu'une semblable mesure eût le meilleur effet? Désormais les colons officiels ne seraient plus des « malheureux sans ressources » mais des « capitalistes », — ils auraient 5 000 francs et 5 000 francs sont une somme !

On se trompait grandement à Alger en raisonnant ainsi ! Qui était en mesure d'affirmer au Gouverneur général que le demandeur en concession possédait bien réellement une somme de 5 000 francs? Personne... mais on demanda cette affirmation au maire de la commune où habitait le futur colon ; il délivrerait un certificat. Un maire se serait montré bien sévère s'il avait refusé un certificat dont, en vérité, la signature ne l'engageait à rien et qui était indispensable à un de ses administrés malheureux. L'homme était sans ressources : « il fera fortune en Algérie »; — l'homme était un paresseux, un mauvais esprit : « la commune en serait débarrassée ! »... Les administrateurs algériens disent : « ce sont les maires de France à qui nous devons nos mauvais colons », — et ils ont souvent raison, car ils sont venus nombreux depuis 1878, les immigrants « à certificat » n'ayant pour tout capital que quelques billets de 100 francs ou moins encore. 5 000 francs, d'ailleurs, est-ce une somme suffisante? Non, si le nouveau colon n'a pas de très grandes qualités de travail, d'énergie, d'économie, si, « prolétaire agricole » hier,

« propriétaire » aujourd'hui, il se laisse griser par une situation nouvelle. Son compte est facile à établir : une maison de deux pièces avec une petite écurie, 1 500 francs; le matériel agricole indispensable et deux bêtes de trait, 1 000 francs; les gros travaux de défrichement, si le sol est en friche, puis le défoncement de la terre, les labours, les semences, les boutures...; tout ceci, sur 6 ou 8 hectares seulement, et non sur les 25 à 30 hectares de la concession, représente une dépense de 1 500 francs au moins. Ainsi il reste 1 000 francs à peine à notre colon pour faire face aux dépenses imprévues, vivre, attendre la récolte. Se trouve-t-il « à court » par suite d'un malheur, ou parce qu'il est dépensier, ou parce qu'il voudrait acquérir un cheptel, planter de la vigne, étendre ses cultures? un usurier l'attend qui lui prêtera quelques milliers de francs à 8 ou 10 p. 0/0, non compris les frais, en première hypothèque sur sa concession provisoire. Voici le « colon officiel » bien près d'être exproprié, ruiné....

Entre 1882-1883, alors que la colonisation officielle était activement poussée depuis une douzaine d'années, l'administration algérienne annonça des résultats dont elle se déclarait fort satisfaite : Du 16 octobre 1871 à la fin de 1881, il avait été fait 318 créations (190 villages nouveaux, 47 agrandis, 81 fermes isolées) d'une étendue de 466 873 hectares; — 9 858 familles avaient été installées, représentant environ 3 800 personnes.

Il faut examiner ces chiffres, chercher ce qu'ils valent. Une constatation frappe dès l'abord : toutes ces familles ne sont point métropolitaines; près de la moitié — 4 886 contre 4 992 — sont algériennes. Pourquoi? L'administration a une réponse : elle estime que la moitié des concessions doit être réservée aux colons algériens; leur présence est indispensable dans les nouveaux centres parce qu'ils enseignent aux arrivants les lois de l'hygiène, les procédés de culture propres à la colonie; ils sont pour eux de précieux guides. La vérité est que le gouvernement général cherche à cacher sa faiblesse sous une raison spécieuse : s'il accorde d'aussi nombreuses concessions aux « Algériens », c'est le plus souvent parce qu'il n'ose pas résister aux sollicitations des élus de la population algérienne, demandant des faveurs pour leurs électeurs de la veille ou du lendemain.... Les concessions sont, hélas! en Algérie la menue monnaie électorale [1].

L'étude des chiffres officiels conduit à une seconde observation : toutes les familles installées n'ont point réussi; les unes ont été évincées, les autres déclarées déchues; de nouvelles les ont remplacées, mais en partie seulement, car au 31 octobre 1881, l'administration ne se trouve plus en présence que de 7 423 familles (au lieu de 9 858), comprenant 28 245 personnes (au lieu de 38 000); 14 026 viennent de France, 14 219 d'Algérie.—Peut-on, enfin, oublier la dépense? elle n'est certes pas négligeable; elle ne s'élève pas à moins de 57 197 000 francs, ce qui porte le coût de chaque famille à 7 705 francs en moyenne [2]. La statistique de 1882-1883 a dix années de date. Que sont devenues aujourd'hui les créations de l'administration? Elle l'a fait connaître récemment : sur les 215 villages créés ou agrandis entre 1871 et 1881 [3], 134 se sont développés, 81 sont demeurés stationnaires ou même ont périclité. 17 centres ont perdu plus de 50 p. 0/0 de leur chiffre initial de population; 47, en revanche, se sont

---

1. Nous n'exagérons rien.
Dans la séance du 15 octobre 1889 du Conseil général de Constantine, M. Morinaud ayant déposé le vœu suivant couvert de 17 signatures, « que les attributions territoriales soient désormais accordées aux fils de colons ou jeunes gens algériens répondant aux conditions de la loi, *de préférence aux immigrants* », le préfet n'osa pas s'élever contre une semblable motion. Il rappela, au contraire, que sous son administration les « Algériens » avaient toujours obtenu une large part dans la distribution des terres des villages nouveaux : à Gravelotte, sur 32 concessions, 15 avaient été attribuées à des « immigrants », 17 à des « Algériens »; à Perigotville, sur 45 concessions, 23 à des « immigrants », 22 à des « Algériens », etc. Quant à la conclusion du préfet, il est facile de la pressentir après les prémices : « Je me rallierais volontiers au vœu, dit-il, s'il était modifié de façon à faire disparaître l'antagonisme fâcheux qu'il établit entre les immigrants français et les colons d'origine algérienne et s'il se bornait à demander pour ceux-ci *une part plus grande que celle qui leur a été faite dans le passé* ».
Est-il besoin de dire que le vœu ainsi corrigé a été immédiatement adopté par le Conseil général?
2. Ce chiffre contient, à la vérité, une part d'exagération. Il est évident, en effet, que, si comme nous le disons plus loin, l'administration coloniale doit vendre la terre au lieu de la donner, elle doit, d'autre part, garder à sa charge certaines dépenses, routes, fontaines, édifices publics — dont le coût est compris dans ce chiffre global de 57 millions pour 15 224 000 francs.
3. Pourquoi ce chiffre de 215 au lieu de celui de 237 fourni par les statistiques officielles que nous venons de citer?

accrus de plus de 100 pour 100 et sont devenus de véritables villes; de ce nombre sont Tizi Ouzou, Bouira, Dra-el-Mizan, Aïn-Bessem, Carnot, Saint-Lucien, Cassaigne, etc.

Mais il faut revenir en arrière, pour rappeler un fait qui témoigne des vues de l'administration algérienne en matière de colonisation. Au gouvernement général, à Alger, on se félicitait du succès — cependant relatif — du plan de colonisation officielle suivi entre 1871 et 1881; — on négligeait de mettre en regard des résultats le chiffre de la dépense; qu'importait le coût, d'ailleurs, puisque la métropole seule payait? — enfin, bien que la prospérité, chaque année grandissante, de la colonie ne fût point contestée, on se refusait encore à essayer du système de la vente, à le substituer au moins sur certains points au système des concessions.

C'est ainsi que le Gouverneur général prépara en 1882 un grand projet de colonisation officielle que l'on a appelé le « projet des 50 millions ». Le cabinet le présenta aux Chambres en 1883. Le Domaine algérien étant en partie épuisé, on demandait au Parlement l'ouverture d'un crédit de 50 millions de francs pour acheter aux indigènes « par voie d'expropriation pour cause d'utilité publique » environ 300 000 hectares. La création sur ces terres (auxquelles on aurait joint 80 000 hectares de terrains domaniaux) de 175 villages devait permettre de placer 9 649 familles, ce qui donne, à raison de 4 personnes par famille, une population de 38 596 habitants. Ces termes et ces chiffres empruntés au rapporteur de la commission peignent en une ligne la colonisation officielle! Rien ne faisait prévoir dans le projet que le système des concessions serait abandonné. L'article 5 portait : « Le mode et les conditions de l'aliénation des terres affectées à la colonisation seront déterminés par une loi spéciale », mais cette loi n'était pas présentée et le décret de 1878, toujours en vigueur, autorisait les concessions gratuites [1].

Le projet des 50 millions a été heureusement repoussé.

---

[1]. Rapport de M. Thomson, député de l'Algérie, favorable au projet, annexé à la séance de la Chambre des députés du 15 novembre 1883. — Discussion dans les séances du 27 et du 28 décembre.

Des orateurs ont montré que le Domaine algérien n'était pas encore sans ressources, qu'il était possible de distraire des forêts des terrains propres à la colonisation, que rien n'interdisait à l'administration d'acheter de gré à gré aux indigènes les espaces qu'elle pouvait désirer pour les revendre ensuite aux immigrants, enfin, qu'il était inhumain et impolitique d'exproprier les Arabes, déjà si souvent chassés de leurs meilleures terres. Voulait-on, en dépossédant malgré eux les détenteurs du sol, préparer une Irlande africaine ?

Le rejet du projet des 50 millions n'ouvrit pas encore les yeux à l'administration. S'il lui était interdit de créer, comme d'un seul coup, un nombre considérable de villages, il lui était toujours permis, grâce au décret de 1878, ainsi qu'à l'inscription au budget d'un crédit annuel d'environ un million et demi pour la colonisation, de poursuivre son système de concessions gratuites. De nouveaux centres furent donc créés, d'anciens agrandis; aujourd'hui encore, l'œuvre de la colonisation officielle se poursuit.

Le moment est venu de dire ce qu'il faut penser de cette « colonisation officielle » dont le caractère propre, spécial, est la remise gratuite de la terre au colon.

Ce serait une erreur grave de condamner d'une façon absolue le système des concessions. On se tromperait, on se laisserait entraîner par l'esprit de système, si l'on prétendait qu'aucune concession gratuite n'aurait dû être faite en Algérie, que l'on devait attendre le peuplement, le développement du pays des seuls efforts de la colonisation libre. Est-il permis d'oublier que nos compatriotes s'expatrient beaucoup moins volontiers que les Anglais? que, dans les vingt ou vingt-cinq années qui suivirent la prise d'Alger, le bruit des combats, la nouvelle des insurrections devaient fatalement nuire au développement de l'immigration libre? enfin, que la construction des chemins de fer, le renouvellement de l'outillage industriel de la France, bien loin de mettre les rentiers dans la nécessité de chercher au dehors des placements fructueux, retenaient leurs capitaux dans la métropole?

Il était donc nécessaire de créer un courant artificiel vers notre colonie africaine, et cela d'autant plus que la prompte création de centres européens au milieu d'une population nouvellement soumise était chose fort désirable. C'est ainsi que l'on fut amené à donner des passages gratuits, des terres, des maisons, des secours en bétail, en vivres ou en argent. Le choix des « colons » a été souvent léger, mauvais, déplorable, mais toute faute a son excuse! — et il ne semble pas qu'ils aient été nombreux les bons cultivateurs de France, propriétaires d'une petite ferme, d'un peu de terre et de bétail, qui se soient montrés disposés à renoncer à ces biens pour accourir au bruit de la fusillade algérienne afin de tout créer sur une terre en friche et fiévreuse. C'était, hélas! une loi fatale : les premiers colons devaient être surtout des malheureux de toutes les professions, n'ayant pour capital que leurs bras; ils devaient peiner, souffrir, mourir sur un sol demeuré improductif depuis des siècles; leur sueur et leur travail devaient, en quelque sorte, engraisser la terre, lui créer une valeur pour les générations suivantes.

Mais il ne faut point dire seulement les nécessités spéciales qui excusent, expliquent la colonisation officielle. Il faut encore rappeler que la France n'est pas la seule nation, parmi les peuples colonisateurs, qui ait pratiqué ce système. L'Angleterre, pendant un temps, a fait de même. En Australie, le gouvernement britannique donna d'abord les terres, et le système de la vente aux enchères, préconisé par Wakefield, ne commença à être suivi qu'entre 1831 et 1835. Depuis cette époque et jusqu'à aujourd'hui, si les terres sont mises en vente, beaucoup de passages gratuits ou demi-gratuits sont encore accordés aux immigrants sur les budgets des colonies elles-mêmes [1]. Dans les possessions anglaises de l'Afrique méridionale, un mode de colonisation officielle assez semblable au nôtre a été longtemps suivi. C'est ainsi que, vers 1820, le Parlement britannique vote 1 250 000 francs pour établir dans la colonie du Cap, qu'il vient d'acquérir de la Hollande, 5 000 colons d'origine écossaise. Ils sont transportés gratuitement; on leur donne avec la terre, des rations,

---

[1]. E. Levasseur, *les Forces productives de l'Australasie britannique. Revue de Géographie*, année 1887. Delagrave, éditeur, Paris.

des semences, des instruments de travail. En 1855 et dans les années qui suivent, de nouveaux fonds sont accordés, de nouveaux colons introduits. Enfin, dans la colonie voisine de Natal, l'administration a longtemps donné des terres et aujourd'hui encore, si elle ne les donne plus elle les vend aux immigrants, dans des conditions particulièrement favorables [1].

Si nous comprenons que le gouvernement ait pratiqué en Algérie la colonisation officielle, nous regrettons qu'il ait poursuivi presque exclusivement jusqu'à ce jour le système de la concession sans jamais essayer, avec esprit de suite, celui de la vente. Certains faits auraient cependant pu frapper l'administration algérienne. En 1856 et 1857, des terres situées dans la plaine de la Mitidja, mises à prix au taux de 50 francs l'hectare, furent adjugées à 120 francs; à la même époque, des lots de terre de l'Habra trouvèrent acquéreur à 1 500, 1 600 et même 10 000 francs au-dessus de leur mise à prix. Est-il, d'autre part, douteux que depuis une vingtaine d'années, les terres situées dans les villages déjà créés, voisines des routes, des chemins de fer, des villes, ont une valeur propre, certaine? que ces terres auraient pu être vendues au lieu d'être données? Enfin, n'est-il pas certain que les vices du système des concessions gratuites sont depuis longtemps devenus évidents à tous les yeux? Il met, le plus souvent, la terre entre les mains de favorisés, de solliciteurs heureux, souvent impropres à la vie rude et laborieuse du cultivateur, et ne possédant généralement pas les ressources indispensables pour entreprendre une exploitation agricole. Il a encore le grave inconvénient d'attirer, on pourrait dire de dévoyer, beaucoup d'individus auxquels manquaient les qualités nécessaires au colon. A cette idée que l'État donne gratuitement les terres, que sans bourse délier, on peut obtenir 40, 50 ou 100 hectares, combien s'empressent de solliciter une semblable faveur? Ils pensent qu'ils pourront revendre le champ qui leur aura été donné, ou se font l'illusion de croire que sans grande peine et sans grands capitaux, ils deviendront rapidement possesseurs d'un riche domaine.

1. Emile Masqueray, *Journal des Débats* du 28 mars 1891.

La vente des terres appelle, tout au contraire, les colons sérieux et n'appelle que ceux-ci. Les hommes capables de travail, d'efforts incessants, de persévérance, sont seuls disposés, en effet, à consacrer une partie de leur capital à l'achat d'un lot de terrain, et, lorsqu'ils l'ont acheté, ils n'épargnent rien pour le faire produire [1]. Ce sont de pareils colons qui assurent le développement d'une contrée nouvelle. Dira-t-on que l'Algérie n'en a jamais reçu? qu'il n'en viendra jamais? Ce serait une grave erreur! On a vu, au début de ce chapitre, comment, dès le lendemain de la prise d'Alger, des hommes entreprenants sont venus, qui ont acheté des domaines aux indigènes et à l'administration; on a vu, plus loin, les colons officiels rencontrer, en 1858 à Tizi-Ouzou, un village qui s'était créé sans aucune intervention gouvernementale, — on voit enfin, dans les 3 provinces, l'œuvre de la colonisation libre à côté de la colonisation officielle et, depuis plus de dix ans, on constate un mouvement qui, chaque année, grandit : achat de terres par des capitalistes français, plantations entreprises par eux, installation, à leurs frais, de fermiers et de vignerons français.

Mais les arguments se pressent. Peut-être croit-on que la colonisation officielle avec ses vices, son coût exagéré, a du moins l'avantage d'établir, en un temps assez court, une population considérable sur la terre d'Afrique. Rien ne serait

---

[1]. Il est assez curieux de noter que la critique de la colonisation officielle a été écrite par le précédent gouverneur de l'Algérie, M. Tirman, celui-là même qui a donné à la colonisation officielle une vive impulsion et préparé le projet des 50 millions. Dans une circulaire en date du 2 février 1882, M. Tirman signale aux préfets les inconvénients des concessions gratuites. Il dit notamment : « Vous vous trouvez aussi en présence de pétitionnaires — il faut bien convenir que jusqu'ici ils ont été trop nombreux, — qui n'ayant aucune aptitude spéciale s'imaginent volontiers qu'ils feront d'excellents colons. Ils commencent bien par se rendre sur le territoire où se trouve leur concession, mais, après des essais infructueux, qui tiennent à leur inexpérience, le découragement les gagne et ils entrent alors en arrangement avec les indigènes pour leur louer leurs terres, jusqu'au moment où, ayant obtenu leur titre définitif de propriété ils peuvent aller jouir n'importe où de la rente que l'État leur a constituée. D'autres, à peine installés, quittent la localité, sauf à y faire des apparitions à des intervalles plus ou moins éloignés, mais suffisamment rapprochés pour éviter la déchéance. De semblables colons ne peuvent que discréditer l'Algérie. » Il n'est pas possible de mieux dire, — mais il paraît que « dire » et « agir » sont deux choses!

moins exact. Nous avons déjà remarqué plus haut que, de 1871 à 1881, la colonisation officielle, si active à cette époque, n'était parvenue à établir dans nos 3 provinces que 3 600 familles métropolitaines comprenant 14 000 personnes. D'autres statistiques permettent d'établir que, de 1886 à la fin de 1890, 27 000 Français environ sont venus s'établir en Algérie et que, sur ce nombre, 2 200 au maximum ont été amenés par la colonisation officielle; c'est moins d'un dixième! c'est 8 p. 0/0. On pourrait faire suivre cet argument « chiffre » d'un argument « moral ». La colonisation officielle, si longtemps poursuivie, a habitué le colon algérien à tout attendre de l'État, à lui tout réclamer. L'État peut tout, l'État doit tout, on exige tout de lui; c'est là un des traits les plus frappants du caractère du colon algérien [1].

Si le gouvernement général a enfin consenti à essayer du système de la vente en 1885, c'est qu'il y a été contraint. Il se trouvait à ce moment obligé d'appliquer une loi en date du 20 décembre 1879, sur l'enseignement supérieur en Algérie, disposant qu'il serait pourvu aux dépenses de construction et d'installation des Écoles supérieures d'Alger, « au moyen d'un fonds de concours (versé au Trésor) formé du prix de vente de biens domaniaux situés en Algérie ». Les premières ventes faites aux mois de janvier et février 1885 réussirent pleinement; presque tous les lots trouvèrent preneurs sur la première mise à prix, qui, généralement, fut de beaucoup dépassée : 13 181 hectares furent vendus 911 107 francs, soit une moyenne de 69 francs l'hectare. Les secondes, faites au mois de mars 1886, donnèrent des résultats meilleurs encore : 13 541 hectares atteignirent 1 172 490 francs, soit, en moyenne, 86 francs l'hectare. Dans les quatre années sui-

---

[1]. M. le docteur Louis Gaucher, propriétaire à Aïn-Temouchent, faisait très sérieusement de la façon suivante la théorie du devoir de l'État envers le colon dans un numéro de l'*Akhbar* de septembre 1889 : « Les émigrants de la mère patrie sur une terre devenue française par acquisition ou conquête, doivent être installés aux frais de la métropole. On doit leur venir en aide dans la mesure de leurs besoins et protéger leurs personnes et leurs biens. Les dépenses de ce fait sont de droit strict et obligatoires pour tous les métropolitains qui sont obligés d'acquitter cette dette nationale. C'est la compensation due à ceux qui consentent à émigrer dans les nouvelles possessions nationales. »

vantes, l'administration a restreint considérablement ces ventes, mais les prix se sont maintenus [1].

L'avenir paraît être acquis au système de la vente. Dans la discussion du budget de l'Algérie pour 1892, à la Chambre des députés, le nouveau gouverneur général, M. Cambon, pressé par le rapporteur [2], et, d'ailleurs, éclairé sur les vices, sur les demi-échecs, sur les dépenses exagérées de la colonisation officielle, a promis d'y renoncer presque complètement [3]. Il a reconnu que, le pays ne cessant de progresser, sa richesse, sa réputation croissant avec les années, il était temps de renverser les termes du décret de 1878, c'est-à-dire de faire de la vente la règle, et de la concession gratuite, l'exception.

M. Cambon, d'ailleurs, n'était pas le premier à exprimer cette opinion. Elle avait été présentée, défendue, devant le Sénat qui l'avait fait sienne en votant au mois de décembre 1889 un projet de loi sur « le développement de la colonisation en Algérie ». Mais aujourd'hui, à la fin de l'année 1892, la Chambre des députés n'a point encore abordé l'examen du texte voté par le Sénat, ni même chargé une commission de l'étudier. L'intervention du législateur lui-même n'est heureusement pas nécessaire en cette matière ; un décret peut abroger le décret de 1878, édicter de nouvelles règles. Il serait à souhaiter que ce décret intervînt sans nouveau retard. Son rédacteur pourrait s'inspirer du projet de loi voté par le Sénat. Nous n'avons pas, dans cet ouvrage, à rédiger un projet de loi ou de décret; il nous suffit, après avoir présenté la critique du système actuel, puis donné nos raisons en faveur du système de la vente des terres, de faire connaître les vues générales qui nous paraissent devoir être suivies : En Algérie, le colon, à moins qu'il ne soit par tempérament un véritable pionnier, disposé à aller à l'aventure, cherchera à s'établir près des centres qui sont déjà établis. Il n'ira pas volontiers loin des routes, des approvisionnements,

---

[1]. Le total des terres vendues en 1887, 1888, 1889, 1890 ne représente que 15 608 hectares, ayant produit 1 173 306 fr., soit en moyenne 75 fr. à l'hectare.
[2]. M. Burdeau, député. Son rapport a été publié à la librairie Hachette, sous ce titre : *l'Algérie en 1891*.
[3]. *Journal officiel* des 5 et 6 décembre 1891.

des secours médicaux ; aussi faut-il que l'administration prépare elle-même sa place. Son rôle est de favoriser l'établissement des immigrants : elle doit allotir les terres, construire des routes, aménager les eaux, édifier la maison d'école, la fontaine, faire « un cadre » à la colonisation libre. Ainsi, elle attirera les colons en même temps qu'elle donnera aux terres plus de valeur. Elle peut faire encore davantage en livrant aux acheteurs des terres défrichées. Aujourd'hui, le travail du défrichement, dur, pénible, représente pour le colon qui, le plus souvent, ne peut l'exécuter lui-même, une dépense assez importante ; on l'en déchargerait si l'on confiait la « préparation » des champs aux prisonniers d'Algérie qui, dirigés par le service pénitentiaire, travaillent à bas prix [1]. Toutes ces dépenses, l'administration en sera remboursée par la vente même qu'elle fera des terres ainsi préparées.

Le décret à intervenir devra naturellement fixer les modes et les conditions de la vente. Suivant leur situation et leur valeur, les terres doivent être vendues aux enchères — ce sont les meilleures, les plus proches des centres déjà existants — ou à prix fixe, — ce sont les moins fertiles, les plus éloignées. Il importe que les unes et les autres soient offertes à des prix peu élevés, d'abord parce que les terres généralement incultes, situées dans un pays neuf où les centres de population et les voies de communication sont encore peu nombreux, n'ont pas une grande valeur, et ensuite parce qu'il est nécessaire qu'elles soient à la portée des petits colons ne disposant que d'un faible capital. Il faut que l'immigrant paye de ses deniers la terre qu'il désire afin de l'apprécier à sa juste valeur, mais il faut, en même temps, qu'il lui reste des ressources suffisantes pour en entreprendre l'exploitation. C'est, inspiré par cette pensée, que le Sénat a admis dans son projet le fractionnement du payement en six termes égaux, exigibles d'année en année. Allant plus avant, il a même jugé qu'il convenait,

---

1. Le travail du défrichement effraye beaucoup les colons. Ne pouvant y employer les indigènes qui y répugnent, ils s'adressent dès qu'ils ont quelques ressources à des équipes spéciales de travailleurs espagnols qui prennent à forfait le défrichement d'un terrain à raison d'une somme fixe par hectare. Voir plus loin, page 245, ce qui est dit de l'emploi du personnel des risons pour les travaux publics.

dans certains cas, de faire remise de plusieurs des termes encore dus à l'acquéreur qui aurait établi sa résidence sur le lot acheté et fait certains frais d'exploitation.

Pour la concession gratuite, elle ne doit plus être faite qu'exceptionnellement. On la comprendrait, par exemple, lorsqu'il s'agirait d'installer sur la côte des pêcheurs français dans une région fréquentée seulement par des pêcheurs étrangers, ou lorsque l'on voudrait faire faire à la colonisation un pas en avant dans la région encore peu habitée des Hauts Plateaux. Il serait mauvais de lier absolument les mains au gouverneur général en matière de concession, mais il faut qu'avec une parfaite « loyauté administrative » il sache résister aux conseils de ceux qui regretteront les errements anciens ainsi qu'aux sollicitations trop pressantes de quelques personnalités ; les concessions doivent cesser d'être monnaie électorale, comme elles doivent cesser d'introduire dans la colonie des hommes sans capitaux.

Il est un dernier point, non le moins important : le système de la vente des terres ne réussira que s'il est soutenu par une large publicité.

Un fait est malheureusement certain, c'est que l'Algérie est encore peu connue en France, surtout dans les campagnes, dans les milieux agricoles. On a observé que les ventes faites par le Domaine, entre 1885 et 1890, avaient attiré peu de métropolitains, que les terres avaient été achetées surtout par des Algériens. Pourquoi cela? c'est que l'administration avait très imparfaitement annoncé les ventes en France. Certes, elle avait publié un fascicule donnant le plan des parcelles mises en adjudication, indiquant leur situation dans la région ; mais qui a reçu ce fascicule? où a-t-il été distribué? Aujourd'hui encore qui a dans les mains la brochure annonçant les ventes qui doivent être faites en décembre 1892?

L'État vendant des terres en Algérie doit adopter, sans hésitation, le mode de propagande, de publicité habile, répétée, qu'emploierait un particulier. Nous disons un particulier ; nous écririons avec plus de raison, un État, une colonie. La République Argentine, les colonies d'Australie, de Nouvelle-Zélande, du Canada, du Cap, ne cessent en effet, par des agents d'immigration, par des brochures, par des affiches, de solliciter en Europe, en Angleterre, ceux qui sont disposés à passer les mers pour se créer une existence nouvelle. Il importe donc que les ventes de terre en Algérie, les ventes aux enchères faites à une certaine période de l'année, aussi bien que les ventes à prix fixe faites à tous moments, soient perpétuellement annoncées en France par une publicité parfaitement honnête, mais aussi très large et très habile. Il faut que des affiches, des annonces, des articles de journaux appellent partout l'attention du public, que des brochures contenant le plan de chaque terrain à vendre, avec les chemins qui le bornent, les voies ferrées qui le desservent ou le desserviront, les villages et marchés qui l'avoisinent, les modes et les procédés de cultures, soient distribués par tout le pays ou mis en vente au prix le plus modique [1].

Qu'attend donc le gouvernement pour abroger le décret de 1878 et adopter le système de la vente?

La terre ne lui manque pas. Le Domaine, quoique bien moins riche aujourd'hui qu'au lendemain des confiscations qui ont suivi l'insurrection de 1871, a une réserve de 300 000 hectares [2] qui pourraient, dès demain, être allotis et mis en vente par fractions. Il est possible, d'autre part, de prélever 150 à 200 000 hectares et peut-être plus, au profit de la colonisation, sur les terrains appartenant « au régime forestier » et qui n'ont de « forêts » que le nom. Si, au milieu du siècle prochain, alors que le nombre des colons et l'étendue de leurs propriétés auront considérablement augmenté dans la région du Tell, les fils de ces colons ou les

---

1. Le gouvernement impérial qui, de 1860 à 1870, renonça, comme on l'a vu, au système des concessions pour adopter celui de la vente, a eu le tort de ne pas l'organiser. C'est ainsi que le comte de Kératry disait au Corps législatif dans une discussion sur l'Algérie au mois de mars 1870 : « Il conviendrait de créer, comme en Amérique, des bureaux ouverts; d'ouvrir des agences en France où les familles, décidées à s'expatrier, viendraient s'éclairer sur les éléments disponibles de colonisation en Algérie. Il faut mettre terres et colons en présence partout où il y a chance de les rapprocher. »

Voir d'ailleurs, sur cette importante question de la publicité ainsi que sur la nécessité qu'il y a à ce que les immigrants possèdent des capitaux, ce qui est dit plus loin, page 158, au chapitre du Peuplement.

2. Ce chiffre est emprunté à la *Situation générale de l'Algérie en 1891*. Déduction a été faite des terres occupées par les services publics, sur le point d'être livrées à la colonisation ou inutilisables (rochers, plages, lacs, etc.).

nouveaux immigrants veulent avancer dans l'intérieur, ils trouveront sur les Hauts Plateaux où peu d'Européens se sont encore établis, de vastes espaces qu'il sera possible d'acheter aux indigènes sans les ruiner ni les refouler. La terre et le climat sont, sur certains points, favorables à l'établissement des Européens, ainsi qu'en témoignent, d'ailleurs, les ruines des villes et des fermes laissées par les Romains. Dans la province de Constantine, l'ancienne Numidie, le voyageur visite aujourd'hui, avec respect, les ruines de deux grandes cités, Lambesse et Thamugas. Ici, le prétoire, l'enceinte d'un camp, des portes triomphales; là, une basilique, un théâtre, une place publique et sa tribune, de larges rues ornées de colonnes sculptées, témoignent de l'état de prospérité et de richesse de ce pays au temps de la domination des maîtres du monde [1].

Nous avons rencontré plus haut une question dont nous avons remis l'examen à la fin de ce chapitre, celle des compagnies de colonisation. Depuis quelques années on parle beaucoup, dans notre pays, de la constitution de grandes compagnies de colonisation à qui serait confiée la mise en valeur de certaines régions de notre domaine colonial. Devons-nous, en Algérie, faire appel à une ou plusieurs compagnies privilégiées pour le défrichement, l'assainissement, l'irrigation, la mise en culture, le peuplement de vastes espaces aujourd'hui déserts? Poser cette question dans l'Afrique du Nord, ce n'est point apporter une idée nouvelle. Nous avons vu, en effet, le second empire, préoccupé de hâter l'essor de notre colonie, faire appel à de grandes

---

[1]. La vue de ces ruines magnifiques — et il est intéressant de rappeler ce fait dans une étude sur la colonisation du Maghreb central par la France — ne doit pas nous amener à conclure que l'Afrique septentrionale était, au temps de la domination romaine, peuplée par une majorité de colons. On se tromperait grandement. La population des villes, faite de riches propriétaires, de bourgeois, de boutiquiers, d'artisans d'origine romaine pour la plupart et de familles autochtones à demi assimilées, constituait une société à part, riche, heureuse, tranquille; — mais, hors les villes, la terre était aux indigènes vaincus, soumis, qui — nous parlons des sédentaires et non des nomades — cultivaient les champs en qualité d'esclaves, de serfs de la glèbe et de métayers. Des paysans d'origine romaine demeuraient certes au milieu d'eux — c'étaient des citoyens pauvres et d'anciens soldats à qui on avait donné des concessions, — ils ne constituaient toutefois qu'une minorité au milieu des aborigènes.

associations de capitaux, c'est-à-dire à des sociétés de colonisation. C'est ainsi que la Compagnie genevoise reçut 22 000 hectares avec la charge d'installer des colons sur son domaine; que la Société de l'Habra reçut 25 000 hectares pour prix de la construction d'un barrage; que la Société générale algérienne en reçut 100 000 avec la charge de réaliser ou prêter à l'État des sommes qui devaient être consacrées aux travaux publics. Mais l'histoire même de ces grandes entreprises fait hésiter sur le point de savoir s'il est bon d'en tenter de nouvelles. Trois fois le gouvernement a fait appel à des sociétés pour leur confier des œuvres différentes, quoique tendant au même but, et trois fois les résultats ont été médiocres. Ne voyons-nous pas aujourd'hui la Compagnie genevoise, la Société du domaine de l'Habra (héritière de la Société primitive de l'Habra) et la Compagnie algérienne, maîtresses les unes et les autres, de domaines considérables qui sont, non pas ouverts à la colonisation, mais bien plutôt fermés, interdits à toutes les initiatives? La majeure partie des terres de ces domaines sont, en effet, non dans les mains de cultivateurs européens, mais louées à des indigènes qui ne savent en tirer que de maigres produits, et les sociétés « concessionnaires » étant bien et dûment « propriétaires », l'administration n'a aucun droit d'intervenir auprès d'elles dans un intérêt de colonisation.

Malgré l'effet fâcheux de pareils précédents, nous n'osons pas dire qu'il faut condamner tout nouvel essai de société de colonisation en Afrique. Lorsque l'on envisage la grandeur de l'œuvre à accomplir dans notre colonie quant aux travaux publics, à l'appropriation du sol, au développement des cultures, on vient au contraire à penser que rien ne serait plus désirable que la collaboration de puissantes associations de capitaux. Cette impression persista pendant toute la durée d'un voyage dans les trois provinces. Voici, par exemple, non loin d'un port que des travaux peu coûteux rendraient d'une approche facile aux navires une longue plaine fertile arrosée de plusieurs ruisseaux; aujourd'hui son humidité la rend improductive, elle est couverte de roseaux et de palmiers nains, mais des travaux de drainage la mettraient bientôt en état de produire ; les coteaux qui dominent cette plaine sont, eux aussi, déserts : aucune ferme européenne, aucun village indigène : l'homme craint la fièvre ; la plaine assainie, les coteaux pourraient être plantés de vignes. Que faire de ces espaces? L'État doit-il attendre la marche lente de l'initiative privée? Doit-il, au contraire, accepter les offres d'un groupe de capitalistes honorables qui, moyennant la cession de la propriété du sol, s'engageraient à drainer, assainir, allotir, puis à appeler des colons, à les installer, à élever une mairie, une église, une école, à fonder une ferme modèle? La réponse n'est pas douteuse : il doit accepter ces offres, — mais la difficulté réside dans la rédaction d'un bon cahier des charges conciliant les intérêts des deux parties : les capitalistes voudront, très légitimement, être assurés de ne point perdre leurs fonds et de pouvoir en retirer un intérêt proportionnel aux risques ; si donc ils prévoient que la vente des terres ne saurait suffire à les couvrir, ils demanderont une subvention ou une garantie d'intérêt ; — l'État, de son côté, voudra, très légitimement, prendre des garanties afin que les travaux soient exécutés, la région fertilisée, colonisée et que dans aucun cas la compagnie ne puisse demeurer propriétaire sans remplir toutes ses obligations.

CHAPITRE III

LE RÉGIME DES TERRES

Difficultés que la loi foncière musulmane opposait à l'établissement des colons. — Quelle était cette loi? — Notre erreur à ce sujet pendant soixante ans. — Propriété *arch* et propriété *melck*. — Le véritable régime de la propriété indigène en 1830 : propriété individuelle, propriété familiale et propriété collective. — Loi de 1851. — Le cantonnement. — Lettre impériale et sénatus-consulte de 1863. — Le souverain avait-il sur toutes les terres un droit supérieur de disposition? — Exécution du sénatus-consulte.
La loi de 1873 sur l'établissement de la propriété individuelle. — Critiques. — La loi de 1887. — Elle n'améliore pas l'état de choses créé par la loi précédente. — Graves résultats de ces deux lois. — La dualité de la législation immobilière. — La pulvérisation du sol. — La dépossession des indigènes au profit des marchands de biens. — L'exagération des dépenses. — Contradictions entre la loi et la jurisprudence.
Il est temps de suspendre l'application des lois de 1873 et de 1887. — Il faut revenir au sénatus-consulte de 1863. — La demi-immobilisation des terres indigènes ne saurait entraver le développement de la colonisation. — L'*Act Torrens*. — Il ne faut le donner aux indigènes qu'avec prudence.
La loi de 1885 sur la constitution de l'état civil des indigènes. — Erreur que nous avons commise en croyant que les indigènes n'avaient pas de noms propres. — Difficultés d'application de la loi. — Elle donnera peu de résultats. — Les indigènes ne l'acceptent pas.

Nous avons traité de la colonisation, c'est-à-dire de l'établissement de l'Européen sur la terre, avant de parler du régime même de la propriété de la terre, des conditions dans lesquelles on peut l'acquérir. Il y a certes là une interversion des choses, mais elle rend plus saisissante cette double vérité : que l'administration s'est occupée de l'établissement des villages officiels avant de s'occuper du régime des terres, et surtout que les colons, installés par l'administration sur des terres qu'on leur donnait, n'ont pas eu à se préoccuper du régime de la propriété indigène, ont pu l'ignorer.

L'occupation du sol par la population indigène présentait pour la France en Afrique une difficulté particulière. Tandis que les Anglais, en Australie, pouvaient tailler, découper le terrain comme ils l'entendaient, décréter, quant à la vente, les dispositions qui leur convenaient, la France, en Algérie, devait d'abord apprendre le droit musulman, s'instruire des règles d'après lesquelles la propriété était constituée, se transmettait, puis chercher à accommoder nos vues sur la matière à la fois aux nécessités de la colonisation européenne et aux mœurs indigènes.

Il faut en convenir, non seulement nous avons tardé à nous instruire, mais encore — et ceci est un fait plus curieux, — nous n'avons pas compris la loi musulmane, lorsque nous avons voulu l'apprendre ; nous l'avons vue telle qu'elle n'était pas, nous l'avons embrouillée. Cela ne suffisait pas : nous avons imposé aux indigènes, en matière de propriété immobilière, des lois qu'un peuple européen comprend, accepte, mais que les populations « primitives » de l'Algérie ne pouvaient comprendre et que leur état social faisait pour elles inapplicables, ruineuses même.

Depuis une soixantaine d'années, nous admettons qu'il existe en Algérie deux sortes de terres, les terres *arch* et les terres *melck*. Les premières, disons-nous, appartiennent aux tribus à titre indivis ; chaque membre n'a sur elles, en quelque sorte, qu'un droit de jouissance ; en outre, ces terres *arch* ne peuvent être vendues, ne sont pas dans le commerce. Les terres *melck*, au contraire, sont dans le commerce, mais le plus souvent possédées à l'état indivis par une sorte de *gens* ou grande famille. Quant à la propriété privée, les indigènes algériens, les Kabyles et les Ksouriens exceptés, ne la connaissent sous aucune forme.

Telle serait la loi foncière de toutes les populations de notre colonie africaine, — admirable par la simplicité de ses formes très claires, très précises !... Mais des travaux récents viennent d'établir que, depuis soixante ans, nous sommes dans l'erreur, que jusqu'ici nous n'avons pas compris le droit immobilier musulman [1].

On ne saurait être qu'à demi surpris de cette découverte; une chose, en effet, inquiétait les esprits curieux : comment était-il possible que les règles étroites de la propriété *arch* et de la propriété *melck* fussent également la loi chez les populations diverses qui habitent l'ancienne Régence d'Alger? chez les Arabes nomades du Désert, chez les pasteurs des Hauts Plateaux, chez les Arabes demi-nomades ou sédentaires du Tell, chez les Berbères « arabisés » des Hauts Plateaux et du Tell? Était-il possible que les nomades et les sédentaires, les pasteurs et les agriculteurs, aient la même loi? Nous ne disons rien des Kabyles du Djurjura, ni des Berbères des Ksour et des Oasis, parce que l'on a toujours reconnu chez eux la propriété privée avec son caractère familial.

L'étude récemment publiée par M. Mercier a donc satisfait les esprits que le système trop simple de la propriété *arch* et de la propriété *melck* contentait peu.

Le vrai régime de la propriété en Algérie lorsque nous y avons débarqué était le suivant : 1° dans les villes et leurs environs, la propriété privée, avec toutes ses prérogatives et tous ses caractères, existe de temps immémorial; les magistrats musulmans la reconnaissent et tranchent les questions qui s'y rapportent selon les règles de la législation islamique; — 2° dans les régions moyennes du Tell, habitées presque partout par des tribus sédentaires, la propriété individuelle, ou plus exactement familiale, existe et se transmet par héritage; des « *resm* » (bourrelets formés entre chaque parcelle par une ligne non labourée) délimitent clairement la « *djorra* » (terrain de culture) de chaque famille; — 3° dans quelques régions du Tell, sur les Hauts Plateaux et dans le Sahara — territoires habités par des tribus arabes ou ayant pris les mœurs de celles-ci, c'est-à-dire nomades, se livrant principalement à l'élève du bétail, ne cultivant ici et là qu'une

---

[1]. Alfred Dain, professeur à l'École de droit d'Alger, déposition faite devant la Commission d'études des questions algériennes; Sénat, 1891, — et surtout Ernest Mercier, *la Propriété foncière chez les musulmans d'Algérie*. Ernest Leroux, éditeur, Paris.

faible étendue de leur domaine, — la propriété familiale sans être inconnue est moins répandue et moins précise; les terres de labour sont annuellement réparties par des chefs entre des familles qui les cultiveront, et en recueilleront les fruits, sous certaines conditions. Quant à la jouissance des immenses terrains de parcours de la tribu, elle est commune à tous, elle est propriété collective; — 4° enfin, dans les trois provinces, des terres constituent le domaine propre de l'État, au titre de biens du *Beylik*; une partie de ces terres domaniales sont « *azel* », c'est-à-dire louées par le prince à des tribus, moyennant un fermage (*hokor*). On retrouve dans les terres « *azel* » la *djorra* cultivée par une famille.

Quelques traits doivent encore être indiqués pour montrer comment le droit musulman règle la propriété.

On devient propriétaire : 1° par la possession sans trouble pendant une période déterminée (dix ans en général); 2° la transmission héréditaire; 3° l'acquisition à titre onéreux ou gracieux; 4° la mise en culture des terres mortes, c'est-à-dire improductives et n'appartenant à personne; c'est « l'appropriation »; 5° l'acquisition en vertu du contrat dit de plantation (*mour'arça*), conférant au planteur la propriété de la moitié du terrain à lui abandonné, pour le complanter d'arbres, après la réussite de la plantation.

Le droit musulman connaît l'antichrèse du droit français, c'est la *rahnia* : un indigène emprunte une certaine somme, le prêteur reçoit sa terre et la détient en gage; la propriété, d'ailleurs, ne cesse pas d'appartenir au débiteur; il retrouve sa terre le jour où il s'acquitte. Enfin, tous les docteurs musulmans ont admis qu'il y avait lieu d'empêcher l'introduction d'étrangers dans la propriété de la famille ou de la tribu et, dans ce but, ils ont proclamé le droit de « *chafâa* », que l'on peut traduire par droit de retrait du copropriétaire. « La *Chafâa*, dit un docteur, est le droit de tout copropriétaire de reprendre à l'acquéreur la part indivise que celui-ci a achetée à un autre copropriétaire en le désintéressant du prix (et des frais) par lui payés [1]. »

---

[1]. Il n'est pas sans intérêt de rappeler ici, à l'occasion de l'existence de ce droit de retrait du copropriétaire, le « retrait successoral » inscrit dans le

Jusque vers 1849-1850, l'administration française chercha peu à comprendre le régime des biens tel qu'il était réglé d'après le droit musulman. Les ordonnances royales de 1844 et de 1846 passèrent à côté de la question ; on se préoccupait surtout alors de préserver les acquéreurs européens des tromperies auxquelles les indigènes les exposaient souvent.

Cependant, un jour vint où le gouvernement général voulut, ses premières réserves étant épuisées, se procurer des terres pour installer des colons. Cela le conduisit naturellement à rechercher quel était le régime immobilier des populations indigènes. Il consulta ; on le trompa. Un jurisconsulte musulman de la province d'Oran rédigea une « *fetoua* » (consultation légale) qui ne s'appuyait sur aucun des travaux des meilleurs jurisconsultes musulmans.

Les esprits travaillèrent sur cette base erronée, inventèrent la propriété *arch* inaliénable. C'est alors que parut la loi du 13 juillet 1851 sur la « constitution de la propriété » en Algérie. Son premier soin est de reconnaître « tels qu'ils existaient au moment de la conquête ou tels qu'ils ont été réglés ou constitués postérieurement, les droits de propriété et les droits de jouissance appartenant aux particuliers, aux tribus et aux fractions de tribus » (art. 2). Mais l'article 14 apporte une curieuse restriction ; après avoir énoncé que « chacun a le droit de jouir et de disposer de sa propriété », il ajoute : « néanmoins aucun droit de propriété et de jouissance portant sur le sol du territoire d'une tribu ne pourra être aliéné au profit de personnes étrangères à la tribu ». Voici la propriété *arch* constituée, son inaliénabilité établie... par le législateur français ! Le général Randon, gouverneur de l'Algérie, inaugura, peu après la publication de cette loi, le système dit du « cantonnement » des indigènes. Voulant « dégager » des terres pour les immigrants, il resserrait une tribu sur une partie de son territoire, puis faisait passer le restant de ses terres à la colonisation.

Code civil. « Toute personne, même parente du défunt, qui n'est pas son successible, et à laquelle un cohéritier aurait cédé son droit à la succession, peut être écartée du partage, soit par tous les cohéritiers, soit par un seul, en lui remboursant le prix de la cession. » (Art. 841.)

Mais de nombreuses protestations s'élevèrent : des populations étaient obligées d'abandonner des terres sur lesquelles elles vivaient depuis des siècles, d'autres étaient contraintes de recevoir chez elles les familles déplacées. La politique du général Randon n'était-elle pas, d'ailleurs, la violation du principe inscrit dans l'article 2 de la loi de 1851? C'est ainsi que jugea l'empereur Napoléon III lorsque dans sa lettre publique du 6 février 1863 il condamna le système du refoulement et déclara qu'il entendait « rendre les tribus propriétaires incommutables » des territoires qu'elles occupaient. Cette lettre fut suivie, à trois mois de distance, du sénatus-consulte du 8 mai sur « la constitution de la propriété dans les territoires occupés par les Arabes ».

L'article 1er porte : « Les tribus de l'Algérie sont déclarées propriétaires des territoires dont elles ont la jouissance permanente et traditionnelle à quelque titre que ce soit ». L'article 2 dispose ensuite, abordant un nouvel ordre d'idées : « qu'il sera procédé dans le plus bref délai : 1° à la délimitation du territoire des tribus; 2° à leur répartition entre les différents douars de chaque pays du Tell et des autres pays de culture, avec réserve des terres qui devront conserver le caractère de biens communaux; 3° et à l'établissement de la propriété individuelle, entre les membres de ces douars, partout où cette mesure sera reconnue possible et opportune. »

Comme on le voit, les législateurs de 1863 étaient persuadés qu'en Algérie tous les indigènes vivaient en tribus agglomérées, formant des familles agrandies, et que la propriété individuelle ou familiale n'y existait pas, tout y étant en commun. L'inaliénabilité de la terre dite *arch* inventée par la loi de 1851 est consacrée par le sénatus-consulte.

Avant de parler de la mise en application de l'article 2 du sénatus-consulte, il convient d'aborder une question en quelque sorte préliminaire. On a beaucoup reproché à l'empereur d'avoir cédé à un sentiment excessif de libéralité en reconnaissant propriétaires de la terre algérienne les indigènes qui, d'après le droit musulman, n'en étaient réellement qu'usufruitiers. Le gouvernement français, successeur, héritier, du gouvernement turc avait, dit-on, outre ses droits sur le Domaine de l'État proprement dit [1], un droit supérieur de libre disposition sur tous les biens collectifs des tribus et même sur une partie, au moins, des propriétés familiales. Ce droit existait-il tel qu'on l'a prétendu ? ne nous sommes-nous pas trompé, à son sujet, comme au sujet des « propriétés *arch* » et des « propriétés *melck* » ? La question est douteuse [2]. Mais, sans entrer dans une discussion fort délicate, admettons, pour le souverain, ce droit supérieur de libre disposition de tous les biens des sujets; admettons, aussi, que l'article 2 de la loi de 1851, cité plus haut, ne l'ait point abandonné : serait-il exact de prétendre que le sénatus-consulte de 1863 a fait un tort grave à la colonisation en reconnaissant les habitants propriétaires des terres dont ils avaient la jouissance ? Non certes ! La France, en effet, à moins de prétendre poursuivre en Afrique la politique injuste, et, qui plus est, dangereuse, du perpétuel refoulement, n'aurait pas dépouillé sans payement, sans compensation d'aucune sorte, même si elle en avait eu le droit, des tribus établies depuis des siècles sur des terres dont elles avaient la jouissance et qui les faisaient vivre. Il est des droits qu'on n'exerce pas. Le gouvernement turc, qui, d'ailleurs, administrait sans douceur les tribus dont il ne redoutait pas le mécontentement, pouvait quelquefois, étant le plus fort, leur prendre une faible portion de leur domaine; — le gouvernement français, établi dans le pays pour y faire régner la paix, la justice, pour installer des colons au milieu des indigènes, ne pouvait prétendre exercer rigoureusement, sans merci, un droit théorique de refoulement à mesure qu'il jugerait bon d'étendre les réserves de la colonisation. Déjà, en appliquant la loi forestière métropolitaine de 1827 en Algérie, nous enlevions aux indigènes les forêts et broussailles dont ils avaient l'usage

---

1. Ces droits n'étaient nullement abandonnés par le sénatus-consulte. L'article 6 porte : « sont réservés les droits de l'État à la propriété des biens du *Beylik* ».
2. Le rapporteur de la loi de 1873 sur la propriété individuelle en Algérie, M. Warnier, affirme l'existence du droit supérieur de libre disposition pour le souverain, mais M. Mercier défend l'opinion contraire dans sa brochure citée plus haut.

traditionnel pour le faire passer, à leur grand préjudice, dans le domaine de l'État ; — c'était assez [1] !

La mise en application du sénatus-consulte de 1863, à laquelle il est temps de revenir, démontra bientôt que la propriété familiale existait; que, dans les tribus sédentaires du Tell, chaque famille cultivait une *djorra* déterminée; qu'il était fort difficile de distinguer la terre *melck* de la terre *arch*. Les fonctionnaires chargés de reconnaître successivement les limites des tribus, des douars, et, au besoin, celles des particuliers, découvraient un état de choses dont on ne s'était point douté. « Le territoire dont il s'agit, écrivait l'un d'eux, a incontestablement le caractère *arch*, mais... la terre *arch* y revêt un caractère particulier : chaque famille occupe pour ses cultures un espace déterminé nommé en arabe *djorra*; elle en jouit exclusivement et sa jouissance n'a jamais été troublée. Ces parcelles sont possédées à titre privé, susceptibles d'être transmises par héritage et par contrat de vente. Cet état de choses est sanctionné par la législation musulmane [2]. »

Cependant, l'exécution du sénatus-consulte de 1863 se poursuivait. Au mois de décembre 1870, lorsque l'exécution en fut arrêtée par une décision du gouvernement de la Défense nationale, une superficie de 6 883 751 hectares, comprenant une population de 1 057 066 habitants et formant 656 douars, avait été reconnue et constatée [3]. — Un pareil résultat était satisfaisant; il permettait d'espérer que dans une nouvelle période de sept à huit années la région tellienne tout entière pourrait être placée sous le régime du sénatus-consulte.

Malheureusement le sénatus-consulte lui-même avait des

---

1. Voir plus loin, liv. III, chap. I, p. 342.
2. Rapport cité par M. Mercier.
3. On avait classé :

    2 840 531 hectares...................... comme *melck*.
    1 523 043 »   .... comme *arch*.
    1 336 492 »   .... en communaux.
    1 183 715 »   .... comme Domaine.

Ainsi, en opérant dans la plaine, dans les vallées du Tell et non en pays kabyle, on avait reconnu tout d'abord, malgré les tendances qui poussaient les commissions à voir partout des terres *arch*, que les terrains *melck* occupaient presque le double de la superficie de ceux classés comme *arch*.

adversaires. Dans les discussions sur les affaires de l'Algérie, d'avril 1869 et de mars 1870, au Corps législatif, plusieurs membres avaient réclamé la constitution de la propriété individuelle chez les Arabes. La délimitation des douars, la reconnaissance de la propriété familiale, ne suffisaient point; il fallait assurer à l'indigène algérien, comme au paysan français, les « bienfaits » de la propriété indigène; il fallait que chacun eût son champ nettement délimité, qu'il en fût seul possesseur. Il y allait, disait-on, de la « civilisation » des Arabes, du développement de leurs cultures, de leurs richesses. Les partisans de ce système ajoutaient que la constitution de la propriété individuelle aurait pour effet d'assurer la mobilisation du sol et, par suite, de faciliter considérablement les transactions entre indigènes et colons. Ces idées, exposées à l'Assemblée nationale de 1871, trouvèrent une majorité qui vota, sur le rapport d'un ancien préfet d'Alger, M. Warnier, la loi du 26 juillet 1873. Son but essentiel est d'établir chez les indigènes la propriété individuelle, de la substituer à la propriété collective ou familiale. Le sénatus-consulte avait déjà prescrit, on l'a vu, la constitution de la propriété individuelle, mais sur ce point il n'avait pour ainsi dire jamais été appliqué. Dès les mois de mai et de juin 1863, des instructions ministérielles étaient intervenues, pour décider que là où la propriété aurait un caractère essentiellement *melck* on devrait se borner à la constater sans chercher à faire la part de chaque ayant droit.

La loi de 1873 procède donc d'un esprit tout autre. Elle porte, en effet, dans son article 3, que « dans les territoires où la propriété collective aura été constatée, au profit d'une tribu ou d'une fraction de tribu, par application du sénatus-consulte de 1863, la propriété individuelle sera constituée par l'attribution d'un ou plusieurs lots de terre aux ayants droit et par la délivrance des titres ». Ainsi, tandis que le sénatus-consulte, tel qu'il fut appliqué, avait laissé les terrains *melck* reconnus dans le droit commun, se bornant à donner aux propriétaires la faculté de faire délimiter leurs droits personnels ou de vivre en communauté comme par le passé, la loi de 1873 prescrivait la reconnaissance des droits individuels de chacun dans les parties classées comme *melck*, délivrait des titres. C'était témoigner d'une profonde méconnaissance des indigènes, c'était détruire la propriété familiale, au grand préjudice de la famille elle-même. « En Algérie, avait dit très justement le maréchal Niel, au cours de la discussion de 1869, la famille est extrêmement nombreuse : les hommes se marient à quatorze ans et les femmes à douze, de sorte qu'on voit un chef de famille qui a quelquefois quatre ou cinq générations autour de lui. Et vous voulez diviser la propriété dans de pareilles conditions? Vous savez qu'une famille vit au moyen d'un certain nombre de têtes de bétail et de charrues mises en commun. Qu'arrivera-t-il si vous partagez la terre et, par suite, les moyens d'exploitation? On arrivera à ce résultat qu'il ne restera souvent à un homme que deux ou trois ares, le vingtième d'un bœuf et le quarantième d'une charrue. »

Il convient d'ajouter que la loi nouvelle maintenait, au préjudice des colons et des indigènes, l'interdiction absolue de toute vente de terrains *arch*. Une circulaire, en 1880, un arrêté, en 1883, rappelleront cette interdiction et l'on verra ainsi les tribunaux obligés d'annuler des ventes considérables de terres *arch*.

Au bout de quelques années, il fallut reconnaître toutes les imperfections de la loi de 1873; il était indispensable de la corriger. C'est alors qu'intervint la loi du 28 avril 1887 : on renonce à poursuivre cet insoluble problème de la constitution de la propriété individuelle en terre *melck*; on prescrit la continuation des opérations de délimitation et de répartition, réglées par le sénatus-consulte de 1863, qui étaient arrêtées depuis 1870; — en cas d'indivision entre plusieurs familles on ne répartira plus entre elles que les « immeubles commodément partageables »; — on simplifie les délais et formalités imposés par la loi de 1873; — on reconnaît, enfin, aux détenteurs de terres *arch* le droit de les vendre aux Européens dans les mêmes conditions que les *melck*.

Mais ces deux ou trois corrections ne pouvaient améliorer une loi qui aurait dû être purement et simplement abrogée!

Les lois de 1873 et de 1887 sont fameuses en Algérie par

les problèmes de tout ordre qu'ont soulevés leur application administrative, ou leur interprétation judiciaire, par le mal qu'elles ont partout causé. Nous n'entreprendrons pas ici d'en faire point par point la critique; nous nous bornerons à signaler les plus grosses erreurs commises, afin de montrer combien il est difficile pour un peuple européen de légiférer pour des populations prodigieusement éloignées de lui par les lois, les mœurs et les usages. Nous essayerons ensuite, ayant montré le mal, d'indiquer le remède.

Tout d'abord, une chose ne peut manquer de frapper, c'est la dualité de la législation immobilière. En France, tout immeuble est régi par la loi française, quelle que soit la nationalité de son propriétaire : c'est le statut réel; en Algérie, au contraire, le sol suit la condition de son propriétaire, la loi personnelle marque son empreinte sur la terre. Il résulte de ce principe qu'aujourd'hui encore, dans certains cas, les indigènes ne sont pas soumis à nos règles de publicité, à la transcription des actes d'aliénation; ils peuvent ainsi, après avoir vendu un immeuble à un coreligionnaire, aliéner le même immeuble à un Européen, ou lui consentir une hypothèque conventionnelle. On devine le procès qui s'ensuit : quelle vente est valable? et quelle ne l'est pas? Si l'on ajoute que la jurisprudence de la cour d'Alger a varié, on voit combien l'acquéreur européen doit se méfier lorsqu'il traite avec un indigène.

D'un autre côté, la loi de 1873 avait négligé d'enleve aux *cadis*, juges-notaires musulmans, le soin de présider aux mutations, aux partages des immeubles indigènes, que cette même loi venait d'ordonner. Qu'en est-il résulté? c'est que le titre français remis aux mains de l'indigène par le « commissaire-enquêteur » ne tardait pas, à l'occasion de l'exécution d'un testament ou de quelque autre acte, à être soumis à la justice musulmane. Le *cadi* prenait une décision, dès lors, que restait-il du titre français? Le premier président de la cour d'Alger relevant ce grave oubli du législateur de 1873 a pu dire : « si les partages et les licitations du *cadi* sont appelés à se substituer aux titres français, il arrivera dans un temps prochain que la propriété immobilière des indigènes se trouvera établie sur des actes, dont l'insuffisance n'est plus à constater, ou sur de simples traditions. Les titres français ne seront plus, dès lors, que des documents historiques rappelant les efforts et les sacrifices qu'aura coûtés leur délivrance et qu'on pourra, sans inconvénient, renfermer dans la tombe de ceux qui les auront obtenus. » Depuis la loi de 1887 est venue enlever aux *cadis*, pour les réserver aux tribunaux français, toutes les questions relatives aux biens des indigènes, constatés conformément à la loi de 1873. Mais le mal n'était pas tout entier réparable : les trois quarts des titres délivrés (soit 1 125 000 hectares sur 1 612 000) l'ont été avant la loi de 1887. Qui peut dire combien, parmi ces titres, sont déjà enfouis sous les décisions des *cadis* qui ont pu intervenir?

On a vu que la loi de 1873 avait été faite dans le but de constituer la propriété individuelle, de la substituer à la propriété familiale. C'était en réalité, on s'en est vite rendu compte à l'application, poursuivre sur beaucoup de points, au moins, la pulvérisation du sol. En terre *melck*, dans une *djorra*, la part de chacun, qui est partout et qui n'est nulle part, est quelquefois infime. Le nombre des ayants droit au bien indivis est tel que, l'indivision cessant, des parts infinitésimales reviennent à chacun. Comment faire, même, pour partager une parcelle de 8 hectares 45 ares entre 55 attributaires dont le plus fort a droit à

$$\frac{2.640.000}{19.800.000}$$

et le plus faible à

$$\frac{50.688}{19.800.000}.$$

La licitation revêtait, dans de semblables conditions, des caractères particuliers. D'une part, elle revenait, à cause des mille frais qu'elle nécessitait, à un prix fort élevé; d'une autre, elle laissait l'indigène avec une parcelle si minime qu'il était, en fait, ruiné. Le législateur de 1887 a entrepris de remédier à cet abus et a renoncé notamment à poursuivre le partage du bien *melck* entre tous les ayants droit. Des hommes compétents estiment cependant qu'il n'a pas encore été fait assez et que, dans certains cas, des groupes indigènes restent exposés à des partages qui répugnent à leurs besoins et à leurs mœurs [1].

Ce n'est pas tout, hélas! Dans bien des cas, la loi de 1873 a permis à des usuriers, à des marchands de biens, de poursuivre la ruine d'un douar tout entier. — L'opération était facile : il suffisait d'acheter à un indigène sa part idéale dans le terrain familial — car l'administration lui avait remis un titre indiquant ses droits, mais elle n'avait pas procédé à la détermination même des parts, — puis réclamait la licitation. L'affaire bien menée, il était possible à l'usurier — mérite-t-il un autre nom? — de devenir propriétaire du bien tout entier et de ruiner tous les indigènes possesseurs. Ces dernières conséquences sont assurément celles qui doivent particulièrement préoccuper la nation conquérante. L'Arabe est un grand enfant, insouciant du lendemain, prêt à se laisser séduire par l'offre d'une somme minime ; pour quelques « douros » il vendra les droits qu'il a sur son champ. — Or, si nous ne devons point mettre obstacle aux ventes, chercher à maintenir la propriété dans les mains de ceux qui possèdent aujourd'hui, il importe, d'autre part, de ne point hâter, de ne point précipiter la mutation de la propriété indigène. L'Arabe qui n'a plus un morceau de terre devient un vagabond; la famille qui a vendu le champ commun est réduite à la misère; ruinés, ces malheureux deviennent un danger.

Les partisans de la loi de 1873 — ils n'ont pas tous disparu — pourraient peut-être essayer de triompher en faisant observer qu'ils ont obtenu la mobilisation du sol. Ils établiraient, avec les statistiques officielles, que les ventes des biens ruraux faites par les indigènes aux Européens qui, entre 1863 et 1871, ne dépassaient pas annuellement, en moyenne, 2 170 hectares, ont atteint par an, de 1882 à 1890, 25 782 hectares. L'augmentation est sensible. Mais derrière ces chiffres combien de ruines! combien de mécontentements justifiés! Puis il faudrait, dans le nombre des acheteurs, pouvoir distin-

---

1. Alfred Dain, *loc. cit.*

guer les acquéreurs honnêtes des spéculateurs, des marchands de biens et des usuriers.

Nous n'avons pas tout dit encore. Il faudrait montrer la difficulté qu'éprouve souvent un particulier, ou l'État, pour acheter un domaine, d'étendue minime, que les exécuteurs de la loi de 1873 viennent de partager en 5 ou 600 parcelles, aux mains de 4 à 500 propriétaires. Il faudrait dire aussi comment un arrêt de la Cour de cassation, du mois de novembre 1888, est venu mettre en question la sécurité même des transactions. La loi de 1873 disposait que les titres, dont elle ordonnait la délivrance, « formeraient, après leur transcription, le point de départ unique de la propriété à l'exclusion de tous les autres ». Malheureusement d'autres articles de la loi étaient obscurs. Est-ce cette obscurité? sont-ce d'autres considérations? Un fait est là, c'est que la Cour de cassation a établi que les titres, notariés ou administratifs, antérieurs à l'application de la loi, sont opposables aux propriétaires qui fondent leurs droits sur cette même loi de 1873. C'est le chaos! qui est sûr de posséder? qui n'a pas à craindre un procès en revendication?

Notre législation immobilière algérienne sera définitivement jugée, si nous ajoutons que son application a coûté fort cher; on n'évalue pas à moins de 16 millions les sommes dépensées de 1873 à la fin de 1891 pour la constitution de la propriété individuelle.

Pourra-t-on dire, au moins, en compensation, que la loi a fait retrouver au Domaine des terres considérables possédées indûment par les tribus, terres qu'on a pu leur reprendre pour les livrer à la colonisation? Point. Jusqu'à ce jour, les terres remises au Domaine ne représentent pas des surfaces fort importantes, et souvent leur éparpillement en petits lots ne permet guère de les utiliser pour la colonisation.

Une conclusion certaine s'impose à tous les esprits en présence d'un tel état de choses, c'est d'abord qu'il faut suspendre presque complètement l'application des lois de 1873 et de 1887; c'est ensuite qu'il faut, par des dispositions législatives nouvelles, parer au mal qu'elles pourraient faire et notamment réparer le trouble causé par la décision de la Cour de cassation. Il convient de le reconnaître franchement, c'est une erreur de vouloir poursuivre chez les indigènes de l'Algérie la constitution de la propriété individuelle. Elle ne convient ni à leurs mœurs, ni à leur genre de vie; bien loin de les enrichir, comme on le croyait il y a vingt-cinq ans, elle les ruine. Il faut donc respecter, ici la propriété collective, ailleurs la propriété familiale. Peut-être le mieux serait-il de revenir au sénatus-consulte de 1863 et de l'appliquer comme il le fut jusqu'en 1870 : on achèverait ainsi la délimitation du territoire des tribus, leur répartition entre les différents douars; on déterminerait les communaux affectés à chaque groupe de population indigène, on ferait enfin reconnaître partout les biens qui appartiennent au Domaine.

Objectera-t-on qu'adopter une semblable proposition, ce serait refuser la propriété individuelle aux indigènes, immobiliser le sol, rendre impossibles les achats de terre des Européens aux Arabes? On se tromperait. Le sénatus-consulte ne condamnait pas les indigènes à demeurer contre leur gré dans l'indivision. Il est, d'autre part, possible d'instituer, en s'inspirant du titre III de la loi de 1873 et en prenant certaines garanties, un système de purge spéciale pour le cas où l'indigène voudrait, de sa propre volonté, vendre sa part de terre à un colon. Hors ce cas, quel intérêt avons-nous à ce que l'Arabe abandonne malgré lui la propriété collective ou familiale? Il convient encore de rappeler que les Européens désireux d'acheter des terres peuvent s'adresser à l'administration des Domaines dont les propriétés, même à l'heure actuelle, sont assez vastes; nous avons dit, au chapitre précédent, comment son premier devoir était de mettre ses terres en vente. L'abrogation de la loi de 1873 qui aura évidemment pour conséquence de rendre la propriété indigène moins mobile, ne nuira donc cependant en rien au développement de la colonisation.

Le sénatus-consulte de 1863 légèrement, et surtout sagement modifié ou complété, — il ne nous semble pas que l'on puisse entrevoir une meilleure loi foncière pour les indigènes de l'Algérie.

Défions-nous surtout des innovations, — et parmi celles-ci de l'introduction dans la colonie de la législation australienne dite de l'*Act Torrens*, réclamée il y a quelques années par un professeur de l'École de droit d'Alger [1]. Dans un pays nouveau comme l'Australie où la terre doit être particulièrement mobile — et fait important à retenir, peuplé seulement d'Européens, — un système aussi simple, aussi expéditif ne présente que des avantages. Mais combien il serait dangereux de le transporter dans notre colonie pour le mettre à la disposition des indigènes ! N'est-il pas à peu près certain que l'on verrait aussitôt se renouveler — exagérés peut-être — tous les malheurs, toutes les ruines dont la loi de 1873 a été la cause? Ne serait-il pas facile aux marchands de biens d'entraîner les indigènes a réclamer le « bénéfice de l'immatriculation » pour les dépouiller comme ils l'ont fait par la procédure de la licitation? Les indigènes comprendraient-ils seulement le sens, la portée de ces mots « le bénéfice de l'immatriculation? » Le Parlement peut, s'il le juge bon, donner aux Européens, propriétaires en Algérie, une législation calquée sur l'*Act Torrens*; ils seraient ainsi dotés d'un régime foncier supérieur à celui qui résulte des lois métropo-

---

[1]. L'*Act Torrens* est, on le sait, depuis 1858, la loi immobilière des colonies australiennes.
Son mécanisme est des plus simples : le propriétaire désireux de placer son immeuble sous le bénéfice de l'*Act Torrens* — car la loi est facultative — adresse au « bureau d'enregistrement » institué à cet effet, une demande à laquelle il joint ses titres de propriété avec descriptions et plans. Des publications sont faites par les soins du « bureau », pendant un délai de deux ou six mois, suivant la législation; toutes les oppositions des tiers intéressés peuvent se produire. S'il s'en produit, le différend est tranché par les tribunaux ordinaires; si au contraire il ne s'en produit pas — ou quand elles sont résolues, — le titre est enregistré, et dès ce moment, garanti contre toutes les revendications. Le *Registrar general* dresse alors le « certificat de titre » : c'est un document qui comprend la description matérielle et juridique de l'immeuble avec un plan à l'appui, des indications précises sur la nature et l'étendue des droits du propriétaire et la mention de tous les droits réels dont l'immeuble est grevé. Le « certificat de titre » est rédigé en double original; l'un est remis à l'ayant droit, l'autre est inséré au registre matrice ou « Livre foncier » déposé chez le *Registrar general*. Au verso du titre se trouvent des formules de transfert et d'hypothèque. Ce titre a une véritable personnalité; il est le signe visible de la propriété. Veut-on vendre sa terre, on va devant un officier public qui puisse attester l'identité du possesseur du titre et l'identité de l'acheteur; il n'y a pas d'autre formalité que la légalisation des deux signatures. La formule d'endossement une fois signée, le « bureau » enregistre « le transfert sur le Livre foncier », timbre le titre

litaines, mais il importerait, avant toute chose, que cette législation fût réservée aux seuls Européens, que les indigènes ne pussent point la réclamer. On ne saurait trop le redire : les lois les meilleures pour la population européenne sont souvent les pires pour la population indigène si différente par son intelligence des choses, ses usages, ses mœurs [1].

Il est rationnel de terminer cette étude sur le régime des terres en Algérie par une courte mention de la loi relative à la « constitution de l'état civil des indigènes » (23 mars 1882). Cette loi est née, en effet, de la loi de 1873, sur la « constitution de la propriété foncière », et, comme une mauvaise mesure en entraîne une seconde, on a mis le désordre dans la constitution des familles après l'avoir mis dans le mode de possession des terres.

Lorsqu'elle voulut appliquer la loi de 1873, l'administration rencontra, tout à coup, une difficulté qu'elle n'avait pas prévue. Les indigènes algériens n'ont pas de nom patronymique ou plutôt paraissent pour nous, ignorants de leur langue, ne pas en avoir. Le commissaire-enquêteur qui avait délimité une propriété et voulait remettre à l'indigène son titre, ne savait sous quel nom l'inscrire; c'est par milliers qu'il rencontrait les Mohammed, les Ali, les Moustafa. Comment les distinguer? Comment faire que le titre délivré à un premier Mohammed ne puisse pas paraître appartenir à un deuxième

---

et le remet au nouveau propriétaire. Veut-on hypothéquer, on remplit la formule d'hypothèque, puis on la fait enregistrer comme dans le cas précédent sur le « Livre foncier », qui, ainsi, donne toujours très exactement la situation de l'immeuble. Veut-on enfin faire un emprunt à court terme sans lui donner la publicité d'une hypothèque? On porte son titre à une banque et, comme il n'est pas possible de disposer de sa propriété sans être en possession de son titre, la banque prête contre remise du titre.

Les avantages de l'*Act Torrens* sont sensibles : d'un côté, la publicité des transactions et la sécurité des titres, d'autre part, la facilité de la circulation de la propriété.

1. L'administration du Protectorat a fait signer au bey, il y a quelques années, une loi foncière basée sur le principe de l'*Act Torrens* (loi du 1er juillet 1885). Contrairement à l'attente générale cette loi n'a donné que des résultats insignifiants. Du 15 juillet 1886 au 13 octobre 1889 le nombre des « demandes d'immatriculation » n'a pas dépassé 106 et, sur ce nombre, 17 seulement émanent de Tunisiens. — On peut heureusement constater que des marchands de biens n'ont pas entrepris d'inviter les indigènes à réclamer « l'immatriculation », pour les dépouiller ensuite.

Mohammed? On ne vit pas que les indigènes algériens portent tous un nom composé où se trouvent, à la fois, un prénom qui leur est propre, le nom ou le surnom de leur père, qui appartient à la famille, la distingue, et l'indication de leur tribu; on oublia ce fait important qu'avec ces dénominations, assez longues et certainement contraires aux nôtres, les indigènes savaient se reconnaître entre eux; que, ce qui est plus, depuis la conquête, il avait été possible de faire avec eux sans erreur un très grand nombre d'affaires mobilières et immobilières [1]. Une loi intervint donc prescrivant de donner à chaque indigène, en même temps qu'on lui remettait son titre de propriété, un nom patronymique. C'était une grosse innovation : d'abord on dépouillait l'indigène de sa personnalité, on rompait l'unité familiale telle qu'elle était maintenue par le nom composé de chacun; ensuite, on imposait à l'administration le curieux problème de composer, suivant des formules données, pour les distribuer ensuite, des milliers et des milliers de noms. Était-on au moins assuré de réussir? Non certes. L'indigène accepte de mauvaise grâce le nom nouveau dont il ne comprend pas le sens; souvent il le laisse ou l'oublie après le passage du fonctionnaire qui lui a remis sa « carta »; si, enfin, il lui plaît de se créer une identité différente, il y parvient.

L'application de la loi se poursuit toutefois. D'après les documents officiels au 31 septembre 1891, les indigènes pourvus de noms patronymiques seraient au nombre de 1 181 309. Mais la statistique ne révèle ni les dépenses qu'entraîne la loi pour l'État et pour les communes, ni les complications d'écriture sur tous les registres, ni les confusions et les erreurs entre le nom d'hier et celui d'aujourd'hui, ni surtout les protestations parfois violentes [2] des « nommés ». Des hommes compétents n'hésitent pas à réclamer l'abrogation de la loi du 23 mars 1882; ils proclament l'inutilité d'une mesure que les indigènes n'ont point acceptée.

1. Ernest Mercier, *loc. cit.*
2. Il y a moins d'un an, l'administrateur de la commune mixte de Fort National, pour ne citer qu'un exemple pris au milieu de cent, a dû employer toute son autorité et même infliger quelques peines pour faire accepter aux Kabyles les cartes qu'ils avaient décidés de refuser.

CHAPITRE IV

LE PEUPLEMENT

La population indigène. — Le recensement de 1871. — Augmentation constatée dans les périodes quinquennales suivantes. — Elle est fort importante. — La vie et les mœurs des indigènes expliquent l'excédent des naissances sur les décès. — Les éléments kabyles et arabes ne progressent pas également.
La population européenne. — Les derniers recensements. — La population française est définitivement acclimatée. — Son augmentation a une quadruple cause. — La première : l'excédent des naissances sur les décès. — L'excédent des naissances sur les décès chez les étrangers est moins important. — La supériorité de l'élément français est de 40 000 personnes. — Cet excédent est-il réel? — Discussion des chiffres. — S'il y a beaucoup d'immigrants étrangers, il n'y a que des capitaux français. — La seconde cause d'augmentation : les mariages mixtes. — La troisième : les naturalisations. — La législation. — La loi de 1889; ses premiers résultats. — La naturalisation morale : les écoles et l'Église.
L'immigration est la quatrième cause de l'augmentation de la population française. — Elle n'est pas aujourd'hui suffisamment abondante. — La France a annuellement 20 à 25 000 émigrants; 8 à 10 000 pourraient venir en Afrique. — Pourquoi l'Algérie ne saurait recevoir tous nos émigrants. — Le caractère mixte de cette colonie ne laisse aucune place pour le prolétariat agricole. — Propagande que l'administration coloniale devrait faire pour appeler les émigrants. — Il importe, avant toute chose, que les immigrants ne soient pas sans ressources. — Un capital de 10 000 francs est nécessaire. — Les Français doivent être surtout des chefs d'exploitation. — Les indigènes seront les ouvriers agricoles. — Il en était ainsi au temps de la domination romaine.

L'Algérie est peuplée d'indigènes et d'Européens. Nous allons étudier successivement les conditions dans lesquelles se développent les uns et les autres.

Les indigènes étaient en 1851, date du premier recensement opéré par les autorités françaises, 2 323 855; le recensement de 1891 fixe leur nombre à 3 567 223.

LE PEUPLEMENT.

Le recensement de 1891 a porté assurément, pour une large part, sur des territoires qui ne furent point dénombrés en 1851 ; cependant, en voyant l'écart considérable existant entre ces deux chiffres, on peut affirmer, après avoir tenu compte de l'extension du territoire recensé et de la plus grande précision du travail des recenseurs, que la population indigène augmente, se multiplie.

Une seule fois, on a pu concevoir des doutes à ce sujet. Le recensement de 1872 accusa, sur celui de 1866, une diminution de 527 000 âmes dans la population musulmane. La grande famine de 1867-1868 qui causa la mort de peut-être 500 000 indigènes ; le choléra de 1867, le typhus et la petite vérole de 1869-1870-1871, enfin, l'insurrection de 1871, suffisaient certainement pour expliquer un écart aussi considérable. On crut cependant, au premier instant, que la population indigène était en décroissance certaine, irrémédiable, et la théorie d'après laquelle « les races inférieures » doivent disparaître devant « les races supérieures » obtint quelque faveur.

Cinq ans plus tard, le recensement de 1876 fait avec soin, au lendemain d'une période qui n'avait connu ni famine, ni épidémie, ni guerre, donna un formel démenti aux théoriciens ; on constata, en effet, une augmentation notable de la population indigène, soit, en chiffres ronds, de 340 000 individus.

Depuis 1876, on n'a pas cessé de noter l'accroissement de la population indigène ; elle est, en 1881, de 2 842 497 âmes ; en 1886, de 3 264 879 ; en 1891, de 3 567 223.

L'écart est moindre entre les chiffres de 1886-1891 qu'entre ceux de 1881-1886. De 1888 à 1891, les indigènes ont augmenté de 302 844 unités, soit 9,25 p. 0/0, en cinq ans, ou 1,85 p. 0/0 chaque année ; dans la période précédente, ils avaient progressé de 422 382 personnes, soit 14,80 p. 0/0 en cinq ans, ou 2,96 p. 0/0 chaque année.

Si nous admettons que le chiffre de 1891, moins élevé, représente, avec plus d'exactitude que le précédent, l'augmentation réelle de la population indigène dans une période quinquennale, il faut conclure que celle-ci se poursuit selon une progression géométrique dont la raison est 13,9 p. 0/0 par an.

A ce compte, et si cette progression venait à se maintenir, les indigènes d'Algérie doubleraient en quarante-six ans, ce qui est un accroissement sans exemple en Europe, où la Russie même n'arrive qu'à un accroissement de 1,29 p. 0/0 par an. On peut noter encore que la population hindoue, dont la perpétuelle augmentation est depuis longtemps reconnue, demeure assez sensiblement en arrière de la population algérienne; il résulte, en effet, du recensement anglais de 1891 que les habitants de l'Inde n'ont augmenté, dans ces dernières années, que de 1,10 p. 0/0 par an.

Ainsi la progression de la population indigène d'Afrique est considérable. Est-elle invraisemblable, exagérée par les fraudes ou les erreurs des agents chargés du recensement? Il ne paraît pas. Il est possible que les maires de certaines communes augmentent quelquefois, dans un intérêt budgétaire, le nombre de leurs administrés indigènes[1]; il est aussi possible que, par erreur, on inscrive comme présents les indigènes absents de leur commune, et cela pendant qu'ils sont, à la même heure, portés sur les listes du territoire sur lequel ils se sont engagés pour travailler; mais ces majorations, ces doubles, ne peuvent, au total, être bien importants. L'explication des chiffres, constamment accusés par les recensements, est autre; elle est dans la vie, les mœurs de nos sujets musulmans : à quatorze ans, seize ans, l'indigène se marie; si sa femme est stérile, il la change ou en prend une autre; il lui est même permis d'en avoir plusieurs; lorsque ses femmes sont vieilles, il se remarie et, comme l'homme est plus longtemps apte à la génération que la femme, on rencontre des vieillards mariés à de jeunes femmes dont ils ont des enfants. Faut-il ajouter que dans ce pays « simple », où les enfants coûtent bien peu à élever, où une nombreuse famille est un titre à la considération publique, la fameuse

---

[1]. Ainsi qu'on le verra plus loin (chap. VII, p. 229), le produit de l'octroi de mer est réparti entre les communes, au prorata de leur population. Les maires paraissent donc avoir intérêt à « enfler » leurs listes de recensement, mais la fraude, outre qu'elle est une fraude, est difficile et surtout peu productive; « l'invention » de 100, 500, 1 000 indigènes même, ne serait guère récompensée que par un supplément de recettes de quelques centaines de francs, un millier peut-être.

loi de Malthus n'a exercé aucun ravage ? Les travaux de quelques démographes donnent lieu de penser que dans certaines villes, les décès chez les indigènes dépassent les naissances [1]; d'autre part, des maladies abrègent souvent la vie d'hommes qui ne se soignent pas, et beaucoup d'enfants en bas âge meurent faute de soins. On peut faire à ces accidents une large part; l'excédent des naissances sur les décès demeure considérable.

Une question se présente à l'esprit, dès que l'on a constaté la vitalité des indigènes algériens : Toutes les populations indigènes, « arabes » et « berbères », participent-elles également à l'accroissement général ?

On a pensé quelquefois, en observant la densité de la population du massif du Djurjura, où quatorze à quinze cents villages se pressent sur tous les pitons, les terrasses, les promontoires, que les Grands-Kabyles augmentaient dans une proportion plus considérable que les Arabes et les Berbères « arabisés » peuplant les autres régions de l'Algérie. Il n'en est rien. Si les statistiques algériennes sont exactes, il faut admettre, au contraire, que les Arabes et les Berbères « arabisés » progressent beaucoup plus que les Grands-Kabyles. C'est ainsi que, dans la période de 1881 à 1886, l'accroissement annuel n'était que de 1,13 p. 0/0 en Kabylie, alors qu'il atteignait 3,25 p. 0/0 dans tout le reste de l'Algérie. Dans la période suivante, de 1886 à 1891, la proportion, tout en étant sensiblement moins considérable, ne disparaît point : pour les Kabyles, l'accroissement est de 1,83 p. 0/0 par an; pour les Arabes et Berbères « arabisés », de 1,95 p. 0/0 [2].

---

[1]. M. Deshayes a relevé, en 1883, dans la population musulmane d'Oran, 275 décès contre seulement 170 naissances; dans celle d'Alger, en 1884, 599 décès contre 363 naissances. M. le Dr Ricoux évalue que, dans la population indigène de la ville de Philippeville, il y a 150 décès pour 100 naissances.

[2]. *Population de la Grande-Kabylie* (considérée d'après ses limites géographiques, soit totalité de l'arrondissement de Tizi-Ouzou, partie de l'arrondissement d'Alger, partie de l'arrondissement de Bougie).

Population en

1881... 415 646 hab.	1886... 439 193 hab.	1891... 479 193 hab.
Accroissement quinquennal **81-86** 23 547 hab.		Accroissement quinquennal **86-91** 40 209 hab.
Accroissement annuel.. 4 709 hab.		Accroissement annuel.. 8 042 hab.
0/0 de cet accroissement annuel 1.13 hab.		0/0 de cet accroissement annuel 1.83 hab.

La marche de la population européenne en Afrique est plus intéressante encore à étudier que le développement de la population indigène. Les tableaux statistiques témoignent que, depuis 1830, la population française, comme d'ailleurs la population européenne, n'a cessé de croître dans l'ancienne Régence d'Alger. En 1833 on y comptait 3 478 Français et 4 334 étrangers européens; en 1891, on vient d'y recenser 260.362 Français et 219 920 étrangers européens [1].

Mais, une question s'est de bonne heure posée : l'augmentation, toujours constatée, du groupe européen avait-elle une cause unique : l'arrivée continuelle de nouveaux venus? ou

Population de l'Algérie entière, la Grande-Kabylie exceptée.

Population en

1881.. 2 462 514 hab. **1886..** 2 868 281 hab. **1891..** 3 135 707 hab.
Accroissement quinquennal **81-86**   Accroissement quinquennal **86-91**
405 767 hab.   267 426 hab.
Accroissement annuel.. 81 156 hab.   Accroissement annuel.. 53 485 hab.
0/0 de cet accroissement annuel   0/0 de cet accroissement annuel
3.25 hab.   1.95 hab.

1. Le chiffre des Français, 260 362, représente la « population civile » seule. — On appelle « population civile », la population totale recensée, déduction faite de l'armée d'occupation, de la légion étrangère et de la population dite en « bloc » (collèges, prisons, etc.), qui représente environ 65 à 68 000 personnes.

TABLEAU PRÉSENTANT LES RÉSULTATS DES TROIS DERNIERS RECENSEMENTS.
(Population civile seulement.)

NATIONALITÉS	1881	1886	1891
Français..................	195.418	219.071	260.362
Israélites algériens.........	35.663	42.595	47.677
Musulmans	2.842.497	3.264.879	3.567.223
Marocains-Tunisiens.......	»	22.338	18.501
Espagnols	112.047	144.530	151.859
Italiens...................	31.865	44.315	39.161
Anglo-Maltais.............	15.149	15.533	15.675
Allemands................	3.738	4.863	3.189
Divers....................	18.555	8.145	10.036
TOTAUX	3.254.932	3.766.269	4.113.683

deux causes principales : l'arrivée des nouveaux venus et l'excédent des naissances sur les décès dans les familles déjà installées? S'il avait été vrai, comme on le disait au lendemain de la conquête, « que les cimetières étaient les seules colonies toujours croissantes en Algérie », la France aurait dû désespérer de l'avenir de sa nouvelle possession. Un démenti devait être heureusement donné aux esprits chagrins.

Toutefois l'acclimatation de la race française fut assez lente; les premières statistiques favorables aux Espagnols, aux Italiens, aux Maltais, montraient les Allemands exterminés par le climat et les Français presque aussi éprouvés.

Pendant vingt-six ans, nos décès ont surpassé nos naissances; l'immigration était alors indispensable pour combler le déficit, et la France paraissait conquérir l'Algérie pour les habitants de l'Europe méridionale. Vers 1856, la situation s'est enfin retournée : les naissances des Français ont été supérieures à leurs décès [1].

Depuis cette époque, l'augmentation de la population française a une quadruple cause : l'excédent des naissances, les croisements amenés par les mariages, la naturalisation et, enfin, l'immigration.

L'excédent des naissances sur les décès a été successivement, dans les six périodes triennales comprises entre 1873 et 1890, de 3,7 p. 0/00 — 3,1 — 4,5 — 4,8 — 4,7 — 5,4. Ce sont là des résultats satisfaisants, surtout si on les compare à ceux observés en France où, durant les mêmes périodes, les naissances n'ont excédé les décès que 3,5 — 3,3 — 2,4 — 2,3 — et 2 p. 0/00.

Ces résultats permettent assurément de conclure que la population française d'Algérie doublera, par le seul fait de l'excédent des naissances sur les décès, dans un temps sen-

---

1. D'après les travaux démographiques de M. le Dr Ricoux de Philippeville. — M. Ricoux a, pendant plusieurs années, publié des brochures très intéressantes sur le mouvement de la population européenne en Algérie. L'esprit d'économie des Chambres a malheureusement fait supprimer le crédit qui assurait son service; il serait grandement à souhaiter u'il fût rétabli.

siblement plus court que la population de la métropole[1]. Encore convient-il d'ajouter, d'une part, que parmi les Français d'Algérie, un certain nombre s'exposent, sur les Hauts Plateaux et dans le Désert, à un climat dangereux; d'une autre, que l'avenir se présentera certainement dans des conditions plus favorables : la race française n'a d'abord pu résister au climat d'Afrique, elle s'est ensuite acclimatée; elle est aujourd'hui en progrès; ce progrès s'affirmera, tout le fait espérer, dans les années prochaines.

Deux traits confirment, dès maintenant, cette opinion. Le premier : c'est en 1884 que l'on a pour la première fois observé chez nos compatriotes du sexe masculin, l'excédent des naissances sur les décès; jusqu'à cette époque, le sexe féminin avait été seul à contribuer à l'accroissement de la population française[2]. Le second : il résulte des statistiques algériennes, si elles sont exactes, que, contrairement aux observations faites pendant longtemps, l'excédent absolu des naissances sur les décès est légèrement inférieur chez les étrangers à ce qu'il est chez les Français. En effet, tandis que, de 1873 à 1890, les progrès étaient chez nous, ainsi qu'il vient d'être dit, de : 3,7 — 3,1 — 4,5 — 4,8 — 4,5 — 5,4 p. 0/00, ils étaient chez les étrangers de 5,5 — 1,9 — 3,4 — 5,8 —

1. Tableau comparatif de la natalité et de la mortalité des Français en Algérie et en France pendant les 6 périodes triennales de 1873-90.

PÉRIODES TRIENNALES 1873-1890	NAISSANCES				DÉCÈS				EXCÉDENTS 0/00 DES NAISSANCES SUR DÉCÈS	
	ALGÉRIE		FRANCE		ALGÉRIE		FRANCE			
	Moyennes triennales.	p. 0/00	Moyennes triennales.	p. 0/00	Moyennes triennales.	p. 0/00	Moyennes triennales.	p. 0/00	Algérie.	France.
1873-75	5.542	39 »	947.327	26.1	4.805	35.3	820.787	22.6	3.7	3,5
1876-78	6.037	36.5	945.525	25.6	5.507	33.4	830.056	22.3	3.1	3.3
1879-81	6.632	35.5	930.790	24.8	5.745	31 »	838.645	22.4	4.5	2.4
1882-84	7.148	34.8	937.089	24.6	6.156	30 »	846.154	22.3	4.8	2.3
1885-87	7.728	35.2	912.326	23.8	6.737	30.7	845.638	21.8	4.7	2 »
1888-90	9.576	35.3	867.089	23.4	8.136	29.9	836.435	21.4	5.4	2 »

2. Ricoux, *loc. cit.*

6 — 1,1 [1]. Au total, le bénéfice des naissances françaises sur les naissances étrangères serait, d'après ces chiffres, depuis une période de dix-huit ans, de 1,3 p. 0/00, par an. Ce résultat paraît avoir une double cause : l'augmentation du nombre des enfants des familles françaises, une mortalité plus grande chez les étrangers que chez les Français.

Ces constatations, pour favorables qu'elles soient, ne doivent pas nous faire oublier l'importance du groupe étranger établi en Algérie à côté du groupe français. A certaines époques, on a pu craindre que l'élément français ne fût débordé par l'élément étranger, notamment en 1876, où les étrangers étaient 155 072, contre 155 363 Français. Depuis cette date, les Français ont heureusement pris l'avance : en 1881, ils dépassaient les étrangers de 14 064 individus; en 1886, de 15 917, et en 1891, de 40 442. — Cette supériorité numérique de 40 000 personnes est-elle pleinement satisfaisante? Il est permis d'en douter, car il faut aller au fond des choses, rechercher comment, et par qui, elle est constituée.

Tout d'abord, si, entre 1886 et 1891, l'avance des Français sur les étrangers est passée de 14 000 à 40 000 unités, c'est, on le verra plus loin, qu'une loi sur la naturalisation est intervenue, dont la conséquence immédiate a été de transporter dans la colonne des « Français » 7 à 8 000 individus soustraits à la colonne des « étrangers ».

1. TABLEAU COMPARATIF DE LA NATALITÉ ET DE LA MORTALITÉ DES FRANÇAIS ET DES ÉTRANGERS EN ALGÉRIE PENDANT LES 6 PÉRIODES TRIENNALES DE 1873 A 1890.

PÉRIODES TRIENNALES 1873-1890	NAISSANCES				DÉCÈS				EXCÉDENTS 0/00 DES NAISSANCES SUR DÉCÈS	
	FRANÇAIS		ÉTRANGERS		FRANÇAIS		ÉTRANGERS			
	Moyennes triennales.	p. 0/00	Moyennes triennales.	p. 0/00	Moyennes triennales.	p. 0/00	Moyennes triennales.	p. 0/00	Français.	Étrangers.
1873-75	5.542	39 »	4.968	37.5	4.805	35.3	4.237	32 »	3.7	5.5
1876-78	6.037	36.5	5.519	34.5	5.507	33.4	5.212	32.6	3.1	1.9
1879-81	6.632	35.5	6.370	36.8	5.745	31 »	5.883	33.4	4.5	3.4
1882-84	7.148	34 8	7.587	39.9	6.156	30 »	6.485	34.1	4.8	5.8
1885-87	7.725	35.2	8.053	39.7	6.737	30.7	6.838	33.7	4.5	6 »
1888-90	9.576	35.3	7.878	31.4	8.136	29.9	7.591	33.3	5.4	1.1

En second lieu, il ne faut pas négliger que, parmi les étrangers, les Espagnols, du fait de l'immigration et de l'excédent des naissances sur les décès, ne cessent de croître à côté de nos compatriotes, dans d'importantes proportions : en dix ans, de 1881 à 1891, leur nombre est passé de 112 000 à 152 000, soit une augmentation de 40 000 personnes.

Mais il y a plus. A côté des « colons officiels » et des « colons libres » qui peuplent l'Algérie, sont de nombreux fonctionnaires de tout ordre, payés sur les budgets de l'État, des départements et des communes : — administrateurs, magistrats, membres de l'enseignement, agents du service des travaux publics, des forêts, des finances, des postes, des télégraphes, etc. Ils représentent, avec leurs familles, un groupe de plus de 51 473 personnes [1]. Après les fonctionnaires il convient de compter les employés de chemins de fer. Les Compagnies, en effet, ne cessant de faire appel, chaque année, à la garantie d'intérêt de l'État pour des sommes considérables, sans l'appoint desquelles elles ne pourraient vivre, il faut considérer leurs agents non comme des colons, mais comme de véritables fonctionnaires : c'est un second groupe de 10 052 personnes. 51 000 fonctionnaires et 10 000 employés-fonctionnaires donnent 61 000 individus non colons, entretenus directement ou indirectement sur la terre d'Afrique par les contribuables. Que reste-t-il après un pareil calcul de la « supériorité numérique » de 40 000 unités accusée par le recensement de 1891 ? Encore, ne disons-nous rien ici, du clergé, des congrégations, des pensionnés et retraités de l'État qui représentent environ 20 000 personnes ! Nous ne demandons pas non plus combien un corps d'occupation de 50 000 hommes fait vivre d'hôteliers, de cafetiers, de « marchands de goutte », sur un personnel de 37 584 personnes !

Cesserons-nous d' « éplucher » les chiffres ? Admettrons-nous, sans discuter, que l'élément français a la supériorité sur l'élément étranger ? Alors nous devrons reconnaître — et c'est un dernier fait à noter — que cette majorité n'est pas également répartie dans les trois provinces. Dans celle d'Oran,

---

[1]. Ce chiffre et les suivants sont empruntés aux tableaux du recensement de 1891.

les étrangers sont plus nombreux que les Français : 110 000 contre 79 000. Les Espagnols l'emportent sur nos compatriotes. Dans les villes, dans les villages, dans les moindres agglomérations, le voyageur français est frappé de rencontrer beaucoup d'Européens qui ne parlent pas sa langue ; aux portes d'Oran, il est des villages où quelques Français perdus dans une majorité d'Espagnols oublient le parler de leur patrie et n'emploient que la langue de Cervantes.

Ce trait, joint à nos observations sur la « supériorité numérique » des Français, peint une situation dont il n'y a pas lieu de se féliciter. Toutefois, il convient de remarquer que si les vrais colons français ne sont pas, en réalité, plus nombreux que les colons étrangers, ils sont de beaucoup les plus riches. L'argent qui est dans la colonie est de l'argent français, apporté par des Français. A part des exceptions, en somme assez rares, et que l'on rencontre surtout dans notre province de l'Ouest, les immigrants espagnols, italiens et maltais ne disposent que de faibles ressources. Le nombre est grand de ceux qui s'engagent au service de nos compatriotes en qualité de terrassiers, de défricheurs ou d'ouvriers agricoles ; ils rendent, il faut le dire, de grands services à la colonisation ; le département d'Oran leur doit une part de sa prospérité.

Cette longue digression sur la « supériorité » de l'élément français ne doit point nous faire perdre de vue notre point de départ. Nous avons dit que l'augmentation de la population française a une quadruple cause et nous venons de parler de la première, l'excédent des naissances sur les décès. Venons à la seconde.

Les Français d'Algérie se croisent avec les étrangers. Les mariages mixtes, qui sont peu fréquents et presque exceptionnels dans un pays européen, sont au contraire un fait courant et normal dans la colonie. De 1881 à 1890, on a relevé, à côté de 16 338 mariages entre Français et Françaises, 4 050 mariages entre Français et étrangères, et 1 494 entre étrangers et Françaises. Ces mariages mixtes ne sont point à regretter, bien au contraire : en s'alliant avec les Espagnols, les Italiens, les Maltais, la race française, si elle perd de sa pureté, accroît sa force de résistance au climat. Les enfants issus de ces unions deviennent le plus souvent des Français, puisque les mariages sont plus nombreux entre Français et étrangères qu'entre étrangers et Françaises. C'est ainsi que, grâce, à la fois, aux mariages entre Français et aux mariages mixtes, est née et se développe sur la côte septentrionale de l'Afrique une population créole « algérienne-française » dont les deux tiers ont du sang français [1].

L'élément français d'Algérie — et nous indiquons ici la troisième des causes d'augmentation — a depuis longtemps gagné chaque année plusieurs centaines d'individus, quelquefois un millier, par la naturalisation des étrangers.

Pendant une période de trente-cinq années, la naturalisation des étrangers a été régie en Algérie par la loi métropolitaine : tout individu né en France d'un étranger pouvait opter de plein droit pour la nationalité française [2]. Le caractère restrictif de cette législation ne pouvait indéfiniment échapper à l'administration. Si l'on pouvait hésiter, pour des raisons d'ailleurs contestables, à distribuer plus facilement la nationalité française aux étrangers établis en France, il y avait un intérêt certain à favoriser la fusion, au milieu de la population française d'Algérie, des nombreux étrangers établis dans notre colonie sans esprit de retour. Le gouvernement impérial pensa satisfaire à cet intérêt en donnant le sénatus-consulte de 1865 ; il disposa que l'étranger justifiant de trois années de résidence en Algérie pourrait, sur sa demande, être admis à jouir de tous les droits de citoyen français. Ce n'était pas faire assez. Nous offrions la qualité de Français aux étrangers alors qu'il fallait, sous certaines conditions, la leur conférer d'office. De 1867 à 1888, en vingt-deux ans, le nombre total des naturalisations ne dépassa pas 11 750 environ [3].

1. De 1881 à 1890 les mariages entre Français et Françaises, Français et étrangères, étrangers et Françaises, présentent un total de 21 882 contre 11 808 mariages entre étrangers et étrangères.
2. Code civil, art. 9. Lois du 22 mars 1849, du 7 février 1851.
3. Durant le second semestre de 1888 et les années 1889 et 1890, le nombre des naturalisations s'est brusquement élevé de plusieurs centaines, mais ce fait tient à une cause toute spéciale : la promulgation d'une loi interdisant formellement la pêche aux étrangers dans les eaux territoriales de l'Algérie

LE PEUPLEMENT. 153

Pendant que l'on enregistrait des résultats aussi insignifiants, on pouvait observer que, dans les trois provinces, vivaient à l'abri de nos lois, bénéficiant de toutes leurs dispositions, mais échappant au service militaire, plusieurs milliers de fils d'étrangers, nés en Algérie, y possédant tous leurs intérêts personnels et de famille, n'entretenant plus aucune relation avec le pays d'origine de leurs parents, ayant, parfois même, oublié la langue de ceux-ci. En présence d'une semblable situation, les personnes au courant des affaires algériennes faisaient remarquer, avec raison, que notre colonie ouverte aux étrangers, peuplée en partie par eux, aurait dû avoir, comme la plupart des pays d'Amérique, une législation spéciale imposant aux fils d'étrangers définitivement établis là où étaient venus se fixer leurs pères la nationalité de leur pays d'adoption.

Cette législation spéciale n'a point été faite, mais une loi sur « la nationalité », préparée pour la métropole, a été votée par les Chambres et déclarée applicable à l'Algérie. La loi du 26 juin 1889 déclare Français : 1° tout individu né en France d'un étranger qui lui-même y est né; 2° les jeunes gens, nés en France d'étrangers, et qui, domiciliés en France à leur majorité, ne déclinent pas la qualité de Français dans l'année qui suit cette majorité. Ainsi, la loi nouvelle est conçue dans un esprit bien différent des lois antérieures : l'étranger qui se trouve dans certaines conditions, ne devient plus Français seulement s'il le demande, mais il est déclaré Français « ipso facto »; pour échapper à cette nationalisation obligatoire, il faut qu'il réclame la qualité d'étranger [1].

L'application des dispositions de la loi de 1889 en Algérie a fait baisser le chiffre annuel des « naturalisations », mais, en retour, elle a déjà imposé, et surtout elle imposera à l'avenir, la « nationalité » française à des milliers d'indi-

(17 mars 1888). On comptait alors dans notre colonie sur 100 pêcheurs une proportion de 70 étrangers, Italiens, Espagnols, Maltais. Mis, par la législation nouvelle, dans l'obligation de perdre leur état ou de renoncer à leur nationalité, la plupart des pêcheurs, nés d'ailleurs presque tous en Algérie, réclamèrent leur naturalisation.

1. La loi du 26 juin 1889, si elle a modifié, en l'élargissant, la législation métropolitaine qui a sa base dans l'article 9 du Code civil, n'a pas touché au sénatus-consulte de 1865, qui reste ainsi toujours en vigueur.

vidus [1]. On estime déjà que, dans le recensement de 1891, la colonne des étrangers a perdu et la colonne des Français, gagné, du fait de la loi de 1889, environ 7 700 personnes.

La naturalisation « légale » n'est pas la seule qu'il faille poursuivre. A côté d'elle, et la préparant en quelque sorte, il y a la naturalisation « morale », par l'école, qui propage notre langue et nos idées. Aussi, le décret du 14 février 1883 a-t-il rendu un grand service à notre colonie, en y introduisant les principes de la gratuité et de l'obligation de l'enseignement primaire, pour tous les enfants, étrangers d'origine européenne aussi bien que Français. Les écoles sont nombreuses; chaque année on en construit de nouvelles; les deux cinquièmes des élèves qui les fréquentent appartiennent à des familles étrangères. C'est là un excellent moyen d'assimilation. Il en est un autre qu'il serait imprudent de négliger auprès d'hommes religieux comme les Espagnols, les Italiens et les Maltais : le culte. Les prêtres doivent être recrutés uniquement parmi les Français et se servir de notre langue.

La population française d'Afrique, avons-nous dit, n'augmente pas seulement par l'excédent des naissances sur les décès, les mariages mixtes, la naturalisation conférée aux étrangers; elle est grossie, chaque année, par la venue des émigrants de la métropole.

Est-il besoin de dire que cette immigration en Algérie a, pour l'avenir de notre colonie, une importance considérable? Le nombre de nos compatriotes qui se rendent chaque année dans l'ancienne Régence d'Alger, pour s'y établir, est assez peu élevé : on peut l'évaluer pour la période de 1881 à 1886 à 3 800 par an, et pour celle de 1886 à 1891, à 5 400 par an [2]. D'autre part, l'excédent des naissances sur les décès,

---

1. Nous disons « surtout elle imposera » parce que la loi, n'ayant pas d'effet rétroactif, les étrangers nés et domiciliés en Algérie qui, lors de la promulgation, avaient dépassé l'âge de la majorité, n'ont pas été « ipso facto » naturalisés. Ceux-ci, s'ils veulent devenir Français, doivent comme avant la publication de la loi de 1889 réclamer leur naturalisation.

2. Ces chiffres approximatifs peuvent être établis de la façon suivante :
Entre 1881 et 1886, la population française d'Algérie est passée de 195 418 à 219 071 individus, soit une augmentation de 23 653 unités. Les naissances ayant excédé les décès d'un peu moins de 5 000, le bénéfice donné par l'immigration ne représente pas tout à fait 19 000 personnes, soit 3 800 par an.
Entre 1886 et 1891, la population française d'Algérie est passée de 219 071 à

dont nous nous sommes félicités plus haut, est loin cependant d'être suffisant pour assurer la prédominance de l'élément français sur l'élément étranger dans notre colonie.

Que l'on joigne à ces deux premières causes de peuplement l'accroissement procuré à la population française par les mariages mixtes et la naturalisation, la conclusion restera la même, à savoir que la population française n'augmente pas assez rapidement sur la terre d'Afrique.

Cette conclusion doit préoccuper les esprits, soit que l'on songe à l'intérêt que présente, pour notre domination, la prédominance de l'élément français sur l'élément étranger, soit que l'on considère l'immensité et la fertilité du Maghreb central qui, pour la seule région du Tell, présente une superficie de 136 000 kilomètres carrés. Il faut donc que le courant de l'émigration française augmente, qu'un plus grand nombre de métropolitains viennent chaque année s'établir en Algérie. Est-ce là une chose impossible? Non assurément.

On sait que l'augmentation de la population est, en France, beaucoup moindre que dans certains pays de l'Europe, notamment en Allemagne, en Angleterre et en Italie, et qu'il suit naturellement de ce premier fait que l'émigration française est sensiblement inférieure à l'émigration allemande, anglaise et italienne [1]. Cependant, on n'évalue pas à moins de 20 ou 25 000 le nombre des Français qui s'expatrient chaque année. Si la moitié, et même moins, de ces émigrants se rendaient en Algérie, notre colonie recevrait un contingent très suffisant. Aujourd'hui, sur les 20 à 25 000 Français qui émigrent, le plus grand nombre se rend aux États-Unis, dans la République Argentine, dans les autres États de l'Amérique du Sud. Ce mouvement n'est pas nouveau; on estime

---

260 362, soit une augmentation de 41 291 unités. Les naissances ayant excédé les décès de un peu moins de 6 000, et la naturalisation ayant augmenté l'élément français de 7 700 unités, le bénéfice donné par l'immigration représente environ 27 000 personnes, soit, par an, 5 400.

1. Dans ces dernières années, tandis que la moyenne annuelle de l'excédent absolu des naissances sur les décès était d'environ, et en chiffres globaux, de 530 000 individus en Allemagne, 440 000 en Angleterre, 310 000 en Italie, elle n'atteignait guère que 60 000 en France. — Pour l'émigration elle pouvait, année moyenne, être ainsi évaluée : Anglais, 250 000; Italiens, 125 000; Allemands, 35 000; Français, 20 à 25 000.

que de 1821 à 1890 inclusivement, 370 000 Français ont débarqué dans les ports de la République Américaine et que, dans une période à peu près égale, 200 000 de nos compatriotes se sont rendus dans l'Argentine. L'établissement de la France en Algérie, puis la fin de la période des conquêtes, et, plus tard, les progrès incontestables de notre grande possession africaine, ne semblent pas avoir sensiblement diminué le mouvement de l'émigration française vers les deux Amériques.

Il est vrai que tous ceux qui se rendent aux États-Unis et dans la République Argentine ne pourraient venir utilement en Algérie. Ces deux États sont, comme l'Australie, des pays neufs : les hommes appartenant à toutes les professions, sans le moindre pécule, n'ayant pour tout capital que leur travail, peuvent y réussir. Nous avons vu déjà qu'il n'en était pas de même en Algérie où l'élément indigène constitue un prolétariat agricole avec lequel les Européens ne sauraient entrer en concurrence.

Mais si, pour cette raison, quelques milliers d'émigrants, parmi ceux qui chaque année quittent la France, ne sauraient se rendre utilement en Afrique, d'autres, dont le nombre atteindrait peut-être 8 ou 10 000, pourraient venir s'installer dans notre colonie. Elle est ouverte à tous ceux qui ont des capitaux ou un métier spécial. C'est ainsi que l'Algérie peut recevoir, à côté des capitalistes, des chefs de culture, des contremaîtres, des fermiers, des hommes appartenant à la classe moyenne et aptes à entreprendre avec leur capital des exploitations agricoles de 40, 50, 100 ou 150 hectares.

Ce sont ces hommes, riches autant par leur savoir professionnel que par leurs capitaux, qu'il faut attirer en Algérie. Pourquoi leur laisser plus longtemps porter « leur valeur » en Amérique? Chacun d'eux représente, en effet, pour l'Afrique du Nord où il aurait pu se rendre, « une perte » qu'il ne serait pas impossible d'évaluer. Ses capitaux, son métier, son intelligence, son ambition, son désir de réussir, au lieu de contribuer au développement d'une colonie qui fait partie du patrimoine national, vont augmenter la richesse et la prospérité de nations amies, mais étrangères. Il se mariera, il fondera une famille; ses enfants, plus encore que lui-même, seront perdus pour sa patrie; ce ne seront point des Français, mais des citoyens des États-Unis ou de l'Argentine, ayant les opinions et les intérêts de leur nouvelle patrie.

Les colonies anglaises de l'Australie ont compris de bonne heure l'intérêt qu'il y avait pour elles à attirer l'émigration britannique. C'est ainsi qu'elles ont, depuis longtemps, organisé en Angleterre de nombreuses agences d'émigration qui sollicitent, par leurs affiches et leurs brochures partout répandues, ainsi que par les prix modérés du transport, toutes les familles qui pourraient songer à s'expatrier. Grâce à cette propagande, les laboureurs, les fermiers, les artisans s'embarquent par milliers chaque année, sachant qu'ils ont chance de trouver, dans l'autre hémisphère, une vie plus heureuse, des bénéfices plus élevés ou une existence moins misérable que dans leur patrie. Il est à souhaiter, nous l'avons dit déjà, qu'un semblable système de propagande soit adopté par l'administration algérienne. Il faut qu'elle mette des terres en vente, qu'elle annonce ces ventes, qu'elle appelle les capitalistes et tous les hommes capables d'entreprendre une exploitation agricole.

Toutefois, gardons-nous que l'exemple de la propagande des colonies australasiennes et de ses résultats nous entraîne trop loin. Il serait dangereux de faire un calcul mathématique et de dire : Le Tell, région fertile, cultivable, a une superficie de 136 000 kilomètres carrés, nous pouvons y établir tant de colons à raison de tant par kilomètre carré.

L'Algérie — et c'est un point trop important pour que nous ne le mettions pas en lumière, dussions-nous nous répéter — n'est pas une colonie de peuplement comme l'Australie; sa nombreuse population indigène, qui ne cesse de croître, son climat un peu trop chaud, font qu'elle tient beaucoup de la colonie d'exploitation, dans laquelle l'Européen apporte son intelligence, son savoir, son esprit de direction, ses capitaux, pour laisser à l'indigène le soin du travail agricole. Cette façon de voir est surtout exacte, aujourd'hui, où un fonds de population française a été établi dans presque toute la région tellienne, grâce, pour une forte part, à la colonisation officielle.

Il était, il nous semble, nécessaire d'établir ce premier fonds de population française; il affirmait la conquête au milieu d'un peuple brave et belliqueux; mais pour l'avenir, l'Algérie a besoin plus de capitaux que d'hommes. Certes, il est très souhaitable que des émigrants nouveaux viennent grossir les centres déjà existants, en fonder de nouveaux; mais il importe que ces émigrants ne soient plus, comme par le passé, des gens sans ressources, quelquefois misérables, installés à grands frais sur une terre qu'ils n'ont pas le moyen de cultiver. Tout colon doit avoir de l'argent; l'indigène, qui déjà travaille, travaillera davantage, sera son auxiliaire, prêtera ses bras à la mise en valeur du sol.

Pour tout dire, il importe d'ajouter que le capital du colon doit être, au minimum, d'une dizaine de mille francs. Beaucoup de hasard et de chance sont nécessaires pour réussir avec moins; songeons, en effet, qu'il faut d'abord payer la terre, construire une maison d'habitation, défricher peut-être, acheter des bêtes et des instruments de labour, des semences, une charrette pour les transports; puis, qu'il faut vivre en attendant la récolte, et que quelquefois la rigueur de la température amènera une mauvaise année.

Le fermier, le contremaître agricole, qui n'aura pas, au moins, cette somme, fera sagement de ne point acheter une propriété au lendemain de son débarquement. Qu'il renonce à être de suite son maître ou « monsieur le propriétaire », et qu'il s'engage avec un colon déjà établi, ayant un domaine d'une certaine importance. Les formes de contrat sont nombreuses. Il pourra lui louer une partie de sa propriété pour la cultiver à son compte, ou s'engager, soit comme fermier prenant une terre à bail, soit comme métayer partageant les produits par moitié avec le propriétaire du sol, soit comme métayer fournissant tout ou partie du cheptel. Plus tard, après un certain nombre d'années passées ainsi, durant lesquelles il aura étudié le pays, les cultures qu'il faut y entreprendre, les travaux les plus rémunérateurs, alors qu'il aura pu augmenter son capital, il pourra profiter d'une occasion, acheter et devenir propriétaire à son tour.

Si nous ne voulons plus de la colonisation officielle et des concessions gratuites — sauf de rares exceptions, — ce n'est pas seulement parce que nous jugeons les capitaux plus nécessaires que les hommes ; c'est aussi parce que nous songeons à la présence sur le sol algérien d'une nombreuse population indigène. Ici notre observation sera double : d'une part, les indigènes — non pas tous, à la vérité, mais un grand nombre, Kabyles ou Berbères « arabisés », pour la plupart — s'offrent à travailler chez le colon, lui sont utiles ; n'est-il pas de notre intérêt de les accueillir, de nous servir d'eux? d'autre part, ces indigènes sont établis sur le sol, ils le possèdent, ils ne veulent pas l'abandonner; ne serait-ce pas soulever une question agraire d'une gravité particulière, que d'entreprendre de les exproprier, ou de les refouler pour établir une nombreuse population européenne?

Il faut que l'installation des colons, au milieu des indigènes, sur des terres qu'on leur achètera, ne prenne pas le caractère, ni les proportions d'une expulsion; il faut que le colon, nouvellement établi, ait des ressources suffisantes pour offrir du travail à l'indigène, au lendemain du jour où il aura été resserré sur les propriétés de ses ancêtres.

Le colon riche, susceptible par son argent et son intelligence de mettre le sol en valeur; l'indigène employé, autant qu'il s'offre, à la culture de la terre et à tous les soins agricoles, — tel nous paraît être l'avenir du peuplement français et de la colonisation.

Cet avenir est-il médiocre? Non assurément. Il y a place, dans le Tell seul, pour une population européenne et indigène singulièrement plus nombreuse que celle d'aujourd'hui ; derrière le Tell est la région des Hauts Plateaux. Sur beaucoup de points on peut espérer le développement de l'industrie de l'élevage; sur d'autres, notamment dans la province de Constantine, des colons européens peuvent s'établir. Pour le Sahara, il restera toujours inhabitable aux Européens; mais ceux qui auront des capitaux y développeront de riches cultures, dont le soin sera laissé aux indigènes.

Devons-nous, maintenant, donner des chiffres, chercher ce que deviendront, au moins dans la période la plus voisine de nous, les populations européennes et indigènes? Si le mouvement de progression que nous souhaitons se produit dans la venue des immigrants français, et si, en même temps, les étrangers continuent à débarquer aussi nombreux qu'à l'heure actuelle, on pourrait recenser, dans une quarantaine d'années — c'est-à-dire lorsque l'Algérie aura un siècle d'existence, — une population européenne de 1 000 000 à 1 100 000 individus acclimatés, vigoureux, riches, au milieu d'une population indigène d'environ 6 millions d'âmes.

CHAPITRE V

ASPECT GÉNÉRAL DU PAYS. — LES VILLAGES. — LES COLONS

Richesse de l'Afrique romaine. — Ses [villes. — Ses cultures. — Etat misérable du pays à notre arrivée. — L'œuvre de la colonisation française. — Ses époques. — Un voyage en 1845; un voyage en 1870. — Premiers progrès. — Un voyage en 1892. — Grands progrès réalisés.
Le Tell. — Les contrastes en Algérie. — La province d'Oran : les vignobles, les villages, les fermes. — Les espaces incultes. — Les gourbis indigènes. — La vallée du Chélif. — La plaine de la Mitidja. — Solitudes. — Villages. — Orangeries. — Les luttes et les ruines des premiers colons. — Alger. — Le chemin de la Kabylie. — Cultures et villages kabyles. — La montagne. — La forêt. — Le Djudjura. — Le golfe de Bougie. — La Petite-Kabylie. — Un bordj; forêts de chênes-liège. — Vie française, vie indigène. — La plaine de Sétif. — Les blés. — Bône. — Philippeville. — La province de Constantine est la moins peuplée. — La route vers la Tunisie.
Les Hauts Plateaux. — Les plateaux d'Oran. — Leur aridité. — Où est « la mer d'alfa » ? — Le Kreider. — Aïn-Sefra. — Les plaines d'Alger. — Djelfa et Laghouat. — Les troupeaux. — Les plaines de Constantine. — Les céréales.
Le désert. — La vue du désert. — Biskra. — Les oasis. — Le Mzab. — Les Oulad-Sidi-Cheikh. — El-Goléa.
Le travail. — Propriétaires et ouvriers agricoles. — Les indigènes colons tertiaires, khammès, ouvriers à la journée. — Ouvriers kabyles et ouvriers arabes. — Les salaires.
Les propriétés. — La grande propriété; les sociétés foncières. — La moyenne propriété; colons et capitalistes. — La petite propriété; le petit colon. — Le village, sa situation.
Le colon. — Ce qu'il faut en penser. — Le bon et le mauvais colon. — Principaux traits du caractère du colon. — Comparaison de l'Algérien avec le paysan français. — Visite chez quelques colons, leurs champs et leurs maisons. — Le vigneron. — Le cabaretier. — Le fils du colon de 1848. — Le mauvais village. — Le concessionnaire courageux. — Les colons sans volonté. — Le concessionnaire d'un lot de ferme. — Deux colons qui ont réussi.

Le colon de l'avenir. — Effet bienfaisant sur l'élément colon de la culture de la vigne. — Condamnation de la colonisation officielle. — Devoir de l'administration. — Les fautes qu'on lui reproche. — Elle doit se corriger.

La Numidie, la Mauritanie Sitifienne et la Mauritanie Césarienne, qui sont aujourd'hui l'Algérie française, étaient parmi les plus riches provinces de l'empire romain. Magon, et après lui Pline et Columelle, nous ont vanté la richesse de ces régions qui, après la province d'Afrique et la Byzacène (Tunisie), étaient les greniers de Rome. Les ruines de grandes et puissantes villes, de routes, de citernes, d'aqueducs, de fermes, restent d'ailleurs comme de visibles témoignages de la richesse de l'Afrique du Nord.

La civilisation romaine, au lieu de s'étendre comme la nôtre du nord au sud, s'avança de l'est à l'ouest; la situation des principales villes en témoigne : Hippo Regius (Bône), Rusicada (Philippeville), Calama (Guelma), Thagaste (Souk-Ahras), Theveste (Tebessa), Lambæsis (Lambessa), Thamugas (Timgad), Saldæ (Bougie), Sitifis (Sétif), Icosium (Alger), Cæsarea (Cherchell), Portus Magnus (Arzeu), Pomarium (Tlemcen). — Dans ces villes vivait une population, composée de bourgeois d'origine romaine et d'indigènes policés, riche, heureuse, satisfaite. Dans les campagnes, les cultures étaient aux mains de colons romains, et surtout d'indigènes serfs ou esclaves. Le blé et l'olivier approvisionnaient Rome de farine et d'huile; la vigne, cultivée avec soin, donnait un beau raisin dont on faisait des vins ordinaires, des vins cuits et des vins de raisins secs; le figuier, le dattier fournissaient des fruits d'une réputation méritée; enfin, on élevait dans les fermes des moutons, des chèvres, des bœufs et des chevaux. L'Algérie comptait peut-être à cette époque 8 à 10 millions d'habitants.

Lorsque les Français débarquèrent en 1830, toute cette civilisation, les villes, les cultures avaient disparu depuis des siècles, sous des invasions successives et sous la vie arabe. On cultivait encore le blé dans les plaines du Tell, l'olivier poussait en Kabylie, dans plusieurs régions du Tell, il était à l'état sauvage, la terre même était demeurée fertile, mais elle était inculte, couverte de maquis, de broussailles, de palmiers nains, d'artichauts sauvages, et, en plusieurs endroits, des infiltrations d'eaux s'étaient produites, des marais s'étaient formés, qui distillaient la fièvre.

Le défrichement, le labour, les plantations, le greffage, le drainage, les desséchements, pouvaient rendre à la terre sa fertilité; malheureusement le pays n'était plus aussi arrosé qu'à la période romaine. Tout porte à penser, en effet, que les quantités d'eau qui tombaient sur la Numidie et sur les deux Maurétanies étaient supérieures à celles que reçoit l'Algérie. Ce changement des conditions naturelles du pays est généralement attribué à ce fait, que d'immenses forêts ont été détruites par le feu; or on sait que les arbres attirent les nuages, que les pays boisés reçoivent plus d'eau que les pays découverts.

Villes, villages, fermes, cultures, travaux d'assainissement, d'irrigation, nous avons eu tout à faire, — et nous avons fait beaucoup. Notre colonisation pourtant ne date encore que d'une soixantaine d'années; c'est moins qu'une vie humaine!...

Le voyageur de 1892 veut-il essayer de juger, comme il convient, les efforts faits, les difficultés vaincues? Veut-il surtout se garder de trop voir « les points faibles », ce qui reste à faire? Il vient de France; il a traversé partout des campagnes peuplées, cultivées, riches; il arrive en Algérie, et aux environs des villes même les plus importantes, il trouvera des terres incultes; loin des centres, les terrains en friche seront plus nombreux, plus étendus encore. S'il ne veut point tirer de la comparaison qui s'établira forcément dans son esprit, des conclusions injustes, il faut qu'il rencontre, parcourant comme lui notre colonie, des hommes d'âge mûr l'ayant vue déjà, il y a longtemps, alors qu'elle était moins peuplée, moins prospère. Une bonne fortune pour le voyageur serait qu'il trouvât deux hommes sur son chemin : le premier serait un vieillard ayant visité l'Algérie entre 1840 et 1845, alors qu'il était jeune, ardent, aventureux; le deuxième aurait la cinquantaine et il aurait voyagé en Afrique vingt-cinq ans plus tard, entre 1865 et 1870. Il est intéressant de les entendre l'un et l'autre et l'on a plaisir à comparer les temps passés avec ceux d'aujourd'hui.

Le vieillard a mis 52 heures entre Marseille et Alger, sur un petit navire à vapeur; dès son débarquement, il a dû remettre à nos officiers des lettres d'introduction, réclamer leur appui; on l'a prévenu qu'il ne pourrait parcourir le pays qu'avec leur aide; il n'y a pas de routes, tout trajet se fait à cheval dans la broussaille ou le maquis. Dans les tribus amies, on reçoit l'hospitalité arabe, large et accueillante; la plus belle tente est la demeure de l'hôte, les plus riches tapis font sa couche.... Non loin des amis sont les ennemis; nulle part le pays n'est sûr, il serait imprudent de s'aventurer sans escorte; aux portes de Boufarik, le sergent Blandan et ses hommes ont été attaqués par un parti d'Arabes; d'ailleurs, Abd-el-Kader et ses lieutenants ont pris les armes; ils prêchent « la Guerre sainte »; les échecs que Bugeaud leur inflige, n'ont pas encore contraint les populations à accepter le joug de l'Infidèle. Sur cette terre si disputée, des colons cependant sont établis; on les a installés à grands frais; mais les maisons qu'on leur a données, construites trop vite ou avec de mauvais matériaux, se lézardent et s'écroulent; la fièvre, d'ailleurs, les mine sous un soleil de plomb, dans un air pestilentiel. Où les hommes sont vaincus, la terre se défend encore!

Vingt-cinq ans plus tard, les choses et les hommes ont bien changé. Un navire à vapeur du service régulier des Messageries Impériales a franchi en 43 ou 46 heures la distance entre Marseille et Alger; l'empereur vient de visiter l'Algérie; le pays est sûr, au moins dans la région côtière; la ligne ferrée de Constantine à Philippeville est terminée depuis peu, celle d'Alger à Oran est en construction et bientôt sera achevée; ici, quelques routes sont faites; là, des diligences ont frayé des pistes; le cheval et le mulet sont toutefois indispensables au voyageur sur bien des points et les trajets restent longs. Dans les campagnes, quelques villages se développent, mais lentement. Pour un colon qui réussit, dix, vingt échouent, grelottent de la fièvre ou meurent de misère. Les Européens cultivent le blé tendre et le blé dur sur environ 90 000 hectares; mais déjà ils ont presque abandonné la culture du coton qui ne couvre plus que 2 000 hectares, et ils plantent encore bien peu la vigne qui couvre seulement 8 000 hectares; les espaces incultes, sans villages, sans maisons, sont grands comme plusieurs départements français; des broussailles, des maquis, des forêts de tamarins couvrent le sol; certaines régions sont infestées de brigands. L'homme a engagé la lutte contre la terre, il veut vivre, il veut produire : réussira-t-il?

Aujourd'hui, le voyageur de 1892 a sous les yeux un troisième tableau bien différent des deux autres : une paix presque complète règne depuis vingt ans; l'homme a réussi, l'acclimatement est certain, les familles françaises augmentent, des chemins de fer sont construits qui relient Oran à Alger et Constantine et s'avancent jusqu'aux portes du Désert, à Aïn-Sefra et à Biskra; des routes, des chemins ont été ouverts; des villages ont été créés, les cultures ne cessent de s'étendre....

Mais il faut visiter la colonie avec attention, la parcourir dans tous les sens, dire la vérité avec le bien et le mal, montrer l'œuvre entreprise, la juger. Toutefois, il conviendra de ne jamais perdre de vue qu'il n'y a guère plus de soixante ans que la France est établie en Afrique, qu'elle a rencontré mille difficultés que nous avons déjà dites : la guerre, la présence de l'indigène, la fièvre.

C'est le printemps, les mois d'avril et de mai. Dans la région du Tell et sur les premières pentes des Hauts Plateaux, le soleil a déjà doré les champs d'orge, de blé, d'avoine; les arbres fruitiers sont en pleine floraison, les grains de raisin commencent à s'enfler; le colon, s'il n'a ni les sauterelles, ni le siroco, espère avoir une magnifique récolte. Partout où les cultures ne couvrent pas le sol, la terre, dans une admirable transparence d'air, est parée de mille fleurs jaunes, rouges, bleues, violettes, que dépassent les longues tiges flexibles de l'asphodèle rose. La route sera longue, car le pays est grand : il y a 420 kilomètres d'Oran à Alger, 465 kilomètres d'Alger à Constantine, soit un parcours plus long que celui de Paris à Marseille (863 kil.); — on compte

455 kilomètres d'Arzeu à Aïn-Sefra, 326 kilomètres de Philippeville à Biskra. Et combien les aspects sont divers! Non seulement les trois grandes régions du Tell, des Hauts Plateaux et du Sahara ne se ressemblent pas, mais chacune se montre sous des aspects très variés; les terres rouges d'Aïn-Sefra et de la région des *Ksour* du djebel Amour ressemblent bien peu aux sables jaunes de la région de l'oued Rir, si riche en palmiers; les Hauts Plateaux de l'Oranais, nus et déserts, ne rappellent en rien les Hauts Plateaux de Constantine, verdoyants sur de grands parcours ou plantés de céréales. Dans le Tell, les aspects du pays sont plus nombreux encore; les tableaux se succèdent : les villages européens, la plaine et le coteau cultivés; la « garrigue » inculte; la montagne, ici couverte de grands arbres, là dénudée; les douars indigènes, les misérables moissons et les troupeaux maigres qui les entourent.

Le contraste! mais le voici aux portes mêmes de la ville d'Oran : de ce côté, sont des terres rouges en friche, puis des coteaux arides, sans un arbre, couverts d'une herbe rare ou de palmiers nains, qui sont, sous les rayons chauds du soleil, d'une éclatante blancheur : c'est la garrigue de Provence, mais plus brûlante, plus désolée; de cet autre côté, de belles vignes s'étendent à droite et à gauche d'une longue route; elles sont en plaine ou à mi-coteau, toutes bien soignées, dans des terres fraîchement remuées; on croirait voir les vignobles du Languedoc.

Ce même contraste, le voyageur le rencontrera partout, qu'il coure le pays en chemin de fer, en diligence, à cheval ou à mulet. Pour atteindre une charmante petite ville construite à 800 mètres environ au-dessus du niveau de la mer, entourée de vignes, de poiriers, de pêchers, de grenadiers, on traverse d'abord une plaine fertile, couverte de céréales et de vignes, ombragée de beaux arbres, semée de villages semblables à ceux de France; puis il faut s'enfoncer dans la montagne sévère, dénudée, déserte, où les seuls bruits que l'on entende sont le sifflet de la locomotive, la chute d'une cascade. Dans une autre direction, ce sont des montagnes tourmentées, déchiquetées, aux tons ardents, bleus, azur, vertes, brunes, rouges, baignées dans la grande lumière. Elles font à une de nos plus anciennes villes de la province d'Oran, Mascara, un superbe décor. Mascara! fière de son beau et riche vignoble planté en coteau! Mascara qui fait les meilleurs vins d'Algérie! Mais voici des champs découpés dans des maquis, arrosés par des canaux distribuant, sur des milliers d'hectares, l'eau emmagasinée dans un grand barrage : des vignes les couvrent, s'étendent presque à perte de vue; régulièrement plantées, sans échalas ni fils de fer, dégagées de tous sarments, taillées en têtes rondes, elles semblent dans la campagne comme d'innombrables petits aulnes courant les uns après les autres. Les villages et les fermes se suivent. Dans leur voisinage, il y a des champs de blé et d'avoine, des prairies couvertes de moutons, des peupliers, puis de beaux eucalyptus qui assainissent l'atmosphère. La vigne, toutefois, est la première culture : il n'y a pas seulement des vignobles au Sig, à l'Habra, mais encore à Aïn-Temouchent, à Sidi-Bel-Abbès, partout enfin!

Nous remontons une vallée aux terres fertiles mais encore trop peu cultivées; voici d'abord de pauvres gourbis indigènes et de misérables cultures, puis, plus loin, de grands espaces déserts sans une habitation, sans eau. En cet endroit cependant, la terre a été remuée et porte du blé; on croirait un coin de Beauce; ailleurs, le train file au milieu de longues plaines couvertes de palmiers nains, semées de distance en distance de hauts pieds de fenouils en fleur, qui semblent de petits arbres jaunes; le Chélif roule ses eaux boueuses dans un lit très profond entre des berges de terre grise. Comme ce pays raconte lui-même son histoire! Il y a un instant, la locomotive a franchi le torrent, laissant sur sa gauche les restes d'un pont romain; voici maintenant sur la rive où nous sommes des grandes étendues couvertes de palmiers nains, des champs d'orge et de blé, pauvres, aux épis grêles, quelques gourbis, bas, gris comme la terre, se confondant avec elle, un troupeau de chèvres noires, — c'est la vie arabe succédant à la vie romaine; plus loin, une ferme isolée, entourée de murs percés de meurtrières, puis le train siffle, une gare paraît et, derrière elle, un village, aux maisons blanches couvertes de tuiles rouges, qui s'étend le long d'une longue route droite plantée d'eucalyptus au feuillage glauque, — c'est la colonisation française : maisons, récoltes couvrent une terre arrosée du sang de nos soldats.

La vallée du Chélif, la plaine de la Mitidja sont fertiles; est-ce à dire qu'elles sont partout cultivées, qu'elles ressemblent à des campagne de France? Hélas non! Le pays, aussi loin que peuvent fouiller les yeux, paraît sans villages, sans une ferme, sans arbres, sans ruisseau, sans chemin. La voie tout à coup fait un coude, on aperçoit une petite maison blanche; c'est la gare, — la gare dans une campagne déserte, couverte de palmiers nains et d'asphodèles. Cette simple maison, les deux rails qui courent sur le sol, sont dans cette région déserte, les seules traces de la civilisation; on pourrait compter deux colons, le chef de gare et son employé. Au loin, sur la droite, est un troupeau de moutons gardé par un chien jaunâtre à mine de chacal. Voilà maintenant les maisons d'une petite ville, qui depuis dix ans s'est agrandie; ses rues sont larges et bien tracées; les vignes font dans la campagne de grands carrés verts; les blés, de grands rectangles jaunes; des norias (puits) assurent de l'eau aux fermes environnantes. Un peu plus loin, devant des huttes de branchages, tristes et misérables, des hommes sont assis couverts de loques grises, des femmes aux haillons rouges et bleus travaillent, des enfants vêtus d'une seule chemise grouillent. De tous côtés, dans la plaine, sur le coteau, quelquefois ombragée par un arbre solitaire, une petite bâtisse carrée surmontée d'un dôme rond, bien propre, bien blanche : c'est un marabout.

Autre tableau : Des orangers et des citronniers plantés en quinconce s'étendent très loin des deux côtés de la voie; ils paraissent, au grand soleil, d'un beau vert frais et doré qui plaît à l'œil. Le printemps a fait éclore leurs fleurs, elles emplissent le wagon d'une pénétrante senteur; derrière les citronniers et les orangers, des vignes, toujours des vignes. Si l'on allait moins vite, si l'on s'informait du passé, on entendrait le récit de bien des échecs, de bien des luttes, de bien des désastres....

Négligeons Alger; pourquoi y entrerions-nous? C'est la campagne qu'il faut voir. Dans la direction de la Kabylie, le pays plat, uni, est très beau; cultivé sur de longs espaces, il donne une impression de richesse : des vignes, surtout des vignes, des champs de blé semés de glaïeuls et de coquelicots, de petits bois d'oliviers et de pins, de longues allées d'eucalyptus, des broussailles, de grands espaces semés de belles fleurs d'or et, à l'horizon, se détachant sur un ciel ici rose, là violet, de belles montagnes gris bleu, derrière lesquelles le soleil se couche.

Bientôt nous sommes dans la montagne; le spectacle n'est plus le même, et ce spectacle nouveau changera bien des fois; c'est, dans tous les sens, une suite, un enchevêtrement de chaînes qui paraissent courir sans direction; entre ces chaînes, d'étroites vallées ou des ravins profonds, sur les côtés desquels serpentent de petits sentiers. Au loin, sur la gauche, les cimes neigeuses du Djurdjura; les pentes les plus abruptes sont couvertes de figuiers, d'oliviers, de pins, de frênes et de chênes; quelques-unes, rongées par les eaux torrentielles des pluies, présentent à nu le rocher qui ne peut nourrir que de méchantes broussailles. Ailleurs, voici, protégées par des haies de figuiers de Barbarie, de petites vignes et surtout des champs où l'on a semé à la fois le blé, le maïs, l'orge, le bechena et le sorgho; ces champs sont nettement divisés en petits carrés, comme ceux de France; chacun a sa part. Ici et là on rencontre des Kabyles, la tunique serrée à la taille, la calotte protégeant la tête, qui piochent ou qui labourent; des femmes courent, pieds nus, sur un sentier aux pierres pointues; elles portent sur la tête des amphores rouges à dessins noirs procédant, à n'en point douter, de l'art étrusque; en les suivant on arrive au village. Il est, tantôt dans la vallée au bord du large lit d'un torrent où courent seulement quelques filets d'eau entre les pierres; tantôt à mi-côte; tantôt, enfin, sur le sommet d'une crête, caché, perdu dans les arbres ou les rochers; les vieux murs des maisons sans fenêtres ont presque la couleur de la terre; la teinte jaune des tuiles a disparu sous la mousse et le temps. Sur la route, de petits enfants sales, mais aux beaux yeux protégés de longs cils noirs, vêtus d'une seule chemise grise ou d'un burnous rayé, courent après la voiture du voyageur : « Donne un sou? merci, monsieur, s'il vous plaît! » Voici Fort National, puis un jour plus loin, Azazga. Après, la montagne est plus haute; les céréales ont disparu pour abandonner toute la terre aux arbres : la forêt est superbe, certains arbres, aux troncs puissants, sont forts, élancés comme des piliers de cathédrales; de beaux frênes, de beaux chênes-zéen, des chênes-liège assez semblables à des oliviers, puis çà et là, au milieu des rochers, de hautes fougères, des ruisseaux, des cascades qu'un grand orage vient de grossir. Le feuillage est ruisselant d'eau. La route suit, sur la gauche, des ravins aux pentes et aux fonds verts; sur la droite, elle est taillée dans des rochers hauts comme une maison, lavés par les eaux du ciel; depuis longtemps mal entretenue, elle est devenue, avec les pluies, impraticable. Là-bas, l'afflux des eaux a été si subit et si considérable qu'un pont, jeté sur le torrent, a été emporté; il faut passer à gué.

Si l'on suit une autre direction, on atteint la partie la plus sauvage, la plus fermée et, en même temps, la plus peuplée du Djurdjura. Sur les pics les plus élevés, les neiges sont presque éternelles; la montagne présente un aspect particulièrement sauvage; les nuages sont plus proches, les fonds plus vertigineux. A droite et à gauche des chaînes, quelques prairies, quelques broussailles et surtout de longues descentes pierreuses sur lesquelles aucune herbe ne peut pousser; dans les fonds, entre les ravins, sont les cultures indigènes; sur tous les pics, tous les promontoires, des villages aux maisons basses, pressées les unes contre les autres, sans fenêtres; au milieu du village, un grand trou qui est la place publique. Les marabouts sont plus rares qu'en pays arabe, mais les minarets des mosquées sont nombreux et témoignent que les populations kabyles n'ont pas perdu la foi musulmane.

Dans la montagne et dans la vallée, des villages français ont été construits depuis vingt ans; les terres confisquées aux indigènes, ont été données aux colons; mais dans ce pays kabyle où l'homme, la femme, les enfants, travaillent avec âpreté, le colon a peu réussi. Pour un village qui se développe, où de jeunes vignes promettent de belles récoltes lorsqu'elles sont en plein rapport, deux villages végètent ou dépérissent; les colons n'ont pas d'argent; ils ont emprunté sur leurs terres, et quelquefois le Kabyle opiniâtre rachète au Français le champ qui a été enlevé à son père.

La vallée de l'Oued-Sahel sépare la Grande-Kabylie de la Petite; ici, comme partout, les contrastes sont fréquents : des terres incultes semées de palmiers nains ou d'artichauts sauvages; de grandes bruyères, des troupeaux de moutons et de chèvres; puis, des champs indigènes, moins bien soignés que dans la montagne; plusieurs villages kabyles éparpillés sur les première collines; ailleurs, deux ou trois villages français entourés de prés, de céréales, de vignes, d'oliviers, d'orangers. La route descend vers le merveilleux golfe de Bougie, le plus beau de l'Algérie; les eaux bleues sont au soleil, couvertes de millions d'écailles d'argent. Sa droite est bordée d'une ceinture de montagnes vertes, aux reflets bleuâtres, plantées sur quelques points de magnifiques orangers qui, dit-on, donnent les fruits les meilleurs de toute la colonie. Au fond du golfe, vient mourir une plaine, continuation de la vallée du Sahel; elle est, par places, émaillée de bouquets d'arbres, de broussailles ou de fleurs sauvages, violettes et rouges. Là est le « vignoble lyonnais », gagné sur le maquis, sur la terre arabe inculte. Les plants ne sont pas comme ailleurs émondés, taillés en boule; on a tout au contraire soigneusement conservé les sarments pour les conduire le long de fils de fer, de manière qu'ils puissent pousser des jets vigoureux.

La Petite-Kabylie ne ressemble pas à la Grande. Les chaînes de montagnes sont moins élevées, moins serrées les unes contre les autres, les vallées plus larges; les frênes ont presque disparu pour laisser toute la place aux chênes-liège. Les villages indigènes sont plus rares que dans le massif du Djurdjura; les colons peut-être moins nombreux encore; il n'y a pas de routes, les pistes sont peu nombreuses. Voilà une belle plaine qui serait fertile si elle était drainée : voici une grande forêt de chênes-liège avec de beaux arbres, de hautes fougères, des rochers couverts de bruyères, de lauriers-roses en fleurs, des chênes-zéen ayant 3 à 4 mètres de tour, des oliviers qui atteignent des proportions inconnues dans les régions les plus chaudes du comté de Nice. Au détour d'un sentier, des burnous blancs sont silencieusement accroupis auprès d'une petite source, à l'ombre de caroubiers enlacés de vignes grimpantes. Plus loin, on rencontre une route — la seule! — on la suit et bientôt on aperçoit, élevé sur une colline, « le bordj » d'un colon forestier. Le corps de logis flanqué de deux tourelles rappelle d'abord le château fort du moyen âge; mais bientôt on observe une particularité qui caractérise ce château : il est aveugle et ne prend jour sur la campagne que par une seule fenêtre percée au premier étage; les murs pleins, énormes, sont fendus par trois rangées de meurtrières. Lorsque la porte hospitalière est ouverte au voyageur, il voit que toutes les pièces de cette habitation donnent sur une cour intérieure; on n'a point voulu, par une semblable disposition, se protéger contre les chaleurs de l'été, mais bien se mettre en mesure de repousser les attaques au cas d'une nouvelle insurrection. Au rez-de-chaussée est une salle d'armes avec des fusils; la paix règne aujourd'hui, mais le prédécesseur du propriétaire actuel a été attaqué, lors de l'insurrection de 1871; deux de ses serviteurs ont été tués, ses bâtiments incendiés.

Est-il beaucoup de pays où les contrastes soient aussi frappants, aussi accusés qu'en Algérie? Voici, après la montagne, des plaines vertes avec des bouquets d'arbres, de beaux champs de blé ou d'orge, une vigne bien soignée, des maisons qui ont des fenêtres et qui sont couvertes de tuiles rouges. C'est un village de France! Non cependant, car le pays est sec, sans eau, la petite rivière bordée de peupliers manque au paysage; puis, aussi, on rencontre dans la campagne, travaillant à côté d'hommes en veste, en gilet, semblables à des paysans de notre pays, des hommes d'une autre race, d'une autre allure, vêtus d'une tunique, drapés dans un burnous. Mais de cet autre côté, comme le spectacle est différent! Tantôt la terre est nue, rouge ou jaune; tantôt couverte d'une toison de broussailles impénétrables, tantôt à demi cachée sous des épis grêles; au loin, comme toujours, un groupe de tentes ou de gourbis entourés de maigres troupeaux. Cette terre d'Afrique offre à chaque instant des surprises nouvelles; le chemin de fer traverse en quelques minutes un petit coin de Normandie, où un pré vert est tondu par un troupeau de bœufs rouges; puis, à un détour, le paysage change brusquement; l'Afrique inculte l'emporte, un champ d'armoises sauvages s'étend à perte de vue. Partout, d'ailleurs, à l'horizon, les montagnes algériennes à l'aspect sauvage, aux coupes rapides, avec leurs défilés, leurs crêtes couvertes de pins; dans une vallée, sur un plateau, des bouquets d'arbustes, des « forêts » sans arbres, toutes en broussailles, exposées à la dent des moutons et des chèvres.

Dirons-nous le nom des stations du chemin de fer, des villages où s'arrête la diligence? Qu'importe! Cependant, ces noms appartiennent à des vocabulaires bien différents et qui, comme la terre elle-même, racontent l'histoire du pays. Ici, c'est un nom berbère, derrière lequel on retrouve des syllabes romaines; là, un nom arabe imposé par les conquérants, figurant souvent le pays comme ferait une image; ailleurs, ce sont des noms français; ils rappellent un officier de l'armée d'Afrique, une grande victoire de nos soldats sur un des champs de bataille de l'Europe.

Les longues plaines de Sétif s'étendent à perte de vue : le soleil semble dormir en nappes d'or sur le déroulement immense des blés; les champs sont bien tenus, on dirait de la culture européenne; le plus souvent cependant, ce sont des indigènes qui ont labouré et semé; leurs maisons basses paraissent au loin couvertes de chaume. Pour les colons, on n'en rencontre point. Le soleil est brûlant, la chaleur accablante sur cette plaine dénudée, sans eau, grande Beauce où un petit bouquet d'arbres prend le nom d'oasis. Après la culture, « l'inculture »; les artichauts sauvages, qui dans cette région remplacent le palmier nain, couvrent la terre; des troupeaux de moutons blancs et noirs font tache dans l'immensité ; les stations se succèdent à 20 ou 23 kilomètres de distance ; mais station ne veut pas dire village ; toujours la solitude, puis au loin, au dernier plan, des montagnes dénudées, les unes blanches ou grises comme la garrigue au soleil, les autres gris bleu avec des ombres d'un bleu plus foncé.

Les environs de Philippeville et de Bône offriront, heureusement, d'autres spectacles : ici, la vie européenne est active ; les vignes, plantées comme dans le département d'Oran, couvrent sur la droite et sur la gauche des espaces étendus ; de longs chais, éclatants de blancheur au soleil, annoncent une importante fabrication de vin ; de belles fermes, assurées contre la sécheresse par une noria à la machine de laquelle un vieux cheval est attelé, disent leur prospérité par leur aspect même : les charrettes, les charrues, les bestiaux, les meules de paille, accusent une importante exploitation ; il est vrai, aussi, qu'aux environs de Philippeville, le phylloxera a fait dans le vignoble de larges taches.

Il est immense, pittoresque, sauvage, ce département de Constantine ! Les courses qu'on y peut faire sont nombreuses, le ciel, tout bleu, est d'une limpidité parfaite ; la terre est couverte d'une grande variété de fleurs : des asphodèles, des marguerites, des boutons d'or, des coquelicots rouges. Les villages sont rares ; on franchit 50, 80 kilomètres sans en rencontrer un seul ; on traverse des domaines ayant plusieurs dizaines de milliers d'hectares presque complètement inexploités ; les sociétés qui les possèdent n'ont pas les capitaux suffisants ; elles louent la terre aux indigènes, au lieu d'appeler des colons, des maîtres d'exploitations agricoles. La province de Constantine est la plus grande des trois ; elle a 192 535 kilomètres carrés et l'on n'y a recensé, en 1891, que 69 834 Français, tandis qu'Alger en compte 118 525 et Oran, 79 344 [1].

Dans la direction de la Tunisie, le chemin de fer monte

---

1. Ces chiffres, empruntés au *Tableau général des communes de l'Algérie*, présentent, additionnés, un total de 267 672, dépassant d'environ 7 000 unités le nombre des Français portés aux tableaux du recensement de 1891. Il y a donc une erreur dans le document que nous citons ici, mais, en somme, peu considérable.

lentement et en zigzags à travers la montagne; les pentes sont rudes, les chaînes et chaînons couverts de chênes-liège, d'oliviers, de chênes-zéen; les cimes les plus hautes n'ont que des maquis, des broussailles, ou laissent apercevoir le roc nu. Plus loin, les bois disparaissent; un long tapis vert doux aux yeux comme du velours, couvre la terre. Le soleil en descendant à l'horizon dessine dans les vallées, sur les montagnes de grandes ombres bleues; au fond du ravin, coule un torrent impétueux; le pays est désert : ni villages, ni fermes, ni sentiers; à peine quelques groupes misérables de tentes.

Dans le Tell des trois provinces, le voyageur a eu, presque partout, l'impression d'une terre riche, fertile, capable de produire lorsqu'elle sera défrichée, drainée, irriguée. S'il gagne les Hauts Plateaux du département d'Oran, combien son impression sera différente! Il est dans le chemin de fer d'Arzeu à Saïda qui va le monter, par mille lacets, jusqu'au point culminant, Tafaraoua, pour le conduire ensuite, en passant par le Kreïder, jusqu'au point *terminus* d'Aïn Sefra, au seuil du désert. D'abord, il rencontre quelques villages, de longs champs de blé, des vignes, des fermes fortifiées, entourées de grands morceaux de terre cultivés; mais bientôt, sur les plateaux mêmes, colons et cultures disparaissent. Le sol est uni à perte de vue, pierreux ou couvert de méchantes herbes : hors les deux rails du chemin de fer et les poteaux télégraphiques, il n'y a rien; quelquefois l'œil peut voir dans cette immensité jusqu'à 80 kilomètres de distance. Çà et là, quelques arbres, vestiges d'une ancienne forêt disparue sans doute dans un gigantesque incendie; des tentes devant lesquelles sont assis des indigènes et broutent des troupeaux; une caravane composée de dix, vingt, trente chameaux, bêtes mélancoliques qui s'en vont lentement, chargées de lourds sacs de grains; au loin une montagne d'un gris bleuâtre, qui se dresse sur la plaine de toute sa hauteur. Si le chemin de fer n'existait pas, on ne pourrait parcourir ce pays plat, immense, n'offrant aucun point de repère, que la boussole à la main. Les gares sont fortifiées; une insurrection dont le souvenir n'est pas encore perdu, celle de 1881, a appris aux rares employés de la Compagnie qu'il est prudent de se garder.

L'œil fatigué cherche un objet où se reposer; l'alfa lui-même manque. Où donc est cette « mer d'alfa » dont parlent les guides? « L'alfa, est-il répondu, est plus loin, il est à droite et à gauche de la ligne; des embranchements ont été construits pour le transporter; cependant, sur votre droite en voici plusieurs touffes. » La récolte de l'alfa, d'ailleurs, qui occupait des centaines et des milliers d'Espagnols, il y a quelques années, a aujourd'hui bien diminué d'importance et ce n'est pas sans tristesse que l'on visite, à Aïn-el-Hadjar, les immenses ateliers de la Compagnie franco-algérienne complètement abandonnés.

Tout à coup, on pousse un cri de surprise : « Voyez là-bas ce lac bordé de longs peupliers, semé d'îles. Qu'est-ce? Où arrivons-nous? » Le malheureux voyageur a été l'objet du « mirage »; la réalité, c'est un horizon désert, d'un vide triste et sans bornes : pas un arbre, pas une bête, pas même un vol d'oiseau, car, dans ces immensités sans eau, l'oiseau ne vit pas et, s'il voulait les traverser, il devrait porter son grain sous son aile.

Au milieu de ce désert, une oasis créée par des mains françaises, le Kreider. Ce ne sont point des palmiers que nos officiers ont fait planter par les disciplinaires, ils ne pousseraient pas, mais des acacias, des saules pleureurs, des peupliers. Dans le lointain, brille au grand soleil le chott presque sans eau et couvert d'une mince couche saline. Aux portes de l'oasis, c'est de nouveau la solitude, l'aridité; quelques touffes d'alfa, d'armoise, de diss, de guettaf, la plante préférée des chameaux. Les trains ont bien peu de voyageurs et, en fait de marchandises, il n'y a guère, si l'on excepte l'alfa, que des tonnelets d'eau et des caisses de vivres que l'on distribue à chaque station pour les soldats et les employés. C'est ainsi que l'on atteint le pays d'Aïn-Sefra aux terres d'un rouge si vif qu'il éblouit les yeux; à certaines heures il semble, tant le sol est rouge, qu'il dégage des vapeurs de cuivre.

Les Hauts Plateaux du département d'Alger sont moins nus que ceux d'Oran. Si les plateaux des trois provinces nourrissent de nombreux troupeaux, ce sont cependant les régions de Djelfa et de Laghouat qui sont les grands centres de l'élevage du mouton. Le sol, toujours plat, toujours désert, toujours triste, est couvert d'herbes diverses : le guettaf, le zaater, l'alfa, le diss; de loin en loin, auprès des *r'dirs* — dépressions où l'eau des pluies s'amasse et séjourne, — on rencontre de nombreux troupeaux gardés par des indigènes drapés dans des loques grises, le capuchon baissé. Le spectacle ne varie guère : au loin, une montagne qui s'élève sur la plaine, une caravane de chameaux qui passe, des milliers de moutons conduits par des hommes à cheval; ces moutons viennent des points de l'extrême sud où ils ont passé l'hiver; le soleil qui a fait évaporer les eaux, qui a réduit l'herbe en poussière, les a chassés, et obligés à remonter sur les Hauts Plateaux chercher leur nourriture.

Les plateaux de Constantine sont moins tristes; s'ils ont sur des étendues considérables de grands pâturages mornes, en d'autres points, ils sont fertiles et couverts de moissons : voici du blé, voici de l'orge, voici du maïs. Ces cultures indigènes sont mal soignées, la terre a été insuffisamment creusée, le soc de la charrue primitive a respecté les touffes de palmiers nains et d'artichauts sauvages; cependant, la récolte promet d'être belle, la moisson sera abondante. Au temps des Romains, la province de Constantine, qui s'appelait la Numidie, devait produire déjà, sur les Hauts Plateaux, beaucoup de blé; elle exportait en Italie; elle nourrissait, en Afrique même, de grandes villes telles que Lambæsis, Thamugas, dont le voyageur peut admirer les ruines. Voilà aussi de longues plaines d'alfa; elles sont exploitées; le chemin de fer en transporte des milliers de ballots. Le pays se déroule sous les yeux du voyageur émerveillé; quel peintre pourrait rendre ce heurté des couleurs que nous ne connaissons point en France? La plaine est uniformément verte, mais, sur la droite, une haute montagne s'élève; elle est d'un ton gris bleu, ses arêtes vives se découpent nettement sur un ciel bleu clair; à gauche, des champs de fleurettes blanches, bleues, jaunes, de hautes bruyères grises, des groupes de tentes, puis un chott qui semble un lac avec les nombreux oiseaux qui habitent sur ses bords; enfin, à l'horizon, de hautes montagnes de granit enveloppées dans une grande lumière rouge.

Voulons-nous pousser notre course jusqu'au désert? Nous sommes sur la route, le chemin de fer nous y conduira comme il nous a conduit sur les Hauts Plateaux. La ligne de Constantine avance jusqu'à Biskra; elle franchit tout à coup une porte taillée dans la montagne par un glaive de géant; au soleil, les parois en sont rouges et violettes; devant les yeux s'étend, sous un ciel bleu d'une limpidité parfaite, une mer de sable infinie, jaune, tachée de distance en distance et irrégulièrement, de points gris bleus faits par les oasis. La vue du Désert aux gorges d'El-Kantara arrache au voyageur des cris d'admiration; jamais il n'a contemplé spectacle aussi simple, aussi grandiose. Les magnifiques vers de Leconte de Lisle lui reviennent à l'esprit; ils peignent ce qu'il voit :

> Midi, roi des étés, épandu sur la plaine,
> Tombe en nappes d'argent des hauteurs du ciel bleu.
> Tout se tait. L'air flamboie et brûle sans haleine.
> La terre est assoupie en sa robe de feu.

Biskra est déjà une ville à demi française; son merveilleux climat d'hiver appelle les touristes, et pour les retenir davantage elle songe à leur offrir des hôtels aussi confortables que ceux de la Suisse. Mais il faut aller au delà, s'enfoncer dans le silence du désert, visiter les oasis. Chaque jardin est entouré de murs de terre assez hauts; les maisons sont elles-mêmes construites en terre, soutenues par des troncs de palmiers; les rues sont coupées de ruisseaux qui distribuent dans chaque propriété l'eau de la source ou du puits; une porte, si basse qu'il faut se courber pour la franchir, donne accès dans le jardin; les palmiers poussent droits, élancés, semblables, avec les larges feuilles régulières de leurs bouquets, à de grands arbres en zinc; chaque pied a son bassin, toujours plein d'eau.

Sous le palmier, si la terre est fertile, si elle n'est point seulement de sable, poussent du blé, des arbres fruitiers; quelquefois, les longues lianes d'une vigne sauvage courent dans les arbres. Hors l'oasis, la chaleur est accablante; la réverbération du soleil fatigue les yeux; ici, le sol est de sable, ailleurs, de cailloux et de pierres; dans l'immensité nue, déserte, l'œil découvre parfois une caravane : des chameaux portent des marchandises, d'autres, des hommes armés de longs fusils, d'autres, des femmes enfermées dans des sortes de cages.

Le désert n'a pas un seul et même aspect; après la région de l'Oued-Rir, plate, semée seulement de quelques dunes, voici une immense région de plateaux avec des vallées enchevêtrées, des roches luisantes et grises sous un soleil implacable : c'est la « chebka » du Mzab. Plus loin sont les monts du Djebel Amour : sur un rocher élevé, un *ksar* est bâti en amphithéâtre; les habitants enfermés derrière leurs murailles vivent à l'abri des razzias des nomades; ils ont des palmiers; les caravanes qui les visitent, à époques fixes, les ravitaillent en toutes choses. Depuis longtemps, ils reconnaissent notre autorité ainsi que leurs voisins, les Oulad-Sidi-Cheikh, dont la capitale religieuse El-Abiod est proche. D'ailleurs, l'influence, l'autorité de la France, s'étendent bien loin dans les plaines désertiques; çà et là, dans les trois provinces, sont des postes installés dans des situations stratégiques, aux croisements des grandes routes du désert, ravitaillés à des époques régulières. Enfin, si le touriste ne craint pas la chaleur d'un soleil de plomb, il peut pousser plus loin, franchir la région des dunes et atteindre El-Goléa, le dernier point français.

Un trait caractérise entre plusieurs autres, et peut-être plus vivement, la colonisation algérienne : en Australie, en Nouvelle-Zélande, l'Européen est seul sur la terre; en Algérie, au contraire, l'indigène est à ses côtés, soit comme habitant indifférent, plutôt hostile, soit comme colon partiaire, khammès ou domestique agricole. Non seulement le colon n'est point seul; mais il est en très faible minorité. D'après les statistiques, la population agricole européenne d'Algérie est de 185 969 individus, alors que la population agricole indigène atteint 3 076 509 personnes [1].

Les propriétaires français et étrangers — ces derniers surtout Espagnols — ne composent pas, à eux seuls, toute la population européenne. Ils ont à côté d'eux des ouvriers agricoles; ce sont, dans les provinces d'Oran et d'Alger, des Espagnols, des Mahonais; dans la province de Constantine, des Italiens. Les uns et les autres sont, avec des nuances et des particularités, des travailleurs précieux pour le colon. A côté de ces ouvriers européens, sont d'autres ouvriers étrangers au pays, les Marocains, durs au travail, sobres, économes. Mais c'est l'indigène algérien qui est, en très grande majorité, l'aide habituel du colon européen, l'outil dont il se sert : colons partiaires, khammès, ouvriers à la journée constituent, les uns et les autres, l'élément dirigé [2].

Dans le colonage, le propriétaire ne fournit que le sol; le preneur fournit les semences, les attelages et toute la main-d'œuvre; un tiers de la récolte appartient au bailleur; deux tiers, au laboureur. Le khammès est un ouvrier qui s'engage à l'année chez le colon; il laboure, sème, sarcle, moissonne, bat, vanne, fait les meules et les recouvre; sa femme, ses enfants peuvent l'aider dans sa tâche en soignant les animaux; suivant la coutume indigène, il retire en échange de tous ses travaux le cinquième de la récolte. Il est peu de colons qui n'aient pas un ou plusieurs khammès. Enfin, il y a l'ouvrier agricole qui s'engage le plus souvent au mois ou à la journée, quelquefois à l'année; c'est surtout au temps de la moisson et des vendanges qu'il trouve du travail : à ce moment de l'année, des équipes de Kabyles descendent de leurs montagnes et viennent, sous la direction de l'un d'entre eux, s'offrir dans les fermes.

Les Kabyles, pour être les plus nombreux, ne sont pas toutefois les seuls ouvriers agricoles; les Arabes, eux aussi, s'engagent quelquefois dans le pays où ils habitent, mais partout les Kabyles sont préférés; ils aiment les travaux des

---

1. *Statistique générale de l'Algérie de 1888 à 1890.*
2. Millot, *Traité pratique d'agriculture algérienne.* Challamel, éditeur, Paris.

champs, sont d'une intelligence suffisante pour comprendre leur travail. De nombreux colons confient à des Kabyles, sous leur propre direction, ou sous celle de contremaîtres européens, le soin de leurs vignes. Habitant sur la propriété, logés sous des cabanes de branchages ou des hangars, ils vivent de peu, presque de rien, économisant leur paye pour l'envoyer dans leurs montagnes; plus tard, si leurs économies sont suffisantes, ils achèteront chez eux un lopin de terre.

Quant aux Arabes qui, pour la plupart, n'aiment pas le travail et ne savent point économiser, ils sont des ouvriers moins précieux; cependant, il en est ici comme en toutes choses, pour l'Algérie, il n'y a pas de règles générales : si un colon se plaint du peu de travail utile de ses ouvriers arabes, de leur inexactitude, s'il déclare qu'il les paye toujours au-dessus de leur valeur, un second, dans une autre région, déclarera qu'il est très satisfait, qu'avec de l'autorité et de la direction il obtient ce qu'il veut, que même, il préfère l'ouvrier arabe à l'ouvrier français, qui quelquefois vient se présenter à la ferme. Il y a donc « Arabe » et « Arabe »; là où habitent des populations de sang berbère, le colon a chance de trouver de bons ouvriers. Toutefois, il ne faudrait pas conclure que tous les indigènes travaillent; il est loin d'en être ainsi : un très grand nombre, la majeure partie peut-être, nous aurons l'occasion de le redire, s'éloignent des Européens, vivent à l'écart, établissent leurs tentes loin des villages et des routes.

Les salaires payés aux ouvriers agricoles sont assez élevés; cela témoigne — et il importe de le remarquer — que l'offre n'est pas supérieure à la demande. Si tous les indigènes s'offraient pour travailler, le nombre des colons pouvant les employer étant en somme assez minime, les prix seraient très bas. Il est bien délicat de donner des chiffres, car les salaires varient nécessairement suivant les régions : un Kabyle engagé loin de chez lui, aux portes d'Alger, aux environs de Constantine, sera naturellement plus payé que celui qui travaille dans les vignobles de Bougie, à quelques kilomètres de sa maison. D'autre part, il convient de songer à la valeur personnelle de chacun : l'indigène laboure-t-il, sème-t-il, taille-t-il la vigne, moisonne-t-il ou est-il maçon? chaque travail est différemment rémunéré.

Au mois, l'indigène est payé, sans nourriture, ici, de 25 à 35 francs; là, jusqu'à 60 et 65 francs; — à la journée, l'indigène reçoit 1 fr. 50, 1 fr. 75, 2 fr. et 2 fr. 50; — pendant la période des moissons, les salaires atteignent 3 francs, quelquefois même montent à 4 francs. De tels prix sont, en moyenne, plus élevés que ceux payés dans nos campagnes [1]; cependant quel paysan de France abandonnerait son village pour venir en Algérie, sous un soleil plus chaud, dans un air plus lourd, toucher un tel salaire?

On rencontre en Algérie trois types de propriétés : la grande, la moyenne et la petite.

La grande propriété est représentée surtout par les puissantes compagnies, qui ont, autrefois, obtenu du gouvernement d'immenses concessions pour des prix minimes, ou par les sociétés, nées des compagnies défuntes : la Société du domaine de l'Habra, à qui la Compagnie franco-algérienne a cédé, en 1886, les 24 000 hectares qu'elle possédait dans la province d'Oran; la Compagnie algérienne, héritière de la Société générale algérienne, qui possède plus de 80 000 hectares, répartis dans les trois provinces, et dont le plus gros morceau est dans le département de Constantine; la Société genevoise, propriétaire d'un domaine de 20 000 hectares aux environs de Sétif. Après ces fiefs seigneuriaux, sont des domaines ayant une étendue de 1 000, 2 000, 3 000 hectares, aux mains d'hommes courageux, entreprenants, « aux reins solides ». Ces domaines sont très rares.

Pour les grandes concessions des sociétés nommées plus haut, elles sont cultivées, en quelques parties, par les sociétés mêmes; là poussent la vigne, l'olivier, l'oranger, le citronnier; ailleurs est entrepris l'élève du bétail; mais les sur-

---

1. D'après les statistiques publiées par le ministère du commerce, les journaliers (hommes) employés aux travaux des champs dans nos campagnes de France toucheraient en moyenne : nourris, en hiver 1 fr. 31, en été 1 fr. 98; — non nourris, en hiver 2 fr. 22, en été 3 fr. 11.

faces les plus considérables sont louées à des métayers européens ou indigènes, ou encore à des khammès engagés pour l'année. Les sociétés n'ont pas les fonds nécessaires pour cultiver elles-mêmes. C'est ainsi que l'on voit des beaux domaines demeurer infertiles ou confiés à des indigènes qui ne savent pas cultiver et ne font, sur une terre mal labourée, que de médiocres récoltes. La culture, l'élevage étant en Algérie des entreprises très rémunératrices, les sociétés foncières pourraient assurément trouver les capitaux qui leur sont nécessaires, au moyen d'une émission. Ainsi elles mettraient leurs terres en rapport, au grand profit de la colonisation; mais elles ne s'en soucient pas, trouvant avec leur mode d'exploitation actuel des profits très suffisants eu égard au capital qu'elles ont réellement déboursé. Pour citer des faits, la Compagnie algérienne et la Société genevoise accusent, chaque année, des bénéfices importants.

La moyenne propriété est aux mains de colons riches ou de capitalistes métropolitains, qui ont voulu entreprendre, en grand, la culture de la vigne. Beaucoup de domaines appartiennent à un certain nombre de personnes, qui ont formé entre elles une société amicale représentant un capital d'un million de francs ou plus. Les exploitations ont 100, 300, 500, 800 hectares, quelquefois un millier; leur mode de culture est très variable : voici une propriété de 800 hectares, toute en vigne, dirigée par le principal propriétaire, assisté de maîtres vignerons venus de France; là, sur un domaine de 1000 hectares, le maître fait lui-même 400 hectares de vignes, 15 à 20 hectares d'orangers; pour le reste, il le loue à des indigènes qui font du blé; ailleurs, le domaine tout entier est remis à des indigènes intéressés de différentes façons au bon rapport de la propriété; ils font, sous la haute direction du maître, du bois, des primeurs et surtout des céréales; voilà un fermier français qu'un riche colon, demeurant à Alger, a fait venir de son village et établi dans sa propriété : assisté de quelques ouvriers européens et d'un prolétariat indigène, il cultive la vigne, le blé, engraisse le bétail, élève des porcs.

Enfin la petite propriété, le petit propriétaire. C'est le colon qui a reçu une concession, ou qui a acheté, soit à un concessionnaire malheureux, découragé, soit à un indigène, soit à l'État : il possède 20, 30, 50, 70 hectares, parfois 100. Il est, plus que tous les autres, intéressant à étudier ; il représente « l'habitant », l'homme qui, avec sa famille, est établi à demeure au milieu des indigènes ; les centres qui ont été créés pour les petits colons sont comme des points stratégiques jetés dans un pays récemment conquis.

Le village est tantôt bien situé, tantôt mal. Les « commissions des centres », composées cependant d'hommes spéciaux, ont souvent montré, par les choix des emplacements qu'elles ont faits, qu'elles n'étaient pas suffisamment compétentes ; souvent aussi, il faut l'avouer, ce sont des considérations d'amitié, de camaraderie ou de faveur, qui ont déterminé l'administration à créer un village dans tel endroit peu favorable plutôt que dans tel autre d'une situation meilleure. Ici, la terre est bonne, l'eau assurée par une rivière rarement desséchée, une source ou un canal d'irrigation ; ailleurs, il y a aussi de l'eau, mais, comme la « commission des centres » se souciait peu des dépenses qu'elle engageait, on a dû construire des canaux très coûteux, et longs de quelques kilomètres, pour approvisionner le village. De ce côté, la terre est moins bonne ; c'est à peine si une légère couche d'humus couvre la roche ; l'eau manque ou est rare ; le village est d'ailleurs loin de tout centre, jeté trop en avant ; le prêtre, le « médecin de colonisation », les artisans sont éloignés. Quelquefois aussi, le pays est malsain, de longues plantations d'eucalyptus n'ont pas encore assaini l'air ; on a pris comme assiette du village des terrains en déclivité, trop rapprochés du lit de la rivière, d'où se dégagent des vapeurs malsaines ; les habitants souffrent de la *mal'aria*.

Sera-t-on surpris si le caractère du colon, son état d'esprit, son activité au travail, sa situation matérielle, se ressentent souvent des conditions d'emplacement de son village ? Ce colon, que vaut-il ? On a tout dit sur son compte : « Il a lutté, affirment les enthousiastes, avec une énergie toute française, avec un grand élan, qui est son honneur, contre toutes les difficultés; il lutte encore contre la maladie, la fièvre, la misère; admirable de persévérance, d'audace, d'entrain ». Les esprits chagrins répondent : « Le petit colon travailleur n'existe pas ; le concessionnaire n'a pas essayé un seul jour de travailler; la matraque à la main, il fait labourer son champ par l'indigène et il ne pose sa matraque que pour entrer au cabaret, crier, déblatérer contre tout et contre tous ».

L'une et l'autre de ces opinions sont exagérées et, cependant, dire qu'elles ne sont pas vraies, serait hardi, car tout est vrai dans ce pays des perpétuelles oppositions et des perpétuels contrastes. Est-il surprenant, d'ailleurs, que dans un pays où la colonisation officielle a introduit si longtemps, et hier encore, des hommes qui souvent étaient fort peu préparés à l'état de colon, on rencontre de pareils contrastes? Il y a des villages où les travailleurs l'emportent sur les fainéants, ils prospèrent; d'autres, où les fainéants l'emportent sur les travailleurs, ils déclinent.

D'une façon générale, le vrai colon, « l'habitant », qui, tout en gagnant sa vie par son travail, est pour son pays un véritable auxiliaire dans la grande œuvre de la colonisation, ressemble peu au paysan de France et paraît avoir plus de qualités que lui. Faut-il en être surpris? Le paysan trouve dans l'héritage de son père une petite maison et une basse-cour, un bœuf, une vache ou quelques moutons, un lopin de terre depuis bien longtemps défriché et en production; certes, il faut qu'il travaille chaque jour, qu'il se lève avec le soleil, qu'il peine; cependant la voie lui est tracée, la vie préparée. Le colon, au contraire, a été mis, il y a dix ou vingt ans, en face d'un sol nu, pierreux ou couvert de broussailles; s'il a succédé à son père colon lui-même, il a reçu en héritage un sol à peine défriché et qui commençait seulement à produire. Dans l'un et l'autre cas sa vie a été à peu près la même : il a dû lutter pour l'existence, il lui a fallu tout créer, souvent il a été dans l'obligation de recourir au crédit, et alors, pendant des années, il a fait des efforts continus pour payer aux échéances, éviter d'être vendu, chassé. Ce genre de vie tout spécial a donné naissance dans notre colonie à un « type » que la métropole ne possède pas. L' « Algérien » a les mains rudes et calleuses, la peau brûlée par le soleil comme le paysan français; mais il est plus intelligent, moins arriéré, il a le regard plus fier, la démarche plus décidée, la parole plus nette, disposée au commandement; ses traits, son maintien, tout son être témoignent d'une énergie de volonté que souvent on ne rencontre point dans nos paysans. Il faut malheureusement ajouter que l'Algérien a quelquefois les défauts de ses qualités : l'habitude de la lutte, la volonté de réussir, développent, chez quelques-uns, un individualisme trop exclusif, une âpreté malsaine, un sentiment de mépris pour le faible sur lequel on passe pour arriver, — pourquoi ne pas le dire? une sorte de déformation du sens moral, des facilités de conscience que la grande majorité des paysans français ne connaissent pas.

D'ailleurs, puisque nous visitons le pays, allons voir le colon, causons avec lui. En voici un travaillant à sa vigne; dirons-nous dans quel village, dans quel département? cela est inutile, car nous pourrions rencontrer le même homme dans le village ou le département voisin. Il visite les ceps l'un après l'autre, coupe les feuilles inutiles, observe si les insectes menacent; il porte une veste de travail grossière. Volontiers, il salue le voyageur et répond à ses question. Venu il y a une quinzaine d'années dans le pays, comme fermier, il a acheté la terre qu'il possède au propriétaire avec qui il s'était engagé : sa vigne a 7 hectares d'un seul tenant, il l'a plantée lui-même; depuis plusieurs années, les récoltes sont bonnes; il n'a pas de dettes; l'administration, à différentes reprises, a trouvé le phylloxera chez lui, et ordonné la destruction de quelques dizaines de pieds, mais cela ne l'inquiète pas. Il est même particulièrement satisfait, car il vient d'acheter à quelques lieues de chez lui, dans un village fondé en 1880 et qui a peu réussi, une propriété de 50 hectares payés à raison de 57 francs l'un; le propriétaire-concessionnaire, son vendeur, venu presque sans argent, ruiné en peu d'années, puis découragé par deux mauvaises récoltes est retourné en France. Prochainement, notre colon installera son fils aîné sur cette nouvelle propriété, comme une sorte de gérant.

Plus loin, dans un autre centre, un second colon. C'est un Algérien ; l'administration, sans doute sous des influences politiques, lui a donné une concession. Ses habits ne sont pas ceux d'un travailleur et ses mains ne sont point calleuses. Vous l'interrogez. Il est peu satisfait ; c'est à peine, dit-il, s'il « joint les deux bouts » à la fin de l'année ; il se fournit à crédit, d'une récolte à l'autre, chez le boulanger, chez l'épicier ; son blé vendu, il paye ses dettes, pour recommencer aussitôt son système d'emprunt ; ses terres, il ne les cultive pas lui-même, mais les laisse à des khammès misérables qui leur font rendre seulement 7 hectolitres de blé à l'hectare ; il compte pour améliorer sa situation sur l'héritage de son père « qui a une belle vigne ». Vous demandez à ce colon peu intéressant de vous conduire à sa maison, curieux de voir son intérieur ; — il vous mène au cabaret ; dès lors, vous avez compris : ce colon, ce concessionnaire est le liquoriste du village. Il n'est pas, hélas ! une exception ; ses voisins ont plus d'énergie pour se plaindre que pour travailler ; presque tous vivent à crédit, et demeurent persuadés que le gouvernement manque à ce qu'il leur doit.

Le soleil est de plomb ; le village, assis sur deux routes qui se coupent à angle droit, est tout blanc dans la grande lumière, sans une ligne d'ombre. Poussez une porte, le colon est chez lui s'entretenant avec sa femme des affaires communes ; il reçoit le voyageur du mieux qu'il peut et, d'abord, lui fait boire un peu de vin blanc de sa vigne. C'est le fils d'un colon de 1848 qui a reçu de l'État 10 hectares et une petite maison. Elle n'est pas grande, en effet, avec ses deux pièces carrées : la première est la chambre à coucher, la seconde est à la fois la cuisine, la salle à manger, la salle de réunion ; sur de grandes planches sont posées de lourdes jarres de grès où l'on conserve les provisions pour l'hiver ; un hangar est adossé à la maison ; il sert d'écurie pour les bêtes, deux mulets et un bœuf, en même temps que de remise pour une petite charrette. Il y a quelques années, le colon « s'est agrandi » : sur un des côtés de sa cour, il a construit un chai où il fait son vin ; il est bien modeste ce chai, avec son pressoir et son unique cuve, mais plus tard, si les années sont bonnes, on fera mieux. Vous allez avec le colon jusqu'à sa propriété : c'est une vigne dont les plus vieux ceps ont treize à quatorze ans; chaque année, l'homme plante des boutures sur quelques ares, s'agrandissant ainsi peu à peu; entre les pieds de vigne, de distance en distance, il a eu l'idée de mettre des oliviers; pendant dix ans, il a attendu la première récolte, c'est l'année dernière qu'elle s'est faite. Des indigènes voisins l'aident lorsque le travail presse et lui donnent toute satisfaction; lui ne parle pas l'arabe, ni eux le français; cependant on se comprend, grâce à une certaine langue « sabir », née de la nécessité des rapports.

Un samedi, après midi, les dix à quinze colons du village sont réunis à la porte de la maison de l'un d'eux. Ils accueillent l'étranger avec peu d'empressement, hésitent d'abord à répondre à ses questions; bientôt cependant, ils consentent à s'ouvrir et alors ce ne sont que plaintes et lamentations : la vie est dure, le pays mauvais, puis l'administration ne les « aide » pas assez. Vous vous informez de quelle « aide » il est question. Alors vous apprenez que, comme les colons officiels sont généralement tout à fait misérables, l'administration a depuis longtemps cherché le moyen de leur fournir des secours déguisés : tous les ans, dans les trois provinces, elle offre, pendant quelques semaines, du travail aux colons sur les routes, dans les pépinières, et ce travail, souvent peu nécessaire, se paye 3 francs ou 3 fr. 50 par jour. Les colons du village de X... voudraient être employés plus souvent : qu'on leur trouve donc du travail à côté de chez eux, et surtout qu'on ne leur donne pas moins de 3 fr. 50 de la journée! En arrivant, vous avez remarqué que, sauf quelques ceps de vigne, les cultures étaient fort peu soignées; des chardons, des artichauts sauvages tenaient un tiers, sinon plus, des champs de blé et d'orge. Vous questionnez encore et tous les colons, en chœur, de répondre : « Croyez-vous donc que nous sommes venus ici pour travailler? » Labourer, semer, sarcler, ils ne daignent en effet; n'ont-ils pas leurs « serfs », les anciens propriétaires dépossédés, il y a une quinzaine d'années, par l'administration, qui doivent cultiver aujourd'hui, en qualité de khammès, les terres dont ils étaient autrefois les maîtres?

On ne saurait demeurer sur une impression aussi pénible; on en cherche une autre; on la trouvera vite d'ailleurs, car l'Algérie, ainsi que nous l'avons souvent répété, est une terre de contrastes. A 50 kilomètres du « mauvais village », vous arrêtez votre mulet, dans un petit centre en voie de développement. A la porte d'une maison simple, est une femme brune, aux traits réguliers et énergiques, qui peut avoir quarante-cinq à cinquante ans; elle est en vêtements de travail, mais propre, soucieuse de sa tenue. Vous l'abordez : « Nous sommes ici, dit-elle, seulement huit familles; mais tous amis, tous travailleurs, nous aidant les uns les autres; nous n'employons pas d'indigènes et donnons seuls, à nos champs, les soins dont ils ont besoin ». Vous voulez son histoire, elle hésite, sa voix tremble : « Monsieur, vous me demandez de rappeler de tristes jours. Mon mari, le fils et moi, sommes arrivés ici avec un billet de concession en 1873, nous venions de la Dordogne et tout notre avoir montait à 13 francs. Ce champ que vous voyez couvert de vignes était désolé, inculte, si encombré de pierres que c'est avec les pierres que nous y avons ramassées que nous avons construit notre première maison. Le village se créait; les autres étaient aussi malheureux que nous. Vous me demandez comment nous avons vécu? Je n'en sais plus rien; mon mari et l'enfant ont été travailler sur la route et sur le pont qui est là-bas; bien souvent on ne mangeait pas de viande et, souvent aussi, on se mettait au lit sans dîner. Nous avons trouvé d'abord à emprunter 1 500 francs, sur notre titre provisoire, à 8 p. 0/0. Au dixième mois de notre arrivée, mon mari s'est cassé la jambe et est allé à l'hôpital; mon fils a eu les fièvres; des années dures se sont succédé les unes aux autres. Aujourd'hui, grâce au crédit, grâce au travail, Dieu merci! notre situation est meilleure : cette vigne que vous voyez est à nous et commence à donner de belles récoltes; nous devons encore 10 000 francs; mais avec de la santé et trois bonnes années, tout sera payé. » La brave femme! la courageuse famille! Il y a aujourd'hui trois enfants et tous trois aident le père et la mère.

Il n'est pas nécessaire de faire cinquante kilomètres pour trouver des contrastes; souvent, à quatre ou cinq de distance, les choses ne sont plus les mêmes. Le long de cette route à peine tracée et bien mal entretenue, est un village qui dépérit : les maisons sont sales, lézardées, en mauvais état, plusieurs ont une partie de leurs vitres brisées; les carreaux qui manquent sont remplacés par des planches ou des feuilles de papier. Chaque année, une famille s'en va; celles qui demeurent sont misérables. A quelques pas, vingt-cinq à trente ares de vignes mal soignées, envahies par les herbes et les chardons, des champs de blé encombrés de nombreux palmiers nains; les colons, sans volonté, sans courage, sont descendus jusqu'à faire eux-mêmes la culture arabe; deux vivent sous des gourbis. Un peu plus loin est une ferme abandonnée, aux volets clos, aux terres conquises par la broussaille; la fièvre a fauché tous les habitants. Mais, voici, deux ou trois gourbis qui semblent des huttes indigènes; à droite, à gauche, ils sont entourés de jeunes ceps de vigne, de champs de céréales; à quelque distance, un Européen la main sur sa charrue : c'est le propriétaire des gourbis, des vignes et des champs. Arrivé depuis cinq ou six ans avec la concession d'un lot de ferme, il a négligé de faire aucuns frais pour lui-même et a mis les quelques milliers de francs qu'il possédait dans la culture de la terre; avec ses enfants et des domestiques indigènes il étend ses cultures; on lui fait crédit; il mérite de réussir; il réussira.

Mais nous avons assez fait de visites dans la campagne; pourquoi frapper à d'autres portes? nous rencontrerons toujours, soit le travail, soit la paresse. L'énergie, la volonté de réussir sont des qualités indispensables en terre d'Afrique; ils sont nombreux, ceux qui doivent tout à eux-mêmes. Voici par exemple deux colons venus à Alger pour leurs affaires : ce ne sont point de petits propriétaires, mais bien les maîtres de grands domaines; l'un a plus de 2 000 hectares de terres dans un village autrefois fiévreux, aujourd'hui assaini; son exploitation dirigée par lui-même, répartie entre 5 et 6 familles françaises, est magnifique : voici des vignes et, à côté, un chai immense; plus loin un grand terrain planté d'orangers et de citronniers que des haies de cyprès protègent contre les vents de la plaine; des centaines d'abeilles butinent les fleurs qui donneront ainsi, à la fois, du miel et des fruits; plus loin encore, de grandes étendues plantées en blé. Tout cela le colon l'a fait lui-même avec l'aide du crédit, grâce à la confiance qu'il a inspirée. Il est parti de rien; à dix ans, il ne savait ni lire ni écrire; son père était un manœuvre; lui-même a appris la culture, et le peu qu'il sait, dans une propriété fondée par des religieux; plus tard, il s'est fait marchand de bétail courant dans les tribus, au risque de sa vie, un pistolet et une bourse à la ceinture, pour acheter des troupeaux de moutons. Le second, venu jeune en Algérie, a débuté comme petit employé d'un service public; mais les positions modestes ne lui convenaient point. Presque sans argent, il a entrepris le commerce des grains; des affaires heureuses, au temps où il fallait approvisionner l'armée, lui ont donné un petit capital et il est maintenant le chef d'une grosse maison. Le commerce cependant ne saurait l'occuper tout entier; aux portes de la ville où il habite, associé à quelques amis, il a acheté, dans des conditions favorables, un domaine de près d'un millier d'hectares; ses vignes sont en plein rapport, bien soignées, ses autres cultures également tenues; sa « vaisselle vinaire » est peut-être la plus belle et la plus riche de la colonie.

Quelle conclusion tirerons-nous de cette course rapide dans les trois provinces? Qui domine dans l'ensemble du pays, les « bons » ou les « mauvais » colons? Les bons sans doute, les travailleurs, bien que souvent, sur sa route, on soit frappé de voir les mauvais éléments que la colonisation officielle a introduits en Algérie; — et ces éléments n'ont pas encore disparu! Il est vrai qu'une autre constatation s'impose partout au voyageur : depuis une quinzaine d'années, la plantation de la vigne a fait dans nos trois départements, ainsi qu'on le verra plus loin, des progrès considérables. Auparavant, le colon hésitait, ne savait quelle culture entreprendre : les céréales, le coton, le tabac, les primeurs? On peut dire qu'en travaillant « à tâtons », il n'avait pas la foi. Du jour où il a été visible, pour chacun, que la terre d'Algérie pouvait donner du raisin, produire du vin, il n'est pas un colon qui n'ait adopté cette culture nouvelle. Souvent, il a rêvé des bénéfices trop considérables; souvent, il s'est trop engagé dans une culture unique, ce qui est toujours dangereux; mais la vigne, il faut le reconnaître, a eu cet avantage, qu'elle a excité, à la lutte, au travail toute la population agricole de nos provinces africaines; bien des colons qui restaient en arrière, comme les traînards d'une armée, se sont mis à défoncer la terre pour y planter le cep, espérant ainsi arriver à la fortune. Dans une génération, c'est-à-dire dans une trentaine d'années, les mauvais colons d'aujourd'hui auront pour la plupart disparu ou se seront amendés; leurs fils vaudront mieux qu'eux.

Il y aura toujours en Algérie, comme partout, des paresseux, des beaux parleurs, des réclamants; mais ils ne constitueront, il faut l'espérer, qu'une faible minorité. A cela, il y a toutefois une condition; c'est que l'administration renonce presque complètement, ainsi que nous l'avons indiqué plus haut, au système des concessions gratuites; les temps du « colon officiel » sont passés; c'est assez que nous ayons, à cette heure, à déplorer, sur plusieurs points, sa paresse et son mauvais esprit.

Certes, il faut des colons; sur une population européenne de 480 282 individus recensés en 1891, il n'y a dans les champs, on l'a vu, que 185 969 personnes, représentant environ 45 000 familles. Et la terre est grande, les espaces, que les indigènes ne prennent même pas la peine de cultiver, sont considérables; de longs champs d'asphodèles, de fleurs rouges, jaunes, bleues pourraient être transformés en champs de blé ou en pâturages! Cependant, nous l'avons dit, le pays a besoin plus encore de capitaux que d'hommes; c'est pourquoi nous avons réclamé la vente des terres, la venue de capitalistes, de fermiers, de contremaîtres agricoles qui employeront l'indigène, le dirigeront.

L'œuvre de l'administration reste, d'ailleurs, considérable : il existe actuellement des centres trop petits, trop faibles, qui n'ont pas en eux-mêmes des éléments de vie suffisants; aussi, sur bien des points, avant de fonder de nouveaux villages, faut-il agrandir ceux existant. L'établissement, sur une terre qui était inculte il y a dix ans, de six à huit familles françaises, a donné aux champs voisins une valeur certaine; qu'on les mette en vente! Il y a aussi des villages où l'eau manque, d'autres qui n'ont point de chemins de communication, d'autres malsains; il faut leur donner de l'eau et des routes, il faut entreprendre les travaux d'assainissement nécessaires. Enfin, pourquoi ne pas le dire? il est des cas nombreux — minimes par eux-mêmes, mais qui font impression quand on les groupe, quand on réunit en un faisceau ceux qu'on observe dans les trois provinces — où l'on surprend un des services publics, l'administration proprement dite, les ponts et chaussées ou les forêts, insouciant des intérêts du colon, indifférent à ses besoins ou tracassier.

Les exemples abondent. Ici, c'est un colon dont la ferme est éloignée de plus de 20 kilomètres du centre le plus rapproché et de plus de 10 kilomètres de l'exploitation la plus voisine. Ses fermiers se livrent à l'élève des porcs et certes ne gênent personne; cependant l'administrateur rappelle au propriétaire « qu'aux termes des décrets des 15 octobre 1810, et 24 mars 1868, sur les établissements insalubres en Algérie, toute personne, qui se livre à l'élève des porcs, doit, conformément aux règlements sur la matière, formuler une demande auprès de l'autorité locale, demande qui doit être accompagnée d'un plan des lieux ». Aucun établissement de l'espèce, ajoute l'administrateur, « ne peut être tenu avant que l'autorité préfectorale, après avis de la commission d'hygiène, ait rendu un arrêt prononçant autorisation ». Là, c'est un autre colon qui, ayant besoin qu'un pont soit jeté sur la rivière passant devant sa propriété, afin de pouvoir communiquer en toute saison avec la ville, s'adresse au service des ponts et chaussées, lui offre le prix que coûterait la construction de ce pont, et attend trois ans l'exécution des travaux. Ailleurs, c'est un propriétaire d'une forêt de chênes-liège, qui a eu tellement à se plaindre de l'administration des forêts, qu'il écrit à un autre concessionnaire : « Je vous prie de croire que je suis, moi, tout à fait résolu à ne rien faire avec l'État. La leçon que nous avons reçue est forte sans doute; mais elle ne sera pas perdue [1]. »

Faut-il donc répéter que le premier devoir de l'administration, surtout dans un pays neuf, est, d'abord, d'éviter les tracasseries, ensuite de respecter l'initiative privée, et — ce qui est mieux — de la seconder ou de l'aider toutes les fois qu'elle le peut?

1. Charles Benoist, *Enquête algérienne*. Lecène et Oudin, éditeurs, Paris.

CHAPITRE VI

LES CULTURES. — LES RICHESSES DE LA COLONIE

L'Algérie est un pays essentiellement agricole. — Les principales cultures
La vigne. — Engouement de colons pour la vigne. — Les cépages plantés.
— Les caves. — Le rendement à l'hectare. — Les prix de vente. — Les
bénéfices. — Le phylloxera. — Avenir de la culture de la vigne. — L'art
de la vinification. — Vignerons français; ouvriers kabyles.
Le bétail. — Etat de l'industrie pastorale. — Les pasteurs. — État des troupeaux. — Programme d'amélioration. — Le nombre des têtes de bétail.
Les céréales. — Importance de la culture des céréales. — Espaces ensemencés. — Ce sont les indigènes qui cultivent les céréales, non les Européens. — Rendement à l'hectare. — Infériorité de la culture indigène.
Les forêts. — Etendue du domaine forestier. — Il était autrefois beaucoup plus considérable. — Principales essences. — Les forêts sont menacées par les incendies et mal gardées. — Les forêts de l'État sont inexploitées; leur rapport est des plus minimes. — Forêts autrefois concédées à vil prix aux particuliers. — Quel système est le meilleur pour l'exploitation des chênes-liège? — Le fermage ou l'exploitation directe? — Le reboisement; importance de ce travail.
L'alfa. — La « mer d'alfa ». — Utilité de cette plante; son exploitation.
L'olivier. — Les arbres; leur production. — La fabrication de l'huile.
Les cultures secondaires. — L'oranger. — Les primeurs. — La ramie.
Le palmier. — Importance des palmeraies dans les oasis. — La région de l'Oued-Rir. — Progrès réalisés depuis 35 ans. — Nombre de palmiers. — Le désert peut-il connaître d'autres cultures?
Impression générale de richesse que donne la colonie. — Progression continue depuis 20 ans. — La dette hypothécaire. — Ce qu'il faut en penser. — Les bénéfices réalisés dans toutes les exploitations agricoles. — Prix atteint par les terrains.
La pêche. — Les mines. — Les marbres. — L'Algérie n'a pas d'industrie.

On a déjà pu en juger, à la lecture du chapitre précédent, l'Algérie est un pays essentiellement agricole : c'est la terre que l'on cultive, la terre qui rapporte; pour l'industrie, elle est dans l'enfance. Il faut ajouter que la colonisation a peu dépassé les limites du Tell. Depuis la mer jusqu'aux Hauts Plateaux, la largeur moyenne du Tell est d'environ 100 kilomètres ; sa limite méridionale est à peu près marquée de l'est à l'ouest par les villes de Sétif, Aumale, Boghar, Teniet-el-Haàd, Saïda et Sebdou. C'est dans cette région que vivent et travaillent surtout les colons ; les statistiques de 1891 estimaient qu'ils possédaient dans le Tell 1 337 000 hectares, soit l'étendue de plus de deux départements métropolitains, contre seulement quelques milliers dans les Hauts Plateaux et le Sahara. Les Hauts Plateaux présentent, sur bien des points, un sol extrêmement fertile qui pourrait donner d'excellentes récoltes, si l'on faisait quelques travaux pour l'aménagement des eaux et la restauration des forêts ; dans le Sahara, les sables, arrosés, font vivre le palmier dattier, source de gros profits ; mais quelques Français seuls ont fait jusqu'ici des entreprises sur les Hauts Plateaux et dans le Sahara.

Les principales branches de l'agriculture en Algérie sont : la culture de la vigne, l'élève du bétail, la culture des céréales, la récolte de l'alfa, l'exploitation des forêts de chênes-liège, la culture du palmier ; puis encore, les oliviers et quelques cultures secondaires.

C'est presque uniquement vers la plantation de la vigne, que les capitaux se sont portés depuis douze à quinze ans. La ruine des vignobles de France par le phylloxera a singulièrement hâté l'élan de la culture ; en outre, le cep dans la terre d'Afrique, produit dès la troisième feuille et est en plein rapport à la cinquième, c'est-à-dire à la quatrième année. Les orangers, au contraire, demandent cinq à huit ans pour donner des résultats ; les oliviers ne produisent guère avant la dixième année ; pour l'élève du bétail, il exige de vastes terrains de parcours.

Les grandes sociétés anonymes qui ont des intérêts en Afrique, les colons riches et surtout jouissant d'un certain crédit, beaucoup de capitalistes métropolitains, tous les petits colons enfin, se sont mis à planter de la vigne. Chacun entrevoyait la fortune à brève échéance, espérait un rendement de 90, 100, 150, 200 hectolitres à l'hectare, rêvait des bénéfices considérables de 35, 40, 50 p. 0/0. On rencontre aujourd'hui des vignobles immenses de 1 200, 800, 500 hectares; les domaines de 200, de 100, de 80 ou 50 hectares ne sont pas rares; les petits propriétaires cultivent suivant leurs moyens, 20, 10 ou 5 hectares, quelquefois seulement 30 ou 20 ares. Deux chiffres suffiront d'ailleurs pour témoigner de la hardiesse des colons, de l'empressement avec lequel ils ont couru à la culture nouvelle : en 1881, on recensait en Algérie 30 200 hectares plantés en vignes; en 1891, on en compte 107 000 [1].

Une semblable précipitation n'a pas été sans des inconvénients, et sans des fautes; on les aperçoit aujourd'hui. D'abord tous les cépages ont été plantés sans aucun choix, confondus, mélangés, le carignan, le morastel, le petit bouschet, l'aramon, le puisan, le mourvèdre, le pinot [2], etc.; il résulte de cette erreur première qu'il n'y a pas dans notre colonie, sauf de rares exceptions, de « types » cotés, fixes; le commerce ne connaît encore que le « vin d'Algérie », mélange de 20 ou 30 crus différents. En second lieu, on a voulu faire beaucoup avec des capitaux insuffisants. La plantation de la vigne bien comprise, soigneusement faite, est une opération très coûteuse qui peut comporter quelquefois une immobilisation de capital d'environ 3 000 francs par hectare, y compris la cave et le matériel vinaire, et le prix d'achat de la terre mis à part. La majeure partie des colons n'ayant pu disposer de sommes aussi importantes a cherché partout l'économie : le sol n'a été défoncé qu'à 30 ou 35 centimètres, alors qu'il aurait fallu atteindre 70 à 75; la résistance de la vigne est ainsi moins assurée; — les caves ont été construites

---

1. La vigne en Algérie.

Années.	Hectares plantés.	Hectolitres récoltés.
1871	9.817	184.500
1881	30.200	288.000
1883	46.200	821.000
1886	79.000	1.667.000
1887	87.800	1.903.000
1888	88.300	2.728.000
1890	98.500	2.844.000
1891	107.000	4.058.400

2. Il n'y a pas en Algérie de vignes américaines, mais seulement des vignes françaises.

comme de simples hangars, exposées au soleil, les cuves et les foudres ont été choisis trop grands (la petite vaisselle vinaire, qui est préférable, est plus chère que la grande), et par suite la fabrication et la conservation du vin ont été compromises.

Certes il faut se garder d'exagérer le mal. Le vignoble algérien est déjà en progrès. Ceux qui plantent aujourd'hui profitent de l'expérience acquise par leurs devanciers et beaucoup de propriétaires améliorent leurs caves. Voyons donc les résultats actuellement obtenus.

Pour le rendement à l'hectare, il est bien difficile de donner une moyenne. Comment la dégager dans un pays aussi vaste, aussi varié, suivant ses régions, que l'Algérie? Les conditions sont variables à l'infini; il y a la configuration et l'exposition du terrain, sa nature, la plaine et le coteau, la qualité du cépage, son âge, le degré alcoolique. Dans les environs de Mascara, les propriétaires obtiennent généralement 50 à 60 hectolitres à l'hectare, ceux du Sahel 40 à 50, ceux de Boufarik, de Bone 100, 150 et même au-dessus, ceux de Bougie 110 à 120. En général, on évalue le rendement moyen de l'hectare de vigne en plaine à 60 hectolitres, en coteau à 25 ou 30. Les viticulteurs algériens se divisent d'ailleurs en deux classes : ceux qui cherchent avant tout la qualité, qui veulent faire du « vin de France », se rapprocher du bordeaux, du bourgogne ou du beaujolais, puis ceux qui désirent produire beaucoup, et font un « vin algérien » riche en couleur qu'ils vendent aux marchands en gros pour les coupages et mélanges.

Les prix de vente, quels sont-ils? Les vins ordinaires d'Algérie se sont vendus 20, 22 et 24 francs l'hectolitre; mais la concurrence du vignoble français, dont la reconstitution ne cesse de se faire, celle des vins espagnols, les rendements exceptionnels obtenus durant ces dernières années dans la colonie même, ont fait baisser les prix. Le prix moyen de 1891 paraît avoir été de 18 francs environ. Mais que vaut cette moyenne si l'on songe que les vins renommés se sont vendus 80 et 100 francs, que les bons vins ordinaires sont achetés par les maisons de Bordeaux à 23 et 25 francs et qu'enfin les petits vins de plaine, payés au degré, ne trouvent preneurs qu'à 10 et 12 francs?

Les bénéfices réalisés par le colon varient, ainsi qu'il est naturel, pour mille raisons. Quelques propriétaires heureux, possédant des vignes bien situées, bien soignées, des vins déjà appréciés ou des domaines achetés dans des conditions particulièrement avantageuses, peuvent réaliser 30 et 40 p. 0/0 de bénéfices ; mais cela est l'exception. En règle générale il est peut-être sage d'échelonner les bénéfices entre 8, 10, 12 et 15 p. 0/0 du capital engagé. Ce sont là, il faut en convenir, de très agréables perspectives.

Il est vrai que la culture de la vigne n'est pas exempte de soucis. Le cep a des ennemis qu'il faut incessamment combattre, l'altise, l'oïdium, et surtout le phylloxera. L'apparition de ce dangereux insecte en juillet 1885 à Mansoura, près de Tlemcen, en août de la même année à Sidi-Bel-Abbès, puis, en mai 1886, aux environs de Philippeville, ne semble pas avoir donné de vives inquiétudes aux colons. Cependant le fléau, bien qu'attaqué avec énergie, n'a pas été arrêté; on a même dû constater, sur plusieurs points, quelques essaimages, Philippeville a été très éprouvé. Une loi du 26 juillet 1886 a organisé dans la colonie la défense des vignerons : la surveillance des vignes est confiée aux propriétaires eux-mêmes, organisés en syndicats, et sous le contrôle d'agents spéciaux du ministère de l'agriculture ; les dépenses sont supportées par les propriétaires au moyen d'un fonds commun qu'ils alimentent par le payement annuel d'une « taxe de visite », qui est de 3 francs par hectare et pourrait être élevée à 5; dès que l'on reconnaît le phylloxera dans une vigne, il est immédiatement procédé à l'arrachage des ceps; quant au propriétaire malheureux, il reçoit une indemnité proportionnelle prélevée sur le fonds commun. Toutes ces mesures paraissent sages; elles ne nous donnent pas, toutefois, une confiance suffisante. Dans la pratique, l'examen des vignes n'est pas assez soigneusement fait; l'arrachage n'est ordonné que sur des superficies beaucoup trop restreintes. Sur un champ de vignes de 7 hectares d'un seul tenant, cinq fois attaqué par le phylloxera, nous avons compté cinq vides de quelques mètres carrés ; ainsi on se borne à arracher un petit nombre de ceps dans un champ contaminé et l'on croit avoir assez fait. Quelle erreur! Quelle imprudence! Faut-il dire quel désastre serait pour notre colonie la propagation du phylloxera? Tous les colons font de la vigne, beaucoup ne font que de la vigne; pour planter, pour construire une cave, ils ont emprunté des sommes importantes. Si leur champ est attaqué, comment rembourseront-ils? Comment pourront-ils se procurer de nouvelles sommes pour organiser la lutte contre l'insecte, pour replanter les cépages morts?

Si la demi-immunité dont paraît jouir l'Afrique française continue, si ses cultivateurs trouvent le moyen de vivre avec le phylloxera, il paraît probable que la culture de la vigne ne cessera guère de se développer. L'engouement des premiers jours persiste; on ne réfléchit pas assez que dans une propriété, dans un pays, la « monoculture » est une imprudence, qu'un bon père de famille ne doit pas, suivant une expression vulgaire, « mettre tous ses œufs dans le même panier ». Plus de 100 000 hectares sont déjà plantés; peut-être dans dix ans pourrons-nous recenser 150 000, 180 000 hectares. Les premières vignes seront plus vieilles, partant plus vigoureuses, leur rendement aura atteint un chiffre « maximum ». Déjà, on peut observer que les vignes algériennes, bien que dans leur ensemble elles soient encore jeunes, donnent à l'hectare plus de raisin et plus de vin que les vignes françaises [1]. Au mois de juillet, certaines régions d'Oran, d'Alger ou de Constantine semblent la terre de Chanaan; un même cep porte 18, 20 et même 30 grappes. Le vignoble algérien déjà très beau, très riche, peut donc atteindre dans une dizaine d'années une richesse considérable, donner des récoltes de 8 à 10 millions d'hectolitres. Sans doute, il faut l'espérer, la fabrication du vin aura aussi fait des progrès. Elle est aujourd'hui encore très défectueuse en général,

---

1. En 1891 on a recensé :
En Algérie, 107 000 hectares, ayant produit 4 058 400 hectolitres, soit 37 hectol. 7 à l'hectare.
En France, 1 763 000 hectares, ayant produit 30 139 000 hectolitres, soit 17 hectol. 9 à l'hectare.

LES CULTURES. — LES RICHESSES DE LA COLONIE.

et il en résulte une infériorité certaine pour les « vins d'Algérie ». La vendange se fait surtout au mois d'août, soit parce que certains cépages sont hâtifs, soit parce que le soleil hâte l'époque ordinaire de la maturité. C'est le moment des plus fortes chaleurs. Le vin, fabriqué dans des caves mal comprises ou mal tenues, souffre d'une température trop élevée; ici, la fermentation est incomplète, tout le sucre du raisin n'est pas transformé en alcool; ailleurs, les ferments ne sont pas tous tués, et après quelques mois, le vin entre de nouveau en travail, perd ses qualités ou s'aigrit. Cependant les viticulteurs algériens s'efforcent de mieux fabriquer; ils comprennent que la vinification est un art; ils appellent de France d'habiles vignerons; ils « filtrent » leurs vins ou les « pastorisent »; quelques-uns emploient, d'après un système scientifique qui découle des expériences de Pasteur, des « levures » pour donner à leur produit le bouquet du bordeaux ou du bourgogne; le conseil général d'Oran a voté des fonds pour la construction à Mascara d'une cave expérimentale où les colons pourront venir s'instruire. Il importe que ce mouvement se généralise. Dans cet ordre d'idées, la constitution de syndicats pour la fabrication du vin dans les villages serait une bonne chose, car aujourd'hui chaque propriétaire prétend travailler lui-même sa récolte, bien qu'il ait une cave très insuffisante et des connaissances fort incomplètes; l'union des intéressés aurait certainement pour conséquence immédiate une meilleure vinification.

Est-il besoin de rappeler que l'introduction de la vigne en Algérie a eu un heureux effet sur le peuplement de notre colonie par l'élément français? Les vignerons du Midi sont venus en grand nombre, les uns de leur propre initiative, sur une propriété concédée ou acquise, les autres ont été appelés et installés par des capitalistes français qui avaient un domaine et voulaient le mettre en bonnes mains. La fabrication du vin, nous venons de le dire, demande beaucoup de soins et des connaissances; la culture de la vigne n'en réclame pas moins, la taille, le soufrage, la destruction des insectes, exigent la main des vignerons européens ou du moins leur direction. Ce sont alors des ouvriers kabyles que les propriétaires ou contremaîtres emploient de préférence. Dans le département d'Alger, à Bougie, à Philippeville, à Bône, ils sont considérés comme de bons ouvriers; après quelques années d'apprentissage beaucoup inspirent confiance à leurs employeurs.

Donnerons-nous quelques chiffres pour terminer? On comptait, à la fin de 1890, 98 500 hectares plantés de vignes; ils étaient répartis entre 15 626 Européens. Les trois départements ne sont pas également favorisés : Alger, Oran, possèdent plus de vignobles que Constantine. Pour les indigènes, ils cultivent très peu la vigne; en 1890, ils ne possédaient que 4 000 hectares; jamais ils ne font de vin; ils vendent leurs raisins sur le marché des villes ou à un colon qui les presse. La culture du cep est donc en Algérie une industrie agricole essentiellement européenne.

L'élève du bétail a eu de tout temps en Algérie une importance considérable. Il se fait surtout dans le Sud, et est la principale occupation des tribus arabes qui voient s'ouvrir devant elles des espaces de parcours presque sans bornes.

En octobre et novembre, les troupeaux pacagent dans la partie de la chaîne saharienne située entre Geryville, Djelfa, El-Kantara, Tebessa et les crêtes de l'Atlas méridional; quand la température s'abaisse, en décembre, janvier, février, ils descendent dans la partie du grand désert qui est située entre les montagnes et les oasis, s'établissent dans les régions de Laghouat, de Biskra et sur les bords du chott Melrir. Lorsque les chaleurs du printemps commencent à se faire sentir, les troupeaux remontent sur les Hauts Plateaux pour atteindre Tiaret, Boghar, Batna; enfin, à l'époque des chaleurs excessives, ne trouvant plus sur les Plateaux une nourriture suffisante ils sont forcés de transhumer dans la région tellienne et se rapprochent de Sidi-Bel-Abbès, Mascara, Médéa, Aumale, Sétif, Guelma et Souk-Arhas.

Une pareille vie dans un pays aux températures si variables a fait la race résistante, dure à la fatigue, à la faim, à la soif, mais aussi inférieure de qualité. L'indigène, du reste, est un triste éleveur. Il ne sait pas, par une sélection rationnelle, améliorer ses troupeaux tant en viande qu'en laine; il néglige de les mettre sous des abris à l'époque des températures extrêmes. C'est ainsi que sur le marché français le mouton algérien ne peut lutter avec le mouton d'Allemagne, de Hongrie et de Russie; il se vend à des prix inférieurs. Comment donc améliorer la race? Comment faire disparaître son infériorité actuelle? La question est depuis longtemps discutée, et plusieurs remèdes ont été indiqués [1]. C'est d'abord le croisement des brebis algériennes avec des béliers français : les mérinos dits de la Crau paraissent être les meilleurs reproducteurs. Mais peut-on espérer faire accepter par les indigènes le système du croisement? On sent des difficultés, des impossibilités même; quelques familles seulement consentiront à l'expérience. Il est une proposition plus modeste, plus pratique, bien qu'elle exige encore beaucoup de soins, de persévérance et d'efforts. En voici les termes : 1° enseigner aux indigènes l'amélioration de leurs bêtes par la sélection, leur apprendre à choisir les reproducteurs en faisant castrer leurs agneaux de type inférieur; 2° créer, dans la région des Hauts Plateaux, des *r'dirs* ou points d'eau, abreuvoirs indispensables à la vie des moutons, puis, en même temps, surveiller l'exploitation de l'alfa, veiller à la conservation de cette plante précieuse; 3° inciter les indigènes à élever sur des pieux des hangars-abris; 4° enfin, leur apprendre l'ensilage de différentes herbes des Hauts Plateaux qui ne sont point comestibles pour le mouton à l'état frais, mais le deviennent après la fermentation.

Le programme est beau! Ce n'est pas en un jour qu'il sera réalisé. Toutefois, la castration obligatoire des agneaux, les conseils donnés par les officiers du territoire militaire à quelques familles, les encouragements, les récompenses, pourront amener peu à peu des résultats satisfaisants.

Jusqu'ici les colons européens se sont peu donnés à l'industrie de l'élevage; il y a cependant là de gros bénéfices à réaliser, soit que l'on veuille acheter les troupeaux amaigris des indigènes pour les soigner et les engraisser avant de les

---

[1]. Viger, *Étude sur la question ovine en Algérie*. Mont-Louis, éditeur, Clermont-Ferrand.

conduire sur le marché; soit qu'on veuille, ce qui est mieux, constituer un troupeau, l'améliorer par la sélection, le croisement et chercher les animaux du plus haut rendement en laine et en chair. Afin de favoriser les tentatives individuelles plusieurs communes ont déjà pris des mesures pour installer sur leur territoire des bergeries modèles.

La France seule offre à l'Algérie un marché suffisamment large : bien que ses importations ne cessent d'augmenter, nous avons dû acheter à l'étranger, en 1890, 164 000 têtes de bétail que notre colonie ne pouvait nous fournir.

Au 31 décembre 1890, le nombre des têtes de bétail était évalué à 15 093 000; la part des Européens, dans cet immense troupeau, n'était que de 724 000 têtes [1].

La culture des céréales était la base de l'agriculture indigène avant la conquête. Depuis soixante ans les choses n'ont point changé, sinon que la production a considérablement augmenté : l'Algérie nourrit ses 4 millions d'habitants et exporte annuellement pour 50 millions de grains et farines. On évaluait, en 1890, à 2 820 000 hectares l'étendue consacrée aux céréales : blé tendre, blé dur, seigle, orge, avoine, maïs, dra, etc.; 2 400 000 hectares étaient cultivés par les indigènes et seulement 420 000 par les Européens. Ces chiffres témoignent qu'il en est de la culture des céréales comme de l'élève du bétail : la grosse part est aux indigènes. Ils cultivent surtout l'orge et le blé dur, tandis que les Européens font surtout le blé tendre [2].

---

1. 8 578 000 moutons, 3 868 000 chèvres, 1 102 000 bœufs appartenaient aux indigènes contre 374 000 moutons, 130 000 bœufs, 68 000 chèvres aux Européens. Pour les chevaux, les mulets, les ânes, ils sont répartis entre les indigènes et les Européens dans une semblable proportion.

2. Cultures indigènes : 1 314 000 hectares plantés en orge rendent 11 175 416 hectolitres, soit 8 hectolitres et demi à l'hectare; 978 000 hectares plantés en blé dur rendent 6 515 416 hectolitres, soit 6 hectolitres 65 litres à l'hectare.

Cultures européennes : blé tendre, 125 000 hectares plantés rendent 1 365 000 hectolitres, soit 10 hectolitres 95 litres à l'hectare; 127 000 hectares plantés en blé dur rendent 1 208 750 hectolitres, soit 9 hectolitres 50 litres à l'hectare.

Rendement total des 2 420 000 hectares cultivés en céréales : 23 176 250 hectolitres, soit 9 hectolitres 60 litres à l'hectare.

Ces chiffres empruntés aux statistiques officielles sont-ils exacts? ne

LES CULTURES. — LES RICHESSES DE LA COLONIE. 205

On jugera mieux encore combien peu les Européens se livrent à la culture des céréales, si l'on remarque que, parmi les 420 000 hectares qui leur appartiennent, une part fort importante n'est pas cultivée directement par eux, mais confiée à des khammès. Ce fait a peut-être son explication dans les deux observations suivantes : d'une part, depuis douze ou quinze ans, les colons ont surtout donné leur intelligence et leurs capitaux à la culture de la vigne; d'autre part, la culture des céréales ne paraît pas donner, malgré la fertilité du sol, malgré même les fumures, des rendements très rémunérateurs. « Une force occulte, écrit un agriculteur [1], ramène tous nos rendements possibles à 15, à 18 hectolitres à l'hectare;... en régularisant l'obtention de ce rendement moyen, nous obtiendrions le maximum que le climat veut bien nous donner. » Ces rendements *maxima* sont équivalents au rendement *moyen* obtenu en France! Il faut, à la vérité, ajouter que, dans certaines contrées favorisées, notamment dans les plaines de Sétif et sur les Hauts Plateaux de Constantine, les terres irriguées donnent un rendement supérieur; dans les années de pluies abondantes, les indigènes de certaines régions de l'ancienne Numidie obtiennent 20 et même, paraît-il, 25 hectolitres à l'hectare.

Les données relatives à la production du blé offrent un certain intérêt, et peuvent être citées à titre d'exemple. Le rendement moyen du blé dur a été, dans ces dernières années, dans toute l'Algérie, de 8 quintaux métriques ou 10 hectolitres à l'hectare, chez les Européens, et de 4 quintaux métriques ou 5 hectolitres, chez les indigènes; le rendement du blé tendre est plus uniforme parce qu'il est localisé chez les Européens, qui cultivent mieux que les Arabes; sa bonne moyenne est de 9 quintaux métriques. — On voit, d'après les chiffres relatifs au blé dur, combien la récolte est plus faible chez l'indigène que chez l'Européen. Celui qui a parcouru l'Algérie, qui a vu le champ de l'indigène labouré

---

sont-ils point majorés? Nous ne savons, mais nous devons noter qu'ils accusent à l'hectare un rendement supérieur à celui donné par M. Millot dans un livre qui fait autorité et que nous citons plus loin.

1. Millot, *loc. cit.*

sans profondeur, semé de touffes de palmiers nains ou d'artichauts sauvages, ne peut en être surpris. L'indigène est un médiocre agriculteur, comme il est un médiocre éleveur. Faut-il, d'ailleurs, citer encore un chiffre? En 1890, les cultivateurs européens employaient 110 000 charrues, herses, rouleaux, faucheuses, machines à battre, etc., tandis que les cultivateurs indigènes, qui ensemençaient une superficie six fois plus considérable, ne possédaient que 257 000 instruments aratoires.

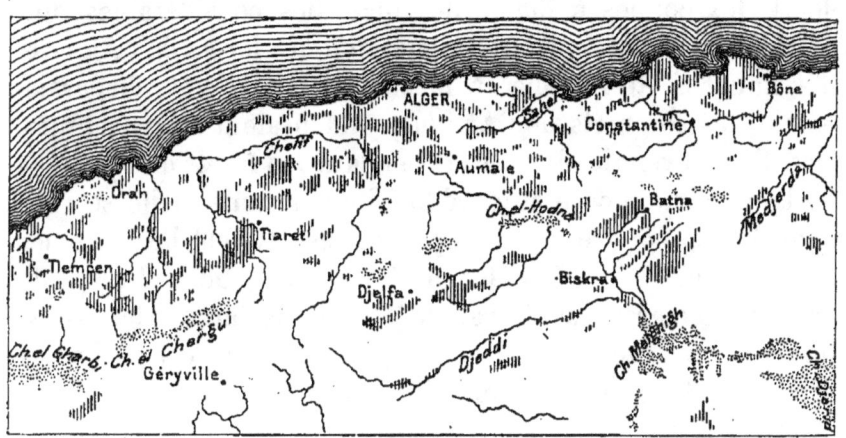

Les forêts de l'Algérie.

La superficie du sol forestier reconnu et délimité à la fin de l'année 1889 était de 3 045 692 hectares. C'est là un beau chiffre. Il est vrai que l'administration comprend en Algérie sous le nom de « forêts » des espaces, souvent considérables, sans végétation, dépouillés, presque nus, semés seulement d'arbres isolés, de touffes de genévriers, de buissons ou de mauvaises broussailles. On traverse, à cheval ou en voiture, pendant des heures entières, des « forêts » sans arbres; en chemin, on rencontre des moutons et des chèvres, qui, sous la surveillance de pasteurs indigènes, broutent les maquis[1].

---

1. Voir plus loin, au liv. III, chap. i, p. 342, la question des forêts au point de vue indigène.

Derrière ce gros chiffre — 3 045 692 hectares, — il faut voir la vérité : l'Algérie n'est plus le pays boisé et partant arrosé qu'elle était autrefois. Plutarque raconte que Pompée chassa l'éléphant dans les forêts des deux Mauritanies ; pendant toute la période romaine, les villes dont nous voyons les ruines avaient certainement à leur portée de grandes forêts ; Mohammed-ben-Ali-el-Kairouani, historien arabe du xe siècle, rapporte que « de Tripoli à Tanger, tout ce vaste espace n'était qu'un ombrage continu ». Que ces temps sont loin ! Des coupes à blanc, des incendies considérables ont, à travers les siècles, ruiné les magnifiques forêts de l'Algérie. Le climat a été modifié ; à mesure que les forêts disparaissaient, les sommets de l'Afrique condensaient moins de nuages, l'air devenait plus sec. Cependant les forêts que possède l'Algérie sont encore aujourd'hui d'une grande richesse : les pins d'Alep couvrent une superficie de 710 000 hectares, les chênes verts, de 663 000 hectares, les chênes-liège, de 290 000 hectares, les thuya, de 88 000 hectares, etc. — La province de Constantine est la plus boisée ; c'est elle aussi qui possède presque tous les chênes-liège de l'Algérie (242 000 hectares).

Le domaine forestier ne cesse malheureusement pas d'être menacé. Depuis que nous sommes établis en Algérie, il a considérablement diminué du fait des incendies allumés tantôt par une extrême sécheresse, tantôt par une imprudence, tantôt par l'insouciance des indigènes ou par leur malveillance. Chaque fois que les Arabes sont mécontents, surexcités, des centaines ou des milliers d'hectares prennent feu. De 1876 à 1884, les dégâts causés par les flammes ne sont pas évalués à moins de 13 400 000 francs. L'administration a pris des mesures ; elle rend responsables du mal les douars sur le domaine desquels éclate un incendie (loi du 17 juillet 1874) ; elle oblige les tribus, habitant dans les régions forestières, à fournir des *assès* ou sentinelles qui doivent faire le guet sur des points désignés. Ces dispositions méritent d'être approuvées ; mais il n'en est pas de même, ainsi qu'on le verra plus loin, de l'attitude des agents forestiers à l'égard des indigènes, qui, en vertu d'usages séculaires, réclament le libre parcours pour leurs troupeaux.

Pourra-t-on jamais empêcher tous les incendies dans un pays où les chaleurs de juillet et d'août dessèchent les jeunes pousses et les feuilles, où le siroco peut activer les flammes ? Cela est douteux, mais il est certain que beaucoup pourraient être prévenus si l'administration forestière veillait, si elle dégageait les arbres du menu branchage, du sous bois qui aide à la propagation du feu. Actuellement les forêts d'Algérie ne sont point gardées du tout ou le sont mal. Sur le tiers de la surface l'État n'entretient pas un seul garde ; dans les régions où un système de surveillance est organisé, on confie à un seul agent une surface de 4 500 hectares ; la moitié de ces agents n'ont pas de maison forestière et demeurent hors de leur section. N'est-ce pas là une protection tout à fait illusoire ? Il est donc urgent que le personnel du service forestier soit notablement augmenté ; la dépense que l'on fera dans ce but sera, en réalité, une économie.

Dire que le domaine forestier est mal gardé, ce n'est dire qu'une partie de la vérité. Les forêts algériennes qui appartiennent, pour les cinq sixièmes, à l'État [1], sont d'un rapport nul ou à peu près nul. Depuis dix ans, elles ont, en effet, rendu, année moyenne, moins de 500 000 francs. A ce faible chiffre, il faut opposer cet autre : les forêts de l'État en France qui ont moins d'un million d'hectares, rapportent par an 25 millions. Il est vrai que la dépense du service des forêts est, en France, de 13 000 000 de francs par an, tandis qu'elle n'atteint pas 2 000 000 en Algérie. Mais, déduction faite de ces frais de garde, il demeure que les forêts de France rapportent 12 millions au Trésor, tandis que les forêts d'Algérie lui coûtent 1 million 1/2.

Si les forêts algériennes ne rapportent rien à l'État, elles ont, il faut le reconnaître, beaucoup rapporté aux particuliers. L'administration a, il y a vingt ans et plus, concédé gratuitement, ou presque gratuitement, de beaux domaines

---

[1]. Sur la superficie totale de 3 045 692 hectares que couvrent les forêts, 2 498 612 appartiennent à l'État ; — elles sont placées, les unes sous la surveillance de l'autorité civile, les autres, de l'autorité militaire ; — 78 685 hectares appartiennent aux communes ; 468 395 hectares appartiennent à des particuliers.

forestiers et notamment des forêts de chênes-liège. Souvent même, elle s'est laissé arracher sa renonciation à une partie du prix de vente qui avait d'abord été convenu. Raconter en détail ces faiblesses et ces gaspillages, ce serait montrer combien l'administration coloniale a, à certaines époques, mal défendu le bien de l'État. Sans insister ici davantage [1], fixons les trois traits principaux de la situation actuelle : 1° les forêts de l'État ne lui rapportent qu'un profit presque nul ; — 2° les 170 000 hectares de chênes-liège, appartenant à des particuliers, leur rapportent annuellement plus de 5 200 000 francs de liège brut exporté (chiffre de 1887) [2] ; — 3° l'Algérie, si riche en beaux arbres, reçoit annuellement de Suède, de Norvège, d'Allemagne et d'Autriche environ pour 3 millions de bois de construction et de traverses de chemins de fer.

Il est temps, on en convient, de se préoccuper d'une situation aussi fâcheuse, et les hommes compétents reconnaissent que la première amélioration qu'il faut poursuivre, est le « démasclage », puis l'exploitation régulière des 270 000 hectares de chênes-liège qui appartiennent à l'État [3]. Ils estiment que le revenu total de cette exploitation pourrait monter progressivement à 8 et 10 millions.

Mais une seconde question se présente sur laquelle les esprits sont divisés : l'État doit-il exploiter lui-même ses forêts ou les affermer? On a d'abord pensé que l'administration, machine lourde, compliquée, paperassière, formaliste, serait incapable de se livrer à une industrie économiquement, avec profit, et de nombreux affermages ont été consentis. L'âpreté de quelques fermiers, peut-être d'autres raisons, ont fait condamner, il y a quelques années, le sys-

---

[1]. Voir plus loin ce qui est dit à ce sujet au chapitre x, p. 304.
[2]. Les propriétaires des forêts de chênes-liège considérant le prix que leur a coûté l'hectare (quelquefois ils l'ont eu pour une somme dérisoire), puis les frais d'appropriation, d'exploitation, enfin l'intérêt de ces différentes sommes, évaluent le bénéfice net procuré par un hectare entre 7 1/2 et 8 1/2 p. 0/0.
[3]. On sait que la première opération pour l'exploitation d'une forêt de chênes-liège est le *démasclage* qui dépouille l'arbre de la première écorce. Chaque arbre démasclé donne une récolte tous les dix ans; elle est en moyenne de 5 kilogrammes; le kilogramme de liège brut se vend environ, en ce moment, 25 francs.

tème de l'affermage. Depuis 1883, l'administration des forêts s'est engagée dans la voie de l'exploitation directe : ce sont ses agents qui ouvrent les sentiers forestiers, procèdent au démasclage des arbres, puis à la récolte. Les lièges détachés sont mis en tas dans les forêts et vendus par adjudication publique. De 1883 à la fin de 1891, 14 millions de chênes-liège, correspondant environ à 120 000 hectares, ont été démasclés dans les forêts de l'État.

Le système de l'exploitation directe est-il le meilleur? On ne saurait le dire. Il a certes l'avantage d'éviter les conflits, les difficultés qui s'élèvent entre les fermiers et l'administration au sujet des incendies ou de l'exécution du cahier des charges. Cependant n'est-ce pas pousser trop loin « l'esprit de système » que de condamner absolument le mode de l'affermage au lieu de chercher à l'amender? Il est permis de penser qu'il serait possible de trouver en Algérie des fermiers honorables et suffisamment riches, d'exiger d'eux des garanties, un cautionnement même, et que, ces satisfactions obtenues, il serait avantageux pour le Trésor de leur concéder l'appropriation et l'exploitation d'une partie au moins des forêts pour une période de cinquante à soixante années.

En agissant ainsi l'État, qui n'a pas les moyens de tout entreprendre, quelles que soient ses ressources, s'assurerait le concours des capitaux de particuliers [1].

Il n'est pas possible de parler des forêts algériennes sans consacrer quelques lignes à la question du reboisement. Le reboisement est dans notre colonie une opération d'une utilité publique de premier ordre. Certes, il convient d'abord, ainsi que nous l'avons indiqué, de combattre, autant qu'il est possible, le déboisement en surveillant les forêts, en organisant leur défense contre l'incendie. Mais cela ne serait point suffisant. Sur les pentes, les coteaux, les montagnes les

---

[1]. En ce moment même (1892-1893) arrivent à expiration les derniers contrats d'affermage consentis par l'administration. Ils remontent à 1879. À cette époque l'État donna à bail pour une durée de 14 ans 80 000 hectares de forêts de chênes-liège. Les concessionnaires sont engagés à démascler les arbres, ouvrir des chemins, afin de mettre les forêts en plein rapport et à payer des redevances qui atteignent un million environ. — On pourra juger bientôt si ces contrats ont été fidèlement exécutés, s'ils sont avantageux pour l'État.

incendies et la dent des troupeaux ont détruit des espaces boisés considérables; la terre est maintenant nue : aucune racine, aucun tronc ne retiennent plus l'humus, lorsque viennent les grosses pluies d'orage. C'est ainsi que les grandes masses d'eau qui tombent lavent et ravinent continuellement le sol, entraînant dans les vallées, dans les torrents, jusque dans la mer des centaines et des milliers de mètres cubes d'une terre fertile que l'agriculture ne retrouvera jamais. Faut-il rappeler aussi que, là où il n'y a pas d'arbres, l'eau tombe moins, plus irrégulièrement? Si le déboisement se poursuit, un jour viendra où le Sahara, qui gagne déjà sur les Hauts Plateaux, s'avancera jusque dans le Tell.

Un des produits naturels de l'Algérie les plus répandus est l'alfa, que nous avons déjà rencontré dans toute la région des Hauts Plateaux. L'alfa est une sorte de jonc vert qui pousse par touffes; la plante adulte atteint une hauteur d'un mètre et plus. C'est une « graminée spontanée » qui vit sans aucune culture, sans aucun soin, sur un sol ingrat, pierreux, qui supporte la neige, le froid, comme le soleil, la sécheresse et le siroco. La « mer d'alfa » d'Algérie a peut-être sur les trois départements une étendue de 10 millions d'hectares; elle est, à quelques exceptions près, propriété domaniale ou propriété collective. Chacun peut faire paître librement ses troupeaux ou récolter l'alfa partout où l'État n'a pas accordé de concessions ou privilèges. Cette plante, en effet, sert à tout : elle nourrit les troupeaux de moutons, les chèvres, les chameaux, les chevaux; elle est utilisée par l'industrie. Les tiges d'alfa de qualité supérieure sont employées dans la sparterie et le tissage des étoffes grossières; l'Espagne les achète; les tiges de qualité inférieure, de beaucoup les plus nombreuses, servent à la fabrication du papier; elles vont en Angleterre. C'est l'alfa qui donne au papier anglais la solidité, la raideur qui le caractérisent. Soit routine, soit toute autre cause, les papetiers français ont fort peu utilisé jusqu'ici cette matière première que leurs concurrents demandent chaque année en quantités plus importantes.

L'Algérie, malheureusement, n'est pas le seul pays producteur d'alfa; les alfas de la Tunisie, de la Tripolitaine et du Maroc, font aux alfas algériens une concurrence considérable. Les prix, depuis six à huit ans, ont énormément baissé et, par conséquence, la récolte s'est faite, dans nos trois départements d'Algérie, sur des superficies moins étendues. Une société, la Franco-Algérienne, qui avait obtenu de l'État, à titre de subvention pour la construction d'une voie ferrée, le monopole de l'exploitation de l'alfa sur une superficie de 300 000 hectares dans le département d'Oran, a notamment éprouvé de grandes pertes du fait de l'avilissement des prix. En 1890, il n'a été récolté que 1 052 000 quintaux métriques, alors qu'en 1883, la récolte avait presque atteint 8 300 000 quintaux métriques. Cette même année (1890), la superficie des terrains d'alfa exploités dans la province de Constantine dépassait quelque peu celle de la province d'Oran (521 800 hectares contre 504 700).

L'olivier, que Columelle appelait « le premier de tous les arbres », est bien moins cultivé en Algérie qu'en Tunisie. On le rencontre surtout dans quelques régions du Sahel, en Kabylie et dans le massif de l'Aurès. Les arbres sont souvent magnifiques; certains troncs mesurent de 8 à 10 mètres de circonférence. On calcule qu'il y a, rien qu'en massifs compacts, 70 000 hectares plantés d'oliviers.

Malheureusement, les oliviers sont demeurés, dans beaucoup de régions, en pays arabe surtout — car les Kabyles savent greffer, — à l'état sauvage. En 1890, il a été récolté 54 694 000 kilogrammes d'olives et fabriqué 1 110 000 hectolitres d'huile. Ce chiffre comme ceux, d'ailleurs, des années précédentes, témoigne que l'exploitation de l'olivier est en progrès. Cependant, il n'est pas douteux que les Européens se sont jusqu'ici très peu occupés de la fabrication de l'huile. Ils ne possédaient, en 1890, que 151 moulins, et, la même année, l'Algérie achetait en France pour 5 200 000 francs d'huile, tandis qu'elle n'y vendait que pour 1 800 000 francs. Peut-être, dans vingt-cinq à trente ans, les statistiques constateront-elles des résultats bien différents ; soigné avec intelligence par des Européens et de bons ouvriers indigènes, l'olivier pourrait être un arbre de grand rapport.

L'huile exportée d'Algérie est généralement de qualité inférieure; on la raffine à Marseille, ou on l'emploie à la fabrication du savon. Il convient d'ajouter, afin d'expliquer comment, avec une production importante, l'exportation demeure faible, que la plus grande partie de l'huile fabriquée par les indigènes avec des procédés primitifs, est consommée par eux-mêmes.

La vigne, les céréales, l'olivier sont les principales cultures du Tell et des Hauts Plateaux; ce ne sont pas les seules. Les Européens et les indigènes cultivent encore le bananier, l'oranger, le mandarinier, le citronnier, le tabac, le coton, le lin, la ramie, puis les fruits et légumes qui sous le nom de « primeurs » sont chaque année exportés sur France en quantités importantes [1]. Certaines de ces cultures, comme le coton, tendent à disparaître; d'autres progresseront sans doute dans l'avenir, comme l'oranger, le mandarinier et l'olivier. Tous les capitaux, il faut l'espérer, ne continueront pas à se porter vers la vigne seule. La ramie, cultivée à l'heure actuelle sur quelques hectares, à titre d'expérience, a peut-être beaucoup d'avenir. C'est une plante textile, assez semblable d'apparence à l'ortie, qui atteint, trois ans après sa plantation, 1 mètre à 1 m. 80; la fibre est d'un grain aussi fin et aussi brillant que celui de la soie. Cette plante, d'une culture facile, peut, en bon sol, frais ou irrigué, donner jusqu'à trois récoltes par an; elle est, en outre, d'une utilisation multiple et déjà l'industrie a fait, avec la ramie, du papier, du linge, du velours, des étoffes diverses. Si la culture de ce textile est encore très peu répandue c'est que, jusqu'ici, il n'a pas encore été trouvé une bonne machine à décortiquer. Il n'est pas douteux que ce problème sera bientôt résolu.

---

1. Statistiques pour 1890 :
Les bananiers, orangers, mandariniers, citronniers représentent 783 844 arbres; — le tabac couvre 6 300 hectares, rapportant 2 618 952 kilogrammes; — le lin couvre 380 hectares; — les plantes potagères et légumes divers couvrent 24 753 hectares.

L'Algérie, nous l'avons dit, est un pays à régions bien tranchées. Dans le Tell, nous avons rencontré la vigne, les céréales, l'olivier, l'oranger; sur les Hauts Plateaux, les céréales, l'alfa, les troupeaux; dans le Sahara, nous trouvons, avec quelques arbres fruitiers, quelques céréales et les troupeaux qui y séjournent l'hiver, un arbre qui est l'unique richesse des *ksour* et des oasis, la vie de leurs habitants : le palmier dattier. Les Sahariens achètent avec ses fruits le blé nécessaire à leur nourriture. Les *ksour* du Sud-Oranais sont riches en palmiers; Ghardaya, dans le Mzab, est une des palmeraies les plus considérables de notre colonie; El Oued, capitale du Souf algérien, a une importance égale à celle de Ghardaya; mais c'est le Sud de la province de Constantine qui est, par excellence, le pays du palmier dattier. La région du Ziban dont la capitale est Biskra, la plaine de l'Oued-Rir, qui s'étend des bords du Chott Melrir jusqu'à Tougourt, enfin, la région de Ouargla, parcourues par des eaux souterraines, vivifiées de distance en distance par des puits artésiens, ont, en trente-cinq ans, quintuplé, peut-être sextuplé de richesse.

C'est en 1856 que le premier puits français fut foré à Tamerna, par un de nos ingénieurs, M. Jus. Jusqu'alors les indigènes n'avaient pour creuser les puits et les défendre des sables que des moyens primitifs; souvent, si l'eau cessait d'être abondante, si le puits se tarissait, l'oasis était condamnée à la disparition, ses habitants à la fuite ou à la mort. Un palmier ne demande pas moins de 3 litres d'eau par heure. Biskra, et, dans le Ziban, les oasis de Foughala, d'El-Amri; puis, dans l'Oued-Rir, les palmeraies d'Ourir, de Mraïer, d'Ourlana, de Chria Saïah, de Sidi Yahia, de Tamerna, sont dues, soit entièrement, soit pour une grande part, aux forages des ingénieurs français. Tougourt est entourée de plus de 170 000 palmiers; au sud de Tougourt, l'oasis de Ouargla en possède 600 000 arrosés par un millier de puits. En 1887, la région de l'Oued-Rir seule comptait 43 oasis, à peu près 520 000 palmiers en plein rapport, plus de 140 000 palmiers de un à sept ans (le palmier ne rapporte qu'à la dixième année) et environ 100 000 arbres fruitiers. La production annuelle en dattes représentait une valeur de plus de 2 500 000 francs. Il résulte de cette production un mouvement considérable d'échanges entre Biskra, Tougourt et Ouargla, ainsi que dans les régions voisines; tout ce mouvement se fait par caravanes.

C'est donc à des capitalistes français que le Sud de la province de Constantine doit la meilleure part de sa richesse. De hardis pionniers se sont épris de la culture du palmier dattier, observant, d'ailleurs, que cette entreprise, rationnellement conduite, serait rémunératrice. C'est en 1878 que s'est constituée la Compagnie de l'Oued-Rir; plus tard, la Société de Batna et du Sud-Algérien et d'autres sociétés se sont fondées. Toutes ont foré des puits, défriché ou aménagé les terres, donné du travail aux indigènes [1]. Il n'est pas sans intérêt de noter ici que le chiffre de l'exportation annuelle des dattes n'est nullement en rapport avec l'immense production indigène et européenne. On estime que l'ensemble des palmeraies de l'Algérie méridionale comprend près de 3 millions d'arbres, et les statistiques n'accordent même pas une ligne spéciale à l'exportation des dattes qui figurent à la colonne des « fruits de table : 4 millions de francs ». Cette constatation trouve son explication dans ce fait que la datte fraîche ou sèche, les pâtés de dattes, sont pour les indigènes de toute l'Algérie un « mets national »; la population consomme la très grosse part de la production.

Il ne paraît pas douteux que l'exploitation du palmier continuera à se développer dans le Sud; quant à la question de savoir s'il serait possible d'introduire certaines cultures dans

---

[1]. Les chiffres donnés dans le texte sont les plus récents que nous ayons pu nous procurer. Il n'est pas sans intérêt d'y joindre, bien qu'il soit de date plus ancienne, le tableau suivant emprunté à un travail de M. Jus :

Région de l'Oued-Rir.

	1856	1880
Nombre des oasis................	31	38
Nombre de puits................	282	434
Débit au litre par seconde.......	883	1200
Nombre de palmiers.............	360 000	518 000
Arbres fruitiers	40 000	90 000
Valeur des cultures.............	1 660 000 fr.	5 500 000 fr.
Habitants......................	6 772	12 800

le désert, elle semble fort délicate. Cela d'abord ne serait possible que dans les régions où le sol est de terre végétale, mais, en outre, il faudrait de l'eau, beaucoup d'eau et, le forage des puits étant un travail coûteux, quelle culture donnerait d'assez beaux profits pour rémunérer les capitaux employés? La culture du coton, un moment essayée aux environs de Biskra, a été délaissée; l'élève de l'autruche entreprise il y a quelques années a été abandonnée; les Pères blancs de

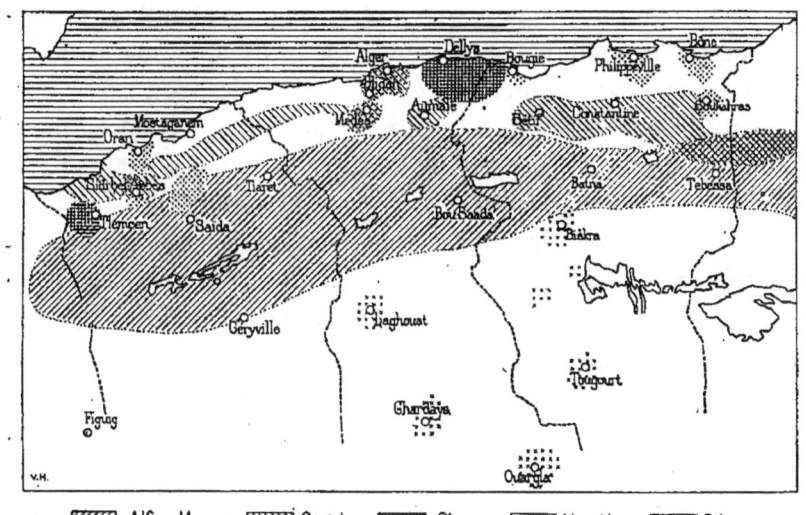

Alfa et Mouton — Céréales — Olivier — Vignobles — Palmiers

Principales cultures et productions de l'Algérie.

Biskra viennent de planter quelques pieds de vigne dans une terre particulièrement fertile et arrosée.

L'avenir, on le voit, donne, dans toutes les régions de l'Algérie, de grandes espérances; mais le présent offre déjà une situation très satisfaisante [1]. La multiplicité des productions

[1] *Production et commerce de l'Algérie de 1869 à 1891.*

Années.	Récoltes en céréales en milliers de quintaux.	Récoltes en vin en milliers d'hectolitres.	Exportation du bétail en milliers de têtes.	Commerce total en millions de francs.
1869	10 676	110	258	294 2
1875	19 676	196	375	336 2
1880	16 006	432	495	427 2
1885	15 030	967	795	423 9
1890	18 541	2 844	1 046	534 5
1891	14 733	4 058	1 043	513 5

témoigne de la richesse et de la fertilité du pays; l'examen d'un tableau présentant les récoltes faites depuis une vingtaine d'années ainsi que le mouvement commercial montre, ce qui est mieux encore, la progression constante et partant la « consolidation » de cette richesse. Le siroco brûlant qui peut dessécher la vigne à la veille de la récolte, les sauterelles qui, dans ces dernières années, ont fait bien des ravages, mangeant, ici les céréales, là les raisins, ailleurs les feuilles des arbres, sont des ennemis avec lesquels l'agriculteur algérien peut vivre. Certes il en souffre, et c'est un spectacle désolant que de voir, au mois de juin ou de juillet, des campagnes, hier riches et pleine de promesses, aujourd'hui nues, mangées, ruinées par un vol de sauterelles. Mais, par tout pays, l'agriculture n'a-t-elle pas ses fléaux? Le paysan français souffre, en certaines années, de la neige, de la grêle, des orages ou des inondations. Si le phylloxera qui n'a jusqu'ici attaqué qu'un centième environ du vignoble algérien ne progresse pas, le plus grand malheur qui puisse atteindre notre colonie sera évité.

Les colons, qui, en général, se plaignent assez peu du redoutable insecte insistent, en revanche, beaucoup sur la lourdeur de leur dette hypothécaire. La propriété non bâtie supportait, au 1er octobre 1892, pour environ 205 710 844 fr. d'hypothèques conventionnelles. Ce chiffre est certainement très élevé; mais n'est-ce pas le sort de la propriété rurale d'être lourdement grevée dans un pays neuf? Beaucoup arrivent qui ne possèdent rien ou ne disposent que d'un capital insignifiant; tous veulent planter des surfaces importantes, s'étendre au delà de leurs véritables moyens, espérant réaliser de gros revenus qui leur permettront de se dégager dans un temps court. Parcourez l'Algérie, informez-vous : « Derrière chaque propriétaire, il y a le créancier, vous dira-t-on; si la récolte est mauvaise cette année, j'aurai la visite de l'huissier. Mon voisin qui a chevaux, voitures et une belle maison doit dix fois ce qu'il possède; il faut qu'il prélève 60 p. 0/0 du revenu qu'il a dans une bonne année pour faire honneur à ses échéances : si l'année est médiocre ou mauvaise, comment fera-t-il? » Ces plaintes, quelquefois exagérées, sont bien souvent fondées : les fortunes sont très rares, les plus gros propriétaires doivent des sommes importantes; les affiches, les journaux annoncent chaque jour des ventes judiciaires d'immeubles; beaucoup de propriétaires offrent de vendre à perte, et, pour le noter en passant, le métropolitain ayant une somme liquide de 80 à 100 000 francs est certain de réaliser dans la colonie une excellente affaire en achetant une ferme, ou un vignoble dans le moment actuel. Mais ceux qui, considérant cette situation, ont prononcé le mot de « crise immobilière » ont été trop loin, ont exagéré les choses. Si le phylloxera ne fait pas de progrès, si les sauterelles cessent de paraître presque tous les ans et surtout sont mieux combattues, la richesse du colon ira croissant du fait de l'augmentation naturelle des récoltes et, partant, la colonie pourra d'ici peu d'années réduire sa dette hypothécaire dans d'importantes proportions.

D'ailleurs, la médaille a deux faces, et les Algériens qui, volontiers, se plaignent de leur dette, ne peuvent taire leurs bénéfices. Dans notre course rapide à travers le pays, au chapitre précédent, n'avons-nous pas rencontré de grands, de moyens, de petits propriétaires également satisfaits? Les uns reconnaissent qu'ils font 100, 150, 200 hectolitres à l'hectare et que l'abondance de la production compense le prix assez faible de l'hectolitre; les autres récoltent moins, mais vendent mieux, et obtiennent 20, 30, 40, 60 ou 80 francs de l'hectolitre; 20 francs est pour beaucoup un chiffre très suffisamment rémunérateur. La plupart font des bénéfices de 8, 10, 12, ou 15 p. 0/0, et s'ils ont encore des dettes, ils les peuvent facilement acquitter à l'échéance. D'un autre côté, l'élevage du mouton ou des porcs est pour ceux qui l'entreprennent une source de bons revenus. Enfin, dans les régions à céréales, beaucoup d'agriculteurs sont satisfaits : voici, par exemple, aux environs de Sétif, un colon qui a acheté 100 000 francs une propriété de 300 hectares de bonnes terres irriguées; il fait, avec des khammès, du bois (peupliers et saules), du bétail (moutons et vaches), des céréales (blé et orge), des légumes et, il obtient un revenu annuel de 12 p. 0/0 ou plus.

LES CULTURES. — LES RICHESSES DE LA COLONIE.

Le prix des terres est, notons-le, un signe certain de prospérité. Si l'hectare ne se vend quelquefois, dans un centre nouveau, qu'une cinquantaine de francs, bien que le plus souvent il atteigne 100 francs, il vaut 150, 200 et 250 francs dans des centres en voie de développement; dans les environs des villes — et nous ne disons pas seulement des villes du littoral, — les prix sont doublés ou triplés : 500, 600, 700 francs l'hectare; on rencontre même encore les chiffres de 800 et 1 000 francs, bien que, depuis quelques années, les prix auxquels la spéculation avait porté la terre aient sensiblement fléchi.

Mais nous nous apercevons que nous n'avons pas tout dit au sujet des richesses de notre colonie. Peut-on oublier les productions de la mer? celles du sous-sol?

Les côtes algériennes présentent, au point de vue des ressources que l'homme peut tirer de la pêche, une grande richesse : l'allach, l'anchois, la sardine se montrent à toutes les époques de l'année et, par moments, en bandes innombrables; les thons, les merlans, les homards, les langoustes sont également pêchés en quantité considérable. Longtemps la pêche algérienne a été dans les mains des Italiens et des Espagnols, plus que dans celles des Français. Depuis la loi du 1er mars 1888, toute la population maritime est française par la naturalisation,... française sur le papier, d'après la loi, non encore par l'esprit; aussi serait-ce une bonne chose d'infuser à l'élément pêcheur du vrai sang français. Le gouvernement général s'en préoccupe, d'ailleurs, et déjà, il a installé, sur les côtes, il y a quelques mois des familles de pêcheurs bretons. — On compte environ 6 000 pêcheurs répartis sur l'étendue des côtes des trois départements. Ils fournissent la colonie de poisson, puis en expédient en France pour près de 2 millions et demi (chiffre de 1890).

Après la pêche du poisson, il faut mentionner celle du corail; les bancs se trouvent par des fonds de 15 à 40 mètres, principalement dans la zone comprise entre le cap Rose et le cap Roux. Le prix brut du corail pêché varie, annuellement, de 250 000 à 350 000 francs environ.

L'Algérie possède des mines de fer, de cuivre, de zinc, de plomb argentifère, d'antimoine et des carrières de marbre. Ces mines et ces carrières étaient déjà connues et exploitées au temps des Romains. Jusqu'ici, les capitalistes français leur ont accordé assez peu d'attention; l'argent, en un pays neuf, ne peut aller partout à la fois. En 1890, le nombre des mines concédées était de 51, dont 29 dans le département de Constantine, 16 dans le département d'Alger, 6 dans celui d'Oran. Toutes n'étaient pas exploitées; quelques-unes même étaient abandonnées. Il faut citer, parmi les mines exploitées, celles de zinc et de plomb de la province d'Alger et celles de fer des provinces d'Oran et de Constantine. Les premières situées à Sakamody et à Guerrouma ont produit en 1890 10 000 tonnes, représentant une valeur de 1 137 000 francs; les secondes, plus connues, plus importantes, sont situées à Beni-Saf (Oran) et à Aïn-Mokra. Les statistiques, incomplètes, ne font pas connaître le rendement de ces mines, mais il ne doit pas être inférieur à 400 ou 450 000 tonnes par an; les mines de Beni-Saf sont en plein développement, celles d'Aïn Mokra, au contraire, travaillent aujourd'hui moins qu'il y a quelques années. Les minerais de fer, de plomb, de cuivre, extraits du sol de notre colonie sont exportés à l'état brut en Angleterre, en Hollande, aux États-Unis. L'Algérie n'a donc point d'industrie métallurgique et la raison en est que, jusqu'ici, aucune mine de charbon n'y a été découverte. — Les principales carrières de marbre sont aux environs d'Oran, de Cherchell et de Philippeville.

La pêche, l'extraction du minerai ne sont point, à proprement parler, des industries. L'industrie, d'ailleurs, n'existe pas en Algérie ou, du moins, est toute locale; c'est ainsi que l'on rencontre quelques distilleries, quelques minoteries, des moulins à huile, des briqueteries. Cet état n'est pas particulier à notre colonie; on l'observe généralement dans toutes pendant la première partie de leur existence; elles ne produisent le plus souvent que des matières premières et s'adressent aux vieilles sociétés pour se fournir d'objets manufacturés. Les capitaux vont à la terre avant d'aller aux usines. Les peaux de l'Algérie, les laines et autres produits animaux, sont manufacturés dans notre pays; les huiles passent par les usines provençales; l'alfa est expédié en Angleterre; les racines de thuya sont travaillées par les ébénistes parisiens, les lièges utilisés par les industriels de la métropole; les minerais expédiés, à l'état brut, dans les établissements métallurgiques étrangers.

Peut-être verrons-nous au siècle prochain certaines industries naître et se développer en Algérie, comme on l'observe aujourd'hui en Australie ou dans la République Argentine. Mais la question du charbon aura toujours une grande importance. Faut-il rappeler, d'ailleurs, que la culture de la vigne, des céréales, des palmiers, l'élève du mouton, l'exploitation des oliviers sont encore bien loin d'avoir pris l'extension dont ils sont susceptibles?

CHAPITRE VII

LE RÉGIME DOUANIER ET LE MOUVEMENT COMMERCIAL

Importance qu'une législation douanière libérale a pour une colonie. — Les lois de 1867, de 1884 et de 1892. — Protection que cette dernière loi assure aux produits algériens. — Le commerce du Sud. — Nécessité d'une zone franche.
L'octroi de mer. — Sa législation; son caractère fiscal. — Décret du 19 septembre 1892.
Mouvement commercial de l'Algérie en 1891. — Importance des affaires entre la France et sa colonie. — Commerce avec l'étranger.
Mouvement de la navigation.

L'établissement d'un régime douanier bien compris, ne contenant ni taxes vexatoires, ni droits prohibitifs, est, pour une jeune colonie, d'une très grande importance. Cette vérité n'a pas été comprise, dès le lendemain de notre occupation, par le gouvernement métropolitain, et le commerce de l'Algérie a souffert, pendant une vingtaine d'années au moins, d'un système peu libéral.

Les produits algériens exportés en France durent acquitter des « droits de sortie » jusqu'en 1843 [1], — ceux exportés à l'étranger, jusqu'en 1851, et même jusqu'en 1867 ; en outre,

---

1. La loi du 16 décembre 1843, qui améliorait l'état de choses existant, accordait la franchise aux marchandises françaises importées en Algérie, mais elle conservait l'obligation, pour les produits de notre colonie, d'acquitter certaines taxes à leur entrée dans nos ports. Ces produits étaient seulement affranchis du payement des « droits de sortie ». Ainsi, la loi de 1843 maintenait une inégalité de traitement entre les produits français et les produits algériens; les premiers pénétraient librement en Algérie, les seconds, au contraire, étaient frappés en entrant en France.

ces produits demeurèrent soumis à des taxes douanières à leur entrée dans nos ports, jusqu'en 1851, et quelques-uns, jusqu'en 1867.

La loi du 11 janvier 1851 est la première qui ait servi les intérêts du commerce et favorisé l'essor de la colonie. Elle admit en franchise, à leur entrée dans la métropole, la plupart des « produits naturels et des produits d'industrie » originaires de l'Algérie. Cette mesure eut un effet immédiat : les exportations de l'Algérie en France s'élevèrent de 10 268 000 francs, chiffre de 1850, à 19 792 000 francs, 21 554 000 francs, 30 782 000 francs, chiffres de 1851, 1852 et 1853.

L'acte législatif de 1851 contenait deux autres dispositions excellentes : les produits étrangers nécessaires « aux constructions urbaines et rurales » étaient reçus francs de droit; — les fontes brutes, les fers en barre, les fers blancs, les cuivres de même origine, étaient admis moyennant le payement de la moitié des droits applicables dans la métropole.

A la date du 17 juillet 1867, intervenait une nouvelle loi qui complétait heureusement la précédente : les produits naturels ou fabriqués originaires de l'Algérie, sans exception, sont déclarés exempts de toute taxe douanière à leur entrée en France et, d'autre part, les marchandises françaises importées dans notre colonie y pénètrent en franchise [1]. C'est l'union douanière absolue entre la métropole et sa colonie. Quant aux importations étrangères, elles bénéficient d'un régime spécial très favorable à un pays neuf qui a besoin de s'outiller promptement et au meilleur marché possible. Le principe est que les produits étrangers sont admis francs de droits; ceux exceptés n'acquittent que des taxes modérées : c'est ainsi que les fontes, les fers en barres et rails, les aciers en barres, le plomb laminé, les machines, les outils, les ouvrages en métaux, etc., ne payent que le tiers des droits applicables dans la métropole [2].

---

[1]. A l'exception des sucres, cafés et autres denrées coloniales.
[2]. Quelques marchandises étrangères restaient cependant soumises au payement intégral des droits applicables dans la métropole : la morue, les tissus de toute sorte, les boissons fermentées et distillées. Enfin, les denrées coloniales étrangères étaient soumises à un tarif spécial mais peu élevé.

Le régime très libéral établi en 1867, a été modifié par l'article 10 de la loi du 29 décembre 1884 [1], qui, revenant sur le principe des lois de 1851 et 1867, soumet, « à partir du 1ᵉʳ janvier 1885, les produits étrangers importés en Algérie aux mêmes droits que s'ils étaient importés en France ». Cette disposition fut adoptée pour donner satisfaction à plusieurs de nos industries, l'industrie métallurgique notamment, qui réclamaient contre le traitement de faveur assuré par la loi de 1857 à la concurrence étrangère. La comparaison entre les chiffres des statistiques douanières afférentes aux années 1884 et 1891 montre que le nouvel état de choses a profité aux marchandises nationales [2]. Ce résultat était certain, d'ailleurs, car les produits étrangers qui pénétraient en franchise ou n'acquittaient que le tiers des droits inscrits dans le tarif métropolitain ont été brusquement soumis aux taxes du « tarif conventionnel », ou même du « tarif général », — et la différence entre les deux régimes était sensible pour certains articles.

Nous écrivons « était sensible », parce que, depuis la loi douanière du 11 janvier 1892, la France n'a plus de « tarif conventionnel » et de « tarif général »; mais un « tarif maximum » et un « tarif minimum ». L'un et l'autre sont fort élevés; le premier, presque prohibitif. Le parti protectionniste a aujourd'hui la majorité dans les Chambres; il en a usé, abusé — pourrait-on dire, — pour entourer la France d'une « muraille de Chine »; il n'a pas craint, même, d'indiquer qu'il ne voulait pas que le gouvernement, dans les traités de commerce qu'il pourrait faire, descendît au-dessous des chiffres portés au « tarif minimum ».

Bien que la loi du 11 janvier 1892 ne contienne aucune disposition nouvelle relative à l'Algérie, elle intéresse fort cependant notre colonie, car elle a des conséquences très

---

1. La loi du 29 décembre 1884 est relative à la « fixation du budget des recettes de l'exercice 1885 ». L'article 10 y paraît au milieu des dispositions fiscales propres aux lois de finances.
2. Année 1884 : importation en Algérie des « outils et ouvrages en métaux » (produits français), 4 983 008 fr.; — « machines et mécaniques », 2 793 000 fr; « fers, fontes, aciers », 242 000 fr. — Année 1891 : importations en Algérie (produits français) des « outils et ouvrages en métaux », 5 452 000 fr.; — « machines et mécaniques », 4 096 000 fr.; — « fontes, fers, aciers », 2 787 000 fr.

avantageuses pour ses exportations en France. La raison est simple : tandis que les produits algériens continuent à jouir de la franchise dans nos ports, les produits étrangers doivent acquitter les droits inscrits au « tarif maximum » ou au « tarif minimum »; droits beaucoup plus élevés, ainsi que nous venons de le rappeler, que ceux du « tarif général » et du « tarif conventionnel ».

Le nouveau régime douanier accorde donc, aux produits algériens, le même supplément de protection qu'il assure aux productions métropolitaines. Quelques chiffres suffiront pour indiquer l'importance de cette protection :

Les vins d'Espagne et d'Italie acquittaient, au temps du « tarif conventionnel », un droit de 2 francs l'hectolitre jusqu'à 15°,9 [1]; ils payent aujourd'hui, les premiers, d'après le « tarif minimum », 0 fr. 70 par degré jusqu'à 10°,9 seulement ; les seconds, d'après le « tarif maximum », 1 fr. 20 par degré jusqu'à 10°,9. Le droit que supportent les vins d'Espagne et d'Italie à leur entrée en France, s'est donc élevé, depuis l'entrée en vigueur de la loi de 1892, de 2 francs à 7 francs et 12 francs; — et même, ce n'est pas assez dire, les vins étrangers titrant plus de 10°,9 payent aujourd'hui des taxes supplémentaires, alors qu'ils étaient admis autrefois jusqu'à 15°,9.

Les moutons frappés, à l'ancien « tarif général », d'une taxe de 5 francs par tête (il n'y avait pas de « tarif conventionnel »), doivent, d'après le « tarif maximum » (il n'y a pas de « tarif minimum »), 15 fr. 50 par 100 kilogrammes de poids vif; c'est là encore une taxe protectionniste fort élevée dont bénéficient les moutons d'Afrique. — Pour les blés, la protection n'a pas augmenté; ils payent, sous le nouveau régime, comme sous l'ancien, 5 fr. par hectolitre.

L'étude de la question douanière en Algérie appelle encore deux observations.

La première est des plus simples. Il suffit de constater que la métropole, toujours bienveillante pour les colons,

---

[1]. L'Espagne a bénéficié du « tarif conventionnel » jusqu'au 1er février 1892. L'Italie, qui en avait perdu la jouissance le 1er mars 1888, payait depuis des taxes plus élevées.

les a depuis longtemps exemptés, en partie, de certains droits de douane, dont le caractère est beaucoup plus fiscal que protecteur : c'est ainsi que le service compétent ne perçoit, en Algérie, que 80 p. 0/0 des droits sur le café, 55 p. 0/0 environ des droits sur le sucre, 75 p. 0/0 environ des droits sur la vanille.

La seconde observation a plus d'importance. La loi de 1867, toujours en vigueur quant à cette disposition, ne reconnaît, en réalité, dans notre colonie, qu'une frontière de mer. Elle dispose, en effet, que seront reçus en franchise, lorsqu'ils seront importés par la frontière de terre, les produits naturels ou fabriqués, originaires de la régence de Tunis, de l'empire du Maroc ou du Sud. Cette mesure est fort sage; elle devait, dans l'esprit de ses auteurs, laisser libre, et partant favoriser le commerce des caravanes. Mais dans la pratique, avec le temps, elle est devenue insuffisante ou mieux a été appliquée à contresens. Dans le but de surveiller le mouvement des échanges et de prévenir la fraude, l'administration a établi, dans ces dernières années (1890), sur les trois frontières de Tunis, du Maroc et du Sud, des bureaux de douane qui ont pour mission de faire acquitter les droits aux marchandises étrangères — anglaises ou italiennes par exemple — que les caravanes apportent souvent avec elles. En agissant ainsi, l'administration exécute certainement la lettre de la loi de 1867, mais obéit-elle bien à son esprit? On peut en douter. Une chose paraît certaine, c'est que ces caravanes qui transportent à la fois des marchandises africaines et des marchandises européennes, parce que les unes et les autres leur sont demandées, évitent nos postes et désertent les régions qu'ils surveillent. Pour citer un exemple, la population du Souf, très commerçante et très active, se plaint de ce que ses relations avec le sud de la Tunisie, Ghadamès, la Tripolitaine et les Touareg soient contrariés depuis un an par l'établissement d'un agent des douanes à El-Oued [1] et d'un réseau de postes douaniers le long de la frontière tunisienne. Les caravanes qui s'approvi-

---

1. El-Oued, capitale du Souf, est la résidence d'un chef d'annexe dépendant du commandant du cercle de Biskra.

sionnent à Gabès[1] auraient changé leur route : pour éviter El-Oued, elles s'enfonceraient immédiatement dans l'extrême Sud. Devant de pareils résultats qui, on le comprend, ne sont pas pour satisfaire les populations soumises à notre autorité, il est permis de se demander s'il ne conviendrait pas de modifier le régime douanier du Sud algérien. Il y a là à la fois un intérêt commercial et un intérêt politique. La loi de 1867, telle que l'applique l'administration des douanes, menace en effet de gêner notre politique dans le Sahara, parce qu'elle contrarie les habitudes des tribus, et ne tient aucun compte que plusieurs d'entre elles vivent uniquement du métier de convoyeurs. D'ailleurs les douaniers vont-ils s'établir dans le désert partout où avanceront nos officiers? La convention du 5 août 1890 avec l'Angleterre reconnaît à la France « l'arrière-pays » d'Algérie jusqu'au Niger et au lac Tchad. Voulons-nous porter aux populations de ces régions encore inexplorées, mais au milieu desquelles seront peut-être nos pionniers demain et bientôt après nos postes, le « tarif maximum » et le « tarif minimum »? Qui oserait réclamer une pareille mesure? Il serait donc sage et de bonne politique de tracer dès maintenant, et sans plus attendre, une ligne dans le désert — elle pourrait, par exemple, partir d'Aïn-Sefra pour aboutir à Tongourt ou à El-Oued, — au-dessous de laquelle nos postes de douane ne pourraient descendre. Ainsi, le commerce de l'extrême Sud demeurerait libre, les caravanes y importeraient également, avec les produits africains, des marchandises françaises et des marchandises étrangères. Il conviendrait évidemment que, sous un semblable régime, des postes des douanes fussent établis dans le Sud, le long des routes, afin de fermer l'Algérie proprement dite, de la protéger [2] contre l'introduction en fraude, par le désert, des marchandises étrangères.

---

1. Les droits perçus à l'entrée des marchandises étrangères dans le port tunisien de Gabès sont, le plus souvent, sensiblement inférieurs à ceux que devraient acquitter les mêmes marchandises — soumises au « tarif maximum » ou au « tarif minimum » — dans un port algérien.

2. Il est bon de rappeler que la mesure que nous réclamons ne serait pas absolument nouvelle. Un décret du 15 janvier 1870, inspiré par des considérations d'ordre politique et commercial, avait accordé la franchise douanière,

A côté du service des douanes, qui perçoit les droits sur les marchandises étrangères importées, fonctionne un autre service — qui est, d'ailleurs, en fait confié aux agents du même corps, — celui de l'octroi de mer. L'administration algérienne a senti de bonne heure la nécessité d'assurer des ressources aux municipalités naissantes de la colonie. Elle a, d'abord, songé à l'octroi de terre, tel qu'il fonctionne dans la métropole; puis, les résultats obtenus ayant été peu satisfaisants, elle a très sagement décidé à placer les barrières de l'octroi, non autour des villes, mais à la frontière maritime de l'Algérie. C'est l'ordonnance royale du 21 décembre 1844 qui a définitivement établi « l'octroi municipal de mer ». Cette taxe a le rare bonheur d'être populaire : acquittée en bloc par les négociants importateurs, elle se répartit silencieusement sur le prix de toutes les marchandises; l'habitant des villes et l'habitant des campagnes, les Européens et les indigènes, la payent également, proportionnellement à leur consommation, sans être vexés par aucune formalité, aucune lenteur, aucun abus. Elle a, en outre, l'avantage de procurer aux municipalités de notre colonie d'importants revenus.

Jusqu'en 1884, l'octroi de mer comprenait des taxes sur les boissons, les comestibles, les épices, les combustibles, les tabacs, les savons. A cette époque, le Conseil d'État et le ministère du commerce se trouvèrent d'accord pour restreindre la nomenclature des tarifs et retirer à l'octroi de mer le caractère de douane algérienne, qu'il avait pour certains produits; on ne lui laissa que le caractère purement fiscal, qu'il devait seul avoir (décret du 26 décembre 1884). L'octroi, en effet, qui s'applique sans distinction de nationalité ni de provenance, à toutes les marchandises est une taxe fiscale, à la différence du droit de douane qui, établi sur les seules marchandises étrangères, a un caractère nettement protecteur.

En vertu du décret du 23 décembre 1890, aujourd'hui en vigueur, l'octroi de mer n'est plus perçu que sur les denrées coloniales (cafés, sucres, poivres, etc.), les marrons, les

---

pour certaines marchandises, à l'oasis de Biskra. — C'est dans un intérêt fiscal qu'un décret du 26 avril 1884 a rapporté cette mesure.

huiles minérales, les bières, l'alcool pur contenu dans les esprits, les liqueurs et dans les vins titrant plus de 15°,9. Ce décret dispose, en outre, que « le produit net des taxes pour toute l'Algérie est réparti entre les communes de plein exercice et les communes mixtes, au prorata de leur population normale et municipale constatée par le dernier recensement quinquennal, les indigènes musulmans étant comptés pour un huitième seulement de leur nombre dans les communes de plein exercice, et pour un quarantième de leur nombre dans les communes mixtes ».

En application du principe rappelé par le décret de 1884, que l'octroi de mer est une taxe fiscale qui ne doit prendre aucun caractère de protection, deux nouveaux décrets, l'un du 27 juin 1887, l'autre du 19 septembre 1892, ont établi et réglementé un droit intérieur sur la fabrication des alcools et des bières dans la colonie, — droit égal à la taxe d'octroi de mer sur ces mêmes liquides [1]. Il faut encore noter qu'à la différence des droits de douane, le droit dit « d'octroi de mer » est perçu aux frontières de terre sur toutes les marchandises, africaines comme européennes [2].

Depuis le lendemain de la conquête, le mouvement commercial de l'Algérie suit une progression constante, presque ininterrompue. En 1831, il ne s'élevait pas à 8 millions; aujourd'hui, il atteint 513 495 419, dépassant ainsi le demi-milliard [3]. Ce n'est point là assurément un mince résultat,

---

1. Voir ce qui est dit du droit intérieur sur les alcools, chap. x, p. 306.
2. Notons à ce sujet la colonie elle-même qui, préoccupée de faire rendre à l'octroi de mer les recettes les plus élevées, a réclamé en 1887 et 1888 l'établissement dans le sud des nouveaux bureaux de douane dont il vient d'être parlé, afin d'atteindre les importations de toutes les caravanes.
3. Ce chiffre et les suivants sont empruntés au *Tableau général des douanes de France*. Il convient de noter que, par suite d'un mode différent d'évaluation des valeurs, les chiffres de cette publication ont toujours été plus faibles que ceux des *Statistiques algériennes* citées quelquefois de préférence. Ainsi, et à titre d'exemple, d'après ces dernières, le commerce général de l'Algérie, importations et exportations réunies, aurait été, en 1882, de 561 960 000 francs, tandis qu'il ne s'est élevé, d'après la publication française, qu'à 433 080 000 francs. Depuis quelques années le gouvernement général a renoncé au mode d'évaluation jusqu'alors suivi pour adopter celui de la France. Il résulte de cette mesure que les *Statistiques algériennes* ne publient plus de données en contradiction avec celles de la douane métropolitaine.

d'autant plus que la France a, dans ce commerce, une part fort importante. Ainsi, l'expédition d'Alger entreprise, il y a soixante ans, non dans un but de colonisation, non dans le dessein d'ouvrir des débouchés au commerce national, mais plutôt avec répugnance, et certainement sans programme arrêté, aura eu cette conséquence d'assurer à notre pays un immense marché dans l'Afrique septentrionale.

Le mouvement total des affaires de notre colonie, en 1891, s'est élevé en chiffres globaux à 513 495 419 francs : — 277 770 289 fr. à l'importation et 235 725 130 fr. à l'exportation. Dans ces chiffres, les importations de la France en Algérie entrent pour 222 006 014, sur lesquels 207 092 659 fr. appartiennent au commerce spécial — et les exportations de la colonie en France pour 189 644 563 fr. au commerce général [1].

L'importance du mouvement commercial qui existe entre la métropole et sa colonie est donc considérable : l'Algérie consomme plus de 207 millions de marchandises françaises, c'est-à-dire occupe le sixième rang parmi nos acheteurs [2].

Les importations de l'étranger en Algérie s'élèvent à 70 677 630 fr., les exportations de celle-ci à l'étranger à 46 083 567 fr. [3].

---

1. Personne n'ignore qu'il est de règle, dans toutes les statistiques douanières, de distinguer le *commerce général* et le *commerce spécial* : à l'exportation de France le « commerce général » se compose de toutes les marchandises, françaises ou étrangères, qui sortent du pays; le « commerce spécial » comprend seulement les marchandises nationales et aussi les marchandises étrangères qui ont été « francisées » par le payement des droits de douane. A l'importation, le « commerce général » se compose de toutes les marchandises qui arrivent du dehors, tant pour la consommation en France que pour la réexportation à l'étranger; « le commerce spécial » comprend seulement les marchandises qui restent dans le pays pour y être consommées. — Le « commerce spécial » est donc toujours compris dans le chiffre du « commerce général ».
2. Exportation de la France en 1891 (commerce spécial), valeurs exprimées en millions : Angleterre, 1,012.7; — Belgique, 500.3; — Allemagne, 364.1; — États-Unis, 247.6; — Suisse, 234.8; — Algérie, 207.1; — Espagne, 181.1; — Italie, 125.5; — Brésil, 102.9; — Turquie, 53.3; — République Argentine, 52.2.
3. Principaux chiffres du commerce de l'Algérie :
Importations de la France en Algérie (commerce spécial) : tissus, 30 097 467 francs; vins, 5 281 115; ouvrages en peaux ou en cuirs, 19 527 343; outils et ouvrages en métaux, 9 558 938; vêtements et lingerie, 11 015 082; peaux préparés, tissus divers, fers, etc. Total : 207 092 659. — Exportations de l'Algérie en France (commerce général) : bestiaux (bœufs, mou-

Il y a lieu de penser que le mouvement commercial entre l'Algérie et l'étranger augmentera dans la suite, sans que pour cela les relations entre la France et sa colonie cessent de progresser. Le développement agricole de l'Algérie, et notamment le développement de la production des vignobles et des mines, aura pour conséquence une augmentation des affaires entre l'Afrique française et l'Angleterre, l'Espagne, l'Italie, la Tunisie, la Belgique, les États-Unis.

On vient de voir que le chiffre des importations en Algérie dépasse très sensiblement celui des exportations (277 770 289 contre 235 725 130). Cet état économique a son explication naturelle. L'Algérie est un pays neuf où l'initiative privée apporte de nombreux capitaux, où la France fait de grands travaux publics et entretient une armée. L'excédent des importations sur les exportations a donc ses principales causes dans les dépenses de solde faites par l'armée, dans les dépenses du service des travaux publics et des compagnies de chemins de fer, enfin, dans les achats d'outils, de vaisselle vinaire, de matériaux de construction que les immigrants font en Algérie avec des capitaux qu'ils ont apportés de France.

La loi sur la marine marchande, du 19 mars 1866, avait décidé que la navigation entre la France et l'Algérie, ainsi que le cabotage d'un port à un autre de la colonie, pourraient s'effectuer par tout pavillon. Il y a peu d'années, une loi, en date du 2 avril 1889, condamnant pour partie ce régime libéral, a réservé le cabotage entre la France et l'Algérie au

---

tons, etc.), 36 105 716; grains et farines, 46 560 394; vins, 55 866 450; peaux brutes, 5 740 507; laines, 10 621 040; fruits, liège, huile d'olive, etc. Total : 189 641 563.

Importations de l'Angleterre en Algérie (commerce général) : tissus, 7 183 122; houille, 3 688 279; machines, etc. Total : 12 752 201. — Exportations de l'Algérie en Angleterre (commerce général) : grains et farines, 2 562 421; alfa, 6 137 639; minerai de fer, 1 448 100; minerai de plomb, 2 012 155, etc. Total : 16 323 842.

Importations d'Espagne en Algérie (commerce général) : vins, 2 277 414; huile d'olive, 1 067 682, etc. Total : 7 268 942. — Exportations de l'Algérie en Espagne (commerce général) : grains et farines, 860 064; bestiaux, 2 251 074; tissus, 1 311 463; alfa, 299 175, etc. Total : 7 112 028.

Importations de l'Italie en Algérie, 918 429; exportations, 3 260 522.

Importations de la Tunisie en Algérie, 8 710 293; exportations, 2 827 784.

Total des importations de l'étranger en Algérie : 70 677 630.

Total des exportations de l'Algérie à l'étranger : 46 083 367.

seul pavillon national. Cette loi, toutefois, n'est qu'à demi appliquée, certaines nations — l'Angleterre par exemple — ayant, en vertu de conventions commerciales avec notre pays, le droit au cabotage.

En 1891, le mouvement maritime de notre colonie accuse, entrées et sorties réunies, 7 551 navires jaugeant 4 321 163 tonnes. Le pavillon français est représenté dans ce total par 4 134 navires jaugeant 2 596 374. Le pavillon anglais vient après le nôtre au premier rang, ainsi qu'il est d'ailleurs naturel, l'Angleterre étant de toutes les nations étrangères celle qui fait avec l'Afrique française le plus gros chiffre d'affaires : 1 070 navires, 1 110 188 tonnes, entrées et sorties réunies [1].

Les trois ports dont le mouvement est le plus considérable sont : Alger (2 533 navires, jaugeant 1 743 124 tonnes), Oran (2 294 navires, 1 085 540 tonnes) et Bône (1 049 navires, 623 946 tonnes).

---

[1]. Chiffres principaux du mouvement maritime de l'Algérie en 1891 :

		Entrées		Sorties	
Navires	français	2 109	1 334 610 tonnes	2 025	1 261 764 tonnes.
	étrangers	1 719	849 804 —	1 698	874 985 —

Après les pavillons français et anglais viennent le pavillon espagnol (1 364 navires, 172 493 tonnes), et le pavillon italien (346 navires, 56 280 tonnes).

CHAPITRE VIII

LES TRAVAUX PUBLICS

Importance de l'œuvre en Algérie. — L'armée employée aux travaux publics. — Premiers travaux. — Le plan des travaux publics.
La politique hydraulique. — Les pluies en Algérie. — Conditions particulières des provinces d'Alger et de Constantine. — Les grands barrages. — Le barrage de l'Habra. — Sommes dépensées pour la construction des barrages. — Les points d'eau sur les Hauts Plateaux et les puits dans le Sahara. — Comment il faut poursuivre la *politique hydraulique*.
Les routes. — Statistiques. — La question des routes. — Leur entretien est souvent négligé. — Certains faits excusent ce mauvais entretien. — Insuffisance des routes. — Quelques exemples. — La Petite-Kabylie. — La cherté du prix de revient. — Les agents des travaux publics construisent trop chèrement. — Le « coulage ». — Les faux frais, les indemnités. — Ce qu'une commune mixte doit au service des travaux publics. — Exagération de la dépense. — Quel est son chiffre exact? — Les condamnés militaires et civils employés aux travaux publics.
Les chemins de fer. — Statistiques. — Lourdeur de la dépense à la charge de l'État. — Prix de revient au kilomètre des lignes ferrées. — La voie large et la voie étroite. — Cherté des transports. — Comparaison des tarifs de France et d'Algérie pour quelques marchandises. — Abaissements qu'il est possible de réclamer. — Autres critiques. — L'œuvre de la construction des chemins de fer n'est pas achevée. — Programme des années à suivre. — Lignes de pénétration : Biskra, Tongourt, Ouargla. — Le Transsaharien. — Lignes d'intérêt local. — Le rôle des départements en matière de chemins de fer. — Les trois départements ont projeté la construction de chemins de fer d'intérêt local ou de tramways. — Plan adopté dans le département d'Alger. — Caractère de lignes affluentes que doivent avoir les chemins de fer départementaux.
De la continuation de l'œuvre des travaux publics. — Ce qui reste à faire. — Caractère budgétaire que prend la question ainsi posée.

Il est peu de services qui aient plus d'importance, dans une colonie agricole et de peuplement, que le service des travaux publics. Un des premiers soins de la métropole doit être, en effet, de « préparer » le pays, c'est-à-dire d'assainir les terres et de les allotir, d'aménager les eaux, de construire des routes, dans le but de favoriser l'installation des colons, de solliciter « leur venue ».

L'œuvre des travaux publics était particulièrement considérable en Algérie et, disons-le de suite, elle est loin d'être achevée.

Tout d'abord, il fallut ouvrir des routes pour assurer les communications entre les villes conquises, entre les premiers villages fondés; puis, les plaines de la Mitidja et de l'Habra, les environs de Miliana, de Djidjelli, de la Calle, de Batna, de Bône et de bien d'autres centres, nécessitèrent de nombreux travaux d'assainissement.

Les travaux entrepris au lendemain de la conquête furent exécutés par les troupes; ils avaient, d'ailleurs, souvent un intérêt militaire. Plus tard on vit les gouverneurs généraux mettre les bras de nos soldats au service du génie et des ponts et chaussées. L'armée fut employée à tout : à la construction des routes et des villages, à l'abatage des arbres en forêt, même au greffage des oliviers et au démasclage des chênes-liège [1].

A mesure que la conquête s'étendait et s'affermissait, le programme des travaux publics était établi, complété.

Rien n'était plus urgent, nous venons de le dire, que les travaux hydrauliques. D'un côté, il fallait assainir le pays par des dessèchements, des drainages, des plantations d'eucalyptus; qui aurait pu vivre dans des vallées fiévreuses? D'un autre côté, il fallait assurer de l'eau aux villages fondés; l'eau, c'est la vie des habitants, c'est leur récolte. Dans le Tell, les rivières sont des torrents; grosses pendant une courte période de l'année, elles sont bientôt presque à sec; sur les Hauts Plateaux et dans le Désert, les oueds, les sources ou les puits sont rares. Un des hommes qui a le mieux écrit sur l'Algérie, Jules Duval, a dit fort heureusement qu'il fallait suivre dans notre colonie « une politique hydraulique ».

Les grandes lignes de cette « politique » furent, dans la

---

1. Colonel Ribourt, *loc. cit.*

région maritime, d'arrêter, par des barrages, l'eau des torrents, à l'époque où elle est abondante, pour la conserver précieusement dans des réservoirs et ensuite la distribuer dans tout le pays, par des canaux d'irrigation, à l'époque des sécheresses. C'est ici le lieu de noter que la hauteur des pluies, recueillies en Algérie, est plus grande que ce que l'on pourrait attendre, *a priori*, dans un pays dont la réputation de sécheresse est si bien établie. Dans tout le Tell des provinces de Constantine et d'Alger, on recueille annuellement en moyenne plus de 600 millimètres de pluie; cette quantité augmente rapidement quand on se rapproche du littoral et dépasse un mètre dans la Grande-Kabylie. Ces chiffres peuvent être mis en regard de quelques autres observés en France : dans les plaines de la Loire, le bassin de Paris, la vallée inférieure du Rhône, il tombe entre 500 et 600 millimètres d'eau par an; dans une grande partie de la Normandie, il tombe de 800 à 900 millimètres. Si donc le régime des eaux était régularisé d'une manière convenable, à la fois par des barrages et par le reboisement des montagnes, la région tellienne des provinces de Constantine et d'Alger se trouverait dans des conditions très satisfaisantes. La province d'Oran est moins favorisée que ses deux voisines : même sur le littoral, et sauf dans le massif montagneux de Tlemcem, la hauteur annuelle des pluies est partout inférieure à 600 millimètres.

La quantité de pluie diminue rapidement quand on franchit la limite du Tell et des Hauts Plateaux. Elle atteint 400 millimètres au plus sur cette région et tombe à 300 millimètres à la limite méridionale. A l'origine du Sahara, la diminution est plus brusque encore : la courbe de 200 millimètres passe un peu au nord de Biskra et de Laghouat et, au sud de cette courbe, dans le Sahara proprement dit, la quantité des pluies est extrêmement faible [1].

La mauvaise distribution des pluies dans le Tell a tout d'abord préoccupé. Pendant certains mois de l'année, l'eau tombe avec abondance, des orages serrés lavent la terre;

---

1. Alfred Angot, *Étude sur le climat de l'Algérie*.

pendant d'autres mois, les plantes ne reçoivent presque pas une goutte d'eau, le soleil brûle, la sécheresse menace d'arrêter toute végétation. De grands travaux hydrauliques ont donc été entrepris, quelques-uns même trop beaux et trop coûteux. Nous citerons : les barrages de l'oued Hamiz, qui peut contenir 14 millions de mètres cubes d'eau, et de Meurad, tous les deux dans la Mitidja; le barrage du Chélif, les barrages des Grands-Cheurfas (18 millions de mètres cubes), de l'Habra (30 millions de mètres cubes), de Saint-Denis-du-Sig (3 275 000 mètres cubes) dans le département d'Oran. Plusieurs de ces barrages ont un aspect grandiose. Lorsque le touriste quitte Perrégaux pour aller visiter le barrage de l'Habra, construit au-dessous de la réunion de l'oued Hammam, de l'oued Tezou et de l'oued Fergoug, il aperçoit un immense lac qui, se divisant en trois branches, présente sept kilomètres dans la vallée de l'oued Hammam, trois ou quatre dans celle de Taourzout et sept dans celle de l'oued Fergoug. Au grand soleil, sous un ciel bleu, il croit voir un lac de Suisse encadré dans des montagnes sauvages : le lac de Lucerne en petit; mais un ingénieur est là pour lui rappeler que ce lac est l'œuvre des hommes et que l'épaisseur du mur cyclopéen qui retient les eaux n'est pas moindre de 38 m. 90 à la base.

Les barrages que nous venons de citer sont les plus connus, ceux qui ont exigé les plus grosses dépenses; bien d'autres barrages-réservoirs de capacité moindre, ont été construits ou sont en construction, à l'heure actuelle, dans les trois provinces. Chaque barrage est naturellement complété par un travail d'irrigation; de nombreux canaux portent l'eau dans toute la région avoisinante, et c'est ainsi que sont fertilisés, préservés de la sécheresse, ici 1 000, 4 000, 10 000 hectares, ailleurs 20 000, 30 000 et plus. On jugera de l'importance de ces travaux hydrauliques, si l'on note que dans chacune des trois provinces, même la moins pourvue, celle de Constantine, on compte plusieurs centaines de barrages et quelques milliers de kilomètres de canaux d'irrigation. D'autres travaux sont en même temps poursuivis : l'endiguement d'une rivière, le redressement de son cours, sa dérivation, ou encore le desséchement de marais et de lacs (lacs Fezzara et Halloula).

L'administration ne fait pas à elle seule les frais des barrages; elle demande aux agriculteurs d'une région, qui veulent de l'eau, de se constituer en syndicat et de prendre une part, suivant un mode ou un autre, dans l'exécution des travaux ou leur entretien. Malgré cela, les dépenses à la charge du Trésor demeurent considérables, d'autant plus que les syndicats ne tiennent pas toujours les engagements qu'ils ont pris. De 1881 à 1890, le coût des travaux neufs et d'entretien, pour dessèchements et irrigations, s'est élevé à 9 380 000 francs.

Là n'est pas toute la dépense, là n'est pas toute la « politique hydraulique ». Il ne suffit pas en effet de donner de l'eau aux colons qui habitent la région du Tell, il faut encore songer que la région des Hauts Plateaux et celle du Sahara sont perpétuellement menacées par la sécheresse. Sur les Hauts Plateaux, les oueds et les sources sont rares; il faut, afin que les troupeaux puissent vivre dans la « mer d'alfa », creuser ici et là des *r'dirs* ou points d'eau; dans le Sahara, si l'on veut sauver les oasis, en créer de nouvelles, et ainsi assurer la culture du palmier dattier, il faut forer des puits pour amener à la surface les eaux souterraines. Jusqu'ici, l'administration s'est préoccupée davantage du Désert que des Hauts Plateaux : depuis 1856, nos ingénieurs ont foré de nombreux puits dans la région saharienne des trois départements ; en outre, nous l'avons dit plus haut, dans le département de Constantine, l'initiative privée les a largement secondés; c'est ainsi qu'ont pu naître et se développer les riches palmeraies de l'Oued-Rir et de Ouargla. A la fin de l'année 1890, 690 puits avaient été creusés dans la province de Constantine, ayant un débit de 490 000 mètres cubes par jour; dans les provinces d'Alger et d'Oran, 104 puits débitent 10 195 mètres cubes d'eau par jour.

On a beaucoup fait, il reste beaucoup à faire. Les grands barrages-réservoirs construits, outre qu'ils ont coûté des sommes élevées — trois, quatre ou cinq millions, — ne sont pas aussi parfaits qu'on l'aurait cru d'abord : d'une part, on on a vu plusieurs se rompre sous le poids des eaux, qui alors inondent le pays, enlèvent les fermes et quelquefois les villages (rupture du barrage de l'Habra en 1881, des Grands-Cheurfas en 1885); d'autre part, on a observé que ces immenses réservoirs s'ensablaient rapidement, que leur curage était fort difficile et très coûteux. Il est donc permis de se demander s'il ne conviendrait pas de rechercher un système d'emmagasinage des eaux, à la fois moins dangereux et moins cher; la question devrait être étudiée sans retard; elle n'est certainement pas insoluble. Enfin, il est fort désirable que l'administration poursuive dès maintenant, dans la région des Hauts Plateaux, la création de nombreux *r'dirs*, points d'eau ou cuvettes naturelles, dans lesquelles les pluies s'amassent et se conservent, jusqu'à ce que le soleil les ait évaporées. Dans un savant mémoire, MM. Pomel et Pouyanne ont observé que le mouton devant boire au moins tous les deux jours, l'herbe qui pousse sur les Hauts Plateaux, à plus de vingt-quatre heures d'un point d'eau, est perdue. Ils ont en même temps montré qu'il suffisait, pour établir des *r'dirs*, de travaux assez sommaires : ici, on garnirait d'une légère maçonnerie ou d'un peu de ciment certains bas-fonds; là, on établirait sur des perches une mince couverture d'alfa qui protégerait l'eau contre le soleil; ailleurs, enfin, on conduirait l'eau, à l'aide de tubes en poterie, dans des abreuvoirs aménagés de telle sorte que les troupeaux pourraient s'y désaltérer, sans infecter le liquide.

Les routes nationales, tout inachevées qu'elles soient (2 928 kilomètres en 1890), représentent avec leurs affluents, qui sont les routes départementales et les chemins vicinaux (12 309 kilomètres en 1890), un réseau circulatoire très incomplet encore, mais très fréquenté. Aux derniers comptages kilométriques faits en 1888, le mouvement des marchandises atteignait, sur le système routier algérien, 146 000 000 de tonnes kilométriques. C'est un gros chiffre.

La « question des routes » est, dans la colonie, on s'en rend vite compte en la parcourant, une question importante et fort complexe; elle a trois faces principales : le mauvais état des routes, leur insuffisance, la cherté de leur prix de revient.

Il y a en Algérie, comme en France, des routes nationales, des routes départementales dites de grande communication et d'intérêt commun, des chemins vicinaux ordinaires et des chemins ruraux.

Négligeons, pour avoir une vue d'ensemble, certaines questions, presque secondaires, du moins dans cette étude : la route est-elle à l'État ou au département? le département a-t-il remis la construction et l'entretien de ses routes et chemins aux ponts et chaussées ou a un service vicinal? Cela importe peu au fond : les routes de l'État et celles des départements — mais, il semble, plus encore celles des départements que celles de l'État, — sont mal entretenues : ici, la route n'est pas empierrée; ailleurs, elle est « en lacune »; plus loin, le pont manque et il faut se jeter à l'eau pour rattraper la route de l'autre côté de la rivière. Le voyageur monte en diligence : au départ la route est bonne; plus loin, elle est mauvaise, vaguée, semée d'ornières; plus loin encore, elle n'est pas empierrée; après quelques kilomètres, ce n'est plus une route, mais une piste; enfin la piste elle-même se perd dans la steppe. En Grande-Kabylie, la carte indique une route de « grande communication » reliant Azazga à Bougie; prenez-la; bientôt, vous êtes en plein gâchis, et si vous arrivez enfin, vous ne devrez ce succès qu'à la vaillance de vos chevaux et à la bonne volonté de votre cocher. L'hiver, les routes ne résistent pas toujours à l'orage et l'on voit, non pas un village, mais une ville de 12 000 habitants demeurer pendant trois mois sans communications avec le reste du pays.

Il faut faire valoir toutefois, pour expliquer en partie le mauvais état des chemins, des considérations spéciales qui ne sont pas sans importance. Dans la région du Tell, le sol composé de marnes et de schistes présente peu de solidité; les mouvements, les glissements ne sont pas rares; en outre, les grandes pluies d'hiver, les orages, qui tombent tout à coup comme des trombes, qui partout ravinent les terrains, entraînent la terre, sont quelquefois assez violents pour couper les routes, enlever les ponts ou faire descendre le long d'un chemin une partie de la montagne [1]. Il est bon d'avoir vu ces choses pour comprendre, et parfois excuser, l'état des routes. Après la saison des pluies, viennent de longs mois d'été; le soleil, alors, dessèche profondément la terre, qui bientôt n'est plus que poussière; les cailloux, mis à nu, roulent sous les pas, des ornières se creusent. Si l'on ajoute que les matériaux d'empierrement sont souvent, en Algérie, de qualité inférieure à ce qu'ils sont en France, que le mouvement des voitures, des chariots et des troupeaux est considérable, on comprend que la viabilité soit, dans la colonie, inférieure à celle de la France et que, sur les routes nationales, les dépenses dépassent celles de la métropole de 31 francs par kilomètre et par cent colliers.

Une chose frappe plus encore que le mauvais état des routes, et surtout est moins explicable : c'est leur petit nombre, leur insuffisance. Le réseau des routes nationales est assez modeste, mais, si l'État a construit peu de routes, il a, en prenant la lourde charge des garanties d'intérêts, assuré à la colonie un important réseau ferré. Les départements et les communes, qui sont riches, n'ont point, comme l'État, une excuse et auraient certainement pu s'imposer des sacrifices devant lesquels ils ont reculé. L'insuffisance des moyens de communication frappe à chaque instant : voici un village, il n'a pas de routes, ou la route qui le traverse fait de tels détours pour atteindre le centre le plus voisin, que depuis longtemps, les colons ont renoncé à l'employer et ont frayé, à travers les champs, un raccourci qui les abrège de plus de moitié; ailleurs, le propriétaire d'un important domaine se plaint que la route, qui autrefois desservait sa ferme, ne soit plus entretenue depuis des années et disparaisse sous les herbes, les pierres, les ornières. En Petite-Kabylie, des régions entières demeurent sans routes, desservies seulement par des sentiers déplorables, à peine assez larges pour

---

1. Un exemple choisi entre beaucoup d'autres : en Petite-Kabylie, à El Hannser, on a compté 22 millimètres d'eau tombés en 19 minutes; dans le seul mois de décembre 1890, le pluviomètre a accusé 386 millimètres de pluie.

le passage d'un mulet chargé. Comment les troupes pourraient-elles parcourir ce pays en cas d'insurrection? Comment les indigènes travailleraient-ils, ou produiraient-ils davantage, s'ils n'ont pas le moyen de transporter leurs marchandises? Voyagez entre El Milia et Mila, et vous aurez très exactement l'idée du Maghreb avant la conquête : il n'y a là ni routes, ni chemins, ni sentiers, ni pistes; le pays, montagneux, raviné, est sauvage; quelques méchantes herbes, quelques oliviers poussent seuls sur le rocher : un torrent, l'oued el-Kébir, coule dans un lit profondément encaissé. Ce pays si « fruste », si « primitif », n'est pourtant pas inhabité; les populations qui y vivent doivent le parcourir sans savoir où poser le pied; des groupes d'ânons et de mulets chargés de lourds sacs de blé, d'orge, de larges plaques de sel, s'en vont le long de toutes les pentes, buttent à tous les cailloux; dix fois il faut passer le torrent, dont le courant est extrêmement rapide, lorsqu'il a plu, dont le fond est encombré de pierres; l'homme a de l'eau jusque sous les aisselles et doit déployer toute sa force pour soutenir sa bête qui trébuche ou perd pied. Mais il y a mieux encore, dans ce même département de Constantine qui est le plus riche des trois. Il n'existe aucune route reliant Bougie à Djidjelli; les communications entre ces deux villes ne sont possibles que par mer, une seule fois la semaine, — et comme il n'y a pas de port à Djidjelli, lorsque la mer est grosse le navire ne s'y arrête pas! Quelle excuse à un pareil état de choses? Il est vrai que, si certains centres demeurent sans routes, si des régions entières n'ont pas un chemin, le conseil général a construit ailleurs et doté de crédits d'entretien largement suffisants, des chemins de grande communication « où il ne passe pas une voiture par jour ». Mais il s'agissait de « desservir les propriétés des amis du pouvoir et des électeurs influents »[1]!

Pour répondre à ces critiques touchant l'insuffisance des moyens de communication, peut-on objecter le manque d'argent? Et ici nous abordons le troisième point : la cherté du

---

[1]. *Le Républicain de Constantine*, n° du 4 août 1892.

prix de revient. L'argent ne manque pas. On pourrait donc observer d'abord que les départements et les communes, étant riches, devraient, chaque année, consacrer aux travaux publics, des sommes supérieures à celles qu'ils votent à cet effet; nous reviendrons d'ailleurs à cette question au chapitre du budget. Mais ici nous nous bornerons à montrer que l'argent employé l'est souvent mal et ne rend pas le « maximum » d'utilité. Les agents des travaux publics — qu'ils appartiennent aux ponts et chaussées ou au service vicinal — ont trop souvent la préoccupation de faire beau, de faire grand, c'est-à-dire coûteux : il y a en Algérie des routes magnifiques; simples, elles suffiraient et conduiraient plus loin. Un journal de la colonie — nous venons de le citer — publiait récemment une étude sur les voies de communication, dans laquelle il observait, avec beaucoup de raison, que la largeur donnée habituellement aux routes départementales — 6 à 10 mètres entre fossés — porte à des chiffres très élevés la dépense de construction et d'entretien; il ajoutait que, sauf aux abords des villages où cette largeur peut être nécessaire, il serait mieux de construire des chemins plus étroits et beaucoup moins coûteux; avec les économies réalisées, on construirait les ponts indispensables, ou l'on prolongerait la route. Lorsque l'on visite le pays, on observe, d'autre part, que les ingénieurs, imbus des idées appliquées en France, font, pour éviter des pentes qui cependant ne seraient pas trop raides, des kilomètres de tours et de détours. Voici, dans un pays de montagnes, un administrateur qui lutte depuis longtemps avec le service départemental pour obtenir des chemins vicinaux ordinaires avec des rampes de 10 centimètres par mètre. Le « service compétent » refuse de l'entendre; il est habitué aux rampes de 7 centimètres et prétend que tous les chemins, même en pays indigène, doivent être établis d'après les données ordinaires; il ne songe pas d'ailleurs qu'il augmente la dépense et qu'il donne aux routes de tels développements que personne ne veut les suivre.

Est-ce tout enfin? Non. Après les dépenses somptuaires, il y a le « coulage ».

Le « coulage » est partout, mais il revêt des formes différentes. Nous en indiquerons quelques-unes. Jusqu'en 1892, les dépenses pour travaux « neufs » et « d'entretien » des routes nationales étaient inscrites sous un même chapitre au budget des travaux publics; le gouverneur général en avait la libre disposition. Que se passait-il alors? Une faible somme était réservée aux travaux « neufs », tandis qu'à la demande des conseillers généraux, des conseillers municipaux, l'administration, trop faible, incapable de résister, accordait sous le nom de travaux « d'entretien » des sommes très importantes aux « routes départementales » et aux « chemins non classés ». Les routes « à construire », on ne les construisait pas. C'est ainsi que de 1880 à 1891 inclusivement il n'a été exécuté que 31 kilomètres de routes nouvelles par an. Afin de mettre un terme à un pareil « coulage » on a eu soin, au budget pour 1892, de répartir les sommes affectées aux travaux publics en Algérie en deux chapitres : l'un, relatif à « l'entretien », est inscrit à la 1re section et délégué au gouverneur; l'autre, relatif aux « travaux neufs », est inscrit à la 2e section et réservé à la disposition du ministre.

Dans le personnel inférieur des travaux publics, les agents, mal recrutés, sont souvent médiocres, quelquefois peu scrupuleux. C'est évidemment l'exception; mais l'exception existe. Un surveillant a, sous sa direction, soixante prestataires; l'un d'eux, qui a 10 francs de travaux à exécuter, offre 5 francs au surveillant qui accepte et l'émarge sur le rôle comme ayant fait toute sa tâche. Le personnel moyen et le personnel supérieur sont évidemment au-dessus de tout soupçon; mais la terre d'Algérie, où les chaleurs sont lourdes, les courses longues, les distances souvent considérables, où de tout temps il a été admis que l'on pouvait « en prendre un peu à son aise », n'autorise-t-elle pas quelquefois, au profit du personnel, des frais de tournée inutiles, des indemnités trop fortes?

Dans le département de Constantine, les communes mixtes, moins favorablement traitées que les communes de plein exercice — peut-être parce qu'elles n'ont pas de maire élu et ne désignent pas de délégués pour l'élection du sénateur, — doivent d'abord verser chaque année, entre toutes, à la caisse départementale, une somme de 40 000 francs pour quote-part dans les dépenses du personnel des ponts et chaussées, qui est chargé de tout le service vicinal; — elles doivent, en second lieu, 4 p. 0/0 sur tous les travaux d'entretien et de construction (chemins vicinaux et chemins ruraux) exécutés chez elles; l'ingénieur en chef, l'ingénieur ordinaire, le conducteur se partagent ce boni; — elles doivent, en troisième lieu, une indemnité annuelle de transport de 1 000 francs au conducteur; — elles doivent, en quatrième lieu, assurer à deux « employés secondaires » des indemnités, en argent ou en nature, qui atteignent chacune environ 4 000 francs par an; — enfin, elles doivent, en cinquième lieu, un salaire de 6 francs par jour au surveillant qui est sur chaque chantier. N'y a-t-il pas dans tous ces chiffres quelque chose d'excessif? le gaspillage — le « coulage » pour mieux dire — est-il douteux?

L'observation des faits que nous venons de rappeler, des chiffres que nous citons, la constatation qu'une route est mal entretenue, qu'un pays, où l'on passe, manque de chemins, a conduit à dire quelquefois qu'en Algérie, les trois quarts des sommes consacrées aux travaux publics vont à l'administration, au personnel, et qu'un quart seulement est réellement employé sur les routes. Cette opinion est heureusement fort exagérée, et aucun compte ne saurait être apporté pour l'établir. Est-ce à dire que tout l'*effet utile* possible, soit obtenu? Non certes! et dans les départements de Constantine et d'Alger, des personnes compétentes, habitant depuis longtemps la colonie, estiment que sur 100 francs dépensés, 60 seulement vont sur les routes. Ont-elles raison? ont-elles tort? Il est impossible de le dire; nous savons seulement que les services intéressés opposent à ces présomptions des chiffres sensiblement inférieurs. Que valent-ils? Nous l'ignorons aussi. Il est certain que, dans la mesure où une comparaison est possible, les frais doivent être plus élevés en Algérie qu'en France : les déplacements du personnel sont plus nombreux, les courses plus longues; quelquefois il faut même camper en chemin; d'autre part, le temps donné à l'étude de nombreux projets, qui ensuite sont ajournés ou inexécutés, doit être payé et cependant il ne représente, aux yeux de ceux qui regardent, aucun « *effet utile* ». — Pour conclure, nous dirons que cette importante question des routes, exécution et dépenses, devrait être confiée à l'étude des gens impartiaux, compétents et... n'appartenant pas aux services intéressés.

Il faut dire un mot d'une dernière question : convient-il, ainsi qu'on l'a proposé, d'employer, à la construction des routes, les condamnés militaires et les condamnés civils? Nous n'y verrions aucun inconvénient. Déjà, sur plusieurs points, des condamnés sont employés à des travaux publics ou prêtés à des colons dans leurs exploitations agricoles. La surveillance exercée rend les évasions fort rares et, dans ce pays d'Algérie où la population européenne est loin d'être dense, les colons ne craignent ni le contact ni le voisinage d'une population pénale. Enfin, et ce dernier argument n'est pas à dédaigner, l'emploi de la main-d'œuvre pénale représenterait une sensible économie : on estime que la journée d'un condamné reviendrait à 1 franc; les travailleurs africains ou européens employés aujourd'hui sur les chantiers demandent une rémunération sensiblement supérieure.

L'œuvre de la construction des chemins de fer est aujourd'hui plus avancée dans notre colonie que celle de la construction des routes. En 1872, le réseau algérien n'avait que 513 kilomètres exploités; au 1er janvier 1892, il atteignait une longueur de 2 904 kilomètres. C'est entre 1877 et 1887 que la construction des voies ferrées a été menée avec le plus de vigueur. Est-il besoin de dire le bien que ces chemins de fer ont fait au pays? Ils ont à la fois développé la colonisation, facilité la pénétration du pays, assuré la tranquillité des populations indigènes.

Les voies ferrées d'Algérie peuvent être réparties en deux groupes : les lignes telliennes et les lignes de pénétration. Les premières desservent le Tell, c'est-à-dire la région de la colonisation intensive; elles ont un intérêt commercial évident. Elles comprennent, d'abord le long ruban de fer qui, suivant la côte de plus ou moins loin, faisant des courbes plus ou moins prononcées, relie Oran, Alger, Constantine, Souk-Ahras et Tunis, — puis un certain nombre d'embranchements qui mettent en relations les principaux centres de production et de consommation avec divers ports de littoral. D'autres embranchements sont projetés; ils auront, comme ceux déjà existants, un trafic certain.

Les lignes de pénétration ont une direction toute différente de celles des lignes telliennes en même temps qu'un intérêt plutôt stratégique que commercial; deux des trois provinces

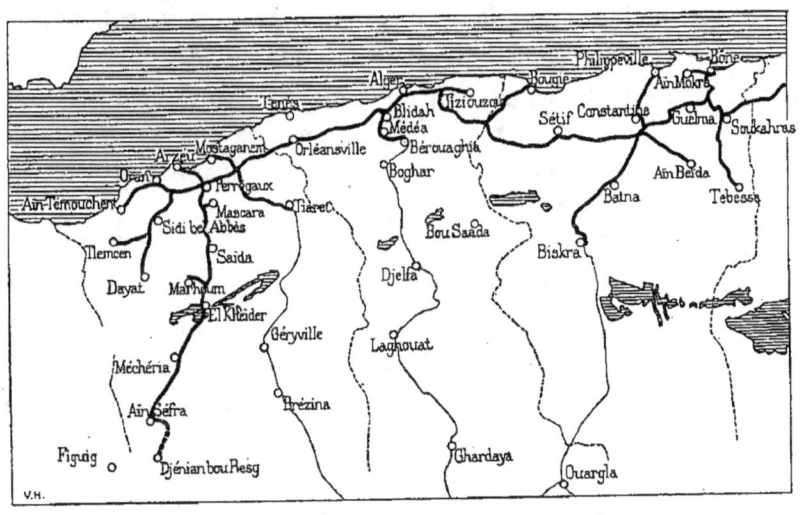

—— Chemins de Fer en exploitation   ----- Chemin de Fer en construction.
Chemins de fer et routes de l'Algérie.

ont déjà leur ligne de pénétration, la troisième vient seulement d'amorcer la sienne. Dans la province d'Oran, la voie ferrée quitte la mer au port d'Arzeu pour gagner la région des Hauts Plateaux, « la mer d'alfa »; elle passe à Saïda, au Kreider, à la Mécheria, atteint Aïn-Sefra : bientôt, elle sera prolongée jusqu'à Djenan-bou-Rezg. Dans la province de Constantine, la ligne de pénétration quitte la mer au port de Philippeville, passe à Constantine, franchit les Hauts Plateaux et atteint Biskra dans la région des dattes; on réclame son prolongement jusqu'à Tougourt et Ouargla. Une autre ligne, moins importante peut-être, mais dont l'avenir paraît assuré, relie à la mer la ville de Tebessa, sur les Hauts Plateaux. Elle sera évidemment continuée sur le sud de la Tunisie. Pour la province d'Alger, moins privilégiée que ses deux voisines, parce que le Désert qui monte jusqu'à Boghar la serre de plus près, elle en est encore à souhaiter l'exécution de la ligne Alger, Blida, Boghar, Djelfa (Hauts Plateaux) et Laghouat (Sahara); le rail toutefois est aujourd'hui posé jusqu'à Bérouaghia.

Depuis 1887, la construction des chemins de fer s'est beaucoup ralentie. Dans les années 1888, 1889, 1890, l'État n'a accordé aucune concession. Ce n'est point que toutes les lignes reconnues nécessaires soient achevées; mais les dépenses s'élèvent déjà à des sommes considérables, les engagements pris par le Trésor deviennent de plus en plus lourds. On en jugera par un chiffre : le montant du principal de la garantie d'intérêt payé par l'État aux compagnies algériennes depuis l'origine s'élevait, au 31 décembre 1892, à la somme de 160 022 940 francs. Et les dépenses ne faiblissent pas : en 1889, les garanties d'intérêt avaient coûté 22 millions; en 1890, elles coûtaient près de 20 millions ; en 1891, elles remontaient à plus de 21 millions et demi.

Au 1er janvier 1892, les 2 904 kilomètres de voie ferrée en exploitation avaient coûté, en dépense de premier établissement, 624 452 207 francs, ce qui représente 215 036 francs par kilomètre. Est-ce là un prix trop élevé? La question ne laisse pas d'être délicate. Deux opinions ont été exprimées. Le prix de revient des lignes ferrées de l'Algérie, a-t-on fait observer; ne dépasse pas sensiblement la moitié de la dépense moyenne d'établissement des lignes d'intérêt général de la métropole; en outre, certaines sections, grâce aux accidents du terrain, et partant, aux difficultés présentées par les travaux d'infrastructure, ont coûté jusqu'à 344 000 francs, 439 000 francs et même 675 000 francs le kilomètre (Ménerville à Tizi-Ouzou, Duvivier à la frontière tunisienne, Philippeville à Constantine). Ce sont ces gros chiffres, et quelques autres, qui portent la moyenne à 215 000 francs le kilomètre; en réalité, la dépense est inférieure. Ces observations sont des plus justes et c'est commettre une erreur que de prétendre que les dépenses du premier établissement des chemins de fer algériens ne devaient pas dépasser le coût moyen des lignes d'intérêt local de la métropole (112 000 fr. le kil.). Est-il possible de négliger notamment les difficultés particulières de construction dans un pays aussi accidenté que notre colonie?

Il est toutefois une critique qu'il est permis de faire. Les compagnies algériennes ont eu le tort — est-il nécessaire d'ajouter que le gouvernement les approuvait? — de construire presque toutes leurs lignes à voie large, alors que la voie étroite, qui eût coûté sensiblement moins cher, eût été très suffisante pour satisfaire à toutes les nécessités du trafic. N'a-t-on pas été jusqu'à faire, en grande largeur, le chemin de fer de Batna à Biskra! Cela a coûté 162 000 francs le kilomètre; une voie étroite aurait sans doute coûté entre 80 et 85 000 francs. A quelle époque, cette ligne, dont la recette brute n'atteint encore que 4 000 francs par kilomètre (chiffre de 1891), pourra-t-elle payer ses dépenses d'exploitation et rémunérer son capital?

En moyenne, on estime en Algérie, en tenant compte des difficultés de terrain, qui précisément n'existaient pas sur la ligne dont nous venons de parler, que la voie large revient à 240 000 francs le kilomètre, tandis que la voie étroite revient seulement à 110 000 francs [1]. Admettons que ces moyennes ne soient pas rigoureusement exactes, que le chiffre de 240 000 francs soit trop élevé, il n'est pas douteux que l'écart entre les dépenses de la voie large et de la voie étroite demeure, en général, fort important. En France, des considérations stratégiques, les exigences de la mobilisation qui ne peut être retardée par des transbordements, font que, sur bien des points où le mouvement commercial reste faible, la voie large doit cependant être préférée à la voie étroite; mais en Algérie en est-il de même? Certes, une insurrection peut éclater, exiger de rapides mouvements de troupes, mais le nombre des hommes à transporter est-il comparable à

---

[1] Le réseau de la Compagnie franco-algérienne, une ou deux lignes des Compagnies de l'Est-Algérien et du Bône-Guelma, la nouvelle ligne de Blida à Berouaghia (Ouest-Algérien) sont, avec le petit chemin de fer de Bône à Aïn-Mokra, les seules voies étroites existant en Algérie.

celui qui afflueralt dans les gares métropolitaines en temps de guerre ?

Les chemins de fer d'Algérie n'ont pas seulement le tort de coûter trop cher à l'État [1] (avances faites en garanties d'intérêt) et aux Compagnies ; ils ont aussi celui de coûter trop cher aux voyageurs et aux marchandises, — beaucoup plus cher qu'en France.

Pour les marchandises surtout, la chose est deux fois sensible : d'abord, parce que la colonie n'a jusqu'ici à transporter que des produits agricoles d'un poids lourd et d'une valeur plutôt faible ; ensuite, parce que bien souvent les distances du lieu de production au port d'embarquement sont considérablement allongées par les circuits que fait la voie, soit pour desservir le plus grand nombre possible de centres, soit pour éviter certaines difficultés de terrain. Si l'on consulte les « tarifs spéciaux », s'appliquant aux marchandises transportées par 4 à 5 000 kilogrammes au moins, on voit qu'une tonne de céréales, payant en France, sur le réseau P. L. M., pour un transport de 250 kilomètres, une somme de 11 fr. 50, doit, dans la colonie, acquitter, sur le P. L. M. algérien, 16 francs ; sur le Bône-Guelma, 21 francs ; sur l'Est-Algérien, 24 francs ; sur la Franco-Algérienne, 27 fr. 50, et sur l'Ouest-Algérien, 22 francs [2]. Une tonne de vin, transportée dans des conditions identiques et sur un même parcours, paye en France, sur le P. L. M. métropolitain, 17 fr. 50, tandis qu'elle doit acquitter 22 fr. 50, sur le P. L. M. algérien ; 24 francs, sur l'Est-Algérien ; 27 fr. 50, sur la Franco-Algérienne ; 22 francs, sur l'Ouest-Algérien. De semblables tarifs paraissent lourds aux agriculteurs, surtout dans une bonne année, où l'abondance des récoltes fait baisser les cours. Pour les moutons, le prix des transports est, sur plusieurs lignes de la colonie, plus élevé qu'il ne serait en France. La conséquence d'un pareil état de choses — surtout si l'on songe que le mouton algérien, de qualité médiocre, se vend moins

---

1. Nous étudierons plus loin, au chapitre du Budget (p. 300), la question des Conventions entre les Compagnies et l'État.
2. La distance maxima qui peut être parcourue sur l'Ouest-Algérien est de 152 kilomètres.

cher que le mouton français — est que, chaque année, un million de moutons environ descendent, sur les routes et à travers les champs, des Hauts Plateaux jusqu'au littoral.

Nous venons de donner, à titre d'exemple, quelques chiffres empruntés aux « tarifs spéciaux ». Si nous citions des marchandises ne jouissant pas, ne bénéficiant pas de semblables tarifs, nous aurions à relever des frais de transport plus élevés encore. Il y a donc une question des tarifs dans notre colonie. Certes l'administration s'applique à la résoudre; déjà elle a obtenu certaines concessions des compagnies; sur quelques-unes des lignes où les tours et détours allongent considérablement les trajets, elle a amené les chemins de fer à assurer aux marchandises des tarifs réduits, calculés d'après « la distance d'application »; ailleurs, elle poursuit différentes négociations. Les compagnies algériennes, il faut le reconnaître, sont, pour différentes raisons, dans la nécessité de maintenir leurs prix plus élevés que les compagnies métropolitaines : les dépenses d'exploitation, personnel et matériel sont plus fortes [1]; les trajets possibles étant plus courts sont proportionnellement plus chers [2]; le profil des lignes étant plus accidenté qu'en France on doit attacher moins de wagons aux trains, et partant, le transport de la tonne revient plus cher; le prix du charbon est plus élevé; enfin, le trafic ne donne encore que des revenus beaucoup trop faibles pour rémunérer le capital engagé. Il est toutefois difficile d'admettre que les transports de marchandises coûtent en Algérie plus de moitié en sus de ce qu'ils coûtent en France; le P. L. M. métropolitain transportant sur 250 kil. une tonne de céréales pour 11 fr. 50, les compagnies algériennes ne devraient pas percevoir pour un égal service plus de 17 fr. 25;

1. Le personnel coûte plus cher à cause des congés, de l'hospitalisation et des maladies; — le matériel, parce qu'il fait moins d'usage : les traverses de bois qui durent quinze ans et plus en France ne dépassent pas six à huit ans en Algérie; les machines subissent l'action des eaux beaucoup plus chargées de matières salines qu'en France et s'usent plus vite; les rails, sous l'action de la chaleur, perdent plus vite leur force de résistance.

2. Un train de marchandises qui franchira une distance de 800 à 900 kilomètres fera une dépense kilométrique moindre qu'un même train ne dépassant pas un parcours de 250 ou 300 kilomètres.

une semblable réduction présenterait sur les tarifs actuels des abaissements très sensibles.

Le transport des voyageurs coûte plus cher en Algérie qu'en France seulement depuis le jour récent où la suppression de l'impôt sur la grande vitesse, qui n'existait pas dans la colonie, a obligé les compagnies métropolitaines à des réductions proportionnelles. L'abaissement des prix de la 1re, de la 2e ou de la 3e classe est moins nécessaire peut-être que la création d'une 4e classe : tandis que les transports en 3e classe reviennent en France à 4 cent. 92 par kilomètre, ils atteignent dans la colonie 6 cent. 16. Si l'on songe que les indigènes les plus pauvres prennent souvent le chemin de fer et ont besoin de le prendre — les travailleurs notamment, — il ne paraît pas douteux qu'un abaissement des tarifs ne soit nécessaire. A l'heure actuelle, aucune compagnie n'a encore établi de 4e classe, mais l'une d'elles, la Cie de l'Est-Algérien, assure le bénéfice d'un tarif réduit à 4 centimes par kilomètre aux « ouvriers agricoles » voyageant par groupes de 10 personnes.

On pourrait insister encore sur le service très défectueux des compagnies algériennes; il serait juste alors de présenter la défense à côté de la critique. Au temps des récoltes, les compagnies reçoivent tout à coup, ainsi qu'il est naturel, des quantités considérables de denrées : aussitôt leur personnel et leur matériel deviennent insuffisants, elles n'ont pas d'employés pour recevoir les marchandises, pas de wagons pour les transporter en temps voulu. Le fait est exact et a soulevé bien des protestations, mais une compagnie ne peut-elle pas plaider les circonstances atténuantes lorsqu'elle reçoit en quelques semaines, pour les transporter, 156 000 tonnes de céréales? (Compagnie de l'Est-Algérien, chiffre de 1890.) Les expéditeurs ne sont pas les seuls à se plaindre. Sur certaines lignes, les trains subissent des retards fréquents. Un voyageur prend, non loin d'Alger, le train pour Oran; ce train a déjà plus d'une demi-heure de retard; peut-on espérer qu'elle sera regagnée? Hélas non! « Monsieur, répond le chef de gare, vous êtes dans un « train malheureux »; vous arriverez à Oran avec une heure et demie de retard. Les « trains malheureux » sont trop fréquents en Algérie. » Nous reprocherons moins aux chemins de fer leur marche très lente : elle a le plus souvent son explication, soit dans le profil de la voie — ici les montées sont fort rudes, ailleurs les courbes très prononcées, — soit encore dans ce fait que, sur plusieurs parcours, les terrains étant peu résistants ou très glissants, une période d'exploitation de dix ans et plus est nécessaire pour qu'une ligne soit définitivement assise.

Après toutes les critiques d'importance très différente que nous venons de formuler, quelle sera notre conclusion? Faut-il, en Algérie, arrêter l'œuvre des chemins de fer? Non assurément. Si nous réclamons, d'une part, la revision des conventions passées entre l'État et les compagnies [1], la revision des tarifs dans le sens d'un abaissement des prix de transport et une amélioration de l'exploitation, nous réclamons, d'autre part, la construction de nouveaux chemins de fer.

Bien que la colonie, si l'on considère son étendue et surtout son âge, soit largement dotée, il n'est pas douteux que la construction de beaucoup de lignes s'impose encore, que l'établissement de plusieurs est urgente. L'État ne peut cesser d'intervenir, mais, à notre sens, il doit demander aux départements algériens de subvenir, pour une large part, à l'achèvement du réseau tellien. Peut-être doit-il encore, en assurant des garanties d'intérêt aux compagnies, faire construire quelques embranchements dans le Tell; toutefois ce sont les lignes dites de pénétration auxquelles il importe que le Trésor assure son concours, parce qu'elles ont un intérêt stratégique et politique beaucoup plus qu'un intérêt commercial. Au point de vue militaire, la ligne de pénétration est pour ainsi dire « une colonne permanente », si l'on considère qu'elle amène les hommes rapidement et sans fatigue à l'endroit voulu; au point de vue de la colonisation, elle a pour conséquence d'appeler quelques colons hardis hors du Tell et de hâter le développement d'un courant commercial.

Le gouvernement inspiré par des considérations politiques

---

[1]. Voir plus loin, sur cette question et sur l'unification des compagnies algériennes, ce qui est dit au chapitre x, p. 300.

et militaires, préoccupé d'assurer notre influence dans le Sud en se rapprochant de l'oasis de Figuig et en indiquant nos vues sur le Touat, a récemment obtenu des Chambres l'autorisation de prolonger la ligne de pénétration de la province d'Oran d'Aïn Sefra à Djenan-bou-Resg (loi du 25 janvier 1892). Il convient maintenant que, sans retard, il propose au Parlement la prolongation de la ligne de pénétration de la province de Constantine. Elle s'arrête à Biskra; il importe qu'elle soit poussée jusqu'à Tougourt et Ouargla. Cette ligne n'a pas seulement un intérêt politique et militaire qui est d'assurer l'influence française au milieu des tribus Chaamba, elle a aussi un intérêt commercial évident. L'Oued-Rir, Tougourt, Ouargla, sont, nous l'avons dit, les grands centres de la culture du palmier; ce sont des régions déjà riches et qui le deviendront davantage; Ouargla était autrefois un des principaux marchés du Sud et nous pouvons espérer y attirer les caravanes d'une partie du Sahara. Une des plus riches compagnies françaises de l'Oued-Rir a proposé déjà au gouvernement général d'entreprendre la construction de la voie Biskra-Tougourt-Ouargla. Les conditions sont, paraît-il, acceptables. Elle demande, sur le parcours, un certain nombre d'hectares de terre, ce qu'il est facile de lui donner; elle demande ensuite le droit d'ouvrir dans les régions nouvelles des marchés libres afin, précisément, d'attirer les caravanes, ce qui nous semble utile, et est d'ailleurs conforme aux vues que nous avons exprimées plus haut sur la liberté du commerce dans l'extrême Sud. Moyennant ces deux avantages la compagnie ne réclamerait de l'État qu'un concours financier assez faible. De semblables propositions méritent assurément d'être examinées, discutées, et sans doute acceptées.

La construction du chemin de fer Transsaharien, dont la tête de ligne serait précisément Ouargla, est une question autrement difficile et délicate. Nous sortirions du cadre de ce volume si nous voulions l'exposer et la discuter. Disons seulement que ce qui surtout nous préoccupe, plus encore que la direction du tracé, l'attitude des populations chez lesquelles on poserait le rail, l'importance du commerce des régions sahariennes, c'est la dépense, la perte que le Trésor doit accepter de prendre à sa charge.

Cette préoccupation budgétaire ainsi que les observations que nous avons faites, quant à la construction au meilleur marché possible pour l'État de la ligne de Biskra-Ouargla, ont à nos yeux une très grande importance. Il ne faut pas oublier, en effet, qu'à l'heure actuelle le Trésor supporte déjà, du fait de la garantie d'intérêt qu'il est obligé de servir tous les ans aux compagnies algériennes, des charges extrêmement lourdes. L'époque où ces compagnies seront en état, non de commencer le remboursement des sommes qui leur sont avancées, mais seulement de vivre sans faire appel à la garantie paraît extrêmement lointaine. « Si l'on examine l'ensemble des 2 285 kilomètres de réseau garanti [1], écrivait, il y a un an, un des membres de la commission du budget de la Chambre [2], on arrive à cette conclusion que la recette kilométrique moyenne nécessaire pour que la garantie cesse de fonctionner est de 21 300 francs; or le produit vrai atteint à peine 6 400 francs; il manque donc 14 900 francs, soit plus de 230 p. 0/0 de la recette. Il faudrait que la recette fît plus que tripler. La garantie continue à jouer et les sacrifices faits ont toute chance d'être définitifs. » — Ce sont là assurément des conclusions qui imposent au gouvernement le devoir d'être, à l'avenir, plus réservé qu'autrefois dans ses engagements.

Les départements, on le comprend du reste, ont un intérêt direct, immédiat, à la construction de lignes secondaires. Chaque jour, les populations de centres non desservis réclament l'établissement d'une voie ferrée. Ici, on constate — et ce fait a peut-être été particulièrement sensible dans certaines régions du département d'Oran — que la construction d'une voie ferrée attire les colons, décide, dans les

1. Toutes les lignes des compagnies de chemins de fer algériens sont assurées d'une garantie d'intérêt, à l'exception de 253 kilomètres appartenant à la Compagnie franco-algérienne (Arzeu à Kralfalla, Modzba à Marhoum). Les dépenses faites par la compagnie pour l'établissement de cette ligne non subventionnée ont été compensées par la concession de l'exploitation des alfas sur une étendue de 300 000 hectares (province d'Oran).
2. Baïhaut, *Rapport sur le budget général de l'exercice de 1892* (Avances aux compagnies de chemins de fer pour garantie d'intérêt).

régions qu'elle traverse, la création de centres là où il n'y avait rien ; ailleurs, on observe que les colons d'une région, considérant le coût des transports par charrettes et le coût des transports par chemin de fer, réclament l'établissement d'une ligne ferrée plutôt que la construction d'une route.

C'est ainsi que, pressés par leurs électeurs, pénétrés des avantages multiples résultant de la construction d'une voie ferrée, les conseils généraux des départements algériens se sont préoccupés, dans ces dernières années, de la constitution d'un réseau de tramways à traction mécanique ou de chemins de fer d'intérêt local. La loi du 17 juillet 1883 rendant exécutoire en Algérie, celle du 11 juin 1880, sur l'établissement des chemins de fer d'intérêt local et des tramways par les départements ou les communes de la métropole, a d'ailleurs donné aux assemblées locales de la colonie toute facilité pour établir un programme et en poursuivre l'exécution. Oran, Constantine, ont depuis longtemps des projets à l'étude ; Alger, plus avancé, a obtenu la déclaration d'utilité publique (décret du 16 janvier 1892) de quatre lignes de tramways à traction de locomotives, destinés au transport des voyageurs et des marchandises : de Saint-Eugène à Rovigo, d'El Affroun à Marengo, de Dellys à Boghni, d'Alger à Koléa. Depuis, une loi, en date du 4 juillet 1892, a autorisé le département à emprunter une somme de 7 600 000 francs pour subvenir à la construction de ce réseau. Sans entrer dans les détails, nous dirons que le département d'Alger fournit l'infrastructure, donne une subvention en capital et laisse à la compagnie concessionnaire la construction des lignes elles-mêmes et leur exploitation. — C'est évidemment dans une semblable voie que doivent s'engager les départements algériens ; le réseau d'intérêt local, à la construction duquel ils sont directement intéressés, sera leur œuvre ; ils en supporteront les frais ; l'État toutefois les aidera par des subventions annuelles dans la mesure prévue par la loi de 1880 [1]. Ce concours même lui donnera le droit de tenir la main à ce que

---

[1]. L'article 13 de la loi du 11 juin 1880 dispose que « lors de l'établissement d'un chemin de fer d'intérêt local, l'État peut s'engager, en cas d'insuffisance du produit brut pour couvrir les dépenses de l'exploitation et

les réseaux départementaux conservent le caractère « d'affluents » des grandes lignes, qu'ils doivent avoir et ne deviennent jamais des routes « concurrentes ».

Il ne suffit pas d'irriguer les terres pour favoriser les cultures, de construire des routes et des chemins de fer pour permettre le transport des produits, il faut, sur les côtes, aménager des ports. L'absence de jetées, de bassins et de quais est, en effet, pour le commerce, une gêne considérable, en même temps que la cause d'une augmentation très appréciable des frais généraux. L'Algérie, qui a une énorme étendue de côtes, offrait peu de ports naturels, aussi les travaux ont-ils été considérables et, partant, les dépenses fort élevées. Les sommes consacrées à l'établissement et à l'amélioration des ports depuis l'époque de la conquête jusqu'au 31 décembre 1891 atteignent près de 113 millions[1]. Bône, Philippeville, Alger, Oran sont aujourd'hui des ports bien aménagés, suffisamment sûrs et faciles. Il faut citer ensuite la Calle, Collo, Dellys, Cherchell, Tenès, Mostaganem, Arzeu, Mers-el-Kebir. Cependant de nombreux travaux sont encore nécessaires, plusieurs ports sont tout à fait insuffisants; il faut aux récoltes, chaque année plus abondantes, des lieux d'embarquement.

Mais il est une observation qui s'impose : la métropole a eu, jusqu'à ce jour, la faiblesse de prendre à sa charge une part beaucoup trop forte des dépenses; souvent elle a négligé d'exiger d'une ville qui devait tirer des bénéfices certains de construction de nouveaux quais ou d'un second bassin, les sacrifices qu'elle pouvait s'imposer. A l'avenir il conviendra donc que les intérêts du Trésor soient mieux défendus. L'Algérie est précisément, au point de vue du commerce extérieur, dans une situation spéciale qui lui permet de trouver des recettes pour ses ports dans certaines mesures

---

5 p. 0/0 par an du capital du premier établissement,... à subvenir pour partie au payement de cette insuffisance, à la condition qu'une partie au moins équivalente sera payée par le département ou par la commune, avec ou sans le concours des intéressés. »

[1]. Il a été dépensé 51 830 000 francs à Alger, — 18 718 000 francs à Oran, — 17 982 000 à Philippeville, — 10 058 000 francs à Bône.

que d'autres pays peuvent moins facilement adopter. Il suffit, en effet, de regarder une carte pour remarquer, d'une part, que notre colonie n'est pas un pays de transit, d'une autre, qu'entourée par la mer, le Maroc, le Désert et la Tunisie elle est encore fort isolée, malgré le développement de la Régence de Tunis depuis quelques années. C'est ainsi que tous les produits qu'elle importe, tous ceux qu'elle exporte doivent fatalement emprunter ses ports; ils ne peuvent faire un détour pour les éviter. Dès lors il est possible aux chambres de commerce d'établir des droits de tonnage et de quai assez élevés sur les navires entrant et sortant sans craindre de voir déserter leurs ports. Elles trouveraient dans la perception de ces droits des ressources qui seraient naturellement affectées aux travaux d'amélioration et d'agrandissement.

On vient de le voir, l'œuvre des travaux publics entreprise en Algérie offre, dans son ensemble, des résultats satisfaisants : toutes les dépenses faites seront certainement des dépenses productives, car elles contribueront à mettre en valeur un riche pays, à permettre l'exploitation de ses nombreuses ressources. Mais combien cette œuvre est loin d'être terminée! les administrateurs et les colons sont sur ce point unanimes, et le voyageur qui parcourt le pays ne peut manquer d'être de leur avis. L'eau manque encore sur bien des points; des champs pourraient être irrigués, fertilisés aux portes de nombreux villages; — beaucoup de centres sont encore insalubres, les plantations d'eucalyptus n'ont pas suffi pour faire disparaître les fièvres; il faut en planter encore ou faire des travaux de drainage et arracher au sol les miasmes qu'il contient. Dans le département d'Oran, dans le département de Constantine, il faut que des ports soient construits; — Bougie, qui peut-être aurait pu faire un grand port de guerre établi en face de Toulon, doit devenir certainement, si l'on considère sa situation géographique, un grand port de commerce. Nous avons vu l'insuffisance des routes et des chemins de fer, comment des régions étaient délaissées, tenues à l'écart du mouvement général; — nous avons dit les Hauts Plateaux demeurés jusqu'ici sans *r'dirs*, sans abreuvoirs, qui assureraient la vie de troupeaux considérables.

Les forêts, faute de capitaux, faute de routes, sont inexploitées; si quelquefois, en Kabylie notamment, une route traverse une forêt, aucun chemin ne s'en détache, ni à droite, ni à gauche, pour pénétrer les massifs, permettre leur exploitation; et c'est ainsi, comme nous l'avons dit déjà, que 100 navires suédois, norvégiens et autrichiens débarquent annuellement, dans les ports algériens, pour plus de 3 millions de francs de madriers et de planches, pendant que des arbres magnifiques sèchent sur pied dans les montagnes.

Certes il ne faut point oublier que la France n'est établie en Afrique que depuis une soixantaine d'années; mais il importe de hâter tous ces travaux qui doubleront l'essor de la colonie.

Les dépenses seront lourdes : on demande 70 millions pour les routes, 82 pour les ports, 17 pour le reboisement, 12 ou 15 pour le démasclage des chênes-liège et la mise en valeur des forêts, 100 pour les barrages, les *r'dirs* et travaux de desséchement; puis, il y a les chemins de fer, d'autres dépenses encore. C'est ainsi que la question des travaux publics devient une question d'argent : nous la retrouverons au chapitre du budget.

CHAPITRE IX

LES INSTITUTIONS DE CRÉDIT

Le prix de l'argent est toujours plus élevé dans les pays neufs que dans les vieilles sociétés. — Raisons que l'on peut donner de ces phénomènes économiques.
Les principales sociétés financières établies en Algérie. — La banque de l'Algérie. — Le taux de l'escompte. — Le Crédit foncier et agricole d'Algérie. — Les prêts hypothécaires. — La Compagnie algérienne. — Ses opérations. — Le Crédit lyonnais.
Les comptoirs d'escompte locaux. — Leur organisation. — Leur but.
Le crédit agricole. — Comment la Banque de l'Algérie a été amenée à faire le crédit à l'agriculture. — La création des comptoirs d'escompte locaux. — Affluence de l'argent. — Aide apportée à la colonisation. — Erreurs commises. — Les fautes de la Banque. — Crédit irréfléchi. — Les banquiers louches. — L'affaire des billets de Tlemcen. — La Banque veut se ressaisir. — Étude de sa situation actuelle. — La Banque propriétaire de vignobles. — Il lui est dû plus de 25 millions. — Les bénéfices des comptoirs locaux.
Le Crédit foncier d'Algérie. — Vice originel de sa constitution. — La cherté de ses prêts. — Les colons préfèrent s'adresser à la Banque. — Le domaine du Crédit foncier.
Dette hypothécaire de l'Algérie en 1892. — Les prêteurs de la métropole. — Conditions moyennes des prêts. — Il est permis d'espérer que le prix de l'argent ne cessera pas de baisser. — Les rentiers français peuvent chaque année consentir de gros prêts à l'Algérie.
Le renouvellement du privilège de la Banque. — Examen de la situation présente de la Banque en cas de liquidation. — Cette situation s'améliore. — Les adversaires du renouvellement. — La Banque de France en Algérie. — L'escompte à 3 p. 0/0 au lieu de 5 p. 0/0. — Réfutation d'une erreur économique. — La disparition du compte courant de la Banque au Trésor. — Comment ce compte courant pourrait être réduit. — Conclusion en faveur du renouvellement du privilège. — Il faut à l'Algérie un établissement spécial. — Garanties qu'il faut lui demander.

Parmi les questions les plus intéressantes que l'on rencontre dans l'étude des conditions nécessaires au développement d'une colonie de peuplement, est celle du loyer des capitaux. Il ne suffit pas, il est à peine besoin de le dire, et, d'ailleurs, on a pu en juger déjà à la lecture de plusieurs des chapitres précédents, que, dans les colonies de cette nature, les terres soient à bas prix et la main-d'œuvre nombreuse ; que, grâce à une intervention directe ou indirecte de l'État, des routes et des chemins de fer sillonnent le pays et assurent le facile transport des produits ; il faut encore que l'argent y soit abondant, que le taux de l'intérêt n'y soit pas trop élevé. Il est, en effet, nécessaire à la prospérité des régions nouvelles que les colons puissent se procurer les capitaux indispensables pour la mise en valeur de leurs richesses. Le même besoin existe pour tous : les gros, les moyens et les petits colons, confiants dans l'avenir, tendent à livrer à la culture des terrains plus considérables que ne le permettent les ressources dont ils disposent : le défrichement, la construction d'une maison d'habitation, d'une ferme ou d'un cellier, l'achat d'un matériel agricole, d'un troupeau ou d'une vaisselle vinaire coûteuse, la plantation de vignes, d'oliviers, d'orangers ou de palmiers, qui ne seront en rapport qu'après quelques années, toutes ces opérations demandent, pour être menées à bien, d'abord, un capital de premier établissement, puis, dans une mesure plus ou moins large, le concours du crédit.

Dans un vieux pays, où les situations sont assises, où le capital et le travail des générations successives a mis toutes les propriétés en valeur, où toutes les grandes dépenses d'utilité publique sont faites, l'offre du capital est sensiblement égale ou même supérieure à la demande et partant l'intérêt de l'argent assez bas. Dans un pays nouveau, il en est, au contraire, tout autrement. Les lois qui règlent le loyer des capitaux sont différentes ; et c'est ainsi que l'argent est plus cher dans un pays neuf que dans un vieux pays. Ce fait a trois causes principales. En premier lieu, les capitaux, toujours timides — et ils le sont particulièrement en France, — ne viennent pas en abondance dans les contrées primitives où les conditions générales de sécurité ne semblent pas suffisantes et où, en même temps, les emprunteurs ne paraissent généralement pas offrir des conditions de sûreté « particulières à la personne » aussi sérieuses que les emprunteurs des sociétés plus avancées. Les capitalistes craignent de se dessaisir de leurs fonds, de les perdre s'ils les laissent sortir de leurs mains. En second lieu, n'est-il pas naturel, que dans une société naissante, dans un pays neuf où la part de l'incertain est grande, où tout est à créer, où, pour cette raison même, les risques d'insuccès sont plus nombreux, où la demande des capitaux doit être pendant une longue suite d'années considérable, les prêteurs qui ont la hardiesse de s'aventurer exigent un intérêt élevé. Ils prétendent, avec raison, que leurs capitaux soient infiniment plus productifs que dans une vieille société chez laquelle le sol est en culture, l'industrie créée, où la plupart des œuvres d'une utilité de premier ordre sont achevées. Enfin, et cette dernière raison pourrait presque se confondre avec la précédente, les colons espérant tirer d'une terre vierge, et de richesses jusqu'alors inexploitées, de très gros bénéfices, craignant peu, vu leur nombre, la concurrence et la baisse des prix, sont euxmêmes disposés à offrir aux capitalistes un intérêt élevé de leur argent.

Après l'indication de ces causes, on ne saurait donc s'étonner de ce que l'argent soit plus cher en Algérie qu'en France. Le contraire ne pourrait tenir qu'à des circonstances anormales autant que passagères.

L'Algérie possède quatre grandes sociétés financières : la Banque de l'Algérie, le Crédit foncier et agricole d'Algérie, la Compagnie algérienne et les succursales du Crédit lyonnais. Il faut citer, en outre, les Comptoirs d'escompte locaux qui, réunis, présentent un chiffre d'affaires important, et les Magasins généraux. Les banquiers sont peu nombreux.

La Banque de l'Algérie est une banque d'escompte, de circulation et de dépôts. Elle a été constituée en société anonyme et créée par la loi du 4 août 1851. Cette loi, modifiée depuis à diverses reprises par plusieurs décrets, a été comme renouvelée par celle du 3 avril 1880, qui a prorogé le privilège de la Banque jusqu'au 1er novembre 1897. Les statuts de la Banque se trouvent annexés à cette dernière loi. Le capital social, primitivement fixé à 3 millions, est aujourd'hui de 20 millions, représentés par 40 000 actions de 500 francs entièrement libérées. Les billets en circulation de la Banque de l'Algérie représentent environ 70 à 80 millions de francs; ils ont cours légal dans notre colonie, mais ne sont pas reçus dans la métropole, de telle sorte que les payements d'Algérie en France présentent, ainsi qu'on le verra plus loin, certaines difficultés. La Banque possède des succursales à Constantine, à Oran, à Bône, Philippeville et Tlemcen; elle a en outre récemment créé un bureau auxiliaire à Blida. Ses opérations ont suivi une progression presque constante : en 1851-1852, elle escomptait pour 8 600 000 francs de billets; en 1861-1862 pour 68 000 000 ; en 1881-1882, année de grande prospérité, pour 515 730 000 francs; en 1890-91, pour 418 643 000 francs. Bien que sensiblement inférieur au chiffre précédent, ce total est encore très élevé.

Le taux ordinaire des escomptes de la Banque de l'Algérie était de 6 p. 0/0, à l'origine; il s'est ensuite abaissé à 5 et même 4, en octobre 1879. Depuis le 1ᵉʳ avril 1882, il est de 5 p. 0/0, ce qui constitue un écart de 2 francs avec la Banque de France, le taux de l'escompte de celle-ci étant de 3 p. 0/0 [1].

La Banque de l'Algérie n'exige, pour escompter un billet, que deux signatures, alors que la Banque de France en demande trois.

Les répartitions faites aux actionnaires de la Banque de l'Algérie, depuis la fondation de la société, ont naturellement beaucoup varié. Pendant longtemps, elles ont suivi presque sans aucune interruption une marche ascendante; c'est ainsi qu'elles sont parvenues, en 1882-1883, à 103 fr. 09 par action; depuis, sous l'influence de diverses circonstances — dont il sera parlé plus loin, — les bénéfices ont fléchi; le dividende de l'exercice 89-90 a été de 80 francs par action, celui de l'exercice 90-91, de 70 francs, celui de 1891-92 ne dépassera pas 60 francs.

Le Crédit foncier et agricole d'Algérie a été constitué le 9 décembre 1880, pour une durée de soixante-dix ans, pre-

---

[1]. Depuis quelques mois l'argent étant très abondant et partant à bon marché, la Banque de France a abaissé à 2 1/2 p. 0/0 le taux de son escompte.

nant fin le 30 juillet 1951. Le capital souscrit est de 30 000 000 de francs dont la moitié, soit 15 millions, est versée. Les opérations du Crédit foncier d'Algérie se divisent en deux parties distinctes : d'une part, les prêts faits en participation avec le Crédit foncier de France, qui fournit les fonds à un taux d'intérêt restreint, et perçoit une partie des bénéfices, — d'une autre, les prêts effectués avec les propres capitaux du Foncier d'Algérie.

Ces prêts sont faits : 1° aux départements, aux communes, aux établissements publics, aux syndicats d'irrigation; 2° aux propriétaires fonciers de la colonie. Les premiers n'entraînent pas nécessairement hypothèque; ceux faits aux particuliers doivent, au contraire, être toujours garantis par une première hypothèque. Le conseil d'administration de la Société accorde aux colons emprunteurs, sur le rapport de ses inspecteurs chargés de visiter et d'estimer les propriétés, 50 et quelquefois 60 p. 0/0 de la valeur de ses biens immeubles, ruraux ou urbains. — Il convient d'ajouter que le Foncier accorde également, soit seul, soit en participation, des ouvertures de crédit pour une durée de un à cinq ans.

Le taux de l'intérêt des prêts hypothécaires, amortissement non compris, varie entre 5 1/2 et 6 1/2 — exceptionnellement 7 p. 0/0, — suivant la situation des immeubles offerts en garantie. Parmi ces prêts, les uns sont à court terme, les autres à long terme; ces derniers peuvent être échelonnés sur une période de cinquante années, mais dépassent rarement trente ans. Au 31 décembre 1890, le Crédit foncier et agricole d'Algérie avait prêté, tant en participation avec le Crédit foncier de France qu'avec ses propres fonds, aux propriétaires, départements, communes, établissements publics et syndicats d'irrigation une somme totale de 55 582 284 francs.

Le Crédit foncier, en même temps qu'il consent des prêts fonciers, fait dans la colonie des opérations de banque ordinaires; il ne cesse de les développer.

La Compagnie algérienne est née, en décembre 1877, de la Société générale algérienne dont nous avons parlé plus haut [1].

---

1. Voir liv. II, chap. II, p. 104.

C'est une société anonyme au capital de 15 millions entièrement versés. Elle a pour objet : 1° de mettre en valeur l'immense domaine qu'elle tient de la Société générale algérienne ou de le vendre par lots aux colons; 2° de faire, soit en son nom, soit en participation avec des tiers, des opérations agricoles, industrielles, commerciales et de banque en Algérie; 3° de faire, dans la colonie, des avances sur hypothèques; 4° de faire des avances sur nantissements, connaissements et dépôts de titres.

Le domaine de la Compagnie algérienne est presque tout entier, et en un seul morceau, dans la province de Constantine. Est-ce son éloignement de la mer? est-ce le peu d'empressement de la Société à allotir et à vendre? Un fait est certain, c'est que la Compagnie algérienne n'a pas vendu plus de 15 000 hectares de terres, depuis sa fondation jusqu'à ce jour. Elle loue à un millier de fermiers indigènes des domaines importants, et, sur d'autres points, fait directement des plantations d'eucalyptus [1] ou de vignes. Ses opérations financières ne cessent pas d'être importantes; des agences établies à Alger, Bône, Bougie, Constantine, Sétif, Oran, Blida, Sidi-Bel-Abbès, Mostaganem, escomptent les billets et les warrants, consentent des avances sur marchandises et sur garanties hypothécaires. Le taux de l'escompte varie, aux guichets de la Société, entre 5 et 7 p. 0/0, suivant la surface présentée par l'emprunteur. En 1891, les effets escomptés représentent une somme de 241 708 000 francs. Pour les avances aux communes et les prêts hypothécaires qui s'élevaient, en 1882, à 9 000 000 ils sont aujourd'hui tombés à 4 192 000 francs. La principale cause de cette décroissance est la concurrence que fait à la Société algérienne le Crédit foncier, dont l'objet principal est précisément les prêts à longs et à courts termes, sur gages hypothécaires.

Le Crédit lyonnais a établi, en 1878, des succursales à Alger et à Oran. Le montant des effets escomptés à ses guichets, en 1890, s'élève à 137 603 000 francs.

Les Comptoirs d'escompte locaux, créés, pour la plupart,

---

1. Les bois d'eucalyptus fournissent des traverses de chemins de fer.

au cours de ces dix à douze dernières années, dans plusieurs villes algériennes, font en quelque sorte l'office qui appartiendrait aux banques particulières, s'il en existait en Algérie. Leur organisation et leur but sont les suivants : les principaux colons d'une région se réunissent et fondent, entre eux, une société anonyme, dite « Comptoir d'escompte », à un assez faible capital, dont un seul quart est versé. Ainsi établie sur des bases modestes, la société accepte le papier des négociants, industriels ou agriculteurs de la région qui lui paraissent offrir des garanties suffisantes de solvabilité ; elle endosse ce papier, puis le présente aux guichets de la Banque de l'Algérie : le Comptoir est ainsi la « seconde signature » exigée par la Banque ; il garantit auprès d'elle des signataires qu'elle ne connaît pas. La Banque escompte à 5 p. 0/0 les effets qui lui sont présentés, le Comptoir prélève, à titre d'intermédiaire, une commission de 2 ou 3 p. 0/0, quelquefois plus, ce qui met l'argent demandé par l'emprunteur à 7 ou 8 p. 0/0 et au-dessus. En 1890, le montant des effets escomptés dans vingt comptoirs répartis dans les trois provinces s'élevait à 82 325 000 francs.

Les Magasins généraux fondés en Algérie ne paraissent pas jusqu'ici avoir été très fréquentés, le warrantage étant demeuré une opération assez rare. Le Crédit foncier d'Algérie, la Compagnie algérienne, possèdent les principaux Magasins généraux ; celui d'Oran est de tous le plus important ; il a reçu pour un peu plus de 2 000 000 de marchandises pendant l'année 1890.

Ce serait être trop bref que de se borner à ces seules données statistiques. Plusieurs questions, en effet, se posent : la colonisation a-t-elle trouvé à sa disposition les avances dont elle avait besoin ? Le crédit lui a-t-il été suffisamment facile ? Qui l'a fait ? Quelle est la dette présente de l'Algérie ? Enfin quel est l'avenir, quant au prix de l'argent, dans notre colonie ?

On peut dire que, jusqu'en 1878, l'argent n'a pas été suffisamment abondant en Algérie. Il n'existait, à cette époque, dans notre colonie que la Banque qui, se tenant étroitement dans les limites fixées par ses statuts, escomptait les billets commerciaux, mais ne venait aucunement en aide aux colons, aux propriétaires ruraux. Le Crédit foncier n'était pas encore fondé. L'argent, ainsi, était rare et partant fort cher.

Cette situation pesait d'autant plus sur la colonie, notamment depuis quelques années, que, d'une part, l'administration avait concédé, à titre gratuit, d'importants espaces à des milliers d'immigrants, fondé des villages et que, d'autre part, beaucoup de propriétaires désiraient planter la vigne. Les bras ne manquaient pas, mais l'argent faisait défaut. Les capitaux de France ne venaient pas encore dans ce pays d'Algérie, peu connu, et les banquiers ou usuriers locaux ne craignaient pas de réclamer des intérêts de 10, 15, 20 p. 00, peut-être plus. C'est dans ces conditions que les Chambres eurent à discuter le renouvellement du privilège de la Banque de l'Algérie. On vit, dans cette circonstance, l'occasion de faire appel au seul établissement financier susceptible d'intervenir; on lui demanda d'assurer le crédit au colon; il le promit. « M. le directeur de la Banque nous a donné l'assurance formelle, écrivait le rapporteur de la Chambre, que son conseil d'administration et lui étaient d'accord pour s'efforcer de la rendre (la Banque) de plus en plus accessible au petit commerce aussi bien qu'au colon. » Au Sénat, le rapporteur, M. Lucet, disait : « La Banque de l'Algérie a pour mission de favoriser l'essor de la colonisation dans une mesure aussi large que le permettra la sécurité de ses opérations d'escompte », et il reproduisait l'engagement pris par le directeur , au nom de son conseil d'administration, « de seconder l'agriculture et la colonisation dans la plus large mesure ».

Son privilège renouvelé, la Banque eut hâte de tenir l'engagement qu'elle avait pris et bien que ses statuts ne l'y autorisassent point — fait assez curieux après les déclarations que nous venons de rapporter, — elle se préoccupa aussitôt d'organiser le crédit agricole. Elle y voyait d'ailleurs son propre avantage : prêter à l'agriculture, encourager la colonisation, n'était-ce pas développer ses affaires? Précisément des établissements nouveaux venaient lui faire concurrence, dans un pays où jusqu'ici elle avait été seule : la Compagnie algérienne, le Crédit lyonnais, le Crédit foncier. C'est alors qu'elle abaissa son escompte à 5 p. 0/0 et même un moment jusqu'à 4 p. 0/0.

Quel procédé devait-elle employer pour assurer le crédit agricole tout en ne violant pas trop ouvertement ses statuts, qui la constituaient *banque d'émission et d'escompte*, mais non *crédit foncier*?

Elle le trouva dans une organisation qui fonctionnait depuis plusieurs années déjà dans le département d'Oran, le Comptoir d'escompte de Saint-Denis-du-Sig. Des envoyés ou des amis de la Banque visitèrent les principaux centres, exposèrent la théorie du « crédit mutuel », comment quelques propriétaires pouvaient constituer une petite société, vendre aux colons de la région la signature sociale et présenter ensuite, à l'escompte de la Banque, un billet revêtu de deux signatures.

C'est ainsi qu'une vingtaine de comptoirs d'escompte locaux s'organisèrent dans les trois provinces. Ici et là 75 ou 100 personnes, ou plus, souscrivaient 100 000 ou 150 000 francs, versaient chacune un quart de leurs actions : ainsi le comptoir d'Aïn-Beïda, celui d'Arzeu ou tout autre était créé. L'argent, rare la veille, se trouva tout à coup abondant : « Voulez-vous de l'argent pour planter de la vigne, pour construire un chai? Cela est bien facile, portez votre signature au comptoir d'escompte, il sera votre intermédiaire auprès de la Banque. » Chacun emprunta donc et chacun planta : les statistiques de 1880 avaient recensé 17 700 hectares de vignes, celles de 1883 accusèrent 46 200 hectares, celles de 1886, 79 000. Cette progression formidable, on ne saurait la reprocher à la Banque, si l'on envisage seulement le développement de la colonisation; mais au point de vue financier, l'appréciation serait autre. La Banque prêtait directement ou, le plus souvent, indirectement par les comptoirs d'escompte. Au fond, il est impossible de le nier, elle sortait absolument de ses statuts : elle acceptait du papier à 90 jours, dont l'origine agricole lui était connue; elle en autorisait le renouvellement presque indéfini, se contentant, d'abord du payement de l'intérêt à 5 p. 0/0 des sommes prêtées, ensuite de remboursements partiels et graduels. Ainsi, la Banque de l'Algérie faisait couramment le prêt à long terme, qu'un établissement placé à côté d'elle, le Crédit foncier et agricole d'Algérie, avait seul le droit de faire. Avec l'argent de la Banque, on achetait des terrains, on créait des propriétés, on attendait pendant trois et quatre ans les premières récoltes. Faut-il ajouter que les crédits ouverts aux planteurs de vignes étaient souvent exagérés? On prenait pour base des prêts la situation apparente des emprunteurs et non leur situation réelle; on escomptait l'avenir.

La Banque surveillait-elle, du moins, les opérations des comptoirs, examinait-elle les signatures qui lui étaient présentées? Peu ou point. Le Comptoir d'escompte de l'Arba, qui a, en 1887, 25 000 francs versés et 45 000 francs de réserve, présente à l'escompte pour 3 110 000 francs d'effets; — la même année, le Comptoir de Sidi-Bel-Abbès, qui a 125 000 francs versés et 311 000 francs de réserve, présente à l'escompte 17 000 000 d'effets; — l'année suivante, alors que son chiffre de réserve a diminué, il obtient encore l'escompte de 11 500 000 francs d'effets; — le Comptoir de Philippeville, qui a 100 000 francs versés et 20 000 francs de réserve, présente à l'escompte, en 1887, 13 500 000 francs de valeurs; — le Comptoir d'escompte de Tlemcen, qui a 250 000 francs versés et 200 000 francs de réserve, présente à l'escompte, en 1888, 16 200 000 francs.

A quels risques ne court point la Banque en faisant de pareilles opérations? Ne sait-elle pas que, derrière les comptoirs, sans ressources propres, sont des propriétaires, en général dans une situation médiocre, quelquefois même déjà endettés? Les administrateurs des comptoirs se servent souvent de leur situation pour présenter à l'escompte des établissements qu'ils dirigent, puis de la Banque, des effets pour une valeur considérable. C'est ainsi qu'on s'aperçoit un jour, que sept administrateurs du Comptoir de Philippeville ont ensemble, à la Banque, une dette de un million. Plus tard on fera une autre découverte; des débats engagés devant le tribunal d'Alger feront connaître qu'un négociant de Philippeville, qui avait besoin d'argent, s'est fait souscrire des billets par son caissier — un employé à 200 francs par mois — et que la Banque a escompté ces billets.

Dans les petites villes, dans les petits centres, là surtout où il n'y a pas de comptoir d'escompte, des individus se rencontrent qui, frappés de la facilité avec laquelle la Banque accepte le papier qu'on lui présente, s'établissent banquiers, — on devrait dire usuriers. Ils vendent leur signature — la seconde signature exigée, — 10, 12, 15, 20 p. 0/0, ruinant ainsi vingt, trente, cinquante propriétaires. Pour ces banquiers louches, toutes les signatures sont bonnes ; ils présentent, et font accepter par la Banque, les signatures de pauvres indigènes sans ressources, aussi bien que celles des colons sans surface ; souvent même, la signature de l'indigène est remplacée par une croix que deux faux témoins certifient tracée de sa main [1].

[1]. Il y a environ deux ans, le tribunal de Tlemcen a eu à connaître d'une grosse affaire d'usure habilement conduite par deux indigènes et deux banquiers français, qui poursuivaient la ruine de huit douars et d'un millier de chefs de famille. Cette affaire est si curieuse, elle peut être si bien présentée comme un exemple des pratiques de l'usure en Algérie, que nous voulons citer ici l'exposé même qu'en fait le rapporteur de la Chambre des députés, M. Burdeau.

« Deux indigènes de Tlemcen, soutenus par deux banquiers français, avaient entrepris de faire des prêts aux indigènes. La misère qui suivit la sécheresse de 1882, leur facilita leur entrée en affaires : ils avancèrent à ces malheureux, soit des grains ou des vivres, soit des sommes d'argent, en échange de billets gagés sur leurs terres, et portant de 15 à 25 p. 0/0 d'intérêt par an, non compris les honoraires des géomètres et les frais d'actes, qui s'élevaient à 20 ou 30 p. 0/0 une fois payés du montant des billets, et qui étaient retenus d'avance. Tous les trois mois, les billets étaient renouvelés, accrus des intérêts et d'une commission ; tous les ans à la récolte, les prêteurs exigeaient de leur obligé quatre ou cinq sacs de blé pour chaque centaine de francs du montant du billet ; soit 25 à 30 p. 0/0, cette remise tenant lieu des frais ordinaires de renouvellement, mais ne venant pas en déduction de la somme due. Celle-ci s'accroissait avec une telle rapidité, qu'en peu d'années l'indigène voyait passer chez son prêteur la presque totalité de sa récolte. Ces malheureuses populations, perdant courage, finirent par renoncer à cultiver leurs champs et à élever leurs troupeaux au profit des usuriers, et les deux prêteurs indigènes se virent à découvert de sommes très fortes sans moyen de les faire rentrer, et pressés par leurs banquiers, qui d'ailleurs avaient gardé pour eux-mêmes une forte partie des bénéfices en leur escomptant à 12 p. 0/0, plus les commissions, le papier des indigènes. Les associés conçurent alors le projet de se rendre propriétaires des biens des indigènes, pour les revendre au gouvernement général, qu'on pressait en même temps de créer un centre de colonisation au milieu des douars endettés, à Aïn-Sabra. Heureusement, les indigènes firent de la résistance à cette dernière entreprise, et le gouvernement général lui-même ne s'y prêta point. Les

En même temps que l'argent abondait, le prix des terrains, par une conséquence naturelle, augmentait partout; tel qui valait 150 ou 200 francs l'hectare, montait à 400, 500, 800 francs; tel autre, d'une valeur réelle de 700 francs, atteignait par la spéculation, 1 200, voire 1 500 francs.

La découverte du phylloxera en 1885 émut, un instant au moins, les propriétaires et fut comme le premier signal d'une crise. Vers la même époque, le prix des vins tomba, sous diverses influences; l'hectolitre, qui avait trouvé acquéreur à 30 et 35 francs, ne se vendait plus quelquefois que 10 et 11 francs. Ceux qui, ayant emprunté, ne purent amortir dans les délais voulus, ou même verser régulièrement l'intérêt des sommes qu'ils devaient, ne tardèrent pas à être nombreux; partout les prix tombèrent et, lorsque la Banque dut réclamer, pour rentrer dans ses fonds, la vente de certaines propriétés, elle ne trouva point d'acquéreurs et fut obligée de racheter elle-même. Ainsi la Banque de l'Algérie, établissement d'escompte, devenait propriétaire d'immeubles.

Dès 1887, la Banque comprit la faute qu'elle avait commise en faisant sans mesure le prêt agricole; elle le reconnut publiquement devant ses actionnaires. « Enfin il faut bien le dire, on a quelquefois perdu de vue les limites permises, peut-être oublié les règles de prudence qui doivent présider à des opérations de cette nature. Insensiblement, on s'est laissé entraîner à sortir du cercle dans lequel on aurait dû

---

usuriers n'avaient plus d'autre refuge que la fuite et la faillite : les deux indigènes disparurent, laissant un passif de 1 400 000 francs, et les deux banquiers français suspendirent leurs payements. Un établissement de crédit qui leur avait escompté à son tour les billets des indigènes, et qui en avait 2 000 dans son portefeuille, se trouva alors seul en face de ces derniers et entama contre eux une série de procès, qui aboutit, coup sur coup, à huit cents condamnations contre ces infortunés. Heureusement les deux usuriers indigènes avaient poussé trop loin l'avidité : parmi les billets on découvrit qu'un grand nombre portait, en guise de signature, une croix accompagnée de l'affirmation de deux témoins, déclarant qu'ils avaient assisté à la remise des espèces; une nouvelle série de 51 jugements décida que ces billets étaient ou sans valeur ou même faux. L'établissement poursuivant se détermina à retirer toutes ses plaintes; il se contente aujourd'hui de demander aux emprunteurs de le payer par acomptes selon leurs moyens. Il a tenu à un simple hasard que la ruine de mille familles fût entièrement et brutalement consommée. »

Est-il besoin de dire que l' « établissement de crédit » dont il est parlé est la Banque de l'Algérie?

se renfermer étroitement. L'épreuve du crédit agricole par une banque d'émission était une hardiesse économique, il fallait apporter beaucoup de circonspection, aussi bien dans notre intérêt que dans celui du pays. En matière de crédit, l'exagération est souvent plus nuisible que la parcimonie même excessive. » La faute reconnue, on s'engageait à la réparer : « aux établissements spéciaux, disait encore l'exposé de la situation, la charge des opérations foncières proprement dites, tandis que nous mettrons à la disposition du colon les ressources nécessaires pour assurer sa récolte annuelle ».

C'était un nouveau programme. La Banque s'y est-elle conformée de suite, a-t-elle renoncé à toutes les erreurs passées? Hélas non! Les raisons sont diverses. D'abord, il y avait « l'engrenage »; sous peine de faire éclater dans la colonie, une crise immobilière des plus dangereuses, la Banque ne pouvait saisir tous ceux qui étaient en retard vis-à-vis d'elle; elle devait patienter, elle patienta. Elle fit plus même, elle continua souvent à prêter à ceux à qui elle avait déjà trop prêté, pour soutenir le premier capital engagé, pour ne point permettre la ruine et l'abandon d'une propriété sur laquelle elle avait une lourde créance. Il faut dire ensuite la résistance des comptoirs d'escompte, qui ne voulaient point se soumettre au nouveau programme de la Banque, qui persistaient à présenter à son escompte des effets dont la valeur dépassait considérablement leur faible capital et leurs faibles réserves, qui exigeaient qu'on ne cessât point d'accorder à leurs clients des renouvellements indéfinis. A l'égard de beaucoup, à l'égard de tous même, la Banque fut trop faible; elle céda. Enfin, pourquoi ne pas le dire? la politique, les influences locales, sont très puissantes en Algérie et se glissent partout; combien n'ont-elles pas arraché à la Banque de crédits exagérés, de faiblesses ou de capitulations?

Voyons la situation actuelle.

La Banque, bien qu'elle n'ait pas exproprié tous ses débiteurs, est propriétaire d'un grand domaine : elle a 8 000 hectares de terres arables et 1 000 hectares de vignes. Souvent, elle a dû terminer l'aménagement des domaines qu'elle achetait contre son gré; ici, elle construisait un chai; là, elle installait une vaisselle vinaire; partout, elle fait aujourd'hui valoir, soigne les vignes, fabrique le vin, puis au lendemain de la récolte, elle s'occupe de la vendre, comme ferait un grand propriétaire ou une société vinicole. Depuis longtemps, elle aurait voulu se défaire en une seule fois de son domaine, le céder à une société; mais comme il est réparti entre les trois provinces, et partant d'une administration difficile, elle n'a pas jusqu'ici trouvé d'acquéreur.

La possession d'un grand domaine n'est pas le seul mal : la Banque de l'Algérie avait dans ses caisses, en mai 1892, du papier agricole pour une valeur de 25 397 023 francs. C'est un chiffre, — et qui fait sentir les imprudences commises. Si on entreprenait de le détailler, on jugerait plus encore de la légèreté avec laquelle a été envisagé l'intérêt des actionnaires et, il est permis de le dire, la responsabilité de bonne gestion qui pèse sur un établissement privilégié. Il est des colons à qui la Banque a prêté des fortunes. Mais si, négligeant ces fautes lourdes, on se borne à constater que la somme de 25 397 023 francs représente 3 190 engagés, on voit, par une division, que la moyenne générale des prêts consentis a atteint près de 8 000 francs (exactement 7 961 francs). N'est-ce pas une moyenne trop forte? Les débiteurs ne sont-ils pas, en grand nombre, de petits propriétaires dans une situation très modeste? et — qui plus est — le gage de tous, grands et petits, n'est-il pas d'une réalisation lente et difficile? Insisterons-nous davantage sur ce chiffre? Nous remarquerons alors que, lorsque la Banque de l'Algérie, dont le capital est de 20 millions, ouvre à un particulier un crédit de 8 000 francs, elle s'engage autant que le ferait la Banque de France, avec son capital de 180 millions, si elle prêtait 73 000 francs.

A l'heure actuelle, la Banque, devenue un Crédit agricole, a tous les soucis qu'aurait un semblable établissement. Elle estime que les pertes éventuelles à prévoir, sur les immeubles dont elle est propriétaire, sur les débiteurs douteux, sur les opérations en cours, peuvent s'élever à 9 400 000 francs.

En ce qui concerne les comptoirs d'escompte locaux, la situation est loin d'être satisfaisante. Les dernières statistiques ont permis de constater que la plupart maintiennent le taux de leur escompte à un prix trop élevé dans le but de grossir les dividendes des actionnaires. Presque tous demandent 7 p. 0/0, ce qui représente une commission de 2 francs sur le prix d'escompte de la Banque; le Comptoir de Saint-Cloud distribue à ses actionnaires 14 francs par action; celui de Mascara, 20 francs; celui de Boufarik, 24 fr. 25; celui de Sidi-Bel-Abbès, 37 fr. 50! Récemment, on a appris, non sans étonnement, que le Comptoir de Tizi-Ouzou réclamait 8 à 12 p. 0/0 l'an pour l'escompte du papier européen, 16 p. 0/0 pour l'escompte du papier indigène et jusqu'à 20 p. 0/0 pour les renouvellements. Ce n'était plus de la banque, c'était de l'usure.

Depuis 1887, année où elle avait pris les sages résolutions que nous avons rappelées plus haut, la Banque tolérait de pareils abus. Il y a seulement quelques mois qu'elle a rappelé aux administrateurs des comptoirs les règles qui doivent présider à leur fonctionnement. Ce sont, à proprement parler, non des sociétés financières, des réunions d'actionnaires ayant le droit de rechercher un gros intérêt de leur argent, mais des groupements de solvabilités isolées ou inconnues, des sociétés de Crédit mutuel, créées dans le seul but de présenter à la Banque, en le lui garantissant, le papier des petits colons qu'elle ne connaît pas et ne peut connaître. Les sommes escomptées aux colons par les comptoirs, ajoutait le directeur de la Banque, ne doivent pas servir à la création de propriétés, mais seulement à l'entretien de propriétés déjà créées; les actionnaires ne doivent pas percevoir plus de 6 p. 0/0 de leur argent. Il terminait en informant les comptoirs que la Banque refuserait à l'avenir leur papier, s'ils ne consentaient pas à entrer dans ses vues.

La Banque de l'Algérie n'a pas été la seule institution de crédit venant en aide aux colons. Le Crédit foncier et agricole d'Algérie, dont nous avons parlé plus haut, a rendu aux propriétaires, aux communes et aux syndicats des services réels; toutefois, il paraît certain qu'il aurait pu faire mieux et davantage, si les bases sur lesquelles il repose avaient été mieux établies. Lorsqu'en 1878-1879, le gouvernement, incité par la représentation algérienne, songea à faciliter les prêts fonciers dans notre colonie, le Crédit foncier de France y était installé. Deux décrets impériaux, en date des 11 janvier et 18 mars 1860, l'avaient, en effet, autorisé à consentir en Afrique des prêts hypothécaires, dans les mêmes conditions qu'il les faisait en France. Malheureusement, le Crédit foncier usait peu de ce privilège; peut-être n'avait-il pas prêté dans la colonie plus de 12 à 15 millions. La saine raison disait à ceux qui se préoccupaient d'étendre les prêts fonciers en Algérie qu'il fallait, ou inviter le Crédit foncier de France à donner plus d'attention aux affaires algériennes et prêter une aide plus efficace aux colons, ou le déposséder et instituer à sa place une société foncière à qui l'on permettrait de se procurer des capitaux à bon marché. Mais la raison eut tort. Si, en 1880, le Crédit foncier de France fut dépossédé d'un privilège auquel il paraissait peu tenir, on jugea devoir lui accorder, en compensation, la faveur de fournir au Crédit foncier et agricole d'Algérie, qui se fondait, l'argent dont il aurait besoin pour prêter aux colons. Naturellement, on refusait en même temps à l'établissement nouveau le droit de s'adresser directement au public par l'émission de valeurs à lots.

Le Crédit foncier d'Algérie doit donc, ainsi que ses statuts le portent d'ailleurs, demander au Crédit foncier de France l'argent qu'il veut prêter sur hypothèque dans la colonie. Sa qualité d'intermédiaire a une double conséquence : d'une part, il garantit avec son propre capital le Crédit foncier de France contre les risques auxquels celui-ci serait exposé, s'il prêtait directement; d'une autre, il prélève sur les colons emprunteurs, en payement de ses services, une commission qui renchérit sensiblement pour eux le prix de l'argent. Les chiffres en font foi : à la ville, pour un prêt de 30 ans sur première hypothèque, le Foncier d'Algérie réclame un intérêt de 6 p. 0/0 et un amortissement de 1 fr. 23; c'est au total 7 fr. 23 p. 0/0 par an; à la campagne, dans des conditions identiques, l'intérêt est de 6 fr. 50, l'amortissement de 1 fr. 12; c'est au total 7 fr. 62. A ces sommes il faut ajouter les frais de notaire et d'acte. Sera-t-on surpris que dans de pareilles conditions, les colons se soient adressés de préférence, soit directement à la Banque, soit aux comptoirs d'escompte? A la Banque, l'argent coûtait 5 p. 0/0, dans la plupart des comptoirs, 7 p. 0/0; ici et là, nuls frais d'acte et, ce qui est plus encore, aucune inscription hypothécaire. Ainsi, les conditions dans lesquelles le Crédit foncier devait opérer étaient mauvaises. Il faut malheureusement ajouter que ses administrateurs semblent ne pas avoir donné tous leurs soins aux affaires algériennes. Dès le lendemain de sa fondation, le Foncier d'Algérie a cédé à des idées de spéculation au lieu de se cantonner exclusivement dans les opérations de prêts dans la colonie, pour lesquelles il avait été fondé; il a voulu participer aux grandes opérations immobilières de Paris. Son dernier bilan témoigne encore des pertes qu'il a subies de ce côté.

La situation actuelle du Crédit foncier, du moins en tant qu'établissement de prêts à la terre, n'est pas meilleure que celle de la Banque. La crise immobilière devait l'atteindre; sur beaucoup de points, il s'est vu dans la nécessité d'acheter les biens sur lesquels il avait consenti des prêts et dont les propriétaires tombaient en déconfiture. Au mois de mai 1891, l'ensemble de son domaine représentait 6 275 hectares d'une valeur de 2 400 000 francs. La charge de ce domaine, la baisse de la valeur des propriétés, les difficultés que présente la rentrée des annuités dues, ont conduit le Foncier à restreindre considérablement ses opérations. C'est ainsi qu'en 1890, les prêts qu'il a consentis en participation avec le Crédit foncier de France ne se sont élevés qu'à 2 385 000 francs; c'est là, il faut en convenir, un chiffre bien médiocre.

Après la Banque et le Crédit foncier, l'Algérie a un troisième prêteur, les sociétés algériennes de second ordre (Compagnie algérienne, etc.), puis un quatrième : c'est, ou plutôt ce sont les Français de France. Ils sont, en effet, nombreux, les capitalistes métropolitains qui depuis quelques années, soit par relations, soit par l'intermédiaire des notaires, ont consenti des prêts importants sur les immeubles urbains et ruraux contre première hypothèque. On évalue aujourd'hui ces sommes à 120 millions de francs. A côté des prêteurs métropolitains, sont les prêteurs algériens, moyens ou petits capitalistes, qui préfèrent placer leur argent sur première hypothèque que de le mettre eux-mêmes dans la terre.

La preuve de tous ces prêts fonciers consentis, soit par des sociétés financières, soit par des particuliers, est dans les documents officiels. Au 1ᵉʳ octobre 1892, la propriété bâtie, en Algérie, était grevée d'hypothèques conventionnelles pour environ 214 282 740 francs et la propriété non bâtie pour environ 205 710 844 francs. C'est au total une dette de 419 993 584 francs [1]. Dira-t-on que c'est là une charge trop lourde? Assurément, si l'on juge des choses en Algérie comme de celles d'Europe et surtout si l'on note que ces prêts, qui se font entre 5 fr., 5 fr. 25, 5 fr. 50 p. 0/0 dans les grandes villes, atteignent 6, 7 et même 8 p. 0/0 dans les centres d'importance secondaire; mais à juger ainsi on se tromperait. L'Algérie — et nous avons déjà plusieurs fois indiqué cette idée — est un pays neuf où l'argent est à la fois très demandé et cher; où les colons ont hâte de défricher, de planter, de construire. Les conditions de la vie, les besoins, y sont tout autres que dans un vieux pays; les situations sont moins assises, les fortunes moins solides, les ruines plus fréquentes que dans la métropole. Il est des propriétaires heureux qui n'ont point d'engagements et font de bons bénéfices, sur lesquels ils n'ont rien à prélever pour rembourser au prêteur : c'est la minorité. La majorité est composée de propriétaires engagés et de spéculateurs. Dans ces deux groupes, les situations varient à l'infini : l'un a une propriété en pleine valeur et commence à s'acquitter; l'autre espère réussir; un troisième est pressé de vendre, demande des délais à ses créanciers; un quatrième est à la veille d'un désastre.

1. *Répartition approximative de la dette hypothécaire de l'Algérie entre les divers prêteurs* :

	Banque d'Algérie. Crédit foncier d'Algérie. Francs.	Sociétés de second ordre. Francs.	Particuliers. Prêteurs de la métropole. Francs.	Particuliers. Prêteurs algériens. Francs.
Alger	37 904 760	4 608 000	36 820 000	44 800 000
Constantine	17 093 225	14 599 000	53 702 500	74 546 000
Oran	16 052 099	21 953 000	29 175 000	68 740 000
Totaux	71 050 084	41 160 000	119 697 500	188 086 000

Faut-il donner une impression générale, au risque de répéter ce que nous avons dit dans un précédent chapitre? C'est que le pays n'est pas dans une situation aussi mauvaise qu'on l'a prétendu quelquefois, ou que le laisseraient penser les lamentations de quelques colons. Le prix des propriétés a certainement baissé; il est possible aujourd'hui d'acheter pour 100 000 francs une exploitation dont la création a coûté 150 000 ou 200 000; mais — et les statistiques le prouvent aussi bien qu'une promenade à travers les trois provinces — le pays est partout en progrès, les récoltes sont satisfaisantes, les vignes, les céréales, le bétail, les orangeries, les palmeraies, donnent et ne cesseront de donner de beaux bénéfices. La situation d'ensemble ira donc tout naturellement en s'améliorant. Si, d'autre part, la France persévérait dans la politique protectionniste où elle vient de s'engager, au grand profit de l'Algérie, une prospérité factice, artificielle, s'ajouterait pour un temps, par surcroît [1].

Il résulte de ce que nous venons de dire sur les principales sociétés financières et les prêts hypothécaires, que les colons agriculteurs, négociants ou industriels peuvent se procurer l'argent dont ils ont besoin, à un taux variant entre 5 et 7 p. 0/0, exceptionnellement 8. Ce sont là certes des conditions moins avantageuses que celles que l'on rencontre en France; — et cependant il ne faut rien exagérer, car les paysans de France attendent encore le crédit agricole, tandis que les colons d'Algérie le possèdent depuis une douzaine d'années, à leur grand avantage. Il convient, en outre, d'ajouter que l'argent français se porte et se portera chaque jour davantage en Algérie; si même on fait état les dépôts existant à l'heure présente dans les caisses des sociétés algériennes, on peut évaluer à plusieurs dizaines de millions de francs, les sommes prêtes à être engagées dans des opérations hypothécaires.

Mais qu'est-ce cela à côté des sommes dont l'épargne française dispose sans cesse? On évalue entre 1 500 millions et 2 milliards le capital dont les rentiers français cherchent

---

[1]. Voir chap. VII, p. 220.

annuellement l'emploi. Une fois la part faite aux anciennes valeurs : rentes, obligations des chemins de fer, de la ville de Paris, du Crédit foncier, grandes affaires industrielles, il reste bien des sommes disponibles. Elles se portent surtout vers les emprunts étrangers, — emprunts qui souvent ne reposent pas sur des garanties bien certaines ou qui vont enrichir des pays indifférents, hostiles même. Pourquoi une part au moins de cet argent n'irait-elle pas en Algérie? Depuis cinq ou six ans, notre colonie, encore insuffisamment connue, a fait cependant de grands progrès dans l'opinion publique; son commerce augmente, on vante les riches promesses de son sol fertile, elle a « bonne réputation ». Que cette bonne réputation se consolide, que le mouvement des affaires augmente encore et le capitaliste métropolitain, qui ne retire plus en France qu'un loyer de 3 fr. 25 de son argent, se contentera en Algérie d'un intérêt de 5, de 4 1/2 sur première hypothèque. Il faut, pour que ce jour soit proche, que l'administration algérienne et les colons s'aident eux-mêmes.

La publicité qui sera faite en France pour la vente des terres, pour le recrutement des émigrants, servira certainement les intérêts de notre colonie. L'exagération voulue des plaintes à l'occasion d'un vol de sauterelles aurait, à la vérité, un effet tout contraire. Dans ces dernières années, les Algériens, toujours désireux d'arracher un crédit, une faveur à la métropole, convaincus qu'elle leur doit tout, ont eu assurément tort de trop parler du mal que leur ont fait les invasions des acridiens : leur crédit ne pouvait qu'y perdre.

Nous terminerons ce chapitre en étudiant la plus grosse question qui se pose actuellement en Algérie au point de vue du crédit : convient-il de renouveler le privilège de la Banque? On a vu qu'il expirait le 1er novembre 1897. Avant d'aborder cette question même, il est tout naturel d'en traiter une autre, en quelque sorte préliminaire, à savoir si la situation de la Banque est à ce point mauvaise que sa liquidation serait un désastre. Certes, et nous ne l'avons pas caché, la Banque, en voulant faire un crédit agricole trop large, a commis de lourdes fautes; sa situation s'en ressent; mais, dire que la Banque « devrait être en liquidation », tellement sa situation est mauvaise [1], cela est singulièrement exagéré, surtout lorsque cette situation s'améliore. Si, en effet, la direction actuelle a été trop faible à l'égard des comptoirs d'escompte locaux, ainsi que nous l'avons dit, il ne faut pas nier cependant qu'elle a fait de sérieux efforts pour réparer le mal. Le portefeuille de la Banque, qui s'est élevé un moment jusqu'à 93 000 000 de francs, n'est plus aujourd'hui que de 62 millions [2]; c'est un allégement de 31 millions. Cela ne veut-il pas dire que l'on est plus sévère actuellement dans le choix du papier et que les effets, qui représentent actuellement 62 millions, valent mieux que les effets qu'on possédait antérieurement? Le domaine immobilier de la Banque est encore inscrit dans ses comptes pour près de 5 millions, mais il présentait, il y a quelques années, un chiffre plus élevé. Elle a pu vendre pour 1 080 492 francs de propriétés, ce qui indique sa ferme volonté de liquider son actif immobilier. D'ailleurs, si ce domaine n'est pas encore vendu, et s'il est même de vente difficile, il est exploité dans des conditions assez favorables : son rendement annuel est de 483 000 francs environ, ce qui représente 10 p. 000. Il est vrai, qu'au total, et là est « le point noir » de la situation, les créances douteuses, c'est-à-dire les immeubles non vendus, les débiteurs en retard, représentent une somme de 18 380 400 francs, mais il convient de remarquer, à l'actif de l'administration actuelle, que ce chiffre de 18 millions a été bien plus élevé. Il atteignait, il y a six ans, 28 317 600 francs. Il a donc déjà été atténué de 9 724 000 francs. Si cette atténuation est satisfaisante, elle laisse toutefois une question subsister : que valent ces créances douteuses? La Banque est-elle en état de parer aux pertes qu'elle peut subir de ce côté? Le commissaire du gouvernement près la Banque de l'Algérie a examiné cette question et, après une investigation très étendue, a estimé que les pertes éventuelles à prévoir pouvaient

---

[1]. Discours de M. Goirand dans la discussion de l'interpellation sur la situation de la Banque de l'Algérie. Séance de la Chambre des députés du 14 juin 1892.

[2]. Ce chiffre et les suivants sont empruntés au discours prononcé par le ministre des finances. Séance du 14 juin 1892.

être évaluées à 9 400 000 francs; c'est un peu plus de 50 p. 0/0 de perte. La Banque a-t-elle dans ses réserves la possibilité de parer à cette perte, sans opérer un prélèvement quelconque sur son capital? Cela paraît certain. Ses réserves extraordinaires et immobilières, la plus-value des rentes qui figurent à son actif, son fonds de prévoyance et sa réserve statutaire, forment ensemble un total de 16 189 337 francs, ce qui fait ressortir une somme de 6 789 337 francs en excédent des 9 400 000 francs de pertes à prévoir. Est-ce à dire qu'une liquidation serait de la plus grande simplicité? Non assurément. Toute société possédant des immeubles a besoin d'un certain temps pour les vendre, doit prévoir certaines pertes. Si cela est vrai en France où la fortune de chacun est assise, où les choses ont leur prix, combien est-ce davantage exact dans un pays en formation comme l'Algérie?

Cette question préliminaire élucidée, venons à la question principale : le renouvellement du privilège. Les adversaires du renouvellement réclament la substitution de la Banque de France à la Banque de l'Algérie. Notre premier établissement de crédit établirait dans la colonie des succursales ou bureaux auxiliaires, partout où besoin serait. Deux choses surtout séduisent les partisans de ce système : l'escompte à 3 p. 0/0, — la suppression du compte courant du Trésor.

En ce qui concerne l'escompte à 3 p. 0/0, il nous paraît que l'erreur n'est pas douteuse. Croit-on d'abord, que la Banque de France, qui règle le taux de son escompte sur le prix de l'argent dans notre pays, qui a descendu ce taux à 2 1/2 p. 0/0 il y a quelques mois à cause de l'abondance et du bon marché de l'argent, qui le remontera à 3 demain ou le descendra encore suivant les circonstances, consentirait à faire l'escompte à 3 p. 0/0 dans une colonie où l'argent est plus rare, et partant plus cher, et ne demanderait pas au moins 4 1/2 p. 0/0, sinon 5? Ensuite, la Banque exige en France pour sa sûreté trois signatures, elle les exigerait en Algérie. Actuellement, le tireur d'un billet doit payer la deuxième signature réclamée par la Banque de l'Algérie; si la Banque de France s'établissait dans notre colonie, ce même tireur devrait payer une troisième signature chez un banquier, chez un intermédiaire qualifié : est-il douteux que l'achat de cette troisième signature serait fort onéreux et maintiendrait le prix réel de l'argent, aux environs de 5 p. 0/0, que le taux de l'escompte des succursales de la Banque soit à 3 ou 4 p. 0/0 [1]? Enfin, il ne faut pas oublier que la Banque de l'Algérie sera toujours maîtresse d'abaisser le taux de son escompte. L'amélioration de la situation générale des affaires dans la colonie, la « consolidation » de la prospérité, l'affluence des capitaux la conduiront naturellement à réclamer un loyer moins élevé de son argent. Si elle hésitait à le faire, elle irait contre son intérêt même, car elle a des concurrents : le Crédit lyonnais, la Compagnie algérienne, qui n'hésiteraient pas à escompter les valeurs à 4 1/2 ou même 4 p. 0/0; on déserterait ses guichets.

La suppression du compte courant de la Banque de l'Algérie au Trésor est une amélioration qui paraît d'une réalisation plus facile. On sait quelle est l'origine de ce compte courant : les billets de la Banque de France sont reçus en Algérie; au contraire, les billets de la Banque de l'Algérie n'ont pas cours dans la métropole. Or, en l'état actuel des échanges, l'Algérie a plus à payer en France qu'elle n'a à y recevoir; ses importations dépassent ses exportations [2]. Dans de semblables conditions, le métropolitain, qui a un payement à faire en Algérie, peut, à son choix, envoyer des billets de la Banque de France ou une traite payable aux guichets d'une des

---

1. Nous disons que le tireur « paye » la deuxième signature exigée par la Banque. Cela est parfaitement exact, mais ne paraît pas toujours clairement. On a vu plus haut que des banquiers, ou plus exactement des usuriers, s'étaient établis, notamment dans les petits centres, pour vendre — et fort cher — leur signature à des tireurs d'une solvabilité douteuse. Ici le payement de la seconde signature est une opération parfaitement visible, mais cette opération usuraire n'est heureusement pas générale. Le plus souvent les choses se passent autrement par suite des usages qui se sont établis en Algérie et grâce auxquels les colons évitent l'intermédiaire des banquiers. Un exemple : *Primus* achète à crédit à *Secundus* et lui remet en payement une valeur que celui-ci endosse. Les deux signatures sont ainsi réunies et la valeur peut être présentée à la Banque. Il n'y a pas de frais apparents dans cette opération, mais, en fait, *Secundus* prévoyant qu'il aurait à supporter la retenue de l'escompte a vendu plus cher à *Primus*.

Il n'est pas douteux que les choses deviendraient singulièrement moins faciles si l'on exigeait une troisième signature. L'intermédiaire de banquiers s'imposerait aussitôt.

2. Voir chap. vii, p. 229.

sociétés établies dans la colonie, tandis que l'Algérien n'a pas le choix : il doit payer avec une traite. Cette traite, il l'achète chez les trésoriers-payeurs ou à la Banque. Négligeons le prix très minime qu'elle coûte pour ne retenir qu'un fait : la Banque vend toute l'année, à Alger, et dans ses succursales, surtout entre les mois de septembre et de mars, qui sont l'époque des gros payements de l'Algérie en France, des traites sur le Trésor français; elle encaisse, et le Trésor paye [1]. Ces sommes encaissées, elle en bénéficie, elle les garde et cela d'autant plus facilement que, si elle tire sur le Trésor, le Trésor ne tire pas sur elle; celui-ci, d'ailleurs, ne pourrait offrir au commerce métropolitain des traites sur la Banque de l'Algérie. Telle est l'origine du compte courant. Si on parcourt une série de bilans de la Banque de l'Algérie, on verra qu'elle est perpétuellement débitrice du Trésor, malgré que celui-ci cherche constamment à se faire rembourser. Il y a quelques années, la Banque devait au Trésor jusqu'à 35 millions; depuis, son compte courant débiteur a sensiblement fléchi; à certaines époques, il a oscillé entre 20 et 30 millions, mais il a souvent dépassé ce dernier chiffre et aujourd'hui il est de 40 millions. Est-il possible de modifier cette situation? La question a été tournée et retournée; les meilleurs esprits n'ont trouvé aucune solution complètement satisfaisante. A ce point de vue, les adversaires du renouvellement ont raison de dire que, seule, la substitution de la Banque de France à la Banque de l'Algérie, c'est-à-dire l'établissement de l'unité de billet, pourrait faire disparaître ce compte courant et rendre au Trésor ce qui lui est dû. Toutefois, s'il est en quelque sorte mathématiquement impossible tant que l'Algérie aura une banque spéciale, et surtout tant que les importations de la colonie dépasseront ses exportations, de faire disparaître le compte courant avec le Trésor, il est possible de le diminuer. En premier lieu, le ministère des finances doit veiller à ce que le compte courant ne s'élève pas trop haut, profiter de toutes

1. Les trésoriers-payeurs vendent eux aussi des traites, mais comme ils versent à la Banque les sommes qu'ils ont reçues et dont ils n'ont pas besoin tout afflue, en réalité, dans les coffres de celle-ci.

les occasions pour le faire descendre et cela notamment dans les années où l'Algérie, faisant une bonne récolte, voit fléchir la différence qui existe généralement entre ses importations et ses exportations. Il doit aussi, et d'ailleurs il le fait déjà, mais peut-être avec trop de modération, exiger de la Banque un intérêt pour les sommes qu'il a chez elle en compte courant. Il faut, en second lieu, se rappeler que ce n'est pas pour le Trésor un devoir, une obligation, de faciliter aux Algériens leurs payements en France, de leur vendre à très bon marché, et sans tenir compte du prix du change, les traites dont ils ont besoin. Nous sommes ici en présence d'une faveur consentie à titre gracieux. Cette faveur doit-elle être perpétuellement continuée? N'est-il pas permis de penser que le ministère des finances doit, peu à peu et sans faire naître aucune crise, prendre des mesures dont le résultat serait d'obliger les Algériens à acheter leurs traites sur France non plus à la Banque, mais aux guichets des sociétés privées, des établissements ordinaires de crédit?

Nous n'hésitons pas à conclure en faveur du renouvellement du privilège; nous croyons avoir suffisamment répondu aux deux principaux arguments de ceux qui réclament l'établissement de la Banque de France en Algérie. Cependant nous n'avons pas dit encore qu'à un pays nouveau, il faut des institutions nouvelles, spéciales, adaptées au milieu. La Banque de France, avec ses habitudes strictes, ses traditions, ses exigences, quant à la solidité des personnes présentant des effets à l'escompte, rendrait-elle aux colons algériens, habitués à certaines facilités, en ayant besoin, les services qu'ils espèrent? ferait-elle d'ailleurs — et là est peut-être le point le plus important — le crédit à l'agriculture? Compte-t-on lui demander en Algérie ce qu'on n'ose pas, avec raison, lui demander en France, d'escompter le papier agricole? D'autre part, si la Banque de l'Algérie a commis des fautes, dont ses actionnaires supportent et supporteront les conséquences, elle a aussi des titres. Il serait injuste de ne pas reconnaître qu'elle a aidé la colonisation; qu'elle a délivré les colons de l'usure; qu'elle a contribué puissamment à la constitution du vignoble des trois provinces; enfin, c'est grâce à elle que chaque propriétaire peut, à l'époque des semailles ou des récoltes, trouver les sommes dont il a besoin.

Il faut tout dire : si le gouvernement ne renouvelait pas le privilège de la Banque de l'Algérie et la condamnait par conséquent à la liquidation, il déterminerait, dans la colonie, une crise : la Banque ne devrait-elle pas, en effet, réaliser tout son avoir, presser ses débiteurs en retard, les exproprier et partout mettre en vente ses propriétés? Déjà les terres ont subi une baisse; de combien cette baisse serait-elle augmentée?

Est-il besoin d'ajouter que la faveur d'un renouvellement ne doit être accordée à la Banque que sous des conditions nettement déterminées? Nous avons indiqué déjà celles ayant trait à la diminution du compte courant; quant à celles relatives au crédit agricole, l'expérience les dicte elle-même : la Banque pourra — cela est dans l'intérêt même de la colonie, pour son bien, afin qu'elle ne soit pas entravée dans son développement économique — continuer de prêter à l'agriculture par l'intermédiaire des comptoirs locaux, mais ces prêts agricoles devront être sagement réglementés. La formule du rapport présenté aux actionnaires en 1887 est la vraie : aux établissements spéciaux, la charge des opérations foncières proprement dites, des prêts à long terme; à la Banque, le prêt à court terme, peu élevé, qui doit seulement mettre aux mains des colons les sommes indispensables à la préparation et à la rentrée des récoltes annuelles.

CHAPITRE X

LE BUDGET DE LA COLONIE

Ce que l'Algérie a coûté à la métropole. — Part des dépenses civiles et des dépenses militaires. — Premières observations suggérées par ces chiffres. — L'Algérie est rattachée financièrement à la France. — Unité du budget.
Les impôts en Algérie. — Les impôts indigènes. — L'*achour*. — Le *hokor*. — Le *zekkat*. — La *lezma*. — L'impôt de capitation en Kabylie. — Produit des impôts en 1891. — Les impôts européens. — Les patentes. — La contribution foncière. — Les impôts indirects. — Recettes du Trésor en 1891.
Critique des impôts indigènes. — Réformes à poursuivre. — Lourdeur de ces impôts. — Sommes totales payées annuellement par les indigènes algériens. — Situation privilégiée de l'Européen. — C'est l'indigène qui alimente les budgets départementaux et communaux.
Chiffres du budget de 1891. — Recettes et dépenses faites par la métropole. La lourdeur de l'excédent annuel des dépenses a en partie sa cause dans les gaspillages et les dépenses exagérées. — Dépenses de colonisation. — Dépenses des travaux publics. — Dépenses des chemins de fer. — Critiques des conventions entre l'État et les compagnies algériennes. — Garantie forfaitaire. — Chiffres atteints dans ces dernières années par les garanties d'intérêt. — Nécessité pour l'Etat de reviser les conventions existantes. — Il faudrait en même temps poursuivre l'unification du réseau algérien. — Avantage que présenterait le remplacement des 5 compagnies existantes par une seule. — Abandon, à des conditions dérisoires, des forêts aux particuliers. — Exagération des dépenses du service de la propriété individuelle. — Comment l'administration n'exécute pas un décret pour satisfaire les colons. — La théorie de la tolérance administrative. — Histoire d'un barrage; subvention que l'État verse à un syndicat. — Les faiblesses de l'administration.
Régime de faveur dont bénéficiait la colonie à la fin de 1891. — La question des impôts nouveaux. — Le budget spécial. — Sa critique. — Il est écarté. — Système que lui substituent les Chambres pour 1892. — Taxe sur la propriété bâtie. — Droit sur l'alcool. — Protestations des Algériens. — Augmentation des crédits pour l'Algérie au budget de 1892. — Progression constante des recettes en Algérie. — Il faudra établir l'impôt sur la propriété non bâtie.
Examen du système du budget spécial. — Raisons pour lesquelles on a jus-

tement écarté le système. — La colonie n'a pas besoin du budget spécial pour avoir des ressources. — Elle n'est pas assez sage pour préparer son budget.
Le système adopté par les Chambres ne satisfait cependant pas à toutes les exigences. — Il ne permettrait pas de réaliser les travaux publics néces-. saires. — Il faut pour répondre à ces besoins une *caisse spéciale*. — Elle serait alimentée par les départements, les communes et la métropole. — Les recettes d'un département français et d'un département algérien. — Les recettes d'une commune française et d'une commune algérienne. — Total des recettes ordinaires des communes d'Algérie. — Dépenses irrégulières, dépenses somptuaires, gaspillages des départements et des communes. — La question des chemins vicinaux dans le département d'Oran. — Attitude du conseil général. — Quelques chiffres relevés dans les budgets communaux des trois provinces. — Les dépenses somptuaires. — Le palais des Ecoles supérieures à Alger. — La préfecture de Constantine. — La mairie d'Aïn Temouchent. — L'emprunt de 4 millions du département de Constantine. — Mesures prises en Amérique contre les dépenses somptuaires. — Comment les départements et les communes d'Algérie devraient contribuer aux dépenses des Travaux publics. — La commission des Travaux publics. — La commission des voies et moyens. — La *caisse spéciale* alimentée par les départements, les communes et l'État. — On pourrait faire pour 250 à 300 millions de travaux. — La métropole doit consentir un dernier sacrifice. Elle pourra plus tard se faire rembourser par la colonie.

Au point où nous sommes arrivés de cette étude, on voit, dans leurs grandes lignes, les résultats obtenus par la France en Algérie. Nous avons étudié, dans les chapitres i à ix du livre II, l'installation du peuple conquérant, le régime des terres, le développement des cultures et du commerce, les travaux publics, le crédit; on peut juger du chemin parcouru, de l'œuvre accomplie. Mais une question se présente à l'esprit, — et elle est trop importante pour que nous la négligions. Combien cette œuvre a-t-elle coûté à la métropole?

Le chiffre est considérable : en soixante et un ans, de 1830 à 1891, il a été dépensé en Algérie, pour tous les services civils et militaires, une somme totale de 5 347 678 562 [1] fr.

---

1. Ce chiffre se décompose de la façon suivante :

Dépenses des services civils.

	Francs.
Dépenses d'administration générale......	212 329 265
Justice française et musulmane..........	71 063 439
Cultes catholique, protestant, israélite, musulman. Instruction publique française et musulmane, et beaux arts.............	44 065 921
A reporter................	327 458 625

LE BUDGET DE LA COLONIE.

Les dépenses du ministère de la guerre entrant dans ce total pour 3 567 563 377, il en résulte que l'administration, la colonisation, les travaux publics, l'ensemble des services civils, en un mot, a coûté 1 780 115 185 francs. Pendant la même période, les recettes du Trésor en Algérie — car on a, dès le premier jour, confondu le budget de la colonie nouvelle avec celui de la France, — recettes ordinaires et extraordinaires, se sont élevées à 1 398 281 443 [1].

Il résulte de ces chiffres, lorsque l'on fait venir en déduc-

	Francs.	
Report.....................	327 458 625	
Services maritime et sanitaire............	21 528 196	
Agriculture, commerce et industrie.......	18 530 663	
Travaux publics ordinaires...............	176 327 885	
Travaux publics extraordinaires (budget ordinaire et extraordinaire)............	261 419 702	
Colonisation.......................	151 700 882	
Services financiers, frais de perception et remboursements	309 119 946	
Dépenses exceptionnelles de diverses natures	38 190 037	
Dépenses sur ressources spéciales........	75 837 500	
Total...................	1 380 113 436	1 380 113 436
Dépenses des services militaires.		
Dépenses du ministère de la guerre (le mode d'établissement des comptes du ministère de la marine n'a pas permis de retrouver les dépenses faites par ce département en Algérie).............................	3 567 563 377	3 567 563 377
Dépenses extraordinaires.		
Garantie d'intérêts aux compagnies de chemins de fer algériens................	190 088 156	
Annuité aux obligataires de la Société générale algérienne......................	111 065 729	
Annuité à la Cie P.-L.-M. pour l'Algérie...	98 847 864	
Total...................	400 001 749	400 001 749
Total général........		5 347 678 562

1. Ce chiffre se décompose de la façon suivante :

	Francs.
Produits et revenus ordinaires de l'Algérie...........	1 066 159 362
Contributions extraordinaires de guerre..............	93 140 559
Produits universitaires et autres.....................	50 803 709
Recettes de fonds de concours.......................	25 057 692
Budget des dépenses sur ressources spéciales.	76 120 121
Versements de la Société générale algérienne......	87 000 000
Total général..............	1 398 281 443

tion du total des dépenses les recettes effectuées, que les dépenses *réelles, non remboursées*, atteignent 3 949 397 119 fr., soit en chiffre rond près de 4 milliards.

Si, enfin, on considère que les charges militaires, même après la conquête, doivent être supportées par la métropole, on arrive à cette conclusion que l'ensemble des *dépenses civiles* seules est en excédent sur les recettes de 381 833 742.

Tels sont les chiffres.

On demeure frappé de leur importance. Comment l'Algérie a-t-elle pu coûter des sommes aussi considérables à la métropole? Les raisons sont diverses. La conquête, d'une part, nous l'avons vu, a été longue et coûteuse ; depuis qu'elle est terminée, la sécurité des colons exige l'entretien dans les trois provinces d'une force permanente d'environ 45 à 50 000 hommes. L'œuvre de la colonisation, c'est-à-dire l'établissement d'une nombreuse population européenne en Afrique, a, d'autre part, réclamé des sacrifices annuels fort élevés : tout était à faire sur la terre inculte, sauvage — vierge, pourrait-on dire, — de l'Algérie : défrichement, assainissement, aménagement des eaux, routes, chemins de fer; puis, les villes elles-mêmes, avec leurs monuments, leurs hôpitaux, leurs écoles, leurs églises, leurs ports. Ces explications, toutefois, quelle que soit leur valeur, ne sont point suffisantes; il convient d'ajouter que le gouvernement a toujours négligé de compter avec la colonie nouvelle, d'apporter une modération quelconque dans ses dépenses. Pendant une première période, assez longue, les deux préoccupations dominantes furent la conquête, si disputée par les indigènes, et la colonisation dont les débuts étaient difficiles. Alors on dépensa beaucoup ; c'était, d'ailleurs, chose facile : la France fournissait l'argent. Une ordonnance, en date du 17 janvier 1845, n'intervint que pour confirmer le système budgétaire qui avait été adopté dès la prise d'Alger. Elle porte que les produits et revenus de l'Algérie sont des revenus généraux de l'État, compris au « budget général des voies et moyens » et qu'il est pourvu aux dépenses, tant militaires que civiles, de la colonie au moyen de crédits ordinaires ou extraordinaires alloués par les lois de finances;

c'était le rattachement financier, pur et simple, de l'Algérie à la métropole. La France devait donc payer — elle le fit, et elle le fait encore — toutes les dépenses de l'Algérie pour la guerre, pour l'administration, pour la colonisation, pour les travaux publics, pour les services civils, etc. En compensation de cette charge, elle acquérait le droit de percevoir, pour les verser au Trésor — comme elle le faisait d'ailleurs depuis 1830, — les recettes de la colonie, et naturellement aussi, le droit d'augmenter les recettes en établissant des impôts.

Tandis que les gouvernements qui se succédaient à Paris semaient largement sur la terre d'Afrique, ils ne songeaient pas à récolter. La conquête achevée, l'établissement des colons assuré, la colonie entrée dans une voie prospère, on négligea de se demander si la population européenne d'Algérie aidait, en acquittant des impôts raisonnables, aux sacrifices de la métropole, si elle était imposée dans la mesure de ses facultés. Quant aux colons, bien loin d'offrir de supporter quelques charges, ils ne cessaient de demander à la métropole d'augmenter chez eux la part de ses dépenses.

Il ne faut pas nous en tenir à cette constatation toute générale : ouvrons un budget, dépouillons-le. Prenons, par exemple, celui de 1891. Certes, et il convient de le dire tout de suite, le budget suivant, celui de 1892, contient des modifications qui sont des corrections importantes aux errements jusqu'alors suivis, mais on comprendra mieux ces modifications, lorsque l'on aura d'abord étudié le système financier qui régnait jusqu'ici dans la colonie.

Il existe en Algérie deux sortes d'impôts : les « impôts indigènes » et les « impôts européens ».

Les indigènes sont soumis à des impôts directs spéciaux, conservés de l'administration du dey et qui, sauf la « capitation » perçue en Kabylie, ont leur base dans les prescriptions du Koran ou la législation musulmane. Ils sont au nombre de quatre : l'*achour*, le *hokor*, le *zekkat*, la *lezma*.

L'*achour* est un impôt sur les cultures, la « dîme » des récoltes. L'unité de surface imposée est la charrue ou *djebda*, mesure agraire adoptée de tout temps par les Arabes ; elle représente l'étendue qui peut être cultivée par une paire de bœufs pendant la saison des labours. Sa superficie moyenne est de 10 hectares. Dans la province de Constantine, l'*achour* porte sur l'ensemble des cultures ; que la récolte soit bonne, médiocre ou mauvaise, il se paye à raison de 25 francs par charrue. Dans les provinces d'Alger et d'Oran, l'*achour* porte également sur toutes les cultures, mais il n'est pas fixe, invariable ; on le perçoit, au contraire, suivant la qualité et la valeur présumée des denrées ; il représente environ le dixième de la récolte.

Le *hokor* ne se rencontre que dans la province de Constantine et ne frappe que les terres *azel* ; il vient en addition de l'*achour*. On peut le considérer comme un « loyer » payé par les « locataires » des terres *azel*, en reconnaissance du droit de « propriété » sur le sol appartenant au souverain. Cet impôt présente, à cause de son caractère de fixité, les mêmes inconvénients que l'*achour* de la province de Constantine. Il est le plus souvent de 20 francs par charrue [1].

Le *zekkat* est une taxe sur les troupeaux, perçue sans distinction dans les trois provinces. Elle est actuellement de 4 francs par chameau, 3 francs par bœuf, 0 fr. 25 par chèvre, et 0 fr. 20 par mouton.

La *lezma*. Sous ce nom sont compris trois impôts très différents : 1° « l'impôt de capitation » spécial à la Grande-Kabylie, acquitté par tous « les hommes susceptibles de porter les armes, c'est-à-dire en âge de concourir aux charges de la commune ». Il remplace l'*achour*, le *hokor* et le *zekkat*. Les Kabyles, répartis en cinq classes, payent suivant leur fortune, 5, 10, 15, 50 et 100 francs ; les indigents sont exemptés [2] ;

---

[1]. Il résulte de cet état de choses que, dans la province de Constantine, les terres *azel* payent généralement 45 francs par charrue (25 francs d'*achour* et 20 francs de *hokor*), tandis que, pour une même superficie, les autres terres ne payent que 25 francs.

[2]. Cette division en cinq classes résulte d'un arrêté du gouverneur général pris au mois de septembre 1886. Jusqu'au 1er janvier 1887, les Kabyles ont été, pour l'impôt de capitation, répartis en trois classes, qui acquittaient 5, 10 et 15 francs. Il n'est pas sans intérêt de remarquer que l'administration n'a fait passer dans les deux nouvelles classes, créées par l'arrêté de 1886 (50 et 100 francs), qu'une faible minorité des contribuables, les « riches ».— Sur 88 000 assujettis, 2 267 seulement payent 50 francs et 385 payent 100 francs.

2° la taxe sur les palmiers dattiers, qui existe seulement dans les provinces d'Alger et de Constantine ; chaque pied d'arbre en rapport doit, suivant les régions, 25, 30, 35, 40 et 50 centimes. — 3° Dans le sud de nos possessions, quelques territoires sont assujettis au payement de sommes fixes, calculées, tantôt d'après le nombre des palmiers en rapport, tantôt d'après le nombre des palmiers et celui des bestiaux.

En 1891, le total des quatre impôts indigènes est évalué au budget pour une somme de 15 750 500 [1].

Sur ce « principal brut », une première part est prélevée — 1 361 100 francs, — pour les chefs collecteurs chargés de faire rentrer l'impôt. Le « principal net » est ensuite réparti par moitié (7 194 700 francs) entre l'État et les départements.

Il convient d'ajouter que cette somme de 15 750 500 francs ne représente pas seule tout « l'impôt indigène » ; les « centimes additionnels » au « principal » des quatre impôts s'élèvent, en effet, au total de 3 500 000 francs environ, et, d'autre part, un document officiel évalue à 6 600 000 francs les journées de prestation fournies par les indigènes [2].

Tandis que, en 1891, comme d'ailleurs depuis le premier jour, les indigènes payent l'impôt direct pour leurs cultures, pour leur bétail, pour leurs palmiers, ou une taxe de capitation qui remplace ces impôts, les Européens ne sont assujettis à aucune taxe, ni pour leurs cultures, ni pour leur bétail, ni pour leurs palmiers et ne doivent acquitter aucun droit de capitation.

Si l'on excepte quelques taxes insignifiantes [3], deux impôts directs seulement les atteignent : les patentes et la contribution foncière sur les propriétés bâties.

1. Pour cet examen des recettes et des dépenses de l'Algérie, en 1891, nous avons suivi le budget « voté » et non le « compte définitif », qui n'est pas encore rendu.
2. Les prestations sont de trois journées de travail, exceptionnellement quatre. Elles peuvent être rachetées en argent au tarif moyen suivant : la journée 2 francs par homme, 2 francs par cheval de luxe, 2 francs par mulet, 1 fr. 50 par bête de somme, cheval ou bœuf, 0 fr. 50 par âne.
3. Ce sont : les redevances sur les mines, les droits de vérification des poids et mesures, les droits de visite des pharmacies et drogueries. Ces taxes « assimilées aux contributions directes » sont d'un faible rendement : elles figurent au budget de 1891 pour 180 900 francs.

Un décret du 26 novembre 1881 a rendu applicable à l'Algérie, sous certaines modifications, la loi du 15 juillet 1880 sur les patentes. Une recette de 1 738 700 francs est prévue de ce chef au budget de 1891. La loi du 23 décembre 1884 a, d'autre part, établi à partir du 1ᵉʳ janvier 1885 une contribution foncière « sur les maisons, usines et généralement sur toutes les propriétés bâties situées en Algérie ». Elle a décidé toutefois, en même temps, que le « principal » de cette contribution — fixé à 5 p. 0/0 du revenu net imposable — ne serait pas perçu; sur ce « principal fictif », sont calculés des « centimes additionnels » qui alimentent les budgets départementaux et communaux. En 1891, ils ont produit 1 367 100 francs.

Ainsi, des deux impôts directs auxquels sont soumis les Européens, le premier seul (les patentes, 1 738 700 francs) est versé dans les caisses du Trésor, le second (la contribution foncière, 1 367 100 francs), abandonné à la colonie. Il convient, en outre, de remarquer que l'un et l'autre n'atteignent pas exclusivement les colons; ils en payent seulement la plus forte partie. En effet, les indigènes exerçant une industrie sont soumis à la patente [1] et ceux possédant des constructions, si pauvres soient-elles, que l'administration range parmi les « propriétés bâties », à la contribution foncière.

Après les impôts directs viennent les impôts indirects; ce sont : les droits d'enregistrement et de timbre — moins élevés qu'en France, — la taxe de 4 p. 0/0 sur le revenu des valeurs mobilières, les droits de douane et les contributions diverses.

Ces différentes taxes ont rapporté au Trésor, en 1891, une somme de 19 363 048 francs [2]. Il faut encore noter, ainsi que

---

1. Le décret du 26 décembre 1881 vise les indigènes comme les Européens; il contient seulement quelques dispositions de détail dont bénéficient les patentés musulmans.

2.
		Francs.
Droits divers d'enregistrement		3 546 307
Droits de timbre		4 098 274
Taxe de 4 p. 0/0 sur les valeurs mobilières		263 100
Droits de douane		9 844 762
Contributions diverses		1 610 605
	Total	19 363 048

nous l'avons fait déjà pour les impôts directs « européens », que si les impôts indirects sont surtout payés par les Européens, ils ne le sont pas par eux seuls. Ils atteignent aussi les indigènes, quoique dans une proportion moindre.

Pour compléter l'énumération des sources de revenus que possède l'État en Algérie, il reste à mentionner : les « produits des monopoles et exploitations industrielles de l'État », les « produits et revenus du Domaine », les « produits divers du budget », les « recettes d'ordre » et les « autres produits ordinaires » ; c'est au total 11 907 586 francs.

En résumé, le Trésor a recouvré dans notre colonie, en 1891, 40 384 934 francs. C'est là le total des recettes réelles [1].

Les écritures du ministère des finances grossissent ce chiffre d'environ 4 millions et demi, qui représentent des « ressources spéciales », inscrites « pour ordre », telles que la part des chefs collecteurs dans les contributions arabes, les centimes additionnels à ces contributions, la contribution foncière sur les propriétés bâties. Nous n'avons pas à en tenir compte, puisqu'il en a été fait état précédemment.

Voulons-nous, avant de poursuivre, apprécier ce système d'impôts? Deux critiques doivent alors être formulées : les impôts indigènes sont mal établis, suffisamment élevés, — les colons sont beaucoup moins chargés que les indigènes, proportionnellement à leurs facultés.

Ce qui, surtout, rend lourdes les contributions indigènes, c'est, outre l'état général de pauvreté des imposés, qu'elles sont établies sur de mauvaises bases ou injustement réparties, sans qu'il soit tenu compte des moyens de chacun.

[1]. Le tableau suivant présente, dans l'ordre qui nous a paru le plus rationnel, les recettes faites par le Trésor en Algérie en 1891.

	Francs.
Contributions arabes.	7 194 700
Patentes.	1 738 700
Mines, poids et mesures, pharmacies.	180 900
Impôts et revenus indirects.	19 363 048
Produits des monopoles et exploitations industrielles de l'État.	5 088 245
Produits et revenus du Domaine.	3 311 329
Produits divers du budget.	908 218
Recettes d'ordre et autres produits ordinaires (produits universitaires, retenues faites sur les pensions civiles).	2 599 794
Total des recettes faites par le Trésor en Algérie...	40 384 934

Il suffira de citer quelques faits. Si la fixité de l'*achour* dans la province de Constantine est en partie corrigée par les « remises » accordées dans les années de mauvaises récoltes, la superposition, dans cette même province, de l'*achour* et du *hokor* pour les terres *azel* n'est en rien justifiée ; — les misérables « gourbis » des Arabes, les pauvres maisons sans fenêtres des Kabyles n'échappent pas à l'impôt sur la propriété bâtie ; l'administration les taxe sans pitié ; enfin, on a quelquefois constaté des abus d'imposition chez les indigènes : des impôts qui n'étaient pas dus ont été réclamés, des impôts dus ont été calculés à un taux trop élevé [1].

Depuis longtemps déjà, les hommes compétents réclament une refonte des contributions indigènes. Ils pensent, avec raison, que le respect de la tradition turque ou de la routine ne saurait excuser les imperfections, par trop grandes, du système actuel ; qu'il faut faire disparaître ses injustices, tenir davantage compte des facultés de chacun, rendre, enfin, la perception de l'impôt arabe plus facile et moins lourde. Dans cet ordre d'idées on estime généralement que le *hokor*, impôt supplémentaire que rien ne justifie, doit disparaître, que l'*achour*, le *zekkat*, la *lezma* de capitation doivent être assis de même dans les trois provinces et transformés en impôts de répartition ; leur perception serait, dans les mauvaises années, tempérée par des remises ou détaxes prises sur un fonds de non-valeurs. On propose aussi de confier le soin de la répartition de l'impôt dans chaque douar et village aux *djemâa*, parce que mieux que les employés du fisc elles connaissent les facultés réelles de chacun ; mais ces questions et d'autres encore sont délicates, doivent être examinées avec attention. Il ne s'agit pas de la refonte d'un impôt établi sur des Européens — opération déjà difficile, — mais de la refonte de plusieurs impôts qui pèsent sur des indigènes. Ceux-ci les trouvent lourds, mais ils sont habitués à leur mode de perception ; ils comprennent mal nos expressions et nos habitudes fiscales, savent peu expliquer ce qu'ils désirent. La substitution d'un « impôt de répartition » à un « impôt de

---

1. Sénat, séance du 8 janvier 1892.

quotité », notamment, peut-elle séduire leur esprit « primitif »? Ils sentent seulement qu'ils payent beaucoup et que les charges sont mal réparties. Toutes ces questions d'ailleurs sont à l'étude : le gouverneur général a institué à Alger, il y a environ un an, une commission spéciale pour la refonte des impôts indigènes et il a pris soin d'y appeler quatre membres indigènes à côté des membres français [1].

En attendant que cette grosse réforme de l'impôt indigène puisse être réalisée, il est une amélioration qu'il serait facile d'apporter au système actuel : c'est la simplification des rôles aujourd'hui trop nombreux, la faculté donnée à l'indigène d'acquitter à une même époque ses différentes charges, et plus aisément qu'à l'heure actuelle. N'a-t-on pas cité le cas d'indigènes obligés d'aller verser quatre ou cinq fois par an, les sommes les plus minimes à la recette distante de 100 à 120 kilomètres de leur demeure?

Nous n'avons pas dit seulement que les « impôts indigènes » étaient mal établis, nous avons ajouté qu'ils étaient suffisamment lourds ; on en peut juger.

Les « impôts indigènes », énumérés plus haut, ont donné, en 1891, une somme totale de 15 750 500 francs, à laquelle il faut ajouter 3 500 000 francs de centimes additionnels et 6 600 000 francs de prestations, soit au total 25 850 500 francs.

Est-ce tout? Non certes. Nous avons déjà eu soin de remarquer que les indigènes n'échappaient pas aux impôts dits « européens » : la contribution foncière, les patentes, l'enregistrement, le timbre, les douanes, les contributions

---

1. Du relevé sommaire qui vient d'être établi des réponses faites par les *djemâa*, au questionnaire que leur avait envoyé la commission, il ressort que ces assemblées locales sont en très grande majorité défavorables à l'idée de remplacer le système impositaire actuellement en vigueur en pays arabe, par un impôt unique de répartition. L'enquête est ainsi venue confirmer les déclarations faites par les notables indigènes, membres de la commission, qui s'étaient prononcés en séance contre l'adoption du système de la répartition en matière d'*achour* et de *zekkat*.

Par contre, en ce qui concerne la *lezma* de la Grande-Kabylie, la majorité des *djemâa* admettrait que chaque douar-commune fût imposé d'une somme annuelle qui serait répartie par la *djemâa* présidée par l'administrateur et assistée de l'agent d'assiette, entre tous les contribuables, au prorata de leurs diverses richesses imposables non déjà soumises à un impôt de l'État (ceci vise les maisons qui payent l'impôt sur la propriété bâtie).

indirectes, etc. Nous ajouterons, sans entrer dans le détail, afin de ne pas perdre le lecteur dans trop de chiffres, que les indigènes n'échappent pas non plus aux taxes créées au profit des communes, telles que l'octroi de mer, la taxe sur les loyers, la taxe sur les chiens, etc. [1].

On a recherché en 1889, étant données les sommes totales fournies par ces différents impôts et les taxes municipales, la part que supportaient les Européens et celle que supportaient les indigènes. Le résultat de ce travail a été curieux; il a permis de constater que les impôts dits « européens », et les taxes municipales, pesaient d'une façon très sensible sur les indigènes; leur part contributive n'était pas moindre, en effet, de 14 600 000 francs.

Si l'on ajoute à cette somme de 14 600 000 francs, la précédente, soit 25 850 500 francs, on obtient un total général de 40 150 500 francs [2]. Les indigènes étant au nombre de 3 567 000 (recensement de 1891), c'est une charge de 11 fr. 33 par tête. Il est permis de dire que ce chiffre représente une imposition parfois excessive pour une population qui est en général fort pauvre, et dont la production continue, malgré des progrès déjà réalisés, à être médiocre [3].

Ce qui frappe, plus encore que les observations suggérées par les contributions indigènes, c'est la situation privilégiée qui est faite aux Européens en matière d'impôts. L'indigène a été, sur bien des points, chassé de ses meilleures terres, qui ont été données aux colons; l'argent dont il a besoin,

---

1. Voir plus loin la note 2, p. 297.
2. Nous additionnons ici des chiffres appartenant les uns à l'exercice 1891, les autres à l'exercice 1889, mais il n'y a à cela aucun inconvénient; les impositions variant insensiblement d'une ou deux années à la suivante.
3. Un auteur que nous avons déjà cité, M. Millot présente, dans son *Traité pratique d'agriculture algérienne*, un petit tableau fort suggestif :

Rendement actuel d'un hectare semé en blé.

Chez l'Européen.		Chez l'indigène.	
8 quintaux blé à 20 fr...	160 fr.	4 quintaux 50 blé à 20 fr...	90 fr.
Dépenses...............	127	Dépenses...............	88
Bénéfice........	33	Bénéfice......	2

« Nous laissons, ajoute l'auteur, 18 quintaux paille chez l'Européen, 10 quintaux paille chez l'indigène, sans valeur vénale, directement, mais qui peut être évaluée à 3 francs les 100 kilos. »

lui coûte 20, 50, 100 p. 0/0 et plus, tandis que le colon fait escompter ses valeurs pour 5, 6 et au maximum 8 p. 0/0 et peut hypothéquer sa terre, entre 5 1/2 et 6 1/2 p. 0/0 exceptionnellement 8 p. 0/0 ; d'autre part, très ignorant des procédés de culture et d'élevage, l'indigène tire moins de profit que le colon de son champ et de son troupeau. Cependant, tandis que le premier paye pour ses cultures [1], pour ses troupeaux, pour ses palmiers, ses oliviers, ses figuiers, sa vigne, toutes les exploitations agricoles du second sont exemptes d'impôts.

Ce principe d'exemption en faveur des Européens est même poussé jusqu'aux dernières limites : lorsqu'un colon loue un champ indigène pour le cultiver, il demeure indemne d'impôt ; lorsqu'au contraire un indigène loue un champ européen pour le cultiver, il est aussitôt frappé par le fisc.

Un chiffre d'ailleurs est décisif : qui alimente les budgets départementaux et communaux? c'est l'indigène bien plus que l'Européen. En 1889, les budgets départementaux ont reçu 7 650 000 francs des indigènes, contre seulement 3 800 000 francs des Européens. La même année, les budgets communaux ont reçu 15 710 000 francs des indigènes contre 13 730 000 des Européens [2].

---

[1]. Il convient même de noter qu'il y a quelques années, l'impôt sur les cultures a été augmenté. Un arrêté du gouverneur général du mois de septembre 1886 a décidé que dans les provinces d'Alger et d'Oran l'*achour*, qui jusqu'alors ne pesait que sur le blé et l'orge, atteindrait également, à partir du 1er janvier 1887, les avoines, le maïs, le sorgho, les cultures sarclées, les jardins, les oliviers et les orangers.

[2]. Les recettes des communes sont fournies, si l'on néglige un certain nombre de taxes de médiocre importance, d'abord, par les journées de prestations, dont il a déjà été parlé (elles représentaient exactement en 1889 6 598 812 francs pour les indigènes et 1 002 182 francs pour les Européens); ensuite, par l'octroi de mer, le droit intérieur sur les alcools et la taxe sur les loyers.

On a vu au chapitre VII, page 228, ce qu'était l'octroi de mer. Il suffit de dire ici qu'il est réparti entre les communes de plein exercice et les communes mixtes de la colonie, au prorata de leur population totale, avec cette seule restriction que les indigènes musulmans sont comptés pour un huitième seulement de leur nombre dans les communes de plein exercice et pour un quarantième de leur nombre dans les communes mixtes. — En 1891, il a rapporté 8 736 783 francs.

Le droit intérieur sur les alcools de fabrication algérienne a été établi par le décret du 26 décembre 1884, le même qui soumettait à l'octroi de mer les alcools venant du dehors, et afin que les distillateurs algériens ne bénéficiassent pas d'une situation privilégiée, d'une véritable protection. Il est

Nous en avons dit assez sur les « impôts indigènes » et les « impôts européens »; revenons aux chiffres du budget de l'État. On a vu que les recettes faites par le Trésor en 1891 s'élevaient à 40 384 934 francs. La même année, les dépenses supportées par la métropole, pour sa colonie, atteignaient 125 436 530 francs, soit 45 069 158 pour les dépenses ordinaires, 25 858 797 pour les dépenses extraordinaires et 54 508 575 fr. pour les ministères de la guerre et de la marine [1].

actuellement de 50 francs par hectolitre d'alcool pur. Son produit est réparti entre les communes comme celui de l'octroi de mer. — Il a rapporté, en 1891, 286 829 francs.

La taxe sur les loyers date de 1848 (arrêté du 4 novembre). C'est un impôt de quotité perçu exclusivement au profit des communes. Il a pour base le loyer brut de l'habitation; le taux d'imposition peut varier de 1 à 10 p. 0/0. Dans la pratique, il descend rarement au-dessous de 5 p. 0/0, et monte peu au-dessus. Le plus souvent, le taux d'imposition est le même pour tous les loyers reconnus imposables dans une commune; quelquefois cependant il est progressif, mais sans jamais dépasser 10 p. 0/0. Cette taxe sur les loyers est appliquée dans toutes les communes « de plein exercice », mais elle ne s'étend pas aux communes « mixtes » et « indigènes ». — En 1891, le montant de cette taxe était évaluée à 1 750 154 francs.

1. *Dépenses des services civils.*

	Francs.	
Finances.	12 957 124	
Justice.	2 616 850	
Intérieur.	10 556 150	
Intérieur (services maritime et sanitaire).	80 000	
Instruction publique et Beaux-Arts.	3 700 263	
Cultes.	1 109 540	
Travaux publics.	8 542 979	
Commerce et industrie.	168 300	
Agriculture.	1 151 190	
Postes et télégraphes.	4 186 762	
Total.	45 069 158	45 069 158

Dépenses civiles extraordinaires.

Garantie d'intérêts aux Cies de chemins de fer algériens (on a vu plus haut que ce chiffre « de prévision » avait été dépassé).	17 200 000	
Annuités aux obligataires de la S^té G^le algérienne.	4 997 765	
Annuités à la Cie P.-L.-M. pour chemins de fer construits en Algérie.	3 661 032	
Total des dépenses civiles extraordinaires.	25 858 797	25 858 797
Total des dépenses civiles ordinaires et extraordinaires.		70 927 955

Dépenses des services militaires.

Ministère de la guerre.	54 179 814	
Ministère la marine.	328 761	
Total des dépenses militaires.	54 508 575	54 508 575
Total général.		125 436 530

On voit combien est considérable l'écart entre les recettes et les dépenses de l'Algérie : il est au total de 85 051 596 francs, et il atteint encore 30 543 021 francs, si l'on déduit les dépenses des ministères de la guerre et de la marine pour les laisser entièrement à la charge de la métropole.

C'est un semblable écart annuel se reproduisant depuis 1830, tantôt plus grand, tantôt plus faible, qui explique la somme globale écrite en tête de ce chapitre, lorsque nous avons dit : l'Algérie nous a coûté de 1830 à 1891, dépenses militaires non comprises, 381 833 792 francs.

En vérité, pouvait-il en être autrement étant donné le système suivi?

D'une part, les dépenses de la conquête, puis de l'entretien d'un corps d'occupation, devaient être et rester considérables. D'une autre, des dépenses utiles d'administration, de colonisation et de travaux publics s'imposaient. La métropole, en présence de semblables éventualités, aurait dû compter, chercher des ressources chez les colons à mesure qu'augmentait leur prospérité. Elle ne le fit pas, et, pour les colons, chaque jour enhardis, ils ne craignirent pas de demander, puis de demander encore.

Ainsi le chiffre des dépenses enflait : après les dépenses utiles, venaient les dépenses somptuaires, puis les gaspillages. La métropole payait. L'administration malheureusement se prêta bien souvent à ces exigences, à ces gaspillages; la politique aida. Ce serait une histoire curieuse, que de raconter toutes les sommes perdues, toutes les dépenses inutiles ou irréfléchies, les erreurs et les faiblesses des divers services, les complaisances vis-à-vis des personnalités politiques locales.

Cette histoire nous ne l'écrirons pas, mais il convient cependant de citer quelques chiffres, de surprendre quelques gaspillages, quelques abus.

La colonisation officielle poursuivie, ainsi qu'on l'a vu, trop longtemps et trop exclusivement, a coûté, de 1830 à 1891, 154 700 882 francs. Dans ce chiffre, il faut le remarquer, n'est pas comprise la valeur des terres concédées par le Domaine et qui cependant, même dans les premières années, n'étaient pas sans avoir un prix. Faut-il rappeler aussi les dépenses exagérées de cette colonisation officielle? On se souvient que chaque famille de colons « algériens » ou « métropolitains », installée de 1871 à 1881, n'a pas coûté au Trésor, moins de 7 705 francs.

La dépense pour les travaux publics, ordinaires et extraordinaires, s'est en même temps élevée, de 1830 à 1891, à 437 747 587 francs[1], et cela dans un pays où, à l'heure actuelle, presque tous les ports sont insuffisants, le réseau des routes et les travaux hydrauliques très incomplets. Où est passé l'argent? A des œuvres trop belles, à des frais d'administration singulièrement exagérés. Il y a en Algérie, nous l'avons vu plus haut, des routes magnifiques, qui finissent en lacunes ou se perdent dans les sables, faute d'argent. Quant aux frais d'administration, aux indemnités d'inspection, ils sont, de l'avis de ceux qui observent, beaucoup trop élevés.

Si nous parlons des chemins de fer, l'énormité des dépenses inutiles, des engagements irréfléchis, frappe davantage. Nous avons déjà dit qu'on avait, bien à tort, construit en voie large plusieurs des lignes dont le mouvement et le trafic devaient rester faibles et pour lesquelles la voie étroite eût été suffisante. Mais ce n'est pas la seule observation à faire : les conventions passées par l'État avec les compagnies de chemins de fer algériens ont été très justement critiquées. Il était certainement juste, indispensable même, d'assurer aux compagnies, à qui l'on confiait la construction et l'exploitation des voies ferrées dans notre colonie, une garantie d'intérêts pour le capital d'établissement et pour le capital d'exploitation. Sans l'insertion d'une semblable clause dans les actes de concession, aucun capitaliste n'aurait consenti à aventurer une somme quelconque dans les chemins de fer en Algérie. Mais la garantie d'intérêt peut être comprise de deux façons : il y a la garantie des sommes réellement dépensées, et la

---

[1]. Les principales dépenses groupées sous ce chiffre global sont : créations de centres, constructions de villages et de voies de communication, subventions aux colons, personnel et matériel de colonisation, travaux de fontaines, lavoirs, écoles, églises, installation des Alsaciens-Lorrains, achats de terres aux indigènes et allocations diverses. Ce dernier paragraphe représente une dépense totale de 17 millions.

garantie forfaitaire. Or ce dernier système, très préjudiciable aux intérêts de l'État, très favorable aux compagnies, a été le plus souvent adopté [1]. Il en résulte que les conventions n'ont pas intéressé les compagnies à faire, au meilleur marché possible, la meilleure voie possible et ne les intéresse, actuellement, ni à provoquer le trafic, ni à desservir avec soin celui qui se présente; on observe même quelquefois que l'intérêt véritable d'une compagnie serait d'éviter les dépenses d'amélioration ou les abaissements de tarifs qui pourraient développer son mouvement commercial. C'est ainsi, d'une part, que la prospérité des compagnies algériennes ne suit nullement dans ses variations celles de leur réseau; d'une autre, que ce réseau impose au Trésor, pour la garantie

---

[1]. « Toutes les compagnies vivent, exception faite de la ligne d'Arzeu à Kralfalla, sous le régime de la garantie d'intérêt. Mais la garantie peut être organisée de deux façons. En voici une d'abord : ce qu'on garantit à la compagnie, c'est, en premier lieu, sur son capital d'établissement, un intérêt de tant pour cent des sommes dépensées réellement et utilement, sous le contrôle de l'État; c'est ensuite, si ses recettes ne couvrent pas ses frais d'exploitation, le déficit réel qui en résulte, les frais étant d'ailleurs soumis au contrôle de l'État. Dans cette conception de la garantie, la compagnie peut être intéressée à économiser sur la dépense et à accroître la recette, soit qu'on lui abandonne une partie des économies ou des bonis réalisés par elle sur le compte d'exploitation, soit qu'on lui réserve une partie du bénéfice net qu'elle produira un jour si elle arrive à payer, outre ses frais d'exploitation et les intérêts de son premier établissement, les avances consenties par l'État au titre de la garantie. Quand cette dernière perspective est suffisamment proche, elle peut constituer un stimulant efficace pour les exploitants, et corriger l'excès de quiétude qui est la conséquence la plus fâcheuse du système de la garantie.

« Il y a un autre procédé : c'est de garantir au concessionnaire un intérêt calculé sur un capital fixé à forfait, en sorte que, s'il réussit, même au détriment du bon établissement de la voie et du matériel, à ne pas atteindre le chiffre forfaitaire, il encaissera un boni; c'est ensuite de lui garantir, pour ses dépenses d'exploitation, une somme fixée à forfait quelle que soit la dépense réelle, quels que soient le trafic et la recette, en sorte que, si le concessionnaire réussit, même aux dépens du trafic et de la recette, à ne pas dépenser le chiffre forfaitaire du barème d'exploitation, le surplus tombera dans sa poche. De cette manière, plus la voie aura été établie à bas prix et comme en vue d'un trafic misérable, plus, en outre, le trafic aura été maintenu dans des limites restreintes, soit par la pauvreté du pays exploité, soit par l'insuffisance du matériel, soit par l'exagération des tarifs, plus la compagnie réalisera des bénéfices importants. Le système se réduit donc à une régie désintéressée, où le régisseur, maître des tarifs, paye les frais d'exploitation et encaisse une rente fixe sur l'État, tandis que ce dernier touche les recettes s'il y en a.

« Ce système surprenant est, au fond, celui qui a été appliqué à la plupart des lignes de l'Algérie. » (Burdeau, *loc. cit.*)

d'intérêt qui lui a été consentie, des charges vraiment exorbitantes, et cela sans même qu'il en résulte aucun profit pour les voyageurs et les marchandises, car les prix de transport demeurent, on l'a vu, bien plus élevés qu'en France. Les charges de l'État se sont accrues progressivement, de ce fait, de 1878 à 1889, jusqu'à 22 millions de francs (chiffre de 1889). L'année suivante, elles sont tombées un peu au-dessous de 20 millions, mais en 1891 elles sont remontées à 21 693 000 francs. Peut-être si le mouvement des transports progresse, fléchiront-elles un peu en 1892 et 1893. Elles pourraient, d'ailleurs, hausser, si une crise éclatait, l'intérêt garanti aux compagnies algériennes au 31 décembre 1891 atteignant environ 25 millions de francs. Négligeons ces prévisions pessimistes pour retenir un seul chiffre : les garanties d'intérêt, avons-nous dit, se sont élevées en 1891 à 21 693 000 francs ; la même année, les recettes brutes des compagnies ont atteint sur les lignes garanties 23 621 000 francs, ce qui fait ressortir pour l'État une contribution aux frais des compagnies égale, à 2 millions près, au chiffre rapporté par le trafic. Pour préciser, chaque fois qu'en 1891 un voyageur ou expéditeur payait 1 franc au guichet d'un chemin de fer, le Trésor était obligé de verser, de son côté, 0 fr. 90. Quel budget pourrait soutenir longtemps le poids de conventions aussi désavantageuses ?

Leur revision s'impose donc, et le moment est venu pour le ministre des travaux publics de confier à des hommes compétents l'étude des nombreuses questions qu'elle soulève. C'est là une tâche délicate : les compagnies ont à défendre les intérêts de leurs actionnaires, l'État, ceux du Trésor et de la colonie. Il ne suffit pas, dans cet ordre d'idées, de décharger le compte de la garantie d'intérêt, il faut encore intéresser les compagnies à la bonne exploitation, les inviter à provoquer le développement du trafic, obtenir d'elles des tarifs avantageux pour les colons. Ce travail de revision a été commencé. Depuis un an, la Chambre des députés est saisie d'un projet de loi, préparé par l'administration des travaux publics, portant approbation d'une nouvelle convention passée avec la Compagnie de l'Est-Algérien.

Aux termes de cette convention, la compagnie renonce au système de garantie forfaitaire dont elle bénéficie actuellement et accepte un système de garantie plus conforme aux intérêts de l'État. Tel qu'il est cependant, le texte soumis à la Chambre soulève des critiques ; il semble notamment qu'il n'intéresse pas la Compagnie au développement du trafic, autant qu'il serait désirable. On voit les difficultés du problème ; il importe qu'elles n'arrêtent pas le ministère des travaux publics dans sa tâche.

Cette tâche, d'ailleurs, nous la voudrions plus étendue encore. Il nous semble, en effet, que l'administration ne devrait pas poursuivre seulement, en négociant avec les compagnies algériennes, un meilleur calcul des garanties d'intérêt, mais aussi une autre réforme, fort importante : la fusion en une seule grande compagnie des cinq compagnies existantes. Bien que cette seconde question n'ait pas un intérêt « budgétaire » aussi immédiat que la première, nous en dirons ici quelques mots. Déjà on a songé à l'avenir et l'on a quelquefois proposé l'exploitation par l'État, soit à la fin des concessions, soit à l'époque où il s'est réservé le droit de racheter les lignes algériennes. Ce système, s'il a ses avantages, ne va pas sans de gros inconvénients : l'exploitation des chemins de fer par l'État en France comme en Algérie a de nombreux adversaires. L'unification des réseaux nous paraît singulièrement plus facile, elle serait très avantageuse pour la colonie, pour la compagnie unique et pour l'État ; enfin elle ne présenterait aucun des inconvénients de l'exploitation directe. Les cinq réseaux algériens, rappelons-le tout d'abord, ne répondent nullement à une division naturelle du pays, ni à des intérêts divers. Pourquoi l'Algérie a-t-elle cinq réseaux ? Sans doute parce que la première compagnie établie (le P. L. M.) ne s'est pas souciée de s'étendre, d'obtenir des concessions nouvelles. C'est ainsi que les réseaux sont enchevêtrés les uns avec les autres ou bien encore qu'une compagnie peut se plaindre de ne pas aboutir à la mer et de se trouver tributaire de la compagnie voisine [1].

---

[1]. L'Est-Algérien n'aboutit à la mer que par Bougie où il n'y a pas de port, par Maison-Carrée où il devient tributaire du P. L. M. et par Constantine où

Mais, il nous semble qu'il suffit d'énumérer les principaux avantages de la fusion : ils sont tellement évidents qu'il est inutile de les développer : 1° diminution des frais généraux ; — 2° diminution des frais d'exploitation et surtout du matériel, un grand réseau ayant besoin d'un nombre moindre de wagons que deux ou trois réseaux ayant ensemble la longueur kilométrique du premier ; — 3° facilité des correspondances pour les voyageurs ; — 4° unification des tarifs, ce qui pour les marchandises surtout est d'un intérêt évident ; — 5° abaissement des tarifs de marchandises, les longs trajets sur un même réseau étant, ainsi que nous l'avons dit plus haut, proportionnellement moins chers que les courts; c'est, d'ailleurs, la théorie des tarifs kilométriques à base décroissante ; — 6° enfin, et ici l'intérêt budgétaire peut paraître si les nouvelles conventions relatives à la garantie d'intérêt sont sagement rédigées, payement d'une partie des déficits des lignes affluentes mauvaises pour la plupart avec les excédents que donneront un jour les bonnes ; c'est le système du déversoir [2]. Nous ne voulons pas insister; la digression est suffisamment longue. Nous sommes au chapitre du budget et relevons quelques-unes des dépenses inutiles, et des erreurs financières de l'administration algérienne.

Lorsqu'elle donnait des terres, souvent fertiles et bien situées, quelquefois en production, à des colons transportés gratuitement, l'administration pouvait faire valoir cette raison, qu'elle implantait des habitants sur une terre nouvelle. Mais quelle excuse pourrait-elle invoquer pour expliquer comment elle a pu se laisser dépouiller, à vil prix, d'environ la moitié des belles forêts de chênes-liège de l'Algérie? Vers 1860, on fut amené à se demander dans la colonie si l'État était, ou non, apte à exploiter les forêts. On conclut à la négative, et l'on imagina de donner des forêts à des con-

---

il devient encore tributaire de la même compagnie. Il résulte notamment de cette situation que son charbon lui revient très cher de transport.

2. Le système du « déversoir », qui n'existe plus en France depuis les dernières conventions avec les compagnies de chemins de fer, consistait dans le prélèvement sur les recettes de « l'ancien réseau », lorsqu'elles atteignaient un certain chiffre, de l'excédent pour le reporter au compte des recettes du « nouveau réseau ».

cessionnaires pour une période de quatre-vingt-dix-neuf ans, moyennant le partage des produits. Les colons acceptèrent, mais, dès le lendemain de leur entrée en jouissance, ils se plaignirent des incendies, des risques qu'ils couraient. L'administration crut bien faire en vendant les forêts affermées; elle les offrit aux concessionnaires au prix moyen de 257 francs l'hectare, ce qui était fort peu. De nouveau, les colons acceptèrent, mais pour discuter aussitôt : le prix était trop élevé, des incendies venaient d'éclater ou étaient à craindre. L'administration se défendit, puis céda au point de descendre son prix de 257 francs à 60 francs payables en trente années. On trouve même, entre 1862 et 1866, des concessions abandonnées par l'administration à des chiffres plus bas; le prix de l'hectare tombe à 24 francs, 10 fr. 50, 7 fr. 50, voire même à *6 sous!*

Il y a réponse à tout : « Les forêts, objectera-t-on, sont comme la terre que l'on donnait au colon; elles ont, à la vérité, une certaine valeur, mais il est difficile de la déterminer : c'est une richesse brute, qu'un capital doit mettre en valeur, ce n'est pas de l'argent liquide; puis, ces marchés imprudents, il y a trente ans que l'administration a eu la faiblesse de les consentir; elle ne savait pas, elle était ignorante; d'ailleurs, elle se montre aujourd'hui plus économe ». Il est malheureusement facile d'arrêter l'avocat trop bienveillant. Prenons, à titre d'exemple, ce qu'il a été possible d'observer, il y a peu d'années, dans le service de la constitution de la propriété individuelle. Nous n'avons pas à redire que le législateur, ignorant des choses algériennes, allait contre les intérêts mêmes des indigènes en voulant constituer la propriété individuelle; nous n'avons pas non plus à rappeler que les lois de 1873 et de 1887 mal faites, contradictoires, ont rendu presque impossible la réalisation de l'œuvre poursuivie. Bornons-nous à montrer comment a fonctionné le service au point de vue financier.

Les fonctionnaires institués, les travaux dont ils avaient la charge étaient naturellement des causes de dépenses. L'administration a-t-elle été soucieuse des intérêts du Trésor? a-t-elle épargné ses deniers? On ne saurait le soutenir.

En 1885, au conseil supérieur de l'Algérie, M. Lesueur, aujourd'hui sénateur, a montré comment les trois services algériens du cadastre, de la topographie et des levés généraux, avaient, sur bien des points, agi en concurrence pour faire le même travail. Dans le seul département de Constantine, 49 000 hectares répartis en plusieurs douars avaient été levés en double et 3 000 hectares en triple. Au total, cela représentait pour plus de 1 million de travaux inutiles. Voici l'administration économe des deniers de l'État !

On eut, d'autre part, à constater que les travaux faits par plusieurs des commissaires enquêteurs, ne présentaient aucune exactitude, aucune valeur. Les dossiers jugés ainsi inacceptables ne représentaient-ils pas encore de l'argent gaspillé? Les sommes qui ont été dépensées jusqu'à la fin de 1891 pour le service de la constitution de la propriété individuelle s'élèvent à 16 millions. Quelle est, dans ce chiffre, la part des dépenses inutiles, improductives?

Nous venons de montrer l'administration « économe des deniers de l'État »; il nous faut, hélas! faire plus et montrer l'administration renonçant, de sa propre autorité, pour satisfaire les colons, à la perception de taxes établies par la loi. Le décret du 26 décembre 1884, qui réorganise le régime de l'octroi de mer en Algérie, avait décidé que toute personne récoltant ou fabriquant un produit sujet à l'octroi de mer devrait être imposée. C'était la conséquence du principe que nous avons rappelé plus haut, en vertu duquel les droits d'octroi ne doivent, en aucun cas, avoir un caractère protecteur. Un second décret, du 27 juin 1887, complétant le premier, précisa le mode de perception des droits intérieurs dus par les distillateurs et bouilleurs de cru de la colonie : il soumit les uns et les autres, sous des formes diverses, à l' « exercice ». Mais les colons ne voulaient pas être « exercés »; ils protestèrent et l'administration céda : à l' « exercice » elle substitua l' « abonnement », système plus doux, plus avantageux pour le contribuable. Seulement, les colons ne voulaient pas plus être « abonnés » qu' « exercés »; leur prétention était de se soustraire à la taxe intérieure sur les alcools afin que l'octroi de mer fût pour eux une véritable protection. L'administration céda encore. Le budget continua de porter les dépenses nécessaires pour les employés chargés de l' « exercice », mais le service disparut peu à peu. C'est ainsi qu'une enquête, faite au mois d'avril 1891 par l'inspection des Finances, amena cette constatation que, dans un cas particulier et pour une distillerie très importante, les droits avaient cessé d'être perçus sur une quantité d'alcool qui était égale au moins à 50 p. 0/0 de la production totale. L'administration interrogée ne contesta nullement le fait; elle ajouta, au contraire, *qu'il était général* et *qu'il constituait le fond même de la tolérance administrative* sans laquelle la distillerie algérienne succomberait [1]! Que penser de pareilles déclarations ? et ne sont-elles pas singulièrement suggestives, quant aux « choses d'Algérie » ?

Avons-nous, enfin, tout dit sur les dépenses exagérées, sur les gaspillages, sur les faiblesses de l'administration, sur les perpétuelles demandes des colons ? Non certes. Peut-être avons-nous relevé les choses essentielles que l'on peut lire dans les statistiques, mais en Algérie, le voyageur, même simple touriste, verra, s'il regarde, entendra, s'il écoute, bien d'autres choses.

Voici, pour nous borner, l'histoire récente d'un syndicat agricole de la province d'Oran. Les colons d'une région jugent nécessaire la construction d'un barrage à travers l'oued qui passe dans leur voisinage. Tout d'abord, les promoteurs de l'entreprise, afin de démontrer l'importance de la zone irrigable et d'arriver à la constitution du syndicat, font figurer des membres adhérents qui n'ont jamais adhéré; puis, ils s'adressent à l'État : la dépense totale s'élèvera à 360 000 francs; que le ministère de l'agriculture veuille bien faire la moitié en accordant une subvention de 180 000 francs, le syndicat supportera l'autre part. Le ministère accorde : aussitôt les tra-

---

1. Burdeau, *loc. cit.*

vaux prennent des développements excessifs, les devis sont dépassés et l'on entraîne l'État à tout payer. Sa part contributive s'élevait en 1886 à 570 000 francs, tandis que celle du syndicat n'était que de 140 000 francs environ. Aujourd'hui le syndicat doit au Crédit foncier d'Algérie, et, ce qui est plus, à l'entrepreneur qui a exécuté les travaux. Mais que lui importe? il espère bien faire encore payer la métropole. Déjà il lui a été accordé, en principe, une nouvelle subvention de 100 000 francs; peut-être même l'a-t-il encaissée à l'heure actuelle. Pour les usagers, ils ont pendant plusieurs années refusé de consentir les sacrifices qui leur étaient demandés et recemment, le rôle des taxes qu'ils devaient s'imposer en 1891, s'élevait à une somme insuffisante pour amener le fonctionnement régulier du syndicat.

Après tous les faits que nous venons de rappeler, la conclusion ne saurait être douteuse. Il y a partout dans la colonie, à tous les degrés, un singulier système de laisser faire, de « tolérance administrative ». L'administration ferme les yeux sur les abus, les gaspillages, les laisse se perpétuer, « parce que c'est l'habitude », ou à la demande d'une personnalité politique locale, ou encore dans la crainte de mécontenter les colons. C'est ainsi que mille abus, ayant tous leur répercussion sur le budget métropolitain, se perpétuent dans nos provinces africaines. C'est ainsi, encore, que tel fonctionnaire envoyé en Algérie par la métropole va parfois jusqu'à oublier les intérêts du Trésor, lorsqu'ils sont en contradiction avec les prétentions exagérées des colons; ces prétentions, il les avive, il les précise, il les fait siennes; on l'a vu les venir défendre à Paris.

Mais nous avons suffisamment montré les abus, les gaspillages, les prétentions qui, avec le temps et la faiblesse de la métropole, sont nés et se sont développés sur la terre d'Afrique.

Cependant, il convient de préciser par des chiffres la situation telle qu'elle se présentait à la fin de 1891. Le régime de faveur dont bénéficiaient les colons en matière d'impôts, comparé aux charges pesant sur le contribuable métropolitain, présentait alors un écart de plus de 28 millions [1]. Nous avons indiqué, dans le cours même de ce chapitre, quelles étaient les contributions indirectes et les taxes d'enregistrement qui n'atteignent pas, ou n'atteignent que partiellement, les Algériens. Nous avons dit, en ce qui concerne les taxes douanières (chapitre vii), que la colonie bénéficie d'une exemption partielle de droits sur les cafés, les vanilles, les sucres. Ainsi, en 1891, l'Européen d'Algérie ne payait environ que les 6/10 des impôts qui incombaient aux métropolitains (exactement 62 fr. 50 p. 0/0) ou, ce qui revient au même, tandis que les impôts et taxes de l'État, du département et de la commune représentaient en France 120 francs par tête, ces mêmes impôts et taxes ne représentaient dans notre colonie que 75 francs.

Et la colonie est riche! elle se développe tous les ans! Au cours des vingt-cinq dernières années, sa population européenne, sa propriété bâtie, son commerce, sa navigation ont doublé! Les Anglais, nos maîtres en colonisation, comprennent autrement que nous, l'administration financière de leurs possessions d'outre-mer! Plus pratiques, plus sages, ils exigent qu'une colonie subvienne à ses besoins dans toute la mesure dont elle en est capable [2]. Il est impossible de nier que nous ayons été, jusqu'à ce jour, beaucoup moins rigoureux vis-à-vis de notre colonie africaine.

Ce n'est cependant pas hier que s'est posée, pour la première fois, la question de faire contribuer davantage l'Algérie à ses dépenses. Il y a vingt-huit ans qu'un de ses gouver-

---

1. Savoir :

	Francs.
Contributions directes	3 209 463
Contributions indirectes	7 729 300
Douanes	9 532 378
Enregistrement	7 873 583
	28 344 724

2. En fait, toutes les colonies anglaises — Gibraltar, Malte, Aden, Hong-Kong et quelques autres points stratégiques exceptés — suffisent à toutes leurs dépenses. Si nous ne faisons point une comparaison, au point de vue budgétaire, entre l'Algérie et une colonie anglaise, c'est que, l'Algérie étant, ainsi que nous l'avons dit, une *colonie mixte*, d'un caractère *très spécial*, notre comparaison manquerait, pour une part ou sur certains points, d'exactitude.

neurs généraux, le maréchal Randon, proposa de mettre à l'étude l'établissement de la contribution foncière sur les terres appartenant aux colons. Depuis cette époque, la question était restée posée sans être résolue; tout au plus peut-on remarquer que des centimes additionnels, sur la propriété bâtie, avaient été établis en 1884. Certes, on parlait à Paris et à Alger de taxer les colons dont les revenus augmentaient tous les ans; mais toutes les propositions, toutes les discussions gardaient un caractère académique; personne ne paraissait avoir le souci d'aboutir.

En 1887, un député [1] proposait d'étendre à l'Algérie notre impôt foncier et notre impôt personnel et mobilier. C'était trop demander à la fois, mais on pouvait retenir une partie de sa proposition; le gouvernement ne le fit pas.

Des économistes, des publicistes ne cessaient de montrer les facultés contributives de l'Algérie grandissantes, d'insister sur l'urgence qu'il y avait à lui faire supporter une part un peu plus lourde de ses dépenses; le gouvernement se gardait toujours de prendre aucune initiative.

Frappé du mouvement qui peu à peu se dessinait, le gouverneur général de l'Algérie crut sage de prendre l'initiative de mesures nouvelles. Réclama-t-il l'établissement de nouveaux impôts? Non certes, une pareille initiative donnerait un démenti à ce que nous avons dit de cet « esprit algérien » qui envahit même les fonctionnaires représentants des intérêts de la métropole. Le gouverneur général imaginait une combinaison nouvelle que l'on a appelé le « budget spécial », et qui était certainement plus favorable à la colonie qu'à la métropole. Cette combinaison était simple : 1° le Trésor cesserait de percevoir les impôts qu'il recouvre actuellement dans la colonie; il en abandonnerait entièrement le revenu au « budget spécial », c'est-à-dire à la colonie elle-même; — 2° le Trésor — nous ne dirons pas, en compensation de cet abandon! — continuerait, à prendre à sa charge, et en quelque sorte définitivement, pour toujours, les dépenses annuelles de la Guerre et de la Marine, les garanties d'inté-

---

1. M. Arnous, débats parlementaires. Janvier et février 1887.

rêts aux compagnies de chemins de fer, les annuités dues aux obligataires de la Société générale algérienne, soit environ 75 millions; — 3° enfin, l'Algérie, maîtresse des ressources dont le Trésor lui laissait la perception, les emploierait à acquitter toutes ses dépenses civiles qui cesseraient ainsi de figurer au budget métropolitain. A mesure que ses ressources augmenteraient, elle demeurerait libre de dépenser davantage pour la colonisation, pour les travaux publics, pour d'autres services; tout excédent lui était acquis.

A la vérité, un des derniers articles du projet de loi sur le « budget spécial » contenait une disposition qui corrigeait, en quelque sorte, ce qu'il y avait d'un peu brutal dans les précédentes. Cet article portait : « Dès que les recettes ordinaires dépasseront 50 millions, la moitié du surplus sera attribué au Trésor ».

Cette promesse de versements partiels, dans un temps futur, ne séduisit personne à Paris, ni au ministère des finances, ni à la commission du budget de la Chambre des députés. On fut plutôt frappé de la désinvolture avec laquelle le projet du gouverneur général de l'Algérie laissait à la charge du budget métropolitain les lourdes dépenses du ministère de la guerre et des garanties d'intérêts. Ces dernières surtout, l'Algérie n'en profitait-elle pas chaque jour? pourquoi signifier à la métropole qu'elle entendait n'en pas prendre sa part? On remarqua, en même temps, que le projet sur le « budget spécial » ne créait aucun impôt nouveau sur la population européenne d'Algérie. Les colons voulaient évidemment attendre du temps, de l'élévation progressive du rendement des impôts existants, et, particulièrement, des impôts indigènes, les sommes nécessaires aux travaux publics d'intérêt général. On objecta, d'autre part, que l'engagement pris par l'Algérie de partager avec la métropole ses recettes, lorsqu'elles dépasseraient 50 millions, créerait entre les deux « parties » des rapports fâcheux; il pourrait naître de ce fait, entre la métropole et la colonie, des questions de règlement de compte d'un caractère particulièrement délicat. Nous négligerons ici un dernier argument, celui de l'unité budgétaire française rompue; nous le retrouverons plus loin.

La commission du budget de la Chambre, et après elle la Chambre elle-même et le Sénat, négligeant le système du « budget spécial », que personne, d'ailleurs, ne vint présenter à la tribune, — en ont préféré un autre qu'elles ont introduit dans la loi de finances pour 1892.

L'Algérie, dans ce système, continue, comme par le passé, à être financièrement unie à la métropole; rien n'est changé à l'ordonnance royale du 17 janvier 1845. Les « impôts indigènes » ne sont pas modifiés, mais deux impôts nouveaux que l'on peut dire « impôts européens » — bien qu'en réalité ils doivent atteindre aussi les indigènes, comme les impôts européens que nous connaissons déjà, — sont établis : ce sont le « principal » de l'impôt foncier sur la propriété bâtie et un droit de consommation sur l'alcool. Tout le système — puisque nous avons employé ce mot — consiste donc dans l'indication, suivie d'exécution partielle, qu'il convient de mettre fin à la demi-exemption dont jouissent les Européens et à les imposer proportionnellement à leurs facultés. Etudions ces nouveaux impôts.

La loi de 1884, créant en Algérie l'impôt sur la propriété bâtie, avait, on l'a vu, décidé l'exemption totale du principal de cette contribution « jusqu'à ce qu'il en soit autrement ordonné ». La loi sur les contributions directes du 27 juillet 1891 vient d'en ordonner autrement. Elle dispose qu' « à partir du 1er janvier 1892, la contribution foncière établie par l'article 1er de la loi du 23 décembre 1884 sur les propriétés bâties, sera perçu en principal au profit de l'État, sans préjudice des centimes additionnels ordinaires et extraordinaires que les conseils généraux et les conseils municipaux sont autorisés à voter par application des articles 9 et 10 de la même loi ».

Le taux, « en principal », de la contribution foncière a été fixé au chiffre où il est en France, soit à 3 fr. 20 p. 0/0 du revenu net imposable desdites propriétés. La valeur du revenu net des propriétés bâties d'Algérie étant estimée à 49 150 000 francs — ce qui, pour le noter en passant, accuse un capital d'environ 1 milliard, — le produit de l'impôt, au taux de 3 fr. 20 p. 0/0, sera en 1892 de 1 576 000 francs. Les gourbis arabes et les maisons kabyles, il importe de le noter, ne sont nullement dispensés du nouvel impôt; déjà ils payent les « centimes additionnels » assis sur la propriété bâtie; ils vont payer, en outre, « le principal ».

Afin de ne bouleverser en rien les rôles locaux de la colonie, la loi nouvelle a décidé que, bien que le « principal » de l'impôt fût de 3 fr. 20 p. 0/0, les centimes additionnels, départementaux et communaux continueraient, comme par le passé, à être établis sur une base d'un « principal » de 5 p. 0/0.

L'alcool paye déjà en Algérie, ainsi qu'on l'a vu, un droit de 50 francs par hectolitre. Ce droit est perçu soit à l'importation, soit à la production; il tombe dans la caisse de l'octroi de mer et revient aux communes algériennes. La loi de finances du 27 janvier 1892 vient d'ajouter à ce droit, sans rien modifier au régime existant, une taxe de consommation de 30 francs par hectolitre, perçue, celle-ci, non au profit des communes, mais au profit du Trésor. L'alcool se trouve ainsi frappé, au total, dans notre colonie d'une charge de 80 francs : c'est un peu plus de la moitié de la taxe correspondante en France, dans les communes sans octroi (156 fr. 25 par hectolitre); ce n'est certainement pas une charge trop lourde. La consommation de l'alcool en Algérie ayant été en 1890 de 60 299 hectolitres, on a calculé qu'une consommation égale, en 1892, imposée à 30 francs, rendrait au Trésor, en chiffres ronds, 1 800 000 francs.

Ainsi les deux impôts nouveaux — « principal » de l'impôt foncier, droit de consommation sur l'alcool — rapporteront au Trésor 3 376 000 francs. Est-il besoin d'ajouter que ces deux impôts sont des plus justes, que la colonie y était en quelque sorte préparée? D'une part, elle savait que, depuis 1884, c'était par faveur et temporairement que les propriétaires fonciers étaient exemptés du « principal » de la contribution sur les propriétés bâties; d'une autre, l'alcool était déjà taxé chez elle et c'est, entre toutes les matières imposables, une de celles sur lesquelles il est le plus facile d'établir une surtaxe. Les Algériens, toutefois, ne l'ont pas entendu ainsi. Ils n'aiment pas à payer, et l'ont dit. Ils avaient, grâce à une faiblesse coupable de l'administration, échappé jusqu'ici à l'application du décret de 1887 [1]; allaient-ils y être désormais soumis, et avec une aggravation de 30 francs? Les nouvelles mesures ont soulevé des tempêtes sur la place du Gouvernement et dans la presse des trois provinces. Toutefois la loi devait être respectée. Le gouvernement a cependant consenti à substituer au système de l' « exercice » du décret de 1887 celui de l' « abonnement » (décret du 19 septembre 1892). Il est à souhaiter que cette concession ne nous ramène pas aux erreurs passées!

Nous venons de dire les impôts établis, leur rendement probable; une constatation intéressante reste à faire.

Le Parlement n'a pas établi ces taxes nouvelles sur la colonie, pour les faire venir en déduction des sommes que la métropole dépense tous les ans en Algérie, pour compenser, en partie, les charges du Trésor. Il s'est refusé au « budget spécial », et cependant, les ressources nouvelles, il les attribue en réalité à l'Algérie; c'est un supplément de recettes dont elle va bénéficier au grand avantage de ses services.

Depuis quelques années, la situation budgétaire en France étant devenue moins bonne que précédemment, la période des excédents de recettes ayant pris fin, il n'avait plus été possible aux Chambres de continuer les sacrifices, qu'à des époques plus heureuses, elles avaient fait annuellement en vue du développement économique de la colonie. C'est ainsi que les concessions de lignes ferrées avaient été arrêtées en Algérie, la construction des routes, des barrages, des travaux d'irrigation limitée, la mise en valeur des forêts insuffisamment encouragée. En présence d'une semblable situation, le Parlement constatant que, du fait des deux impôts nouveaux, le Trésor allait percevoir en Algérie une recette supplémentaire de 3 376 000 francs, a élevé d'une somme presque égale le chiffre des dépenses faites au profit de la colonie. Plusieurs augmentations de crédits sont donc prévues au budget de 1892 pour les travaux hydrauliques, les forêts,

---

1. Voir plus haut, même chapitre, p. 306.

LE BUDGET DE LA COLONIE. 315

les routes et les ports. Les chapitres de la sûreté publique, de l'instruction indigène, du culte musulman sont également mieux dotés [1].

Le rapporteur de la Chambre des députés, en même temps qu'il exposait le système nouveau adopté par la commission, a voulu indiquer l'avenir, car ce système, il faut le voir dans ses conséquences, le suivre dans ses développements. A mesure que l'Algérie augmentera en richesse, on établira chez elle de nouveaux impôts, et sans que la métropole prenne aucun engagement vis-à-vis de la colonie, le produit de ces nouveaux impôts sera, au moins pour une forte part, dépensé chez elles afin de hâter son développement : ainsi seront assurées des garanties d'intérêt à de nouvelles lignes ferrées, ainsi pourront être entrepris les travaux de routes, de barrages, d'irrigation, d'écoles, etc.

Il n'est pas douteux, observe M. Burdeau — et le passé le prouve, — que l'Algérie, sortie depuis longtemps de la période des débuts pénibles, va se développer avec une vitesse accélérée. Les impôts qui y sont déjà établis et dont le rendement annuel ne cesse de s'élever, continueront à croître; les 28 millions de taxes, auxquels échappent actuellement les Algériens, pourront peu à peu leur être demandés; certaines richesses, telles que les forêts de chênes-liège, donneront sous peu d'années des ressources nouvelles. En additionnant toutes ces prévisions, on peut espérer que les recettes de l'Algérie, qui ont doublé de 1870 à 1890, pourront faire plus que doubler en un quart de siècle et dépasseront le chiffre de 100 millions. A quelles dépenses « algériennes » ne pourrait-on pas alors faire face?

Sans aller à la suite du rapporteur à la recherche de cet avenir un peu lointain, nous dirons que dans trois ou quatre ans, il sera permis de demander à l'Algérie un nouvel

---

[1]. Le budget de l'Algérie pour 1892, services civils seuls, présente sur l'exercice précédent une augmentation de dépenses de 3 181 100 francs. Cette augmentation profite notamment aux travaux publics pour 866 156 francs; aux divers services du ministère de l'intérieur pour 528 848 francs; à l'instruction publique pour 940 550 francs; au culte musulman pour 81 090 francs; à l'agriculture pour 215 000 francs; aux forêts pour 706 250 francs; aux postes et télégraphes pour 275 167 francs; au service de la perception des impôts pour 98 500 francs.

effort. C'est ainsi, par exemple, que l'on pourrait établir graduellement chez elle deux impôts connus du contribuable français : le droit sur les successions, avec déduction toutefois du passif, et l'impôt sur la propriété foncière non bâtie.

L'établissement du premier sera des plus faciles; celui du second devra être préparé. Comment, en effet, percevoir dans notre colonie l'impôt foncier sur la propriété non bâtie? Une partie des territoires du Tell a été cadastrée avant 1873, mais des changements si considérables ont eu lieu, depuis cette époque, dans les consistances territoriales que les données parcellaires de ce travail sont aujourd'hui profondément modifiées, sinon anéanties. Convient-il de faire un nouveau cadastre? Ce serait une lourde dépense et une grande perte de temps. On a proposé une autre méthode plus simple, pour asseoir l'impôt foncier des propriétés non bâties. Il s'agirait de diviser les terres possédées par les Européens en quatre classes, d'après leur mode de culture : 1re classe : vignes, orangeries, jardins et vergers; — 2e classe : terrains irrigués, olivettes, prairies, cultures industrielles permanentes; — 3e classe : terres labourables, chemins de fer et canaux; — 4e classe : pâturages, palmiers nains, landes, friches, terres vagues et bois. Ainsi réparties, les terres payeraient une redevance variable suivant la catégorie, et proportionnelle à la superficie. Dans ce système, le propriétaire serait tenu de déclarer lui-même la contenance de son bien; des contrôleurs et des commissions spéciales auraient un devoir de contrôle et de surveillance. Enfin, par mesure d'encouragement, la loi pourrait disposer que les terres ne seront imposées que dix ans après leur mise en valeur.

Convient-il de regretter l'échec du « budget spécial »? Le système que les Chambres viennent d'adopter est-il préférable? est-il suffisant? pare-t-il à toutes les nécessités?

Le « budget spécial » a évidemment des côtés séduisants; les colonies anglaises qui vivent sous son régime s'en trouvent bien et la métropole mieux encore. Il est, d'ailleurs, rationnel; la logique veut que le budget d'une colonie soit indépendant de celui de la métropole. Si l'on néglige les détails et même les dispositions principales du projet, dont nous avons parlé plus haut, il est permis de dire que l'idée seule d'un « budget spécial » pour l'Algérie, a rencontré chez nous, deux objections principales : la première, c'est que la constitution de ce budget romprait l'unité budgétaire actuellement existante entre la France et l'Algérie, briserait le grand principe de l'unité budgétaire à laquelle notre pays n'est arrivé que par étapes, changerait les règles de la comptabilité publique; la seconde, c'est que la séparation des intérêts financiers préparerait, qu'on le veuille ou non, la séparation politique. Nous n'hésitons pas à dire que ces deux objections ne suffiraient pas à nous convaincre.

L'argument tiré de l'unité du budget est bien théorique, nous dirions presque « bureaucratique ». Pourquoi l'unité budgétaire existerait-elle entre la France et sa colonie d'Algérie? est-ce que la Martinique, la Guadeloupe, nos autres colonies, n'ont pas un budget spécial, indépendant de celui de la métropole? Est-ce que les recettes qu'elles réalisent chez elles ne restent pas à leur entière disposition? L'Algérie est une colonie aussi bien que la Martinique et la Guadeloupe; elle n'est pas la France continentale. Dire que si l'on donnait aujourd'hui un budget spécial à l'Algérie, on n'aurait demain aucune raison pour refuser un budget spécial à la Provence, est une objection si peu solide qu'elle ne mérite point d'être réfutée.

Pour l'argument politique, à savoir que la séparation financière préparerait les esprits à la séparation politique, il est d'une assez faible portée. Laissons de côté la réponse sentimentale : « les Français d'Algérie aiment trop profondément les Français de France pour s'en séparer ». Mais comment imaginer que l'Algérie, surtout en l'état actuel de l'Europe, en présence de l'ambition de plusieurs puissances, qui ont des intérêts dans la Méditerranée, puisse jamais songer à se séparer de la France qui est en même temps que sa mère, son soutien, son défenseur?

Faut-il rappeler, en outre, que les Français sont en Algérie seulement 260 000 contre 220 000 Européens? qu'ils sont en présence d'une population de 3 500 000 indigènes soumis, mais non définitivement vaincus, et au milieu desquels éclateraient, certainement, de nombreuses insurrections au lendemain du jour où le 19° corps d'armée se serait embarqué pour la France?

Croit-on, enfin que si l'Algérie voulait, cédant à un sentiment quelconque, se séparer de la France, l'unité de budget, telle qu'elle existe aujourd'hui, aurait la force de la retenir? que lui importeraient ce jour-là « les principes de la comptabilité publique? »

Nous ne conclurons cependant pas en faveur du « budget spécial », et cela pour deux raisons. L'opinion publique française ne paraît point d'abord disposée à se rendre aux arguments que nous venons de donner, quelque justes qu'ils nous semblent. Depuis plus de soixante ans l'unité budgétaire est faite, une demi-union politique plus apparente encore, pour les esprits superficiels, a suivi. Ils jugent : « la colonie est divisée en trois départements; elle a des préfets, des sous-préfets, des députés, des sénateurs. Comme cela est la France! comme cela est le département où l'on habite! » Ce serait vouloir aller contre le gros bon sens de la majorité que de briser d'un seul coup l'unité budgétaire; elle croirait l'unité politique atteinte, le lien qui unit l'Algérie à la France détendu. La seconde raison qui nous conduit à renoncer au « budget spécial », c'est que le système adopté hier par les Chambres, tel surtout qu'il a été commenté dans les rapports ou à la tribune, nous paraît excellent. Nous ajouterons qu'il est en réalité, sans le nom, le « budget spécial ». Ne ressort-il pas, en effet, que la métropole consent, jusqu'à un temps indéterminé, à supporter les dépenses militaires et les différentes annuités en même temps qu'elle affecte les ressources de la colonie à la colonie elle-même? Certes l'Algérie n'est pas maîtresse d'emprunter, comme elle le serait avec le « budget spécial ». Mais n'est-ce pas un bien? Ce pays jeune, ardent, qui a de grands besoins, sortant demain de tutelle, n'emprunterait-il pas, dans son premier jour de liberté, des sommes trop fortes? n'ouvrirait-il pas trop de chantiers? ne commencerait-il pas, à la fois, trop d'entreprises? — et chaque travail achevé, avec les fonds d'emprunt, ne nécessiterait-il pas, dès le lendemain, l'inscription de lourdes dépenses d'entretien au budget ordinaire?

On dira que l'Algérie pourrait être sage, procéder lentement et sûrement. Sa vie politique locale, qu'un métropolitain peut saisir dès qu'il a passé huit jours en Afrique, les gaspillages des budgets départementaux et communaux, l'antagonisme, trop grand encore, entre le colon et l'indigène, ne permettent point de semblables espérances.

Souvent nos Chambres ne sont pas suffisamment prudentes en matière financière; elles se laissent entraîner à de grandes dépenses de travaux publics, elles approuvent des plans audacieux. Croit-on que le Conseil supérieur de l'Algérie, où siègent, à côté des fonctionnaires, les représentants élus des colons, serait plus prudent que les assemblées de la métropole? Il est vrai — et les partisans du « budget spécial » mettaient ce trait en lumière — que d'après leur projet, le Conseil supérieur ne serait pas souverain : il préparerait le budget, ce serait à la Chambre et au Sénat de le voter. Mais ne voit-on pas les conflits qui pourraient naître de cette demi-autonomie financière de l'Algérie? Les colons, faisant seuls leurs recettes, prétendraient le droit de régler seuls leurs dépenses. Peut-être n'admettraient-ils pas que la métropole opposât son veto. Il ne faut certes pas mettre les choses au pis; cependant aurait-on la certitude qu'un jour, on ne verrait pas le Conseil supérieur — dans lequel, peut-être, l'élément élu serait entré plus nombreux — voter une résolution financière, les Chambres la repousser, le Conseil la reprendre, les députés d'Algérie la soutenir énergiquement, le gouvernement la combattre, les Chambres la repousser encore? En un pareil conflit, la situation du gouverneur général serait amoindrie, la colonie ferait entendre contre la métropole des plaintes et des récriminations.

Félicitons-nous donc des résultats qui viennent d'être obtenus; ils sont le point de départ d'un état de choses plus juste que le précédent. Hier, et cet hier durait depuis 60 ans, l'Algérie coûtait annuellement beaucoup à la métropole, lui demandait sans cesse des sacrifices nouveaux, abusait de sa complaisance, gaspillait souvent l'argent du contribuable français et ne payait elle-même que de faibles impôts. Aujourd'hui tout n'est point changé; l'Algérie coûte à la métropole autant que la veille; les gaspillages même sont, hélas! encore à craindre; mais cependant, une idée nouvelle vient d'être appliquée et avec les années elle sera développée dans ses conséquences. La métropole a signifié à l'Algérie qu'elle estimait avoir fait des sacrifices suffisants et que le temps était venu où la colonie devait s'aider elle-même; l'unité de budget, sans être en rien désavantageuse pour la colonie, cessera d'être ruineuse pour la France.

Une dernière question demeure : le système que les Chambres viennent d'adopter mérite une entière approbation, mais est-il suffisant? pare-t-il à toutes les nécessités? Nous ne le pensons pas.

Ce n'est pas avec une dépense annuelle — et ici nous citons les chiffres du budget de 1892, sensiblement plus élevés, ainsi qu'on l'a dit plus haut, que les chiffres de 1891 — de 680 000 francs pour les travaux hydrauliques, de 875 000 francs pour la construction de nouvelles routes, de 1 084 000 francs pour l'amélioration des ports, que l'on pourra réaliser, dans un délai assez court, les grands travaux publics indispensables à la colonie. Nous avons insisté sur la nécessité, pour le développement de la colonie, pour sa mise en valeur, pour son augmentation de richesse de la poursuite immédiate d'un grand plan de travaux publics. Le budget ordinaire ne saurait en payer les dépenses; il faut donc, qu'à côté de lui, nous ayons, pour un certain nombre d'années, un « budget extraordinaire », une « caisse spéciale ». Comment alimenter cette caisse, quelles ressources y verser?

Ces ressources, il faut les demander, sans l'imposition d'aucune charge nouvelle, d'une part aux budgets départementaux et communaux de l'Algérie; d'une autre, au budget métropolitain.

Une pareille proposition nous conduit, tout d'abord, à étudier rapidement les budgets locaux de notre colonie, dont il n'a pu être parlé jusqu'ici. Nous n'examinerons que les budgets ordinaires, négligeant, à dessein, les budgets extraordinaires, sur lesquels, en raison de leur caractère tout spécial, il n'est pas possible de « faire fond », d'édifier un système.

En France, les principales ressources d'un département, d'un budget départemental, sont : les centimes ordinaires additionnels aux quatre contributions directes, les centimes de l'instruction publique, les contingents des communes pour les chemins, pour les enfants abandonnés, les revenus du département, les produits des dons et legs. De semblables ressources assurent à un grand et riche département de 839 876 habitants, la Seine-Inférieure, un total de 5 000 000 francs de recettes ordinaires ; — à un autre département, riche aussi, d'une population de 478 471 habitants, la Dordogne, 2 millions ; — à un département moyen, de 344 688 habitants, l'Yonne, 1 764 000 [1].

En Algérie, les départements sont, quant aux ressources, singulièrement plus privilégiés : aux centimes additionnels sur l'impôt foncier, sur les patentes, aux subventions de l'État et contingents communaux pour les chemins, pour les enfants abandonnés, aux revenus du département et à différentes autres recettes, ils joignent une part de l'impôt arabe, part égale à celle que le même impôt fournit au Trésor, — part considérable, puisque, ainsi qu'on l'a vu, les trois départements algériens ont à se partager, de ce chef, une recette de 7 197 700 francs. Ainsi alimentés, les budgets ordinaires des trois provinces atteignent des sommes élevées : le département de Constantine, où l'on a recensé 122 017 Européens et 1 584 655 indigènes, atteint un total de recettes ordinaires de 5 368 697 francs ; — le département d'Alger, avec 199 248 Européens et 1 258 076 indigènes, 3 979 273 francs ; — le département d'Oran avec 209 659 Européens et 719 956 indigènes, 2 739 926 francs [2]. Quant aux charges auxquelles il faut faire face, elles sont les mêmes pour un

---

1. Chiffres empruntés aux budgets départementaux pour l'exercice 1892.
2. Ces chiffres sont empruntés aux budgets départementaux, exercice 1892. Quant à ceux qui rappellent la population des trois provinces, ils sont pris dans le *Tableau général des communes de l'Algérie* et diffèrent quelque peu de ceux fournis par les tableaux de recensement, soit environ 10 000 Européens et 8 000 indigènes en moins.

département algérien que pour un département français.

Venons aux communes. En France, les principales ressources d'une commune, d'un budget communal, sont : les revenus communaux, les centimes ordinaires sur les contributions directes, l'attribution sur les patentes, le produit des octrois, des taxes sur les marchés, sur les chiens, etc. De semblables ressources assurent à une commune chef-lieu de canton des recettes ordinaires très variables, mais ne dépassant pas en général un chiffre modeste : — Ambérieu, dans l'Ain, avec 3 600 habitants, a 24 600 francs de recettes ordinaires ; — Orchies, dans le Nord, avec 3 800 habitants, a 41 400 francs ; — Beaumont, en Dordogne, avec 1 700 habitants, a 74 000 francs ; — Mazières-en-Gâtine, dans les Deux-Sèvres, avec 1 188 habitants, a 6 000 francs.

En Algérie, les communes, comme les départements, sont, quant aux ressources, plus privilégiées que les communes françaises. A presque toutes les recettes habituelles de celles-ci, elles joignent une part de l'octroi de mer, proportionnelle à leur population, — octroi dont l'établissement leur a été facilité par le désintéressement de la métropole [1], puis les rendements de la taxe sur les loyers, qui peut être élevée, l'impôt mobilier de la métropole n'ayant pas été introduit dans la colonie.

Ainsi alimentés, les budgets ordinaires des communes algériennes atteignent des chiffres qui feraient envieux bien des conseils municipaux de France : la commune de plein exercice de Misserghin (Oran), avec 2 679 Européens et 1 777 indigènes, a 34 400 francs de recettes ordinaires ; la commune de plein exercice de Mila (Constantine), avec 532 Européens et 6 744 indigènes, a 60 000 francs ; la commune mixte d'Azeffoun [2] (Alger), avec 393 Européens et 39 459 indigènes, a 150 675 francs ; la commune mixte de Saint-Lucien (Oran), avec 1 685 Européens et 22 452 indigènes,

1. La métropole, on a pu le remarquer déjà (chap. VII, p. 226) a, en effet, facilité à la colonie l'établissement de son octroi de mer, qui pèse surtout sur les denrées coloniales en renonçant aux droits pleins perçus en France sur ces mêmes produits.
2. Ce chiffre est afférent à l'exercice de 1891, tandis que les autres appartiennent à l'exercice de 1892.

a 663 000 francs. Pour les charges, elles sont les mêmes dans une commune algérienne que dans une commune française.

Au total, les recettes ordinaires des trois départements, des communes de plein exercice et des communes mixtes (nous laissons en dehors les communes indigènes), représentent, pour l'année 1892, une somme de près de 34 millions [1] ou, plus exactement, si l'on évite de compter deux fois les sommes versées par les communes aux départements pour les travaux publics, à 30 280 339 francs [2]. Certes, il ne faut pas oublier que les départements et les communes d'Algérie sont sensiblement plus étendus que ceux de France ; que, dans ces régions nouvelles où tout était à créer, bien des dépenses s'imposaient et s'imposent encore, qui, depuis longtemps, ont été faites en France. Mais pourquoi sommes-nous obligés de dire que ces larges ressources, mises par la loi à la disposition des départements et des communes de notre colonie, ne sont pas toujours bien employées, consacrées à des entreprises utiles, que, presque partout, on peut surprendre des irrégularités, des gaspillages, des dépenses somptuaires exagérées ?

Les faits sont nombreux ; nous en relèverons quelques-uns au passage.

Un décret du 5 juillet 1854 a rendu applicable en Algérie la loi de 1836 sur les chemins vicinaux. Ce décret, appliqué

		Francs.
1. Département de Constantine, recettes ordinaires	....	5 368 697
— d'Alger —	....	3 979 273
— d'Oran —	....	2 739 926
Communes de plein exercice et mixtes :		
Département de Constantine, recettes ordinaires	....	6 088 206
— d'Alger —	....	9 224 351
— d'Oran —	....	6 501 016
Total général	....	33 901 469

Les chiffres relatifs aux budgets communaux appartiennent à l'exercice 1891 et à l'exercice 1892 ; ils sont empruntés à la *Situation financière des communes de France et d'Algérie*.

2. Les communes portent, parmi leurs recettes ordinaires, dont nous avons donné les totaux, le produit des journées de prestations et versent une part de ces ressources à titre de contingent aux départements qui en font, à leur tour, « recette ». Afin de ne compter aucune somme deux fois, nous devons donc déduire du chiffre global de 33 901 469 francs les contingents communaux versés pour les routes aux budgets départementaux, soit : 1 774 266 francs pour Constantine, 1 267 155 francs pour Alger, 579 709 francs pour Oran.

depuis longtemps dans les départements d'Alger et de Constantine, ne l'était pas encore, il y a quelques mois, dans celui d'Oran. Pourquoi? Qui le sait? Mais le fait est là. C'est ainsi que parmi les maires des communes de plein exercice plusieurs conservaient pour eux seuls, et contrairement à la loi, la direction exclusive de la voirie vicinale et de ses travaux, repoussant toute intervention soit du service des ponts et chaussées, soit du service de la voirie départementale. A l'abri de ces errements irréguliers, de fâcheuses habitudes, des procédés vicieux ou incomplets de comptabilité s'étaient établis; les travaux étaient mal exécutés, ou ne l'étaient pas; il y avait une disproportion énorme entre les sommes perçues et les résultats de leur emploi; les maires nommaient directement les agents vicinaux, opéraient des virements de chapitre à chapitre, dépensant ailleurs les sommes portées à leur budget pour les chemins communaux, etc. Il faudrait trop dire; nous nous bornerons à un fait : voici une commune qui, de 1878 à 1890, a eu à sa disposition, comme ressources vicinales propres, non susceptibles d'applications étrangères d'après la loi, une somme totale de 50 000 francs environ; elle l'a entièrement dépensée et, l'année dernière, en 1891, tout passant pouvait constater qu'elle n'avait pas un seul hectomètre de chemin à l'état d'entretien. Où est passé l'argent?

Il y a peu d'années, un préfet s'aperçoit enfin du mal; il veut y remédier, rappeler la loi; la Cour des comptes, d'ailleurs, se plaint de ce que les unités communales du département d'Oran « soient les seules à appliquer, dans l'administration de leur réseau vicinal, un procédé défectueux et anti-réglementaire, qui déjà a motivé bien des injonctions ». Mais aussitôt, le conseil général couvre les communes, entre en lutte avec le préfet, avec le ministre de l'intérieur. C'est contre la volonté de l'assemblée départementale que le préfet, soutenu par son chef hiérarchique, rappelle les communes à l'observation de la loi et remet le service des chemins vicinaux aux agents des ponts et chaussées[1]. Nous constatons ici la résistance de l'administration aux prétentions illégales

---

[1]. Conseil général d'Oran, séance du 22 janvier 1892.

des Algériens; c'est malheureusement la première fois qu'il nous est donné de relever un semblable fait : combien, d'ailleurs, cette intervention a été longue à se produire! Les administrateurs, qui précédaient le préfet actuel, étaient donc aveugles... ou complaisants? Les errements dont nous venons de parler se perpétuaient depuis trente-huit ans, puisque le décret déclarant la loi de 1836 applicable en Algérie est de 1854[1].

Voulons-nous jeter maintenant un regard sur les budgets communaux? Tout d'abord, on observe que dans les trois départements les conseils municipaux votent une indemnité pour le maire. Souvent modeste, elle est parfois élevée, hors de toute proportion : dans le département de Constantine, des maires de communes de 20 000, 19 000, 4 000, 500 habitants, se font allouer des indemnités de 10 000, 6 800, 3 600 et 1 800 francs. Les maires et adjoints de toute la province touchent ensemble plus de 98 000 francs. A Tebessa, les frais de perception et d'administration communale représentent 36, 86 p. 0/0 des dépenses; à Duvivier, 38 p. 0/0; la moyenne pour l'ensemble des communes ressort à 24,59 p. 0/0. Dans le département d'Alger, la situation n'est guère différente : à Médéa, à Miliana, les maires reçoivent 3 000 francs; à Mustapha, les frais de mairie s'élèvent à

---

1. Si nous ne craignions pas de donner aux faits trop de développements, nous dirions que la question des chemins vicinaux à peine réglée, le préfet a dû donner son attention à celle de la voirie départementale.

Il suffira, d'ailleurs, pour que l'on juge de l'état où était ce service, de citer une ou deux des irrégularités relevées par l'inspection des Finances dans l'enquête qu'elle vient de terminer : 1° l'agent voyer en chef a agréé, sans les soumettre à la nomination du préfet, de nombreux agents qui constituent « un personnel auxiliaire d'agents voyers et de cantonniers clandestinement rétribués sur les fonds départementaux à titre de dépenses en régie »; — 2° on veut donner à un « chef d'atelier » 180 francs par mois, et il n'est pas possible de fixer le prix de sa journée à plus de 5 francs, or « 30 journées à 5 francs ne feraient que 150 francs. On porte alors sur la feuille du mois : 36 journées à 5 francs »; le mois est ainsi converti en 36 journées; — 3° il résulte des états d'indemnités perçues par les agents voyers qu'en 1883 l'agent voyer en chef a touché 41 495 francs; dans les années suivantes les sommes ont été moins fortes, mais ne sont pas tombées au-dessous de 34 000 francs; ces chiffres représentent « des traitements nets, absolument nets de tous frais, jusque et y compris, à l'occasion, les frais de correspondances du bureau central. » (Discours du préfet à la séance du Conseil général du 11 octobre 1892.)

Le Conseil général dès qu'il a eu connaissance de l'enquête faite et de ses résultats... a rompu toutes relations avec le préfet.

18 000 francs; à Tizi-Ouzou (plein exercice), à 21 182 francs; plusieurs communes donnent de véritables traitements aux médecins, aux pharmaciens, aux sages-femmes; enfin, on lit au budget de Tizi-Ouzou une somme de 750 francs pour l'« attrapeur de chiens »! Est-ce tout? Non, mais il serait trop long de poursuivre. Voici cependant un fait grave : dans le département de Constantine, sur l'autorisation même de la préfecture, certaines communes emploient, contrairement à la loi, des recettes ayant une affectation spéciale, les fonds de la vicinalité, pour acquitter les dépenses relatives aux édifices publics. Dans la province d'Oran, c'est autre chose : les prêts sur semences consentis par les budgets communaux aux colons et aux indigènes ne sont souvent pas remboursés[1]. Est-ce pauvreté des emprunteurs? n'est-pas plutôt faiblesse ou négligence de l'autorité municipale? La commune de la Mékerra est, de ce fait, à découvert, en capital et intérêts, d'une somme de plus de 190 000 francs; celle d'Aïn-Temouchent de 222 000 francs.

Malgré ces gaspillages ou ces fautes, la plupart des communes de plein exercice — ce sont les seules que nous ayons citées; ce sont les plus mal administrées, — sont dans une situation satisfaisante. Dans le département de Constantine, sur 71 communes, 39 n'ont pas contracté d'emprunt; entre toutes, elles ont une somme de 1 054 000 francs déposée au Trésor avec intérêt, c'est-à-dire n'ayant pas d'emploi immédiat; — dans le département d'Alger, les dépôts faits au Trésor atteignent 1 666 000 francs; etc. Ainsi l'argent ne manque pas malgré une gestion fort peu économe.

Pour les gaspillages, les dépenses somptuaires exagérées, nous nous bornerons à relever quelques-uns de ceux qui frappent le touriste lorsqu'il parcourt le pays.

---

1. En Algérie, lorsqu'à la suite d'une mauvaise récolte, les colons et les indigènes d'une région se trouvent sans ressources, et dans l'impossibilité d'ensemencer leurs champs pour l'année suivante, les municipalités, obéissant à la fois à un sentiment moral et au désir de voir rentrer l'impôt dans huit à dix mois, font des avances d'argent ou plutôt de grains aux malheureux. Le système et les conditions de ces avances varient suivant les circonstances ou les communes. Le plus souvent les livraisons de grains aux indigènes sont faites sous la garantie des *djemâa*.

Aux portes d'Alger, on pourrait dire dans la ville même, s'élève une construction magnifique, toute blanche encore de la blancheur des édifices neufs; c'est le Palais des Écoles supérieures. Avant qu'il existât, les cours de droit, de lettres ou sciences qui ne réunissaient chacun qu'une dizaine, exceptionnellement une vingtaine d'élèves, étaient professés dans différents locaux très suffisants; mais, l'État, pressé par la ville, la « capitale », a voulu faire grand. Combien de vieilles facultés de France sont moins bien installées que les professeurs sans élèves des Écoles supérieures d'Alger! Le terrain sur lequel s'élève le palais a été évalué à 460 000 francs, les frais de construction et de première installation ont atteint 2 500 000 francs, c'est au total, 3 960 000 francs; puis il y a les menus frais. Nous avons un total de plus de 4 millions, — et nous ne disons rien des dépenses annuelles d'entretien. L'État s'est procuré cette somme de 2 500 000 francs par la vente de terres domaniales dans les trois provinces (loi du 20 décembre 1879). La saine raison ne dit-elle point qu'une pareille recette eût été mieux employée à la construction de routes, de chemins, d'écoles ou de canaux d'irrigation?

La préfecture de Constantine est achevée depuis peu. C'est un magnifique bâtiment dont la façade toutefois donne sur une rue étroite; le terrain, la construction, l'ameublement, n'ont pas coûté, au département, moins de 2 300 000 francs. Dans la même province, une ville jeune encore, dont la population augmente, fière de ses succès, pleine d'espérances en l'avenir, Bône, vient de se construire un hôtel de ville monumental. Les étrangers l'admirent; il s'élève sur la principale artère de la cité; la façade est ornée de belles colonnes de marbre de Filfila; il a déjà coûté un million et il n'est pas complètement aménagé à l'intérieur; le maire, s'il voulait y demeurer, devrait, tant les appartements y sont grands, dépenser les revenus d'un millionnaire. Bône, d'ailleurs, qui se construit un hôtel de ville si magnifique, n'a pas assez de maîtres pour instruire les enfants en âge scolaire; mais pourquoi prendrait-elle la charge de cette dépense? elle doit, d'après la loi, être supportée par l'État. Que l'État paye!

Voici dans le département d'Oran une petite ville située au

milieu de plaines fertiles; à ses premiers jours, elle a été bravement défendue contre Abd-el-Kader, par une poignée de Français : c'est Aïn-Temouchent. Le dernier recensement ne lui accorde pas encore 5 000 habitants et, dans ce nombre, on ne compte que 1 076 Français; une commune indigène de 20 000 âmes lui est rattachée. Les recettes ordinaires de Aïn-Témouchent atteignent 100 000 francs; son hôtel de ville promet d'être magnifique, c'est celui d'une ville capitale; il a déjà coûté 400 000 francs, et ni les portes, ni les planchers ne sont encore en place. A combien s'élèvera la dépense totale?

On répondra peut-être à ces faits qu'en France, départements et communes s'engagent parfois dans des dépenses inutiles, exagérées. Cela peut être vrai; mais il est des dépenses somptuaires qu'un département ou une commune de la métropole, chez qui sont exécutés depuis longtemps tous les travaux utiles, peuvent se permettre et qui sont interdites aux départements et aux communes de notre jeune colonie. Grâce à l'État qui leur abandonne la moitié des recettes de l'impôt indigène, qui leur permet, en n'établissant pas l'impôt mobilier, de percevoir une taxe de loyer, les départements et les communes d'Algérie sont riches. Cette richesse, doivent-ils la gaspiller? Leur devoir, autant que leur intérêt, n'est-il pas de consacrer toutes les ressources à des œuvres utiles? Est-ce à dire qu'ils n'en font aucune? Non, assurément, et chaque département pourrait produire la liste des travaux et des entreprises faits dans un but d'intérêt général. L'histoire financière des départements algériens dans ces dernières années contient même un fait digne d'éloges et qui montre comment le Conseil général du département de Constantine, beaucoup trop dissipateur en temps ordinaire, a su un jour être à la hauteur de ses devoirs. En 1887 et 1888, alors que la province avait été ravagée par les sauterelles, le Conseil général n'a pas hésité à faire à la Banque de l'Algérie deux emprunts, le premier de 500 000 francs, le second de 3 500 000 francs, afin de pouvoir faire aux colons et aux indigènes, les avances qui leur étaient indispensables pour ensemencer leurs champs en vue de la prochaine récolte. Grâce à cette initiative hardie, le Conseil général sauvait de la famine les populations agricoles — particulièrement les indigènes, — en même temps qu'il assurait, dans l'intérêt de l'État et dans celui du département, la rentrée des impôts de 1889.

Nous louons ce fait comme il le mérite, mais peut-il nous faire oublier que l'on trouve dans tous les budgets locaux une trop grande facilité de dépenses, des crédits trop larges, des gaspillages, des dépenses somptuaires exagérées? Aux États-Unis, où tout ne saurait être donné comme exemple, on trouverait difficilement, si l'on excepte les riches et opulentes capitales, des dépenses somptuaires comparables à celles que nous reprochons à l'Algérie. L'État du Texas, qui a une population de plus de 2 200 000 âmes, dépensant 5 millions de francs à la construction de son Capitole[1], est dans la République américaine une exception que l'on cite. Quelques dépenses du même genre s'étant produites, il a été introduit successivement, dans presque toutes les constitutions des États, une clause limitant, à l'avenir, les emprunts des comtés et des communes. Nous ne proposons pas, bien que la proposition soit défendable, de donner au ministre de l'intérieur et aux préfets le pouvoir d'empêcher, par leur *veto*, l'inscription dans les budgets départementaux et communaux de certaines dépenses; mais nous disons aux départements et aux communes : « Vous voulez des routes, de l'eau, des chemins de fer, des reboisements? Alors arrêtez vos dépenses inutiles, réduisez celles qui peuvent être réduites; cessez de donner à vos maires des indemnités inutiles et qui ne sont pas sans avoir, souvent, des inconvénients politiques; puis versez annuellement les économies que vous aurez ainsi réalisées dans la caisse spéciale, dont les fonds alimenteront les dépenses extraordinaires des travaux publics. Aidez-vous, l'État vous aidera. »

En même temps que se réunirait à Alger une grande commission chargée d'arrêter le plan des travaux publics[2], de

---

1. Édifice où sont réunis le Sénat, la Chambre des députés, la Cour de cassation, la salle du Pouvoir exécutif.
2. Voir plus haut, chap. VIII, p. 255.

dresser un programme d'ensemble, devrait se réunir une seconde commission, celle-là financière. Sa tâche serait d'étudier le budget ordinaire de chaque commune, de chaque département, de voir, puis d'arrêter les sacrifices annuels que chacun pourrait s'imposer. Les communes, les départements s'engageraient ensuite par des délibérations de leurs conseils à verser chaque année à la caisse spéciale, jusqu'à la fin des travaux publics extraordinaires, à titre de contingent, une certaine somme, petite, moyenne ou grande, suivant les ressources. Une loi prendrait acte de ces engagements en inscrivant les contingents annuels au nombre des dépenses obligatoires des communes et des départements. Que produiraient ces multiples concours? quelle somme globale verseraient les 3 départements et les 324 communes (de plein exercice et mixtes) de l'Algérie? Ils font ensemble, nous l'avons vu, une recette de plus de 30 millions par an; donneraient-ils 3 millions, 4 millions ou plus? On ne peut dire, car tout un long travail est à faire.

Nous sommes d'ailleurs persuadé que ce sera à l'État de verser, dans la caisse spéciale, les plus grosses sommes, — 12 à 15 millions par an peut-être. Si nous réclamons le concours de la colonie, c'est, à la fois, parce qu'il est juste de mettre à sa charge une part, au moins, des dépenses dont elle profitera seule; c'est ensuite pour décharger d'autant la métropole.

Avec le système que nous esquissons, si 15 à 18 millions tombent annuellement dans la caisse des travaux publics pour être aussitôt employés, en 10 ans 150 à 180 millions de travaux seront faits; en 15 ans 225, 270, peut-être 300 millions. Il est même permis de se demander s'il sera nécessaire de porter à 300 millions le chiffre du budget extraordinaire, si l'on songe que, chaque année, les sommes inscrites au budget ordinaire de l'État pour l'hydraulique agricole, les travaux forestiers, les routes et les ports vont permettre l'exécution d'un assez grand nombre d'entreprises.

Mais une question se présente certainement à l'esprit : le budget extraordinaire, la caisse spéciale alimentée pour plus des 3/4 par les fonds de l'État, c'est un nouveau sacrifice de 150 à 200 millions demandé à la France en faveur de l'Algérie. N'a-t-elle pas fait déjà suffisamment? Ne ressort-il pas de ce qui a été dit plus haut, dans ce chapitre, que le même moment est venu, suivant une expression vulgaire, de fermer les cordons de la bourse? Oui, nous le reconnaissons, — et cependant nous demandons à la métropole ce suprême effort, ce dernier sacrifice dans l'intérêt de sa colonie. Nous ajouterons d'ailleurs — et ce point n'est pas sans importance — que, si le Parlement le désire un jour, ce sacrifice n'aura été pour le Trésor qu'une avance. Lorsque l'exécution du plan des travaux publics sera achevée, lorsque ainsi la colonie sera dotée d'un outillage parfait et, par une conséquence toute naturelle, fortifiée et enrichie, on pourra, en toute justice, enlever aux budgets locaux algériens, pour les donner au budget de l'État, certaines ressources exceptionnelles dont ils jouissent aujourd'hui. Pour préciser, nous croyons qu'il sera possible de prendre alors aux budgets des trois provinces, pour la faire tomber dans la caisse du Trésor central à Paris, la moitié de l'impôt indigène dont elles bénéficient actuellement.

LIVRE III

LA QUESTION INDIGÈNE

CHAPITRE I

POLITIQUE SUIVIE A L'ÉGARD DES INDIGÈNES
LA SOCIÉTÉ INDIGÈNE APRÈS 60 ANS D'OCCUPATION

Première partie.

Motifs de l'ordre suivi dans ce volume. — La colonisation européenne et la question indigène. — La *conquête morale* aurait dû suivre la *conquête matérielle*. — Sa difficulté. — Nous avons à peine songé à l'entreprendre. — Aucun programme n'a été adopté. — La politique des incertitudes.
La répression. — Répression trop sévère. — Opinion du général de Lamoricière. — La destruction des indigènes. — Contribution de guerre et séquestre en 1871. — Critique de l'administration des bureaux arabes. — Une expédition en Kabylie par le général Saint-Arnaud. — Le procès Doineau. — Des expéditions pour des croix.
Le refoulement des indigènes. — Le plan du général Bugeaud. — On en prend le contre-pied. — Le sénatus-consulte de 1863. — L'expropriation pour cause d'utilité publique. — Ses conséquences. — L'expropriation en grand : le projet des 50 millions. — L'expropriation devient aujourd'hui l'exception.
Les forêts. — Leur rôle dans la vie indigène. — Le Code forestier en Algérie. — Les règles qu'il impose. — La loi de 1885. — Interdiction du pâturage aux propriétaires dans leurs bois, aux usagers dans les forêts de l'État. — Les procès-verbaux, les saisies et les ventes. — La ruine d'une famille déjà misérable. — L'impôt des forêts sur les indigènes. — Reproches faits au service forestier.
Quelques erreurs administratives. — L'administration n'a pas su distinguer les Berbères des Arabes. — Mesures impolitiques en Kabylie. — Arabisation de l'Aurès. — Lois sur la propriété individuelle et l'état civil. — Leur résultat malheureux.
La justice. — La justice musulmane avant la conquête. — Notre intervention en matière pénale. — L'ordonnance de 1841. — Notre demi-intervention en matière civile. — Les décrets de 1859 et 1866. — Erreur que nous

avons commise en les abandonnant. — Le décret de 1874 en Kabylie. — Campagne entreprise contre les cadis. — Leur vénalité. — L'administration prend un décret sans chercher le véritable intérêt des indigènes. — Les décrets de 1886 et 1889. — Politique d'assimilation. — L'administration est dans l'engrenage. — Changements introduits par la législation nouvelle. — Le justiciable musulman et le juge français en présence. — Les faux serments. — L'incapacité pour le juge de bien juger. — Justice lente et coûteuse. — Étendue des circonscriptions, nombre considérable des affaires. — Le prix de la justice. — 25 francs pour un jugement. — 25 francs pour un serment. — Régime des officiers judiciaires en Algérie. — Les populations ruinées du fait de notre justice.
Une autre erreur. — La naturalisation des juifs. — Haine des indigènes pour les juifs. — Leur métier d'usurier. — Ils ont ruiné les Arabes. — Influence du décret Crémieux sur l'insurrection de 1871.

Le lecteur a dû être frappé déjà de l'ordre dans lequel est écrit ce volume. Pourquoi l'auteur, après avoir consacré deux longs chapitres aux indigènes, à leur genre de vie, à leurs mœurs, à leur religion, à leur fanatisme, passe-t-il à un sujet tout autre : l'installation des Européens en Afrique? Pourquoi étudie-t-il longuement toutes les questions relatives à la population française, à l'établissement des colons, à leurs entreprises, sans presque parler des indigènes?

Cet ordre est voulu; il a été adopté pour montrer d'une façon frappante que nous avons rencontré en Algérie, en y débarquant, du fait de la présence des indigènes et de leur fanatisme, deux questions bien distinctes quoique intimement liées : la question de l'établissement des Européens dans un pays nouveau, c'est-à-dire la « colonisation »; la « question indigène », c'est-à-dire la vie côte à côte des Européens et des indigènes.

Curieuse contradiction! Nous n'avons pas mis moins de vingt-sept ans à faire la conquête du pays; nous avons rencontré chez ses habitants une force extraordinaire de résistance, et ce fait n'a pas éveillé, chez les vainqueurs, cette idée qu'après la *conquête matérielle* du pays, ils devaient entreprendre la *conquête morale*; qu'après la *paix matérielle*, ils devaient faire la *paix civile*. Il est vrai que cette dernière est plus difficile à établir. Un peuple bien armé, bien commandé, persévérant dans ses entreprises, est certain de réduire, après un temps plus ou moins long, des tribus mal préparées à la résistance et dont les moyens de défense sont insuffisants; mais la *conquête morale* qui doit suivre et compléter la *conquête matérielle* est chose moins aisée. Elle exige, en effet, chez le vainqueur des qualités et une application particulières; il faut qu'il étudie et comprenne l'âme des vaincus, qu'il efface de leur esprit le ressentiment de la défaite et que, sans leur imposer le renoncement à leurs mœurs, ni des « progrès » qu'ils ne peuvent comprendre, il rende leur situation moins malheureuse et les amène peu à peu, d'abord à ne pas redouter, ensuite à apprécier la présence des vainqueurs.

Dire que pendant près de soixante ans, personne n'a songé en France à entreprendre la *conquête morale* des indigènes, à établir en Algérie la *paix civile*, ce serait exagéré. Le général Bugeaud, notamment, eut une vue très nette du problème qui se posait, et d'autre part, à l'époque même de la conquête, bien des hommes se rendirent compte de l'attachement des Arabes à leur religion et à leurs mœurs, ainsi que des profondes différences qui existaient entre Arabes et Kabyles. Mais un fait est certain : on n'a pas réfléchi à l'effet moral et matériel que pouvait avoir notre établissement au milieu d'eux, ni étudié et arrêté la politique qu'il convenait de suivre à leur égard. L'incertitude est à toutes les époques, dans tous les actes : à un moment, on veut « voir marcher de front la colonisation arabe et la colonisation européenne », ce qui, d'ailleurs, est une utopie; à un autre, on veut « refouler les indigènes », ce qui est une cruauté; plus tard, on paraît vouloir les « assimiler », ce qui témoigne d'une profonde ignorance de la race, de la religion et des mœurs.

Rappeler les principales fautes commises par la France en Algérie à l'égard des indigènes; montrer l'Européen et l'indigène vivant aujourd'hui côte à côte, sans se comprendre et dans une profonde mésintelligence; enfin, indiquer les traits principaux de la politique qu'il convient à la France d'adopter à l'égard des indigènes, tel est le plan de ce chapitre et du suivant.

Les horreurs et les cruautés de la guerre ont leurs excuses, cependant, il faut convenir que — pendant la grande guerre et plus tard pendant les insurrections — la France a trop fait sentir sa force aux vaincus. Il y a plus de soixante ans que les troupes françaises ont débarqué en Afrique; il y a trente-sept ans que la période des conquêtes est close; les combattants de la grande guerre sont morts, et cependant, peut-on dire que, dans tous les douars et villages, le souvenir est aujourd'hui perdu des razzias qui laissaient l'indigène sans blé, ni troupeaux? des villages brûlés, des arbres coupés, des confiscations qui obligeaient des tribus entières à s'expatrier [1]? Le général de Lamoricière, l'épée remise au fourreau, reconnaissait que, lui et ses compagnons d'armes avaient vu, dans les tribus, des ennemis à combattre, à dominer par la force, plus que des hommes à gagner, une société dont les intérêts étaient respectables. Cette opinion, exprimée dans une commission de la Chambre en 1848 n'était pas celle de tous. Beaucoup de gens pensaient alors que « sans violer les lois de la morale », nous pouvions « combattre nos ennemis africains par la poudre et le fer joints à la famine, les divisions intestines, la guerre entre les Arabes et les Kabyles, entre les tribus du Tell et du Sahara, par l'eau-de-vie, la corruption et la désorganisation » [2]. Le temps où l'on osait écrire de pareilles choses, est heureusement passé; mais n'est-il pas permis de dire, qu'à une époque bien proche de nous, la répression de l'insurrection de 1871 a été d'une extrême sévérité, terrible même? Les indigènes furent frappés d'une contribution de guerre, répartie en plusieurs annuités, de 36 582 298 francs; dans l'ensemble des pays soulevés 446 406 hectares estimés 18 696 093 francs furent confisqués et, parmi ces terres, les meilleures de la Kabylie, celles des vallées; enfin, ceux qui voulurent racheter leurs champs séquestrés durent payer une somme de 7 993 860 francs. Ce n'est pas tout encore, nous commîmes la faute d'envoyer les indigènes poursuivis pour les faits insurrectionnels, devant la cour d'assises, où siégeait un jury de colons, tous

---

1. Troupeaux enlevés à l'ennemi de 1830 à 1845 : 18 720 000 moutons, 3 604 000 bœufs, 917 000 dromadaires (d'après Reclus).
2. Bodichon, docteur-médecin à Alger : *Disparition des musulmans au contact des chrétiens.* — *Revue de l'Orient*, 1851.

plus ou moins atteints, directement ou indirectement par la guerre. Dans son livre sur l'insurrection de 1871, M. Rinn écrit : « La répression fut terrible et, pour beaucoup, hors de proportion avec la culpabilité »[1].

Nous ne demanderons pas si les mesures que nous rappelons étaient humaines, mais seulement si elles étaient habiles de la part d'un peuple qui ne songeait pas à repasser la mer après s'être vengé, dont l'intention était de rester dans le pays pour faire œuvre de colonisation ?

Il ne faut pas seulement dire la dureté des vainqueurs, la sévérité de la répression ; il faut aussi montrer que, pendant des années, au temps de l'administration militaire, les indigènes soumis furent souvent, ici administrés avec trop de sévérité, là sans conscience, ailleurs poussés à l'insurrection. Certes, il ne faut ni généraliser, ni rien exagérer ; mais bien que l'histoire des bureaux arabes n'ait pas encore été écrite, il est des faits qui sont connus et profondément regrettables. En 1851, le général Saint-Arnaud paraît au commandant Fleury l'homme qu'il faut pour servir les vues du Prince-Président ; aussitôt on fait naître des troubles sur les confins de la Kabylie, afin que le brigadier puisse conquérir les étoiles de divisionnaire et devenir possible au ministère de la guerre. En 1857, les débats qui s'engagent devant la cour d'assises d'Oran au sujet de l'assassinat de l'agha Ben Abdallah — c'est « l'affaire Doineau », — font connaître comment un capitaine de bureau arabe peut quelquefois rançonner les chefs indigènes, confisquer leurs silos, vivre grassement sur ses administrés. Le procès n'atteint qu'un officier ; mais on sent que, derrière lui, d'autres n'ont pas surveillé d'assez près et fait tout leur devoir. Plus tard, en 1864, l'insurrection des Oulad-Sidi-Cheikh a, en partie, sa cause dans la conduite imprudente des officiers français chargés de la surveillance et du haut contrôle de cette importante famille. Dira-t-on aussi les petites expéditions préparées par les officiers qui ambitionnaient des grades ou des croix ? Ce sont là choses connues. Il n'est évidemment pas besoin de remar-

---

1. Rinn, *Histoire de l'Insurrection de 1871*. Jourdan, éditeur, Alger.

quer que cette politique, par trop militaire, était loin de faire apprécier aux indigènes les « bienfaits » de la conquête française.

Une des conséquences de notre venue devait être évidemment l'expropriation des indigènes, au profit de la colonisation, d'une partie de leurs terres. C'était la loi du plus fort et, d'ailleurs, ne voulions-nous pas établir des Français sur la terre conquise? Mais cette expropriation s'est, hélas! pendant longtemps, pratiquée durement; on lui a donné un nom qu'elle méritait : « le refoulement ».

En 1847, le maréchal Bugeaud écrivait, entre deux expéditions : « Nous devons tendre par tous les moyens possibles à nous assimiler les Arabes, à modifier graduellement leurs mœurs. En leur rendant notre joug tolérable, nous affaiblirons beaucoup chez eux l'esprit de révolte. Pour atteindre notre but, il ne faut pas selon nous *les mettre dans une zone et nous dans une autre*.... Il nous paraît infiniment plus sage de *mêler les indigènes à notre société et de les faire jouir de tous les avantages qu'elle comporte*. C'est par le contact continuel que leurs mœurs se modifieront, qu'ils prendront d'autres habitudes agricoles; le goût de la propriété bâtie et des cultures sédentaires leur viendra par l'exemple.... D'après ces grandes considérations, *nous voudrions voir marcher de front la colonisation arabe et la colonisation européenne.* »

Il y avait dans ce programme élevé de la *conquête morale* une grande part d'illusions, mais il y avait aussi une profonde vérité, c'était qu'il ne fallait point, en établissant les colons, traiter les indigènes comme un peuple conquis, les éloigner brutalement des Européens. L'administration entra fort peu dans ces vues.

A mesure que l'élément européen se développait, les indigènes étaient renvoyés de l'héritage de leurs pères, des tribus entières transportées loin de la région qui était en quelque sorte leur patrie. En même temps, les bureaux arabes s'opposaient de toutes leurs forces à la fusion des indigènes et des Européens : quelques « familles » voulaient-elles se porter en territoire civil? le commandant du cercle les en empêchait; quelques colons témoignaient-ils l'intention de s'établir en « territoire militaire », dans le voisinage ou au sein des tribus? le même commandant se récriait et imaginait mille formalités ou restrictions [1].

Les résultats d'une pareille politique suivie pendant plus de trente ans ne pouvaient être douteux : ici, l'Arabe, incessamment refoulé, incertain de recueillir le fruit de son travail, d'ailleurs paresseux de nature, ne pouvait songer à mieux cultiver; là, privé des terres labourables de sa tribu, de la jouissance et même de l'accès des cours d'eaux, ne pouvant lutter contre la sécheresse, il recueillait à peine le blé suffisant à sa nourriture; partout enfin, ces mille souffrances entretenaient les haines de l'indigène contre le colon et creusaient, au lieu de le combler, le fossé déjà profond, qui sépare les deux races.

Le sénatus-consulte de 1863, qui déclara les tribus propriétaires des territoires dont elles avaient la jouissance, n'a pas mis fin au système du « refoulement », mais il l'a changé de forme et de nom. Aujourd'hui, il s'appelle le système de « l'expropriation pour cause d'utilité publique ». Chaque année, des commissions présidées par les administrateurs et composées d'agents spéciaux, pris dans les ponts et chaussées, le corps des géomètres-arpenteurs, et d'un représentant du Conseil général parcourent les territoires des communes mixtes et président au choix et à la délimitation des terrains, qui, par leur fertilité, leur salubrité et le voisinage de l'eau, leur paraissent le plus propres à l'établissement des centres européens. Le travail des commissions est soumis au gouverneur général, qui, se plaçant au point de vue des besoins de la « colonisation », arrête le programme des créations à faire. Celui-ci n'est exécuté que deux ans après. Cette période doit servir à rendre libres, par voie d'achat ou d'expropriation [2], les périmètres compris dans le plan d'ensemble, à préparer les lotissements, à doter les villages futurs des voies

---

1. Jules Duval, *loc. cit.*
2. En vertu de la loi du 16 juin 1851, un arrêté du gouverneur général remplace, en Algérie, le décret d'utilité publique exigé par la loi du 1ᵉʳ octobre 1844. Les indemnités à allouer aux individus expropriés sont fixées, non par un jury, mais par le tribunal, et payées après plusieurs années... lorsqu'elles le sont!

de communication et des installations des plus nécessaires, telles que distribution d'eau, maison d'école, mairie, église, et enfin, à donner à la campagne coloniale, qui va être entreprise, toute la publicité possible.

Deux traits essentiels caractérisent ce système : d'une part, il ne procure la terre aux colons qu'en l'ôtant aux indigènes; il constitue des cercles exclusivement européens d'où les indigènes sont écartés avec soin en tant que propriétaires [1]; d'une autre, il condamne à la misère l'indigène dépossédé. L'ancien propriétaire du sol reçoit, après l'avoir longtemps attendue, une indemnité en argent qui est fixée par les tribunaux; elle varie généralement de 50 à 60 francs par hectare. L'indigène se trouve donc échanger les 30 ou 40 hectares sur lesquels il vivait aisément avec sa famille contre une somme de 1 500 à 2 000 francs, c'est-à-dire qu'au lieu d'un fonds de terre suffisant à ses besoins pour toute sa vie, il n'a plus qu'un capital qu'il épuise en une ou deux années [2].

Un moment, les indigènes ont pu craindre, il y a une dizaine d'années, que le système ne leur fût appliqué en grand. Il s'agissait alors de leur acheter « par voie d'expropriation pour cause d'utilité publique », environ 300 000 hectares sur lesquels on aurait établi 38 600 colons amenés de France. C'est là le projet dit des « 50 millions », dont nous avons parlé plus haut [3]. Ses partisans s'étaient livrés à des calculs ingénieux : on ne prendrait, disaient-ils, que 8 ares à chaque indigène, il lui resterait ainsi — ce qui était bien suffisant — 4 hectares 29 ares. Un orateur [4] put heureusement démontrer à la Chambre, avec les chiffres mêmes de la statistique officielle, que ces allégations étaient inexactes : d'abord, les indigènes ne possédaient en moyenne, dans le périmètre du

---

[1]. En vertu de l'article 43 du décret du 30 septembre 1878, qui fixe le régime des concessions, il est interdit à tout individu, devenu propriétaire par voie d'attribution gratuite, de vendre ou céder sa concession, sous quelque forme que ce soit, aux indigènes non naturalisés, pendant une période de vingt ans si elle provient de lots de fermes, et de dix ans si elle provient de lots de villages. Ces délais partent du jour de la concession définitive.
[2]. Regnault, ancien directeur des affaires civiles en Algérie : *la Question algérienne*. Georges Jacob, imprimeur, Orléans.
[3]. Voir plus haut, liv. II, chap. I, p. 111.
[4]. Discours de M. Ballue. Séance du 27 décembre 1883.

territoire où l'on voulait concentrer la colonisation officielle, que 3 hectares 6 ares; ensuite, il résultait des tableaux annexés au programme de colonisation, que, sur un très grand nombre de points, on ne laisserait aux indigènes que 2 hectares, 1 hectare, 35 ares ou même « rien ou presque rien ». Après avoir cité ces chiffres, M. Ballue ajoutait : « Voici donc un Européen laborieux, disposant d'un outillage agricole meilleur, supérieur à celui des Arabes; vous reconnaissez que vous ne pouvez pas lui faire des conditions possibles d'existence en Algérie, à moins de mettre à sa disposition 10 hectares de terre — c'était le chiffre prévu dans le projet, — et aux indigènes, dont vous incriminez l'indolence, l'incurie, ne possédant que des outils rudimentaires, imparfaits, vous laissez par faveur grande, 4 hectares — je dis quatre, quoique ce ne soit pas exact, — et vous ajoutez : « Est-ce que cela causerait vraiment un dommage appréciable? Je soumets ces chiffres à vos réflexions [1]. »

Le projet des « 50 millions » fut heureusement repoussé, mais on peut se demander quels désespoirs son exécution aurait soulevés chez les indigènes « dépossédés », quelles haines mal éteintes il aurait pu rallumer!

Pendant les quelques années qui suivirent, le système de la colonisation officielle ordinaire, annuelle, c'est-à-dire de l'expropriation continua. C'est seulement vers 1888 que l'administration algérienne modifia, dans un sentiment de justice à l'égard des indigènes, les errements jusqu'alors suivis. Aujourd'hui, l'expropriation n'est plus la règle mais l'exception. On demande aux indigènes de consentir la vente de leurs terres et s'ils ne consentent point, on abandonne le

---

1. Le discours de M. Ballue contient d'autres chiffres qu'il est intéressant de relever : « J'ai recherché, disait-il, quelle superficie est occupée, dans le périmètre du territoire où vous voulez concentrer la colonisation officielle, par la population agricole européenne et par la population agricole indigène. Voici les chiffres : dans le département d'Alger, les Européens ont par tête — c'est une moyenne, bien entendu — 4 hectares 6 ares; les indigènes, 2 hectares 10 ares. Dans le département d'Oran, celui qui est dans les meilleures conditions, les Européens possèdent 6 hectares 6 ares par tête; les indigènes, 5 hectares 8 ares. Dans le département de Constantine, les Européens ont 15 hectares 3 ares; les indigènes, 2 hectares 2 ares. — Ainsi, en résumé, il y a par tête d'Européen, 8 hectares, et par tête d'indigène, 3 hectares 6 ares. »

projet de création de centre. Quelquefois cependant, l'administration poursuit ses projets, et récemment, on l'a vue exproprier des individus, de terres qu'ils détenaient, en compensation d'autres terres, dont ils avaient déjà été expropriés [1].

Le « refoulement des indigènes » nous conduit naturellement à l'examen d'une question fort grosse et qui est, en ce moment, l'objet des préoccupations de beaucoup d'esprits; il s'agit des forêts.

Comme l'administration a « refoulé » les indigènes des terrains de culture, elle les a refoulés des forêts et cela par l'application pure et simple, dans la colonie, du Code forestier de 1827 [2] fortifié, aggravé par des décrets et par une loi. Peut-on imaginer mesures moins étudiées, moins réfléchies?

Nous avons dit comment vivaient, au temps des Turcs, les indigènes du Tell et des Hauts Plateaux. Tous nomades et semi-nomades, à l'exception des populations voisines des villes et des Kabyles, ils étaient — et ils sont encore — plus des pasteurs que des agriculteurs; les bois et les forêts assuraient leur existence autant que les champs. Si le champ leur donnait quelques épis de blé ou d'orge, la forêt, dans toutes les saisons, mais surtout pendant les mois les plus chauds de l'été, nourrissait d'herbes fines, de buissons tendres leurs troupeaux de moutons et de chèvres; elle leur fournissait aussi le bois dont ils avaient besoin pour construire leurs gourbis ou pour se chauffer l'hiver.

En droit, les forêts appartenaient au « *Beylik* »; mais le « *Beylik* » faisait-il sur les forêts aucun acte de possession? On peut en douter; et d'ailleurs, une chose est certaine, c'est qu'il n'interdisait pas aux indigènes l'usage de la forêt. Après la conquête, les choses changent : les biens du « *Beylik* » deviennent biens du « Domaine »; le sénatus-consulte de 1863 consacre cet état de choses, et il devient de règle dans la colonie, qu'en Algérie comme en France le « Domaine »

---

[1]. Gourgeot, *les Sept plaies d'Algérie*. Fontana et Cie, éditeurs, Alger.
[2]. Il n'a jamais été fait une promulgation spéciale du Code forestier dans notre colonie. Il y est cependant en vigueur, en vertu de l'ordonnance de 1833 qui a déclaré applicables en Algérie, les lois générales de la métropole.

n'a pas à administrer la preuve que l'État est propriétaire des massifs forestiers; « c'est aux particuliers qui se prétendraient propriétaires, à contre-revendiquer et à introduire l'instance ». Ils doivent apporter, à l'appui de leur demande, des « titres probants ». Comment demander aux indigènes algériens des titres et des papiers semblables à ceux qu'aurait un citoyen français? Si l'administration forestière le veut, aucun indigène ne pourra être reconnu propriétaire d'un bouquet d'arbres ou d'un bois que, cependant, il possède et que ses pères ont tenu avant lui. Mais il y a plus : la loi du 9 décembre 1885 a aggravé le mal [1]. Lisez cette loi, elle est bien ordonnée, bien construite, elle rappelle et confirme certaines dispositions du Code forestier, elle prévoit une « enquête *de commodo et incommodo* », un droit de « recours au Conseil d'État »; c'est peut-être une loi parfaite pour les colons; mais que peuvent y comprendre les indigènes, sinon qu'elle les réduit à la misère, qu'elle les ruine? Voici l'article 5 : il dispose que « tout particulier, européen ou indigène, qui voudra exploiter un bois lui appartenant, devra en demander l'autorisation aux autorités compétentes ». L'article 6 « interdit au propriétaire lui-même, sous menace de l'application des peines prévues par le Code forestier, « l'exercice du pâturage » dans ses bois. Enfin, l'article 12 applique les dispositions du Code forestier relatives à l'exercice du pâturage aux propriétaires de bois et broussailles « se trouvant sur le sommet ou sur les pentes de montagnes et de coteaux ». Comment un indigène peut-il comprendre des dispositions aussi restrictives, appliquées sur une terre à lui? Comment lui interdit-on de faire paître, dans son bois, ses moutons et ses chèvres? — Il est vrai que l'indigène est bien plutôt « usager » dans les bois de l'État, que « propriétaire ». L'article 78 du Code forestier lui est alors applicable : « Il est défendu à tous usagers, nonobstant tous titres et possessions contraires, de conduire ou faire conduire des chèvres, brebis ou moutons dans les forêts ou sur les terrains qui en dépen-

---

1. Nous ne disons rien à cette place de la loi de 1874 relative aux incendies. Cette question sera traitée au chapitre suivant, à propos de la sécurité (voir p. 461).

dent », à peine d'une amende contre les propriétaires et les bergers.

Qu'est-il résulté d'une pareille législation? On le devine. Le service forestier étendant chaque année davantage son action, englobant dans le domaine de l'État de nouvelles parcelles, quelquefois de simples broussailles, la situation devient de plus en plus intolérable pour les indigènes. Voici un malheureux qui a pour tout bien, avec une terre infertile possédée en commun, quelques moutons et quelques chèvres. Dans la plaine, sur la colline, l'herbe manque pour nourrir ses bêtes; or elles sont sa vie, celle de ses enfants; il les pousse donc jusque sur la lisière de la forêt afin qu'elles puissent brouter les herbes et les buissons. Un garde passe, il dresse procès-verbal. L'amende est de 2 francs par mouton et de 4 francs par chèvre; c'est au total 20 ou 30 francs peut-être. Au premier procès-verbal, on ne réclamera au délinquant, à titre de transaction, que 1 ou 2 francs, mais à la récidive — et comment ne récidiverait-il pas? — l'amende entière sera due. Alors si l'indigène n'a pas d'argent pour payer, s'il tarde, on le saisira et on vendra son petit troupeau à la ville voisine. Certes le Code forestier aura été exécuté, la forêt défendue contre la dent des troupeaux, mais une famille malheureuse sera réduite à la misère, peut-être au brigandage. Et ce n'est pas un indigène qui a besoin de la forêt pour vivre, ce n'est point non plus 50 ou 100 familles, c'est une population de six à sept cent mille individus, plus peut-être, car partout où il y a des bois, Arabes, Berbères arabisés, Kabyles y viennent chercher une part de leur vie. Souvent les expropriations ou les confiscations leur ont pris leurs meilleures terres de culture; s'ils sont maintenant chassés de la forêt, grâce à laquelle ils ont du lait et de la viande, que leur restera-t-il?

Nous l'avons fait comprendre déjà, le service forestier est rigoureux; il applique la loi avec une sévérité qui serait justice en Normandie, dans les Vosges où les habitants ne vivent pas de la vie pastorale, mais qui est injuste, inhumaine dans les douars et les villages indigènes. Les gardes ne se bornent pas à saisir les délinquants sur le fait;

ils entrent dans les gourbis, sous la tente, pour voir s'il n'y a pas, dans un coin, du bois fraîchement coupé. Partout, ils dressent des procès-verbaux qui amènent infailliblement une condamnation. Nous disons « infailliblement », car le Code forestier et la loi de 1885 l'ont décidé : « il ne sera admis aucune preuve, outre ou contre le contenu de ces procès-verbaux », « ils feront foi jusqu'à preuve du contraire ».

Faut-il donner un chiffre? En 1890, il n'a pas été dressé moins de 10 894 procès-verbaux (presque tous contre les indigènes); 5 366 sont pour « pâturage », 2 788 pour « coupe et extraction de bois ». Le total des condamnations et transactions s'élève au chiffre énorme de 1 658 958 francs. Quel formidable impôt! Il est vrai qu'il est loin de rentrer entièrement, il est trop lourd et l'indigène trop pauvre; on n'a pu recouvrer que 196 235 francs. Faut-il ajouter que l'année 1890 est une année normale? En cinq ans, de 1886 à 1890, le service forestier n'a pas dressé moins de *cinquante-neuf mille cinq cent trente-six procès-verbaux* et l'on a fait rentrer dans les caisses du Trésor 1 290 441 francs. Dans les périodes précédentes les chiffres n'étaient pas moindres. Lorsqu'au chapitre du budget nous avons parlé des « impôts indigènes », nous aurions pu citer les amendes pour délits forestiers.

Depuis dix ans, le bétail des indigènes sédentaires établis près des forêts a décru rapidement. Bientôt il n'existera plus. Ici, la misère a réduit les populations au vol, au brigandage ou à l'incendie, — car, c'est un fait bien digne de remarque, le chiffre des incendies suit la même progression que celui des procès-verbaux [1]; ailleurs, elles sont irritées, prêtes peut-être à la révolte, si elles osaient; ailleurs encore, la souffrance

---

1.

	Procès-verbaux.	Incendies allumés.	Hectares brûlés.
1883	7 883	130	4 000
1885	11 319	285	51 500
1886	10 915	288	14 043
1887	15 101	395	53 700
1888	15 585	311	14 788
1889	13 806	309	17 807
1890	10 891	202	23 165

les fait suppliantes; elles disent dans une pétition au gouverneur général de l'Algérie : « Nous venons tous, grands et petits, à la seule exception de ceux qui ne peuvent marcher, vous porter nos plaintes, afin que vous fassiez cesser les injustices que nous subissons » [1].

Partout les indigènes crient : « Seigneur, délivrez-nous des *gardaouât* (gardes)! » partout les forêts flambent, partout le service forestier a « levé une armée de gueux et de désespérés, aux haines implacables » [2].

Faut-il tout dire? On se demande en Algérie, si la liberté laissée aux gardes forestiers de tolérer ou d'atténuer certains délits n'est pas particulièrement dangereuse; puis, chose plus grave, on ajoute que la moralité du personnel n'est pas toujours certaine, qu'ici, un agent a menacé d'un procès-verbal pour se faire offrir et que, plus loin, un autre a reçu pour déchirer un procès-verbal. De nombreuses révocations prouvent que toutes les accusations portées ne sont pas de pures calomnies. Enfin, autre fait du même genre, il est des villages où l'on montre à l'étranger un Européen qui se fait des revenus, en menaçant les indigènes qui l'avoisinent de procès-verbaux de pacage.

Nous venons de montrer le « refoulement » sous ses deux formes : la prise des terres par expropriation, l'application du Code forestier métropolitain, — et ces mesures poursuivies sans aucun souci des indigènes, comme s'ils comptaient pour rien.

Avons-nous tout dit? Non certes, car nous devons montrer maintenant l'administration s'occupant des indigènes, légiférant à leur intention. Mais d'abord elle s'en est occupée sans les connaître. Ces vaincus, chez qui nous nous établissions, étaient-ils un même peuple ou des races différentes? Nous ne nous le sommes point demandé. C'est ainsi que les différences si profondes, qui séparent les Berbères des Arabes, ont été longtemps méconnues par l'administration; aujourd'hui même, elle ne semble pas leur accorder tout l'intérêt qu'elles méritent.

---

1. Gourgeot, *loc. cit.*
2. Masqueray, *Journal des Débats*, 15 septembre 1892.

Au lendemain de la conquête de la Kabylie, le gouvernement général, méconnaissant les différences tranchées qui séparent le Kabyle de l'Arabe, prit quelques mesures, qui, si elles avaient réussi, auraient « arabisé » la Kabylie : les Kabyles, qui ne se conformaient pas à toutes les prescriptions de l'orthodoxie islamique, furent incités à une plus stricte observance ; on les engagea à construire des mosquées dans les villages qui en manquaient ; on leur en construisit même. D'autre part, dans ce pays de petites républiques indépendantes, l'autorité militaire constitua une administration *à l'arabe*, institua des bach-agha ou grands seigneurs indigènes [1].

Une pareille faute, mais dont les conséquences furent certainement plus graves, a été commise dans la région de l'Aurès. Lorsque furent soumis les Aurasiens, qui appartiennent à la race berbère et se sont conservés presque purs au milieu des tribus arabes, l'administration se crut en présence de populations semblables à celles qu'elle avait rencontrées dans la région du Tell ou sur les Hauts Plateaux et leur appliqua le même régime. C'est ainsi que l'on substitua ou que l'on superposa, aux institutions municipales et démocratiques des Berbères, la féodalité arabe incompatible avec leurs mœurs et leurs traditions. Le Koran remplaça en fait de Code civil, les vieux *kanoun* (coutumes) des villages, et les « cadis », la justice des *djemâa*. Lorsque l'on désira donner une loi aux Aurasiens, on choisit la loi musulmane dont ils s'étaient défaits ; quand on voulut entrer en relations avec eux, on leur parla la langue religieuse du Koran au lieu de leur parler leur langue. Il ne serait pas excessif de dire que nous avons « islamisé » l'Aurès. Ces erreurs eurent de tristes conséquences : les exactions des caïds — hommes étrangers, d'origine arabe — soulevèrent de nombreux mécontentements, des insurrections même, comme celle de 1879, et ainsi des populations de race berbère furent poussées vers l'Islam et les associations religieuses, par ceux mêmes qui avaient intérêt à les soustraire à ces influences [2].

1. F. Charveriat, *A travers la Kabylie et les questions kabyles*. Plon, éditeur, Paris.
2. Masqueray, *Études sur les Ouled-Daoud* (tribu de l'Aurès).

De même que nous n'avions pas cherché à distinguer les races, nous ne cherchâmes pas à nous rendre compte des idées, des mœurs ou des préjugés des indigènes et c'est ainsi que nous légiférâmes à contresens, sur la propriété individuelle, sur l'état civil, sur la justice.

Nous n'avons rien à ajouter ici à ce que nous avons dit plus haut [1] sur les lois de 1873 et de 1887 ayant pour objet la substitution de la propriété individuelle, telle que nous la concevons en Europe, à la propriété collective ou familiale, à laquelle les indigènes sont attachés depuis des siècles. On a vu les déplorables résultats qu'elles ont amenés, des familles privées de moyens d'existence, ruinées ou dépossédées ; on a vu l'inefficacité de la loi sur l'état civil des indigènes. Si nous avons déjà traité ces questions au lieu de les réserver pour le présent chapitre c'est que, d'après leurs auteurs, ces lois, véritablement faites pour les indigènes, l'étaient aussi en partie dans le but de faciliter l'établissement des colons, les transactions entre eux et les premiers propriétaires du sol.

Les lois et décrets relatifs à la justice indigène doivent être comptés au nombre de nos plus graves erreurs. A l'époque de la conquête, les indigènes ne connaissaient qu'un seul juge, le cadi, et ce juge statuait souverainement en toute matière, d'après les préceptes du Koran commentés par les docteurs et notamment par celui qui jouit, auprès des habitants du Maghreb, de la plus grande autorité, Sidi-Khelil. Pour tempérer l'insuffisance de garantie inséparable de l'institution d'un juge unique, on avait imaginé un mode de recours fort simple, qui consistait à en appeler de la sentence du cadi, au cadi lui-même mieux informé. Dans ce cas, le magistrat dont on critiquait la décision réunissait un conseil, appelé *medjelès*, composé d'un cadi du rite opposé au sien (hanéfite quand il était lui-même malekite et réciproquement) et de plusieurs *imam* et *tolba* (savants), dont il demandait l'avis. Il suivait ou ne suivait pas cet

---

1. Voir liv. II, chap. III.

avis et statuait. Dans quelques cas, le jugement du cadi était susceptible d'appel devant le dey d'Alger ou devant les beys.

Les tribunaux musulmans furent d'abord, en exécution de nos engagements de 1830 [1], maintenus dans la plénitude de leurs attributions. Nous nous bornâmes à faire à leur égard acte de souveraineté, en leur conférant l'investiture qu'ils tenaient auparavant de l'autorité turque. Bientôt cependant notre situation de « maîtres » nous fit l'obligation d'intervenir dans les matières pénales — 1832-1834, — et, quelques années après, l'ordonnance royale du 28 février 1841 enleva aux tribunaux indigènes la connaissance des infractions de droit commun pour donner aux tribunaux français, le droit de juger les crimes et délits d'après le Code pénal. C'était là une disposition rationnelle : en matière de police et de sûreté, les indigènes ne pouvaient demeurer en dehors de l'action de nos tribunaux. Toutefois, cette mesure devait avoir une conséquence regrettable ; dans les affaires criminelles les indigènes qui comparaissent devant la cour d'assises sont soumis à un jury de colons... et de juifs!

En matière civile, le législateur a procédé moins vite qu'en matière pénale. Les affaires entre Français et indigènes étaient portées devant nos tribunaux, devant nos juges ; que nous importait, dès lors, le règlement des affaires des indigènes entre eux? L'ordonnance de 1841, qui enlève aux tribunaux indigènes la connaissance des infractions de droit commun, dit : « Les cadis continueront à connaître, entre musulmans seulement, de toutes les affaires civiles et commerciales ». Toutefois, elle soumet leurs sentences à l'appel devant la cour d'Alger. Quelques mois après, les cadis furent placés sous la surveillance constante du procureur général (1842).

Douze ans plus tard, en 1854, alors que la pacification était presque complète, on crut pouvoir rendre à la justice

---

1. Le 5 juillet 1830, le général de Bourmont avait signé la capitulation d'Alger avant d'entrer dans la ville. Il y était dit : « L'exercice de la religion mahométane restera libre. La liberté des habitants de toutes les classes, leur religion, leurs propriétés, leur commerce et leur industrie ne recevront aucune atteinte. Leurs femmes seront respectées. Le général en chef en prend l'engagement sur l'honneur. »

musulmane, en matière civile et commerciale, sa pleine liberté. On se trompait. Un nouveau décret (31 décembre 1859) dut rétablir le droit de surveillance des autorités françaises et l'appel des jugements des cadis devant nos tribunaux. Quelques années après, le décret du 21 décembre 1866 fut rendu dans le même sens et reconnut, en outre, aux indigènes, parties dans un procès, le droit, s'ils le voulaient, d'abandonner la *mahakma* (prétoire) du cadi pour se présenter devant les magistrats français.

Sans entrer dans un examen détaillé de cette législation, il est permis de dire qu'elle méritait toute approbation : nous laissions aux musulmans leurs juges et nous nous bornions à leur offrir la faculté d'appel devant nos tribunaux ainsi que celle de s'adresser directement à eux. Mais, il y a moins de vingt ans, nous avons cru devoir entrer, au grand dommage des indigènes, dans une voie diamétralement opposée. Où est aujourd'hui le décret de 1866? Qu'en reste-t-il? Rien ou presque rien! C'est le décret du 27 août 1874, portant organisation de la justice en Kabylie, qui marque le premier pas dans la voie nouvelle, qui est la première erreur. Il est lui-même une suite directe, une conséquence de la répression de l'insurrection de 1871. Les Kabyles avaient conservé après 1857 leurs vieux usages judiciaires : la loi de chaque tribu était les *kanoun*; les *juges*, des arbitres ou la *djemâa*. On pensa, en 1874, qu'il convenait, pour mieux tenir les révoltés de la veille, de leur enlever leurs privilèges et de les soumettre à nos juges : le décret du 27 août substitue aux arbitres et aux *djemâa* des juges de paix français qui connaissent, entre les indigènes, en premier ou dernier ressort, des actions personnelles ou mobilières, civiles ou commerciales et de toutes les actions immobilières. Les tribunaux de Bougie et de Tizi-Ouzou sont tribunaux d'appel. Le décret dispose en outre — et il ne pouvait en être différemment — que le droit musulman ou les coutumes kabyles continueront à régler les conventions civiles ou commerciales et que c'est d'après leurs *kanoun* que les magistrats français devront juger les indigènes. Par une conséquence naturelle, les juges de paix et les tribunaux sont assistés d'un « assesseur » arabe ou kabyle, selon que le litige a lieu entre Arabes ou Kabyles. C'est la seule concession qui est faite aux indigènes. Enfin, la poursuite et la répression des délits et des crimes sont soumises, en Kabylie, aux mêmes règles que dans les autres territoires de l'Algérie.

L'installation des juges de paix au milieu des tribus kabyles devait certainement conduire les partisans, avoués ou non, de « l'assimilation », à souhaiter leur installation au milieu des tribus arabes. Le décret de 1874 était une menace pour le décret de 1866. On s'aperçut donc qu'il y avait beaucoup de reproches à faire à la justice des cadis : ils étaient ignorants, incapables d'appliquer leur propre loi, ils rendaient fréquemment des sentences contradictoires et ce qui est plus grave, ils étaient vénaux : tous à acheter, tous à vendre. On rappela les fables arabes, on raconta l'histoire du plaideur qui, exposant son affaire, lève l'index à la hauteur du visage pour dire au juge qu'il offre un *douro* (cinq francs), et de l'adversaire, qui présente à son tour, dans un geste analogue, l'index et le pouce pour faire comprendre qu'il donnera deux *douros*. Les faits de vénalité étaient, à la vérité, nombreux et tout porte à le croire, anciens, puisqu'ils étaient consacrés par des fables : les cadis acceptaient volontiers des présents des plaideurs et ceux-ci étaient tellement habitués à donner qu'un refus les aurait surpris. « Lorsque vous désirez que votre demande soit accomplie et traitée avec faveur, dit un proverbe, envoyez à cet effet un homme qui s'appelle M. Argent. » Le rapporteur du budget de l'Algérie pour 1877 constata dans son travail, qu'en cinq années, un procureur général d'Alger avait fait destituer 548 cadis. De pareils chiffres, de pareilles histoires ne devaient-elles pas révolter des « citoyens français » qui mettent au-dessus de toute chose « l'indépendance de la magistrature »? On ne se préoccupa donc pas de savoir le sentiment vrai des indigènes ; ici et là on recueillait, d'ailleurs, quelques plaintes ou des pétitions faites en vue de la suppression des *mahakma*. L'administration avait son siège fait : elle n'observa pas que ces juges, ignorants et vénaux, les indigènes les préféraient à tous autres, qu'en vingt ans de 1866 à 1886, il ne s'était pas trouvé deux Arabes pour porter leur litige, d'un commun accord, devant les tribunaux français. Le décret du 10 septembre 1886 intervint et annula presque entièrement l'action de la justice musulmane. C'est ainsi, qu'aujourd'hui dans toute l'Algérie — la Kabylie et le Mzab, qui est soumis au même régime, exceptés — sont observés deux décrets, celui du 10 septembre 1886 et celui du 17 avril 1889, qui reprend le premier presque en entier et le modifie seulement sur quelques points.

La caractéristique de ces deux décrets est de restreindre considérablement la compétence des cadis. Désormais leur juridiction n'est plus, entre musulmans, la juridiction de droit commun, mais la juridiction d'exception. C'est ainsi que les cadis sont dessaisis, au profit de nos juges de paix et de nos tribunaux d'arrondissement, d'une partie des affaires relatives aux questions immobilières[1] et d'un certain nombre de questions civiles et mobilières. Ils ne sont plus compétents qu'en ce qui concerne le statut personnel des indigènes, leurs successions, et ceux de leurs immeubles dont la propriété n'est pas établie conformément à la loi du 26 juillet 1873 ou par un titre français administratif, notarié ou judiciaire. Le décret du 17 avril 1889, en restreignant ainsi la compétence des cadis, ajoute toutefois, afin d'assurer aux indigènes les garanties qu'ils sont en droit de prétendre et aussi afin de respecter l'esprit de la capitulation d'Alger que, en matière personnelle et mobilière, le juge français tiendra compte, dans l'interprétation des conventions, dans l'appréciation des faits et dans l'admission de la preuve, des coutumes et usages des parties. On remarque qu'il n'est point question d'assesseurs musulmans; ils sont écartés comme inutiles et le décret de 1889 décide même que les assesseurs kabyles établis en vertu du décret de 1874 seront supprimés.

Les décrets de 1886 et de 1889 n'ont pas été rendus seule-

---

1. Il convient de noter à ce sujet que, tandis que le Koran et la *Sounna* règlent toutes les questions relatives aux personnes et à la transmission des biens et fixent les principes de la législation pénale, ils s'occupent beaucoup moins de la loi immobilière. Par suite les prescriptions de cette dernière, reposant pour la plupart sur *l'idjma*, n'ont pas un caractère aussi absolu que celles relatives au statut personnel, aux héritages, à la loi pénale.

ment dans la pensée de soustraire les indigènes à la vénalité des cadis, mais aussi, on a pu le voir déjà, dans l'idée de les arracher à leurs mœurs, à leurs lois, à leur société pour les entraîner vers nous. Ainsi les auteurs de ces décrets poursuivaient une « politique d'assimilation ». Il est vrai que le gouvernement s'était laissé prendre dans un engrenage : les Chambres avaient décidé par la loi du 26 juillet 1873, l'introduction chez les indigènes de la propriété individuelle; il fallait par une conséquence naturelle, logique, que les questions immobilières fussent enlevées aux cadis et confiées à nos tribunaux; et si une semblable mesure n'intervenait pas, nous étions exposés à « voir un titre français de propriété retomber dans le chaos de la propriété arabe à la suite d'un partage résultant d'un acte de cadi » [1].

Nous venons de rappeler la législation, il faut maintenant montrer ses effets. Il résulte du nouvel état des choses de profonds changements pour le justiciable et pour le juge. Le justiciable était habitué au cadi, homme de sa religion et de sa société, il le connaissait; le cadi, de son côté, connaissait les hommes et les choses, les habitudes, il était difficile de lui cacher la vérité; aussi, le plus souvent, sans délai de procédure, sans formalité, il rendait sa sentence. Il est vrai que les cadis n'étaient pas toujours suffisamment instruits, que bien souvent ils recevaient de l'une et de l'autre partie; mais ces choses avaient-elles l'importance que nous leur donnons, nous autres Européens? croit-on que le « sens moral » soit également développé chez tous les peuples? Les cadis, d'ailleurs, n'étaient point les magistrats de la « société française », mais de la « société arabe ».

Le juge français se trouve en présence d'un indigène qu'il ne connaît pas, dont il ne sait rien, ni la religion, ni les mœurs, ni l'état d'esprit, ni la conscience, ni même la langue[2]; lorsqu'il interroge un accusé ou un témoin le secours d'un interprète lui est nécessaire. Que lui dit cet interprète?

---

1. *Procès-verbaux des délibérations du Conseil supérieur.* Séance du 22 novembre 1886.
2. Pas un juge de paix ne parle arabe et seulement quatre juges touchent la prime pour la connaissance de la langue arabe.

Est-il sûr? digne de confiance? n'a-t-il rien accepté de l'indigène en cause? Quelquefois les prétentions des demandeurs paraissent au juge tout à fait extraordinaires, « contre les idées reçues ». Le plus souvent il s'embrouille, tâtonne, ou « expédie » l'affaire. Pense-t-on que l'indigène l'aidera, viendra à son secours? Non certes. Si le juge est toujours pour le coupable un homme dont il faut se méfier, qu'il faut tromper, cela n'est-il pas deux fois vrai, lorsque le juge est un chrétien et le justiciable un musulman? Les fonctions de cadi, d'ailleurs, « ne doivent être confiées, dit Sidi-Khelil, qu'à un individu ayant la qualité d'Adel, c'est-à-dire apte à témoigner, du sexe masculin, doué de sagacité. Pour qu'un homme soit habile et acceptable à témoigner, il faut : 1° qu'il jouisse de la liberté civile; 2° qu'il soit musulman. »

Le juge n'a donc, sur le justiciable, aucune autorité morale; aussi celui-ci ne craint-il ni de mentir, ni de prêter un faux serment, et les témoins font de même; quelquefois les uns et les autres ne craignent pas d'affirmer le contraire de la vérité sur une *kouba* sainte. Se parjurent-ils vraiment en mentant à un « roumi »?

S'il n'est pas certain que la justice soit toujours bien rendue, quelle que soit l'honnêteté de nos magistrats, il n'est douteux pour personne que la justice française est, pour les indigènes, fort lente et fort coûteuse. Le cadi, on l'a vu, jugeait vite et à peu de frais; le juge de paix juge lentement et à grands frais. Comment pourrait-il en être autrement? La lenteur d'abord. Le juge ignore le droit qu'il doit appliquer, les us et coutumes des populations. D'autre part, une justice de paix ordinaire d'Algérie est grande quelquefois comme la moitié d'un département français. Veut-on des chiffres? Le canton d'Aumale a 4 073 kilomètres carrés, avec une population de 66 700 habitants dont 65 000 indigènes; le canton de Bérouaghia a 4 570 kilomètres carrés, avec une population de 40 000 individus dont 39 000 indigènes; le canton de Bordj-bou-Arreridj a 5 629 kilomètres carrés avec une population de 72 000 individus dont 70 000 indigènes; un canton moyen a 800 à 900 kilomètres carrés et 50 à 40 000 habitants. Les distances que les indigènes doivent franchir pour se rendre devant les magistrats sont donc souvent considérables, et partant coûteuses, non qu'ils dépensent beaucoup en route, mais parce qu'ils quittent leurs tentes ou leurs gourbis. D'autre part, les juges de paix d'Algérie, dits « à compétence étendue », ont des attributions très vastes; ils ont juridiction civile et juridiction correctionnelle; juridiction sur les Européens et sur les indigènes; ils sont en outre chargés de l'instruction des affaires criminelles, ce qui leur impose souvent des transports de 100, 120 kilomètres et plus. Le résultat d'un pareil état de choses, on le devine : les affaires s'amassent, le juge de paix est accablé, ses suppléants ne suffisent pas à la besogne; tantôt il doit juger 60 affaires et plus en un jour, tantôt il doit remettre et remettre encore, parce que les témoins ne sont pas arrivés, les orages ayant rendu l'oued de la région infranchissable; tantôt, au moment de monter sur son siège, il doit partir pour faire l'instruction d'un assassinat dont la nouvelle vient de lui être portée[1]. C'est ainsi que des affaires de très minime importance traînent pendant un an et plus, qu'un indigène fait dix fois le voyage de chez lui à la justice de paix. Il est inutile de citer des faits, des chiffres; partout cette situation est la même, non pas exceptionnelle, mais normale. Pendant ces longs mois de retard, les intérêts demeurent lésés, souvent les frais courent, le gardien du séquestre, s'il y a séquestre, touche ses honoraires; c'est ainsi qu'après avoir signalé la lenteur de la justice, il faut dire sa cherté. Actuellement un jugement rendu par le juge de paix coûte 25 francs, un serment déféré 7 fr. 50 et des greffiers peu consciencieux peuvent le faire monter à 25 francs. Deux indigènes, qui ont à défendre en justice de paix 920 francs de grain contre les prétentions d'un tiers, dépensent en avocats et frais 570 francs, tandis que ce tiers lui-même dépensera 700 francs[2]; l'affaire, d'ailleurs, durera

1. Voici, pour une année, le relevé des affaires d'une justice de paix, d'étendue et de population moyennes : affaires civiles et commerciales, simple police, correctionnelle, conciliation, etc., 1 714; informations criminelles ou correctionnelles, 272; transports, 8.
2. Il est particulièrement curieux de noter, à ce propos, que le décret de

14 mois. Dans une autre localité le litige durera moins longtemps mais sa solution ne sera pas moins coûteuse : il s'agit d'un bourriquot d'une valeur de 30 francs ; les deux plaideurs doivent parcourir 40 kilomètres entre aller et retour pour chaque audience ; ci, pour trois audiences, 120 kilomètres et trois journées de perdues ; le coût des assignations aux témoins s'élève à 120 francs ; à cette somme il faut ajouter le prix du jugement. Voici un arrondissement où l'on a établi, il y a quelques années, un tribunal de 1re instance : auparavant, alors qu'il n'y avait dans la région que trois justices de paix, et qu'il fallait aller fort loin pour trouver le tribunal d'appel, les frais judiciaires atteignaient par an une soixantaine de mille francs ; dès la première année de fonctionnement du tribunal ils se sont élevés à 400 000 francs. On sera moins surpris de cette prodigieuse élévation des frais lorsque l'on saura qu'en Algérie les emplois de notaire, d'avoué, de greffier, d'huissier sont donnés par le gouvernement et qu'en outre on peut, dans ces carrières, « avancer » comme dans l'administration. L'idéal pour un notaire, un avoué, un greffier, un huissier est donc de faire rendre le plus possible à sa charge, sans souci de la ruine des plaideurs, puis d'obtenir de l'avancement pour aller poursuivre dans une région moins épuisée ou plus peuplée, sa lucrative carrière. Si l'on ajoute que l'indigène est généralement processif, que, lorsqu'il a engagé une affaire, il veut épuiser tous les degrés de juridiction, qu'il veut, même lorsqu'il n'en a pas besoin, ainsi que cela est en justice de paix, avoir son homme d'affaires ou son avocat (peut-être avec ses vieilles idées sur la vénalité de la justice, pense-t-il que par l'homme d'affaires il pourra

---

1889 a vainement fermé les prétoires des juges de paix aux avocats et hommes d'affaires dans l'intention d'éviter des frais aux indigènes.

Les parties doivent comparaître en personne à moins d'empêchement absolu, dit l'article 29. « Elles ne peuvent se faire représenter que, soit par un parent, soit par un notable de leur tribu justifiant par écrit de sa qualité de mandataire, soit par un *oukil* » (défenseur indigène). — Mais on comptait, d'une part, sans l'âpreté des avocats et hommes d'affaires qui cherchent partout des consultations à donner, des honoraires à percevoir, et, d'autre part, sans la naïveté, l'ignorance des indigènes. — Ils ne peuvent amener l'avocat au prétoire, mais ils demeurent libres de se rendre chez lui ; ils y vont et se laissent entraîner à des frais inutiles.

acheter le juge!), on comprendra comment dans des régions entières, des pauvres diables sont, chaque jour, ruinés par de méchants procès. Ainsi, de même que les indigènes payent, comme nous l'avons montré, « l'impôt de la forêt », ils payent « l'impôt de la procédure » et de même qu'ils disent : « Seigneur délivrez-nous des *gardaouât!* » il disent : « Seigneur, délivrez-nous des *huissis!* »

On vient de voir comment l'administration française, témoignant une profonde ignorance des idées et des mœurs des populations musulmanes, leur avait imposé en matière de forêts, de propriété et de justice, une législation diamétralement opposée à leur genre de vie. Il est encore une autre erreur qu'il nous faut signaler et qui a surtout sa cause dans la méconnaissance complète des prescriptions de la religion de Mahomet et des préjugés de ses fidèles.

Il y a plus de vingt ans qu'un décret du gouvernement de la Défense nationale, en date du 24 octobre 1870, a naturalisé en bloc tous les juifs indigènes d'Algérie. Ceux-ci méritaient-ils une semblable faveur? Des colons, des administrateurs qui vivaient à leurs côtés, des voyageurs qui les avaient observés, ne le pensèrent pas; il leur paraissait à tous que les juifs algériens étaient d'un niveau sensiblement inférieur à leurs coreligionnaires de France et ne pouvaient, en aucune manière, leur être comparés. Hommes à figure avide et piteuse, aux vêtements sordides, ils formaient sur la terre africaine une classe à part, âpre, malpropre, basse, à la fois tenace et craintive, qui, par aucun côté, n'était intéressante.

Les juifs algériens, d'ailleurs, et ceci témoigne qui ils étaient, n'avaient jamais montré à la France depuis son établissement, aucune sympathie, aucune affection; ils n'avaient pas non plus songé à réclamer le bénéfice de la naturalisation en vertu du sénatus-consulte de 1865. Enfin une chose était par-dessus tout certaine — et nous devions en tenir grand compte, — c'est que l'opinion des indigènes était loin de leur être favorable. Arabes et Kabyles méprisaient les juifs, à la fois pour leur religion et le métier que beaucoup d'entre eux exerçaient : « Tu reconnaîtras, dit le Koran, au chapitre v, que ceux qui nourrissent la haine la plus violente contre les fidèles, sont les juifs et les idolâtres ». Et ailleurs, chapitre ii : « Ceux qui avalent le produit de l'usure, se lèveront au jour de la résurrection comme celui que Satan a souillé de son contact ». Un proverbe ajoute : « Celui qui donne son argent à intérêt vaut moins qu'un chien ».

Avant notre occupation, les musulmans faisaient subir aux juifs de nombreuses humiliations : ainsi, ils étaient obligés de porter des vêtements de couleur noire, il ne leur était permis de sortir qu'avec des pantoufles dont le quartier devait être rabattu, ils ne pouvaient monter ni bête de selle ni bête de somme [1]. Depuis la conquête la haine des indigènes pour les juifs avait crû au lieu de disparaître. Ruinés par les anciennes razzias, le séquestre, la confiscation, le refoulement, les famines et les mauvaises récoltes, des milliers d'indigènes appartenant à toutes les classes sociales — le nomade et le sédentaire, le simple chef de famille aussi bien que le caïd, l'agha ou le bach-agha — avaient été obligés de s'adresser aux usuriers juifs qui leur imposaient les conditions les plus dures. Ceux-ci, armés de notre loi — presque aidés par elle,

---

1. Le général Daumas écrit au sujet des juifs :

« Avant l'arrivée des Français en Algérie, les israélites y vivaient dans un état d'abjection vraiment déplorable pour l'humanité : moyennant une capitation — *djeziya* — qu'ils étaient forcés de payer au gouvernement, ils avaient bien leurs synagogues, leurs cimetières, et ils pouvaient suivre librement leur religion ; mais, dans la pratique, on ne leur épargnait aucune espèce de vexation.

« Ils étaient contraints d'habiter un quartier isolé ; ils ne pouvaient jamais passer devant une mosquée ou devant une école où l'on récitait le Koran sans se déchausser, et, venaient-ils à rencontrer un musulman dans la rue, ils devaient lui céder la droite et passer à gauche.

« Le cheval leur était impitoyablement interdit ; ils ne pouvaient monter que sur des ânes ou sur des mulets, bâtés, mais jamais pourvus d'une selle.

« La calotte rouge (*chachiya*), le bernouss blanc et les draps de couleur éclatante, mais principalement ceux de couleur verte qui est celle des descendants du Prophète, leur étaient absolument défendus.

« On ne leur tolérait que le bernouss noir et les vêtements de couleur sombre ; d'un autre côté, leurs femmes ne pouvaient ni se voiler, ni porter aucun bijou approchant de ceux en usage chez les musulmans.

« Dans les provinces, quand les chefs israélites allaient payer le tribut, ils devaient, en le faisant, prendre une attitude suppliante et attendre ainsi un léger soufflet, ou, tout au moins, le simulacre d'un léger soufflet de la part du musulman collecteur de l'impôt.

« Dans les villes de l'intérieur, quand des criminels devaient subir le supplice de la pendaison, on prenait de force les deux premiers juifs que l'on

— étaient sans pitié, — et ils le sont encore. Les intérêts et les frais s'élèvent à 40, à 50, à 100 p. 0/0 et plus; si l'emprunteur ne peut s'acquitter à l'échéance et renouvelle sa dette, celle-ci s'augmente impitoyablement jusqu'au jour du jugement et de la saisie. Alors le malheureux débiteur, déjà à demi ruiné par le payement des intérêts et des acomptes, doit abandonner son champ, son chameau, son cheval, son bourriquot, ce qu'il possède enfin, et pour vivre, il doit s'engager chez un propriétaire en qualité de « khammès ».

Pourquoi la France naturalisa-t-elle des hommes flétris par le « Livre » et qui, en vivant de l'usure, maintenaient les croyants dans une grande misère?

Les indigènes ne le comprirent pas; ils ne le comprennent pas encore. Au lendemain du décret de 1870, un profond sentiment de mécontentement parcourut l'Algérie et il n'est pas douteux que la naturalisation en bloc des juifs favorisa la grande insurrection de 1871. Après le décret Crémieux, les plus modérés des indigènes disaient : « La France n'est plus rien puisqu'un juif la gouverne », et les fanatiques ajoutaient : « C'est là un signe certain que Dieu a aveuglé les Français, et que le jour marqué par lui pour leur départ et pour le triomphe de l'Islam est enfin arrivé. Que ceux qui comprennent se préparent donc à la Guerre Sainte! »

---

trouvait, et on les obligeait à remplir le rôle d'exécuteur des hautes œuvres. D'après les idées musulmanes, on reportait ainsi sur leurs têtes, l'horrible péché qui s'attache à quiconque donne la mort à son semblable.

« Mais le plus grand signe du mépris que les musulmans professaient pour les israélites, c'est celui-ci : quand l'un des membres de ce peuple entrait dans une maison turque ou mauresque, ou dans une tente arabe, les femmes, contrairement à leurs habitudes, pouvaient paraître devant lui la figure découverte. Pourquoi? Ce n'était pas un homme, c'était un juif; il partageait ce privilège avec les esclaves. » (*La Vie arabe*. Lévy, éditeur, Paris.)

CHAPITRE I

POLITIQUE SUIVIE A L'ÉGARD DES INDIGÈNES
LA SOCIÉTÉ INDIGÈNE APRÈS 60 ANS D'OCCUPATION

Deuxième partie.

Séparation profonde entre les deux races. — Le domestique français. — Le quartier indigène. — L'indigène se tient à l'écart. — La mosquée. — Promenade hors des villes. — Un marché arabe. — Un douar. — La veillée d'un village kabyle. — La vie indigène par toute l'Algérie. — Les « primitifs ». — La présence des Français n'a pas modifié le genre de vie des Arabes et des Kabyles. — Les transfuges. — Arabe et Chinois.
La race et la religion. — Effet de l'hérédité seule sur les indigènes d'Algérie. — La religion musulmane a parfait la race. — Les congrégations. — Elles se sont développées depuis la conquête. — L'ordre des Senoussya. — Sidi-Mohamed-el-Senoussi et Sidi-el-Mahedi. — Les doctrines de l'ordre. — Son rayonnement en Afrique. — Trois millions de sujets. — La *Zaouïa* de Djerboub. — Elle est reliée à tout l'empire par des courriers. — La politique des Senoussya. — Leurs progrès en Algérie. — Pourquoi nous ne pouvons les connaître exactement. — Les Senoussya en Tunisie, au Maroc, dans le Sud et jusqu'au Niger. — *Zaouïa* et *Khouan* dans nos trois provinces. — Les Senoussya sont pour nous un grand péril. — Les congrégations. — 170 000 *khouan* et *moqaddem*. — Les marabouts locaux hostiles.
La France est, du fait de la conquête de l'Algérie, entrée dans le monde musulman. — Relations entre toutes les congrégations. — Le pèlerinage de la Mekke. — Il réunit les fidèles. — Les progrès de l'Islam. — Ses routes en Afrique. — Il compte 200 millions de fidèles. — A-t-il un chef?. — Les musulmans doivent avoir un seul *imam*. — Les prétentions du Sultan de Constantinople. — Sa politique « panislamique ». — Dangers qu'elle fait prévoir. — Des rivalités diminuent toutefois ce danger. — Qui serait le chef du mouvement panislamique?
Après la grande guerre. — Les insurrections. — Les Oulad-Sidi-Cheikh en 1864. — Importance du soulèvement. — La lutte se continue jusqu'en 1871. — L'insurrection de Kabylie. — Mokrani et Cheikh-el-Haddad. — La « guerre sainte ». — 340 combats. — 200 000 combattants. — Bou-Amama. — Ses premiers succès. — Agitations et insurrections dans l'Afrique musulmane. — Arabi en Égypte. — Les Français en Tunisie. — Les intrigues

des Senoussya. — Nos avantages contre Bou-Amama et les Oulad-Sidi-Cheikh. — Rétablissement de la paix. — Bou-Amama dans le Sud. — En Égypte, la bataille de Tel-el-Kébir et l'insurrection du Mahedi. — Y a-t-il un lien entre ces faits?
Puissance que l'idée religieuse garde en Algérie. — Les mécontents politiques feront toujours appel à la religion. — Quels résultats obtenus en soixante ans? — L'autre face de la médaille. — Quelques effets heureux de notre venue. — Les indigènes travaillent. — Les grands chefs sont diminués. — Des indigènes ont combattu à nos côtés pendant l'insurrection de 1871. — Les Français toutefois n'ont pas pénétré les indigènes. — Aucune sympathie entre les deux races. — Les communes de plein exercice et les indigènes. — Une commune dépouillant un douar. — L'affaire du cadi de Miliana. — Les fonctionnaires ne parlent pas l'arabe. — Les indigènes sont plus malheureux aujourd'hui qu'avant notre venue. — Contact des « civilisés » et des « primitifs ». — Part de la fatalité. — Part des lois. — Le refoulement, les « khammès ». — Les ruines de la guerre. — Le renchérissement de la vie. — Les dépenses inutiles. — L'emprunt. — L'usurier. — La loi mobilise la propriété. — Elle crée les gardes forestiers et les huissiers. — Une population de meurt-de-faim. — Fuite en Tunisie. — État des Kabyles et des populations du Sud. — État général de mécontentement dans toutes les classes. — Ni les Arabes, ni les Kabyles ne sont ralliés. — La guerre est une perpétuelle menace.

La *conquête morale* des vaincus, l'établissement de la *paix civile* après la *paix matérielle* présentaient, on le voit, pour les vainqueurs, des difficultés considérables. La religion, les mœurs, les idées, tout enfin, mettaient entre les deux peuples de profondes et nombreuses différences. Pour les atténuer, les affaiblir, car on ne pouvait espérer les faire disparaître, il convenait, après avoir acquis la connaissance du monde nouveau dans lequel nous entrions, de tracer le programme à suivre à leur égard, puis d'en poursuivre longtemps, et avec patience, la réalisation.

La politique suivie, si tant est que l'on puisse se servir de ce terme, a été tout autre et les fautes, les erreurs que nous venons de rappeler, s'ajoutant aux obstacles naturels déjà existants, ont certainement creusé davantage le fossé qui séparait, dès les premiers jours, les Européens des indigènes.

Il suffit d'observer pour voir, pour comprendre. Déjà, en parcourant rapidement le pays pour juger de sa richesse, du progrès des cultures, de l'état de la colonisation, nous avons vu de la portière de notre wagon : ici, le village français desservi par une route ; là-bas, un amas de gourbis misérables, où conduit un mauvais sentier; ici, la vigne soignée, le champ bien labouré du colon; là-bas, la terre ingrate de l'indigène, qui ne promet qu'une médiocre récolte.

Observons de plus près : en Algérie et surtout dans la région du Tell, en « territoire civil », le Français est en France; il a apporté avec lui ses mœurs, son genre de vie, ses habitudes, ses préjugés, ses lois, ses passions, son administration même. On songe, en constatant ces faits, à la colonisation antique, qui amenait avec elle la cité tout entière, avec sa hiérarchie, ses formes, son personnel organisé. La lumière, les saisons, la végétation de l'Afrique ne sont point celles de l'Ile-de-France, de la Bretagne, ni même du Languedoc et de la Provence; cependant, si nous négligeons quelques détails, que le climat suffit à expliquer, nous retrouvons la vie française sur les rivages de l'Afrique septentrionale. A Alger, à Oran, à Constantine, à Philippeville, à Bône, dans toutes les villes enfin, on retrouve les hautes maisons parisiennes, les boutiques, les omnibus, les tramways, les affiches; aux portes de la ville, ce sont des maisons de campagne ou des villas semblables à celles de France. Voici le préfet, le sous-préfet, le conseiller général, le conseiller municipal, le journal, les discussions politiques. Ajoutons encore que cette France africaine ne vit pas seulement chez elle, d'une vie semblable à celle de la métropole, elle reste intimement liée à la mère patrie par ses sénateurs, ses députés, son administration, son budget. L'indigène, Arabe ou Berbère, n'a jamais été appelé dans ce groupe européen. Y serait-il venu? Non assurément; mais il n'est pas douteux que, si une politique autre que celle du « refoulement » et de la méconnaissance de ses mœurs et de ses lois avait prévalu, il n'aurait pas fui les vainqueurs autant qu'il le fait.

La première impression que reçoit le voyageur à son débarquement, c'est précisément la séparation profonde qui existe entre les deux races. Il sait, par ses voyages, ou par ses lectures, que les indigènes de l'Inde anglaise, ou des Indes néerlandaises vivent dans les villes à côté des vainqueurs et ne leur refusent pas leurs services; aussi est-il frappé, lorsqu'il constate à Alger, ou dans tout autre lieu, que les portefaix, les cochers, sont des Espagnols, des Maltais, des « mélangés », rarement de vrais Africains; que les domestiques dans les hôtels, dans les maisons particulières sont surtout des Français. Sur la place, il rencontrera à côté du colon habillé comme dans son pays, lisant son journal, ou assis sur la terrasse d'un café, le Kabyle avec sa tunique grise rayée de noir, sa calotte crasseuse; l'Arabe fièrement drapé dans un burnous en loques; le Maure avec le turban, la veste et le large pantalon bouffant qui s'arrête aux genoux; le juif avec un costume assez semblable à celui du Maure, mais moins soigné. Ceci est la rue, et l'indigène doit y passer, mais pour sa maison, elle n'est point adossée à la maison française. Chaque ville a son « quartier indigène » : les rues y sont étroites, tortueuses, glissantes; les maisons basses, fermées de lourdes portes à clous de fer; les boutiques, de petites logettes où l'artisan demeure accroupi tout le long du jour. — C'est l'heure du crépuscule, le voyageur pousse une porte, il traverse une petite cour dallée entourée de colonnes; au milieu, à côté d'un arbre, est une fontaine à l'eau murmurante, des indigènes y font leurs ablutions; au delà de la cour, est une grande salle blanche et nue, d'une blancheur de chaux fraîche si intense, que les derniers rayons du jour et la lueur indécise de quelques lampes suspendues aux voûtes, suffisent à l'éclairer tout entière; des nattes et des tapis couvrent le sol. Nous sommes dans la mosquée, à l'heure de la prière : toutes les places sont occupées; au fond dans une petite niche, le dos tourné aux fidèles, l'*imam* récite les phrases sacrées; derrière lui, les musulmans sont accroupis en rangs pressés; silencieux, attentifs, le chapelet aux doigts, ils écoutent la voix monotone du récitateur, puis, par instants, ils exécutent avec une précision mathématique, la même prosternation, en laissant tomber une parole de réponse. Aucun bruit ne saurait les distraire ou leur faire tourner la tête; leur recueillement est absolu et bien plus profond, plus saisissant, que celui de nos églises.

Toutefois, si l'on veut saisir la vie indigène, il faut quitter la ville, s'enfoncer dans la campagne, visiter la montagne et la plaine, les plateaux et le désert.

Non loin de la route, à mi-coteau, sur le fond vert d'une belle prairie semée de fleurs, voici un grouillement de burnous blancs et gris; des chevaux, des ânes, des mulets, puis de petites tentes blanches assez semblables à celles de nos soldats, et quelques paillotes faites de quatre pieux et d'un peu de roseaux. C'est un marché indigène; les Arabes sont 500, 800 ou plus; ici, empressés autour des marchands, ailleurs, réunis en petits groupes de causeurs. Un boucher a suspendu, à la plus forte branche d'un vieil arbre, de grands quartiers de viande ou des moutons entiers; il a dans les mains une petite hachette avec laquelle il taille aux acheteurs des morceaux de chair sanglante. Un peu plus loin, sont des marchands de grain, de laine, de barres de fer, de quincaillerie, de parfumerie, de boîtes d'allumettes, de petits miroirs et de pelotons de fil; ils se tiennent accroupis sous les tentes ou les paillotes, afin de se protéger contre le grand soleil; alentour sont les bêtes avec des entraves aux pieds. Mais un marché arabe est peut-être plus un lieu de réunion qu'un lieu d'affaires : sur les bancs de petits cafés maures ou à l'ombre d'un grand arbre, isolé dans cette plaine, sont des groupes de cinq ou six causeurs; lorsqu'un nouveau venu survient, avant de s'asseoir il donne à chacun le bonjour et baise l'épaule ou le front de ceux à qui il doit le respect, hommes de vieilles familles ou marabouts. Bien que les idées à échanger soient peu nombreuses, des causeries interminables s'engagent parmi les hommes assis en cercle; plusieurs, des vieillards surtout, ont à la main un chapelet et marmottent des prières en écoutant les récits. D'un bout à l'autre de la plaine ni grands cris, ni bousculades. Le marché durera ainsi jusqu'au soir, puis chacun se retirera, l'un à pied, l'autre sur son bourriquot, beaucoup avec l'intention de se retrouver ailleurs le lendemain ou le surlendemain, pour reprendre les mêmes causeries tranquilles et les mêmes rêveries.

Depuis plus de deux heures, le voyageur erre à l'aventure dans un pays vallonné, semé de pierres et de palmiers nains; il est dans une solitude sauvage, qu'aucun chemin ne sillonne, qu'aucune habitation n'anime; le soleil descend à l'horizon, éclairant de ses derniers rayons les lignes bleuâtres de montagnes éloignées. Tout à coup, derrière un pli de terrain, paraît un douar de vingt à vingt-cinq tentes disposées en cercle; elles sont faites d'une étoffe brune ou noirâtre, déchirée, salie, rapiécée, très basses et entourées d'une sorte de haie de buissons grisâtres; on ne peut imaginer de demeures plus misérables; à l'approche de l'étranger des chiens hurlent, quelques burnous gris se dressent, qui semblent se détacher de la terre. Sur la droite, à une faible distance, est le troupeau de toutes les familles menant la vie commune; un petit berger pousse des cris rauques pour éloigner un vautour qui plane et menace de fondre sur un agneau. Bientôt, il rentre, réunissant au centre du douar, dans la grande place vide tout à l'heure, les chevaux, les bourriquots, les moutons, afin qu'ils passent la nuit à l'abri des maraudeurs. Le chef vient saluer le voyageur; il lui présente quelques œufs, un morceau de viande bouillie; c'est tout ce que ces pauvres gens peuvent offrir. Si l'on soulève le coin d'une tente, on aperçoit les femmes, habillées de méchants morceaux d'étoffe et tenant dans leurs bras de petits enfants, puis, non loin d'elles, le dernier veau qui est venu au monde; il n'y a aucun meuble, sinon une grande caisse avec deux ou trois plats de bois et une amphore de terre grossière; le lit est une claie de roseaux, tenue par quatre pieux à 25 centimètres de la terre. Lorsque le *taleb*, qui instruit les enfants, aura récité la prière du soir, chacun dînera avec ce qu'il possède; l'Arabe est pauvre et sobre; si un jour de fête, il peut engloutir en quelques instants un gros plat de couscous ou un énorme morceau de mouton rôti, il se contente le plus souvent d'un morceau de galette dure, d'un peu de figues ou de dattes; il boit de l'eau ou du lait aigre. Dans sa tente il a une petite lampe, mais rarement il l'allume parce que l'huile est chère.

La lune sortie des nuages éclaire de sa clarté molle des montagnes arides, semées seulement de quelques pins et de buissons, — un monde qui semble mort. Sur un promontoire qui domine un torrent est un petit village kabyle; cinq ou six maisons au plus. Des chiens maigres, couchés le long des portes, poussent des hurlements lugubres; les femmes et les bestiaux sont enfermés pour la nuit; pour les hommes, ils se sont mis en cercle près de leurs demeures; accroupis, silencieux dans des poses de statues, ils regardent danser un jeune enfant qu'accompagnent les chants rauques et la musique monotone de son père. Un second enfant prendra la place du premier, puis un troisième; les burnous sombres demeureront immobiles, presque muets jusqu'à l'heure de la retraite. Ces hommes songent sans doute; mais à quoi? quelles idées peuvent hanter leur cerveau?

Aussi longtemps que marchera le voyageur, dans le Tell, sur les Hauts Plateaux, dans le Désert, de l'est à l'ouest et du nord au sud, il rencontrera les mêmes tableaux; partout il retrouvera la vie indigène telle que nos pères l'ont observée au temps de la conquête. Voici les Kabyles dans leurs montagnes, serrés les uns contre les autres comme des fourmis, habitant des maisons sans fenêtres, ayant un aspect sordide sous des vêtements graisseux; ailleurs, dans la région du Tell, les Arabes et les Berbères sédentaires ou semi-nomades, installés dans un repli de terrain ou sur le bord d'un ruisseau, vivant sous la tente ou le gourbi; plus loin, sont les Arabes et les Berbères « arabisés » des Hauts Plateaux, entourés de leurs troupeaux et promenant dans des espaces sans bornes, le mépris le plus complet de notre société; plus loin encore, c'est le désert, la vie tranquille dans les ksour ou les oasis à l'ombre des palmiers, ou la course dans l'immensité, ou encore la conduite de longues caravanes qui portent les marchandises, et vont jusque dans le Tell échanger des dattes pour des céréales. Partout ces hommes, serrés dans une longue chemise ficelée à la taille ou encapuchonnés dans de mauvais burnous, les pieds nus ou enveloppés de bandelettes de toile et de cuir, ont des figures indifférentes, indéchiffrables; jamais on ne peut lire sur les traits une expression de sympathie, quelquefois, on y surprend l'hostilité ou la haine. Il est impossible de ne pas songer à ce que que peuvent être les idées, les rêves, les préoccupations et les conversations de ces hommes, dont la vie est si simple, si tranquille, si « primitive ». Combien est restreint le cercle de leurs pensées, combien leurs préoccupations sont différentes de celles du paysan ou de l'ouvrier français! Nous notons les manifestations de la vie extérieure, nous observons les physionomies, les attitudes, les usages, les coutumes, les pratiques religieuses : le fond nous est impénétrable [1]!

Le caractère des indigènes n'a pas changé, Arabes et Kabyles continuent à ne point s'aimer; mais la présence du colon, ses idées, ses habitudes ne paraissent guère avoir eu plus d'influence sur les Kabyles que sur les Arabes. Chez les uns et les autres l'esprit guerrier et batailleur n'est pas éteint ni l'esprit de révolte; ils sont toujours inébranlablement attachés à leur religion, à leurs lois, à leurs coutumes, à leurs usages; ils ont résisté au « progrès » de la propriété individuelle, préférant la propriété collective ou familiale; ils ont conservé leurs vieilles conceptions de la famille, où la femme demeure un être inférieur, chargé des gros travaux, où la polygamie, la répudiation, le divorce sont admis à l'avantage de l'homme. Arabes et Kabyles ont d'ailleurs conservé leur statut personnel. Si nous leur avons imposé le Code pénal, en vertu du principe que les lois de police et de sûreté doivent être les mêmes pour tous ceux qui habitent un même territoire, nous avons, quant au reste, à peu près respecté leur droit et leurs coutumes, de telle sorte que c'est le droit musulman d'après Sidi Khelil, ce sont les *kanoun* kabyles que nos tribunaux appliquent chaque jour.

Où le jeune enfant fréquente-t-il? Il se rend à l'école, mais non à l'école française, il y en a fort peu, et d'ailleurs ses parents n'aiment pas à l'y envoyer; il va donc à l'école indigène, petite *zaouïa*, tenue par un *taleb*. C'est une humble maison du quartier de la ville ou, dans la campagne, un gourbi, une tente. Les enfants, assis par terre, lisent, récitent, copient le Koran. Le « Livre » de Mahomet, ou seulement quelques chapitres, c'est tout ce qu'ils apprendront; leur maître ne saurait leur enseigner davantage, et l'enfant

---

[1]. Les mêmes observations sont faites par un voyageur retour de l'Inde au sujet des populations indoues. André Chevrillon, *Dans l'Inde*; Hachette et Cie, éditeurs, Paris.

qui peut réciter les versets du prophète, du commencement à la fin, est apte à devenir *taleb*.

Ainsi, après soixante ans et plus d'occupation, l'indigène algérien continue à vivre comme si les Français n'étaient pas à son côté; jamais il ne les comprend, s'il peut il les ignore et les fuit. Le général Bugeaud, qui voulait « faire marcher de front la colonisation arabe et la colonisation européenne », eut l'idée de grouper les indigènes dans des villages construits pour eux, de leur donner des maisons; les Arabes quittèrent ces villages, ou mirent les troupeaux dans les maisons et couchèrent, en dehors, sous la tente. Aujourd'hui encore les indigènes ont une telle méfiance, qu'ils demeurent souvent prévenus contre ceux de leurs coreligionnaires, très rares d'ailleurs, qui vont faire leurs études dans les lycées français d'Alger ou de Constantine. On a vu, et l'on voit encore, des « transfuges » menacés par les habitants de leurs douars, pour cette seule raison qu'ils ne se plient plus aux mœurs, aux coutumes de leur pays natal; alors ils sont contraints de réclamer aux autorités françaises, protection pour leur vie. Un pareil fait est relaté dans les dépositions entendues par la commission d'études des questions algériennes [1]. A la lecture d'une semblable déposition, on vient à se souvenir des lignes suivantes écrites par le comte de Rochechouart, ancien ministre de France en Chine : « A Pékin, il existe un seul Chinois, qui nous invitait parfois à dîner, et il a par ce fait perdu toute la considération de ses voisins. Je me souviens qu'au moment du massacre de Tien-Tsin, il vint me faire une visite, et comme je le remerciais d'une démarche aussi hasardeuse pour un Asiatique : « Ne me remerciez pas, me dit-il d'un ton mélancolique, s'il vous arrivait malheur, je serais également tué. »

Quelles sont les causes de cette profonde et persistante séparation entre vainqueurs et vaincus? — C'est, avant même la dureté de la répression et nos fautes, la race et la religion.

1. *Commission d'études des questions algériennes,* dépositions. Imprimerie du Sénat.

La race est conservée, transmise avec ses caractères primitifs qui sont irréductibles, par l'hérédité, — loi biologique en vertu de laquelle tous les êtres doués de vie tendent à se répéter dans leurs descendants. Les indigènes d'aujourd'hui sont les descendants très directs des Numides, des Arabes conquérants du viie siècle, des Arabes barbares de l'invasion hilalienne, ou des colons et des cultivateurs de l'époque romaine. Aucun événement, aucun croisement, aucun contact, aucune éducation n'ont effleuré ces hommes depuis des siècles; aussi l'hérédité qui, agissant par voie d'accumulation, augmente en général l'intelligence à chaque génération [1] s'est-elle trouvée, en Afrique, agir seule sur des races abandonnées à elles-mêmes. Il en est résulté, ainsi qu'on le verra plus loin [2], que les descendants sont conduits fatalement à sentir et à penser comme leurs ancêtres.

Une religion doit, pour réussir, être adaptée au caractère du peuple à qui elle est apportée, et Mahomet a eu l'intuition très nette de cette vérité. D'autre part, elle peut, dans la suite, lorsque ses liens sont assez forts, assez nombreux et le peuple assez indolent, conserver ce peuple immobile et le maintenir en quelque sorte enfermé dans une gaine. C'est le phénomène que l'on observe chez les sectateurs de Mahomet et peut-être plus particulièrement chez les populations du Maghreb. La religion s'est attachée à la race, a fait corps avec elle; elle l'a fixée en dictant la loi, les usages, les mœurs, en emprisonnant l'esprit même. C'est la religion, nous l'avons déjà vu, qui unit les Kabyles et les Arabes et, d'une façon générale, toutes les populations de l'Algérie. Nous avons dit aussi que la société musulmane n'est pas une société civile, mais une société religieuse, que son droit et ses mœurs avaient leur source dans le Koran [3].

La religion de Mahomet nous est ennemie et — fait plus important encore — les musulmans ne cessent pas de croire et de pratiquer, dans un temps où chez nous les croyances disparaissent.

---

1. Ribot, *l'Hérédité psychologique*. Alcan, éditeur, Paris.
2. Chap. ii, p. 412.
3. Voir liv. I, chap. iii.

Une des choses qui frappe le plus le voyageur débarqué en Algérie, c'est assurément de voir, à côté des colons incrédules, une population de 3 millions et demi d'hommes sans un athée, observant rigoureusement les nombreuses pratiques de sa religion. A certaines heures de la journée, les croyants envahissent les mosquées, ou s'arrêtent sur leur chemin pour se prosterner dans la direction de la Mekke et prier le Dieu unique ; l'appel du *muezzin*, à la tombée de la nuit, est plus respecté que la cloche de l'angélus, et, chaque année, pendant le mois de Ramadan, les hommes, les femmes, les garçons à partir de quinze ans et les filles nubiles, restent le jour entier sans manger ni boire. Ce carême singulier, plus rigoureux que le nôtre, n'a point ses dispensés, et l'on voit ainsi un peuple tout entier demeurer l'estomac tiraillé, la gorge sèche, avec la prière sur les lèvres, depuis l'heure matinale où le soleil paraît, jusqu'à l'heure où l'œil ne distingue plus « un fil blanc d'un fil noir ». Ce terrible jeûne annuel, ces prosternations et ces prières répétées chaque jour avec une extraordinaire précision, témoignent, à n'en point douter, chez le plus grand nombre, d'une foi absolue, indiscutée, sauvage même, — et chez quelques autres, les esprits forts, la crainte de désobéir à des pratiques qu'ils voient si généralement suivies autour d'eux.

Mais l'observation de cette vie extérieure, de cette confession de foi publique, ne fait connaître qu'une partie de la vérité. Il y a, en effet, la religion secrète. On n'a point oublié que si les musulmans doivent dire tous les jours les cinq prières prescrites par le Koran, beaucoup récitent en outre, le chapelet aux mains, la prière de l'ordre auquel ils sont affiliés ; le *khouan* est maintenu par la récitation perpétuelle du *dikr* dans l'exaltation religieuse la plus intense ; il est dans les mains du *moqaddem* et du *cheikh* comme un cadavre dans les mains du laveur des morts.

Les congrégations religieuses étaient puissantes lors de notre venue ; elles ont, depuis, beaucoup progressé. L'administration connaît très imparfaitement le nombre des *khouan* ; elle est impuissante à empêcher la perception de la cotisation obligatoire due à l'ordre par chaque affilié, mais elle sait à peu près exactement le nombre des *moqaddem*; elle connaît les chefs d'ordres; elle sait l'influence considérable de ceux-ci sur les affiliés et aussi celle qu'exerce souvent chaque *khouan* sur ses coreligionnaires; elle sait aussi que les Kabyles, étrangers aux confréries avant la conquête, se sont depuis affiliés, et que dans toutes leurs tribus, la propagande a pris un rapide développement.

Un fait particulièrement grave s'est produit depuis la conquête, c'est la naissance d'un ordre nouveau dont les progrès ont été extrêmement rapides, l'ordre des *Senoussya*, fondé vers 1835 par Sidi Mohammed-Ben-Ali-es-Senoussi, originaire des environs de Mostaganem.

C'est après de longues années de méditations, d'études, dans diverses villes de l'Afrique du Nord et de l'Arabie et pendant un séjour à la Mekke, que Mohammed envoya ses premiers disciples en Arabie, en Egypte, en Tripolitaine pour fonder des *zaouïa*, propager la vérité nouvelle.

Le Senousisme [1] — quelques-uns disent « la religion senousienne », car le senousisme leur paraît une religion au même titre que d'autres cultes réformés, le luthéranisme par exemple — se distingue par son intransigeance et ses prétentions absolutistes. Ses règles principales sont les suivantes : le culte est réservé à *Dieu seul*, la vénération des « Saints » étant interdite; l'affilié respectera l'autorité du seul chef d'État musulman, qui réunit en sa personne les pouvoirs religieux et les pouvoirs politiques; ce chef (le Sultan) perd tout droit à l'obéissance de ses sujets et au respect des musulmans, le jour où il s'écarte des prescriptions de la loi religieuse telles que les a interprétées et développées la Confrérie, — c'est même un devoir de s'élever alors contre lui; il est défendu de parler à un chrétien ou à un juif, de le saluer, de faire commerce avec lui; enfin, si le juif ou le chrétien est affranchi du tribut aux musulmans, c'est-à-dire s'il jouit de son indépendance politique, il devient un ennemi

---

1. Rinn, *Marabouts et Khouan*, et Henri Duveyrier, *la Confrérie musulmane de Sidi Mohammed-Ben-Ali-es-Senoussi*. Bulletin de la Société de géographie de Paris, 2º trimestre, 1884.

que la loi autorise, bien plus, qu'elle recommande de piller et de tuer « là, où, comme et quand on peut ».

Sidi Mohammed-es-Senoussi étant mort en 1859, son fils Sidi Mohammed-el-Mahedi lui succéda. Né vers 1845, il doit avoir aujourd'hui 45 à 46 ans. Intelligent, fanatique, ayant voué, paraît-il, à la France une haine implacable, il a, par une politique habile, persévérante, augmenté le nombre de ses adeptes dans toutes les directions.

A l'heure présente, l'ordre des Senoussya est un puissant État religieux dont on rencontre les sujets à Constantinople, en Arabie et surtout en Afrique, de la vallée du Nil à celle du Sénégal. L'Egypte, la Tripolitaine, la Cyrénaïque, le Fezzan, le pays des Baélé et des Toubou, le Wadaï, la Tunisie, l'Algérie, le Maroc, le Sahara indépendant, Tombouctou, certaines régions du Sénégal et du Niger possèdent de nombreuses *zaouïa* dans lesquelles on enseigne les préceptes du sénousisme, et sont habités par des milliers de *moqaddem* et de *khouan*. M. Duveyrier croit rester dans les limites d'une estimation très inférieure à la réalité, en attribuant à la confrérie 1 500 000 sujets « écoutant ses ordres, quels qu'ils soient, travaillant pour elle » et payant l'impôt. Il ajoute que l'on peut même, sans risquer aucunement d'être taxé d'exagération, élever ce chiffre à 2 500 000 ou 3 000 000. Les « frères », malheureux fanatiques, êtres inconscients, qui récitent perpétuellement le *dikr*, sont aux mains de leurs *moqaddem* « comme des cadavres » toujours prêts à l'insurrection ou à l'assassinat. Chaque année ils viennent par milliers des régions les plus éloignées pour saluer Sidi el-Mahedi dans sa *zaouïa* de Djerboûb et lui offrir des présents. Arrivés là, ils ne songent pas à pousser leur pèlerinage jusqu'à la Mekke; car la grande *zaouïa* senousienne a remplacé pour eux l'ancien pôle du monde islamique.

Djerboûb est une oasis perdue dans le désert, sur la frontière d'Égypte et de Tripolitaine, à 240 kilomètres de la mer. Si Mohammed-es-Senoussi a voulu mettre le quartier général de l'ordre à l'abri de toute agression, soit des Turcs, soit des Egyptiens, soit d'une puissance européenne; la ceinture de déserts qui entoure Djerboûb forme une barrière infranchissable aux ennemis, et d'autre part, l'éloignement et l'isolement de la demeure du *cheikh* ajoutent au prestige et à la vénération dont il est entouré. Des canons, des fusils, un arsenal, une garde du corps de près de 3 000 fanatiques — hommes libres ou esclaves — défendent le Mahedi contre une attaque presque impossible; un service régulier de courriers à méhari ou à cheval porte ses ordres sur tous les points de l'empire. C'est ainsi que Djerboûb est relié à l'Égypte, à la Tripolitaine, à la Tunisie, à l'Algérie, au Maroc, au Fezzan, au Wadaï, au Darfour, au Soudan. Des *zaouïa* et des puits jalonnent les différentes routes, mais nul ne peut arriver à Djerboûb sans avoir été signalé longtemps à l'avance. La police des Senoussya est ainsi admirablement faite; leur chef sait toutes les nouvelles, est informé avec une extrême rapidité des mouvements qui se produisent sur un point quelconque de l'Afrique musulmane.

Une fois l'an, tous les *moqaddem* sont convoqués à un synode qui se tient à la *zaouïa* mère; on y examine la situation spirituelle et temporelle de l'association, on y discute la politique qui doit être suivie pendant le prochain exercice.

Cette politique est particulièrement habile. Deux de ses traits principaux doivent être indiqués. Les maîtres de Djerboûb s'efforcent, d'une part, de pacifier le désert, de rendre à ses routes la sécurité nécessaire au commerce. Sans s'imposer, ils acceptent, recherchent le rôle de médiateur dès qu'il s'agit de lutter contre l'anarchie politique, sous quelque forme qu'elle se manifeste. D'autre part, ils tendent sans cesse à s'assimiler les nombreuses associations musulmanes issues des mêmes principes religieux que la leur; ils admettent comme adeptes les *khouan* de tous les ordres ayant un nom dans l'Islam, tolèrent leurs pratiques, les déclarent même conformes à leurs propres doctrines, exigeant seulement d'eux qu'ils restent fidèles à la loi, à la tradition sunnite. C'est ainsi que huit à dix congrégations, dont quelques-unes sont établies en Algérie et en Tunisie, subissent plus ou moins le joug intellectuel des Senoussya et conforment, chaque jour davantage, leur ligne de conduite politique aux vues de

Sidi Mohammed-el-Mahedi[1]. Il paraît, en outre, qu'en 1886 ou 1887, les Oulad-Sidi-Cheikh se sont rangés au nombre de ses adhérents religieux. Si nous écrivons « il paraît », si nous notons aussi que les hommes les plus au courant du mouvement senousien hésitent à classer un ordre parmi les adhérents, c'est que la politique religieuse d'El-Mahedi nous est, à nous « Infidèles », à nous « ennemis », soigneusement cachée. Comment pourrions-nous la connaître? Quel musulman, quel affilié, s'ouvrira à nous de ces choses? Nous savons que des émissaires, charbonniers, colporteurs, rebouteux, *tebib* (médecins), sillonnent notre colonie recrutant partout des « adeptes », du sud au nord; mais en Kabylie comme en pays arabe, la seule affiliation qu'aucun musulman n'avoue est le Senousisme, car si toutes les sectes religieuses sont opposées à « l'infidèle », celle des Senoussya est tout particulièrement l'ennemie déclarée des Français et de leur domination.

Jusqu'à ce jour, Sidi Mohammed-el-Mahedi a suivi une politique de paix. L'étendue de son empire, le nombre de ses sujets, l'interprétation d'une vieille prophétie musulmane qui annonçait la venue d'un *Mahedi* pour le premier jour du mois de Moharrem de l'an 1300 de l'Hégire (12 novembre 1882) ne l'ont pas encore déterminé à lancer un mot d'ordre incendiaire qui eût trouvé des échos dans la moitié du monde de l'Islam. C'est ainsi que les Anglais ont eu la bonne fortune de ne pas voir les Senoussya se déclarer contre eux en Égypte; le *cheikh* enjoignit même à « tous les musulmans de ne pas prêter leur concours au prétendu *Mahedi* qui n'est qu'un imposteur et un menteur ». Pour les sultans de Constantinople, ils ont entretenu avec Sidi es-Senousi et Sidi Mohammed-el-Mahedi des relations empreintes d'un caractère différent, suivant les époques; tantôt, l'empereur des

---

1. M. Duveyrier cite, parmi les congrégations qui se soumettent à la direction de la confrérie, les Chadelya-Derqaoua, les Aissaoua, les Cheikhya, les Madanya et, « paraîtrait-il aussi », les Tidjanya. Si ce dernier fait était exact, il faudrait cesser de compter les Tidjanya parmi les associations favorables à la France, mais il ne l'est, paraît-il, pas. Il est aussi à remarquer que M. Duveyrier indique les Aissaoua parmi les congrégations qui conforment leur ligne de conduite aux vues de Sidi Mohammed-el-Mahedi, alors que M. Rinn les compte parmi les ordres favorables.

Osmanlis comble d'honneurs le chef de l'association, le traite comme une puissance, et lui demande des services; tantôt, il est mal avec lui, et il sait alors qu'il ne doit pas compter sur l'appui de ses khouan [1]. La France est jusqu'ici la seule nation qui ait été réellement combattue par les Senoussya; elle a eu des preuves manifestes de leur hostilité. En 1841, Sidi es-Senoussi fait une opposition furieuse à l'approbation, par divers grands personnages religieux de l'Islam, de la *fettoua* (consultation religieuse) que M. Léon Roches était allé solliciter à Kairouan dans le but de calmer le fanatisme des populations en Algérie [2]; en 1852, les troupes françaises prennent Laghouat sur les musulmans fanatisés par un émissaire de Sidi es-Senoussi; en 1879, 1880, 1881, on retrouve la main de son fils dans les révoltes des Oulad-Sidi-Cheikh; en 1880, celui-ci favorise les complots antifrançais qui se nouent dans l'entourage du bey de Tunis; en 1881, il excite les Tunisiens à la résistance et accueille les dissidents qui passent en Tripolitaine; en 1886, il encourage — on est du moins autorisé à le croire — l'insurrection de Mahmadou Lamine au Sénégal; enfin, nos explorateurs assassinés, Dournaux-Duperré en 1874 sur la route de Ghadamès, Flatters en 1881 à Bir-Gharama, Palat en 1886 dans le Touat, Camille Douls en 1889 près d'Agabli, sont des victimes des Touareg qui, depuis longtemps, suivent les directions des Senoussya.

Il ne faut certes rien exagérer et on risquerait de se tromper, en voulant voir dans tous les assassinats, dans toutes les difficultés que nous avons avec les populations du sud de l'Algérie ou du Maroc, la trace certaine des intrigues senousiennes. Cependant le travail publié par M. Duveyrier, et qui a déjà huit années de date, les représente comme établis

---

1. Cette mobilité dans le caractère des relations existant entre le sultan et le *cheikh* des Senoussya est très digne de remarque. Elle accuse l'intransigeance des Senoussya, qui reprochent au souverain régnant à Constantinople ses relations avec les puissances catholiques. Sidi Mohammed-el-Mahedi se plaît d'ailleurs à répéter ce mot d'un fanatique, dont il fera peut-être un jour son cri de guerre : « Turcs et chrétiens se valent, brisons-les d'un seul coup. »
2. Voir plus loin, p. 476.

dès cette époque autour de l'Algérie et dans la colonie même. Ils sont en Tunisie, ils sont au Maroc; un groupe est dans l'oasis de Figuig, un autre au Tafilet; le Touat et In-Çâlah ont chacun une *zaouïa*; les Oulad-Sidi-Cheikh et les Touareg Ahaggar sont senousisés; les Touareg Azdjer paraissent ralliés dans une certaine mesure; des tribus qui vivent sur les rives du Niger sont attaquées par le Senousisme; Tombouctou possède une *zaouïa*. Dans notre colonie même, la province d'Oran est la plus atteinte, on y compte cinq couvents senousiens et plusieurs tribus subissent leur influence; dans les provinces d'Alger et de Constantine, dans la Kabylie, l'ordre possède des *zaouïa* et compte des affiliés. Il est impossible de ne pas reconnaître que les principes « intransigeants » de la nouvelle confrérie, ses prétentions de ramener les Musulmans aux pures doctrines de l'Islam primitif, ses progrès continus sont un danger certain pour la civilisation et particulièrement pour la France établie en Algérie, en Tunisie, au Sénégal et sur le Niger. On a pu dire avec raison que les émissaires des Senoussya étaient nos pires ennemis. Ce qui surtout doit nous préoccuper, c'est le fait que nous avons signalé plus haut, à savoir, l'éclectisme habile qui permet aux Senoussya de nouer des relations avec les congrégations religieuses établies dans notre colonie au point de prendre sur elles une influence directrice. Ces congrégations sont déjà, sans qu'aucun ordre nouveau, plus jeune, plus fanatique, ne vienne les encourager, suffisamment dangereuses.

En 1884, on dénombrait, en effet, en Algérie, d'après les documents publiés par M. Rinn (mais ces chiffres sont approximatifs et certainement inférieurs à la réalité), seize congrégations possédant 355 *zaouïa* importantes et comptant près de 169 000 *khouan* ou *moqaddem* pour une population évaluée à 2 842 000 âmes [1]. Plusieurs de ces ordres étendaient

[1]. Les ordres les plus puissants sont : les Rahmanya (96 916 affiliés), les Taïbya (16 045), les Qadrya (14 842), les Tidjanya (11 182), les Chadelya-Derqaoua (10 252), les Hansalya (3 048), les Aïssaoua (3 116).
Les Rahmanya et les Chadelya-Derqaoua sont les deux ordres que nous avons le plus frappés, parce que ce sont eux qui ont paru fournir jusqu'ici le plus d'inspirateurs ou de combattants aux insurrections. Au contraire, les Tidjanya, les Aïssaoua et les Hansalya jouissent de notre bienveillance, leurs chefs nous ayant rendu des services (Rinn).

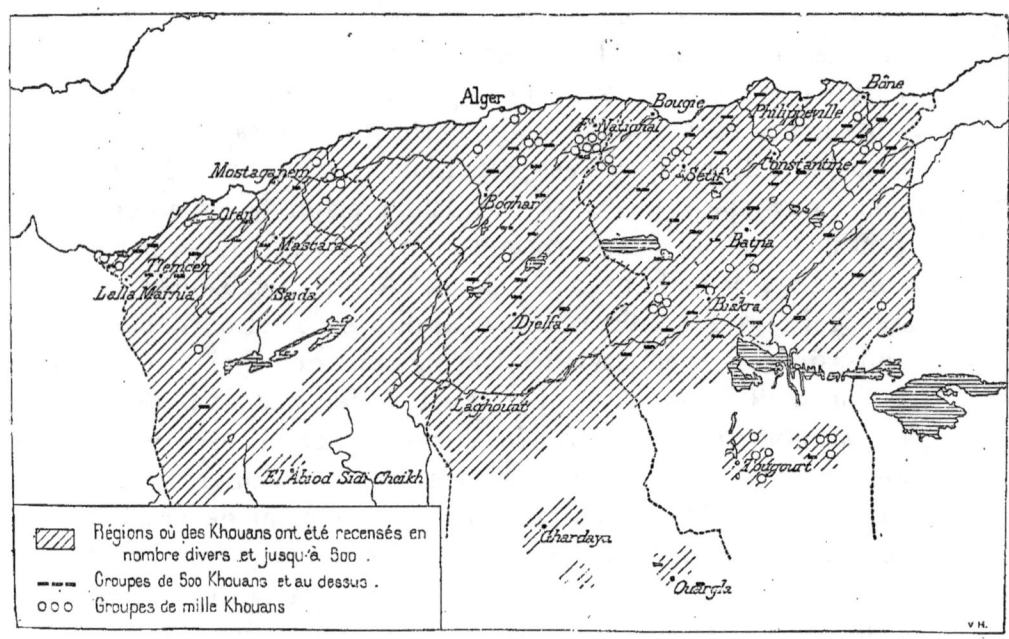

Les congrégations musulmanes d'Algérie (d'après la carte jointe à l'ouvrage de M. Rinn).

leur cercle d'action en Tunisie [1]. Après avoir donné ces chiffres, M. Rinn ajoutait que les musulmans, séduits par la force considérable et l'influence que l'union donne aux *khouan*, ne cessent pas de s'affilier aux congrégations. Les danses, musiques, jongleries et autres manifestations extérieures de quelques ordres religieux ne les choquent en rien et ils ne sauraient mettre en doute leur saint caractère.

Avec les congrégations et les *khouan*, il eût fallu recenser les marabouts locaux qui dans les trois provinces nous sont hostiles. Tous les marabouts, certes, ne sont pas ennemis, mais combien le sont! En pays arabe comme en pays kabyle, en pays de montagne comme en pays de plaine, il est dans la campagne, ici une *kouba* blanche, ailleurs un simple gourbi. Ne passez pas indifférent, c'est la demeure d'un marabout fanatique, ennemi des « roumis »; quelquefois il tient une école; les habitants de la région le viennent voir, le consultent, subissent son influence; elle est quelquefois notable.

Si l'on songe que le chiffre de 169 000 *khouan* représente seulement les *khouan* recensés, connus; qu'il faut y ajouter les *khouan* non recensés, inconnus, les femmes « *khouatat* » (certains ordres admettent les femmes), les serviteurs religieux, les enfants adultes, les parents, les amis et clients qui subissent l'influence de chaque *khouan*, puis les marabouts et ceux qui suivent leurs directions, si l'on songe, enfin, que tout vrai croyant, même non affilié, est bien vite fanatisé par les prédications des fauteurs de troubles, on n'hésitera pas à reconnaître que la France a établi sa domination sur des peuples pour qui la religion est une force considérable, un levier plus puissant peut-être que ne le serait le sentiment patriotique. Encore convient-il d'ajouter que les chefs de ces congrégations puissantes, ces maîtres des pauvres *khouan* abrutis par la récitation perpétuelle du *dikr* sont des hommes de

---

[1]. Il n'est pas besoin de rappeler que les congrégations religieuses musulmanes sont répandues en Tunisie comme en Algérie, comme dans toutes les parties du monde musulman. Kairouan est d'ailleurs une des grandes villes saintes de l'Islam, une « des quatre portes du Paradis »; « sept jours à Kairouan valent un jour à la Mekke ». Les congrégations les plus puissantes établies en Tunisie sont celles des Aïssaoua, des Tidjanya et des Ghilanya.

valeur. Nous avons vu plus haut, qu'au temps de la conquête, MM. de Neveu et Roches signalaient l'intelligence et la supériorité des chefs des congrégations. Aujourd'hui M. Rinn juge de même leurs successeurs : « En Algérie, écrit-il, leur correspondance politique avec l'autorité française est tout à fait remarquable et il est peu de chancelleries européennes qui aient des rédacteurs plus habiles dans l'art de tout dire et surtout de tout cacher sous des phrases polies, correctes et parlementaires ».

Il faut d'ailleurs voir plus loin, par delà nos frontières. On peut évaluer au nombre d'environ quatre-vingt-dix les associations religieuses répandues dans tous les pays musulmans; elles ont derrière elles la masse des vrais croyants; elles sont en perpétuelles relations les unes avec les autres. Sous prétexte d'apostolat, de charité, de pèlerinage et de discipline monacale, leurs innombrables agents parcourent ce monde de l'Islam, qui n'a ni frontières ni patrie, et maintiennent en communication permanente, la Mekke, Djerboûb, Stamboul, ou Bagdad avec Fez, Tombouctou, Alger, le Caire, Khartoum, Zanzibar, Calcutta et Java. C'est ainsi que la nouvelle du moindre soulèvement contre les chrétiens est portée aussitôt dans mille directions avec rapidité; que partout, elle fait tressaillir le fanatisme ignorant des populations musulmanes, et que l'annonce du moindre succès, d'un engagement heureux pour les sectateurs de Mahomet, sur un point de leur empire, peut soulever des provinces entières contre la civilisation.

Les perpétuels voyages des agents des congrégations ne forment pas le seul lien qui existe entre tous les musulmans. Le pèlerinage annuel de la Mekke est pour les fidèles une occasion de rencontre, d'entente, et, plus tard, il devient, pour ceux qui l'ont accompli, le sujet de longs récits; il est l'époque la plus importante de leur vie religieuse. Chaque année, à l'époque du pèlerinage, la ville sainte de l'Islam reçoit environ 120 000 pèlerins venus d'Europe, d'Asie et d'Afrique. On doit évaluer entre 2 500 et 3 000 le nombre des indigènes algériens qui s'embarquent, peu de temps après le Ramadan, pour faire le pieux voyage. Ils rencontreront à la Mekke des

« frères » qui ont librement quitté la colonie ou que nous en avons chassés, des combattants de l'insurrection de Kabylie qui ont pu s'échapper de la Nouvelle-Calédonie; ils pourront voir les *cheurfa*, les chefs d'ordres et d'autres grands personnages religieux de la cité sainte [1]. Partout ils entendront manifester des sentiments hostiles à la France.

Depuis 1830 ou 1850, la société musulmane n'a pas diminué d'importance; bien au contraire, elle a grandi. Elle compte peut-être aujourd'hui 200 millions de fidèles; ses progrès en Asie sont certains; on a recensé 56 millions de musulmans dans l'Inde, 20 millions en Chine; ses progrès en Afrique sont peut-être plus considérables encore, grâce surtout aux Senoussya. Elle se répand dans le « noir continent » par trois courants principaux : le premier a son origine dans le bassin supérieur du Nil, il se confond avec le second qui vient de Zanzibar pour s'infléchir vers la région du Congo; le troisième correspond au bassin du Niger supérieur et inférieur [2]. — On a rencontré des musulmans jusque dans la colonie du Cap.

La France en s'établissant en Algérie, puis en Tunisie est entrée, on le comprend, dans le monde islamique; ni ses progrès, ni ses intrigues, ni ses espérances ne peuvent la laisser indifférente. Cette société musulmane qui ne cesse de grandir, ce monde musulman au milieu duquel nous sommes établis ont-ils un chef? La religion l'enseigne. Les musulmans

---

[1]. L'état-major religieux de la Mekke est constitué par les *Cheurfa*, qui ont à leur tête le Grand Cherif. Après les *Cheurfa* sont les quatre *imam* et les *mofti* des rites orthodoxes, puis les *ulémas* ou professeurs de la grande mosquée Haram, qui sont au nombre de 50 ou 60, et les *cheikh* de plusieurs ordres.

Un professeur hollandais qui a eu, il y a quelques années, la très rare fortune pour un Européen d'entrer dans la Mekke et d'y séjourner, le Dr C. Snouck Hurgronje, raconte dans son ouvrage *Mekka* (Nyhoff, éditeur, la Haye) que les rapports sont délicats, et souvent tendus, entre le Grand Cherif et le *wali* ou gouverneur turc. Si le Grand Cherif ne veut pas « dormir à l'ombre des Turcs » il prétend, en vertu de la tradition, à la souveraineté sur une partie du pays et considère que le Sultan de Constantinople met à sa disposition le *wali* et la garnison. Si, d'autre part, le gouverneur prétend défendre les droits de son maître il considère, s'appuyant lui aussi sur la tradition, le Grand Cherif comme un auxiliaire du prince des Croyants; alors il ne le consulte qu'à son gré, et retient, avec le commandement de la garnison, celui de la garde même du Cherif.

[2]. Le Chatelier, *les Musulmans au XIXe siècle*, *Revue scientifique*, novembre 1887 et numéros suivants.

ne peuvent avoir qu'un seul *imam* ou *khalife*, qui est le lieutenant de Dieu sur la terre [1].

Trois princes revendiquent ensemble ce titre et ce rôle : le sultan de Constantinople, le sultan du Maroc et l'émir de Bokhara. Bien que discutée par les Arabes ou niée par les Marocains et par quelques groupes de fidèles, la suprématie religieuse du sultan de Constantinople est reconnue dans presque toutes les parties du monde musulman : en Afrique, dans l'Inde, dans le Turkestan, en Chine même [2]. D'ailleurs, cette suprématie, les sultans la revendiquent nettement; ils

---

1. L'*imam* est l'homme qui dit la prière dans la mosquée, par extension le chef des croyants. Les quatre premiers khalifes qui réunirent — sauf quelques exceptions — le pouvoir religieux, politique et judiciaire, prenaient le titre d'*imam*. C'était alors ce qu'on a appelé « l'âge d'or de l'Islam ». Après eux, les khalifes n'eurent plus l'autorité religieuse, mais l'idée d'un *imam* qui réunirait dans ses mains tous les pouvoirs, ne s'est point perdue. C'est ainsi que, dans un livre classique en Orient, un des catéchismes les plus autorisés et les plus en faveur chez les professeurs des établissements où se donne l'instruction islamique, on lit : « Les musulmans doivent être gouvernés par un *imam* qui ait le droit et l'autorité de veiller à l'observation des préceptes de la loi, de faire exécuter les peines légales, de défendre les frontières, de lever les armées, de percevoir les dîmes fiscales, de réprimer les rebelles et les brigands, de célébrer la prière publique du vendredi et les fêtes de Beyram, de juger les citoyens, de vider les différends qui s'élèvent entre les sujets, d'admettre les preuves juridiques dans les causes litigieuses, de marier les enfants mineurs de l'un et l'autre sexe qui manquent de tuteurs naturels, de procéder enfin au partage du butin légal. »

2. D'après la loi musulmane, le chef de tous les croyants, *Imam* ou Khalife, doit appartenir à la tribu des Koreischites dont faisait partie la famille de Mahomet.

Le sultan du Maroc et l'émir de Bokhara répondent à cette condition, l'un et l'autre, d'ailleurs, sont *cherif*, c'est-à-dire descendants du prophète, de sa famille. Pour le sultan de Constantinople, qui est Turc, il n'appartient naturellement ni à la tribu des Koreischites, ni à la famille du prophète, mais il base ses prétentions au Khalifat sur ce fait que lorsque Selim Ier conquit l'Égypte en 1516 il se serait fait céder par un des descendants de la maison Koreischite des Abassides (maison qui avait régné sur le monde musulman pendant de longues années) son titre de Khalife et ses droits de chef des croyants. Cette cession, d'après la loi théorique, ne pouvait donner aux princes turcs le droit au Khalifat, car la qualité de Koreischite ne se peut obtenir que par la naissance. Toutefois il existe dans le droit musulman le dogme du *daroura*, c'est-à-dire de la nécessité, d'après lequel les croyants peuvent se soumettre à des situations qui ne sont pas conformes à la loi pourvu que la religion n'en souffre pas. De plus, la « communauté musulmane » peut se soumettre à des situations contraires à la loi pourvu qu'elles soient favorables ou tout au moins ne nuisent pas à la cause musulmane. C'est ainsi que le Sultan de Constantinople est presque universellement reconnu comme chef dans le monde musulman, bien que des princes aient un droit théorique supérieur au sien, et il en sera vraisemblablement ainsi à l'avenir, au moins aussi longtemps qu'on pensera qu'il sert la cause de la religion.

prétendent resserrer les liens religieux et prendre, en qualité de khalife, la direction de tous les peuples musulmans. Une semblable politique a un nom; on l'a appelée le « Panislamisme ». Le sultan actuel Abdul-Hamid ne l'a pas abandonnée, bien au contraire. Son attitude dans l'affaire de Tunisie et dans l'affaire d'Egypte en sont des preuves publiques, comme l'envoi par lui de missions confidentielles, en 1881, aux chefs des confréries des Derkaoua et des Senoussya en sont des preuves secrètes [1]. Une semblable politique ne saurait nous laisser inattentifs ou indifférents, — nous, les maîtres de deux provinces musulmanes [2].

1. Duveyrier, *loc. cit.*
2. M. le capitaine Ney a mis en lumière dans une brochure (*les Sociétés secrètes musulmanes*; Carré, éditeur, Paris) quelques traits intéressants. Il existe à Constantinople un « Bureau secret panislamique ». Son chef reçoit des instructions du Cheikh-ul-Islam et du Sultan lui-même. Il entretient avec tous les pays musulmans des rapports occultes permanents et a des agents dans plusieurs pays chrétiens. D'autre part, un Arabe, Syrien d'origine, qui a résidé à Paris et à Londres, rédige à Constantinople, où il vit maintenant, un journal « panislamique » dont le tirage dépasse 100 000 exemplaires. Il est expédié par ballots de Samarkand à Mogador et son rédacteur est en correspondance suivie avec le Maroc, l'Algérie, Tunis, la Tripolitaine, l'Égypte, l'Arabie, la Syrie, l'Inde, etc.

Nous craindrions de nous laisser entraîner trop loin en exposant ici les principes et les tendances de la « politique panislamique ». Toutefois — et à titre d'exemple — nous ferons un emprunt à un auteur qui a traité ces questions, Gabriel Charmes (*l'Avenir de la Turquie*; Lévy, éditeur, Paris).

Gabriel Charmes voit dans la politique suivie par le sultan au moment de l'occupation de la Tunisie par les troupes françaises, une affirmation de ses idées panislamiques. Il rappelle que la Turquie qui, depuis deux années, résistait énergiquement aux sollicitations de l'Europe réclamant, en faveur de la Grèce, la rectification de frontières dont le principe avait été inscrit dans le traité de Berlin, se montra tout à coup pleine de condescendance pour les ambassadeurs européens au mois de mai 1881. Abdul-Hamid, pense M. Charmes, ne céda alors à la Grèce la Thessalie et une partie de l'Épire que pour être plus à même de solliciter l'intervention de l'Angleterre et de l'Italie dans les affaires de Tunisie : le Khalife, le Commandeur des croyants, attachait plus d'importance à la reconnaissance de ses droits de suzeraineté sur la Tunisie, à la conservation d'une « terre arabe » menacée par les « infidèles » que le sultan des Turcs n'accordait de prix à la conservation de « provinces turques ».

Pour terminer, nous rappellerons à propos de l'esprit avec lequel la France, puissance musulmane, doit suivre les tendances de la politique panislamique, ce que disait à la Chambre des députés M. Ribot, aujourd'hui ministre des Affaires étrangères, au cours d'une discussion sur les affaires d'Égypte (séance du 1er juin 1882). On demandait au gouvernement l'assurance qu'il maintiendrait énergiquement vis-à-vis de la Porte les immunités et les libertés qu'ont accordées à l'Égypte les firmans reconnus par l'Europe, et M. Ribot disait : « Si l'Angleterre a dans les Indes, au delà des mers, des populations musulmanes parmi lesquelles il serait dangereux de laisser

Il est certainement très douteux que toutes les forces du monde islamique, toutes les congrégations, tous les fanatiques puissent s'entendre et s'unir, à la volonté d'un seul, pour donner aux nations chrétiennes avec qui elles sont en contact un formidable assaut. Deux princes peuvent disputer au sultan de Stamboul le privilège de commander aux musulmans; les Ouahabites en Arabie, les Senoussya en Afrique prétendent avoir une politique indépendante; certaines congrégations sont divisées ou rivales, incapables d'une action commune; parmi les populations noires du centre africain converties aux doctrines du prophète beaucoup ne sont pas fanatiques [1]; enfin, les Arabes ne paraissent pas vouloir marcher avec les Turcs et nourrissent l'espoir qu'il leur sera donné, à eux seuls, de relever la puissance musulmane.

Ces rivalités, ces divisions sont heureuses pour les puissances qui ont des sujets musulmans, l'Angleterre, la Russie, la France, la Hollande, notamment. Toutefois il serait imprudent de ne pas croire possible, soit une manifestation, soit

pénétrer certains germes, certains ferments de fanatisme, la France peut encore moins oublier qu'elle est le plus directement intéressée dans les questions de cet ordre et que, depuis 1830, depuis cette date qui l'a constituée le peuple musulman par excellence, la France a une situation, des droits et une politique qui lui sont tracés. Ce n'est pas une politique d'hostilité vis-à-vis de l'Empire ottoman, non certes! mais il faut toujours, quand on parle de la Porte, distinguer deux situations complètement différentes.

« En Europe, la France est la vieille et traditionnelle alliée de l'Empire ottoman, parce qu'il lui importe plus qu'à aucune autre nation du monde que le démembrement de l'Empire ottoman n'amène pas un bouleversement dont nous serions les premiers à souffrir.... Mais dans l'Afrique du Nord, notre situation a un caractère particulier, et nous devons considérer comme imprudente, comme pouvant contenir certaines éventualités périlleuses, toute politique qui laisserait prendre pied trop solidement à la Turquie sur la terre d'Égypte.... Il est possible que ce soit la politique d'autres nations, qui n'ont pas en Afrique les mêmes intérêts que nous, de pousser l'Empire ottoman dans cette voie, de le porter ainsi à déserter l'Europe en lui montrant l'Égypte comme un refuge,... il est possible, je le répète, que cette politique soit bonne pour certaines puissances, mais pour nous ce serait une politique qui ne serait ni dans nos traditions, ni dans nos intérêts. »

1. Les populations musulmanes du bassin du Niger, avec qui nous sommes en guerre depuis plusieurs années, paraissent à nos officiers assez peu fanatiques. La guerre du Soudan ne ressemble pas à la grande guerre d'Algérie. Ahmadou de Ségou est plus un souverain temporel qui défend ses États qu'un chef religieux. Toutefois il ne néglige pas de se servir de la religion pour entraîner ses soldats et quelques-uns sont fanatiques. Lui-même est affilié à l'ordre des Tidjania. — Jusqu'ici les intrigues senousiennes seraient insensibles dans ces régions.

le triomphe momentané de la « politique panislamique » qui ferait taire les divisions, réunirait sous un même drapeau les Arabes et les Turcs et présenterait un danger redoutable pour les puissances européennes qui étendent leur empire sur des populations mahométanes. En ce moment même, le réveil de la foi n'est pas douteux. Il y a dans le monde musulman un certain mouvement; on croit à la venue d'un *Mahedi*; le Koran n'annonce-t-il d'ailleurs que le triomphe de l'Islam viendra après une période de relâchement semblable à celle qui vient d'être traversée? Le monde musulman est aujourd'hui plus uni, plus compact qu'il y a cinquante ans; les communications et la propagation des idées sont devenues partout plus faciles grâce aux navires, à la poste, à l'imprimerie. Est-ce le sultan de Constantinople? est-ce celui du Maroc? n'est-ce pas plutôt le *cheikh* de l'ordre des Senoussya ou un nouveau *mahedi* qui prendra la tête du mouvement?

Nous avons consacré tout un chapitre à raconter la grande guerre. On a vu les indigènes de l'Algérie, Arabes et Kabyles, défendre leurs terres contre les envahisseurs, s'unir tous à la voix d'Abd-el-Kader, des marabouts et des *khouan* pour repousser l' « Infidèle ». On a vu le sultan du Maroc intervenir directement en qualité de souverain religieux, puis on a pu constater, à différentes reprises, les intrigues de ce même sultan, celles des congrégations les plus puissantes de son empire, ainsi que les intrigues et les menées du sultan de Constantinople.

Depuis cette époque, presque lointaine déjà, de la conquête, la France n'a jamais pu jouir en Afrique d'une période de paix complète, longue de plus d'une douzaine d'années. Peut-être pour la première fois, va-t-elle connaître cette paix de douze années consécutives; on peut l'espérer, il faut surtout le souhaiter. Mais jusqu'ici, si nous négligeons certaines insurrections toutes locales (la révolte d'El-Amri, en 1876, celle de l'Aurès en 1879), il faut compter que nous avons eu depuis 1857 trois guerres importantes : l'insurrection des Oulad-Sidi-Cheikh (1864-1871), l'insurrection de Kabylie (1871-1872), l'insurrection de Bou-Amama (1881-1883).

Toutes trois portent, à des degrés divers, plusieurs enseignements : elles sont d'abord, naturellement, des preuves répétées des sentiments d'hostilité contre notre domination qui demeurent au fond du cœur des Arabes et des Berbères, de l'espoir d'une revanche possible qu'ils ne cessent d'entretenir ; elles ont, ensuite, également revêtu un caractère religieux ; c'est en excitant le fanatisme des masses, que les chefs politiques les ont entraînées ; — enfin, on a pu observer, à leur occasion, l'entente qui existe toujours entre les membres de la société musulmane habitant différents pays, les encouragements qu'ils se prêtent, l'action commune qu'ils sont disposés à exercer.

La pacification générale était à peine achevée depuis sept ans, lorsqu'éclata, en 1864, l'insurrection des Oulad-Sidi-Cheikh[1]. A la nouvelle de leur premier succès — la défaite et la mort du colonel Beauprêtre, — les tribus du Djebel Amour se soulevèrent, l'agitation s'étendit jusqu'au Tell, les villages d'Ammi-Moussa et de Zemmora furent brûlés, les populations du Hodna s'agitèrent, nos colonnes durent parcourir la Kabylie pour l'empêcher de remuer. Pendant deux ans, jusqu'au mois de mai 1866, la guerre fut presque incessante. Vers ce moment, l'insurrection entra dans sa période de décroissance, plusieurs tribus ayant abandonné les Oulad-Sidi-Cheikh ; mais ceux-ci continuèrent la lutte. — Ce fut entre eux et nous un échange de razzias, de surprises, de coups de main où nous n'eûmes pas toujours l'avantage. En 1869, le colonel de Sonis met en déroute un parti de 3 000 chevaux et 800 fantassins, mais dès l'année suivante il faut que le général de Wimpffen poursuive les dissidents jusque sur le territoire du Maroc et leur inflige une défaite. Ce nouveau succès ne suffit pas pour rétablir le calme dans la province d'Oran ; en 1871, nos officiers doivent encore poursuivre Si Kaddour, le chef de l'insurrection, et mettre ses cavaliers en déroute à El-Mengoub.

Tandis que l'insurrection des Oulad-Sidi-Cheikh s'éteint, incomplètement d'ailleurs, une autre insurrection plus grave

---

1. Colonel Trumelet, *Histoire de l'insurrection des Oulad-Sidi-Cheikh.* Jourdan, éditeur, Alger.

éclate en Kabylie [1]. Son premier chef est le bach-agha de la Medjana, Mokrani, grand seigneur d'épée, que ses dépenses ont ruiné et qui craint que l'avènement du régime civil ne réduise à rien son autorité. Mokrani comprend dès la première heure qu'il lui est nécessaire d'avoir avec lui l'influence religieuse; aussi, les hostilités commencées, il s'abouche avec Cheikh-el-Haddad, grand maître de la confrérie des Rahmania de Seddouk, grand seigneur ecclésiastique. Seul, il n'avait pu entraîner qu'une trentaine de fractions ou tribus représentant au plus 25 000 combattants disséminés; le concours de Cheikh-el-Haddad lui donna, en quelques jours, 120 000 soldats disciplinés, fanatiques. Le *djehad*, c'est-à-dire la guerre sainte est déclarée (avril); les *moqaddem* se mettent partout à l'œuvre, ils portent le pillage, l'incendie et la mort dans toutes les fermes et dans les villages ouverts, ils assiègent ou bloquent les places de Bougie, Fort-National, Dellys, Tizi-Ouzou, Dra-el-Mizan et Batna. L'insurrection s'étend et gagne au loin; d'un côté elle arrive jusque sous les murs de Cherchell; d'un autre, jusqu'à Souk-Ahras, Tebessa et Tougourt. Commencée le 15 mars 1871 à la Medjana par la révolte du bach-agha, elle ne fut réellement éteinte que le 20 janvier de l'année suivante, à 460 kilomètres de son point de départ, par l'arrestation de Bou-Mezrag, frère de Mokrani, à Ouargla. La guerre éparpillée de la mer aux cinq villes du Mzab, aux oasis de Biskra et de Tougourt, ne compte pas moins de 340 combats : combats de montagne, de steppe, de désert. Notre armée, portée graduellement, par des renforts venus de France, à 86 000 hommes, eut à disperser près de 200 000 combattants au milieu d'une population insurgée de 800 000 indigènes.

L'importance de pareils chiffres n'est point douteuse et cependant il faut considérer l'insurrection de 1871 comme une insurrection partielle; la province d'Oran resta calme; dans la province d'Alger, la moitié orientale seule fut entamée; la province de Constantine ne fut pas soulevée tout entière; la grande famille des Oulad-Sidi-Cheikh, les grands chefs du

---

1. Rinn, *Histoire de l'Insurrection de 1871.* Jourdan, éditeur, Alger.

Sud et les chefs de toutes les congrégations religieuses, à l'exception d'une seule, demeurèrent tranquilles. Il faut même ajouter que la moitié seulement de la congrégation des Rahmania prit les armes, l'autre branche demeurant neutre. Ces faits ne portent-ils pas un double enseignement? C'est, d'une part, que quelques milliers de *khouan* et de fanatiques suffisent pour déchaîner une grande insurrection; c'est, d'autre part, que les rivalités existant entre les ordres religieux ou entre les grands chefs, peuvent heureusement rendre difficile une insurrection générale.

L'insurrection de 1864 n'avait jamais été complètement éteinte. Dès 1875, le Sud-Oranais était de nouveau agité, mais c'est seulement six ans plus tard, en avril 1881, qu'éclata l'insurrection de Bou-Amama. Le marabout, *moqadden* de l'ordre des Senoussya — et nous avons ainsi une preuve certaine de leur intervention, — obtient d'abord plusieurs succès. Il inflige au colonel Innocenti des pertes sensibles à Chellala; il massacre, près de Saïda, les alfatiers espagnols. Le nombre de ses partisans augmente.

A la même époque, toute l'Afrique du Nord est d'ailleurs remuante ou en insurrection. En février 1881, quelques colonels se sont révoltés au Caire, et au mois de septembre le « parti national » égyptien, conduit par Arabi, menace le khédive et les colonies européennes. Pourquoi cette émeute grossissante? est-ce parce que des récits enthousiastes ont porté au Caire la nouvelle des razzias exécutées par Bou-Amama? est-ce parce que les Français, en pénétrant en Tunisie (avril 1881), ont envahi une « terre arabe »? En Tripolitaine, la présence de quelques régiments turcs venus de Constantinople, les prédications de nombreux *cheikh* fanatiques, les agissements des Senoussya, le bruit habilement répandu que le sultan nous somme d'évacuer la Tunisie, ont pour conséquence la révolte de Sfax, au mois de juin. Dès le mois suivant, nos troupes s'emparent de la ville; mais les indigènes d'Algérie, partout agités par les nouvelles qu'ils reçoivent, mettent le feu dans les forêts; du 20 au 25 août, 90 000 hectares de terrains boisés sont la proie des flammes.

Dans la province d'Oran, Bou-Amama tient toujours la campagne. Le général Saussier, le général Delebecque, le général de Négrier mènent les opérations avec vigueur ; ce dernier rase la mosquée d'El-Abiod-Sidi-Cheikh, centre de pèlerinages et d'intrigues. Dans les premiers mois de l'année suivante, un échec sanglant est enfin infligé à Bou-Amama ; le chemin de fer stratégique du Kreider à Méchéria est inauguré ; nos troupes parcourent ou occupent les *ksour* ; au mois de novembre, une colonne expéditionnaire occupe le territoire du Mzab, faisant ainsi disparaître un entrepôt où les rebelles pouvaient sans cesse s'approvisionner. En 1883, le général Thomassin parvient à faire la paix avec les Oulad-Sidi-Cheikh, et Bou-Amama, toujours insaisissable, mais abandonné de presque tous ses partisans, doit s'enfoncer dans le Sud et se tenir hors de notre portée.

Si l'insurrection est éteinte en Algérie la paix n'est pas rétablie à l'extrémité orientale de l'Afrique. Les Anglais, après le bombardement d'Alexandrie, ont remporté sur Arabi la victoire de Tel-el-Kebir (septembre 1882), mais ils ont mis le pied sur une « terre musulmane » à l'heure même où, d'après une vieille prophétie, doit venir un *Mahedi* réformateur des derniers jours, chargé de soumettre tous les hommes à la loi du prophète (1ᵉʳ jour du mois de Moharem de l'an 1300 de l'Hégire, soit 12 novembre 1882). Le *Mahedi* paraît en effet : il soulève le Soudan, refoule la civilisation de la vallée du Haut-Nil et s'empare de Khartoum. N'y a-t-il aucun lien entre tous ces faits : l'insurrection de Bou-Amama, les émeutes du Caire, la révolte de Sfax, l'apparition du *Mahedi*?

Si nous nous sommes laissé entraîner aussi loin par notre sujet, c'est pour montrer d'une façon bien sensible ce que nous avons déjà dit, à savoir, que la France, en s'établissant en Algérie, est entrée dans le monde islamique et que la mauvaise politique qu'elle suit depuis soixante ans vis-à-vis des indigènes, ses erreurs qui les blessent ou les ruinent, ont eu pour conséquence certaine de pousser les populations vaincues à s'engager davantage dans ce mouvement religieux, les ont rendues plus sensibles aux commotions qui pourraient se produire dans une province quelconque du monde musulman.

Les hommes qui connaissent le mieux les populations indigènes reconnaissent que l'élément congréganiste ou maraboutique n'est pas assez fort en Algérie pour soulever à lui seul les populations; mais ils savent aussi que chaque fois que le terrain sera préparé par la misère, des froissements, des désordres locaux ou des intrigues politiques, l'élément religieux surgira de lui-même ou sera mis en avant par les meneurs et fournira toujours des « entraîneurs » dangereux [1]. Si une guerre européenne appelait notre attention et nos forces, si un *Mahedi* se levait en Tripolitaine, en Egypte, s'il était reconnu pour le « maître de l'heure » le danger serait-il moindre pour nous?

Voici donc le point où nous en sommes après soixante ans d'occupation et de colonisation, après une dépense de près de 4 milliards faite pour notre établissement en terre d'Afrique!

Toutefois, la vérité, comme une médaille, a deux faces : les indigènes sont aujourd'hui tels qu'ils étaient à l'époque de la conquête, ils sont même devenus plus fanatiques; mais si l'établissement des « infidèles » a ravivé leur foi, contrarié leurs mœurs, apporté une grande gêne à leur manière de vivre, il est impossible, d'autre part, que notre venue n'ait pas eu, ici et là, un bon effet, au moins partiel, qu'aucun fait ne puisse être relevé à notre avantage.

Depuis la conquête, les tribus vivent en paix les unes avec les autres, elles sont assurées que des voisins pillards ne leur enlèveront pas à mains armées leurs troupeaux, ne ravageront pas leurs champs; la sécurité a rendu presque entièrement sédentaires des tribus du Tell autrefois à demi nomades; les parcours des tribus qui s'étendent du Tell au Sahara, ont diminué d'étendue et leurs cultures ont augmenté; les indigènes, mais surtout les Kabyles, ont perfectionné petit à petit leurs procédés agricoles : ils possèdent des orangeries, cultivent des légumes; dans la

---

[1]. Rinn, *loc. cit.*

vallée du Chélif, dans celle de l'Oued Sahel, des indigènes, profitant de l'exemple qu'ils ont sous les yeux, se sont bâti des fermes; quelques-uns même, les riches, les hommes de grande famille, apprécient les mérinos de remonte introduits par l'administration, ou fabriquent de l'huile avec des machines européennes. Dans le même ordre d'idées, nous avons déjà montré que les Kabyles du Djurjura et des Babor se répandent à une certaine époque de l'année dans toute l'Algérie pour faucher, moissonner; que d'autres s'engagent, à l'année, chez les colons pour soigner la vigne; beaucoup sont devenus déjà d'habiles ouvriers agricoles. Dans les trois provinces, d'anciens Berbères, des Berbères « arabisés » s'engagent comme « khammès » ou comme ouvriers à la tâche; ici et là, l'Arabe, bien que beaucoup moins travailleur que le Kabyle, se loue à l'époque de la moisson. Dans les villes, la polygamie paraît diminuer sensiblement, si toutefois les statistiques officielles sont exactes; il est vrai que les divorces y dépassent annuellement le tiers des mariages, quelquefois même près de la moitié. Parmi les indigènes, quelques-uns s'engagent en qualité de domestiques ou entrent comme petits employés dans des maisons de commerce et de banque. L'ancienne féodalité arabe a été peu à peu, et surtout depuis une vingtaine d'années, presque complètement détruite par l'administration française; un grand nombre d'indigènes nous savent gré de les avoir affranchis de la tutelle onéreuse des grands chefs auxquels ils n'osaient se soustraire. Dans les régions où, par des circonstances particulières, le prestige des grandes familles subsiste, il est cependant atteint ou amoindri et il en résulte une désagrégation de la tribu. L'historien de l'insurrection de 1871 a pu relever ce fait certainement notable, que parmi les indigènes restés fidèles, beaucoup prirent une large part à la lutte contre les rebelles et que près de 6 000 chefs de familles appartenant aux collectivités insurgées séparèrent leur cause de celle de leurs parents et amis.

Cette seconde face de la vérité, il convient assurément de la faire voir; mais est-il possible de le nier? quelques progrès réalisés, quelques rares sympathies acquises sont bien peu de chose ! La France n'a pas « pénétré » la société musulmane : un fossé profond continue à séparer les deux races. C'est à cette constatation qu'il faut toujours en revenir.

Les mariages entre Européens et indigènes sont extrêmement rares, on en a recensé 34 en neuf ans, de 1882 à 1890 ; les demandes en naturalisation introduites par les indigènes atteignent un chiffre insignifiant ; le musulman ne veut point devenir Français.

Le colon, d'autre part, ne vient pas à l'indigène, il n'existe entre les deux aucune idée commune, aucune sympathie, aucune bienveillance. Les municipalités françaises d'Algérie cherchent chaque jour à s'adjoindre les douars indigènes qui les environnent, à étendre leur tutelle sur des populations dépassant 10, 20, 30 fois le nombre des colons. Est-ce un sentiment d'intérêt pour les populations arabes ou berbères qui les fait agir ? le désir de procurer à ces populations certains avantages, de les gagner à la France ? Non, mais seulement cette considération, purement fiscale, que chaque indigène adjoint à une commune de plein exercice, lui rapporte au moins deux francs d'impôts, outre les journées de prestation [1]. Si le colon engage l'indigène, qui lui est d'ailleurs indispensable, souvent il le traite avec une trop grande sévérité ou il abuse de lui. N'insistons pas, ne répétons pas les confidences que nous avons entendues. Les arabophobes sont aujourd'hui bien rares en Algérie, mais la prévention instinctive du colon contre l'indigène n'est point dissipée et les préjugés sociaux subsistent au point que les municipalités ne sont quelquefois pas plus bienveillantes pour les indigènes que les colons eux-mêmes. C'est ainsi, qu'il y a moins de deux ans, un journal de Bône [2] racontait comment, au mépris de la justice et de la loi, le maire de la petite commune de Morris avait entrepris de dépouiller une tribu d'un domaine de 700 à 1000 hectares au profit de la

---

1. Nous avons vu plus haut (p. 229) que, dans la répartition de l'octroi de mer, l'indigène compte pour un quarantième d'Européen lorsqu'il habite dans une commune mixte, vaut un huitième dans une commune de plein exercice.

2. *La Liberté de Bône*, n° du 27 février 1891.

commune. Plus récemment, la discussion consacrée par le Sénat à l'affaire dite « du cadi de Miliana » est venue malheureusement témoigner des complaisances que l'administration française a parfois pour les personnalités politiques algériennes en même temps que le peu de garantie qu'ont, dans notre colonie, les indigènes, fussent-ils particulièrement estimés de leurs compatriotes [1].

Faut il ajouter un dernier trait? les deux peuples continuent à ne point s'entendre, la très grande majorité des indigènes ne comprend pas le français et nos fonctionnaires savent peu ou ne savent pas l'arabe et le kabyle. Le beau rôle appartient partout aux interprètes. Sur 199 administrateurs et adjoints, 16 seulement touchent la prime allouée aux fonctionnaires pour le brevet ou le certificat de langue arabe ou kabyle [2].

Ainsi une chose n'est pas douteuse pour celui qui étudie et réfléchit, pour le voyageur curieux et observateur; c'est, disons-le nettement, que les indigènes sont aujourd'hui moins heureux qu'avant notre venue. Certes, ils vivent en paix; ils vendent leur blé, leurs moutons plus cher qu'autrefois; ils peuvent prendre le chemin de fer; mais ils sont plus pauvres, plus déshérités, plus misérables qu'ils n'étaient avant 1830, moins libres de vivre leur vie.

Est-ce donc que nous avons voulu leur faire du mal, que nous poursuivons leur ruine, que nous sommes durs, inhumains? Non certes; nous n'avons pas voulu, poursuivi sciemment le résultat constaté. Il faut d'abord faire la part de la fatalité. Il est des lois qui régissent le monde et sont plus fortes que les hommes : le simple établissement d'une nation européenne en Algérie, et partant le contact de « civilisés » avec des « primitifs », constituait pour ces derniers un trouble, un danger, une cause suffisante de bouleversement, de révolution sociale. Mais la fatalité n'a pas été seule; nous avons voulu, pour le bien des indigènes, pensions-nous, leur donner des lois semblables aux nôtres qui sont la résultante

---

1. Séance du Sénat, 13 novembre 1891.
2. Il est vrai d'ajouter que, parmi les administrateurs et adjoints qui ne touchent pas la prime, un certain nombre parlent à peu près la langue des indigènes. Nous disons « à peu près » et l'on jugera que ce n'est pas assez.

de notre genre de vie, de « notre état social ». Ces lois ont tourné contre eux, ont aggravé leur situation.

Faut-il que nous précisions, bien que nous ayons déjà suffisamment traité ce sujet?

D'abord, la part de la fatalité. Nous devions « refouler » les indigènes; il nous fallait leur prendre des terres sous une forme ou sous une autre pour les donner aux immigrants; par conséquence, les anciens propriétaires, plus ou moins ruinés, devaient devenir les « khammès » des colons. Dans un temps qu'il ne serait pas impossible de calculer, presque tous les indigènes, habitant les régions où s'établissent les Européens, perdront leur situation de propriétaires pour descendre à celle de « khammès ».

Notre établissement, d'autre part, devait appauvrir les Arabes et les Kabyles. La guerre, d'abord, est venue pendant laquelle les arbres ont été coupés ou brûlés, les troupeaux enlevés. La paix a été enfin établie sur ces ruines, mais du fait de notre présence même toutes les choses avaient renchéri. Or les lois économiques ne sont pas les mêmes chez un peuple « civilisé » et chez un peuple « primitif ». Est-ce toujours un bien, chez une population simple d'agriculteurs et de pasteurs médiocres, vivant seuls depuis des siècles, sans relations avec le dehors, sans commerce, si les céréales et les moutons augmentent tout à coup de valeur? Les indigènes sont à ce point indolents qu'ils ne savent souvent ni cultiver de plus grands espaces, ni conserver ce qui leur est nécessaire. Lorsque, séduits par les prix, ils vendent leurs récoltes, ils ne songent pas que le lendemain, ou peu de semaines après, ils devront acheter, à des cours supérieurs, les provisions ou les semences qui leur sont indispensables. Était-il possible, en même temps, que notre seule présence ne donnât pas aux Africains des besoins nouveaux et partant n'entraînât pas à des dépenses inutiles ou de luxe ces hommes pauvres? Des populations sobres et ne désirant rien ont pris l'habitude de boire du café, ont acheté les étoffes et les mille petits riens que les négociants leur présentaient. Dès lors, et toujours par conséquence, l'indigène insouciant, incapable de songer à l'avenir, âme d'enfant sollicitée, attirée par tout ce qu'elle voit, est allé chez le juif emprunter de l'argent, signer des billets. Notre présence donnait toute sûreté au contrat, le prêteur avait la certitude de pouvoir poursuivre, saisir et vendre son créancier.

Ensuite, la part de la loi. Nous venons déjà de montrer un de ses effets : la certitude pour le créancier d'atteindre son débiteur; mais ce n'est pas tout. Dès le lendemain de notre occupation et, plus encore, après la promulgation de la loi de 1873, il a été possible à l'indigène de vendre facilement son bien. Avant 1830, si l'on excepte les habitants des villes, les Algériens ne pouvaient pour ainsi dire pas vendre leurs terres et surtout ne trouvaient pas d'acheteurs. La venue des Européens, la loi sur la propriété individuelle, ont eu le double résultat de faire naître une « demande » qui autrefois n'existait pas et de faciliter considérablement la transmission de la propriété. L'indigène ignorant, imprévoyant, sans souci de l'avenir, a vendu ou s'est laissé dépouiller.

C'est encore la loi qui a introduit, en matière de forêts, des règles parfaitement justes en théorie, faites dans un but de protection pour la terre, pour les récoltes, pour la vie des colons et le développement des cultures, mais tout à fait contraires au genre de vie des populations pastorales. C'est la loi qui a ordonné le séquestre, qui a créé les amendes; c'est elle qui a introduit les huissiers avec leurs frais multiples, les saisies et les ventes. Et ainsi, de tous les villages, de tous les douars s'élève un même cri : « Seigneur, délivrez-nous des *gardaouât*! Seigneur, délivrez-nous des *huissis*! » Lorsqu'au chapitre suivant nous parlerons de la sécurité compromise, des vols, des brigandages, nous devrons dire que, s'ils sont, pour partie, imputables au caractère des indigènes, ils le sont aussi à l'extrême misère dont nous-mêmes sommes cause.

Exagérons-nous? Faisons-nous un tableau trop sombre? Nous ne le croyons pas. Bien des Algériens pensent comme nous lorsqu'ils raisonnent. Il y a quelques jours à peine, un des hommes qui connaît le mieux notre colonie, qui l'aime et la défend, M. Masqueray, écrivait à propos des forêts : « Dans la vallée du Chélif, et dans la plupart des vallées kabyles, la bonne terre d'en bas appartient aux colons, aux usuriers, et aux rares indigènes qui peuvent y lutter encore pour leurs biens et pour leurs vies; la forêt d'en haut, qui couvre la moitié des montagnes, appartient à l'État. Entre les deux subsistent les plus misérables des hommes. Leurs champs hérissés de pierres, de jujubiers épineux et de lentisques ronds aux dures racines, portent des épis rares et à demi vides; leurs vergers sont des amas de cactus; leurs demeures sont des huttes de branchages, pareilles à des barques renversées et moins bien faites que celles des nègres. Quand un voyageur en approche, des chiens hargneux s'en élancent toutes dents dehors; des enfants et des femmes en guenilles y rentrent comme des lézards; les mâles couchés à terre se lèvent lentement, jaunis par la fièvre, humbles et défiants. A travers nos trois provinces, une lisière de pauvres hères s'étend ainsi, qui n'ont vraiment plus ni foi, ni patrie, et forment, quelques noms divers qu'on leur conserve, une sorte de confédération nouvelle, la confédération des meurt-de-faim [1]. »

Nous avons dit moins bien, nous n'avons pas dit plus.

Si elles le pouvaient, bien des familles, bien des tribus s'enfuiraient afin d'aller en d'autres lieux poursuivre la vie qui est la leur. Mais elles ne peuvent; quels espaces leur sont ouverts? Cependant dans la province de Constantine, on observe depuis plusieurs années un certain nombre de déplacements. Des groupes de 100 à 200 familles, chassées par le manque de pâturages, par les tracasseries incessantes du service des forêts, passent dans la Régence.

Combien sont-ils? quel est le nombre des émigrants?

Ici les chiffres diffèrent : d'après l'administration du Protectorat, on pourrait évaluer à 12 ou 15 000 le nombre des indigènes algériens qui, depuis une dizaine d'années, sont venus s'établir en Tunisie; d'après l'administration coloniale, leur nombre serait moins considérable.

Les Kabyles, parce qu'ils sont travailleurs, et ainsi fort différents des Arabes, paraissent être moins malheureux que

---

[1]. *Journal des Débats,* n° du 26 août 1892.

ces derniers. En nous établissant en Algérie, nous leur avons ouvert tout le pays, ils peuvent quitter leurs montagnes pour aller partout travailler ou commercer ; il est vrai que d'autre part, nous leur avons enlevé leurs meilleures terres, donné nos juges et nos agents forestiers. Ce sont, à n'en point douter, les tribus des régions des Hauts Plateaux où les Européens ne sont pas encore venus, et surtout les tribus de la zone du Sahara, qui ont eu jusqu'ici le moins à souffrir de notre venue. Elles possèdent de grands troupeaux de chameaux et de moutons, des dattiers, des jardins potagers et des vergers que leurs métayers cultivent dans les *ksour* ; vivant éloignées de nous, elles sont riches et heureuses. Encore faut-il dire que, parmi les tribus sahariennes, plusieurs sont aujourd'hui gênées dans leurs migrations estivales vers la région du Tell. La colonisation a, d'année en année, resserré les espaces dans lesquels autrefois elles avaient pleine liberté de faire paître leurs troupeaux. Ici encore nous observons le heurt des deux civilisations.

Sera-t-on maintenant surpris si, par toute l'Algérie, les mécontents, avoués ou secrets, sont nombreux dans les différentes classes de la population? Les grands chefs sont humiliés que nous leur ayons retiré leurs commandements ; les marabouts, bien que parfois ils acceptent des emplois lucratifs du gouvernement — est-ce « résignation à Dieu »? — ne nous aiment pas, par fanatisme ; les laboureurs, les pasteurs ne peuvent nous pardonner ni le refoulement, ni le séquestre, ni la naturalisation des juifs, ni la justice ni les gardes forestiers. Ils commencent à comprendre la destinée qui les attend : tous deviendront « khammès ».

Ils sont donc légions les indigènes algériens qui attendent le « maître de l'heure » promis par les *khouan* et les marabouts. Voir les Kabyles ou les Arabes vraiment ralliés à la cause française, « c'est regarder les choses avec l'œil du désir et non avec l'œil de la réalité ». — « Je demandais un jour à un administrateur, écrit un voyageur, si, en cas d'insurrection, les agents de l'autorité française, isolés au milieu des tribus kabyles, seraient sûrs, au moins, des cavaliers d'administration. — Sûrs ! certainement non, me répondit-il. Il y aurait peut-être un cavalier qui, en homme avisé, songeant à un retour possible des événements, attendrait quelque temps avant de prendre parti. Tous les autres profiteraient immédiatement de leur situation pour nous porter les premiers coups[1]. » Cette réponse rappelle les mots du général Daumas : « Il ne faut pas se faire de trompeuses et dangereuses illusions sur un peuple dur, résigné, vaincu, jamais soumis, que tant de personnes croient à jamais abattu. »

1. Charveriat, *A travers la Kabylie*. Plon, Nourrit et Cie, éditeurs, Paris.

CHAPITRE II

POLITIQUE A SUIVRE A L'ÉGARD DES INDIGÈNES

Première partie.

Il faut adopter à l'égard des indigènes une politique nouvelle. — Un « coup de pistolet » a éveillé l'attention. — Accord unanime. — Quelle doit être cette politique ? — Utilité de comparer l'Angleterre dans l'Inde à la France en Algérie. — Difficultés spéciales que rencontre la France. — La religion; la guerre; les insurrections. — Facilité de la conquête de l'Inde. — Caractère du Brahmanisme. — La bataille de Plassey. — L'insurrection de 1857. — Les Indiens sédentaires. — La forme du protectorat dans l'Hindoustan. — L'Inde n'est pas une colonie de peuplement. — Le colon s'établit en Algérie.
Qu'est-ce que « la civilisation » ? — Les Kabyles et les Arabes ne la comprennent pas. — Ce qu'ils nous répondent. — Tentative malheureuse du cardinal Lavigerie. — Les *negritos* des îles Philippines. — Les indigènes « assimilés ». — L'absinthe. — La vie indigène. — La vie européenne. — Immobilité. — L'hérédité. — Ses différents effets. — En Europe les « grands faits universels ». — En Afrique la conquête musulmane, l'isolement du monde. — Populations « impénétrées » et « impénétrables ». — Comment des « civilisés » européens doivent juger la société musulmane.
La forme du protectorat est impossible en Algérie. — Contraste avec la Tunisie. — Les Kabyles intermédiaires entre les Arabes et nous. — La « francisation » des Arabes par les Kabyles. — Une illusion. — Le Kabyle et le paysan français. — Caractères du Kabyle. — Combien il est éloigné du paysan. — Le droit d'après les *Kanoun*. — Expériences d'« assimilation ». — Les *Carouba* kabyles. — Le fanatisme. — La haine de la France.
La *théorie de l'assimilation*. — Elle se cache. — La naturalisation des indigènes. — Des électeurs musulmans. — Protestations des indigènes. — Les effets du suffrage universel chez les Arabes. — Le système de l'adjonction des capacités. — Les partisans du système. — Les dangers. — Les candidats. — Où sont les électeurs ? — Les musulmans appelés aux fonctions publiques. — Les indigènes dans les conseils municipaux. — Les idées du « corps électoral » indigène. — Pourquoi votent les électeurs.

Le *service militaire des indigènes*. — Tirailleurs algériens et spahis. — Qualités militaires des indigènes. — La question politique. — Le service militaire n' « assimile » pas les turcos. — Dangers que présenteraient des groupes nombreux d'anciens soldats. — Leur rôle dans une insurrection.

La lecture du chapitre précédent où l'on a vu les erreurs commises par l'administration, puis, d'abord l'opposition très nette des deux civilisations, la présence face à face de deux peuples qui ne se comprennent pas, ont certainement fait passer dans l'esprit la conviction que jusqu'ici la France a suivi une fausse route, s'est complètement trompée, et qu'il est temps qu'elle adopte, à l'égard des indigènes, une politique convenant mieux à leurs mœurs et à leur genre de vie. La nécessité, l'urgence de cette « politique nouvelle » paraît davantage, quand on songe que la population indigène ne cesse de croître. Si chaque recensement quinquennal constatait une diminution de cette population, on pourrait dire que le temps en faisant disparaître une race, se charge lui-même de la résolution de la « question indigène ». Mais il en est tout autrement; au contact des « civilisés », les « primitifs » ne meurent pas; ils souffrent, ils sont misérables et pourtant ils augmentent. Au nombre de 2 323 000 en 1851, les indigènes sont 3 567 000 en 1891.

L'opinion qu'il était temps de changer de politique, d'essayer « autre chose » s'est fait jour depuis quelques années seulement, et d'abord avec timidité. On ne l'entendit pas. Il a fallu qu'un « coup de pistolet » fût tiré à la tribune du Sénat pour appeler l'attention du gouvernement et du pays sur la gravité de la « question indigène » en Algérie. C'est M. Pauliat qui, pour mettre fin à l'indifférence générale, en février 1891, prononce un violent réquisitoire contre l'administration de la colonie. Aussitôt les choses se précipitent : en mars, la Haute Assemblée décide de nommer dans ses bureaux une commission de dix-huit membres « à l'effet de rechercher, de concert avec le gouvernement, et de proposer les modifications qu'il y aurait lieu d'introduire dans la législation et l'organisation des divers services de l'Algérie »; peu de jours après, le cabinet accepte la démission du gouverneur général et lui donne pour successeur un homme qui apporte des idées nouvelles [1]; enfin, le rapporteur du budget de l'Algérie pour 1892, à la Chambre des députés [2], précise quelques critiques et appelle l'attention du Parlement sur un certain nombre de questions.

Ainsi il n'est plus douteux pour personne qu'il faut adopter une « politique nouvelle ».

Cette « politique nouvelle », la politique à suivre à l'égard des indigènes, est-elle facile à formuler? Non assurément, et le sujet est, au contraire, particulièrement délicat. Avant de l'aborder, nous voudrions montrer les difficultés particulières qui se présentent dans notre colonie. Les traits principaux que nous mettrons ainsi en valeur, les comparaisons que nous serons amenés à faire, nous permettront d'établir solidement les bases sur lesquelles il faut édifier.

On a dit quelquefois, que la France ne se trouvait pas, en Afrique, dans une situation spéciale; que, si elle rencontrait des populations indigènes en Algérie, les Anglais en avaient rencontré dans l'Inde; qu'ils avaient su adopter à l'égard des Hindous une politique très heureuse, que, même, ils avaient réussi. Il n'est pas possible de laisser passer une opinion aussi légèrement formulée.

Nous avons pris soin, au livre II de cet ouvrage, de montrer, avant d'étudier l'œuvre de la colonisation européenne, combien de difficultés se présentaient à la France en Algérie, que l'Angleterre n'avait point rencontrées en Australie. Nous voudrions pareillement, au seuil de notre étude sur la politique indigène à suivre dans l'Afrique du Nord, indiquer que nous rencontrons des difficultés spéciales, particulières, telles que l'Angleterre n'en a point connu dans l'Inde.

Ces difficultés spéciales tiennent, d'abord, à ce que les populations établies en Algérie, si elles n'appartiennent pas toutes à la même race, ne constituent cependant que deux

---

[1]. M. Cambon, préfet du Rhône, ancien préfet de Constantine, appelé au gouvernement général par décret du 18 avril 1891. Il remplaçait M. Tirman, en fonctions depuis le 26 novembre 1881.

[2]. M. Burdeau, plusieurs fois cité.

ou trois groupes ethniques; elles tiennent, ensuite, à l'union que crée entre ces groupes le sentiment religieux, à leur genre de vie, à leurs mœurs et, enfin, au mode d'administration que nous avons été dans la nécessité d'adopter.

En Algérie, les conquérants se sont vus en présence de peuples divers : les Arabes, les Berbères « arabisés », les Kabyles; ils ont rencontré ces peuples partout ennemis; les tribus arabes souvent en guerre les unes contre les autres, les tribus kabyles également divisées, les Arabes et les Kabyles se méprisant ou se haïssant. Mais ce manque d'unité, ces divisions étaient comme atténuées, effacées même par la communauté de langue et de religion. L'influence du Koran partout répandue, les intrigues des congrégations religieuses, les prédications des marabouts fanatiques, l'appel à la « Guerre sainte » lancé par les chefs militaires ou religieux, ont, nous l'avons vu, et pendant la grande guerre et depuis, donné à des peuples divers, à des tribus ennemies une homogénéité presque complète. La conquête dure vingt-sept ans et exige, un moment, la présence de près de 110 000 hommes; bientôt après éclate l'insurrection de la grande famille maraboutique des Oulad-Sidi-Cheikh; puis viennent deux insurrections religieuses : celle de Mokrani et Cheikh-el-Haddad, qui nécessite la présence en Algérie de 86 000 hommes; celle de Bou-Amama, qui, pour être moins dangereuse, dure cependant près de trois années.

La conquête de l'Inde présente un tout autre caractère. Lorsque les Anglais nous eurent éliminés, ils n'eurent à redouter, pour l'établissement de leur suprématie, ni des nationalités, ni des dynasties enracinées, ni l'unité de langue, ni l'unité de religion. Les 250 000 000 d'Hindous appartiennent à cent races ou peuples différents, séparés les uns des autres par des caractères propres à la race, par le degré d'intelligence, les mœurs, la langue. Les princes qui règnent sur un État sont souvent étrangers à cet État, et deux États voisins sont deux ennemis. Ce n'est point encore assez : la dissolvante institution des castes sépare le même peuple en un certain nombre de compartiments sociaux, dont personne ne peut songer à sortir; l'individu est de sa caste, de son village, rien de plus. Ainsi, on ne constate aucun sentiment national dans l'Inde. Une religion existe-t-elle, au moins, assez puissante pour réunir les peuples, fondre les castes, en présence d'un danger commun? Non. Le Brahmanisme, qui n'a rien d'une religion sectaire, intolérante, fanatique, qui est d'ailleurs, comme on l'a dit, plus un sacerdotalisme qu'une religion[1], est, dans la majeure partie du pays, « comme étouffé sous une inextricable jungle de superstitions désordonnées, d'esprits, de démons, de demi-dieux, de saints déifiés, de dieux domestiques, de dieux de tribus, de dieux locaux, de dieux universels, avec leurs tombes sanctifiées, leurs temples sans nombre et le bruit de leurs rites discordants; divinités dont les unes abhorrent le meurtre d'une mouche, tandis que les autres se délectent encore dans les sacrifices humains[2]. »

La conséquence d'un pareil état social est, ainsi que l'a démontré le professeur Seeley[3], qu'il n'y a jamais eu de conquête de l'Inde par les Anglais, au sens ordinaire du mot conquête. Pour employer l'expression de cet historien, la conquête de l'Inde fut plutôt une « révolution intérieure » dirigée par les Anglais, mais accomplie presque entièrement par les indigènes eux-mêmes.

La supériorité de l'Angleterre, si grande qu'on peut l'imaginer, n'aurait jamais pu la rendre capable de conquérir, par sa seule puissance militaire, le continent de l'Inde avec ses 250 millions d'habitants, et de les ranger sous sa domination, s'il s'était trouvé dans cet immense pays, des nations véritables. « Le fait fondamental est que l'Inde n'avait aucun sentiment de haine contre l'étranger, parce qu'il n'y avait pas d'Inde, et, par conséquent, au sens exact du mot, pas d'étranger. » C'est ainsi, qu'à la célèbre bataille de Plassey,

---

1. La vénération à l'égard des brahmanes domine toute la vie sociale aussi bien que la vie religieuse du paysan indou et se traduit sous la forme pratique d'offrandes alimentaires de toute sorte. L'universelle soumission aux brahmanes, la reconnaissance de leur droit divin d'être nourris par la communauté, est la seule chaîne qui relie les formes innombrables de l'hindouisme : pour la grande majorité des Hindous, c'est ce qui constitue la partie importante de la religion.

2. Sir Alfred C. Lyall, *Études sur les mœurs religieuses et sociales de l'Extrême-Orient*. Ernest Thorin, éditeur, Paris.

3. Seeley, *l'Expansion de l'Angleterre*. Armand Colin et Cie, éditeurs, Paris.

livrée par les Anglais en 1757, pour la possession du Bengale, l'armée du nabab se composait de 50 000 hommes, tandis que celle des Anglais ne comptait que 2 200 natifs et 900 Européens. La grande insurrection de 1857 ne vient pas en contradiction de l'opinion exprimée ici. La « révolte des cipayes », bien qu'elle ait son origine dans la question des « cartouches graissées », eut un caractère plus militaire que religieux. On n'y découvre aucune action religieuse ou de propagande, et la population civile n'y prit aucune part. Fait plus important encore, ce sont des Hindous qui aidèrent les Anglais à en devenir maîtres. Ainsi, cette insurrection même ne rappelle point par son caractère les guerres et les insurrections algériennes [1]. En résumé, nous dirons, que tandis que nous imposons, en Algérie, notre autorité à des populations guerrières, jalouses de leur indépendance, homogènes par la religion, les Anglais établissent la leur, sur une poussière d'êtres humains, habitués à la servitude, incapables de résister.

Nous venons de montrer la première, la principale différence entre l'Algérie et l'Inde; ce n'est point la seule. Est-il possible, notamment, de ne pas remarquer, que pendant que nous rencontrons en Afrique des tribus nomades, ou demi-nomades, peu ou point fixées au sol, n'ayant rien des qualités de l'agriculteur, les Anglais rencontrent dans l'Inde, des populations sédentaires, travailleuses, attachées à la terre? Quel que soit en effet le mode de tenure des terres, le régime

---

1. Il serait injuste de ne pas rappeler que si dans la guerre de conquête nous avons rencontré devant nous la grande majorité des populations arabes, nous avons aussi trouvé, parmi elles, quelques alliés. C'est ainsi que dès les premiers jours de l'occupation, les Douairs et les Smelas de la province d'Oran se sont joints à nos colonnes et que, plus tard, quelques grands chefs sont venus à nous et même nous ont aidés à soumettre des tribus soulevées. Ces exceptions — quelle règle n'a pas ses exceptions? — ont souvent leur explication dans « l'intérêt ». Les Douairs et les Smelas, par exemple, étaient au temps des Turcs, tribus *makhzen*, c'est-à-dire qu'elles maintenaient l'ordre et la soumission chez les populations voisines, faisaient payer l'impôt. Les Turcs chassés, elles se trouvaient abandonnées, exposées aux inimitiés qu'elles avaient encourues, elles se sentaient entourées d'ennemis. Leur « intérêt » était donc de se mettre au service des Français, comme elles avaient été à celui des Turcs; elles s'assuraient ainsi protection.

Parmi les chefs du Sud qui nous ont donné leur concours, plusieurs ont agi par calcul ou en haine de leurs voisins.

agricole de toute l'Inde est celui de la petite culture, et l'on peut regarder le pays entier comme divisé en millions de fermes de quelques *acres*.

Nous devons ajouter encore que les procédés d'administration, employés par les vainqueurs, ne sont pas les mêmes en Algérie que dans l'Inde; celui adopté par les Anglais est singulièrement plus facile que le nôtre. En Afrique, nous avons, dès le premier jour, chassé les Turcs administrateurs du pays, — en tant qu'ils administraient! — puis nous avons essayé, et notamment sous l'administration du général Bugeaud et sous le second empire, de gouverner les populations par l'intermédiaire de leurs grands chefs. Les mauvais effets de cette administration, l'esprit d'indépendance des chefs, l'insurrection de quelques-uns, nous ont peu à peu conduits à renoncer à ce système et à le remplacer, avec certaines modalités, par l'administration directe. Cette réforme a eu pour conséquences, d'une part, le mécontentement des anciens chefs dépossédés, d'une autre, la destruction ou la modification des anciennes formes, en même temps que le contact direct entre les indigènes et les Européens, c'est-à-dire entre des hommes extrêmement éloignés les uns des autres.

Dans l'Inde, tout au contraire, les Anglais, même en territoire dit d'administration directe — à côté duquel sont les « États natifs » au nombre de plus de cent et peuplés de 66 millions d'âmes, — n'ont pas détruit les vieilles institutions locales qu'ils ont pu rencontrer. Ils les ont prises comme base de leur organisation. A l'heure actuelle, 90 p. 0/0 des employés civils de l'Inde sont des indigènes; sous un état-major directeur composé d'Européens, se trouvent placés plusieurs milliers de magistrats indigènes et d'agents hindous de toutes sortes. C'est à eux seuls que la masse du peuple a affaire. Connaissant ses besoins, ses idées, ses institutions variables suivant chaque province, ils sont parfaitement aptes à remplir leur tâche. Chaque province, chaque district, se trouve ainsi administré suivant ses anciens usages.

Malgré ces différentes conditions, particulièrement favorables, malgré le temps qu'ils ont aussi pour eux, puisqu'ils sont les seuls maîtres depuis 1763, les Anglais n'ont pas réussi, comme quelques personnes voudraient le donner à entendre. Eux-mêmes reconnaissent que les Hindous les subissent, mais ne les aiment pas; ils ne se font aucune illusion : chez ces peuples divers, à langues différentes, étrangers les uns aux autres, ils sont l'ennemi commun [1]. D'ailleurs, la situation des Anglais dans l'Inde — et c'est peut-être le point qu'il convient le plus de retenir — est très différente de celle des Français en Algérie. L'Inde est une grande colonie d'exploitation où l'Européen ne débarque pas sans esprit de retour; il vient, pour faire le commerce, pour diriger des cultures ou des manufactures; il ne doit pas se mêler à l'indigène, s'établir à côté de lui; il importe même qu'il paraisse, à ses yeux, un être supérieur, à qui l'on obéit, pour qui l'on travaille. Au dernier dénombrement, il n'a été recensé dans cet immense empire que 30 000 Anglais si l'on excepte les fonctionnaires et l'armée.

Dans ces conditions, il suffit au gouvernement britannique d'assurer partout l'ordre, de veiller au rendement de l'impôt; l'établissement du « colon » à côté de l'indigène ne le préoccupe pas.

Il en est tout différemment en Algérie. Si ce pays est une colonie mixte, on peut dire cependant, que, notamment dans la région du Tell, il est une colonie de demi-peuplement. Les Européens qui s'y rendent, veulent s'y établir; le Français, qui a reçu ou acheté un champ, est accompagné de sa femme; ses enfants ne songeront point au départ, mais bien à vivre et à travailler sur la terre où ils seront nés. L'Algérie est ainsi, pour le Français, une nouvelle patrie. Si l'indigène demeure le plus souvent un ouvrier agricole, constitue « l'élément dirigé » de la population, il est d'autre part le voisin immédiat du colon, les champs de l'un et de l'autre se touchent; les deux vies ne peuvent être perpétuellement séparées. Il est indispensable qu'un certain rappro-

---

1. Cette opinion est notamment exprimée dans l'ouvrage de Sir John Strachey, *l'Inde*, traduction de Jules Harmand, ministre plénipotentiaire. A la Société d'éditions scientifiques, Paris.

chement s'opère et qu'il y ait dans l'âme de l'indigène autre chose que la crainte du vainqueur, la reconnaissance de sa force.

Peut-on dire, dans ces conditions, que l'Inde et l'Algérie sont deux colonies semblables?

Il convient donc de poser la question ainsi qu'elle doit l'être, c'est-à-dire de montrer la civilisation européenne débarquée en Afrique, établie à côté de la civilisation musulmane et mise de ce fait, par la force des choses, dans l'obligation de compter avec cette civilisation, de la « pénétrer » en quelque sorte. Suivant l'expression que nous avons déjà employée, la France doit établir la « paix civile », faire vivre ensemble, sans rancune ni misère du côté du vaincu, l'Européen et l'indigène.

Nous disons : « civilisation européenne », — « civilisation musulmane »; mais d'abord, qu'est-ce que la « civilisation »? Définition difficile, chacun voyant cette chose concrète, la civilisation, sous un angle particulier! Pour le philosophe, elle est représentée par les « cinq ou six grandes idées que nous avons sur l'esprit et le monde » (Taine); pour le fabricant de Manchester, par la consommation de plus en plus grande, dans toutes les parties du monde, de tissus anglais; pour le citoyen français, électeur et éligible, par l'importation, dans les différents pays, d'un bon régime administratif et parlementaire ainsi que des principes de 1789. Cette « civilisation », tous les individus de la planète en sentent-ils également le besoin, ou la comprennent-ils de même? Celle qui convient aux uns, et leur paraît excellente, convient-elle également aux autres? en apprécient-ils « les bienfaits »?

Avant 1830, le Kabyle vivait content dans sa tribu; les luttes de son *soff* l'intéressaient; il travaillait à ses heures, allait au marché à ses jours par un mauvais sentier de montagne; il était pauvre, mais il ne s'en souciait point. L'Arabe, de son côté, dans les plaines et les vallées du Tell, dans les solitudes des Hauts Plateaux, dans l'immensité du désert, ne se plaignait pas de plier sous l'autorité arbitraire des grands chefs; la vie nomade sous une tente, sans aucun meuble ni confort, lui plaisait : d'ailleurs, s'il tombait dans la misère, il était assuré de trouver l'hospitalité sous la tente du chef, aide ou secours dans les autres familles de son douar. Ainsi, les uns et les autres étaient satisfaits de leur existence, ne concevaient rien au delà, n'ambitionnaient rien ; la méchante maison sans cheminée, sans fenêtres, le gourbi de branchages ou la tente, leur suffisaient ; leurs champs, leurs troupeaux et les arbres qui poussaient au gré de la nature, leur procuraient, en quantité suffisante, les quelques aliments dont ils avaient besoin ; il n'y avait pas de pauvres parmi eux, au sens que nous donnons chez nous à ce mot : la collectivité soutenait les malheureux.

Les Français arrivent ; Arabes et Kabyles prennent aussitôt leurs fusils, jaloux de leur indépendance, avides de leurs terres, désireux par-dessus tout de n'être point troublés par « l'infidèle », « l'étranger », dans la vie qu'ils mènent.

Pourquoi venons-nous chez eux ? que leur voulons-nous ? « Vous nous dites que votre gouvernement est juste et clément, observent-ils, mais conquérir un pays qui ne vous appartient pas, est-ce de la justice ? Et la ruine et la mort que vos armées traînent après elles, au milieu de populations qui ne vous ont jamais offensé, est-ce de la clémence ?... Nous menons la même existence de père en fils depuis Sidna Ibrahim (le patriarche Abraham) ; elle répond à nos goûts, à nos intérêts, à notre race, à notre religion enfin ; nous n'en désirons pas d'autre ; le bonheur, notre savant Lokman l'a dit, réside dans la modération des désirs. Pourrons-nous, je vous le demande, accepter la cohabitation avec les Français, qui, étant les maîtres, voudront nous soumettre à leurs coutumes et à leurs usages ? Non, il serait plus facile de mêler l'eau avec le feu [1]. » Abd-el-Kader répondit un jour, à Léon

---

[1]. Conversation rapportée par M. Léon Roches, dans son ouvrage déjà cité. Cette conversation rappelle la suivante d'un Anglais, le docteur Legge : « En 1877, le premier ambassadeur de Chine en Angleterre, S. E. Kivo-Sung-Tâo, vint me voir. Dès son arrivée. « Vous connaissez, me dit-il, l'Angleterre et « la Chine ; quel pays préférez-vous ? » Je répondis : « l'Angleterre ». Il parut désappointé et ajouta : « Je parle au point de vue moral, au point de vue de « la bonté, de la droiture et des convenances : des deux pays lequel préférez- « vous ? » Après un peu d'hésitation, je répondis encore : « l'Angleterre ». Je n'ai jamais vu d'homme plus surpris ; il repoussa son siège, se leva, fit un

Roches, qui le pressait de s'entendre avec la France et d'accepter sa haute autorité : « Tu juges les choses de ce monde comme un chrétien; étudie notre sainte religion, la seule vraie, et quand Dieu t'illuminera de sa grâce, tes yeux s'ouvriront à la vérité ».

Les vaincus se courbent, mais ne cèdent point; « les Arabes ne comprennent qu'une chose, c'est que vous êtes les plus forts et qu'ils sont les plus faibles ». Lors de l'insurrection de 1871, on vit les Kabyles incendier les fermes, où pendant la paix ils avaient trouvé du travail.

Aujourd'hui, après une occupation de soixante années, la situation demeure la même ; nous n'avons pas obtenu un résultat véritablement appréciable. La « civilisation » se présente aux indigènes, les enveloppe, les presse ; ils lui opposent une impassible résistance ; on veut la leur imposer avec des lois, ils en souffrent, deviennent plus misérables.

En 1868 une invasion de sauterelles, de mauvaises récoltes avaient amené la famine. Les indigènes mouraient par milliers, par centaines de milliers; de petits enfants restaient seuls, abandonnés. Mgr Lavigerie, alors archevêque d'Alger, les recueillit, les baptisa, soigna leurs âmes et leurs corps. « Quatre mille enfants environ lui ont passé par les mains; une centaine seulement sont restés chrétiens; presque tous sont revenus à l'islamisme. Ces orphelins ont d'ailleurs, en Algérie, la plus détestable réputation; les divers colons, bien intentionnés, qui se sont avisés d'en employer quelques-uns, ont dû se débarrasser d'eux au plus vite : voleurs, fainéants, ivrognes, ils synthétisent tous les vices, ceux de leur race qu'ils ont indélébilement dans le sang, et les nôtres par-dessus le marché. On a eu l'idée de les marier les uns aux autres; on a ensuite installé ces ménages dans des villages spéciaux; on les a pourvus de terres; on les a outillés; on les a mis dans le meilleur état pour bien faire. Les résultats ont été lamentables. En 1880, dans un de ces villages, ils ont

---

tour dans la chambre. « Vous dites, s'écria-t-il enfin, qu'au point de vue
« moral l'Angleterre vaut mieux que la Chine! Alors pourquoi insiste-t-elle
« pour nous faire prendre son opium? »

assassiné leur curé [1]. » N'est-ce pas là un exemple frappant de la puissance de la race, de sa résistance? Cette histoire africaine rappelle à s'y méprendre l'histoire océanienne du jeune indigène des îles Philippines que M. Ribot cite dans son ouvrage sur *l'Hérédité* [2].

On objectera que partout les indigènes prennent le chemin de fer, se servent de la poste, voire du télégraphe; que les Kabyles travaillent chez les colons, qu'ils deviennent souvent d'habiles ouvriers agricoles; qu'à Oran, un membre de la commission d'enquête sénatoriale a serré la main, avec une vive satisfaction, à deux musulmans francs-maçons; qu'à Constantine, à Alger, on rencontre quatre ou cinq indigènes,

---

1. Paul Dumas, *les Français d'Afrique*.
2. Ce qui a toujours distingué ces sauvages (ceux des îles Philippines) des autres races de la Polynésie, c'est leur passion indomptable pour la liberté. Cette répulsion des *Négritos* (nom qui leur est donné) pour tout ce qui pourrait les courber sous le joug ou régulariser leur existence, les rendra toujours intéressants aux voyageurs. Voici un exemple de leur amour pour l'indépendance :

« Dans une battue faite à l'île de Luçon par des soldats indigènes sous les ordres d'un officier espagnol, on s'empara d'un petit noir d'environ trois ans.... Il fut conduit à Manille. Un Américain l'ayant demandé au gouvernement pour l'adopter, il fut baptisé du nom de Pedrito.

« Dès qu'il fut en âge de recevoir quelque instruction, on s'efforça de lui donner toute celle qu'on peut acquérir dans ces contrées éloignées. Les vieux résidents de l'île connaissant le caractère des *Négritos*, riaient sous cape en voyant les tentatives faites pour civiliser celui-ci. Ils prédisaient qu'on verrait tôt au tard le jeune sauvage retourner à ses montagnes. Son père adoptif, n'ignorant pas les railleries dont sa sollicitude était l'objet, mais se piquant au jeu, annonça qu'il conduirait Pedrito en Europe. Il lui fit visiter New-York, Paris, Londres, et ne le ramena aux Philippines qu'après deux ans de voyage.

« Avec cette facilité dont la race noire est douée, Pedrito parlait au retour l'espagnol, le français et l'anglais; il ne chaussait que de fines bottes vernies et tout le monde à Manille se rappelle encore aujourd'hui le sérieux, digne d'un gentleman, avec lequel il recevait les premières avances des personnes qui ne lui avaient pas été présentées. Deux ans à peine s'étaient écoulés depuis le retour d'Europe, lorsqu'il disparut de la maison de son protecteur. Les rieurs triomphèrent. Jamais probablement on n'eût appris ce qu'était devenu l'enfant adoptif du philanthrope *yankee*, sans la rencontre singulière qu'en fit un Européen. Un naturaliste prussien, parent du célèbre Humboldt, résolut de faire l'ascension du Marivelès (montagne non loin de Manille). Il avait presque atteint le sommet du pic, lorsqu'il se vit soudain devant une nuée de petits noirs.... Le Prussien s'apprêtait à esquisser quelques portraits, lorsqu'un des sauvages, s'approchant de lui en souriant, lui demanda en langue anglaise s'il connaissait à Manille un Américain du nom de Graham. C'était notre Pedrito. Il raconta toute son histoire, et, lorsqu'il l'eut terminée, ce fut en vain que le naturaliste tenta de le décider à revenir avec lui à Manille. » (*Revue des Deux Mondes*, 15 juin 1869.)

messieurs en redingote, qui vantent les bienfaits de la civilisation et réclament pour leurs coreligionnaires « l'instruction intégrale ». Ces observations même ne sont pas les seules; on peut en joindre d'autres : à Biskra, le voyageur aura sans doute pour guide un enfant du pays « très malin » et « très débrouillard » qui lui parlera de l'expédition du Tonkin, de l'Exposition de 1889 et l'interrogera sur les « gros légumes » du gouvernement; sur les trottoirs des grandes villes, le même voyageur rencontrera des gens en burnous, sales, à mine mauvaise, portefaix d'un quart d'heure pour gagner quelques sous, qui se vantent de ne jamais entrer à la mosquée, de ne jamais prier, de boire de l'absinthe. Peut-être quelques « assimilateurs » convaincus, attachés toujours et quand même à leurs idées, se réjouiront-ils; ils jugeront qu'un Arabe qui boit de l'absinthe est un « homme assimilé ». Cette opinion n'est pas la nôtre. Nous pensons, d'une part, qu'il est possible de rencontrer dans la race arabe des hommes intelligents, doués de facultés remarquables. Toussaint-Louverture n'était certainement pas un politique ordinaire, et, pour demeurer en Afrique, Abd-el-Kader a fait preuve de qualités indiscutables. D'autre part, et le général Daumas l'a justement écrit, dans les grandes villes où la population musulmane a forcément eu sous les yeux de mauvais exemples et a subi le contact d'aventuriers de toutes nations, il n'est pas rare de voir des indigènes boire du vin, de l'absinthe, fouler aux pieds les préceptes de leur religion. Mais d'abord que signifient ces manifestations extérieures? De ce qu'un musulman s'est « assimilé » nos vices, son esprit a-t-il changé? a-t-il franchi les degrés sans nombre qui le séparent du nôtre? pense-t-il comme un Européen, même appartenant aux classes les moins instruites? Ce n'est d'ailleurs pas sur les quelques exceptions rencontrées le long des trottoirs des villes et des quais des ports qu'il convient de juger les musulmans; il faut pénétrer dans l'intérieur du pays, aller dans les villages, dans les gourbis, sous la tente; les hommes qui demeurent là ont d'autres mœurs et méprisent ceux qui, à la ville, ont suivi les mauvais exemples. Il faudrait encore ajouter que bien des fois le musulman qui a pris nos vices, qui a déserté la mosquée, se repent sur le tard. Alors, soit la religion, soit l'hérédité le reprennent : il « expie » ses mauvaises années.

Ainsi, bien que l'indigène, grâce à nous, vive en paix avec son voisin, vende mieux ses récoltes, ses bestiaux — toutes choses qui nous semblent des « progrès », des « bienfaits » dont il devrait nous être reconnaissant, — il n'est pas touché, il nous fuit; il continue à appartenir à une civilisation immobile, sans histoire, sans aspirations. L'existence la plus simple lui suffit. Les Kabyles, les sédentaires de la plaine, les nomades, agriculteurs et pasteurs, ont, avec des nuances, le même désir, le même rêve d'une vie très simple dans le village, dans la tribu, sans ambition, sans lutte, sans aucune recherche d'amélioration. Voyez ces nomades qui ne savent pas lire, qui récitent mécaniquement leur prière, et sains de corps, dépourvus de tracas, de préoccupations, passent leurs journées en route dans les solitudes, ou assis sur le sable en face de leurs troupeaux et de leurs enfants.

Quel contraste avec la civilisation européenne! C'est en Europe, en Amérique, la mobilité continue, la lutte, le progrès incessant. Les hommes du moyen âge — époque encore peu éloignée cependant, — avec leurs mœurs, leur manière de vivre, leurs idées, leurs connaissances, nous semblent aujourd'hui singulièrement arriérés, naïfs et malheureux. Nous, Français, nous avons fait des guerres, bouleversé l'Europe, jeté nos idées par tout le monde; l'imprimerie, la politique, l'industrie, le commerce, les affaires, la vapeur, l'électricité, la « lutte pour la vie » nous tiennent perpétuellement en éveil, en mouvement, — et ainsi tous les peuples « civilisés ». Cette conception de la vie, le musulman tranquille, fataliste, ne la comprend pas : pourquoi ce mouvement incessant? Il demeure surpris, confondu, il a peur. Notre science, nos chemins de fer, nos télégraphes et plus encore nos idées, n'ont fait qu'effleurer d'une manière imperceptible l'intelligence et les croyances des musulmans[1]. Pourquoi un pareil abîme existe-t-il entre

---

[1]. Les lignes suivantes, empruntées à Renan (*l'Islamisme et la Science*; Lévy, éditeur, Paris), donnent un frappant exemple de l'immobilité musul-

les deux races? Pourquoi ne semble-t-il pas prêt de se combler?

C'est que depuis des siècles les races européennes et les races africaines n'ont pas été régies par une même loi d'hérédité psychologique; nous l'avons déjà indiqué plus haut [1]. Les conséquences de l'hérédité peuvent se présenter sous une double forme. Tantôt, agissant par voie d'accumulation, elle augmente l'intelligence à chaque génération et la rend ainsi capable de nouveaux développements; elle prépare alors l'avenir en rendant possible, par l'accumulation des sentiments simples, la production de senti-

mane : « Dans les premiers temps de son séjour à Mossoul, M. Layard, qui fut ambassadeur d'Angleterre à Constantinople, désira, en esprit clair qu'il était, avoir quelques données sur la population de la ville, sur son commerce, ses traditions historiques. Il s'adressa au cadi, qui lui fit la réponse suivante, dont je dois la traduction à une personne amie :

« O mon illustre ami, ô joie des vivants!

« Ce que tu me demandes est à la fois inutile et nuisible. Bien que tous nos jours se soient écoulés dans ce pays, je n'ai jamais songé à en compter les maisons, ni à m'informer du nombre de leurs habitants. Et quant à ce que celui-ci met de marchandises sur ses mulets, celui-là au fond de sa barque, en vérité, c'est là une chose qui ne me regarde nullement. Pour l'histoire antérieure de cette cité, Dieu seul la sait, et seul il pourrait dire de combien d'erreurs ses habitants se sont abreuvés avant la conquête de l'islamisme. Il serait dangereux à nous de vouloir les connaître.

« O mon ami, ô ma brebis, ne cherche pas à connaître ce qui ne te concerne pas. Tu es venu parmi nous et nous t'avons donné le salut de bienvenue; va-t'en en paix! A la vérité, toutes les paroles que tu m'as dites ne m'ont fait aucun mal; car celui qui parle est un, et celui qui écoute est un autre. Selon la coutume des hommes de ta nation, tu as parcouru beaucoup de contrées jusqu'à ce que tu n'aies plus trouvé le bonheur nulle part. Nous (Dieu en soit béni!), nous sommes nés ici, et nous ne désirons point en partir.

« Écoute, ô mon fils, il n'y a point de sagesse égale à celle de croire en Dieu. Il a créé le monde; devons-nous tenter de l'égaler en cherchant à pénétrer les mystères de sa création? Vois cette étoile qui tourne là-haut autour de cette étoile; regarde cette autre étoile qui traîne une queue et qui met tant d'années à venir et tant d'années à s'éloigner; laisse-la, mon fils; celui dont les mains la formèrent, saura bien la conduire et la diriger.

« Mais tu me diras peut-être : « O homme! retire-toi, car je suis plus savant que toi, et j'ai vu des choses que tu ignores! » Si tu penses que ces choses t'ont rendu meilleur que je ne le suis, sois doublement le bienvenu; mais, moi, je bénis Dieu de ne pas chercher ce dont je n'ai pas besoin. Tu es instruit dans des choses qui ne m'intéressent pas, et ce que tu as vu, je le dédaigne. Une science plus vaste te créera-t-elle un second estomac, et tes yeux, qui vont furetant partout, te feront-ils trouver un paradis?

« O mon ami, si tu veux être heureux, écrie-toi :

« Dieu seul est Dieu! » Ne fais point de mal et alors tu ne craindras ni les hommes ni la mort, car ton heure viendra. »

1. Liv. III, chap. I, p. 369.

ments plus complexes. Tantôt, elle conserve fidèlement le passé, le reproduit sans cesse et condamne les descendants à penser et à vivre comme leurs ancêtres. Chez les peuples européens, depuis les temps les plus reculés que rapporte l'histoire, il y a toujours eu un perpétuel mouvement d'hommes et d'idées; c'est, pour prendre l'expression de Renan, une procession de « grands faits universels » qui s'appellent, d'abord civilisation grecque, conquête et civilisation romaines, puis christianisme, conquête germanique, guerres, croisades, culture grecque et latine, Renaissance, découvertes, protestantisme, mouvement littéraire, commercial, industrie, philosophie, Révolution, etc. Dans un semblable milieu, tout progrès de l'intelligence a été fixé par l'hérédité et est devenu la base d'un nouveau progrès. L'hérédité a joué pour les peuples européens à peu près le même rôle que la mémoire pour l'individu[1]; des acquisitions successives et continues ont été faites par les générations. Ce sont ces lentes acquisitions qui expliquent les désaccords si complets, les contrastes si grands que l'on observe dans les mœurs, dans la littérature, dans le commerce entre l'époque de saint Louis, de Louis XI ou de Louis XIV et l'époque actuelle.

Les peuples de l'Afrique se sont développés, depuis des siècles, dans des conditions sensiblement différentes. Après l'abandon des Romains de Rome et de Constantinople (le Bas-Empire), les Arabes sont devenus les maîtres du Maghreb, — et les tribus conquérantes n'étaient pas, ainsi que nous l'avons vu[2], parmi les plus intelligentes et les plus avancées. Ces hommes grossiers et rudes ont imposé leur religion à toutes les populations, telle qu'ils la comprenaient eux-mêmes, c'est-à-dire en exagérant ses défauts : le dogme gouvernant la société, l'union indiscutable du spirituel et du temporel, le renoncement à la lutte, la condamnation de tout progrès, la satisfaction de la seule vie matérielle, la soumission absolue à Dieu, ou, ce qui serait plus exact, la résignation aux forces de la nature. Comme si cela n'était

---

1. Ribot, *loc. cit.*
2. Liv. I, chap. ii, p. 61.

pas assez, cette société arabe et berbère islamisée est demeurée enfermée jusqu'à ce siècle, vivant sur elle-même, presque sans relations avec les nations européennes, privée ainsi de toute éducation, ignorante même de l'imprimerie. Tandis que les Turcs et les Égyptiens entraient en contact avec l'Europe par les guerres, la politique, le commerce, par les ordres et les missionnaires chrétiens qui fondaient des écoles où la jeunesse musulmane pouvait venir recevoir une première instruction, les populations du Maghreb, qu'elles fussent gouvernées par des princes arabes ou par des Turcs, demeuraient « impénétrées » et « impénétrables ». Ainsi, les nomades de l'Algérie sont demeurés nomades et ont fait adopter leur genre de vie à une grande partie des populations berbères, — ainsi, les Berbères sédentaires sont demeurés enfermés dans leurs montagnes, se léguant d'âge en âge l'envergure d'esprit, les procédés agricoles, les mœurs primitives du cultivateur du viie siècle, du paysan des provinces éloignées de l'Empire romain.

Cette explication, il était nécessaire de la donner. Elle satisfait la raison; elle fait sentir clairement pourquoi un fossé existe entre Européens et Arabes, en même temps elle fait juger de sa profondeur. Ce n'est pas tout encore. Si nous voulons comprendre la civilisation musulmane, la société musulmane, il nous faut renoncer à notre infatuation de « civilisés ». Summer Maine a fort bien expliqué dans les *Lois anciennes* qu'il y a des races insensibles au progrès. « Il est fort difficile, écrit-il, pour un citoyen de l'Europe occidentale, de se bien convaincre de la vérité que la civilisation dans laquelle il se trouve n'est qu'une rare exception dans l'histoire du monde. Notre manière de penser, nos espérances, nos craintes, nos idées spéculatives seraient profondément bouleversées, si nous pouvions nous représenter combien les races progressives sont en minorité dans la grande masse de l'humanité. Il est hors de doute que la plus grande partie de l'humanité n'a jamais montré le moindre désir de réformer ses institutions civiles depuis qu'elles ont été jetées dans un moule qui leur a donné leur forme définitive. »

Oublions donc notre dédain pour les races inférieures. Les musulmans pensent, sentent, vivent d'une façon différente de la nôtre, acceptons-les ainsi. Est-ce eux, est-ce nous qui sommes en dehors des règles? Il nous faut faire à cette question, au sujet des populations du Maghreb, la même réponse qu'un voyageur qui a récemment visité l'Inde, s'est faite pour les Hindous[1] : Il n'y a pas de règle, il n'existe aucun instrument de mesure avec lequel on puisse évaluer toutes choses; la vérité est que nos idées et nos coutumes européennes ne sont que des idées et des coutumes locales, que notre point de vue est différent du point de vue musulman, qu'au fond l'un et l'autre se valent et que toutes les façons d'être ou de comprendre la vie sont légitimes.

Si nous acceptons cette déclaration comme juste et en faisons notre point de départ, reconnaissons que pour chercher la solution de la « question indigène », il faut laisser nos idées européennes, notre « civilisation » européenne en Europe, pour lire le Koran avec les musulmans, et les voir tels qu'ils sont, avec leurs idées et leurs mœurs, sans penser que les nôtres sont meilleurs, qu'il faut, pour leur bien, les leur imposer.

Un fait d'une importance certaine se présente d'abord à nos yeux; c'est que, moins heureux en Algérie que les Anglais dans l'Inde et que nous-mêmes en Tunisie, il ne nous est pas possible de recourir à la forme du protectorat qui mettrait en quelque sorte un intermédiaire entre le vainqueur et le vaincu. Nous avons déjà fait cette observation; mais ce n'est pas trop d'insister.

En Tunisie, où nous avons rencontré des populations assez semblables à celles de l'Algérie, à la seule différence qu'elles sont tranquilles et peu belliqueuses, il nous a été possible de conserver le gouvernement du bey. C'est un prince musulman qui administre, pour une nation chrétienne, un peuple musulman. « Le protectorat, suivant le mot du cardinal Lavigerie, nous a fait l'économie d'une guerre de religion. »

---

1. André Chevrillon, *loc. cit.*

Dès le lendemain de notre occupation, en 1881, les voyageurs parcourant la Régence, étaient frappés de ce fait, que la conservation du pouvoir nominal du bey ramenait à nous bien des hésitants, rassurait bien des consciences, encourageait bien des intérêts : « J'ai vu parmi les indigènes, écrivait Gabriel Charmes [1], de fort braves gens qui, involontairement partagés entre les devoirs d'une situation aussi troublée que celle-ci, se raffermissaient eux-mêmes en disant : « Après « tout, nous servons le bey; puisqu'il a passé un traité avec « les Français, obéir à ces derniers, c'est obéir à lui-même. »

En Algérie, les événements, la force des choses, c'est-à-dire la précipitation avec laquelle nous avons fait embarquer les Turcs, les difficultés et les lenteurs de la conquête, les insurrections, les vices certains du gouvernement des grands chefs, auquel on a dû renoncer, font qu'il ne peut y avoir malheureusement aucun intermédiaire entre les indigènes et nous.

« Il ne peut y avoir d'intermédiaire », écrivons-nous. Il faut aussitôt ajouter que cette opinion a ses contradicteurs; ceux-ci, opposant les Kabyles aux Arabes, pensent que les premiers peuvent « franciser » les seconds.

Cette idée n'est point nouvelle. En 1864 un officier, M. Aucapitaine [2], écrivait un ouvrage où il déclarait qu'il attendait tout des Kabyles. « La Kabylie, conquise en 1857 par le maréchal Randon, est plus franchement et plus solidement soumise à la France que les tribus arabes campées depuis trente ans aux portes de nos villes. » L'auteur vantait les facultés d'assimilation des Kabyles, les comparait aux paysans français, dont ils ont les qualités, avec plus qu'eux peut-être, « le bon sens pratique »; puis il concluait logiquement de créer en pays arabe des villages kabyles. La réalisation de ce projet devait amener, selon lui, des avantages politiques et matériels considérables; il les résumait ainsi : « Élevons jusqu'à nous les jeunes générations arabes et cela par la main loyale des Kabyles ».

L'opinion généreuse de M. Aucapitaine était partagée par

1. *La Tunisie.* Calmann Lévy, éditeur, Paris.
2. *Les Kabyles et la colonisation de l'Algérie.* Challamel, éditeur, Paris.

plusieurs personnes qui s'occupaient des choses de l'Algérie. La grande insurrection de 1871 a donné malheureusement aux prédictions de M. Aucapitaine un éclatant démenti et l'on a vu « les hommes les plus franchement et les plus solidement soumis à la France » se jeter, avec fanatisme, dans une grande guerre, incendier les fermes et les récoltes des colons.

Toutefois, beaucoup de personnes qui écrivent et parlent aujourd'hui sur les questions algériennes, éprouvent pour les Kabyles une sympathie particulière. Jugeant sur l'extérieur seul, sans se préoccuper de l'état de l'intelligence, ni du cœur et de la conscience, elles estiment que les montagnards kabyles sont bien près de nos paysans de France, qu'il est facile de les « assimiler », et, par eux, de parvenir aux Arabes. M. Elisée Reclus exprime notamment cette opinion dans sa *Géographie universelle*. Plus récemment un colon a repris [1] les idées autrefois défendues par M. Aucapitaine. Il s'agirait de créer, sur différents points de la région du Tell, des villages kabyles à côté de villages français; on exigerait des Kabyles appelés à fonder les nouveaux villages — ici nous entrons dans les régions de l'utopie — la connaissance du français, l'engagement de prendre un nom de famille, de se faire inscrire sur le registre de l'état civil, de renoncer à la polygamie; en retour de ces conditions, ils « jouiraient immédiatement de l'électorat municipal et départemental, l'électorat politique étant provisoirement réservé ».

« Franciser » les Kabyles, et par eux « franciser » les Arabes, ce sont là de profondes et dangereuses illusions. Les Kabyles ne sont point aptes à tenir le rôle qu'on veut leur confier. S'il convient de maintenir les distinctions très nettement relevées entre Arabes et Kabyles, si le Kabyle a sur l'Arabe une supériorité marquée, il y a, contrairement à l'opinion que nous combattons, fort peu de traits communs entre le Kabyle et le paysan français, tandis qu'il y a des différences très profondes.

Le Kabyle est sédentaire et travailleur; il aime la terre, lui fait produire tout ce qu'elle peut donner; il est économe; il

---

1. De Caix de Saint-Aymour, *Arabes et Kabyles*. Ollendorf, éditeur, Paris.

s'engage chez les colons, devient un bon ouvrier, apprend à soigner la vigne. Il faut ajouter que, lorsque dans la plaine de Bône ou dans la Mitidja, on rencontre un Kabyle, la bêche à la main, vêtu d'un pantalon et d'un grand chapeau de paille à larges bords qui cache sa calotte rouge, on croit voir un paysan français. Mais tout ceci est l'extérieur; voyons de plus près. Le Kabyle est passionné, querelleur, vindicatif, âpre au gain jusqu'à pratiquer couramment l'usure; les Kabyles se prêtent entre eux à plus de 10, 20, 30 p. 0/0, non pas par an, mais par mois; les juifs n'ont pu s'établir parmi eux, parce que, disent-ils, ils se suffisent à eux-mêmes. Leurs idées sur la droiture et l'honnêteté sont sensiblement différentes des nôtres. Il y a dans chaque tribu un homme qui reçoit le butin fait par les voleurs, se charge de le mettre en lieu sûr et de l'écouler; c'est l'*oukaf* ou recéleur; il est au milieu de ses compatriotes très considéré; dans les campagnes de France, nos paysans hésiteraient-ils à le regarder comme un voleur, ou du moins comme un complice?

On a observé que le Kabyle est, bien plus rarement que l'Arabe, polygame; cela est vrai; mais s'il n'a qu'une seule femme à la fois, il en change fréquemment grâce au divorce, de telle sorte qu'à la polygamie simultanée, il a substitué le système de la polygamie successive. Encore faut-il ajouter que les *kanoun* kabyles sont plus durs pour la fille et pour la femme que le droit musulman; ils nient, ou réduisent à presque rien, le droit des filles à l'héritage paternel, ils refusent à la femme le droit d'obtenir le divorce, même pour les causes les plus légitimes; elle a seulement la faculté de se mettre « en insurrection », et de retourner chez ses parents; son départ ne rompt pas le lien qui l'attache à l'homme. Ces mœurs « familiales » ressemblent-elles à celles du paysan français?

A ces faits, il convient certes d'opposer quelques exceptions heureuses : on a vu des Kabyles réclamer la naturalisation française [1], l'ouverture d'écoles dans leurs villages [2],

---

1. Gastu, *le Peuple algérien*. Challamel, éditeur, Paris.
2. Masqueray, Rapport cité par Alfred Rambaud : *l'Enseignement primaire chez les indigènes musulmans d'Algérie*. Delagrave, éditeur, Paris.

proposer de renoncer à ceux de leurs *kanoun* particulièrement en opposition avec nos idées [1]; mais qu'y a-t-il de réellement vrai derrière ces exceptions qu'enregistrent à plaisir les « assimilateurs »? Certaines dépositions, qui ont été apportées devant la commission sénatoriale, et desquelles il résulterait que les Kabyles veulent « s'assimiler », perdent beaucoup lorsqu'on les contrôle en Algérie même. On apprend alors notamment, qu'un ancien administrateur a bouleversé la région de Fort-National vers 1880 par une série d'expériences, auxquelles les indigènes ont quelquefois consenti à se prêter sans rien y comprendre. Le gouvernement général a dû condamner ces essais pour rétablir l'ordre dans le pays, et, de toute l'œuvre de ce fonctionnaire, il ne reste qu'une trentaine d'indigènes naturalisés français qui sont, paraît-il, les gens les moins recommandables.

Ici encore, il faut voir les choses comme elles sont et non comme certaines personnes les désireraient : chaque village kabyle est, comme autrefois, divisé en *carouba* (partis) rivales, ennemies; chacune cherche à gagner l'administrateur, espérant l'avoir avec elle pour opprimer l'autre. Les montagnards du Djurjura n'ont pas non plus renoncé à leur religion : certains villages sont en entier maraboutiques; partout, ainsi que nous l'avons déjà vu, l'ordre des Rahmanya, a recruté des affiliés. Les démonstrations extérieures du culte sont, toutefois, moins apparentes en certaines régions que dans d'autres; ici les mosquées sont rares et délabrées, mais ailleurs les minarets se dressent dans la montagne, chaque village a le sien, et les indigènes font par jour les cinq prières, à moins qu'ils n'en fassent sept; ailleurs encore, au centre du Djurjura, des marabouts sont l'objet d'une vénération particulière, les enfants fréquentent leurs *zaouïa* et de nombreux chefs de famille vont chaque jour en pèlerinage leur baiser respectueusement le front, les consulter sur leurs affaires, leur soumettre leurs différends. Ce n'est pas seulement la religion qui unit, en un sentiment commun, les *carouba* rivales ou les villages ennemis; c'est aussi la haine

---

1. *Commission d'études des questions algériennes*, déposition de M. Sabattier.

de la France. Rien n'a pu jusqu'ici rallier les Kabyles; ils protestent contre les projets de naturalisation dont ils ont entendu parler et n'envoient leurs enfants à l'école que parce qu'ils y sont presque contraints; ils sont difficiles à gouverner; on les sent toujours malveillants, hostiles, et des administrateurs ont pu constater, qu'au lendemain de l'affaire Schnœbelé, ils réclamaient davantage, levaient la tête, songeaient peut-être à l'insurrection [1].

On le voit, « franciser les Arabes par les Kabyles », ou « coloniser l'Algérie avec les Kabyles », ce sont des illusions auxquelles il convient de renoncer complètement. Il faut seulement retenir que les Kabyles n'appartiennent pas à la race arabe, mais à des races européennes; beaucoup ont du sang romain; leur amour pour la terre, leur esprit d'économie font qu'ils forment une société où certains essais, certaines expériences, sont plus faciles à tenter que dans la société arabe.

S'il n'est pas permis à la France de recourir en Algérie à une forme quelconque de protectorat, si d'autre part les Kabyles ne peuvent pas être pour elle des auxiliaires précieux, c'est donc sur elle seule qu'elle doit compter pour résoudre « la question indigène ». Avant de dire ce que le gouvernement doit faire, nous dirons ce qu'à notre sens il doit éviter ou réformer.

Est-il besoin, après ce que avons écrit, de combattre le système de « l'assimilation »? Nous ne le pensons pas, et cependant, peut-être aurions-nous tort de passer trop légèrement, car les « assimilateurs » n'ont pas disparu; seulement ils se dissimulent, ils n'avouent pas. « Assimiler, disent-

---

[1]. Dans son livre, *Marabouts et Khouan*, M. Rinn cite une lettre écrite par Si-Aziz, fils du vieux Cheikh-el-Haddad, en 1871, au moment de l'insurrection : « Certes, antérieurement à l'heure actuelle, nous avons été dans l'impossibilité de faire la guerre sainte pour plusieurs motifs, parmi lesquels il faut compter l'absence d'union entre les peuples musulmans, la puissance du gouvernement français en argent et en soldats. Mais aujourd'hui, ce motif a cessé.... Le gouvernement français se trouve dans une situation critique, produite par la divergence des opinions en France et par la domination absolue de la Prusse, qui après avoir détruit ses armées, la spolie de ses richesses. Telles sont les causes qui ont mis fin aux empêchements de la guerre sainte et il ne reste, à un homme aussi intelligent que vous, qu'à se lever avec nous. »

ils, c'est, suivant le dictionnaire, « convertir en sa propre substance », ou encore « convertir en semblable ». Convertir les indigènes en des Français, nous n'y songeons point, mais.... »

Derrière ce « mais », paraissent aussitôt différentes propositions. Nous en avons rencontré plusieurs : la réforme de la propriété, la réforme de l'état civil, la réforme de la justice musulmane; nous allons en rencontrer d'autres : la réforme du droit musulman, la propagation de l'instruction française, la naturalisation.

La naturalisation! Il y a moins de cinq ans, deux députés [1] ont déposé une proposition de loi tendant à « soumettre tous les indigènes de l'Algérie au service militaire » et à leur conférer, « comme conséquence nécessaire, les droits de citoyens français ». A peine déposée, cette proposition fut partout combattue, en France comme en Algérie. Est-elle pour cela définitivement abandonnée? Nous voulons le croire, mais on en parlait encore, lorsqu'il y a quelques mois la commission sénatoriale s'est rendue en Algérie, et elle inquiétait à ce point les Arabes qu'ils ont déclaré très nettement aux enquêteurs qu'ils refusaient absolument la naturalisation française. Déjà les indigènes, et parmi eux de nombreux notables décorés de la Légion d'honneur, conseillers municipaux, conseillers généraux, *mufti*, *imam*, avaient signé des pétitions déclarant que la proposition faite à la Chambre des députés « ne leur convient pas et ne peut combler leurs vœux ». « Notre plus cher désir, ajoutaient-ils, la chose à laquelle nous tenons le plus, c'est de conserver notre loi.... Il y a dans les lois françaises des dispositions dont l'application serait en opposition directe avec les mœurs et l'esprit même des croyances des musulmans. »

Il est heureux que de pareils sentiments soient ceux de l'immense majorité. Dirons-nous le danger que la naturalisation des indigènes ferait courir à notre domination? comment elle compromettrait la sûreté du pays tout entier? comment elle exposerait l'œuvre de colonisation que nous

---

1. MM. Michelin et Gaulier.

avons entreprise? Négligeons les considérations relatives à la « capacité intellectuelle » des indigènes, à l'état de leur esprit, à l'impossibilité absolue dans laquelle les sédentaires de la région du Tell aussi bien que les nomades des Hauts Plateaux et du Sahara sont de comprendre le suffrage universel, le gouvernement parlementaire, la politique, l'administration. Mais ne savons-nous pas qu'Arabes et Kabyles sont nos ennemis, qu'ils sont fanatiques, qu'ils sont de tempérament belliqueux, prêts, si quelque chose les incite, à entrer en querelle, à prendre les armes? Il y a en Algérie 3 500 000 indigènes; qu'on se représente 1 million de nouveaux citoyens armés du bulletin de vote, se déchirant, d'abord dans les douars ou dans les villages, pour s'unir ensuite, à la voix des fanatiques, contre la nation conquérante. Peut-être parviendrions-nous à maintenir l'ordre ou mieux à le rétablir; mais que resterait-il de notre autorité morale, de notre prestige? Mettre un bulletin de vote dans les mains des indigènes, ne serait-ce pas préparer d'une façon certaine la ruine de notre domination?

Si la proposition de MM. Michelin et Gaulier a peu de partisans, plusieurs personnes inclinent à penser que nous pourrions, en Algérie, venir au système de « l'adjonction des capacités ». Ce mot emprunté à notre histoire politique de 1842 ne jure-t-il pas en pays arabe? Mais encore une fois, il est dit que les Français poursuivent toujours « l'assimilation » des races chez lesquelles ils sont établis et veulent faire passer la mer à toutes leurs institutions, politiques aussi bien que sociales! Il s'agirait donc « d'adjoindre » aux électeurs français, les « capacités indigènes », afin qu'elles votent avec eux, pour les mêmes listes, pour les mêmes candidats; elles prendraient part aux élections des conseillers municipaux, des conseillers généraux, des députés et des sénateurs. Il est deux groupes chez qui ce système est en faveur. Dans le premier sont quelques métropolitains pensant que tous les peuples sont mûrs pour le système libéral, voulant que l'influence de « l'électeur indigène » contrebalance celle de « l'électeur français », que le candidat ne soit plus seulement l'élu des colons, le « serviteur de leurs appétits ». Dans le second groupe sont les vingt ou trente « assimilés » dont nous avons déjà parlé comme de messieurs en redingote, qui ont l'ambition d'être appelés dans les conseils élus, à côté des Français et comme leurs égaux; ils estiment, d'ailleurs, savoir mieux que personne ce qu'il convient de faire pour le bonheur de leurs coreligionnaires.

Le système de « l'adjonction des capacités » ne nous séduit pas plus que celui du suffrage universel. Accordons, bien que nous ayions des doutes — nous les exposerons plus loin, lorsque la discussion de la question de l'instruction des indigènes nous amènera à parler des *babous* de l'Inde [1], — accordons que la classe indigène peut fournir des hommes dignes d'être élus; mais où sont les électeurs, les « capacités », qui recevront un bulletin de vote? Encore une fois, pense-t-on que les chefs décorés pour leur fidélité, les cadis à barbe blanche, connus pour leur droiture, les *imam* ou les *mufti*, les professeurs des écoles publiques, les commerçants aient une intelligence, un esprit, des façons de penser et de comprendre assez semblables aux nôtres, pour qu'il soit à peu près possible de les entraîner dans notre mouvement politique? Est-il utile de faire une expérience — et combien dangereuse! — pour juger de l'état intellectuel des populations musulmanes à la fin du XIXᵉ siècle, de leur inaptitude à s'assimiler notre vie, nos idées? Il nous paraît, revenant sur un argument que nous avons présenté, que jamais nous ne pourrons donner une part quelconque, si minime qu'elle soit, de l'administration de la colonie et de la métropole à des hommes aux yeux desquels nous sommes des ennemis, des étrangers, et qui ne nourrissent pour nous que des sentiments de haine, d'aversion ou, pour le moins, de mauvais vouloir. « Y a-t-il un homme, disait un jour lord Salisbury, alors qu'on réclamait l'admission aux diverses fonctions administratives de l'Inde des indigènes d'une « capacité et d'un mérite éprouvés », y a-t-il un homme qui oserait prétendre qu'il ne voit rien d'impossible à nommer un Indien, lieutenant-gouverneur d'une province, ou *chief-commissioner*,

---

[1]. Voir plus loin, même chapitre, p. 446.

ou commandant en chef de l'armée, ou vice-roi, sans tenir compte de la race à laquelle il appartient? » Nous laisserons les partisans de « l'adjonction des capacités » en présence de cette question.

Nous allions oublier de dire que si les vœux des « assimilateurs » n'ont pas encore été entendus, les indigènes ont cependant déjà des droits électoraux; ils les tiennent du second empire. Ces droits, à la vérité, ne vont pas au delà des conseils municipaux; mais l'administration n'a-t-elle rien fait en associant les indigènes à la vie municipale? Quels sont donc leurs droits? Comment s'en acquittent-ils? Voici bien l'expérience dont nous parlions tout à l'heure!

En vertu du décret du 27 décembre 1866, modifié par celui du 7 avril 1884, les indigènes habitant les communes de plein exercice peuvent, lorsqu'ils ont atteint l'âge de vingt-cinq ans et sont domiciliés depuis deux ans au moins dans la commune, réclamer, sous certaines conditions, leur inscription sur les listes électorales municipales. Ces conditions, mises dans le but d'éloigner la masse ignorante, et d'appeler seulement les hommes que leur situation sociale, leur honorabilité désignent comme les plus capables, ne sont pas trop faciles à remplir; la proportion des inscrits est de 1 sur 9 habitants (66 800 sur 611 000) [1].

Ainsi les électeurs indigènes ont leurs conseillers municipaux. Ceux-ci, il est vrai, ne peuvent jamais être en nombre supérieur au quart du conseil ni dépasser le nombre de six; ils ne participent pas à la nomination de la municipalité; mais hors ces deux exceptions fort sages, leurs droits sont égaux à ceux des conseillers français. Ils peuvent discuter, voter, et même, lors d'un vote de confiance, mettre le maire en minorité. Ils le peuvent et ne le font pas. Les conseillers indigènes prenant la parole dans les assemblées sont fort rares, on les

---

[1]. Les conditions mises à l'électorat municipal sont, outre les vingt-cinq ans d'âge et les deux années de résidence : être propriétaire foncier ou fermier d'une propriété rurale, employé de l'État, du département ou de la commune, membre de la Légion d'honneur, décoré de la médaille militaire, d'une médaille d'honneur ou d'une médaille commémorative donnée ou autorisée par le gouvernement français, ou titulaire d'une pension de retraite.

cite; la plupart assistent impassibles, indifférents, à tous les débats, « poussant la bonne tenue jusqu'au mutisme »; la municipalité est à peu près assurée de leurs voix — au grand scandale des membres français, d'ailleurs, — et elle récompense cette attitude par la distribution de légères faveurs.

Par les élus, on juge des électeurs. Ceux-ci se désintéressent et semblent, tantôt, tenir fort peu aux droits qu'on leur offre, tantôt, en comprendre très mal l'importance. A Constantine où 5 à 6 000 indigènes pourraient réclamer leur inscription, 1 000 seulement se sont fait inscrire; à Tlemcen, a vu le nombre des inscrits passer de 900 à 1 700, puis retomber de 1 700 à 900 en trois années successives. La raison en était dans une division des indigènes en deux fractions : les *Hadris* ou descendants des Maures et les *Koulouglis*, descendants bâtards des Turcs. Chacune des deux fractions voulait, par orgueil, prouver sa supériorité numérique et prétendait, par intérêt, garder pour elle seule les menues faveurs de l'administration qu'il est d'usage de faire passer par les mains des conseillers indigènes. Ailleurs, dans une autre commune, on a vu les candidats faire assaut entre eux de fanatisme, étalant à l'envi les titres de noblesse les rattachant à la descendance du prophète. Le vote se fait avec une discipline d'autant plus grande que l'immense majorité des électeurs ne sait pas lire un bulletin, même écrit en arabe. A voir les effets des décrets de 1866 et 1884, jugera-t-on qu'il est utile de les étendre?

Le décret du 23 septembre 1875, sur les conseils généraux de l'Algérie, a fait entrer dans ces assemblées des assesseurs musulmans choisis parmi les notables indigènes domiciliés dans le département et nommés par le gouverneur général. Ils siègent au même titre que les élus français, mais, comme les conseillers municipaux indigènes, ils prennent rarement la parole; la discussion, le vote, la compréhension des affaires dépassent leur entendement. Pourquoi avons-nous appelé ces « primitifs » dans nos assemblées de « civilisés »?

C'est trop insister; laissons deux ou trois exceptions, intéressantes peut-être, pour retenir cette règle absolue, indiscutable, à savoir que les musulmans n'ont, dans aucune classe, la notion du mandat politique, du pouvoir limité, contrôlé, discuté; que l'indigène ne veut ni du suffrage universel, ni du suffrage restreint; que, s'il habite une commune indigène, il ne souhaite pas entrer dans une commune mixte, et que, s'il habite une commune mixte, il ne réclame pas d'être adjoint à une commune de plein exercice. Sédentaires et nomades demeurent profondément indifférents à notre vie. Faut-il en être surpris? Les « sociétés primitives » doivent passer par trois phases : l'état chasseur, l'état pasteur, l'état agriculteur; les Arabes et les Berbères arabisés sont demeurés entre l'état pasteur et l'état agriculteur; pour les Kabyles plus avancés, ils sont parvenus à l'état agriculteur, mais nous avons vu combien ils sont arriérés, combien éloignés de nous.

Disons de suite, pour ne plus avoir à y revenir, quelques mots touchant le service militaire des indigènes.

Le droit de suffrage et le service militaire ne sont certainement pas deux choses liées; cependant, parmi ceux qui réclament le droit de suffrage, plusieurs rappellent que les quelques milliers d'indigènes enrégimentés servent bien notre pays, se conduisent bravement sur le champ de bataille, — et la conclusion se devine : pourquoi refuserait-on le bulletin de vote à ceux qui versent leur sang pour la France? On connaît la législation. Les indigènes ne sont astreints à aucun service militaire; ils peuvent seulement contracter des engagements volontaires; encore le nombre de ces engagements est-il très limité; les trois régiments de tirailleurs algériens et les trois régiments de spahis représentent au total environ 11 500 hommes. Ainsi, une population d'environ 3 millions et demi d'habitants fournit moins de 12 000 soldats, alors qu'elle pourrait donner peut-être 100 000 hommes. Que penser de cette situation? devons-nous conserver ce qui est, ou nous préoccuper de recruter, d'une façon ou d'une autre, une armée indigène sensiblement plus nombreuse?

La question a deux faces. Au point de vue militaire, il n'est pas douteux que la France tire un bien faible parti des qualités guerrières de ses sujets indigènes. Elles sont certaines, ces qualités : nous avons conduit nos tirailleurs algériens sur tous les champs de bataille : ils furent à l'assaut de Sébastopol, ils ont été à l'assaut de Son-Tay, partout ils se sont couverts de gloire, leur sang a coulé à flots en 1870 pour la défense du sol français; le soldat indigène a la vigueur, l'entrain, l'endurance, la sobriété, la docilité non moins que l'éclatante bravoure. Commandés par des officiers français, ces fantassins arabes et kabyles constituent une infanterie d'élite; elle a le mépris de la mort, l'instinct passionné du combat.

Mais à côté du point de vue militaire est le point de vue politique, — et la question ici est singulièrement délicate. Recherche-t-on, d'abord, si le passage de quelques années à la caserne, dans une ville, dans un milieu français, a un bon effet sur les indigènes, les « assimile » quelque peu? Alors on ne peut constater que de déplorables résultats. Les anciens turcos ne rapportent dans leur tribu que nos vices, l'habitude de boire; ils sont parmi les plus mauvais esprits, parmi les réclamants; l'administrateur doit surtout se préoccuper d'eux. Les anciens soldats indigènes ayant une pareille attitude, la prudence commande de se demander si, en temps d'insurrection, ils ne seraient pas nos premiers ennemis. Dès lors, est-il sage, est-il prudent d'augmenter le nombre des troupes indigènes et partant le nombre des anciens soldats? d'apprendre à des hommes qui redeviennent ennemis en quittant le régiment, la discipline, le maniement des armes, l'art de la guerre? La France ne peut donc songer à augmenter l'effectif des troupes africaines; moins heureuse que l'Angleterre dans l'Inde, elle ne doit pas espérer constituer une armée indigène. La fidélité de ses soldats demeurerait peut-être entière tandis qu'ils resteraient sous les drapeaux, mais elle aurait à craindre, plus tard, la constitution d'un noyau d'anciens soldats qui pourraient un jour organiser l'insurrection. Il est vrai que le port des armes perfectionnées est défendu aux indigènes ; ils ne doivent avoir que de vieux et mauvais fusils; mais la contrebande est-elle impossible? En temps de guerre continentale, une puissance ennemie ne pourrait-elle pas jeter plusieurs dizaines de milliers de fusils sur la côte algérienne? Ces raisons de haute prudence permettent de croire qu'il serait dangereux d'augmenter sensiblement le nombre des troupes indigènes. Quant à la mesure qui consisterait à envoyer une partie des régiments de tirailleurs et de spahis tenir garnison dans le midi de la France — mesure que l'on a réclamée dans une pensée « d'assimilation », — il est fort probable qu'elle ne donnerait aucun bon résultat.

CHAPITRE II

POLITIQUE A SUIVRE A L'ÉGARD DES INDIGÈNES

Deuxième partie.

La question des écoles. — Les écoles indigènes en 1880. — Le récent mouvement en faveur de l'instruction des indigènes. — Vote de crédits nouveaux. — La commission d'enquête sénatoriale et son rapporteur. — Les « bienfaits » de l'instruction. — Elle doit « assimiler » les indigènes. — Une consultation des indigènes en 1881. — Ils veulent des écoles! — La commission sénatoriale en Algérie. — Les cahiers modèles; l'indigène « francisé » par l'école. — Visite de l'école. — La classe des petits. — La classe des grands. — Les physionomies. — Les programmes. — Clovis et les Croisades. — L'Amérique. — La mémoire. — Le jeune Kabyle et le petit paysan français dans l'école. — La mémoire chez les enfants des races inférieures. — Les difficultés pour apprendre chez le Kabyle. — Le monde dans lequel il vit. — La crise intellectuelle de la quatorzième année. — Les élèves de la Bouzaréa. — On constate que l'intelligence des jeunes hommes indigènes se développe peu. — Explication fournie par l'atavisme. — L'intelligence n'a jamais travaillé. — Des quelques exceptions.

Que deviennent les élèves à la sortie de l'école? — Les Kabyles ne réclament pas des écoles. — Pourquoi ils y envoient leurs enfants. — Obligation légale et obligation morale. — Le père espère être cavalier d'administration. — L'enfant veut devenir « moniteur ». — La culture de la terre est trop difficile. — La foi des apôtres. — Le Kabyle « francisé ». — Les temps de Louis IX et de Louis XI. — Pourquoi la France a l'instruction obligatoire. — Mauvais effet de l'instruction française sur les esprits indigènes. — Part prise par les anciens élèves à l'insurrection de 1871. — Effets que l'instruction pourrait avoir.

La théorie de la supériorité de l'esprit sur la matière dans l'Inde. — Les écoles anglaises dans l'Inde. — Les effets de l'instruction dans l'Inde. — Les *babous*. — Le Congrès national de l'Inde. — Attitude de la presse indigène vis-à-vis des Anglais. — Des faits à méditer. — La question des écoles au point de vue budgétaire. — La commune de Fort-National condamnée au déficit.

Ce qu'il faut faire en matière d'école. — Une expérience à poursuivre. — Un délai de dix à vingt ans. — De nouveaux programmes. — Des livres spéciaux. — L'Histoire de France. — Le devoir du maître. — Le *taleb* dans l'école. — Son utilité. — Instruction religieuse et morale. — Enseignement de l'arabe en pays kabyle. — Les écoles professionnelles. — Le travail du fer et du bois. — Les conseils agricoles. — Les deux enseignements doivent être distincts. — Ne pas vouloir toujours enseigner le français. — Le programme poursuivi en Tunisie pour l'instruction des indigènes. L'instruction des filles. — Les rêves des « assimilateurs ». — Les écoles, les maîtresses, les élèves. — Intelligence et sentiment des jeunes filles kabyles. — Comment elles sont grisées. — Leurs réflexions. — A quoi aboutit l'instruction. — La femme voulant fuir la société kabyle. — Désorganisation de la famille. — Voulons-nous faire œuvre de révolution?

Peut-être nous sommes-nous trop attardés à discuter la question des droits électoraux, alors surtout qu'une autre plus importante se présente : la question des écoles. Il n'en est pas peut-être, à l'heure actuelle, de plus importante.

En 1880, il n'existait encore en Algérie qu'une dizaine d'écoles spécialement destinées aux indigènes. La plupart procédaient des écoles dites arabes-françaises fondées par le maréchal Randon en 1850; depuis 1875, leur direction était confiée au recteur d'Alger. Peu nombreuses, elles étaient peu fréquentées. On n'y comptait en 1882 que 3 172 écoliers.

A cette époque, M. Jules Ferry, étant ministre de l'instruction publique, jugea qu'il importait de développer l'instruction française chez les indigènes pour le grand profit de notre influence. Un décret, en date du 9 novembre 1881, décida la création de huit écoles en Kabylie ; des terrains furent achetés, des bâtiments élevés, des maîtres installés. Moins de deux années après, un second décret (13 février 1883) affirma l'intention du gouvernement de poursuivre les vues du ministre de 1881. L'article 1er porte : « Toute commune algérienne de plein exercice est tenue d'entretenir une ou plusieurs écoles primaires publiques, ouvertes gratuitement aux enfants européens et indigènes ». Les articles 15 et 34 combinés disposent que des arrêtés du gouverneur général détermineront les communes ou fractions de communes dans lesquelles « l'obligation scolaire » sera applicable aux indigènes. Enfin un troisième décret, en date du 9 décembre 1887, a réglementé l'enseignement privé des indigènes en Algérie ; le droit pour le gouverneur général de rendre l'école obligatoire pour les garçons est rappelé et confirmé.

Sous l'influence de cette législation, les écoles ont augmenté de nombre par toute l'Algérie, en territoire civil aussi bien qu'en territoire militaire. En 1890, on comptait 122 écoles indigènes suivies par 11 206 enfants.

Ces résultats auraient pu paraître satisfaisants; ils étaient jugés tels d'ailleurs il y a environ deux années; mais lorsque fut soulevée la « question indigène », dans les conditions que nous avons rappelées plus haut, un mouvement se dessina tout à coup en faveur de l'instruction des Arabes et des Kabyles. Ils souffraient de notre administration; le refoulement, la loi sur la propriété individuelle, la loi sur l'état civil, la législation des forêts, le régime des impôts, la justice, toutes ces mesures leur étaient contraires; on s'en apercevait enfin, on ne songeait pas à le nier. Heureusement un remède apparaissait aussitôt, qui devait faire cesser tous les maux : le développement de l'instruction française. M. Burdeau, un universitaire, rapporteur du budget de 1892, engagea la question. Il proposa aux Chambres, qui la votèrent sans discussion, une augmentation considérable des crédits habituellement votés. Au budget pour 1892, la dotation du chapitre « enseignement primaire des indigènes » est plus que doublée : de 219 000 francs, elle est portée à 471 000 francs; d'autre part, une subvention de 400 000 francs est accordée aux communes pour « construction d'écoles ou de classes destinées aux indigènes ».

La commission d'enquête sénatoriale devait bientôt juger ces mesures insuffisantes. Avant même de se transporter en Algérie pour voir, étudier, juger, il lui parut qu'aucune mesure n'était préférable au développement immédiat de l'instruction publique chez les populations conquises. Elle fit donc choix d'un rapporteur qui, sur des documents envoyés d'Alger, publia un long travail concluant à l'adoption « de dispositions réglementaires au sujet de l'instruction primaire des indigènes ». Ce rapport fut, en séance, l'objet d'un discours de son auteur, M. Combes, et l'on apprit à cette occasion que la commission était sur tous les points en complet accord avec le ministre de l'instruction publique [1].

---

1. Sénat, séance du 5 avril 1892.

Il n'est pas douteux, pour la commission et son rapporteur, que la vulgarisation de notre langue et de notre enseignement parmi la population indigène, aura pour conséquence de la fondre dans la nationalité française, de « l'assimiler ». « Il manquait aux Romains, pour civiliser les Numides et les Maures, écrit M. Combes, cet incomparable agent de propagande, l'instituteur, ce merveilleux instrument de communion intellectuelle et morale, l'école. » Et il ajoute à la tribune du Sénat : « Elle a reconnu (la commission) à ce sujet, que cette pacification si désirable, cette conciliation si nécessaire avaient pour condition indispensable l'usage de la même langue, en tant que véhicule des idées conçues et des besoins sentis, et c'est naturellement du côté de l'école, du côté de l'instruction des indigènes, que se sont tournées tout d'abord ses préoccupations. Sans concevoir de son œuvre une opinion exagérée, elle la regarde comme le principal instrument du rapprochement des esprits et comme un acheminement naturel vers l'entente ultérieure des cœurs. »

Ainsi, pour certaines personnes, l'utilité de la vulgarisation de notre enseignement en terre d'Afrique, les bénéfices considérables que nous devons en recueillir, ne sont point douteux. L'instruction primaire obligatoire et gratuite n'a-t-elle pas produit en France d'heureux effets? ne fond-elle pas chaque jour davantage, dans la patrie française, de jeunes enfants dont les parents ne parlent que patois et ignorent l'histoire du pays? Dès lors comment hésiter? L'instruction est en France, pour les Français, une chose excellente, un moyen incomparable d'assimilation; donc elle sera en Algérie, pour les indigènes, une chose excellente, un incomparable moyen d'assimilation!

Étrange contradiction! Des hommes reconnaissent que nos lois métropolitaines sur la propriété individuelle, sur les forêts, sur la justice, ont été absolument contraires à la société indigène et ces mêmes hommes n'hésitent pas à lui appliquer nos lois en matière d'instruction publique!

Il est vrai que des appels pressants viennent d'Algérie. L'administration rectorale, ainsi qu'il est naturel, a pris la direction du mouvement, on pourrait dire, l'a fait naître. C'est elle qui a fourni à la commission sénatoriale les renseignements qui ont fait sa conviction; c'est grâce à elle que l'on vient de retrouver, dans les archives de l'académie d'Alger, un rapport de M. Masqueray [1] qui, en 1881, était allé demander aux Kabyles s'ils voulaient des écoles. M. Masqueray fit une grande réunion : « Enverrez-vous vos enfants? — Nous les enverrons. — Nos écoles seront ouvertes à tous, aux pauvres et aux riches. — Bravo! — On n'y prononcera pas un mot de religion, ni de religion chrétienne, ni de religion musulmane. — C'est bien, cela! » M. Masqueray parle la langue kabyle comme un Berbère; il a beaucoup de feu, de mouvement; le dialogue a été, certes, très animé, la réunion très pittoresque. Mais les indigènes que l'on consultait comprenaient-ils bien ce qu'on leur offrait? étaient-ils sincères dans leurs réponses? De pareils doutes ne sauraient traverser l'esprit des partisans de l'école : les populations kabyles leur paraissent précisément aptes, plus que toutes les autres, à recevoir l'instruction française. Ces montagnards agriculteurs ne ressemblent-ils pas à des paysans français? n'en ont-ils pas toutes les qualités? est-il douteux que leurs enfants se précipiteront vers les écoles dès qu'elles seront ouvertes?

La commission sénatoriale s'est embarquée pour l'Algérie après la publication de son rapport. C'était peut-être un peu tard. Il est difficile de croire que, si l'observation des faits et des choses avait modifié son impression première, elle aurait eu la force de se déjuger. D'autre part, en faisant connaître par avance qu'elle avait une opinion faite, arrêtée, elle ne sollicitait guère les dépositions impartiales, les éloignait même. Peut-être n'eût-il pas été sans intérêt d'entendre les hauts fonctionnaires algériens qui ont la responsabilité de la direction des affaires du pays, les administrateurs qui sont en contact perpétuel avec la population indigène. Mais les uns et les autres pouvaient-ils parler après le rapport de M. Combes et le discours qui avait suivi au Sénat? On sait

---

[1]. A. Rambaud, *loc. cit.*

« l'esprit fonctionnaire » : ne pas contredire, fuir les responsabilités. Un administrateur disait : « Les indigènes ne veulent pas de l'instruction; cependant, si je n'étais certain qu'ils doivent répondre le contraire, je leur demanderais de le faire, afin de n'être point accusé de les avoir influencés dans un sens opposé au désir de la commission ».

L'indigène algérien, qui n'a pas toutes les vertus, connaît le mensonge et ne craint pas d'y recourir. Il sait ce que veut le *Beylik*, c'est-à-dire le gouvernement, l'autorité, et n'a garde de le contredire. Quelques-uns cependant ont été francs : « Donnez-nous des écoles si vous le voulez, ont-ils dit à la commission, mais nous n'y tenons pas, songez plutôt à notre état misérable, rendez-nous notre justice. » Les colons n'ont point caché leur sentiment; il n'est pas favorable aux écoles, mais comme on sait la prévention instinctive des colons contre les indigènes, on a accordé peu de crédit à leur opinion. Puis, il faut le dire, sans exagération, mais en toute vérité, les écoles indigènes, quelques-unes surtout, sont préparées à recevoir certaines visites au cours desquelles les hésitants devront être convaincus. Il n'est pas nécessaire d'être membre de la commission d'enquête, pour que l'instituteur vous offre des cahiers d'élèves qui sont des modèles d'écriture, d'orthographe ou de calcul; ils portent sur leur couverture le nom d'un « sujet » qui a cinq à six ans de fréquentation. Ailleurs, à la porte d'une autre école, un bel indigène, drapé dans un riche burnous, salue le visiteur, et, en quelques phrases, dites sans accent, en fort bon français, il se félicite qu'il y ait déjà une école dans le pays, se loue qu'on en construise d'autres; l'instruction, dit-il, sera pour les indigènes un très grand bienfait, une source de richesse; lui-même a eu la « bonne fortune » d'être envoyé dans une école de France lorsqu'il avait quinze ans; il sait ce que vaut l'instruction; il aime la France.

Dirons-nous l'école où l'on reçoit des cahiers modèles, celle où l'on rencontre l'indigène « francisé »? Non assurément; les instituteurs qui courageusement quittent leur pays pour venir s'enfermer loin de toute société française, dans un misérable village kabyle ou arabe, méritent d'être encouragés; il serait injuste qu'un nom, un fait trop reconnaissable, parvînt jusqu'à eux.

Pour juger l'œuvre entreprise, arrêter définitivement son opinion, il faut aller voir, faire une enquête personnelle. Visitons donc les écoles de la Kabylie. La classe des petits est fort pittoresque; c'est une grande salle avec des bancs au milieu et autour; on entre plutôt dans une école enfantine que dans une classe. Les « élèves » — s'ils ne sont pas trop jeunes pour mériter ce nom — ont trois ans, quatre ans, cinq ans; pour la plupart ce sont de jolis enfants aux grands yeux noirs, aux longs cils, aux cheveux bruns coupés à la Titus; les visages sont pétillants de gaieté et, semble-t-il, d'intelligence. Cinquante, soixante enfants, pieds nus, enveloppés celui-ci dans un petit burnous, celui-là dans une grande chemise, cet autre dans une *gandoura* de couleur, tendent leurs têtes curieuses vers le nouvel arrivant; quelques-uns seulement savent deux mots de français : « Bonjour, monsieur! » — et les rires de courir sur les bancs. Les grands — ils ont six ans peut-être — sollicitent la faveur d'aller au tableau tracer quelques lettres. L'impression est bonne et l'on est tout d'abord content; mais poussons la porte : il y a suivant l'importance de l'école deux ou trois divisions, allons directement dans la première. Le spectacle, hélas! est tout autre. De grands enfants qui ont entre treize et seize ans sont assis devant leurs pupitres; l'œil est sans vivacité, sans expression, peu de visages témoignent de quelque intelligence, la plupart sont tirés, ingrats, comme las et fatigués; sur ces faces d'enfants qui sont déjà des jeunes hommes, on surprend parfois un air d'ennui. Ne disons rien de la tenue des élèves, ni de l'odeur de la pièce. Ces enfants à qui nous apprenons l'histoire et la littérature, nous négligeons de leur apprendre la propreté. Pourquoi entre les deux classes, une différence aussi sensible? Est-ce parce que les grands sont arrivés à « l'âge ingrat »? N'est-ce pas plutôt, comme nous le verrons plus loin, parce qu'ils atteignent l'âge critique pour l'intelligence kabyle?

Avant d'interroger les élèves, il faut connaître les programmes. Ce sont presque les programmes de France! Nous avons voulu donner des écoles aux indigènes et nous n'avons pas pris la peine de créer pour eux un enseignement spécial. En histoire, le maître leur parle de Clovis et des Croisades; en géographie, il leur enseigne les cinq parties du monde. « Tu vois, dites-vous à un élève, cette rivière qui coule là-bas, c'est le Sebaou; dis-moi où elle se jette? » L'enfant ne répond pas et le maître intervient : « Il ne sait pas, monsieur, cette année je leur fais la géographie de l'Amérique ». Les dictées sont empruntées aux livres faits pour les enfants de la métropole; la moitié au moins sont, dès les trois premières lignes, incompréhensibles pour une intelligence kabyle. Il y a dans la classe une petite bibliothèque. Naturellement elle se compose de livres français; mais dans tous ces livres, sont, à chaque instant, des mots, des expressions, des situations, des tours d'esprit que l'enfant indigène le plus intelligent ne peut saisir.

Il est temps d'interroger; le maître vous presse d'ailleurs. Il y a quelques bons élèves — non partout, seulement dans les écoles privilégiées, — quelques médiocres, beaucoup de mauvais. Certains, après quatre années d'école, ont beaucoup de peine à s'expliquer en français, ne trouvent pas les cinq ou six mots propres pour répondre à une question très simple; la moitié fait preuve de mémoire, les enfants savent la phrase, la leçon qu'ils ont apprise par cœur, ils ne la comprennent pas; la mémoire est développée, la faculté de comprendre reste nulle. Quant à essayer de trouver chez un des meilleurs élèves une lueur d'idée, une petite appréciation personnelle sur un grand fait d'histoire ou sur la dernière dictée, il n'y faut point songer. C'est généralement entre la cinquième et la sixième année d'école que les jeunes Kabyles arrivent à ne plus faire de fautes d'orthographe; mais, fait bien curieux, ils savent l'orthographe d'un mot et ne le comprennent point!

Pour ne rien exagérer, pour présenter chaque chose comme elle doit l'être, il convient d'ajouter que les petits paysans d'une école primaire de campagne ne sont guère plus avancés que les petits Kabyles. Eux aussi, font longtemps des fautes dans leurs dictées, ignorent le sens des mots qu'ils emploient, demeurent muets devant les questions les plus simples ; seulement — et là est la différence essentielle, — le petit paysan oublie peu ce qu'il a appris, ou plus exactement garde un certain vernis d'instruction ; il sait quelque chose, son intelligence ne se « rouille » pas. Le Kabyle au contraire, sauf des exceptions assez rares, oublie, perd, et bientôt ne sait plus rien ; l'intelligence se « rouille ». Ces phénomènes intellectuels ne sont point inexplicables, ni exceptionnels. Des savants, des voyageurs ont fait, sur quelques-unes des races noires de l'Océanie, des observations assez semblables à celles que suggère la visite d'une école kabyle [1].

Si l'état intellectuel d'une race maintenue, depuis des siècles, par l'hérédité, dans un état singulièrement éloigné du nôtre, explique en partie la faiblesse des élèves kabyles, il faut dire que cette faiblesse trouve aussi son explication dans les programmes eux-mêmes, — programmes singulièrement trop forts et trop chargés. Est-il, d'autre part, possible d'oublier que l'enfant kabyle, à la différence du petit paysan français, ne connaît pas la vie de famille, même la plus simple, et ne reçoit pas, à la maison, la moindre « éducation de foyer » ; il vit chez des « étrangers » et non chez des « Français ». Le matin, il se rend à l'école ; le maître lui fait faire une dictée, un problème, lui raconte une page de notre his-

---

[1]. « On a souvent remarqué que, chez les races inférieures, les enfants qu'on envoie aux écoles ou qu'on essaye d'instruire montrent d'abord une facilité étonnante, mais qui s'arrête brusquement. Ainsi les habitants des îles Sandwich ont une mémoire excellente, apprennent par cœur avec une merveilleuse rapidité, mais ne peuvent exercer leurs facultés pensantes. « Dans l'enfance, dit Samuel Baker, le jeune nègre est plus avancé que le « blanc du même âge ; mais son esprit ne porte pas le fruit qu'il promettait. » « Dans la Nouvelle-Zélande, dit le voyageur Thompson, les enfants de dix ans « sont plus intelligents que les enfants anglais ; mais bien peu de Nouveaux-« Zélandais pourraient recevoir dans leurs hautes facultés une culture égale à « celle des Anglais. » Une des raisons qu'on donne aux États-Unis, pour ne pas instruire les enfants nègres avec les enfants blancs, c'est qu'après un certain âge leurs progrès ne correspondent plus, l'intelligence du nègre paraissant incapable de dépasser un certain degré. Si ces faits ne tiennent pas à un défaut incurable de la nature, il faut bien y voir un argument en faveur de l'hérédité. Ces esprits sauvages sont comme des terres incultes, que le travail successif des générations seul peut défricher. C'est ainsi que, dans l'Inde, les enfants des brahmanes, issus d'une classe cultivée depuis longtemps, montrent de l'intelligence, de la pénétration, de la docilité, tandis qu'au jugement des missionnaires, les enfants des autres castes leur sont bien inférieurs à cet égard. » (Ribot, *loc. cit.*)

toire; le soir, en quittant la classe, il causera dans sa langue berbère avec ses camarades de village, il rentrera dans une maison où sa mère est considérée comme une esclave, où ses parents, qui ne savent rien de nous, qui ont des habitudes de vivre, de penser, de sentir différentes des nôtres, l'entraîneront dans un monde d'idées, de raisonnements, de sensations où déjà l'hérédité l'appelle.

Il est une chose plus grave peut-être, et qu'un arrêté ministériel ne saurait modifier comme un programme, c'est qu'entre treize, quatorze et quinze ans, l'intelligence du Kabyle, comme aussi celle de l'Arabe, subit une crise où, le plus souvent, elle sombre. L'enfant avait donné des signes certains d'intelligence, il apprenait, il montrait de la bonne volonté; son maître était fier; tout à coup, le zèle disparaît, la figure change, les choses sues sont oubliées, l'intelligence se « rouille », se noue, et voici un élève perdu. « Vous voyez ce petit-là, disent les Pères blancs, à un voyageur en lui montrant leur meilleur élève, à présent il nous aime, son esprit est plus ouvert que celui des enfants d'Europe; mais dans un an ou deux, son intelligence se nouera, il appartiendra tout entier aux appétits qui commenceront de crier en lui [1]. » Tous les maîtres font, en Kabylie, la même constatation que les Pères blancs en pays arabe.

Il est des enfants, observe-t-on, qui traversent la crise et poursuivent leur développement intellectuel. Sont-ils nombreux et surtout la chose est-elle certaine? Quittons, pour nous rendre compte, le massif du Djurjura et allons, aux environs d'Alger, visiter l'école de la Bouzaréa. C'est là où les jeunes indigènes kabyles et arabes, qui ont satisfait à un premier examen, le certificat d'études, viennent suivre des cours plus élevés afin d'être nommés « moniteurs » (instituteurs indigènes). Voici dans le cours de troisième année, le dernier, de grands jeunes gens de dix-huit à vingt ans; ils ont six à huit ans d'école, neuf ans même; leur physionomie est en général peu ouverte et si l'on en excepte trois ou quatre, ce sont en moyenne des élèves assez faibles.

---

[1]. Hugues Leroux, *Au Sahara*. Flammarion, éditeur, Paris.

Il serait injuste de dire qu'ils ne savent pas; ils ont passé de longues heures sur leurs livres; ils ont fait entrer dans leur cervelle un grand nombre de mots et leurs maîtres ont pris beaucoup de peine auprès d'eux. C'est ainsi qu'un premier saura raconter, dans les termes de son *Précis*, l'histoire de Napoléon; tandis qu'un second exposera au tableau la théorie de la machine à vapeur; mais chez la plupart, il n'y a pas une idée personnelle, on ne sent pas l'intelligence éveillée, vivante. Si donc il est vrai de dire que les petits Kabyles de douze à treize ans ne sont pas inférieurs aux petits paysans français, il n'est pas non plus douteux que le futur instituteur kabyle de vingt ans est bien au-dessous de l'instituteur français de même âge. Les professeurs de la Bouzaréa n'hésitent pas d'ailleurs à dire que le moniteur qui a quitté l'école reste dans un état intellectuel stationnaire, s'il ne perd pas.

Ces faits sont-ils surprenants? En aucune manière. Nos instituteurs, fils de paysans, même de paysans ignorants et grossiers, appartiennent à une race chez qui l'hérédité n'a pas cessé d'accumuler les acquisitions des générations antérieures; les Kabyles et les Arabes, au contraire, appartiennent à des races chez qui l'hérédité a conservé fidèlement le passé, de telle sorte que les descendants sont condamnés à penser comme leurs ancêtres. Les populations d'Algérie, nous l'avons vu d'ailleurs, n'ont jamais eu ni écoles musulmanes ni aucun mouvement intellectuel. L'étude, le savoir, l'exercice de l'intelligence, la compréhension sont des choses inconnues dans tous les milieux. « Un des jurisconsultes les plus en réputation en Algérie, écrivent MM. Hanoteau et Letourneux, nous donnait un jour la définition suivante des diverses classes de savants : L'*âlem*, c'est-à-dire le vrai savant, est l'homme qui, étant posée une question de droit, peut réciter immédiatement les textes des auteurs qui l'ont traitée; le *taleb* de premier ordre est celui qui, incapable d'un pareil effort, sait néanmoins indiquer sans hésiter les pages des livres où se trouvent les textes. Les autres *tolba* prennent rang ensuite dans la hiérarchie scientifique, suivant le degré de facilité avec lequel ils indiquent ces passages. En résumé, les hommes qui se consacrent à l'étude passent leur vie à apprendre des mots. Leurs cerveaux sont comme des cases d'imprimerie : ils peuvent, à volonté, en tirer des phrases toutes faites, mais le prote manque pour ajouter les mots et leur faire produire un sens [1]. »

Le témoignage de Renan n'est pas moins formel. « Tous ceux qui ont été en Orient ou en Afrique sont frappés de ce qu'a de fatalement borné l'esprit d'un vrai croyant, de cette espèce de cercle de fer qui entoure sa tête, la rend absolument fermée à la science, incapable de rien apprendre, ni de s'ouvrir à aucune idée nouvelle [2]. » Il y a certes des exceptions. Parmi les intelligences musulmanes qui traversent la crise de la puberté, quelques-unes continuent et ne cessent de progresser. On a rappelé à la commission que huit indigènes ont obtenu le diplôme d'officier de santé, cinq celui de docteur en médecine et qu'un jeune Arabe, entré à l'École polytechnique dans un très bon rang, est aujourd'hui officier d'artillerie. Mais ces exceptions sont, hélas! bien rares et n'infirment pas une règle absolue. Pour le constater, il suffit d'interroger le maître : Les élèves, que deviennent-ils? Il est dans son école depuis dix ans; chaque année dix, quinze, vingt élèves l'ont quitté; que sont-ils devenus? Alors l'instituteur qui insistait sur les heureux effets de l'instruction, qui réclamait la construction d'écoles nouvelles, demeure gêné pour répondre : douze de ses anciens élèves sont devenus « moniteurs », quelques autres, *khodja* (interprètes) auprès d'un tribunal, cinq ont obtenu des places de *chaouch* (huissier) auprès d'une justice de paix ou d'un administrateur, un est employé dans une compagnie de chemin de fer. Pour les autres, le maître ne sait pas; sans doute les jeunes gens sont rentrés chez leurs parents, celui-ci pour travailler le fer, cet autre pour labourer la terre; mais l'instituteur ne revoit pas ses anciens élèves, il n'entend plus parler d'eux, il n'ose dire s'ils savent, s'ils se souviennent, s'ils sont d'aucune utilité pour la France, qui pendant quatre ou six ans les a gardés dans une école.

1. *Loc. cit.*
2. Renan, *loc. cit.*

Mais revenons à l'école même. Comment les enfants fréquentent-ils? Malgré les déclarations faites à M. Masqueray, et répétées depuis un certain nombre de fois, les chefs de famille, en grande majorité, ne réclament nullement la fondation d'écoles et ne désirent pas y envoyer leurs enfants. Pourquoi les enverraient-ils? D'abord, le Kabyle, qui est plus pratique encore que le paysan de France, songe que si son enfant ne va pas à l'école, il gardera les troupeaux, aidera aux champs, conduira le bourriquot dans les sentiers de la montagne; c'est un aide, on pourrait dire un domestique. Puis, est-il nécessaire que l'enfant sache le français? Combien, sur cent Kabyles, en est-il qui n'ont pas besoin d'entrer en relations avec les colons, d'ailleurs très rares dans la montagne?

Enfin, pour apprendre les mots indispensables à une conversation avec un colon ou l'administrateur, il n'est pas utile d'aller passer plusieurs années à l'école; l'enfant kabyle, qui veut apprendre, apprend sur la place du village, dans le sentier, en entendant parler, en courant avec les enfants des colons ou en suivant les voyageurs. Nous pourrions dire que, parmi les indigènes parlant en français que nous avons rencontrés, la plupart n'avaient jamais mis le pied dans une école. De ces deux faits — désir du père de conserver son enfant, inutilité de passer par l'école pour apprendre la langue, — il résulte que, sauf d'assez rares exceptions, les pères n'envoient leurs enfants à l'école que lorsqu'ils y ont obligés ou y voient quelque profit. L'obligation se présente sous deux formes : tantôt un arrêté du gouverneur général a prescrit la fréquentation ; tantôt l'administrateur, sur les instructions qu'il a reçues, invite les principaux du village à envoyer leurs fils chez l'instituteur. Il est quelquefois difficile de se dérober à l'invitation. Peut-être d'ailleurs — et ici nous indiquons le profit que l'indigène peut retirer, — le *beylik* donnera-t-il au père un témoignage de satisfaction : « J'envoie mon fils à l'école, dit-il à l'administrateur, nomme-moi donc cavalier d'administration ».

Mais il y a mieux; en passant par l'école l'enfant peut devenir « fonctionnaire », fonctionnaire du *beylik*! S'il satisfait à l'examen de sortie, il obtiendra peut-être un emploi de *khodja* ou de *chaouch* ou de secrétaire de mairie; s'il peut entrer à l'école de la Bouzaréa, il deviendra « moniteur » et les moniteurs reçoivent environ 60 francs par mois. Soixante francs par mois! n'est-ce pas une fortune pour un Kabyle?

Dans toutes les écoles, interrogez les élèves de la grande classe, ceux qui sont sur les bancs depuis cinq ou six ans déjà : « Pourquoi viens-tu? que veux-tu faire? » Le plus souvent ils hésitent, puis, si vous les pressez, ils répondent tous : « Pour être moniteur. — Mais que fait ton père? — Il est agriculteur. — Pourquoi ne veux-tu pas toi-même être agriculteur? — Je veux être moniteur. — Mais pourquoi? — Parce qu'on gagne de l'argent. » C'est la réponse habituelle; il y en a cependant une autre : « Parce que c'est trop dur de travailler la terre ». Chose assez curieuse — et qui tendrait à faire croire que les maîtres ont fait la « leçon » aux élèves, — si à ces mêmes élèves qui viennent de vous répondre, vous donnez une petite rédaction : « Dites pourquoi vous venez à l'école et ce que vous pensez faire plus tard », vous avez, écrite, une réponse toute différente : L'enfant vient à l'école pour « s'instruire », pour devenir « savant », pour devenir « capable et juste ». Quand il sortira de l'école, il ira « à l'atelier, pour devenir forgeron », il sera « négociant ou colporteur »; il « apprendra le métier de cultivateur parce que son père et ses frères ont appris le métier de cultiver la terre ».

Toutes ces constatations si nombreuses, si précises qu'il est facile de faire, ne sont point pour décourager les partisans du développement de l'instruction. Ils ont une foi d'apôtres. « Le Kabyle, disent-ils, est de race européenne, il est « notre parent », il ressemble au paysan français; son intelligence s'ouvrira vite; l'instruction partout répandue ne tardera pas à avoir le meilleur effet; elle détachera les générations prochaines de la religion musulmane. Le Kabyle n'est pas fanatique, il n'est même pas véritablement religieux; un jour viendra donc où l'instruction aura arraché les habitants du Djurjura à la religion de leurs pères, en même temps qu'elle les aura rapprochés de nous. Ce jour-là, ils seront presque « assimilés » et déjà gagnés à notre cause;

ce ne seront plus des ennemis, mais des amis; s'il est nécessaire, ils nous aideront à tenir les Arabes dans l'ordre et dans la paix. N'observez-vous pas, d'ailleurs, les résultats donnés par l'instruction en France, n'est-ce pas elle qui fait l'unité de la nation, qui réunit tous les cœurs, tous les courages? »

Que d'erreurs, que d'illusions! Ceux qui parlent ainsi oublient que les Kabyles sont profondément musulmans, qu'ils ne cessent de s'affilier à l'ordre des Rahmanya, qu'ils consultent et vénèrent les marabouts, qu'ils sont fanatiques parce que le fanatisme s'accorde avec leurs idées d'indépendance et d'attachement à leurs coutumes, qu'après vingt ans de paix, ils sont demeurés ennemis, qu'aucun administrateur n'ose dire s'ils demeureront en paix au cas où la France serait engagée dans une guerre continentale. Peut-on comparer la France à la Kabylie en matière d'instruction? D'abord est-ce Louis IX, est-ce Louis XI, qui ont songé à construire des écoles pour y appeler les enfants de leurs sujets? Or exagèrera-t-on les choses si l'on dit que les Kabyles tiennent aujourd'hui, par certains côtés, aux époques éloignées de Louis IX et de Louis XI? C'est seulement à la fin du xixe siècle que le gouvernement a cru en France, qu'il pouvait, sans rencontrer de trop grandes résistances, établir l'instruction gratuite obligatoire. D'ailleurs, n'existait-il pas des raisons qui l'incitaient à le faire, en même temps qu'elles devaient conduire les pères à envoyer leurs enfants. Il fallait obliger les Bretons, les Basques, les Niçois à parler le français, afin de détruire les patois locaux et de ne recevoir dans l'armée du pays que des enfants parlant la même langue. Il fallait aussi, puisque le suffrage universel était devenu la loi fondamentale du pays, donner à chaque électeur la possibilité de comprendre, de suivre la vie politique, de s'y intéresser, d'y prendre sa faible part. Est-il possible d'apercevoir sur la terre d'Afrique, non des raisons semblables, mais des raisons de même valeur?

Aucune argumentation ne vaut des exemples; nous en produirons donc. Déjà nous avons vu à l'école de la Bouzaréa de futurs moniteurs d'une instruction médiocre. Si nous les interrogeons plus longtemps, nous apercevons qu'à notre contact, plusieurs, frappés des habitudes irréligieuses des colons, ont renoncé aux pratiques de leur religion. En négligeant le Koran, ils ont acquis bien peu la notion du devoir ; les idées morales d'après lesquelles l'homme doit se conduire, leur sont presque inconnues. Ils ont parmi leurs livres de classe, un « manuel d'instruction civique et morale » — car nos pédagogues n'ont rien oublié, — mais ils paraissent ne connaître de la « conscience » que sa définition théorique. Quelle sera leur direction? avec quels sentiments, quels principes vont-ils entrer dans la vie? Interrogez-les encore, faites les parler sur notre histoire, sur notre pays; toujours vous observez qu'ils nous considèrent comme des étrangers, qu'ils sont un autre peuple. Ces observations faites, allez dans les villes, retrouvez d'anciens élèves qui, au contact des colons, ont appris à s'exprimer couramment dans la langue vulgaire; vous observez que le plus souvent, l'école n'a réussi a développer chez les jeunes indigènes que des idées fausses, une outrecuidante et puérile vanité, sans développer le bon sens, l'énergie, l'esprit de conduite, le gouvernement de soi. En perdant à l'école une partie des préjugés et du fanatisme de leur race, ils y ont perdu leur seule règle, celle de la religion et de l'opinion. Nos faiblesses et nos vices leur deviennent coutumiers et ils n'acquièrent pas nos qualités natives, qui, dans une certaine mesure, en conjurent les effets; ils ne s'assimilent ni nos facultés, ni nos vertus [1].

Partout en Kabylie, les administrateurs, les magistrats sont unanimes à reconnaître que l'hostilité d'un indigène se mesure à son degré d'instruction française. Dans une séance du Conseil supérieur, en 1886, le gouverneur général n'a pas craint de dire : « L'expérience tend à démontrer que c'est quelquefois chez les indigènes, à qui nous avons donné l'instruction la plus complète, que nous rencontrons le plus d'hostilité ». Était-ce trop avancer? Non certes et les souvenirs de l'insurrection de 1871 suffiraient à justifier ces paroles. Ce

---

[1]. Mme C. Coignet, Lettre au directeur de l'enseignement primaire sur les écoles d'Algérie. *Revue bleue*, 4 avril 1891.

furent, à cette époque, les anciens élèves de l'École des arts et métiers de Fort-National, qui dirigèrent le siège de la ville même, mettant à profit les connaissances qu'ils avaient acquises pour construire des échelles, tracer des parallèles et creuser des mines. Pendant la même insurrection, la ville de Bordj-Bou-Areridj manqua de tomber au pouvoir des insurgés, grâce à la présence, parmi eux, d'ouvriers indigènes employés au percement de la route des Portes-de-Fer. Ils creusèrent une mine comme l'auraient fait des sapeurs du génie; si leur poudre n'avait pas fusé, le rempart sautait et la ville était prise.

Multiplions ces faits, ces constatations, par le nombre des écoles que l'on veut construire, des classes que l'on veut ouvrir, n'oublions pas qu'il sera impossible de nommer « moniteurs », *chaouch* ou *khodja* tous ceux qui sortiront des écoles, que les non nommés seront certainement mécontents. Le résultat n'est pas douteux : en peu d'années, nous aurons créé nous-mêmes dans notre colonie, un groupe d'individus mal instruits, ayant mal digéré ce que nous leur aurons appris, mécontents, déclassés, tous réunis par deux sentiments : le mépris de leurs coreligionnaires, la haine de la France, qui est déjà l'ennemi, qui le sera davantage. Ce groupe sera un parti, il aura ses orateurs, ses journalistes et aussi sans doute sa devise : « la Kabylie aux Kabyles », « l'Algérie aux Arabes ». Il est vrai que des prévisions aussi tristes ne peuvent venir à l'esprit des membres de la commission sénatoriale. Son rapporteur, M. Combes, écrit avec sérénité : « Quand on m'aura cité une race supérieure qui ait vainement entrepris de s'assimiler une race inférieure suffisamment douée du côté de l'intelligence, en pétrissant, pour ainsi dire, par l'école, l'esprit et le cœur de toute sa jeunesse, je confesserai l'impuissance de l'instruction, comme je confesse volontiers l'impuissance des armes et celle du commandement. L'histoire ne nous offre rien de semblable. Voilà pourquoi je la récuse au nom de la logique et en homme pénétré de la supériorité de l'esprit sur la matière. »

Il est facile de répondre à la demande, de montrer une « race supérieure » qui a « vainement entrepris de s'assimiler une race inférieure ». Il suffit pour cela de citer l'Inde, où les Anglais ont fait, dans ces trente dernières années, une expérience dont ils sont loin d'être satisfaits et que nous devrions méditer. C'est en 1854 que les Anglais se préoccupèrent d'organiser l'instruction des indigènes ; ils vinrent à penser, à ce moment, que donner l'instruction européenne aux Hindous, leur apprendre l'anglais, était le meilleur moyen d'éclairer des populations très arriérées, de les gagner à la domination britannique. Il y a aujourd'hui dans la grande péninsule asiatique trois sortes d'écoles : dans les premières, une instruction élémentaire européenne est donnée en langue indigène ; dans les secondes, une instruction primaire qui comprend l'histoire, le calcul et quelques notions générales, est donnée en anglais ; enfin il existe quatre universités — ce mot n'ayant pas dans l'Inde le sens que nous lui donnons en France, — où sont admis les jeunes indigènes après un examen d'entrée assez simple portant sur l'anglais, une langue indigène, l'histoire, la géographie, les mathématiques, les éléments des sciences physiques. Les résultats observés sont de deux sortes : d'une part les indigènes, qui savent assez l'anglais pour le travail ordinaire des bureaux, remplissent presque toutes les petites places du gouvernement ; ils sont fonctionnaires, ils sont contents ; avec eux sont des indigènes plus instruits qui ont obtenu une situation dans la magistrature et sont, paraît-il, des juges très honorables [1]. D'autre part, tous ceux qui n'ont pu obtenir de places, ou qui en entrant dans les universités ont pris une instruction un peu plus élevée, forment une classe d'hommes toute spéciale, celle des *babous* ou lettrés, qui se chiffrent aujourd'hui par centaines de mille, et qui continue à augmenter tous les jours.

« Au double point de vue intellectuel et moral, le *babou* est un être qu'on ne pourrait mieux caractériser qu'en disant qu'il a perdu toute boussole. Ses idées sont incohérentes, il méprise ses compatriotes, il hait les Anglais [2]. » Un profes-

---

1. Les juges hindous exercent depuis longtemps la juridiction dans les affaires civiles de toute catégorie sur les Européens comme sur les indigènes.
2. Dr Gustave Lebon, *l'Inde moderne*, Revue scientifique, 20 novembre 1887.

seur anglais, M. Monier Williams, dit à leur sujet : « Je n'ai pas été favorablement impressionné par les résultats de notre éducation appliquée aux Hindous. J'ai rencontré très peu de gens instruits, beaucoup à demi instruits et un grand nombre mal instruits et mal équilibrés.... Loin de nous avoir aucune reconnaissance de ce que nous avons fait pour eux, ils (les *babous*) se tournent contre nous et se vengent ainsi de l'abaissement que notre éducation a produit dans leur caractère. »

Sir John Strachey, dans son livre déjà cité sur l'Inde, écrit la même chose : « L'instruction superficielle et incomplète que les indigènes possèdent, est tout entière puisée aux sources anglaises. Ce qu'ils ont appris de l'esprit anglais est juste suffisant pour leur permettre de nous copier, quelquefois dans le bon sens, mais souvent aussi en des choses qu'il vaudrait mieux éviter ; ils ne savent presque rien sur leur propre pays et semblent fréquemment n'apporter qu'un minime intérêt à ses habitants. » Un peu plus loin, le même auteur fait d'autres observations ; elles ne sont pas sans prêter beaucoup d'autorité aux craintes que nous formulions tout à l'heure sur les conséquences, très préjudiciables à notre autorité, que le développement de l'instruction pourrait avoir en Algérie : « Voici devant moi, le rapport d'une grande assemblée politique, l'*Indian National Congress*, comme on l'appelle.... L'objet qu'il poursuit, c'est « l'affranchissement politique du pays » par l'introduction des institutions représentatives. Je ne veux pas vous exposer en détail les idées de ces agitateurs politiques.... Vous y verriez percer (dans leurs discours et leurs comptes rendus) contre le gouvernement britannique, un esprit de révolte et de haine à peine voilé sous les répétitions de l'expression emphatique de leur dévouement et de leur loyalisme. » Sir John Strachey, bien loin d'exagérer, ne dit qu'une partie de la vérité. Les *babous* ont fondé dans l'Inde plusieurs journaux très nettement hostiles à la domination britannique ; on y excite les contribuables à ne pas payer l'impôt ; on parle de la Russie que l'on représente comme très puissante et très riche ; on ajoute qu'avec l'alliance de la France elle serait irrésistible, qu'enfin, en cas de guerre européenne, l'Angleterre fera bien de rester neutre. En 1891 s'est déroulé devant le tribunal de Calcutta un procès de presse extrêmement curieux. Le journal indigène, le *Bangabasi*, était poursuivi pour excitation à la sédition, et au nombre des passages incriminés était celui-ci : « Il commence à ne pas être improbable, que, blessés par ces abus, nous puissions par degrés devenir véritablement des rebelles. Seulement ce ne sera pas un mince danger pour le gouvernement anglais. Le jour où les millions de sujets que nous sommes, sans armes, sans vivres, faibles ou abattus, peu importe, seront des rebelles, ne fût-ce que dans leur cœur, ce jour-là, il ne s'écoulera guère de temps avant que cette puissance soit frappée de mort. »

Ainsi, il existe dans notre univers, bien qu'on paraisse l'ignorer, des puissances qui ont éprouvé l'impuissance de l'instruction et qui ont vainement entrepris de « s'assimiler », grâce à elle, une race inférieure. C'est ainsi que l'Angleterre a pu apprendre, à ses dépens, que l'instruction publique, appliquée largement et à l'improviste sur des peuples que leurs habitudes et leur culture antérieure n'ont aucunement préparés à la recevoir, agit comme un irritant violent sur certaines classes et dissout rapidement le vieil ordre social.

Nous savons que les Hindous et les Algériens ne sont pas de même race, qu'il existe entre les uns et les autres de profondes différences, que l'instruction européenne ne produira très probablement pas des effets identiques sur les deux peuples; il nous paraît cependant certain que le résultat général ne différera pas. Peut-être même sera-t-il plus mauvais en Algérie que dans l'Inde. Arabes et Kabyles sont moins parleurs, moins phraseurs que les Bengalis; mais ils ont une autre énergie, un autre courage, ils sont prêts à l'insurrection. S'ils apprennent dans notre histoire — sans bien la comprendre, d'ailleurs — la haine de l'oppresseur, l'amour de la liberté, ne feront-ils pas bientôt « un parti » dangereux pour la domination française?

Ces diverses considérations méritent, il nous semble, d'être profondément examinées. Il en est d'autres encore auxquelles il serait imprudent de ne pas donner attention ; nous voulons parler des questions financières.

La poursuite des grands projets de la commission sénatoriale ne va-t-elle pas coûter au budget de l'État et au budget des communes des sommes très importantes? Déjà nous avons vu que, pour l'exercice 1892, la part des dépenses de la métropole pour l'instruction primaire des indigènes a été élevée de 652 000 francs. Ce supplément de dépenses n'est rien, si l'on songe à celles qui peuvent être engagées en 1893 et dans les années suivantes. Les augmentations annuelles de crédit se chiffreront bientôt par millions, car il faudra aider les communes dans les dépenses de construction, puis payer les maîtres. Pour les communes algériennes, dont les ressources sont autrement faibles que celles de l'État, l'avenir se présente gros de menaces. Un décret récent (29 avril 1892) a décidé que les dépenses d'installation d'écoles ou de classes seraient réparties entre l'État et les communes dans une proportion variable, mais qu'en aucun cas, la subvention de l'État ne pourrait dépasser 80 p. 0/0. Acceptons ce chiffre et voyons la situation qui attend une commune de Kabylie; nous prendrons celle de Fort-National, mais nous pourrions prendre toute autre.

La commune mixte de Fort-National évalue pour 1892 ses recettes à 188 900 francs; sur ce total une somme de 120 800 francs, produite par les prestations, constitue des « fonds réservés », affectés à l'œuvre des chemins. Les recettes réelles sont donc de 68 100 francs; les dépenses atteignent 70 400 francs; c'est un déficit de 2 300 francs. Si maintenant on cherche la décomposition de la somme totale des dépenses on voit que l'instruction publique, c'est-à-dire les écoles primaires et les écoles d'apprentissage toutes à l'usage des indigènes, représentent une dépense de 27 500 francs. Cette part, on l'avouera, est déjà large; mais voyons la suite. Le programme des écoles pour 1892, dressé par l'administration rectorale, prévoit la construction de 12 écoles dans la seule commune de Fort-National, ce qui constituera immédiatement pour elle, en admettant que l'État prenne à sa charge 80 p. 0/0 de la dépense, un sacrifice de 51 000 francs. Où trouver cette somme? Il faut que la commune emprunte, et, en même temps, qu'elle vote des centimes extraordinaires sur la propriété bâtie pour assurer l'intérêt et l'amortissement de son emprunt. Est-ce tout? Non certes, car l'État n'intervenant pas dans les frais d'entretien et de matériel des écoles, la commune devra supporter de ce chef une dépense de 32 000 francs pour les 12 écoles nouvelles. Est-ce tout enfin? Pas encore : si les projets de l'administration rectorale venaient à être adoptés, Fort-National devrait élever en 1893 et 1894, dix, douze ou quinze nouvelles écoles. Faut-il insister? C'est le déficit certain, la ruine, l'imposition de centimes extraordinaires en nombre excessif sur les pauvres maisons kabyles.

Après avoir discuté et critiqué, il faut naturellement formuler une proposition, donner des conclusions; nous le ferons donc. Sans connaître le programme définitif que la commission sénatoriale présentera au gouvernement et aux Chambres, on peut le deviner : il sera bien entendu que les enfants sont aptes à recevoir l'instruction française, qu'il faut les « franciser », et que dans ce but, il importe d'élever, au plus vite, de nombreuses écoles en Grande et en Petite-Kabylie et que, dès que ces écoles seront construites, l'obligation devra être décidée [1].

---

[1]. Le ministre de l'instruction publique, M. Bourgeois, que l'on savait d'accord avec la Commission depuis le discours de M. Combes au Sénat, n'a pas attendu ce programme définitif pour affirmer par une décision publique, son opinion et ses vues.

Pendant la correction des épreuves de ce volume le *Journal officiel* a publié un long décret, en date du 18 octobre 1892, « relatif à l'enseignement primaire public et privé des indigènes de l'Algérie ». Voici ses dispositions principales :

ART. 2. « Toute commune d'Algérie devra être pourvue d'écoles en nombre suffisant pour recevoir tous les garçons indigènes d'âge scolaire. »

ART. 5. L'obligation s'appliquera aux garçons d'âge scolaire dans les communes ou fractions de communes désignées par arrêtés spéciaux du gouverneur général.

ART. 27. L'établissement des écoles indigènes est une dépense obligatoire pour les communes.

Suivent de nombreuses dispositions relatives aux maîtres français et indigènes.

Le décret n'a pas moins de 68 articles; cependant il ne dit rien des programmes, ce qui est assurément, ainsi que nous l'avons déjà indiqué, la plus grosse et la plus délicate question après celle de l'instruction elle-même. L'article 15 est bien vague. « Dans toutes les écoles fréquentées principalement par les indigènes, l'enseignement est donné suivant des programmes spéciaux, approuvés par le ministre de l'instruction publique. Les livres,

Il serait de la dernière imprudence d'entrer dans une pareille voie. Toutes nos critiques sont-elles fondées ? Nos craintes suffisamment justifiées ? Nous le pensons. Mais l'erreur étant chose humaine, il est possible que nous ayons exagéré. Peut-être une partie des enfants est-elle plus apte à recevoir l'instruction que nous ne le croyons; peut-être cette instruction ne causera-t-elle pas tout le mal que nous redoutons. Il faut donc faire une expérience, — une expérience, rien de plus. Voici dix ans que, sur les ordres de M. Jules Ferry, des écoles ont été élevées en Kabylie; quels résultats appréciables ont-elles donnés ? Il n'est pas toujours possible de les saisir, mais cependant ils peuvent se résumer ainsi : quelques « moniteurs » d'instruction faible et d'intelligence médiocre, quelques *khodja*, quelques *chaouch*, puis beaucoup de jeunes hommes perdus, qui ne savent plus, ne se souviennent plus et ne sont, au milieu de leurs coreligionnaires d'aucune utilité pour la France. Il faut donc poursuivre l'expérience, car le moins qu'on puisse dire est qu'elle n'est pas faite. Renonçons à tous les plans gigantesques, remettons *sine die* la construction d'écoles nouvelles, puis attendons dix ans, quinze ans, vingt ans s'il est nécessaire, pour voir les élèves que formeront les écoles existantes, pour les suivre, pour juger si l'instruction leur aura été utile, si elle ne nous aura pas été nuisible. Dira-t-on que c'est beaucoup attendre ? Mais en vérité qu'est-ce dix ans, qu'est-ce vingt ans, avant d'engager définitivement une question si grosse, si délicate, si controversée que celle de l'instruction des Kabyles

cartes et images à mettre en usage dans les écoles sont choisis par le recteur, sur la proposition des inspecteurs d'académie. »

Une seule disposition nous donne satisfaction dans ce décret, à savoir : celle qui délègue au gouverneur général la haute direction du service de l'enseignement des indigènes pour tout ce qui concerne les créations d'écoles, leur répartition, etc. Il est, en effet, douteux qu'il se trouve un gouverneur voulant hâter ainsi que le désirent les « assimilateurs » la construction des écoles; sa connaissance des indigènes autant que le sentiment de sa responsabilité de la tranquillité du pays le porteront certainement à procéder avec une grande prudence et beaucoup de lenteur.

Il faut noter enfin que le décret du 18 octobre ne peut être appliqué sans argent. Or il est permis d'espérer que les Chambres voudront examiner avec attention, discuter à fond le programme du rapporteur de la Commission sénatoriale et du ministre de l'instruction publique avant d'accorder les crédits nécessaires et d'autoriser la construction des écoles.

et des Arabes? Quel mal appréciable éprouvera la France à retarder de vingt ans l'instruction des indigènes, si on juge que son effet est bon? A quel danger, au contraire, notre pays ne s'exposerait-il pas, si, en ouvrant des écoles, il révolutionnait la société indigène, augmentait la force de nos ennemis, développait en eux des aspirations à la liberté?

S'il n'est pas urgent de construire des écoles, il l'est beaucoup de refaire les programmes. Il sera inscrit, dès la première ligne, que l'école n'est pas obligatoire; les pères seront libres d'envoyer ou de ne pas envoyer leurs enfants. Ce point établi, il faut prévoir et organiser deux genres d'enseignement : l'enseignement primaire proprement dit et l'enseignement professionnel. L'enseignement primaire doit être très simple, les cours peu chargés. Apprendre aux jeunes Kabyles et aux jeunes Arabes le français de façon à ce qu'ils puissent le parler et l'écrire, le calcul et un peu d'histoire, cela nous paraît suffisant. Mais, disons-le tout de suite, il faut, pour chacune de ces choses, des livres spéciaux à l'usage des Africains : une grammaire suffisamment simple, des recueils de mots et de dictées, un volume d'histoire. Celui-ci surtout demandera à son auteur beaucoup de soin; il ne s'agit pas de perdre les petits indigènes dans les longs détails de l'histoire de France; il importe, d'autre part, de glisser sur certaines parties; il est des faits sur lesquels nous n'avons pas à appeler leur attention. Raconter aux enfants l'histoire de notre pays un peu comme le soldat Goguelat raconte aux paysans de son village l'épopée napoléonienne, dans *le Médecin de campagne*, nous paraîtrait une œuvre excellente. Il est bon d'éviter la fable, mais il est nécessaire de laisser aux élèves, s'il est possible, une grande idée de la force et de la puissance de notre pays. L'histoire de l'Algérie ne doit point être oubliée; il est à désirer que les indigènes sachent un peu ce qu'ils sont; on leur dira qu'ils ont gagné la paix à notre domination, qu'ils peuvent par le travail améliorer leur situation matérielle. Les instituteurs, auxquels sera confiée l'éducation des indigènes, auront une lourde tâche, plus difficile assurément, plus délicate que celle de leurs collègues de la métropole. Il faudra qu'ils sachent se mettre à la portée de ces intelligences « primitives », qu'ils gagnent la confiance, et, s'il se peut, l'amitié des enfants. Il est indispensable qu'ils sachent couramment la langue indigène, le berbère ou l'arabe, afin d'expliquer aux élèves, dans leur propre langue, le sens des mots français, et qu'en leur parlant kabyle ou arabe, ils leur apprennent à parler français. Nous avons dit combien les enfants, aujourd'hui, prononcent ou écrivent de mots sans les comprendre [1].

A côté du maître français, serait souvent, sinon toujours, le maître indigène, c'est-à-dire le *taleb*. En France nous avons fait l'école laïque, en Algérie nous devons faire l'école religieuse. Beaucoup de parents hésitent aujourd'hui à envoyer leurs enfants dans nos écoles, parce que nous n'y recevons pas le vieux *taleb* qui fait apprendre aux enfants les versets du Koran. Il est à peine besoin de dire que si, dans certaines régions, les populations ne paraissent pas désirer la présence du *taleb*, il ne sera pas appelé. Ce serait une erreur de croire que l'entrée du *taleb* dans l'école comporterait pour nous des dangers; qui dit *taleb* ne dit pas *fanatique* et d'ailleurs ne sommes-nous pas assurés qu'un *taleb*, payé par nous, honoré de notre confiance, sera plutôt disposé à nous servir et à nous prêter sa modeste influence? Peut-être des parents qui payent aujourd'hui une légère somme pour envoyer leurs enfants dans une *zaouïa* qui nous est hostile, les enverraient-ils aux leçons gratuites de notre *taleb* par une simple raison d'économie. C'est au *taleb* que pourrait revenir le soin de donner ce que nous appelons en France l'instruction morale et civique. Il faut, en effet, se souvenir que le Koran contient d'excellentes choses, de précieux conseils. Bien des musulmans en ont oublié quelques-uns, ce ne serait pas un mal de les rappeler aux enfants.

[1]. En débarquant à Alger, les jeunes instituteurs français désignés pour les écoles indigènes sont envoyés à l'école de la Bouzaréa, où des maîtres leur enseignent le berbère et l'arabe. Cet enseignement ne paraît pas aujourd'hui être suffisant, et parmi les instituteurs des écoles indigènes, beaucoup ne sont pas capables de parler la langue du pays. Ils comptent, pour préparer les enfants à la compréhension des premiers mots de français, sur le « moniteur » indigène, mais c'est là un faux calcul, car ce n'est pas pendant six mois ou un an, mais pendant quatre, cinq et six ans qu'il peut être nécessaire d'expliquer le sens d'un mot français en langue indigène.

Le Livre de Dieu enseigne le respect des père et mère : « Respectez les entrailles qui vous ont portés,... tenez une belle conduite envers vos père et mère,... parlez-leur avec respect ». Le même livre enseigne la bonté, la charité, l'aumône, la fidélité du dépôt, l'hospitalité, le pardon des offenses. Que le *taleb* rappelle ces choses, elles auront pour les enfants plus de portée que s'ils les rencontrent dans un manuel écrit par les chrétiens [1]. Il pourrait aussi, en pays kabyle, apprendre l'arabe aux enfants. Il ne semble pas qu'il y ait pour nous un danger politique à répandre la langue arabe en pays berbère ; le Koran, les associations religieuses, le fanatisme unissent les deux races aussi intimement qu'il est possible ; la propagation de la langue ne saurait être nuisible. L'enseignement de l'arabe qui est la langue la plus répandue, la seule qui s'écrive, paraîtra, au contraire, d'une grande utilité à beaucoup de chefs de famille ; ils verront là, pour leurs enfants, la possibilité d'aller plus tard commercer en pays arabe.

Tels sont les termes de l'expérience que nous proposons. Avançons avec beaucoup de prudence afin qu'il soit possible de reculer. L'indigène peut-il apprendre ? Peut-il retenir ? L'instruction peut-elle le rapprocher un peu de nous ? Aider à la fusion des intérêts ? Toutes ces questions demeurent posées.

Nous avons suffisamment parlé de l'enseignement primaire proprement dit ; venons à l'enseignement professionnel. Il n'est pas exagéré de prétendre qu'il est au moins aussi important que l'autre. Si un jeune Kabyle apprend à se servir de la charrue française, là où cela est possible, ou à fabriquer des outils, à travailler le fer et le bois, ou encore le métier de maçon, ne lui aurons-nous pas donné un enseignement utile dont il est certain de tirer profit ? Ce n'est point là proposer chose nouvelle, car l'enseignement professionnel existe déjà aujourd'hui. La Kabylie possède quatre écoles

---

[1]. Un crédit de 20 000 francs a été inscrit au budget de 1892 sous le titre d'enseignement koranique aux indigènes, afin qu'il soit possible d'appeler les *tolba* dans les écoles et de leur assurer une légère rétribution (*tolba*, pluriel de *taleb*).

où des contremaîtres français enseignent à des indigènes le travail du fer et du bois; tous les instituteurs doivent, d'autre part, donner quelques notions d'agriculture pratique sur un terrain annexé à l'école.

Les écoles professionnelles ont donné quelques résultats; plusieurs Kabyles sont devenus menuisiers, serruriers, d'autres bijoutiers. Mais nous sommes encore dans la période des premiers débuts. Il est évident que l'on peut faire mieux; l'enseignement agricole surtout doit être perfectionné; à l'heure actuelle la plupart des instituteurs n'ont à leur disposition que de petits jardinets sur lesquels le maniement d'une charrue ne peut être enseigné et où il est absolument impossible de faire la moindre expérience de culture. Cependant il serait bon d'introduire chez les montagnards du Djurjura des plantes nouvelles, utiles ou d'un rendement avantageux. Mais on ne fera de ce côté une expérience sérieuse que si l'on renonce à joindre, comme le voudrait la commission sénatoriale, les deux enseignements. Pourquoi vouloir enseigner l'histoire à un jeune Kabyle qui veut apprendre le travail du fer? Pourquoi même lui enseigner le français? S'il le veut, il l'apprendra suffisamment dans le voisinage des uns et des autres, pendant qu'un « moniteur » indigène formé par un contremaître français, surveillé par lui, l'habituera au travail de la forge, lui apprendra à fabriquer des bêches, des pioches et des socles de charrue.

Il faut ajouter un correctif. On courrait à un échec, si l'on formait trop d'ouvriers : les Européens d'Algérie sont pourvus d'ouvriers du fer et du bois, en nombre suffisant, puisque la main-d'œuvre n'y est pas sensiblement plus élevée qu'en France. C'est donc, au moins pour un temps, à la « clientèle indigène » que s'adresseront les ouvriers indigènes; et l'on se ferait illusion, si l'on pensait que cette clientèle, renonçant dès demain à ses habitudes séculaires, va construire des maisons plus confortables, ouvrir des fenêtres, mettre des balcons, employer dans les champs tous les outils qu'emploie une « clientèle européenne »[1].

---

[1]. Le décret du 18 octobre 1892 n'ignore pas l'enseignement professionnel, mais loin de le mieux organiser, et de le séparer, pour cela même, de l'en-

En Tunisie, l'administration du protectorat poursuit depuis dix ans des vues assez semblables à celles qui viennent d'être développées; elle est satisfaite des premiers résultats obtenus; elle a de bons élèves. Il est vrai — et ce fait est très digne d'être noté, car, comme l'on pense, les partisans des écoles en Algérie invoquent l'exemple de la Tunisie, — il est vrai qu'elle s'adresse à des populations qui, pour être de même race que les populations algériennes, sont cependant fort différentes. La Tunisie était beaucoup plus avancée sous tous les rapports en 1881 que ne l'était l'Algérie en 1830; ses habitants étaient mieux doués pour le travail et plus dociles; ceux des villes, d'origine berbère et turque, se livraient au commerce, fréquentaient des écoles indigènes. Les écoles tunisiennes même jouissaient depuis longtemps d'une grande célébrité dans le Maghreb; Tunis était un des foyers de la science musulmane; les étudiants affluaient à la mosquée de l'Olivier (*Djamâ-ez-Zitouna*). Fait plus important, et qui témoigne du goût de la population pour l'étude, le bey Mohammed-es-Sadok avait fondé dans sa capitale un collège (*Medersa Sadikya*) où l'on enseignait aux élèves les mathématiques, la géographie, la physique, la politique, la législation des différents pays, l'italien, le français. Devons-nous encore nous répéter? Faut-il rappeler qu'en Algérie la France n'a rencontré ni écoles, ni collèges, ni étudiants, ni vie intellectuelle d'aucune sorte. Il est donc fort possible que la direction de l'enseignement de Tunis continue à obtenir de bons résultats et que l'administration rectorale d'Alger ne parvienne qu'à des résultats médiocres.

Nous n'avons rien dit encore de l'instruction des filles; il convient d'en parler. Les « assimilateurs » ne connaissent point d'obstacles. Dans un pays où la femme est considérée sinon comme une esclave, du moins comme un être inférieur, où elle n'a aucun droit, où son père la marie à qui il veut, où son mari la tient enfermée, où sa situation est à ce point

---

seignement primaire proprement dit, il lui conserve son rang d'enseignement supplémentaire et annexe (art. 16).

nulle qu'un ami ne demande jamais à son ami des nouvelles de sa femme, il s'est trouvé quelques personnes à l'administration rectorale pour fonder des écoles de filles. Le but poursuivi, on le devine; les enfants apprennent le français, la conversation, les narrations, l'histoire, la couture, les travaux d'aiguille, un peu de cuisine, — ainsi l'on en fera des « femmes d'intérieur », qui auront, sur leurs maris la meilleure influence.

On compte en Kabylie dix écoles de filles, dont cinq sont des écoles enfantines. Ici on a recruté des orphelines, ailleurs on a, par des promesses ou des places, persuadé aux parents d'envoyer leurs enfants; comme les pères kabyles font peu de cas des filles, ils ont quelquefois consenti.

C'est une chose intéressante en même temps que triste, que de voir les résultats obtenus. Une institutrice française bien élevée, souriante, gracieuse, une femme enfin, fait vite la conquête des petites sauvages qui lui sont confiées; elle réveille en elles mille sentiments féminins qui sont en germe, elle fait vibrer leurs cœurs; on l'aime, on la considère presque comme une mère. Ainsi, la maîtresse prend le cœur de la jeune fille plus que le maître le cœur du jeune garçon. L'intelligence de beaucoup se développe assez vite, elles apprennent à se tenir propres, puis à lire, savent des morceaux par cœur, font très habilement plusieurs travaux de couture. Devant ces premiers résultats la maîtresse, heureuse et fière, ne s'arrête pas; elle apprendra aux fillettes vingt tournures de phrases, vingt expressions pittoresques dont elles émailleront leurs devoirs, sans bien en saisir le sens; elle leur fera apprendre des vers de Victor Hugo, leur lira des pages de Michelet. Séduites, conquises, grisées, les jeunes élèves suivent leur maîtresse. Elles ne comprennent pas tout, leur intelligence n'est pas assez forte, l'hérédité pèse sur elles, mais elles peuvent songer, réfléchir; elles se disent que, sorties de l'école elles rentreront chez un père qui a le droit de les battre, qu'elles seront vendues à un homme qui les traitera comme il voudra; qu'elles seront peut-être liées pour la vie à un être qu'on leur a appris à reconnaître grossier, brutal; alors elles ont peur, elles ne veulent plus sortir de l'école, elles ne veulent pas retourner chez leurs parents; elles déclarent qu'elles ne se marieront pas. Que deviendront-elles, ces malheureuses, ces déclassées? Pour une qui se mariera et aura sur son mari une heureuse influence, vingt iront se perdre dans les villes, tandis que d'autres, restées dans leurs tribus, montrées au doigt, resteront malheureuses pour la vie.

Un universitaire enthousiaste [1] raconte qu'il a récemment vu une jeune Kabyle de quatorze à quinze ans, qui, bien que mariée, continue à fréquenter l'école; elle est la meilleure élève, et il en parle avec complaisance. Il ne dit pas que, séduite par la vie d'une Française, d'une « civilisée » qu'elle a entrevue dans les récits de sa maîtresse et dans quelques petites lectures, elle a pris ses parents en aversion, que son mari lui paraît un homme horrible, une brute et qu'elle le fuit.

Des faits semblables ne nous commandent-ils pas clairement d'arrêter l'expérience? La France veut-elle, en essayant de prendre les femmes, désorganiser la société indigène? Déjà nous avons enlevé aux Arabes et aux Kabyles leur justice, nous avons voulu contraindre les premiers à la propriété individuelle et ainsi nous avons ruiné bien des familles. Voulons-nous faire plus, poursuivre *une œuvre de révolution* en désorganisant la famille telle qu'elle existe? Certes elle est, cette famille musulmane, mal organisée pour nous autres « civilisés » européens; mais avons-nous mission de la changer et surtout sommes-nous assez forts? Ignorons-nous que ses bases sont inscrites ici dans de vieux *kanoun* respectés, fidèlement conservés d'âge en âge, là dans le Koran, Livre « révélé » il y a treize siècles, qui est la loi éternelle, indiscutable pour 200 millions d'hommes [2]?

Encore une fois, puisqu'il faut le répéter, tous les indi-

---

1. Rambaud, *loc. cit.*
2. L'auteur du décret relatif à l'enseignement des indigènes algériens que nous analysons plus haut, n'a pas hésité à admettre le principe de l'instruction des filles. L'article 18 dispose : « Dans les écoles de filles, les élèves consacrent la moitié du temps des classes à la pratique des travaux d'aiguille et des *soins du ménage* ». — Il est vrai que l'article précédent porte que les écoles de filles sont établies « lorsqu'elles sont demandées par l'autorité locale, d'accord avec la majorité des membres musulmans de l'assemblée municipale ». Mais on a vu plus haut comment, lorsque les « autorités » le

vidus de la planète sentent-ils le besoin d'une même « civilisation »? Celle qui convient aux uns et leur paraît excellente, convient-elle également aux autres? en apprécient-ils les « bienfaits » ?

désirent, les indigènes hésitent peu à satisfaire le *Beylik*, quels que soient leurs sentiments vrais. L'administration rectorale va-t-elle « désirer » l'ouverture de quelques écoles de filles?

CHAPITRE II

POLITIQUE A SUIVRE A L'ÉGARD DES INDIGÈNES

Troisième partie.

Ce qu'il faut faire en matière indigène. — Erreurs qu'il convient de corriger.
— Mesures nouvelles.
Condamnation des lois sur la propriété individuelle et l'état civil.
Les forêts. — Condamnation du Code forestier. — Mécontentement général
contre le service forestier. — Sa défense. — Elle est bonne pour la France,
inadmissible pour l'Algérie. — Une législation spéciale. — Conciliation des
besoins des indigènes avec la conservation des forêts. — Les incendies. —
La responsabilité collective. — Les forêts qui doivent être interdites au
bétail. — Celles qui peuvent être ouvertes. — Les troupeaux « nettoient »
les forêts. — Les propriétaires des forêts de la province de Constantine.
— Discussion au Conseil supérieur. — Les forêts d'Algérie doivent être
l'auxiliaire de l'agriculture pastorale. — Le service sous les ordres du gouverneur général.
La réforme de la justice pour les indigènes. — La persistance des « assimilateurs ». — Le juge et le soldat. — Contradictions. — Le décret du
25 mai 1892. — Le cadi sur les marchés. — La « conférence ». — Les
« demandes en annulation ». — Intervention des magistrats français dans la
rédaction même du droit musulman. — Un droit prétorien musulman. —
Le droit de *djabre*. — Le mariage. — Projet de codifier le droit musulman.
— Un Code Napoléon d'après la loi de Mahomet. — Il faut revenir aux décrets de 1859 et 1866. — Dispositions principales à adopter. — Le cadi juge
de dernier et de premier ressort. — Les assesseurs musulmans dans nos
tribunaux. — Les *medersa*. — Nécessité d'élever le niveau des études. —
L'université de Fez. — Un meilleur recrutement des cadis. — Les indigènes
en cour d'assises. — Un jury de colons. — Modifications à apporter à la
loi. — Les interprètes. — Il faut parvenir à leur suppression. — De l'insuffisance des magistrats français. — Une instruction; le juge et l'interprète.
— Il faut à la colonie une magistrature spéciale.
Le droit musulman. — De la jurisprudence. — L' « effort législatif ». — Deux
exemples d'interprétations législatives. — Le décret du sultan Mahmoud.
— Le décret du bey de Tunis sur la location des biens *habbous*. — De l'institution d'un Conseil de législation musulmane. — Collaboration de magistrats français et de jurisconsultes musulmans. — Résultats qu'il est permis

d'espérer. — Un Comité de coutumes kabyles. — Le rapport Béhic sur l'Algérie.
La religion musulmane. — Le « clergé officiel ». — Erreur que nous avons commise en n'en faisant pas un moyen d'influence. — Fautes à réparer. — Concours du clergé « officiel » et de plusieurs congrégations. — Les princes musulmans et les congrégations. — Incertitudes de notre politique. — Esprit libéral de certains ordres. — Mesures à prendre pour atteindre la propagande des ordres hostiles. — Les marabouts hostiles et les marabouts favorables. — Concurrence que nos amis pourraient faire à nos ennemis. — Paroles de conciliation et de paix.

Nous venons d'indiquer les mesures qu'il convenait d'éviter, ce qu'il ne fallait pas faire. Voyons maintenant les mesures qu'il convient d'adopter, ce qu'il faut faire.

C'est, d'abord, corriger nos erreurs, notamment en ce qui concerne la législation sur la propriété immobilière, sur l'état civil, sur les forêts, sur la justice; — c'est, ensuite, rechercher comment, et dans quelle mesure, nous devons exercer notre action pour surveiller la religion, assurer la sécurité, administrer les indigènes, donner satisfaction à leurs intérêts, améliorer leur situation matérielle. En entrant dans une semblable voie, nous serions assurés de faire accomplir, graduellement, aux habitants de l'Algérie, tous les « progrès » dont sont susceptibles, à l'heure actuelle, les populations musulmanes.

Nous avons fort peu de chose à dire au sujet du régime des terres et de l'état civil. Un chapitre spécial a été consacré à la question de la propriété immobilière des indigènes [1]. On a dit quelles étaient leurs lois, quels étaient leurs usages, pourquoi ils tenaient à la propriété collective ou familiale, le mal profond que leur ont fait les lois de 1873 et de 1887; on a ensuite indiqué le remède. Dans le même chapitre la question de la constitution de l'état civil des indigènes musulmans ordonnée par la loi de 1882 a été traitée; on a conclu que ce qu'il y avait de mieux à faire était de laisser sommeiller cette loi.

En matière de forêts, nous avons montré, au chapitre précédent, le trouble profond que l'application du Code forestier et de la loi de 1885 ont apporté dans la vie des indigènes;

---

1. Voir liv. II, chap. III.

nous avons constaté leur ruine, leur mécontentement, leur fureur, et comment ils allument parfois des incendies pour se venger.

Il est impossible que la législation forestière et le système qui en découle ne soient pas réformés sans retard ; tout le monde d'ailleurs est d'accord sur ce point, et les indigènes ne sont pas les seuls en Algérie à crier : « Délivrez-nous des *gardaouât!* » Il y a quelques années, un préfet envoyait au gouverneur général un rapport où il disait : « Dans le cours de ma récente tournée, de nombreuses députations de collectivités indigènes ont appelé mon attention sur la situation critique que leur crée le taux exorbitant des amendes forestières. Les administrateurs des collectivités intéressées que j'ai consultés à cet égard, ont été unanimes à reconnaître que les plaintes formulées étaient fondées et à regretter l'extrême rigueur dont le service forestier faisait preuve vis-à-vis des populations indigènes. » Dans la séance du Conseil supérieur du 25 décembre 1887, un membre ayant esquissé un éloge du service forestier, un autre répondit aussitôt : « N'est-ce pas lui qui, avec des exactions de tout genre, a poussé les indigènes à la révolte et provoqué la ruine de plusieurs forêts dans la province d'Oran ?... Ce service forestier a su se rendre odieux à tous, aux indigènes comme aux Européens. » Le gouverneur général se chargea de conclure : « La vérité pourrait bien être entre ces deux extrêmes ». C'était suffisamment avouer. Depuis, on ne cesse d'entendre les critiques formulées contre l'administration des forêts, soit dans le Conseil supérieur, soit dans les conseils généraux. Récemment, le nouveau gouverneur a laissé entendre qu'il n'était pas éloigné de s'y associer.

Les agents des forêts se défendent, ainsi qu'on peut le prévoir. Ils font remarquer qu'en protégeant les forêts contre la dent des troupeaux, ils défendent le climat même de l'Algérie, c'est-à-dire les rivières, les récoltes, la colonisation même ; ils ajoutent : « Si nous laissons détruire les forêts, le Sahara, qui déjà arrive jusque sur les Hauts Plateaux, avancera bientôt aux portes d'Alger ». Voici, dans cette réponse même, la preuve qu'à un pays nouveau et qu'à des races nouvelles, il faut des lois nouvelles! Le service forestier a raison en théorie; en France, il parlerait d'or, mais en Algérie, est-il possible de ne pas tenir compte de la présence des indigènes, de leurs besoins, de ce fait capital que la forêt est nécessaire à leur existence? Certes les indigènes ne sont pas toujours intéressants, ils abusent de leurs droits d'usage, ne comprennent pas que leur intérêt même est de respecter la forêt, à plus forte raison de ne pas l'incendier. Mais, ni ces observations, ni la défense du service forestier ne peuvent nous empêcher de conclure : il importe de déclarer au plus vite que le Code forestier n'est pas applicable en Algérie, que la loi de 1885 est abrogée; ce sera admettre le principe d'une législation spéciale à notre colonie. Cette législation devra tenir compte, à la fois des besoins de la vie pastorale des indigènes et de la nécessité, non moins certaine, qu'il y a de conserver les forêts, de les protéger contre la dent des troupeaux et contre les incendies.

Une loi existe déjà (17 juillet 1874) touchant cette dernière question. Elle prescrit des mesures propres à prévenir les incendies; elle astreint, pendant une certaine partie de l'année, les indigènes habitant auprès des massifs forestiers à un service de surveillance; elle prévoit la réquisition des Européens et des indigènes pour combattre les flammes; enfin, elle n'hésite pas à appliquer, en certains cas, le système de la responsabilité collective aux indigènes convaincus d'avoir allumé le feu. Toutes ces dispositions, y compris celle relative à la responsabilité collective, nous paraissent devoir être approuvées [1].

Il n'est pas impossible, venons-nous de dire, de concilier les besoins des indigènes avec la conservation des massifs. Toutes les forêts, en effet, ne doivent pas être également défendues aux troupeaux. L'interdiction du pâturage pendant une dizaine d'années est assurément indispensable pour assurer le repeuplement, soit des parties où viennent d'être exécutés des travaux de reboisement, soit des forêts qui ont été incendiées et dans lesquelles une nouvelle végétation sort

---

[1]. Voir plus loin, dans ce chapitre, ce qui est dit sur la responsabilité collective, p. 498.

de terre; les chèvres, les bœufs, même les moutons et les porcs, considérés cependant comme moins dangereux, pourraient brouter ou briser les jeunes pousses, c'est-à-dire faire périr la forêt naissante. Il en est tout différemment dans les bois en pleine croissance, là où les arbres sont élevés, les troncs résistants, là où, pour prendre une expression vulgaire, la forêt est de taille à se défendre elle-même. Les troupeaux en pénétrant dans ces massifs pour manger l'herbe, les petites branches basses, le sous-bois, non seulement, ne font point de mal, mais, ce qui est plus, rendent service; ils « nettoient » la forêt et diminuent ainsi les risques d'incendie. Cette opinion est notamment celle de la plupart des propriétaires des forêts de chênes-liège et plusieurs, dans la province de Constantine, laissent pâturer les troupeaux des Arabes. Y a-t-il, dans cette façon de faire, une part de concession à l'indigène, le désir de ne point le mécontenter? Cela est possible; mais, d'autre part, les hommes compétents savent qu'en Portugal les propriétaires des forêts de chênes-liège savent les aménager de telle sorte qu'elles servent, même avec avantage pour les produits, à l'élevage du bétail. Ainsi le problème est déjà résolu : la forêt peut vivre avec les troupeaux.

Un autre argument peut être produit en faveur du respect des droits d'usage des indigènes. On a fait observer au Conseil supérieur[1] que, si l'on excepte les forêts de chênes-liège, les bois de la colonie sont généralement de qualité inférieure; il est douteux que les poutres, les merrains et les planches des pins, des cèdres et des chênes d'Algérie soient jamais demandés de préférence aux produits des forêts européennes. Dans de semblables conditions, le rapporteur de la commission compétente estimait que, « sans perdre de vue l'action heureuse que les boisements algériens doivent exercer sur le climat et le régime des eaux, le meilleur parti à en tirer consiste à en faire l'auxiliaire de l'agriculture pastorale, une réserve de pâturages pour l'époque de l'année où les ardeurs du soleil ont fait disparaître toute la végéta-

---

1. Procès-verbal de la séance du 6 décembre 1890. Rapport de M. Bertagna.

tion en dehors du couvert des arbres ». Il proposait donc que les forêts d'essences diverses, que les nécessités du reboisement n'obligeaient pas à mettre en défens, fussent mises en location dans des conditions à déterminer. Cette conclusion, adoptée d'ailleurs par le conseil, paraît fort sage. Les droits des tiers ont été naturellement réservés, car partout où les indigènes jouissent d'un droit d'usage, il serait injuste de prétendre leur réclamer un prix quelconque de location.

Ainsi, tandis que l'administration métropolitaine persiste à faire appliquer rigoureusement dans la colonie le Code forestier, les propriétaires des forêts de chênes-liège d'une part, le Conseil supérieur d'une autre, indiquent ce qu'il convient de faire, la voie dans laquelle il faut s'engager. Nous ajouterons que la législation nouvelle doit tenir compte de deux nécessités : il faut que la rédaction des textes soit telle qu'il soit possible de tenir compte des questions d'espèce, d'accommoder dans toute la mesure possible, sur chaque point du territoire, les besoins réels d'une tribu avec le reboisement et la conservation des bois de la région; il faut, aussi, et par conséquence, que le gouverneur général, au contraire de ce qui se passe aujourd'hui, ait la véritable direction du service forestier [1], parce que l'action de celui-ci a une importance politique au moins aussi grande que son importance technique.

Venons à la justice. L'unanimité existe-t-elle sur cette question comme sur celle des forêts? Nous n'oserions le dire. Il est certain que, dans la colonie et en France, la majorité des personnes qui ont étudié la question reconnaît les vices du système actuel, l'urgence qu'il y a à en substituer un autre. Mais il est une minorité qui voudrait maintenir le *statu quo*; ce sont, d'abord, les notaires, huissiers, avocats, hommes d'affaires et autres qui, si nous rendions les indigènes à leurs

---

1. En vertu du décret des « rattachements » (voir le chapitre des conclusions), les agents des forêts en Algérie sont affranchis de l'autorité du gouverneur général et relèvent directement du ministère de l'agriculture. C'est là, on le comprend sans peine, une situation fort regrettable.

juges naturels, perdraient de gros profits. Leur situation est trop peu intéressante pour qu'elle nous occupe [1]. Ce sont, d'autre part, les « assimilateurs » convaincus qui s'obstinent à ne point voir le mal qu'ils ont fait, qui ne veulent rien abandonner, et même songent à prendre encore. Ils ont un argument qui, paraît-il, touche quelques personnes : revenir sur les décrets de 1874, 1886 et 1889, ce serait faire preuve de faiblesse vis-à-vis des indigènes. De suite il faut repousser cette raison ; elle est inspirée par un faux orgueil et c'est une faute politique grave que d'hésiter à se corriger, quand on sent que l'on s'est trompé. Il est d'abord fort douteux que les indigènes aient la pensée de prendre pour un signe de faiblesse une mesure de bienveillance — ou, ce qui est mieux, de justice ; — puis, sont-ce nos juges ou nos soldats qui gardent l'Algérie? Si l'indigène voit le juge dessaisi, il constatera que le soldat demeure.

Voyons donc la question même. Nous avons dit, au chapitre précédent, la difficulté pour nos magistrats de juger les affaires musulmanes, la répugnance que les indigènes ont à s'adresser à eux, les lenteurs inséparables de notre justice, les frais qu'elle occasionne, les ruines dont elle est cause. Mais nous nous reprocherions de ne pas mettre ici en évidence les contradictions au milieu desquelles vit le Ministère de la justice, et derrière lui le Parquet général d'Alger, sur cette question même de la justice indigène. Elles éclatent dans un décret récent qui porte la date du 25 mai 1892.

Ce décret sacrifie à deux idées contradictoires : c'est, d'abord, un demi-recul, un demi-retour vers la juridiction du cadi ; c'est, ensuite, une nouvelle atteinte portée à la justice indigène, un nouvel essai « d'assimilation ». Un rapport qui précède le décret, après avoir déclaré que « la substitution du juge français au juge indigène constituait assurément un progrès

---

[1]. On sait que les notaires et huissiers n'achètent pas leur charge et la reçoivent du gouvernement. Cette situation a même conduit à penser qu'il conviendrait de les constituer à l'état d'agents publics; une partie des sommes qu'ils accusent comme honoraires, leur assurerait des émoluments en proportion avec leurs services, l'autre partie serait encaissée par le Trésor.

marqué dans la voie de la civilisation », doit aussitôt reconnaître que « la nouvelle législation... n'a pas été toutefois sans soulever, dans la population intéressée, d'assez vives critiques ». Il faut reculer. L'article 1ᵉʳ dispose que : « dans les localités qui seront déterminées par un décret rendu en Conseil d'État, le ministre de la justice ou, par délégation, le gouverneur général... pourra autoriser le cadi à se transporter sur les marchés qui auront lieu dans ces localités pour y juger, à la demande de toutes les parties intéressées et sans déplacement, entre indigènes musulmans,... les contestations personnelles et mobilières dont la valeur ne dépassera pas 200 francs en principal. Les sentences rendues par les cadis, dans les conditions ci-dessus spécifiées, seront toujours en dernier ressort [1]. »

Le même article 1ᵉʳ dispose que, en cas d'appel des jugements rendus en premier ressort par les juges de paix et les cadis, les parties devront se présenter avant l'audience devant un magistrat rapporteur, qui aura mission de les concilier. C'est la « conférence ». Les plaideurs doivent comparaître en personne, sans avocats, défenseurs ou avoués, afin que la mission conciliatrice du juge ne soit en rien contrariée.

Ainsi, par deux fois, l'administration judiciaire de l'Algérie doit reconnaître qu'elle s'est trompée : elle appelle le cadi, elle cherche à concilier les parties, sans frais et en l'absence des avocats. Mais, nous l'avons dit, elle ne peut demeurer sur une concession, il lui faut une revanche; le décret de 1892 contient donc un chapitre relatif aux « demandes en annulation formées par le procureur général ». Qu'y a-t-il derrière ces termes? Il suffit, pour s'en rendre compte, de lire l'article suivant : « Si le procureur général près la cour d'Alger est informé qu'il ait été rendu en dernier ressort un jugement contraire au principe des droits et coutumes qui régissent les indigènes musulmans, en ce qui concerne leur statut personnel, leurs successions, ceux de leurs immeubles dont la propriété n'est pas établie conformément à la loi du 26 juillet 1873, ou par un titre français administratif, notarié ou judiciaire, il peut

---

[1]. Le transport du cadi sur les marchés était déjà prévu au décret du 17 avril 1889, mais il n'était pas entré dans la pratique.

déférer ledit jugement à la cour d'appel, dans le délai de deux mois à dater de sa prononciation ». La Cour peut annuler les dispositions « du jugement contraire à la loi », et statuant définitivement, elle fait jurisprudence. La portée de ces dispositions n'échappe à personne ; c'est pour les magistrats français un droit d'intervention directe, illimitée, non seulement dans le domaine de la justice musulmane, mais dans le droit musulman lui-même. Le procureur général d'Alger, M. Flandin, d'ailleurs, a fait connaître sa pensée à la commission sénatoriale d'enquête. Il veut que la Cour d'appel crée, peu à peu, une sorte « de droit prétorien », afin de « transformer la loi musulmane à l'aide des principes supérieurs du droit naturel »[1]; il se plaint de ce qu'il existe dans le droit musulman « de véritables monstruosités au point de vue moral » et cite notamment « ce que l'on appelle le droit de *djabre*, la faculté, pour le père ou pour le plus proche parent d'une jeune fille, de vendre celle-ci, sans son consentement, — l'esclavage aggravé de viol ».

Peut-être peut-on faire observer, tout d'abord, que M. Flandin ne présente pas les choses sous un jour parfaitement exact. Le mariage en droit musulman est, en même temps que l'union de l'homme et de la femme, un contrat réel où le mari promet à sa femme une certaine somme qu'il payera soit en totalité, soit à moitié le jour du mariage. Il est vrai que, dans la pratique, c'est souvent le père et non sa fille qui reçoit la somme d'argent. Malgré cela, le droit de *djabre*, aux mains du père, n'est pas aussi barbare qu'on le présente; ce n'est pas « l'esclavage aggravé de viol ». Il a, d'ailleurs, son explication dans les mœurs mêmes de la population musulmane : la femme orientale vit dans le cercle étroit de la famille; hors ses parents, elle ne voit aucun homme. Comment une jeune fille pourrait-elle choisir un mari? C'est donc le devoir du père ou, à son défaut, du plus proche parent, parce qu'ils sont estimés ceux qui portent le plus d'intérêt à la jeune fille, de chercher un mari. Le droit de *djabre* est donné « dans l'intérêt de la fille vierge », qui a « de la

---

1. Déposition et note de M. Flandin, procureur général près la Cour d'appel d'Alger. *Commission d'étude des questions algériennes.*

honte à choisir un mari, n'ayant pas fréquenté les hommes »; mais ce droit n'est pas absolu; d'une part, le père qui a témoigné, à l'égard de son enfant, de mauvais sentiments en est dépouillé; d'une autre, il est tenu par certaines règles touchant la condition de l'époux, le don marital; enfin la fille qui a cessé d'être vierge, cesse d'être sujette au *djabre*.

Il serait, il faut l'avouer, singulièrement délicat d'entrer dans la voie que conseille le Parquet général. Faut-il dire — et la commission sénatoriale a pu l'apprendre — qu'on veut aller plus loin encore et qu'on projette de « codifier » le droit musulman? Ces idées ont à la vérité des partisans. Dans le rapport dont nous avons parlé, M. Combes estime que « notre devoir est de reviser les règles du mariage musulman », puis, « rappelant avec confiance » la maxime de Bossuet, « il n'y a pas de droit contre le droit », il exprime également le désir que les *kanoun* soient modifiés en ce sens que la fille ne pourra être mariée que d'après son consentement. Nous ne saurions trop le répéter, adopter un semblable parti, ce serait entreprendre une lutte formidable contre les indigènes algériens qui tiennent à leur droit, à leurs *kanoun* — images de leurs mœurs, — et ce serait même manquer aux engagements que la France a pris lors de la capitulation d'Alger. Toutes les dispositions du droit musulman ou des *kanoun* sont-elles louables? pourraient-elles prendre place dans la législation d'une nation européenne, d'un peuple civilisé? Ce n'est point la question; dépouillons donc, lorsque nous sommes en Afrique, nos idées d'Européens et laissons là notre admiration pour les articles du Code civil.

Bien loin d'accepter la seconde partie du décret de 1892 et d'entrer dans les vues du chef du parquet d'Alger, il faut très franchement reconnaître qu'en matière de justice, nous nous sommes trompés. Les indigènes d'Algérie préfèrent à nos magistrats, la justice des arbitres, des *djemâa* ou du cadi; la jurisprudence incertaine de ce dernier, sa vénalité même ne les effraye pas. Dès lors, comment hésiter? Revenons, sauf peut-être quelques modifications de détail, aux décrets du 31 décembre 1859 et du 13 décembre 1866; adoptons les dispositions suivantes : 1° la loi musulmane régit toutes les conventions et toutes les contestations civiles et commerciales entre musulmans indigènes, et entre ceux-ci et les musulmans étrangers, ainsi que les questions d'état ; — 2° le cadi connaît, en dernier ressort, des actions personnelles et mobilières jusqu'à la valeur de 200 francs de principal et des actions immobilières jusqu'à 20 francs de revenu ; — 3° il connaît, en premier ressort, de toutes les questions de droit touchant à la loi religieuse ou à l'état civil des musulmans, ainsi que toutes les affaires civiles, commerciales, mobilières ou immobilières dépassant le taux du dernier ressort ; — 4° les appels des jugements rendus en premier ressort par les cadis sont portés devant les tribunaux de première instance de l'Algérie ; les magistrats français sont assistés « d'assesseurs musulmans » ayant voix délibérative[1] ; — 5° la surveillance des tribunaux indigènes est exercée, sous l'autorité du gouverneur général, par le premier président de la cour d'appel et par le procureur général ; — 6° les musulmans peuvent porter, d'un commun accord, leurs contestations devant la justice française qui statue alors suivant les principes du droit musulman. — Il est inutile d'ajouter que toutes les affaires civiles, commerciales, mobilières et immobilières, dans lesquelles un Européen est partie, continueraient à être portées devant les tribunaux français. Il conviendrait, d'autre part, de chercher à faire respecter, au tribunal du cadi, les effets de la loi de 1873 sur la propriété immobilière, partout où elle aura été appliquée, en tant du moins que les indigènes voudraient y demeurer soumis.

L'administration de la justice étant ainsi rendue aux

---

1. L'article 24 du décret du 13 décembre 1866 dit : « Pour les jugements des appels entre musulmans, il y a à la cour et dans chacun des tribunaux civils, excepté celui d'Alger, une chambre spéciale composée, savoir : à la cour et dans les deux tribunaux d'Oran et de Constantine, de trois magistrats français et deux assesseurs musulmans ; dans les autres tribunaux, de deux magistrats français et d'un assesseur musulman. Les assesseurs ont voix délibérative. Ils sont nommés par nous.... »

Plus loin le même article prévoit un « Conseil de droit musulman » composé de cinq jurisconsultes musulmans, auxquels les juges français peuvent soumettre les questions de droit touchant à la loi religieuse ou à l'état civil. Peut-être la constitution d'un semblable Conseil ne serait-elle pas nécessaire, surtout si le gouvernement créait à Alger un Conseil de législation musulmane, ainsi que nous le proposerons plus loin.

cadis, notre premier devoir serait d'apporter à leur instruction et à leur moralité un soin spécial. Les aspirants à ces fonctions suivent aujourd'hui, durant trois ans, les cours d'une *medersa*, sorte d'université religieuse où se donne l'enseignement supérieur musulman. Il y a dans la colonie trois *medersa* situées à Alger, Constantine, Tlemcen. Ces écoles existaient avant la conquête, nous les avons conservées; mais il ne semble pas que nous y ayons élevé le niveau des études, bien au contraire. C'est là une erreur, et il conviendrait de reprendre le programme de ces écoles, de le fortifier. La France a un intérêt capital à enrayer la décadence de l'enseignement supérieur musulman dans sa colonie. Aujourd'hui, les Algériens qui veulent s'instruire dans la religion et les sciences musulmanes, doivent se rendre à Fez, au Maroc, pour suivre les cours de la grande université de Karaouïn, qui paraît être la première école du Maghreb. On a conseillé, avec raison, de porter le stage des étudiants de nos *medersa* de trois à cinq ans au minimum, et de recruter les professeurs parmi les *euléma* les plus capables et les plus en vue [1]. Nos cadis seraient ainsi mieux instruits et les Algériens qui veulent apprendre, devenir *tolba*, oublieraient la route de Fez. Ce serait, au point de vue politique, une chose heureuse, car il n'est pas bon que des membres de la société musulmane algérienne en allant s'instruire au Maroc, soient exposés à nouer dans ce pays, où sont beaucoup de fanatiques et d'ordres religieux ennemis, des relations toujours dangereuses pour notre domination.

Il ne suffirait pas d'exiger des musulmans sollicitant les fonctions de cadi, un titre universitaire; il serait sage de prendre, avant de les nommer, des renseignements aussi complets que possible, sur leur moralité, leur honorabilité et la situation de leur famille. Peut-être l'administration devrait-elle rechercher à dresser pour chacun, après une enquête dans sa tribu, dans la ville où il habitait, une sorte de certificat de parfaite honorabilité; ce serait plus tard à la première présidence et au parquet général à surveiller et

---

[1]. Delphin, *Fas, son université et l'enseignement supérieur musulman.* Leroux, éditeur, Paris.

contrôler les magistrats en fonctions. Toutefois, ne demandons pas plus qu'il n'est permis d'espérer. Nous avons dit plus haut que la magistrature de l'Inde comptait, même dans les rangs élevés, des indigènes d'une parfaite honorabilité; les races n'ont pas les mêmes caractères et l'état des mœurs en Algérie, le faible degré de sens moral des indigènes, n'autorise pas à espérer, au moins avant un long temps, des résultats aussi heureux.

Pour terminer sur ce sujet de la justice aux indigènes, nous devons parler de la cour d'assises. Il est un point sur lequel indigènes et Européens paraissent être tous d'accord; c'est de modifier le système actuel. Les colons, d'abord, se plaignent de ce que le service des assises devient pour eux une charge beaucoup trop lourde; puis, fait plus grave, les jurys présentent, d'une session à l'autre, ou même d'une affaire à l'autre, des divergences incroyables dans leurs verdicts. Les jurés sont-ils en majorité habitants des villes, ils montrent une indulgence excessive; sont-ils, au contraire, en majorité habitants des campagnes, ils témoignent d'une sévérité extrême. La raison de cette contradiction est facile à expliquer : l'habitant des campagnes a plus à souffrir que le citadin des tentatives criminelles; de là son irritabilité, la rigueur de son jugement.

Si l'on condamne le système actuel, lequel convient-il d'adopter?

En ce qui concerne la connaissance des crimes entre indigènes, il semble que le mieux soit de les soustraire au jury; les magistrats jugeraient seuls. Pour les crimes entre indigènes et Européens, ils continueraient à être jugés par les jurés français, mais on adjoindrait à ceux-ci deux indigènes parlant le français, ayant voix consultative. Ils seraient là, surtout pour donner aux accusés et aux témoins la garantie que leurs paroles seront fidèlement traduites par l'interprète et qu'elles seront exactement comprises, dans le vrai sens, par le jury. Souvent les indigènes se plaignent d'être entièrement entre les mains de l'interprète, qu'ils considèrent, à tort ou à raison, comme le seul arbitre de leur sort [1].

---

1. Prax, *la Justice et les colons*. Bône.

Cette dernière observation, touchant les sentiments des indigènes à l'égard des interprètes, nous amène tout naturellement à parler des juges français. On a vu que, sauf une ou deux exceptions, aucun juge de paix, aucun juge de première instance, aucun conseiller, ni aucun membre du parquet ne connaissait les langues indigènes. Il n'est point de situation plus fâcheuse. Ce n'est pas, d'ailleurs, la seule fois que nous rencontrerons cette erreur grave : la France négligeant de former, pour l'Algérie, des fonctionnaires spéciaux et envoyant dans la colonie des hommes ignorant tout des populations qu'ils doivent administrer ou juger, la langue, les lois, les mœurs et les coutumes. L'interprète occupe ainsi le premier plan; il est Français, juif ou indigène; l'honorabilité de plusieurs paraît indiscutable; celle de quelques-uns, au moins, est douteuse. Même lorsque l'interprète est parfaitement honorable, traduit-il exactement, avec l'intonation, la nuance, ce qui doit passer par sa bouche?

Voici, saisi au passage, un interrogatoire dans une salle d'instruction. La scène donne à réfléchir : sur un banc, trois burnous gris; les hommes, accusés d'un assassinat, sont coupables ou ne le sont pas; s'ils le sont, ils vont mentir avec une extraordinaire impudence. En face d'eux, assis devant une table, un juge français; il siège avec un laisser aller tout algérien, paraît las et indifférent; d'ailleurs il ne sait pas un mot d'arabe. A ses côtés, entre les prévenus et lui, l'interprète indigène; il a grande mine, la tête enveloppée dans son haick de soie, le burnous blanc jeté sur les épaules et laissant voir le bas d'un ample pantalon mauresque et des babouches de cuir verni. C'est lui qui traduit les questions, on pourrait dire qui interroge ; c'est lui qui transmet les réponses. Ne doit-il pas paraître aux indigènes le vrai juge, autant par sa tenue que parce qu'il parle les deux langues? Où est le prestige de notre justice, son autorité morale, la garantie qu'elle offre à l'accusé?

Il est temps que le ministère de la justice exige de tous les magistrats d'Algérie, la connaissance de la langue arabe ou de la langue berbère. Elle est indispensable aux juges de première instance, aux conseillers, aux membres du parquet;

ils doivent parler couramment la langue vulgaire, pouvoir s'entretenir et pouvoir lire les pièces sans le secours d'aucun interprète ni traducteur. Un simple licencié en droit ne saurait faire un bon magistrat algérien ; il convient donc de recruter une magistrature spéciale pour notre colonie. Les candidats auront à satisfaire à des examens témoignant de leur connaissance des mœurs, des coutumes, du droit et surtout de la langue [1].

Lorsque le *beylik* aura rendu aux indigènes leurs cadis et leurs *djemâa*, satisfaisant ainsi à leurs plus ardents désirs, il sera intéressant de rechercher comment la France pourrait essayer d'avoir sur le droit musulman une certaine influence. Si le droit musulman est d'essence religieuse et dérive du Koran, il n'est cependant écrit nulle part en termes précis, de telle sorte qu'à côté du droit et le complétant, en quelque sorte, il y a les usages, les coutumes locales et surtout les interprétations des auteurs et des savants. En effet, si la loi civile est d'essence religieuse, ainsi que Mahomet l'a voulu, elle a subi à travers les siècles le mal des lois, c'est-à-dire la jurisprudence. On sait que le droit islamique a quatre sources principales [2] : le Livre saint (*Koran*), la conduite du prophète (*Sounah*), l'opinion unanime (*Idjma*) et l'analogie légale (*Qiyas*). Des commentateurs sont venus ensuite pour donner sur chaque point leur opinion; eux-mêmes ont été commentés. D'autre part, depuis qu'un des quatre *imam*, Ebou-Hanifa, a montré combien il était utile de faire usage du moyen offert par la « quatrième source » pour compléter la législation, il est admis dans la société musulmane que « l'effort législatif » ne peut cesser de s'exercer. — C'est ainsi que le vrai savant doit, en s'inspirant des quatre méthodes, répondre à toute demande qui lui est adressée par un fidèle, donner une opinion en l'appuyant sur des sources [3].

Voici, certes, un état de choses fort intéressant et digne

---

1. Voir d'ailleurs plus loin, dans ce chapitre, ce qui est dit touchant le recrutement des administrateurs, p. 514.
2. Voir liv. I, chap. III, p. 72.
3. Sawas-Pacha, *loc. cit.*

d'attention, car c'est en toute matière, en droit administratif — s'il est possible d'employer ce terme — comme en droit civil, comme en matière de statut personnel, que « l'effort législatif » est permis, qu'une opinion nouvelle peut être produite ; il suffit qu'elle s'appuie sur des sources autorisées. L'auteur que nous venons de citer, Sawas-Pacha, rapporte un fait curieux, lorsqu'il raconte comment le sultan Mahmoud, voulant préserver ses États de la peste, par l'institution des quarantaines, appela les savants de Constantinople à son aide. Il leur demanda de qualifier, islamiquement, l'ensemble des mesures prophylactiques qui constituent les quarantaines ; les savants cherchèrent et trouvèrent la réponse désirée par le souverain [1].

Un fait plus intéressant pour les maîtres de l'Algérie, est le décret religieux pris, il y a quelques années, par le bey de Tunis à la demande de notre résident général pour affirmer aux yeux des croyants, la légitimité d'une mesure que nous jugions bonne. Il s'agissait de fixer définitivement un point contesté, à savoir : si les biens *habbous* pouvaient ou non être donnés en location. Le bey fit connaître que la location devait être autorisée [2].

---

1. « Ils durent chercher, mais ils ne se virent ni embarrassés, ni obligés, soit de faire violence à leur conscience, soit surtout de créer une nouvelle méthode. Ils trouvèrent dans la parole de Dieu l'ordre qui prescrit à l'homme de « ne pas entrer dans le mal » ; ils trouvèrent également dans la conduite du khalife Eumer (Omar), une preuve qui répondait exactement à la question posée par le souverain. Le khalife avait arrêté dans sa marche vers Damas, une expédition qui avait déjà fait une grande partie de la route, parce qu'il avait appris que des cas de peste avaient été observés dans cette ville.

« Le sultan Mahmoud institua donc les quarantaines dans son empire, en agissant en pleine conformité avec la volonté de Dieu. »

2. Le fait que nous rappelons ici témoigne à la fois de l'habileté de l'administration du protectorat français dans la Régence et des facilités que peut donner la forme même du protectorat.

Le résident général, ayant jugé qu'il était utile, tant pour les indigènes que pour les colons français qui débarquaient en Tunisie, d'établir un bon régime foncier dans le pays, fit préparer un projet par une commission dans laquelle il appela, à côté de fonctionnaires français, les quatre personnages religieux les plus considérables de la Régence : le *bach-mofti Maleki* (*bach*, grand), ou *cheik-el-Islam*, le *bach-mofti Hanifi*, le cadi Maleki et le cadi Hanifi. Le projet de cette commission contresigné par le bey devint loi (loi du 1er juillet 1885). L'année suivante, l'administration du Protectorat, jugeant nécessaire de faire confirmer, par la première autorité religieuse de la Régence, les dispositions de la loi foncière relative à l'*enzel* des-

Ces deux exemples, et particulièrement le second, témoignent — et, d'ailleurs, la question ne paraît pas douteuse aux docteurs musulmans — que chaque prescription de la loi peut être, au moins dans une certaine mesure, discutée, commentée, interprétée même, à la condition toutefois que les commentaires ou interprétations s'appuient sur des sources, sur des autorités certaines [1].

---

biens *habbous* (location à long terme des biens ayant une affectation religieuse et pour cette raison inaliénables), obtint du bey le décret suivant publié au *Journal officiel tunisien* du 1er juillet 1885 :
« Louanges à Dieu. »
« La location perpétuelle ou à longue durée des biens *habbous*, qu'on appelle *enzel*, a fait l'objet d'une controverse entre les illustres jurisconsultes de notre religion. Les uns émettent l'opinion que la constitution d'un bien *habbous* à *enzel* ne peut être tolérée par la loi ; d'autres estiment, au contraire, qu'elle peut être autorisée quand le bien *habbous* en retire un avantage. La première de ces opinions a fini par prévaloir dans ces derniers temps ; la deuxième a été préconisée dans plusieurs *fetoua* (consultations de religion et de droit) par le savant Sidi-Brahim-Erriahi, qui fut autrefois *bach-mofti*.
« Considérant qu'il nous appartient, en vertu de notre loi sacrée, de décider, quand l'intérêt général est en jeu, l'opinion qui doit prévaloir dans la jurisprudence,
« Nous avons décrété ce qui suit :
« Art. 1er. — Les membres du Medjlès du Chaâra (tribunal) appartenant au rite maléki sont tenus, à l'avenir, d'autoriser la constitution des immeubles *habbous* à *enzel*, lorsque le bien *habbous* doit en retirer un avantage.
« Art. 2. — Ils devront se prêter un mutuel appui pour l'exécution du présent décret.... »
1. Nous pourrions encore rappeler — mais elle a beaucoup moins d'importance — la *fetoua* obtenue en 1842 par M. Léon Roches.
En 1841, le maréchal Bugeaud, désirant, dans un intérêt de pacification, faire reconnaître notre conquête par une autorité religieuse respectée des musulmans pour amener la fin de la guerre, envoya en mission secrète à Kairouan M. Léon Roches, avec mission de demander aux *uléma* (savants) de l'Université, une *fetoua* conseillant aux « croyants » d'accepter la domination des chrétiens. Après une longue discussion, les *uléma* acceptèrent un texte où était conseillée la soumission temporaire des musulmans aux conquérants, c'est-à-dire une trêve telle que le Koran la permet. — La conclusion de la *fetoua* était la suivante :
« Quand un peuple musulman dont le territoire a été envahi par les infidèles, les a combattus aussi longtemps qu'il a conservé l'espoir de les en chasser et quand il est certain que la continuation de la guerre ne peut amener que misère, ruine et mort pour les musulmans, sans aucune chance de vaincre les infidèles, ce peuple, tout en conservant l'espoir de secouer leur joug avec l'aide de Dieu, peut accepter de vivre sous leur domination à la condition expresse qu'ils conserveront le libre exercice de leur religion et que leurs femmes et leurs filles seront respectées. » M. Léon Roches obtint la confirmation de cette *fetoua* des *uléma* de la mosquée d'El Azhar au Caire, puis d'une assemblée d'*uléma* de Bagdad, de Damas, de Médine et de la Mekke réunis à Taïf (près de la Mekke) sous la présidence du Grand Chérif.
Cette consultation religieuse a beaucoup moins d'importance que les pré-

Nous l'avons montré, les sources et les autorités sont nombreuses dans le droit musulman. Il est donc permis de penser que l'institution à Alger, près du gouverneur général, d'un « Conseil de législation musulmane », composé de jurisconsultes musulmans choisis parmi les plus instruits et les plus respectés, pourrait rendre d'utiles services ; il leur serait possible de faire, à notre demande, sur certains sujets, et dans la mesure autorisée par la religion même, « l'effort législatif ». Ce Conseil ne serait pas composé seulement d'indigènes ; à côté des docteurs musulmans siégeraient de hauts magistrats français. La collaboration des uns et des autres serait précieuse : les magistrats diraient aux indigènes nos lois, l'esprit dans lequel elles sont conçues, nos idées, nos façons de voir et de juger les choses, ce qui nous choque surtout dans la loi musulmane ; les indigènes, à leur tour, expliqueraient aux magistrats la religion et la loi du Prophète, les usages, les coutumes et comment certaines dispositions qui nous choquent ont une raison d'être ou sont défendables. Après un semblable échange d'explications, chrétiens et musulmans se comprendraient mieux, l'entente, peut-être, serait possible.

Sans prétendre tout prévoir, il est permis d'indiquer quelles seraient les principales attributions de ce Conseil mixte. Il donnerait, d'abord, aux cadis certaines directions sur des points spéciaux ; il pourrait dire, aussi, l'opinion qui doit prévaloir sur des matières particulièrement délicates : l'âge de nubilité des filles, les conditions du mariage. Dans cet ordre d'idées, et pour revenir au droit de *djabre*, les membres musulmans du Conseil de législation pourraient, non pas tenter de le supprimer, parce qu'il est d'essence religieuse et dans les mœurs, mais de le délimiter, de le régler. Se basant

---

cédentes parce qu'elle n'a produit aucun effet en Algérie et qu'elle ne pouvait en produire. Le maréchal Bugeaud et M. Roches demandaient trop. La « Guerre sainte » est un devoir certain, indiscutable, pour les musulmans, c'est un des « piliers » de la religion donnée par Mahomet. Comment, dans ces conditions, les vrais musulmans pourraient-ils accepter, sur un pareil sujet, une consultation d'ailleurs gênée, vague ? — Encore faudrait-il ajouter que cette consultation a été donnée en temps de guerre, au moment où l'Émir, qui était « *chérif* », entraînait tous les musulmans par son prestige et son autorité.

sur cette vérité certaine que le *djabre* est établi dans l'intérêt des filles vierges, ils rappelleraient les prescriptions de la loi qui leur sont favorables, indiqueraient que ces prescriptions doivent être suivies, invoqueraient l'opinion des auteurs, s'appuyeraient sur des sources pour empêcher des trafics qui ne sont pas dans l'esprit de la religion que l'ange Gabriel a chargé Mahomet de porter aux hommes. Peut-être ne sont-ce pas là les seuls services que rendraient les jurisconsultes musulmans réunis à des magistrats français. Ils rechercheraient quelles sont les dispositions de la loi musulmane qui, à raison du progrès des mœurs et du développement des intérêts, peuvent, sans qu'il soit porté atteinte aux croyances religieuses des indigènes et à leur statut personnel, être modifiées dans le sens de la loi française. Ils donneraient d'utiles avis dans la préparation des décrets et des lois, dont les dispositions seraient applicables, en tout ou en partie, à leurs coreligionnaires.

Certes il ne faut rien exagérer; on se tromperait si l'on espérait des résultats considérables. La loi musulmane est vieille de plus de treize siècles, elle répond à un certain état des mœurs et de la société; les modifications, les atténuations qu'il serait possible d'y introduire, si l'on veut réellement les faire adopter par les fidèles, devront venir lentement et non sans timidité : cela ne veut pas dire qu'elles seront indifférentes; s'il est possible de toucher un peu aux choses fondamentales, presque sacrées du monde islamique, la famille, la terre, c'est par les musulmans eux-mêmes que les « infidèles » pourront y parvenir.

A côté du « Conseil de législation musulmane » devrait être une section indépendante de « coutumes kabyles » qui aurait, quant aux *kanoun*, la même mission que le Conseil en matière de droit islamique. Des magistrats français et des kabyles, choisis parmi les anciens des tribus connaissant le mieux les *kanoun*, le composeraient.

Il n'est pas sans intérêt de le dire, l'idée que nous formulons ici de la constitution d'un Conseil de législation musulmane n'est pas absolument nouvelle : on la trouve en germe dans le remarquable rapport adressé par M. Béhic au ministre de la guerre en 1870, au nom de la commission instituée pour donner son avis sur les questions se rattachant à la constitution et à l'organisation administrative et politique de l'Algérie [1]. Ce rapport, publié à la veille de la guerre, n'a jamais obtenu l'attention qu'il méritait. Peut-être cependant n'a-t-il pas été tout à fait oublié; il est possible que le gouverneur général de l'Algérie s'en soit souvenu, lorsqu'il a constitué, il y a un an, la commission chargée d'étudier la réforme de l'impôt indigène dans laquelle il a appelé, à côté de fonctionnaires français, trois Arabes et un Kabyle.

La France n'a jamais songé à entreprendre la conversion des musulmans. Si l'on se rappelle les traits principaux de la religion islamique, ce que les croyants pensent des erreurs et de la conversion future de Notre Seigneur Aïssa (Jésus) [2], on n'hésitera pas à dire que c'eût été une « folie », un « crime » même, ainsi que l'a écrit Mgr Lavigerie, de surexciter, par des actes de prosélytisme imprudent, le fanatisme des populations algériennes. Leur liberté religieuse a été respectée.

Notre intervention s'est bornée à l'établissement d'une sorte d'union entre l'Église et l'État par l'inscription, dans le budget métropolitain, d'un crédit annuel pour le « personnel du culte musulman ». Les *mofti* et les *imam* [3] du « clergé officiel » sont choisis parmi les lettrés, savants, magistrats et personnages religieux ralliés à la cause française. Malheureusement, à part quelques exceptions, leur influence sur les fidèles

---

1. Ce rapport est suivi d'un projet de sénatus-consulte. L'article 62 est ainsi conçu :
« Un Comité permanent de législation indigène, institué près du gouverneur général, a mission de rechercher quelles sont, en dehors des matières religieuses, les dispositions de la loi musulmane ou de la loi israélite qui, à raison du progrès des mœurs et du développement des intérêts, peuvent être modifiées et mises en rapport avec la loi française. Ce Comité, présidé par le gouverneur général ou à son défaut par le premier président de la Cour impériale est, en outre, composé de magistrats français et de jurisconsultes musulmans et israélites. »
2. Voir liv. I, chap. III, p. 63.
3. Le *mofti*, ainsi que nous l'avons écrit plus haut, est l'interprète de la loi qui donne des décisions sur les questions de religion ou de droit. Dans les pays musulmans, le *mofti* est le supérieur du juge ou cadi. En Algérie, c'est un titre purement honorifique donné à quelques *imam* importants. — L'*imam* est chargé de dire la prière dans la mosquée.

est peu considérable. Cette situation est née de notre faute. Tandis que les marabouts et les associations religieuses ne témoignaient au « clergé officiel » aucune bienveillance et cherchaient plutôt à lui nuire dans l'esprit des musulmans, nous ne nous préoccupions pas suffisamment d'assurer son autorité morale et de rétribuer ses services comme il convenait [1].

Certaines congrégations qui ne nous sont point hostiles, et souvent même nous ont été utiles, telles que les Tidjanya [2], les Aïssaoua, les Hansalya, servent nos intérêts et nous sont d'un plus précieux concours que le « clergé officiel ». D'un autre côté, une partie des marabouts indépendants s'emploie à notre service et entretient avec nous des relations courtoises; plusieurs même acceptent des emplois lucratifs, sont *aghas* ou *caïds*.

Mais le « clergé officiel », les congrégations et les marabouts amis ne semblent pas posséder aujourd'hui un pouvoir suffisant pour combattre, dans l'esprit des musulmans fanatiques, si prompts à l'insurrection religieuse, la grande influence des congrégations ennemies, la propagande occulte des *khouan*, les intrigues et les progrès des Senoussya, les discours et l'enseignement d'un grand nombre de marabouts hostiles. L'autorité française n'a, d'autre part, à côté d'elle, aucun *cheik-el-Islam* [3] qui serait comme la tête du clergé musulman, le chef suprême de la religion en Algérie, à qui les croyants demanderaient une direction. Elle ne le peut, d'ailleurs : comment la France, nation « infidèle », nom-

---

[1]. Au budget de 1891, les dépenses pour les cultes subventionnés en Algérie étaient les suivantes :

Pour 482 000 catholiques, 808 183 fr. soit 1 fr. 67 par tête.
— 10 000 protestants, 94 058 fr. — 9 fr. 40 —
— 47 600 israélites, 25 925 fr. — 0 fr. 54 —
— 3 567 000 musulmans, 261 340 fr. — 0 fr. 073 —

[2]. Nous avons dit que M. Duveyrier craignait que l'influence, si hostile pour nous, des Senoussya n'ait, depuis quelque temps, pénétré les Tidjanya. Cette opinion ne paraît heureusement pas avoir été confirmée et leur attitude, dans la colonie du moins, est considérée comme satisfaisante.

[3]. En pays musulman, le *cheick-el-Islam*, nommé par le prince lui-même, est le souverain juge en matière religieuse et de droit. A Constantinople, le *cheik-el-Islam* est un ministre qui a sa place à la droite du grand-vizir.

merait-elle un chef religieux? Quelle influence aurait-il aux yeux des « croyants »? C'est donc au dehors, et particulièrement au Maroc, que les personnages religieux de notre colonie vont demander des conseils. Il y a peu d'années, une lettre adressée par le *mofti* d'une des grandes villes de l'Algérie au *medjlès* (conseil des principaux savants et personnages religieux) de Tétouan, a été saisie par un de nos sous-préfets ; elle posait cette question : « Est-il permis aux musulmans d'obéir aux infidèles? »

Telle est la situation ; elle est, il faut en convenir, peu satisfaisante. A quoi servirait-il de regretter le passé? Il est malheureusement vrai qu'à l'époque de la conquête nous n'avons pas compris l'importance de la religion, et surtout de l'action religieuse que certains personnages étaient en droit d'exercer sur les populations musulmanes. C'est particulièrement en cette matière que l'on peut regretter l'impossibilité du système du protectorat. En Tunisie, le bey est, aux yeux des indigènes, le chef religieux en même temps que le chef politique ; nous avons respecté soigneusement cette situation ; nous avons, en outre, pris soin de ne point affaiblir l'autorité des personnages religieux jouissant de la confiance et du respect des fidèles ; tout au contraire, nous avons su nous assurer leur concours et souvent ce concours a facilité les projets de la Résidence générale.

La question se pose donc : quelle ligne de conduite devons-nous adopter en matière religieuse? Etudier le Koran afin d'en bien connaître l'esprit, se servir de la religion musulmane comme moyen de gouvernement, cela peut paraître un programme ridicule, soit à quelques-uns de ceux qui se sont affranchis des « superstitions » de l'Evangile, soit encore aux colons qui pensent que développer l'irréligion chez les musulmans, leur faire boire du vin et de l'absinthe, est le moyen le plus sûr de les « assimiler ». Ce programme est cependant le seul qu'il convienne d'adopter pour gouverner les populations indigènes de l'Algérie, pour les « pénétrer ». Nous devons donc nous servir, autant qu'il est possible, du « clergé régulier » et du « clergé séculier ». C'est ainsi qu'il serait de bonne politique d'améliorer la situation des *mofti* et des *imam*, d'accroître leur nombre, d'aider au relèvement de leur autorité morale. Ces personnages religieux, acquis à la cause française, appuyés, soutenus par l'administration, pourraient prendre, sur les fidèles, un certain ascendant moral, les éloigner des associations ennemies. Dans cet ordre d'idées l'augmentation de 130 000 francs, inscrite au budget de 1892 pour le culte musulman, est une excellente mesure; c'est un commencement.

Parmi les associations religieuses, les unes nous étant favorables et les autres hostiles, il convient évidemment d'adopter, vis-à-vis d'elles, une politique différente. Nous avons dit leur importance, leur force, comment des chefs intelligents font penser et vouloir des masses disciplinées et inintelligentes. Nous pouvons ajouter que le sultan de Constantinople, l'empereur du Maroc, le bey de Tunis, et en général tous les princes musulmans, s'appliquent à vivre en bonnes relations avec les chefs des ordres religieux, reconnaissant ainsi la réelle influence qu'ils exercent dans le monde islamique, — influence avec laquelle eux-mêmes doivent compter. Or les congrégations ont certainement une plus grande action, sont plus dangereuses dans un pays soumis à des infidèles que dans un Etat gouverné par un prince musulman.

M. Rinn n'hésite pas à reconnaître que, jusqu'à ce jour, nous n'avons osé ni nous appuyer sur les ordres religieux, ni les supprimer. Notre circonspection hésitante a oscillé entre des répressions souvent sévères et des tolérances toujours méfiantes. C'est ainsi que nous n'avons ni fait disparaître nos ennemis, ni fait augmenter le crédit et l'influence de nos amis. Il est cependant permis de penser que l'intérêt, l'ambition et toutes les mauvaises passions humaines pourraient jeter dans les confréries favorisées par nous, beaucoup de musulmans algériens; quant à leurs chefs, ils seraient conquis par des avantages pécuniaires et honorifiques. Cette politique est celle suivie par les souverains musulmans vis-à-vis des congrégations importantes. Il est vrai que la France n'est pas une nation « musulmane », mais une nation « infidèle », que tout croyant doit la considérer, sinon comme ennemie, au moins comme suspecte. Mais si ce sentiment est celui de beaucoup de fidèles, si certaines congrégations ne cessent de l'entretenir, d'autres témoignent heureusement d'un esprit plus libéral. C'est ainsi que les Tidjanya enseignent que « tout ce qui existe est aimé de Dieu et que, dans cet amour, l'Incrédule ou l'Infidèle est compris aussi bien que le Croyant. En effet, si l'Infidèle et le Croyant n'avaient pas été ensemble l'objet de sa volonté, il ne les eût pas créés. » Tedjini a écrit encore : « Tous les êtres sont les témoignages sensibles de sa divinité (de Dieu), et il les a créés pour montrer en eux les perfections de sa divinité…. Les Infidèles, quelle que soit la punition qui les ait atteints, sont donc aimés de Dieu et obtiendront sa miséricorde. »

Si la France doit favoriser les congrégations amies, elle doit, en même temps, et par opposition, maintenir sous un régime sévère, une surveillance perpétuelle, les congrégations hostiles et surtout celles qui sont, à n'en point douter, comme les Senoussya, des ennemis irréconciliables. Certes, il conviendrait d'apporter ici une très grande habileté, car certaines mesures vexatoires, faisant croire à un système de persécution organisé, pourraient aller contre le but poursuivi, pousser les « vrais » croyants à s'affilier en grand nombre aux ordres « persécutés »; mais ne pourrait-on pas rendre plus difficile la perception des *ziara* qui alimentent le trésor des ordres hostiles? mieux observer les lieux de réunion des *khouan*, leur nombre, les résidences des *moqaddem*, leurs intrigues, leurs voyages, atteindre même par l'emprisonnement ou l'expulsion les agents trop nettement hostiles? Une circulaire du gouverneur général du 16 mai 1874 prescrivait à tout voyageur originaire de l'Algérie, de la Tunisie ou du Maroc, le port d'un permis devant être soumis au visa gratuit de l'administrateur sur tout le parcours et portant, entre autres indications, le but du voyage. Il serait excellent que cette mesure de police fût rappelée. Les Senoussya ont fait déjà et font chaque jour de grands progrès dans notre colonie. Il n'est guère douteux qu'une surveillance plus active et plus habile que celle qui est exercée aurait pu entraver ces progrès.

Est-il besoin d'ajouter que la politique contre les ordres

hostiles préconisée ici, doit être également suivie à l'égard des marabouts que nous connaissons comme nos adversaires déclarés, dont les *zaouïa* sont des centres de fanatisme?

On le voit, nous avons des ennemis; mais peut-être, pour les combattre, ne serait-il pas impossible de trouver un double appui, un concours précieux, d'une part, dans un « clergé officiel » soutenu par l'autorité française, plus nombreux qu'il ne l'est aujourd'hui — car bien des mosquées n'ont pas d'*imam* choisi et rétribué par l'Etat, — dont on paraîtrait respecter l'indépendance, l'autorité aux yeux des croyants, et, d'autre part, dans les associations religieuses dont les chefs nous sont dévoués. Le concours de certains marabouts locaux, qui ne sont affiliés à aucun ordre, pourrait également nous être fort utile, surtout dans les régions où les congrégations ennemies comptent le plus d'affiliés. Ces marabouts ont le plus souvent pour les *khouan*, qu'ils considèrent comme des rivaux d'influence, une grande antipathie; rien ne nous interdit assurément de nous servir de cette antipathie lorsque les *khouan* sont ennemis. Souvent une fonction honorifique, quelques égards, un peu d'argent, l'autorisation tacite de percevoir des *ziara*, suffisent pour gagner un marabout à notre cause. Si sa situation grandit, il interdit à ceux sur qui s'étend son influence de s'affilier aux ordres religieux; on a vu ainsi quelquefois décroître le nombre des affiliés d'une confrérie [1].

S'il y avait, dans chaque douar ou village, un *imam*, un *khouan* ou *moqaddem* d'un ordre ami, un *marabout* investi et salarié par le gouvernement pour exercer gratuitement les fonctions sacerdotales; si, en Algérie et en Tunisie, les congrégations favorables à notre cause étaient soutenues et favorisées dans une juste mesure, le gouvernement aurait à sa disposition des forces puissantes et bénéficierait de la concurrence active que les *imam*, les *khouan*, les *moqaddem* et les *marabouts* feraient aux congrégations ennemies.

Il ne faudrait assurément pas croire à la toute-puissante efficacité de cette politique religieuse. Les vrais croyants,

---

1. Rinn, *loc. cit.*

ceux attachés aux pures doctrines de l'Islam, en dénonceront le caractère ; ils continueront à s'affilier aux ordres indépendants, irréconciliables ; ils considéreront les concessions faites aux chrétiens comme un manquement aux ordres du Prophète. Cette observation même s'appuie sur des faits. Les services que les chefs des Tidjanya, Aissaoua, Hansalya, nous ont rendus, ont quelque peu déconsidéré ces ordres auprès des purs, tandis que les confréries des Rahmanya et des Derqaoua que nous avons le plus frappées, parce qu'elles nous ont paru fournir le plus d'inspirateurs ou de combattants aux insurrections, ont augmenté d'influence et vu s'accroître le nombre de leurs membres. De pareils faits constituent, en quelque sorte, des démentis à la politique que nous conseillons ; ils ne doivent cependant pas nous faire perdre espoir. Que pouvons-nous, en effet, rechercher chez un peuple convaincu de l'excellence de sa religion, presque toujours ennemi de la nôtre, souvent fanatisé? Ce n'est assurément point de rallier toutes les congrégations, tous les fanatiques, tous les mystiques ; c'est seulement de désagréger la population musulmane, de rompre son unité. A nos ennemis qui prêcheront la « Guerre sainte », l'espérance dans un « maître de l'heure », ou tout au moins la haine et le mépris de l'infidèle, nos amis répondront par les paroles de Tedjini que nous avons citées plus haut ; ils leur diront encore ce qu'enseignent certains marabouts : « Rien n'arrive sans la volonté de Dieu, et puisque Dieu a donné la force aux chrétiens et leur a permis de soumettre les musulmans, les vrais croyants doivent se courber devant cette force qui est une émanation de la volonté de Dieu ». Le Koran lui-même contient de nombreux versets derrière lesquels nos amis pourront se retrancher : « Il se peut qu'un jour Dieu établisse entre vous et vos ennemis la bienveillance réciproque. Dieu peut tout ; il est indulgent et miséricordieux [1]. » Abd-el-Kader, enfin, notre ennemi le plus redoutable, a laissé entendre après la grande guerre des paroles de paix : « On voit qu'au fond ces trois religions (mahométane, chrétienne,

---

1. Chap. LX.

juive) n'en font qu'une et que les distances qui les séparent ne portent que sur des points de détail. On pourrait les comparer aux enfants d'un même père qui sont nés de mères différentes. Si les musulmans et les chrétiens voulaient m'en croire, ils se mettraient d'accord, ils se traiteraient en frères et pour le fond et pour la forme. »

Ajouterons-nous, comme une dernière remarque, que la religion d'un pays doit être peu à peu, mais nécessairement, influencée par de vastes et profonds changements en politique, par la substitution de la paix à l'insécurité et au désordre, enfin, par l'apparition soudaine, puis le contact d'une civilisation nouvelle?

Nous avons dit dans notre Introduction que le Tell et le Sahara sont indissolublement liés l'un à l'autre. Nulle part, peut-être, cette vérité ne frappe davantage que lorsque l'on étudie la politique religieuse à suivre en Algérie. C'est, en effet, dans le Sud qu'il nous faut aller chercher les gages les plus certains de la paix religieuse. Au sud-est, Ghadamès, dernier poste turc de la Tripolitaine, est la porte par laquelle les fauteurs de troubles, les émissaires de la politique panislamique, les *khouan* et les *moqaddem* des Senoussya peuvent s'introduire chez nous ; — au sud-ouest, les oasis marocaines de Figuig et du Tafilet, sont des centres d'intrigues religieuses ; — au sud, enfin, les trois vallées de l'oued Igharghar, de l'oued Mya et l'oued Msaoura sont des passages ouverts à nos ennemis, les Touareg et les Arabes nomades des Areg, qui subissent, les uns et les autres, l'influence des doctrines senousiennes. Ainsi notre sécurité intérieure dépend de l'occupation de certains postes et de certains passages du Sahara algérien [1].

---

[1]. Nous ne voulons pas dire qu'il faut occuper Ghadamès, mais il serait possible d'établir un poste de surveillance sur la route qui mène de notre Sud à cette oasis.

CHAPITRE II

LA POLITIQUE A SUIVRE A L'ÉGARD DES INDIGÈNES

Quatrième partie.

La société arabe et la société kabyle ne connaissent pas les droits de l'individu. — Le principe de la séparation des pouvoirs. — Le *hakem*. — Les mesures prises au lendemain de la conquête. — Souvenir des temps de la féodalité. — Situation des indigènes vis-à-vis des vainqueurs. — Comment il faut éviter en Algérie l'unification administrative.
L'administration. — Trois sortes de communes. — Communes de plein exercice. — Communes mixtes. — L'adjoint indigène. — Ses fonctions. — Étendue et population des communes mixtes. — Communes indigènes. — Administration militaire. — L'ancienne administration. — Les grands chefs. — Le régime militaire. — Une sorte de protectorat. — La politique d'amoindrissement des grands chefs. — Le régime civil organisé en 1870. — Le régime civil en Kabylie. — Extension du territoire civil depuis vingt ans. — Données statistiques.
Nous avons été trop vite. — Le refoulement des bureaux arabes a été une faute. — Pourquoi les administrateurs civils tiennent les populations indigènes. — Les communes de plein exercice sans habitants français. — Comment et pourquoi elles s'adjoignent des douars. — Les maires cabaretiers. — Les conseillers français dans les communes de plein exercice. — Erreur de la « démocratisation ». — Pour les grands chefs. — Révolution et « évolution ». — De la convocation des *djemâa*.
La sécurité. — Nous sommes en pays ennemi. — Surveillance constante. — Armes de guerre. — Armes de paix. — Le séquestre et la responsabilité collective. — De leur nécessité. — Faits insurrectionnels qu'il convient de réprimer. — Les incendies des forêts. — Le Code de l'indigénat. — Sa rédaction en 1874. — Application des peines par le juge de paix. — La loi de 1881. — Les peines prononcées par l'administration. — La loi de 1890. — Nécessité d'une législation spéciale. — Du rétablissement des commissions disciplinaires. — Les attentats contre les personnes et les biens. — Exemple de banditisme. — La *bechara*. — L'armée du crime. — Impuissance de l'administration et de la justice en territoire civil. — Pas de police dans les communes de plein exercice. — Impuissance ou complicité des chefs de douar.
Le remède au mal. — Augmentation des crédits de police. — Le gendarme français. — Un moyen radical. — Le dessaisissement des tribunaux ordi-

488

naires et la constitution de commissions disciplinaires. — Leur constitution. — Leurs attributions. — La commission supérieure.
Les intérêts matériels des indigènes. — Nous les avons jusqu'ici négligés. — Ils n'ont ni eau, ni routes. — Progrès agricoles. — Pépinières. — Progrès de l'élevage. — Nécessité pour les indigènes de pouvoir se procurer de l'argent. — Ils ne connaissent pas le crédit. — L'usure. — Le taux de 120 p. 0/0. — La « conversion » d'une dette. — Le remède au mal. — Sociétés indigènes de secours et de prêts mutuels. — Statistique. — Un projet de loi. — Le séquestre; il a ruiné des collectivités indigènes. — Une mesure de clémence. — La fusion des intérêts. — La solution de la question indigène est économique.
Les administrateurs. — Importance de leurs fonctions. — Intérêt de leur tâche. — Personnel en exercice. — Son insuffisance. — Un mauvais préfet en France ou un mauvais administrateur en Algérie? — Un meilleur recrutement. — Des fonctionnaires spéciaux pour l'Algérie. — Une « carrière » assurée. — Des contrôleurs. — Le rôle des *missi dominici*. — Amélioration de la situation des sous-préfets.
Conclusion. — « Civilisés » et « primitifs ».

La question de l'administration des indigènes est fort grosse et fort complexe, surtout si l'on y joint ce qui concerne la police et la sécurité. Or, qu'y a-t-il de plus important que la sécurité des personnes et des biens dans tout pays? et n'est-ce pas le premier devoir des administrateurs d'y pourvoir?

En abordant un semblable sujet, en recherchant quelle politique la France doit suivre en matière d'administration des indigènes, il faut, avant toutes choses, abandonner une fois encore nos idées de « civilisés » européens de la fin du XIXe siècle, de « citoyens » français, de fils de la Révolution de 1789. La personnalité de l'individu, son indépendance, les garanties qu'il convient de lui assurer en matière de police et en matière pénale, — tous ces principes qui nous sont chers, tous ces droits que nous devons à la Révolution, aux progrès de l'idée libérale, ne sauraient être compris ni réclamés par les petites démocraties kabyles, ou par les tribus féodales arabes. Dès lors, ce serait commettre une grosse erreur que de vouloir les en faire bénéficier. En Kabylie, comme en pays arabe, les esprits sont éloignés de plusieurs siècles de nos mœurs et de nos idées; l'individu, sa personnalité n'existent point : « Pour nos indigènes, écrit M. Rinn, vis-à-vis de l'étranger, même musulman, même voisin de tribu, et à plus forte raison vis-à-vis de l'ennemi, du chrétien, du « gouvernement », l'individu n'est rien; l'entité responsable, la personne civile, la seule qui pense, agit, mérite ou démérite, c'est, selon les cas, le groupe familial, la *carouba*, la *ferka*, la tribu, ou le *soff*; l'individu ne se dégage et n'existe moralement que vis-à-vis de ses parents et de ses agnats, en matière de statut personnel, ou encore en matière commerciale »[1].

Si les indigènes n'ont pas la notion de « l'individu », ils ne connaissent pas non plus le « principe de la séparation des pouvoirs ». Ils ont été habitués sous les Turcs à voir tous les crimes, délits et contraventions relatifs à la sûreté de l'État ou à la chose publique, réprimés sommairement par les agents de l'autorité, les *hakem*, *caïd*, *agha*, *bey* ou *dey*. Ils n'ont jamais compris le dépositaire et le représentant de l'autorité gouvernementale que doublé d'un juge, et le mot *hakem* comporte en lui-même le triple sens de « arrêter, gouverner et statuer ».

Ce sont là, il n'est pas possible d'en douter, les formes, les idées d'une société primitive. Ces formes, ces idées nous avons dû naturellement en tenir compte, et cela d'autant plus qu'au premier jour, nous avons été en Algérie des vainqueurs au milieu d'un peuple soulevé et très sensiblement plus nombreux que les colons. Dès les débuts de la conquête, nos généraux ont donc posé certaines règles qui subsistent encore aujourd'hui, au moins en partie. Ces règles, la situation qui en est résultée avec notre établissement même, ont paru quelquefois rappeler le régime féodal[2]. C'est ainsi que l'indigène est attaché à la terre comme l'ancien serf, puisqu'il lui est interdit d'établir, sans autorisation, une habitation isolée en dehors du douar, de voyager sans passeport en dehors de la commune à laquelle il appartient, de donner asile à un étranger non porteur d'un permis régulier. La justice criminelle est rendue aux indigènes uniquement par des Français, comme elle l'était, aux vilains, par les seigneurs. Seuls, les citoyens français, comme autrefois les nobles, sont auto-

---

1. Rinn, *le Séquestre et la responsabilité collective. Revue algérienne et tunisienne*, n^os de juillet 1889 et suivants. Jourdan, éditeur, Alger.
2. Charveriat, *loc. cit.*

risés à porter des armes véritables [1]. Lorsque des esprits libéraux découvrent ces choses, ils sont surpris, indignés : « c'est le régime de l'esclavage! » s'écrient-ils. Non; c'est un état de droit et de fait qui est logique, que nous devons respecter et maintenir.

Il est une autre idée particulièrement chère à l'esprit français, que nous devons dépouiller en terre d'Afrique, c'est celle de l'unification administrative. C'est à elle que nous devons plusieurs des erreurs commises, particulièrement « l'islamisation » de l'Aurès. Elle paraît aujourd'hui abandonnée; l'est-elle assez? Ce serait folie de vouloir gouverner les Kabyles comme les Arabes, les Arabes de la région du Tell comme ceux de la région des Hauts Plateaux et du Désert, les Berbères « arabisés » comme les Arabes purs. Il faut donc que nos modes d'administration soient différents, très souples, surtout dans la pratique, afin que les manières d'agir, les procédés, s'adaptent partout le mieux possible à des populations qui, suivant la région, ont des habitudes, des traits, des caractères propres.

Voyons d'abord quelle est l'organisation actuelle.

Il y a trois sortes de communes : les communes de plein exercice, les communes mixtes et les communes indigènes.

Les communes de plein exercice, centres de population européenne, ont une organisation très semblable à celle de nos communes de France. Les indigènes, établis sur leur territoire, sont administrés par l'autorité municipale, le maire, ou le plus souvent par un adjoint au maire, — « adjoint indigène », nommé par le gouverneur général et choisi parmi les conseillers municipaux indigènes. On se souvient, en effet, que, dans les communes de plein exercice, les indigènes peuvent, sous certaines conditions, réclamer leur inscription sur une liste électorale, et qu'ils nomment des conseillers municipaux.

Les communes mixtes sont des agrégations de territoires, — centres de colonisation, douars et tribus; chacune forme une circonscription politique et administrative. La popula-

---

[1]. Les armes perfectionnées sont interdites aux indigènes.

tion française y est trop peu nombreuse pour qu'on lui accorde les droits dont elle jouirait dans une commune de plein exercice. Le maire est un fonctionnaire; c'est « l'administrateur ». Les indigènes des tribus et des douars sont répartis en sections distinctes; chaque douar a une *djemâa* dont les membres, ainsi que le président, sont choisis et nommés par l'autorité française; le président, caïd ou cheikh, porte le titre officiel d' « adjoint indigène ». L'administrateur est assisté d'une commission municipale composée d'adjoints et de membres français, ainsi que des adjoints indigènes. Ceux-ci ont la responsabilité de la police de leurs douars; ils sont des agents de renseignement et de transmission chargés de servir d'intermédiaires entre l'administrateur et les populations indigènes. Leurs principaux devoirs sont d'assister les agents du Trésor dans l'assiette et le recouvrement de l'impôt, d'informer l'administrateur des crimes et délits commis sur leur territoire. Les communes mixtes ont, le plus souvent, une étendue considérable. Voici, pour citer un exemple, la commune mixte d'Ammi-Moussa, prise au milieu de bien d'autres, qui a une superficie de 180 000 hectares, une population de 54 900 indigènes, 235 Français, 73 israélites, 144 étrangers; la population indigène est répartie entre 22 douars et chaque douar se partage entre trois ou quatre circonscriptions (*ferka*).

Les communes indigènes peuplées, on peut le dire, exclusivement d'indigènes — car on n'y rencontre le plus souvent que quelques Européens, — sont administrées non par des civils, mais par des officiers, ou pour reprendre l'ancienne dénomination, par des bureaux arabes. On retrouve chez elles la hiérarchie administrative et féodale que nous avons fait disparaître dans les communes mixtes. Les douars ont leur *cheikh*, la tribu son *caïd* et quelquefois plusieurs tribus groupées constituent un *aghalik* sous les ordres d'un *agha*. Nous avons supprimé la situation de *khalifa* qui était au-dessus des autres. Tous les chefs indigènes sont d'ailleurs nommés par l'administration française, investis par elle, contrôlés par nos officiers, obligés de prêter leur concours aux bureaux militaires, pour assurer la tranquillité, la justice et le recouvrement de l'impôt. L'officier, qui administre la commune indigène et porte le titre de « commandant supérieur du cercle », est assisté d'une commission municipale exclusivement composée des chefs indigènes des tribus et des douars. Les communes indigènes sont immenses et la raison en est que leur limite sud n'est nulle part. C'est ainsi que la commune de Biskra aurait une superficie de 11 278 359 hectares; on y a recensé 103 483 habitants, sur lesquels seulement 56 Français.

L'organisation dont on vient de voir les traits principaux n'a pas été réglée en un jour, c'est peu à peu qu'elle s'est dessinée; plusieurs phases ont d'abord été parcourues. Notre premier mode d'administration ou mieux de gouvernement en Algérie, si nous exceptons les centres français, a été une sorte de protectorat, c'est-à-dire le gouvernement des indigènes par leurs chefs sous le contrôle des officiers français. Les grands chefs indigènes, les *khalifa*, relevaient directement du général commandant la province, dont ils étaient les « lieutenants »; ils nommaient les *cheikh* des tribus soumises à leur autorité et présentaient leurs candidats pour les emplois de *caïd*, qui restaient à la nomination du commandant de la province; ils percevaient les divers impôts pour le compte de l'État et « gardaient le tiers du *hokor* comme traitement et frais de représentation »; ils devaient « gouverner les musulmans selon les lois du Prophète ». Aujourd'hui, il peut paraître étrange que la France ait reconnu de pareilles situations à des indigènes; mais, alors que nos généraux luttaient contre Abd-el-Kader, et que nous étions loin de tenir tout le pays, notre intérêt nous imposait des procédés pratiques et peu dispendieux. M. Rinn, qui a fait l'historique de ces débuts dans son ouvrage sur l'*Insurrection de 1871*, montre que, dès la conquête achevée, et par conséquent dès le second empire, le gouvernement métropolitain a constamment réduit le pouvoir des grands chefs. Lorsque l'un d'eux mourait, on ne donnait à son fils qu'un titre moindre, on ne lui laissait que des pouvoirs diminués. Cette politique causait, il est facile de le concevoir, de grands mécontentements et c'est ainsi que l'insurrection de 1871, soulevée par Mokrani, doit être, pour une part, considérée comme une révolte de la féodalité indigène contre le gouvernement, qui ne cessait de diminuer son autorité.

Un jour cependant le Corps législatif jugea que l'administration impériale tardait trop à réduire le pouvoir des grands chefs ; c'est ainsi que le 9 mars 1870, il invita le cabinet à étendre le régime civil, c'est-à-dire à substituer des fonctionnaires civils aux officiers et aux chefs indigènes.

Dès le 20 décembre de la même année, le Gouvernement de la Défense nationale, que d'autres préoccupations devaient cependant absorber, publiait un décret sur l'extension du territoire civil, prescrivant d'appliquer, du jour au lendemain, le droit commun à 53 000 indigènes disséminés sur un territoire de 366 000 hectares.

Peu de temps après, la répression de l'insurrection de Kabylie était pour la France l'occasion d'affirmer cette politique du régime civil en même temps que de l'administration directe. Les tribus du Djurjura avaient conservé depuis 1857, sous le contrôle de l'autorité française, une assez grande autonomie; le décret du 11 septembre 1873 changea radicalement les choses. S'il dispose que les *djemâa* continueront à être constituées d'après les anciens usages, il ne leur laisse guère qu'un pouvoir nominal. Quant aux représentants des différents groupes, *amin, tamen, amin-el-oumena*, ils deviennent de simples agents de l'administration. L'*amin-el-oumena* qui reçoit le nom de « président », est nommé par le préfet; il surveille les fonctionnaires indigènes et, sous le contrôle de l'administrateur, veille à la tranquillité et à la police du pays, à l'établissement et à la perception de l'impôt.

Depuis vingt ans, le système inauguré en 1870 et 1873 n'a pas cessé d'être suivi. On peut dire que, chaque année, l'administration militaire avec son système de haut contrôle sur les chefs indigènes, ses conseils de guerre, ses commissions disciplinaires, son régime d'exception, a été « refoulée » dans l'intérieur, tandis que le gouvernement civil, l'administration directe et, avec elle, le régime du droit commun s'installaient partout à sa place. Le fait le plus saillant de cette marche régulière est, en 1880, la substitution immédiate des administrateurs civils aux bureaux arabes sur un territoire de 6 000 000 d'hectares peuplés de plus de 1 million d'indigènes.

Au 1ᵉʳ janvier 1892, le « territoire civil » comprenait : 1° 251 communes de plein exercice, d'une superficie totale de 2 370 358 hectares, peuplées de 284 595 Français, 199 283 étrangers, 759 935 indigènes sujets français et 13 648 Marocains et Tunisiens; 2° 73 communes mixtes, d'une superficie totale de 10 484 695 hectares, peuplées de 27 302 Français, 14 648 étrangers, 2 321 297 indigènes sujets français et 2 887 Marocains et Tunisiens. A la même date, le « territoire de commandement » comprenait : 17 communes mixtes et indigènes, d'une superficie totale de 35 028 491 hectares (non compris la superficie des terrains de parcours des tribus du sud de l'Algérie), peuplées de 3 234 Français, 1 862 étrangers, 481 455 indigènes sujets français, 841 Marocains et Tunisiens [1].

Nous voudrions apprécier en quelques lignes les actes qui viennent d'être rappelés. Obéissant fatalement à cet instinct spécial, qui la fait toujours aller à l'extrême d'un parti, la France a été trop loin dans la voie ouverte en 1870. Beaucoup de bons esprits pensent — et peut-être ce que nous écrivons plus loin sur le défaut de sécurité en territoire civil leur donne-t-il pleine raison, — beaucoup de bons esprits pensent, disons-nous, que l'on a trop vite « refoulé » les bureaux arabes dans l'intérieur, trop vite abandonné leurs moyens de gouvernement. Au lieu de les refouler, il aurait été plus sage de les conserver, du moins sur beaucoup de points, en corrigeant quelques-unes de leurs façons, certaines de leurs habitudes, en modifiant leur esprit. Mais le mal est fait. Nous nous bornerons à dire que, si l'administration des indigènes en territoire civil n'offre pas aujourd'hui de plus grosses difficultés qu'elle n'en présente, cela vient de ce que nous avons compris la nécessité de donner aux administrateurs, avec un képi brodé, certains des pouvoirs qu'avaient avant eux les officiers. Deux choses, toutefois, demeurent

---

1. *Tableau général des communes de l'Algérie.*

certaines, c'est que ces pouvoirs sont loin d'être excessifs, c'est qu'il serait imprudent de vouloir étendre davantage le « régime civil », aux dépens du « régime militaire ».

Le territoire civil s'étend assez loin; il est même, dans les trois départements, des « centres » sans aucune importance qui sont devenus trop vite des communes de plein exercice. Fait plus regrettable, ces communes nouvelles sans habitants français et sans ressources sont autorisées à s'adjoindre les douars qui les environnent. Nous l'avons écrit plus haut, lorsqu'une commune demande que l'on fasse entrer dans ses limites les groupements indigènes voisins, ce n'est point par sympathie pour les Arabes, mais pour grossir ses ressources. Les indigènes d'ailleurs ne l'ignorent pas; aussi protestent-ils le plus souvent contre cette réunion; elle leur est imposée; ils n'en tirent aucun profit, bien au contraire. Voici sur notre route, dans le département de Constantine, un centre de colonisation française qui végète sur les ruines d'une ancienne ville romaine; c'est une commune de plein exercice, qui compte, au dernier recensement, 339 Français et 6 782 indigènes. Ce sont naturellement ces derniers qui assurent des ressources à la jeune municipalité; la ville française — nous devrions dire les deux rues — est propre, bien entretenue; la ville indigène est sale, malpropre; le maire n'en prend aucun soin.

Les mêmes observations pourraient être faites pour toutes les communes de plein exercice qui se sont adjoint des indigènes. Dans toutes aussi, comme les maires se désintéressent du quartier arabe, on constate une extraordinaire augmentation de la criminalité. Le gouverneur, on le verra plus loin, s'est préoccupé d'une semblable situation; il projette d'enlever aux maires l'administration des indigènes, pour la confier à un administrateur. Mais, comme il faut tout concilier, ne soulever aucune protestation de la part des colons, on déclare, dès maintenant, qu'on laissera aux communes de plein exercice les revenus que leur assurent les groupes indigènes adjoints. Un pareil fait dit, à lui seul, que l'administration algérienne a consenti trop facilement à la création des communes de plein exercice. Elle a oublié cette observation si sage d'un des meilleurs gouverneurs généraux, l'amiral de Gueydon : « Je n'admets pas que, dans le seul but de grossir les ressources communales, on annexe aux centres français des douars indigènes. Un maire élu, trop souvent un cabaretier, comme cela s'est vu dans les derniers temps, ne présente pas des garanties suffisantes pour qu'on lui confie l'administration des populations indigènes. »

Dans les communes mixtes, cependant mieux tenues, on peut observer certains faits regrettables, notamment la facilité avec laquelle le gouvernement général, sans prendre aucun souci, ni des intérêts, ni du chiffre de la population indigène, accorde aux quelques colons qui habitent un petit centre un nombre trop considérable de représentants élus au sein de la commission municipale. Voici, en Kabylie, une commune mixte dont la population dépasse 40 000 indigènes et où l'on compte moins de 600 Français; la commission municipale comprend 10 conseillers français élus, contre 8 adjoints indigènes. N'est-ce pas là une situation anormale?

Il est, d'autre part, des idées qu'il ne convient pas d'accepter sans réserves. Depuis quelques années, c'est une mode de combattre partout et de parti pris, du moins en territoire civil, ce qui subsiste des grands chefs. Nous disons « ce qui subsiste », car on a vu qu'ils avaient perdu tout pouvoir, toute autorité réelle; il ne peut leur rester qu'une autorité morale. Les adversaires des grands chefs ont inventé un mot; ils ont parlé de la « démocratisation » de la société arabe. C'est là une erreur où il ne faut point tomber. Nous ne sommes pas en France. La naissance, d'abord, exerce encore une puissante influence sur les indigènes de beaucoup de régions; puis, pourquoi continuer à poursuivre les grands chefs, pourquoi tenter de les discréditer, s'ils ne nous sont point hostiles? Peut-être vaudrait-il mieux juger que, traités avec certains égards, en même temps que surveillés adroitement, quelques-uns, au moins, consentiraient encore à nous être utiles, — et il en est qui jouissent sur leurs anciens « sujets » d'une autorité morale et religieuse certaine. D'après ceux qui le préconisent, le système de la « démocratisation » a deux traits principaux. Il ne suffit pas de poursuivre la ruine morale des grands chefs, nous devons encore aider, dans toute la mesure possible, à la substitution, comme propriétaires du sol, des khammès aux propriétaires actuels, afin d'amener un bouleversement complet dans l'ordre des choses. Faire une pareille proposition, c'est demander que la France opère dans la société arabe une sorte de « révolution ». Ce serait une grave imprudence de céder à de telles suggestions. Nous ne devons rien entreprendre pour favoriser une « révolution »; laissons simplement se poursuivre « l'évolution » qui est une des conséquences de notre venue. N'avons-nous pas déjà suffisamment d'ennemis dans la société indigène? Voulons-nous encore indisposer la classe qui possède, et cela quand rien ne nous assure que les khammès nous auront quelque reconnaissance de faire passer le sol dans leurs mains?

Peut-être le seul but à poursuivre, à l'heure présente, est-il de donner, en commune mixte, un rôle un peu plus important aux *djemâa*. La vie locale est la seule que les populations arabes et kabyles puissent comprendre. Que l'administrateur réunisse un peu plus souvent les *djemâa*, qu'il leur demande où elles veulent une fontaine, le chemin qui leur paraît le plus urgent, s'il y a intérêt à changer un jour de marché, etc. Une semblable tentative aurait, peut-être, quelque chance de réussir, d'intéresser les populations, surtout en pays kabyle où les villages se sont longtemps administrés eux-mêmes; mais combien elle doit être faite avec prudence! Il ne faudrait pas que cet essai de vie locale eût pour conséquence de raviver les haines entre les *soff*, car le mal serait alors singulièrement plus grand que le bien à espérer. Aussi la consultation plus ou moins fréquente des *djemâa* devrait-elle bien plus être laissée au soin de chaque administrateur que prescrite par une mesure générale du gouverneur pour toute la colonie.

Les différentes questions que nous venons d'aborder sont dominées par une plus importante : il s'agit de la sûreté du pays, de la sécurité, de la perpétuelle surveillance de l'indigène. Nous sommes chez un peuple vaincu et, en temps de paix comme en temps d'insurrection, les faits nous le rappellent. Nous savons qu'il ne faut pas cesser de l'observer, en même temps qu'il convient d'être toujours prêt à frapper, à réprimer. C'est ainsi que nous devons avoir à notre disposition deux armes : une arme de guerre et une arme de paix, s'il est possible d'employer ces expressions. D'une part, c'est le séquestre et la responsabilité collective; d'une autre, ce sont les peines portées au Code de l'indigénat.

La confiscation ou séquestre et la responsabilité collective, mesures que nos officiers ont dû employer dès le lendemain de notre débarquement, et pendant la conquête, étaient des pénalités connues des indigènes avant notre venue. Elles sont prévues et réglementées par le droit musulman et par les *kanoun* berbères [1]. Ceci déjà explique que nous les ayons adoptées; est-il douteux, d'ailleurs, que les moyens de défense doivent être proportionnés aux agressions, et que lorsque la répression individuelle est insuffisante, il faut recourir à la responsabilité collective? Celle-ci se justifierait encore s'il était besoin, en Algérie, par ce fait déjà rappelé, que chez les Arabes, l'individu n'existe pas, mais seulement une personne morale, le village, la *ferka*, la *tribu*. Pendant la guerre, lorsque, dans un milieu indigène, loin de toute surveillance et de tout contrôle, un crime avait été commis, intéressant notre autorité ou la sécurité générale, et que l'auteur ou les auteurs n'avaient pu être découverts, il était donné, à la tribu ou fraction dont la responsabilité était engagée, un délai de deux mois pour désigner ou livrer le coupable. Si satisfaction n'était point donnée, une amende, déterminée d'après la gravité du crime, était imposée à la collectivité.

Le prince Napoléon, pendant son passage au ministère de l'Algérie, voulut supprimer la responsabilité collective; il dut bientôt modifier lui-même sa décision, et son successeur s'empressa de ressaisir des droits que, dans un intérêt supérieur de sécurité et d'ordre public, la France ne pouvait abandonner.

---

1. Rinn, *le Séquestre et la responsabilité collective.*

Séquestre et responsabilité collective se confondent le plus souvent, bien que le séquestre puisse être individuel, car il est rare qu'un seul individu soit responsable dans les cas où il y a lieu d'appliquer le séquestre. Trois motifs seuls peuvent aujourd'hui donner lieu à des arrêtés de séquestre : 1° avoir commis des actes d'hostilité, soit contre les Français, soit contre les tribus soumises à la France ; 2° avoir abandonné, pour passer à l'ennemi, les propriétés ou les territoires habituellement occupés ; 3° enfin, avoir allumé dans les forêts des incendies qui, par leur simultanéité ou leur nature, dénotent de la part des indigènes un concours préalable et peuvent être assimilés à des faits insurrectionnels [1].

Est-il besoin d'ajouter que l'administration ne doit user de ces pouvoirs extraordinaires qu'avec une extrême modération et lorsque les nécessités politiques ou de sécurité publique sont parfaitement démontrées ? Elle agit ainsi d'ailleurs, et depuis plus de dix ans elle n'a peut-être jamais fait usage de ses droits [2].

Le Code de l'indigénat, comme le séquestre et la responsabilité collective, a sa justification dans le fait de notre situation vis-à-vis des indigènes [3], ainsi que dans leur façon de comprendre la répression. Il est une conséquence directe et toute naturelle de la substitution du gouvernement civil au gouvernement militaire dans des territoires d'une étendue considérable. On se rendit vite compte en Algérie après 1870, que, dans le territoire civil où les commissions disciplinaires du gouvernement militaire n'avaient plus le droit de fonctionner, où le régime du droit commun devenait la règle, il était nécessaire de donner aux administrateurs des moyens de répression spéciaux, exceptionnels. C'est ainsi qu'en 1874, trois décrets successifs décidèrent que les indigènes non naturalisés pourraient être poursuivis et condamnés aux

---

1. Instruction ministérielle du 8 mai 1859. — Loi du 17 juillet 1874.
2. Le séquestre et la responsabilité collective ont été appliqués à diverses tribus en 1881 pour faits d'incendie des forêts. Nous avons dit qu'à ce moment les événements de Tunisie et du Sud-Oranais avaient causé une effervescence générale dans les milieux indigènes.
3. À l'heure actuelle les Français ne sont encore aux indigènes que dans la proportion de 1 à 13.

peines de simple police fixées par les articles 464, 465, 466 du Code pénal pour infractions spéciales non prévues par la loi française, mais déterminées par des arrêtés préfectoraux. Les juges de paix devaient appliquer ces peines.

Lorsque, quelques années plus tard, le territoire civil fut de nouveau accru, aux dépens du territoire militaire, il devint évident pour tout le monde qu'il était nécessaire, non seulement de conserver le système des infractions spéciales, mais de confier la répression, l'application de la peine, à un tribunal plus prompt et plus proche de l'indigène que le juge de paix. La loi du 28 juin 1881 désigna l'administrateur lui-même. C'était remettre dans les mêmes mains le pouvoir administratif et le pouvoir judiciaire; c'était donner à l'administrateur les pouvoirs du *hakem* : « arrêter, gouverner, statuer ». La mesure était excellente; elle inspira aux indigènes le respect de l'administration nouvelle. Malheureusement, depuis 1881, le législateur cédant à nos idées françaises, est intervenu à différentes reprises pour limiter les pouvoirs qu'il avait donnés.

La dernière loi sur la matière porte la date du 25 juin 1890. La liste des infractions punies n'a plus que 21 articles au lieu de 41 qu'elle avait eus d'abord. Parmi ces infractions on relève les suivantes : départ d'une commune sans autorisation, retard prolongé et non justifié du payement des impôts, dissimulation de la matière imposable, refus de concours en cas d'accident, tumulte ou calamité publique. Peut-être est-il regrettable que la loi de 1890 ait retranché de la précédente liste des infractions les « actes irrespectueux ou propos offensants vis-à-vis d'un représentant ou d'un agent de l'autorité ». Une chose plus certaine est que l'on a eu tort de reconnaître, pour tout indigène puni d'un emprisonnement de plus de vingt-quatre heures ou d'une amende de plus de 5 francs, le droit de faire appel de cette condamnation devant le préfet ou devant le sous-préfet. Il est évident qu'en introduisant cette disposition dans la loi les membres du Parlement ont pensé donner une « garantie » aux indigènes; ils ont oublié que rien n'était plus important que de remettre à l'administrateur le droit de punir sur l'heure et sans appel. On ne doit pas cesser de répéter, l'Algérie n'est pas la France, et c'est ainsi qu'il est nécessaire de remettre au représentant du *beylik* des pouvoirs spéciaux. Il faut qu'il autorise le départ de la commune, afin de surveiller les *moqaddem*, les *khouan*; il faut qu'il puisse punir celui qui ne paye pas l'impôt, quand il sait qu'il en a véritablement les moyens; il faut qu'il soit obéi sur l'heure, lorsqu'il organise la défense d'une forêt attaquée par le feu ou la préservation des champs menacés par les sauterelles; il faut, d'une manière générale, qu'il ait la discipline de la tribu. Ce serait d'ailleurs une erreur de penser que les administrateurs usent souvent du droit de punir; il suffit bien souvent que les indigènes les sachent armés pour ne point oser leur désobéir [1].

A l'heure présente, les Algériens, colons et fonctionnaires ne réclament pas seulement le maintien du Code de l'indigénat sans nouvelle réduction, ils réclament aussi l'application d'une mesure plus grave : la création, en territoire civil, de « commissions disciplinaires » ou, ce qui serait plus exact, le rétablissement, avec certaines modifications, des « commissions disciplinaires » qui existaient au temps du gouvernement militaire. Quels faits, quelle situation justifient une semblable demande? C'est l'insécurité qui règne dans les trois départements, le nombre chaque année plus élevé des attentats contre les personnes et les propriétés. Les statistiques publient des tableaux sur la « sécurité dans la colonie »; il serait plus juste de leur donner pour titre « le défaut de sécurité ».

De 1885-86 à 1890-91, le nombre des attentats contre les personnes ou les propriétés, dans le territoire civil seul, a varié annuellement entre 17 300 et 20 700. En 1890-91, le nombre des attentats atteint 18 951, en augmentation de 1 587 sur l'année précédente. — Dans ces chiffres, la part des attentats commis par les indigènes varie entre 12 300 et 15 000; c'est donc chez eux que se recrute l'armée du crime. — Dernier fait à relever, et digne de remarque : si les attentats

---

1. Du 1ᵉʳ juillet 1890 au 31 juin 1891, le nombre total des punitions infligées s'est élevé, pour une population de 2 323 549 indigènes musulmans non naturalisés (territoire civil seul, communes de plein exercice et communes mixtes), au chiffre de 18 630, soit 8,16 par 1 000 habitants indigènes. — Les amendes, dans la plupart des communes mixtes, atteignent des chiffres insignifiants.

commis par les indigènes contre les Européens atteignent un chiffre fort élevé et chaque année croissant (en 1885-86, 2 613; en 1890-91, 6 327), celui des attentats commis par les indigènes contre leurs coreligionnaires demeure plus élevé. Ainsi les indigènes ne souffrent pas moins que les colons de l'insécurité générale.

Les chiffres officiels sont-ils bien exacts? Nous sommes tentés de les prendre pour des *minima*, en considérant que souvent, les colons, et aussi les indigènes, ne font pas constater les délits dont ils sont victimes parce que beaucoup de leurs plaintes restent sans suite. Ici, on prend pour la huitième fois un malfaiteur dangereux dont on ne peut plus compter les crimes; ailleurs, une forêt n'est pas sûre parce qu'une bande s'y est réfugiée et ne peut être délogée; partout, chose plus grave, les tribunaux doivent prononcer l'acquittement d'hommes dont la culpabilité ne fait pas de doute, mais n'est point juridiquement établie. Dans le département d'Oran on a vu un bandit mettre sur les dents les cavaliers des communes mixtes et n'être arrêté enfin que lorsqu'on put, grâce aux fonds alloués par le gouverneur général, lever des cavaliers auxiliaires [1]. Le maire de Médéa, dans un discours prononcé sur la tombe d'un gendarme mort en service, disait il y a deux ans : « En moins d'un an, notre commune, qui compte à peine 5 000 Européens et 8 000 indigènes, a été le théâtre de 5 assassinats, de 200 et quelques vols, ce qui représente, pour une même période dans une ville comme Paris 10 000 assassinats, 6 000 tentatives d'assassinats et 400 000 vols » [2].

L'insécurité est telle qu'une industrie spéciale a pu naître dans les campagnes; c'est la *bechara*. Un colon a été volé: deux paires de bœufs, par exemple, ont disparu de son étable; il reçoit la visite d'un indigène qui, discrètement, seul à seul, offre de lui faire retrouver ses bœufs, moyennant une somme d'argent à convenir, laquelle représentera, en général, le tiers, quelquefois la moitié de la valeur du bien

---

1. Conseil supérieur du gouvernement. Séance du 1ᵉʳ décembre 1890.
2. Gourgeot, *loc. cit.*

volé. Que fait le colon en entendant une pareille proposition ? Il écoute, car il sait que la justice est lente, fort éloignée, que, si elle se met en mouvement, et il n'en est pas certain, il est très probable qu'elle ne trouvera pas le voleur ou que, grâce à des témoins, il saura se créer un alibi. D'ailleurs obtiendrait-il jamais la restitution de son bien ? Les conditions de l'étrange contrat sont donc débattues, puis le colon verse l'argent et retrouve ses bœufs dans une clairière ou dans une broussaille qu'on lui a désignée.

Comment expliquer une situation aussi anormale, un pareil état de banditisme ? Les raisons sont nombreuses ; c'est d'abord que l'indigène ne nous aime pas et volontiers assassine un colon ou le vole ; c'est ensuite qu'il est, par tempérament, par hérédité peut-on dire, prédisposé à dérober, à « faire un coup », à prendre, la nuit, du bétail dans une étable, du blé dans une grange, du raisin dans une vigne. Sont-ce les seules raisons ? Non, il y a la misère, la misère noire. Il est des régions que l'on cite où cette misère lamentable ronge des tribus entières. Elle a quelquefois sa cause dans un séquestre trop rigoureux, dans les procès-verbaux des gardes forestiers, dans les frais des huissiers, les exigences des usuriers. Et ne sait-on pas que la misère est mauvaise conseillère ? Enfin, il y a dans les trois provinces de l'Algérie, plusieurs centaines d'Arabes assassins, voleurs, bandits, qui ont pu s'échapper de Cayenne où la cour d'assises les avait envoyés et sont rentrés dans leurs tribus [1]. Ce sont des chefs de bande désignés.

Nous venons de donner plusieurs des causes du banditisme, mais non la première, qui est l'impuissance de l'administration et de la magistrature en territoire civil à atteindre les coupables, à réprimer les attentats, à frapper quand il le faut. Les indigènes habitant des communes de plein exercice, avons-nous dit, ne sont généralement pas surveillés par le maire ; pour « l'adjoint indigène », il manque d'autorité, puis, bien souvent, il reçoit des cadeaux pour fermer les yeux. Il

---

1. D'après les documents officiels, plus de 900 indigènes se sont échappés des pénitenciers de la Guyane entre les années 1881 et 1890.

résulte de cette situation que, surtout dans les petites villes, le quartier indigène devient le rendez-vous des paresseux, des joueurs, des gens mal famés de toute la région. — En commune mixte, l'administrateur ne trouve pas dans les chefs de douar un concours suffisant. Beaucoup parmi eux ont été mal choisis et sont méprisés des hommes dont ils devraient être obéis; d'autres — et ils sont nombreux — n'osent pas se compromettre, s'exposer aux vengeances ou aux fausses dénonciations de leurs administrés ; plutôt que de faire leur devoir, ils veulent ignorer ce qui se passe; souvent aussi ils se font payer leur complaisance, ayant soin d'ailleurs de rester toujours déférants et respectueux vis-à-vis des fonctionnaires français [1].

Ce n'est point tout encore. Sous prétexte de tracer une ligne de démarcation entre les sphères d'action et les susceptibilités respectives des administrateurs et des juges de paix, on a, dans chaque commune, distribué le service des informations judiciaires, tantôt à l'administrateur, tantôt au juge de paix, tantôt à l'un et à l'autre. Si l'on ajoute que les juges de paix hésitent beaucoup à se déplacer, que les espaces à parcourir sont considérables, que — nous venons de le dire — la complicité possible d'agents indigènes rend plus difficile la connaissance de la vérité, qu'enfin les tribunaux exigent pour condamner des preuves certaines, juridiques, des témoignages probants, on comprend comment les assassins et les voleurs sont si hardis, pourquoi les auteurs de beaucoup de crimes et de délits restent imprenables ou impunis. Les colons ne sont pas seuls à se plaindre; les indigènes honnêtes souffrent avec eux de l'insécurité générale.

[1]. Un membre du Conseil supérieur du gouvernement, M. Bézy, disait dans la séance du 1er décembre 1890 : « J'indiquerai, comme pouvant avoir aussi une grande influence sur la sécurité, le choix judicieux des chefs indigènes. Je dois dire que ces choix n'ont pas toujours été heureux pendant ces dernières années. Quelques individus méprisés de leurs coreligionnaires, des khammès, ont été choisis par l'administration et ces nominations ont sérieusement mécontenté les indigènes. Il faut le reconnaître, les anciens grands chefs avaient du bon, sans être, bien entendu, à l'abri de toute critique. Il fallait, il est vrai, compter un peu avec eux, mais ils savaient du moins se faire obéir et notre prestige y gagnait, tandis que les indigènes perdent de plus en plus le respect de l'autorité. »

Le remède? On l'a cherché. Le budget de 1892 porte un crédit nouveau de 210 000 francs affecté, pour partie, à la création d'un service de brigades mobiles et d'indicateurs indigènes, pour une autre partie, à la création de brigades de gendarmerie et de cavaliers auxiliaires de police. Peut-être ces mesures donneront-elles quelques résultats ; cependant le gendarme français, qui ne sait ni l'arabe, ni le berbère, qui arrive d'un département métropolitain, est bien lourd et bien malhabile pour opérer au milieu des populations arabes. Les vieux Algériens savent qu'une force de police indigène, bien recrutée, des indicateurs ou des agents secrets, rendront des services plus appréciables que la gendarmerie.

On a proposé encore d'augmenter le nombre des suppléants de juges de paix, afin de rendre les instructions plus faciles et plus promptes ; nous n'avons pas grande foi dans l'efficacité de cette mesure. Le meilleur recrutement des chefs de douar aurait, certes, un effet plus certain, mais il ne suffirait pas pour rétablir la sécurité si gravement compromise et, d'ailleurs, ce n'est pas en un jour ni en un an que l'administration, jusqu'ici trop insouciante de ses choix, pourra remplacer tous les « adjoints indigènes » d'une moralité douteuse [1].

Il y a un proverbe : aux grands maux les grands remèdes ; puis, disons-le pour la dixième fois, les choses ne doivent jamais être conduites en Algérie comme elles le sont en France. L'amiral de Gueydon l'a très justement écrit un jour au gouvernement : « En Algérie, ce n'est pas le lieu qui doit régir l'acte d'hostilité envers la France, c'est la qualité des

---

1. On a souvent fait observer qu'il serait politique, non seulement comme nous l'indiquons, de mieux recruter les chefs indigènes, mais encore de leur assurer un traitement proportionnel à leur temps de service. Ils reçoivent actuellement, on le sait, un dixième de l'impôt arabe, et ce mode de rétribution laisse à désirer. Suivant la richesse des douars, l'adjoint indigène touche 2 à 3 000 francs ou seulement quelques centaines de francs. Il y a là une sorte d'injustice, d'autant que — chose bonne en soi — le gouverneur général hésite à envoyer « en avancement » un adjoint indigène d'un douar qu'il connaît et d'où il est, dans un douar qui lui serait étranger. Il semble que l'on corrigerait le vice du système actuel, en faisant un fonds commun des dixièmes que touchent actuellement les chefs indigènes, pour l'affecter à leur servir des traitements qui comprendraient cinq ou six classes, avec un minimum de 600 francs et un maximum de 2 000 francs. — Il faudrait, d'autre part, sévir vigoureusement contre les adjoints indigènes convaincus de concussion.

délinquants. Les citoyens français, en quelque lieu qu'ils résident, relèvent des juridictions de droit commun. Les indigènes non naturalisés, en quelque lieu qu'ils soient, doivent être soumis au régime que notre sécurité commande. Ils constituent une catégorie à part, comme les militaires et les marins, pour lesquels, à un autre point de vue, il y a des juridictions et des pénalités spéciales [1]. »

Reconnaissons-le donc franchement, les pouvoirs disciplinaires confiés aux administrateurs permettent tout au plus d'assurer quelques menus détails de police, d'administration et d'ordre public. Pour les juges de paix et les magistrats des tribunaux correctionnels, les uns et les autres vivent en dehors du monde musulman, ne connaissent pas la société indigène; chargés d'appliquer les lois françaises, ils ne savent et ne doivent les appliquer que comme ils le feraient en France; ils n'ont, d'ailleurs, à leur disposition que les lois et la procédure françaises, le « droit commun » qui n'a aucun caractère efficace en pays arabe, qui est un non-sens. Le Code d'instruction criminelle a fait reposer sur la déposition des témoins la plus grosse présomption de certitude : en France, les témoins disent la vérité; en Algérie, les témoins mentent et se parjurent. Dans un pays depuis longtemps civilisé, où l'ordre est la règle et la criminalité l'exception, la loi doit imaginer de nombreuses formalités constituant autant de garanties pour l'accusé; dans un pays récemment conquis, habité par des populations très différentes, hostiles, « incivilisées », la présomption doit être renversée, les intérêts de l'ordre et de la sécurité publique doivent primer ceux de l'individu.

Que le juge de paix et les juges correctionnels soient dessaisis au profit de « commissions disciplinaires », dont les magistrats seraient éloignés, à l'exception des membres du parquet; — immédiatement une nouvelle situation sera créée : il ne faudra plus, pour condamner un bandit, obtenir la « certitude juridique »; la « certitude administrative », la

---

[1]. Rinn, *les Commissions disciplinaires*. *Revue algérienne*, 1re partie, 1885. Jourdan, éditeur, Alger.

« certitude morale » suffira. Ajoutons de suite, « quelque monstrueuse que puisse paraître à des gens civilisés une pareille assertion »[1], que les indigènes comprendront et accepteront davantage une répression arrivant immédiatement, à la suite d'une faute commise, qu'une peine prononcée trois mois ou six mois après cette faute même. Enfin, il n'est pas douteux que l'existence seule des « commissions disciplinaires », leur premier fonctionnement, suffira pour en imposer aux indigènes.

Nous n'avons pas à rédiger ici un projet de loi ; aussi nous bornerons-nous à quelques mots. Il y aurait une « commission disciplinaire » dans chaque arrondissement ; elle serait composée du sous-préfet, président, du procureur de la République, d'un conseiller général français, d'un conseiller général musulman ou du cadi et du premier conseiller municipal d'une des communes mixtes de l'arrondissement. — L'administrateur de la commune du prévenu ou son adjoint serait rapporteur. — Le prévenu aurait le droit de se faire assister d'un défenseur et la commission pourrait l'autoriser à faire entendre des témoins.

Elle connaîtrait des faits de vagabondage, vols en plein jour, vols de nuit, vols avec effraction, recels (*bechara*), etc.

Le maximum des peines, toujours prononcées sans appel, serait un an de prison et 1 000 francs d'amende. — La commission disciplinaire pourrait proposer au gouverneur général l'internement hors de l'Algérie des récidivistes ou des indigènes jugés dangereux. Enfin, au cas où la commission reconnaîtrait que le fait délictueux ou criminel contre la propriété, matériellement prouvé, entraîne devant les juridictions ordinaires une peine excédant ses pouvoirs, elle pourrait — ce ne serait pas une obligation, — au lieu de frapper suivant sa compétence, se dessaisir de l'affaire[2].

---

1. Rinn, *loc. cit.*
2. En territoire militaire, où les Européens seuls bénéficient du « droit commun », la police des tribus, la répression des délits et des crimes sont ainsi réglées en vertu d'un arrêté du général Chanzy, gouverneur, en date du 14 novembre 1874.

1° Les contraventions de police, les fautes commises dans le service militaire ou administratif, les méfaits et délits dont l'importance ne dépasse pas

Quelques-uns des partisans des « commissions disciplinaires » voudraient leur déférer, outre les délits et les crimes que nous venons de dire, certaines infractions, particulièrement dangereuses pour notre autorité, pour la tranquillité des populations, et qui actuellement demeurent souvent impunies. Ils indiquent : 1° les faits de propagande religieuse : excitations au fanatisme, réunions secrètes dans les cafés ou autres lieux, perception de *ziara*, etc. ; — 2° les faits de propagande politique : excitations à la résistance aux ordres de l'autorité, intrigues des *soff*, désordres graves dans les tribus, etc. La répression de ces sortes d'affaires, qui pourrait être remise à une commission purement administrative, ne nous semble pas devoir être confiée à une commission où siègent des colons ou des indigènes. Doit-elle donc être abandonnée? Non certes, et d'ailleurs elle ne l'est point en l'état actuel de la législation. En vertu de ses attributions de haute police le gouverneur général a, en effet, le droit de prononcer, sur la proposition des administrateurs et des préfets, l'internement des indigènes coupables de propagande religieuse ou politique. Mais ce droit il hésite parfois à s'en servir ; la grandeur de la peine, et d'une peine qu'il prononce seul, l'effraye sans doute. Cette situation nous conduit à penser que, sans rien abandonner de ses droits actuels, le gouverneur pourrait, sur le rapport des administrateurs, déférer certains faits de propagande à la « commission disciplinaire supérieure » d'Alger prévue par l'arrêté du 14 novembre 1874. Composée seulement de hauts fonctionnaires, cette commission a le droit

---

une valeur de 50 francs sont punis directement par les commandants militaires ou leurs délégués. — Le maximum des peines varie suivant le grade de l'officier qui les inflige. Le commandant de la division peut prononcer deux mois de prison et 300 francs d'amende ; le commandant de la subdivision, un mois et 100 francs ; les commandants du cercle, quinze jours et 50 francs ; les officiers délégués, huit jours et 30 francs.

2° Les actes d'hostilité, crimes et délits « qu'il est impossible de déférer aux tribunaux civils ou militaires » sont envoyés devant des « commissions disciplinaires » de subdivision, de cercle ou d'annexe. Les commissions disciplinaires de subdivision peuvent prononcer un an de prison et 1 000 francs d'amende ; les commissions disciplinaires de cercle ou d'annexe, deux mois de prison et 200 francs d'amende. — L'appel devant le gouverneur général n'est pas suspensif.

3° Les conseils de guerre ont les attributions des cours d'assises.

d'appliquer des peines graduées suivant l'importance de la faute.

Il ne suffit pas d'assurer la sécurité. Certes ce sera un bienfait pour les indigènes honnêtes qui souffrent du banditisme comme les colons, mais il faut en outre — et c'est un devoir que nous avons singulièrement négligé jusqu'ici — nous préoccuper des intérêts matériels de la population vaincue. Elle est pauvre, elle ne sait pas ou elle ne peut pas augmenter sa production; venons à son aide, guidons-la, secourons-la.

L'obligation où l'administration algérienne s'est trouvée de se procurer des terres pour les colons, de les installer au mieux, de leur assurer l'eau et les routes, a fait qu'elle a bien souvent agi sans se soucier aucunement de la situation qu'elle créait aux indigènes : « Combien avons-nous vu de ces vergers, écrit M. Gourgeot, splendides au temps où leurs propriétaires avaient assez d'eau pour les arroser, sécher, puis disparaître à la suite d'un prétendu partage des eaux entre eux et les Européens? Une enquête curieuse à faire serait celle qui consisterait à compter le nombre de familles ruinées parce qu'on leur a pris l'eau dont elles se servaient pour arroser leurs jardins et leurs terres. » D'autre part, le voyageur, nous l'avons noté, est partout frappé de voir les douars arabes, les villages kabyles laissés sans communication d'aucune sorte. Le douar, qui est mobile, fuit quelquefois la route; mais est-il douteux que les agriculteurs des deux Kabylies seraient heureux de voir améliorer les sentiers qui courent dans leurs montagnes? — sentiers si mauvais parfois que les gens de certains villages ont peine à se rendre sur les marchés.

Satisfaire les intérêts matériels des indigènes, c'est toute une œuvre nouvelle à entreprendre.

Nous venons de parler de l'eau. Sur les points les plus brûlés, il convient que l'on se préoccupe de faire profiter les champs indigènes des barrages, des canaux d'irrigation construits pour les Européens; nous avons aussi indiqué l'intérêt considérable qu'il y avait à faire des *r'dirs* ou points d'eau, sur les Hauts Plateaux; les troupeaux pourraient doubler, peut-être tripler d'importance. Dans le désert, la nappe artésienne se rencontre sur les points les plus éloignés; là où des puits seront forés, des groupes indigènes pourront planter le palmier, et se livrer aux cultures qu'il abritera de son ombre.

Partout où l'indigène paraît disposé à donner des soins à la terre, il faut lui faire connaître les plantes, les légumes, les arbres qu'il ignore, et dont il pourrait tirer profit. Déjà dans bien des communes mixtes, l'administrateur a créé une pépinière; il convient de poursuivre ces créations, sans perdre jamais de vue le côté pratique, c'est-à-dire la culture, qui peut donner aux indigènes les meilleurs résultats. C'est avec surprise que l'on apprend que les Kabyles et les Arabes ne connaissent point ou connaissent fort peu la pomme de terre. Enseigner aux Arabes le greffage des oliviers sauvages, les faire greffer même d'autorité; amener les nomades à comprendre l'intérêt qu'ils ont à castrer les animaux mal venus ou de race inférieure, afin qu'ils ne se reproduisent pas, ce seraient là d'excellentes choses. N'estime-t-on pas, en effet, à environ 20 millions le nombre des oliviers non greffés, et n'avons-nous pas dit plus haut les bénéfices que des troupeaux mieux soignés assureraient aux populations pastorales?

Il est impossible de tracer un programme d'ensemble. D'une façon générale, on peut croire que nos conseils agricoles seront peut-être suivis davantage en Kabylie, mais il est certain que, dans chaque région, il y a des essais à tenter, des expériences à faire, des encouragements répétés à donner aux indigènes. Est-ce dire que partout nous serons entendus, que partout nous réussirons? Non assurément; mais s'il est des « progrès » qu'une population agricole et pastorale puisse comprendre, puisse accepter des « civilisés », ce sont assurément les améliorations pastorales et agricoles.

Pour étendre les cultures, pour suivre les conseils d'amélioration, une chose est avant tout nécessaire : l'argent. Les indigènes en ont-ils? Non assurément; nous l'avons dit et on ne saurait trop le répéter, la population est pauvre, misérable; elle est rongée par l'usure. Le crédit, cet aide si puissant que les nations européennes connaissent pour leur plus grand profit, n'existe pas en Algérie. Dans le Djurjura, le Kabyle qui a besoin d'argent en trouve à des conditions fort dures chez un voisin âpre au gain. En pays arabe, les prêteurs sont des juifs indigènes, usuriers impitoyables qui ruinent leurs emprunteurs. Le chapitre le plus intéressant du livre de M. Gourgeot est peut-être celui où il traite de l'usure : il dit ce que l'argent coûte à l'indigène, comment le taux de 60 p. 0/0 l'an est le plus faible et il indique au-dessus ceux de 75, 90, 105 et 120 p. 0/0; il nous apprend qu'entre le prêteur et l'emprunteur, se glisse souvent un troisième personnage, « le répondant », courtier qui sait faire payer ses services; il nous montre quelles sont les principales « opérations commerciales » pratiquées par les individus qui se livrent à l'usure ; comment le prêteur impose à son créancier, s'il ne peut s'acquitter à l'échéance, la « conversion » de sa dette : « Tu ne peux pas me payer aujourd'hui en argent, eh bien, tu me payeras demain en grain », et le créancier fixe le prix du grain. Dans le Tell, dans la zone de colonisation, les cultivateurs indigènes essayent d'obtenir des prêts à court terme auprès des Européens, mais combien d'exigences ruineuses ils doivent subir! Ici, c'est un colon qui sera âpre autant qu'un juif, ailleurs, c'est un Comptoir local qui réclamera, pour l'escompte du papier arabe, 16 p. 0/0 pour le premier trimestre et 20 p. 0/0 pour les renouvellements [1]; ailleurs encore, nous l'avons vu au chapitre du Crédit, ce sont des banquiers français et des banquiers indigènes qui s'entendront pour ruiner toute la population d'une région [2].

Il est vrai qu'en général les indigènes n'offrent au prêteur qu'une sécurité personnelle assez mince : qui est le signataire du billet? pourra-t-on, si on lui prête, le retrouver au jour de l'échéance? et d'abord, son identité sera-t-elle sûrement établie? Il faut ajouter que l'Arabe, s'il est enfant, imprévoyant, ce qui le conduit à emprunter de l'argent

---

1. Le Comptoir de Tizi-Ouzou.
2. Voir ci-dessus, liv. II, chap. ix, p. 269.

sans savoir s'il pourra le rendre, emprunte aussi parfois avec l'intention bien arrêtée de ne pas rendre, de fuir son créancier.

Comment remédier à cette situation? Comment assurer le crédit dans des conditions raisonnables à l'indigène de bonne foi? On a parlé d'une loi contre l'usure; elle serait peut-être facile à faire mais probablement plus facile à tourner. Il y a mieux. C'est de créer des institutions de crédit — si le mot n'est pas trop ambitieux — spéciales aux indigènes, gérées pour eux et par eux-mêmes. On s'est rappelé récemment que, depuis une vingtaine d'années, un certain nombre de sociétés indigènes s'étaient constituées, grâce à l'initiative d'officiers ou d'administrateurs, dans le but de venir en aide, par des secours et par des prêts, aux cultivateurs dans le besoin. Sur plusieurs points, les *djemâa* prélevaient, sur la récolte des gens aisés, une petite part dont elles formaient une réserve destinée à secourir les nécessiteux pendant l'hiver, et aussi à prêter du grain pour ensemencer à ceux qui n'en avaient pas. Ces derniers, la récolte faite, rendaient la quantité qui leur avait été prêtée, plus un nombre déterminé de litres pour assurer les frais de garde des silos et compenser les pertes. — De 1886 à 1890, les « sociétés » ou « caisses de prévoyance et de prêts mutuels » ont fait, sous l'impulsion des administrateurs, de rapides progrès. Au 31 décembre 1890, on comptait en Algérie 70 sociétés ayant ensemble 159 588 membres et dont l'actif, tant en argent qu'en grains, représentait une somme totale de près de 4 millions de francs [1].

Le gouvernement a compris combien il serait avantageux pour les indigènes d'encourager ces sociétés, aussi a-t-il

---

1. Capitaux possédés au 31 déc. 1890 { en caisse .... 1 307 356 fr.
   prêtés 1 087 835

   Estimation en argent des grains possédés à la même époque. { en silos 725 348
   prêtés 504 049

   Estimation en argent des cotisations dues et non encore recouvrées. { 167 250

   3 791 838 fr.

obtenu le vote par la Chambre (juin 1892), d'un projet de loi qui est maintenant devant le Sénat [1]. Il n'est pas douteux, ainsi que l'observait récemment le gouverneur général, que les Sociétés de prévoyance, en se développant, feront peu à peu disparaître la plaie de l'usure en même temps qu'elles intéresseront davantage les indigènes à la paix publique. Elles seront la meilleure garantie de la sécurité.

Nous réclamerons maintenant une mesure de clémence. A quoi servirait d'inviter les indigènes d'une région à constituer une société de prêts mutuels s'ils n'avaient pas de terres et se trouvaient dans la plus noire misère? Or cette triste situation on la rencontre sur quelques points de la colonie. Le séquestre est une mesure nécessaire, une « arme de guerre » que nous devons conserver, mais faut-il que ses effets soient éternellement maintenus? même longtemps après la faute et lorsqu'en conscience on peut juger que les populations coupables ont suffisamment expié?

Négligeons les détails pour retenir un fait : Voici une région dont les habitants sont particulièrement misérables, où, par conséquence — que risque celui qui n'a rien et qui souffre? — les attentats contre les propriétés sont fréquents. — Vous vous informez. « Ces tribus, répond l'administrateur, ont incendié des forêts en 1881. Leurs terres, par application de la loi, ont été mises sous séquestre. Depuis lors elles ont dû, pour être autorisées à demeurer sur leurs champs, payer au Domaine une somme annuelle, c'est « le loyer du séquestre »; si maintenant elles veulent rentrer en pleine possession, redevenir propriétaires, elles devront payer « une soulte de rachat ». — De 1881 à 1892, les années ont succédé aux années; le « loyer »

---

1. L'article 1ᵉʳ est ainsi conçu : « Les sociétés indigènes de prévoyance, de secours et de prêts mutuels de l'Algérie ont pour but :
De venir en aide, par des secours temporaires, aux cultivateurs pauvres et aux ouvriers agricoles gravement atteints par les maladies ou les accidents;
De permettre, par des prêts annuels en nature ou en argent, aux indigènes fellahs ou khammès, de développer leurs cultures, d'améliorer et d'augmenter leur outillage et leurs troupeaux.
Elles peuvent consentir, jusqu'à concurrence du dixième de leurs fonds disponibles, des prêts à d'autres sociétés indigènes de prévoyance;
Contracter des assurances collectives contre l'incendie des récoltes, la grêle, les accidents. »

est lourd; les impôts s'ajoutent au « loyer »; trois années de sécheresse, deux invasions de sauterelles, sont survenues pour aggraver une situation déjà mauvaise. Les « loyers » sont donc en retard; pour le « rachat » il est interdit d'y songer.... Devant de pareilles misères une question vient à l'esprit : la sévérité dans la répression exclut-elle à jamais la clémence? qu'un jour le *Beylik* pardonne; il verra si sa bonté a été jugée faiblesse!

Encourager l'agriculture, assurer de l'eau et des routes, combattre l'usure, organiser le crédit, savoir prendre un jour une mesure de clémence en matière de séquestre, ce sont là, il n'en faut pas douter, avec la réforme ou l'abrogation des lois nuisibles à la société musulmane, les vrais « progrès » dont nous devons poursuivre la réalisation dans notre colonie. Le maréchal Niel disait au Corps législatif en 1870, au cours d'une discussion sur l'Algérie : « Vous ne pouvez pas réunir à vous le peuple arabe, fusionner la race européenne et la race arabe, vous pouvez seulement espérer établir peu à peu entre les deux races la fusion des intérêts ».

La fusion des intérêts, il n'y a pas d'expression plus juste, plus exacte. On l'a déjà dit, mais on ne saurait trop le répéter, la solution de la « question indigène » n'est ni administrative, ni scolaire, ni judiciaire; elle est avant tout économique. C'est par la fusion des intérêts que nous établirons la « paix civile », que nous rendrons facile la vie côte à côte du colon et de l'indigène.

Quel agent, quel représentant de la France doit poursuivre auprès des Arabes la politique que nous venons d'indiquer? En haut et très loin est le gouvernement de Paris, plus près le gouverneur général; mais qui est en bas, qui est à côté des indigènes? qui les voit, qui leur parle, qui les entend? C'est un fonctionnaire civil dont nous avons déjà souvent parlé : l'administrateur. C'est lui qui est le chef des communes mixtes, — communes immenses qui couvrent 10 484 695 hectares du territoire de la colonie et ont 2 366 134 habitants; c'est sous son autorité que nous voulons placer les indigènes réunis aux communes de plein exercice; c'est lui qui, avec quelques cavaliers, maintient l'ordre dans les tribus; c'est lui qui est le contrôleur, le chef des « adjoints indigènes »; c'est à lui que sont confiés les pouvoirs disciplinaires dont nous réclamons le maintien; c'est lui, enfin, qui sera chargé de poursuivre, avec le concours des agents des divers services — qui, sans exception, devraient être placés sous son autorité, — la réalisation des mesures propres à assurer le bien-être matériel des indigènes : fontaines, chemins, pépinières, surveillance des caisses agricoles, etc.

Les agents actuels sont-ils à la hauteur d'une pareille tâche? Nous n'oserions l'affirmer. Le corps des administrateurs comptait, il y a une dizaine d'années, beaucoup de non-valeurs qui ont disparu; parmi les fonctionnaires actuels, plusieurs sont des hommes distingués, actifs, s'intéressant à leur service, parlant couramment la langue arabe ou la langue berbère; mais il faut le dire, il est aussi des agents médiocres ou insuffisants : l'un n'a pas l'activité nécessaire; un autre n'accorde pas aux affaires l'intérêt qu'elles méritent; un troisième vit depuis vingt ans dans l'ignorance de la société arabe au milieu de laquelle il est; un quatrième sait très insuffisamment la langue indigène, au point qu'il lui faut continuellement un interprète et que ses administrés ne peuvent s'entretenir avec lui; d'autres enfin professent des sentiments d'hostilité systématique à l'égard des Arabes ou sont imbus de préjugés inconciliables avec la nature de leurs fonctions. Or est-il beaucoup de situations plus importantes, plus larges et quelquefois plus délicates que celle d'administrateur? Qu'on se représente cette société indigène, impénétrable, ennemie, hostile ou peu bienveillante, ses résistances, ses intrigues, ses ruses. Dans un semblable milieu, il faut que l'administrateur, qui est seul avec un ou deux adjoints, soit à tout : surveillance des douars, des villages, contrôle des adjoints indigènes, police générale, connaissance des *moqaddem*, de *khouan*, des intrigues des marabouts, organisation de la surveillance des forêts, lutte contre les incendies, contre les sauterelles. Pour tenir sa place, il est nécessaire que l'administrateur connaisse la société indigène, parle la langue et sache, par son caractère, acquérir la confiance et le respect de ses administrés.

Le maréchal Bugeaud a donné à ses collaborateurs des instructions qui doivent être encore la loi des administrateurs actuels. Les Arabes doivent être traités avec bonté, justice, humanité; il faut écouter leurs plaintes, leurs réclamations, les examiner avec soin, leur faire rendre leurs droits s'ils ont raison et les punir s'ils se sont plaints à tort. Les chefs — aujourd'hui dépossédés — doivent être surveillés, mais en même temps traités avec égards, dirigés, encouragés. Les marabouts, eux aussi, doivent être surveillés, et s'ils ne nous sont point hostiles, ils méritent des ménagements particuliers. Avec tous, d'ailleurs, il faut être juste et droit, en même temps que fort, car les indigènes réclament la justice, ne comprennent que la force, et ne plient que devant elle.

Sera-t-on surpris, si nous écrivons que nous aimons mieux qu'un fonctionnaire médiocre soit sous-préfet ou préfet en France, qu'administrateur en Algérie? En France, il y a d'abord, à côté du préfet ou du sous-préfet, les bureaux qui ont la connaissance des affaires, la tradition; puis il y a les conseillers généraux, les députés, les sénateurs, la presse, pour défendre les intérêts, signaler les abus, faire entendre les plaintes. En Algérie, l'administrateur est seul, il doit tout faire par lui-même; s'il fait peu, il manque à sa mission; s'il fait mal, les populations seront plus malheureuses, plus mécontentes. Pour les défendre, pour prendre leurs intérêts, quelquefois même servir leurs appétits, les colons ont leurs conseillers municipaux, leurs conseillers généraux, leurs députés, leurs sénateurs, leurs journaux; les indigènes, eux, n'ont personne qui puisse élever la voix en leur faveur, personne qui puisse les protéger si ce n'est l'administrateur qui est ainsi leur tuteur, ou pour employer l'expression arabe, dans son sens le plus étendu et le plus touchant, leur « père ».

Ce que nous avons dit à propos de la magistrature algérienne, nous devons, hélas! le répéter à propos des administrateurs. Jamais la France, depuis qu'elle est en Algérie, ne s'est souciée d'organiser un corps de fonctionnaires algériens. Dire que les administrateurs ont été pris au hasard, ce serait trop, mais il est certain que leur recrutement n'est pas enfermé dans des règles assez précises, que l'on n'exige pas suffisamment des candidats. Il faut, en Algérie, des hommes de premier ordre, et pour les avoir, deux choses sont nécessaires. Il convient, d'abord d'instituer une école, non à Alger, mais à Paris, où des cours spéciaux seront faits pour apprendre aux futurs fonctionnaires tout ce qu'ils doivent savoir, et surtout la langue arabe et la langue berbère [1]. Les Anglais pour l'Inde, les Hollandais pour Java, ont des écoles du genre de celle que nous réclamons et forment des agents distingués. Il faut ensuite — c'est la deuxième condition — assurer aux administrateurs un traitement convenable, une « carrière » complète. Leurs traitements et ceux de leurs adjoints sont aujourd'hui beaucoup trop faibles; un administrateur de 1re classe — et l'on arrive rarement à ce grade avant quarante ou quarante-cinq ans — reçoit, frais de bureau, de tournée et de cheval compris, 7 600 francs; un administrateur de 5e classe a 5 600 francs; les adjoints, des émoluments moindres. Quant à la carrière, il semble qu'elle s'arrête lorsque l'on a atteint la 1re classe du grade; les administrateurs pourraient être nommés sous-préfets dans la colonie, mais la plupart du temps, le ministère de l'intérieur envoie de Paris, des sous-préfets métropolitains qui ignorent et le pays, et les populations, et la langue. Pour les sous-préfets qui ont fait toute leur carrière en Algérie, en commençant par les fonctions d'adjoint-administrateur, qui savent, qui pourraient rendre d'autres services, ils se voient le plus souvent obligés de prendre leur retraite comme sous-préfets.

Nous avons dit le rôle de l'administrateur et demandé qu'il fût plutôt étendu. C'est parce que nous donnons à l'administrateur une situation aussi forte, que nous voulons la confier à des hommes de premier ordre. Nous ajouterons qu'il est permis de concevoir au-dessus des admi-

---

[1]. Une École coloniale existe à Paris qui forme des fonctionnaires pour toutes nos colonies, l'Algérie exceptée. Il serait possible d'y créer dès demain une « section algérienne »; il suffirait que le gouvernement le voulût.

nistrateurs, un corps de « contrôleurs ». Dans ce pays d'Algérie où l'état et le genre de vie des populations, la situation des Européens et des indigènes en face les uns des autres, rappelle, par divers côtés, l'époque du moyen âge, pourquoi le chef de la colonie, le gouverneur général, n'aurait-il pas ses envoyés, ses contrôleurs comme avait Charlemagne? Les *missi dominici* se rendraient dans toutes les parties de la colonie, visiteraient toutes les communes mixtes, jugeraient les actes des administrateurs, verraient les débuts des adjoints-administrateurs, entendraient les populations.

Aujourd'hui, les sous-préfets sont chargés du contrôle des administrateurs de leur arrondissement; mais cet arrondissement est fort étendu, les occupations des sous-préfets sont multiples; ils ne peuvent faire leurs tournées ou les font incomplètement. Quelle autorité, quelle compétence ont-ils, d'ailleurs, s'ils viennent de France sans rien savoir du monde arabe? Enlevons donc aux sous-préfets cette part de leurs attributions et confions à des fonctionnaires spéciaux d'une parfaite indépendance, d'une expérience certaine, la charge de contrôler les administrateurs. Les *missi dominici* seront à la disposition du gouverneur général pour contrôler, observer, faire des enquêtes comme les inspecteurs des finances sont à la disposition du ministre pour visiter tous les comptables, tous les services financiers.

Nous avons terminé notre longue étude sur la politique à suivre à l'égard des indigènes; nous avons tracé un programme. Il contient un certain nombre d'articles absolument négatifs, mais on ne saurait en être surpris, si l'on admet qu'il est utile de revenir sur les différentes mesures prises par les « assimilateurs » et de repousser toutes celles qu'ils projettent encore de faire triompher.

C'est ainsi que nous avons été amené à demander l'abandon des lois sur la propriété individuelle, sur l'état civil, sur la justice et que nous avons repoussé la naturalisation des indigènes, le droit de suffrage ainsi que le programme de la construction des écoles. Assurer la sécurité des biens et des personnes, dans l'intérêt des colons comme dans celui des indigènes, puis chercher à améliorer la situation matérielle de ces derniers, les amener à perfectionner leurs moyens d'élevage et de culture, à produire et partant à vendre davantage, tels sont, il nous semble, les seuls « progrès » auxquels nous, « civilisés d'Europe », pouvons convier les « primitifs du Maghreb ».

Par là nous leur assurerons les seuls bienfaits qu'un peuple de mœurs aussi simples peut apprécier et comprendre. Ils demandent qu'on leur rende leurs droits d'usage dans les forêts, leur justice; qu'on leur donne de l'eau, des routes, que l'on assure la vie de leurs troupeaux; allons à leurs désirs, ne cherchons rien autre. D'ailleurs, il suffit de réfléchir un instant pour juger que la politique que nous préconisons est *la vraie politique d'assimilation*. A mesure que l'indigène améliorera sa situation matérielle, que sa vie simple sera moins misérable, qu'il vendra ou achètera davantage, que le travail, le commerce, les bénéfices lieront ses intérêts à ceux des Européens il deviendra, qu'il le veuille ou non, moins ennemi, moins fanatique; une détente morale se produira : « Vois-tu la corde du puits? dit un poète de Fez. Par son frottement ne trace-t-elle pas un profond sillon dans la pierre la plus dure? »

CONCLUSIONS

Histoire d'un palais élevé sur des fondations mal établies. — La façade de l'Algérie. — Jugements favorables dont elle est l'objet. — Les dispositions intérieures de l'Algérie. — L'insuffisance des fondations.
Pourquoi la situation actuelle n'est pas satisfaisante. — Ni programme, ni vues d'ensemble. — Le « décret des rattachements ». — Les ministres indifférents aux affaires algériennes. — Le gouverneur impuissant. — Les forêts, les travaux publics « rattachés » à Paris. — Tiraillements. — Anarchie. — Où est l'autorité? — Les *soff* algériens. — Leurs appétits. — Petit nombre des électeurs. — Faiblesse des majorités. — La politique personnelle. — A Miliana. — A Aumale. — Les députés de l'Algérie rapporteurs du budget de la colonie. — Où est le gouverneur? — Grandeur des intérêts de la France en Afrique. — Programme du gouvernement et de son représentant. — Question indigène. — Question de la colonisation. — Question du Sud. — A qui confier l'administration et le gouvernement? — Situation qu'il faut faire au gouverneur général. — Il doit être le seul maître. — Organisation des services. — Le conseil du gouvernement. — Le contrôle et les grosses affaires à Paris. — Le service de l'Algérie attaché au ministère de l'intérieur. — Le gouverneur devant les Chambres. — Grandeur de la tâche de la France en Algérie.

Un homme fort riche achète après beaucoup de démarches, de difficultés et à un prix très élevé, un grand terrain magnifiquement situé. Il veut édifier, mais il n'a aucun plan général et, tout d'abord, il néglige d'étudier la nature du terrain sur lequel ses constructions doivent s'élever. Il a successivement plusieurs architectes; à tous il remet de grosses sommes, mais jamais il ne contrôle leur travail, et il lui arrive même de leur retirer l'autorité qu'ils devraient avoir sur leurs ouvriers. Un jour vient, après bien des années, où, éclairé par ses parents, par ses amis, le propriétaire s'aperçoit que son palais, dont il est fier depuis longtemps, prête à bien des critiques. D'abord, si la façade est belle, riche, les dispositions intérieures sont mal comprises, inachevées, défectueuses ; puis de mauvais matériaux ont été employés au milieu de bons, enfin, ce qui est plus grave, les fondations ne sont pas partout solidement établies ; il faut de suite les consolider, affermir le terrain même sur lequel elles reposent, si l'on ne veut pas que des mouvements se produisent, assez importants, peut-être, pour lézarder le palais tout entier.

Cette histoire de tous les jours est, pour partie au moins, celle de l'Algérie.

La façade est magnifique : 260 000 Français sont installés dans le Maghreb central, les uns habitent de grandes villes ornées de beaux édifices ; les autres des villages et des fermes entourés de riches cultures auxquelles, parfois, des barrages et des canaux assurent de l'eau en toute saison ; — un réseau ferré, long de 2 900 kilomètres, relie entre eux les principaux centres ; — le mouvement commercial de la colonie a dépassé le demi-milliard ; elle fait, sur ce chiffre, plus de 400 millions d'affaires avec la France ; — Marseille doit une part de sa richesse aux importations algériennes ; les chemins de fer français transportent les vins, les céréales, les bestiaux de nos provinces africaines, et d'autre part, celles-ci sont pour nos industriels et nos commerçants un large débouché. Le voyageur qui parcourt un peu vite la colonie, qui la voit sous un grand soleil et un ciel toujours bleu est séduit, émerveillé. Les étrangers eux-mêmes, dont le jugement est généralement plus réservé, ne craignent pas de louer ce qu'ils ont vu : « Sous le rapport du don de la colonisation, écrit un Russe qui a beaucoup étudié notre colonie, M. de Tchiatchef, la France n'a rien à envier aux nations les plus privilégiées ; l'œuvre accomplie en Algérie, égalée très rarement, n'a été surpassée nulle part ». — « Quiconque a pu voir comme moi, écrit le célèbre explorateur allemand Rohlf, les prodigieux travaux exécutés par les Français en Algérie, n'éprouvera qu'un sentiment de pitié pour ceux qui, en présence de toutes ces œuvres admirables, oseraient encore prétendre que les Français ne savent pas coloniser. »

Les dispositions intérieures, si on les examine avec quelque attention, méritent beaucoup moins d'être louées : sur les 260 000 Français, il y a 60 000 fonctionnaires ou semi-fonctionnaires, ce qui laisse un groupe de seulement 200 000 véritables colons français en face d'un groupe de 220 000 étrangers européens ; — parmi les villages, si beaucoup prospèrent, il en est trop qui végètent, ou dépérissent; sur les 1 340 000 hectares de terre possédés par les colons, combien sont laissés incultes ou demeurent confiés au travail misérable des khammès? — il y a 2 900 kilomètres de chemins de fer en exploitation, mais ils ont été payés par la métropole et c'est elle qui les fait vivre ; — la colonie lui a aujourd'hui coûté une somme totale de près de 4 milliards et exige par an 85 millions ; — enfin, fait plus grave, les fondements de notre domination ne sont pas solidement établis; la population indigène, au milieu de laquelle nous vivons, est domptée, elle n'est pas soumise. La *conquête morale* n'a pas suivi la *conquête matérielle*; depuis la grande guerre, il y a eu trois insurrections en Algérie et nous sommes loin d'être assurés qu'il n'y en aura plus d'autres.

Comment expliquer de pareils résultats?

Il faut, tout d'abord, faire très large la part des difficultés que nous avons rencontrées : la guerre, le climat, l'installation des premiers colons, la nécessité de tout faire, de tout organiser, de tout créer sur une terre vierge, les tâtonnements, les erreurs inséparables d'un début, les « écoles » qu'il était impossible d'éviter, etc. L'œuvre de la France en Algérie mérite, assurément, lorsqu'on la juge, beaucoup d'indulgence. Si vingt à vingt-cinq années sont nécessaires pour le développement intellectuel et physique d'un homme, ce n'est pas trop d'accorder un siècle à une nation qui s'établit dans un pays nouveau et s'impose, à la fois, la tâche de transformer des régions barbares et incultes en une colonie riche et florissante et celle, plus lourde, de faire vivre côte à côte dans la « paix civile », les vainqueurs et les vaincus, des « civilisés » et des « primitifs ».

Ces observations ne suffisent pas toutefois à expliquer, à excuser la situation *vraie* en présence de laquelle nous nous trouvons. Laissons les beaux dehors : est-il douteux, si nous faisons masse des critiques, que nous n'avons pas lieu d'être pleinement satisfaits?

Pourquoi? C'est que le gouvernement métropolitain a trop longtemps tardé à arrêter dans ses lignes générales un programme d'ensemble. C'est que sous le second Empire, puis sous la République, les changements dans les idées, dans les vues poursuivies, dans le mode de gouvernement et le mode d'administration ont été trop fréquents. Aujourd'hui même on ne rencontre aucun principe directeur; il n'y a, ni à Paris, ni à Alger une volonté certaine, une autorité responsable.

Il est impossible que cette conclusion très nette ne se soit pas peu à peu imposée aux esprits à la lecture des chapitres qui précèdent.

A Paris, dans le gouvernement, qui s'occupe de l'Algérie, qui en est responsable? Tout le monde, c'est-à-dire personne. Le décret du 26 août 1881, dit « décret des rattachements », abrogeant le décret du 10 décembre 1860, qui remettait le gouvernement et la haute administration de l'Algérie au gouverneur général, a placé tous les services civils sous l'autorité directe de chaque ministre compétent. Le gouverneur n'a conservé, comme attributions propres, que celles qui lui avaient été conférées par des lois spéciales; sur toutes les autres matières administratives, il s'est trouvé presque totalement dessaisi. Les « décrets de délégation », qui ont suivi, ont spécifié d'une manière absolument limitative les affaires sur lesquelles il a droit de statuer; tout le reste appartient aux ministres [1].

Transporter l'administration de l'Algérie à Paris était une politique. On considérait la colonie comme « un prolongement de la métropole », on pensait que tous les ministres s'intéresseraient également à ses affaires, y donneraient

---

[1]. Les décrets de délégation portent les dates des 26 août 1881 (Intérieur, Finances, Instruction publique, Travaux publics, Agriculture et Commerce, Postes et Télégraphes); 13 septembre 1881 (Justice); 13 mai 1882 (Finances); 29 mai 1882 et 21 mai 1883 (Travaux publics); 13 avril 1885 (Commerce) et 24 septembre 1886 (Agriculture).

leurs soins. L'application a très vite permis de voir que l'on s'était trompé. Les multiples affaires de l'Algérie font un ensemble dont les parties sont étroitement liées; elles exigent une attention continue, une direction unique, et qui plus est, spéciale; rien n'était donc aussi nuisible que de les noyer, pour ainsi dire, dans les différents ministères. On s'est exposé à trouver des ministres hors d'état de suivre, avec intérêt et continuité, des idées qui ont besoin d'être suivies et mûries; des ministres auxquels le temps manque pour s'attacher aussi directement qu'il le faudrait à la solution de questions délicates. Absorbés entièrement par les questions métropolitaines de leurs départements respectifs, puis par des questions de politique générale, les ministres ont donc laissé retomber la plupart des affaires algériennes dans des bureaux où elles ne peuvent pas toujours être appréciées avec la sûreté qu'il convient.

Ce n'est pas tout encore! Tandis que le décret de 1881 donnait aux ministres des attributions qu'ils ne pouvaient exercer, il laissait le gouverneur général sans pouvoirs propres, sans autorité réelle, presque sans prestige. Les agents des forêts appliquent avec rigueur le Code forestier dans toute la colonie, soulèvent des mécontentements, des colères, ruinent des populations entières, — le gouverneur ne peut rien : les forêts sont « rattachées » au ministre de l'agriculture! Les ingénieurs entreprennent des travaux sans méthode, négligent leur ordre d'importance, dépensent sur les routes des sommes hors de proportion avec l'*effet utile* produit, — le gouverneur ne peut rien, les travaux publics sont « rattachés » au ministre de Paris! Le régime des eaux a en Algérie une importance considérable, il est sur bien des points la vie des colons, — le gouverneur n'a sur lui aucune autorité, l'hydraulique agricole est « rattachée » au ministre de l'agriculture;... et ainsi pour tous les services, pour toutes les affaires!

Le résultat? Partout en Algérie des tiraillements, partout ou presque partout l'anarchie; puis, à Paris, les bureaux traitent les affaires d'après leurs idées métropolitaines ou suivant des avis qui peuvent être en opposition avec les vues et les désirs du gouverneur général. Le ministre de l'intérieur lui-même, qui, contresignant le décret de nomination du gouverneur, paraît être plus que ses collègues « ministre de l'Algérie », se désintéresse comme les autres ou, peut-être, se repose sur eux.

Et dans quelle colonie laissons-nous le gouverneur sans un chef véritable qui serait à la fois un directeur, un contrôleur et un soutien? Dans quelle colonie abandonne-t-on à lui-même le représentant de la métropole après avoir eu soin de lui enlever presque toute autorité sur les services? Dans la première de nos possessions, dans celle où la politique personnelle est le plus répandue, où les querelles des *soff* sont les plus ardentes. La société algérienne, en effet, a ses *soff* tout comme la société indigène. N'est-il pas évident que devant un gouverneur à qui il est interdit de gouverner, d'administrer, dont les services sont indépendants, les *soff* se sentiront plus forts, augmenteront d'audace, prétendront que l'on épouse leurs querelles?

En France, chaque département, chaque ville a ses coteries, ses intrigues; mais en Algérie, les coteries sont particulièrement audacieuses, les intrigues nombreuses, et surtout les besoins immenses. Dans tous les villages du Djurjura, avant la conquête, il y avait le *soff d'en haut* et le *soff d'en bas*, et d'un bout à l'autre de la montagne, tous les gens d'en haut se prêtaient main-forte contre les gens d'en bas, sans discuter ni même réfléchir. Il en est malheureusement ainsi dans plusieurs des centres électoraux des trois provinces et le proverbe kabyle : « sois de ton *soff* avant d'être de ta famille » est devenu proverbe algérien.

Les appétits sont insatiables. Faut-il en être surpris? D'abord, il y a, peut-on dire, les « appétits légitimes » : tout était à faire sur cette terre nouvelle, sur cette terre vierge, et quoique beaucoup ait été fait, il reste de grands besoins à satisfaire; il faut des chemins de fer, des routes, des ports — et l'on demande à la métropole de payer sans compter; puis il y a, et ceci est plus grave, ce qu'il faut appeler les « appétits locaux », — on exige tout de la métropole, tout du département; on prétend tout obtenir pour sa ville, pour sa coterie, pour ses amis, pour soi. Ils sont nombreux ceux que la colonisation officielle ou les hasards d'une vie aventureuse ont amenés sans ressources sur la terre d'Afrique; plus nombreux, ceux qui ayant quelque chose désirent davantage. L'un veut de la terre, un autre du crédit, un troisième une place. Les objets de tentation, d'ailleurs, sont à portée : voici la métropole, elle est bienveillante; pourquoi ne lui demanderait-on pas de l'argent, et beaucoup? Voici des terres qui appartiennent aux indigènes, pourquoi ne les leur prendrait-on pas? Voici une fonction élective qui assure influence et faveurs, pourquoi ne l'ambitionnerait-on pas pour soi ou pour un ami?

Si le représentant du gouvernement avait pouvoir et autorité, s'il avait le droit d'administrer, d'avoir un programme, il aurait vite fait appel aux hommes préoccupés du bien et de la prospérité publics, qui se tiennent en dehors des querelles et qui, tout en travaillant pour eux, n'oublient ni l'intérêt général, ni l'avenir de la colonie. Mais lorsqu'il n'y a pas de gouverneur, ce sont des *soff* qui prétendent gouverner; des plus âpres entraîneront les hésitants, les timides, et ils feront la majorité. Elle est facile à faire, d'ailleurs, la majorité dans un pays où le nombre des électeurs est très faible. Dans une ville de moyenne importance, 160 ou 140 électeurs suffisent pour faire un conseiller municipal; celui qui est en tête de la liste avec 170 voix est assuré d'avoir la mairie; 400 voix, 300 voix, 260 même font un conseiller général. La politique personnelle, avec tous ses inconvénients, tous ses vices, sera donc fatalement la seule possible. Les *soff* se disputeront la victoire avec acharnement; pour être élu, le candidat promettra; pour conserver la confiance de ses électeurs, pour assurer sa réélection, l'élu devra tenir ses promesses, demander des faveurs, en exiger même.

Exagérons-nous en peignant, en traits aussi vifs, les mœurs politiques de l'Algérie? Non, hélas! et des faits sont là, empruntés, non pas à la polémique des journaux, mais aux discussions des Chambres ou à l'action publique de la justice. A Miliana, les 333 électeurs qui font la majorité, tenant pour rien l'enquête faite par une commission du Sénat et les déclarations du ministre de la justice, dans l'affaire dite « du cadi de Miliana », conservent, comme leur représentant au Conseil général, un homme dont la conduite et les agissements ont été publiquement blâmés. Dans le même département, le conseil municipal d'Aumale, suivi de la population, s'est il y a quelques mois « mis en rébellion ouverte contre la loi », en prétendant entraver les perquisitions que le juge de paix du canton avait reçu mandat d'opérer au domicile du maire [1]. — Voici, à la vérité, un acte de fermeté à l'actif de l'administration. Mais c'est le premier, le second peut-être, si l'on compte la volonté qu'a manifestée le préfet d'Oran de faire appliquer dans son département la loi de 1836 et de remettre l'ordre dans le service de la voirie malgré l'opposition du conseil général.

Mais lorsqu'à Paris les ministres se désintéressent des affaires d'Algérie, oublient qu'il faudrait soutenir les principaux agents du gouvernement, renforcer leur autorité n'est-il pas plus simple, plus facile, pour ces derniers de prendre le parti, ici de ne point voir, de fermer les yeux, ailleurs de laisser se perpétuer des abus, des errements fâcheux, ailleurs encore d'accorder aux élus du suffrage universel plus que ce qui devrait légitimement leur revenir?

Les ministres ne sont point les seuls à se désintéresser des questions africaines. Les députés métropolitains ont fait trop longtemps de même, et c'est ainsi, qu'en treize années, de 1877 à 1889, ce sont, à la Chambre, les représentants de la colonie qui ont annuellement tenu la charge de rapporteur du budget de l'Algérie.

Dès lors, les « choses d'Algérie » demeurent dans les mains de quelques-uns, les seuls initiés en ont connaissance, « personne n'y vient voir ». On donnera donc des concessions de terres aux Algériens plutôt qu'aux métropolitains; on entraînera la Banque à faire des prêts agricoles disproportionnés avec les ressources des emprunteurs;

---

1. *Journal Officiel* du 15 juin 1892. Décret portant dissolution du conseil municipal de la commune d'Aumale..

on négligera d'appliquer les principes de la comptabilité métropolitaine en matière de voirie; on cherchera à tenir les colons exemptés de tout impôt; on évitera, pour répondre à leurs exigences, d'appliquer un décret qui les gênerait; on imaginera enfin le « budget spécial », combinaison très favorable à la colonie, très défavorable à la métropole. Les agents du gouvernement sont pris dans un engrenage....

Pour les indigènes, qui se préoccupera d'eux, qui les défendra? Ils n'ont point de représentants, — et nous avons dit comment ils ne peuvent en avoir. Ce ne sont point les élus des colons qui se constitueront leurs défenseurs; tout au contraire. N'est-ce pas sur les propriétés indigènes que l'on taille la part du colon? ne sont-ce pas les impôts indigènes qui alimentent les budgets communaux et départementaux? Le gouverneur, qui est leur représentant naturel, devrait être leur « père », mais la force, l'autorité lui manquent. Si l'on ajoute que le gouvernement n'a jamais eu un plan sur la politique qu'il convenait de suivre à leur égard, que les « assimilateurs » n'ont jamais rencontré de contradicteurs, et qu'ainsi, pour reprendre une expression dont nous nous sommes servis plus haut, « le mal des lois » est venu après « le mal de la fatalité », on jugera combien la situation des Arabes est malheureuse.

Ainsi vont donc les choses.

Est-il cependant un pays où la France ait des intérêts plus nombreux et plus importants?

Voici les indigènes au nombre de plus de trois millions et demi. Ils vivent, malgré notre présence au milieu d'eux, de leur vie d'autrefois : semi-nomades ou nomades, tous constitués en tribus et ayant encore, sur plusieurs points, de grands chefs politiques et religieux, dont l'autorité morale n'a pas disparu; — beaucoup appartiennent à des congrégations musulmanes et sont dévoués à des chefs d'ordres que nous connaissons à peine, mais dont nous n'ignorons ni les intrigues, ni les secrètes espérances; — une même religion unit entre eux tous ces hommes et fait qu'ils sont les « frères » des habitants du Maroc, du Sahara, de la Tripolitaine, qu'ils appartiennent à un monde différent du nôtre et ennemi ; — enfin, cette religion, les lois, les mœurs, les idées qui en sont la résultante, ainsi que le fait premier de la conquête, tiennent nos sujets prodigieusement éloignés de nous. Ils sont, les uns sous notre administration directe, les autres sous notre haute surveillance ; tous doivent obéir à nos agents, respecter les personnes et les propriétés, vivre sous la « paix française » ; c'est au milieu d'eux, c'est en pleine société musulmane que nous avons entrepris de fonder une colonie.

Indiquer les éléments et les termes du problème indigène ce n'est certes pas indiquer les limites de notre responsabilité et de nos devoirs, car il faut en Algérie pourvoir à la sécurité, au bien-être de la colonie européenne ; — il faut lui assurer des routes, des chemins de fer, des ports, avoir le constant souci du développement de sa richesse, de ses intérêts ; — il faut encourager les cultures, défendre les récoltes, assurer à toutes les entreprises particulières, qui au total forment une immense entreprise nationale, la protection la plus efficace possible ; — enfin, il faut sauvegarder les intérêts financiers de la mère patrie représentés par une avance de près de 4 milliards et une subvention annuelle de 85 millions, — avance qu'elle a faite, contribution qu'elle ne cesse de consentir pour la mise en valeur du pays. A ces obligations si étendues, qu'on ajoute la tâche d'appeler de nouveaux colons, de fortifier l'élément européen sur la terre d'Afrique, de solliciter les capitaux métropolitains et de leur assurer un maximum de sécurité.

Si maintenant nous tournons les yeux au dehors, nous voyons que nos devoirs extérieurs ne sont guère moins pesants et moins impérieux que ceux qui nous incombent au dedans de notre possession. Les frontières tunisiennes sont sûres, mais dans l'extrême Sud, aucune ligne n'est tracée entre nos possessions et la Tripolitaine. Cette province turque est comme un grand couloir ouvert par lequel peuvent s'introduire chez nous tous les fauteurs de troubles, tous les émissaires politiques et religieux. A l'ouest, l'empire du Maroc est aux mains d'un souverain, descendant du Prophète, dont l'autorité temporelle semble être chaque jour moins reconnue par ses sujets. De ce côté, à une certaine distance dans l'intérieur, quelles tribus lui obéissent? quelles tribus dépendent de nous? Fait plus grave! « L'homme malade » de l'Occident est entouré, observé, sollicité par les agents de plusieurs nations européennes qui voudraient prendre pied dans son empire. Le Sud même de l'Algérie doit être, d'autre part, l'objet de nos constantes préoccupations : le Sahara est indissolublement lié au Tell et l'on aurait tort de tenir seulement compte du chiffre de la population saharienne pour juger son importance politique. N'avons-nous pas vu les insurrections de 1864 et 1881 prendre naissance chez les nomades pour s'étendre jusqu'au Tell et ravager nos centres de colonisation? Il est donc là des tribus qu'il convient de surveiller, des grands chefs à qui il faut faire accepter notre influence. Si, d'autre part, une convention diplomatique a reconnu que notre zone d'influence s'étend jusqu'au Niger et jusqu'au lac Tchad, sa seule signature n'a pas eu pour effet de supprimer toutes les difficultés dans cette zone même. Un jour nous apprenons que les droits de la France sont discutés au Touât, que des émissaires, venus du Maroc, inspirés peut-être par des légations européennes, intriguent contre nous; un autre jour, l'assassinat d'un voyageur français dans les régions inexplorées du désert, nous rappelle que les Touareg ne cessent d'être ennemis, qu'ils craignent notre approche, qu'ils subissent l'influence des Senoussya.

Des intérêts aussi considérables, aussi nombreux exigent, en vérité, une autre attention que celle qui leur a été jusqu'à présent accordée, une autre politique que celle qui a été jusqu'ici suivie. Que pèsent à côté d'eux les volontés, ou mieux l'entêtement, des 333 électeurs de Miliana, — la rébellion du conseil municipal d'Aumale, — les intrigues, les appétits des *soff*, — les exigences des élus d'un petit nombre d'électeurs?

La commission d'enquête sénatoriale a terminé sa tâche et, bientôt, sans doute, une discussion s'ouvrira sur chacune de ses propositions.

Il est à espérer que l'on arrêtera alors une série de mesures touchant, d'une part, la « colonisation européenne », d'une autre, la « question indigène ». Mais il servirait de peu de choses de régler ces questions et celles qui sont connexes, si on en négligeait une autre qui les domine toutes, sans le règlement de laquelle rien de durable ne serait fait : comment comprendre le gouvernement et l'administration de l'Algérie? à qui les confier? comment faire échec aux mœurs politiques actuelles? comment corriger les mœurs administratives dont souffre le pays?

Nous n'avons pas ici à rédiger, article par article, un projet; ce n'est pas notre travail; mais il est permis d'indiquer quelques lignes générales. Il faut donc qu'un programme algérien étant sorti des délibérations des Chambres et du gouvernement quelqu'un reçoive la charge d'en poursuivre l'application.

Nous ne voulons pas d'un ministre de l'Algérie. Les hasards et les jeux de la politique appelleraient souvent à la tête du nouveau ministère un homme ne sachant rien des multiples questions qui seraient de son ressort; on donnerait le portefeuille de l'Algérie dans une combinaison ministérielle, comme on donne le portefeuille de l'agriculture ou celui du commerce. Le ministre ferait de la politique au Conseil, au Sénat, à la Chambre, — jamais de l'administration algérienne; il n'en aurait pas le temps. — D'ailleurs l'Algérie doit être administrée, non à Paris, mais à Alger; la preuve est faite, et bien faite.

Qu'on ne l'oublie pas, l'Algérie n'est pas la France; il ne faut point que l'existence de préfets, de conseillers généraux, de députés ou de sénateurs laisse croire que trois départements découpés dans le Maghreb central ressemblent en quoi que ce soit à la Normandie, au Languedoc, ou à la Provence. C'est d'une semblable illusion qu'est né le décret des rattachements de 1881.

A Alger, il faut un gouverneur ayant de larges pouvoirs, avec une responsabilité propre et non un préfet de première classe sans véritables attributions, sans responsabilité réelle. Certes, il convient de le bien choisir et l'importance même de la situation sera une garantie que le gouvernement cherchera pour la remplir un homme d'une valeur certaine, un fonctionnaire de premier ordre.

Le gouverneur aura donc le gouvernement et la haute administration; ce sont les termes du décret de 1860; il ne faut pas hésiter à les reprendre. Tous les fonctionnaires de la colonie, sans en excepter un seul, seront sous son autorité. Les préfets et les sous-préfets des départements algériens seront nommés par le Président de la République sur la proposition du ministre de l'intérieur, mais après avis préalable du gouverneur. Les généraux de division, administrateurs des territoires militaires, ne pourront, eux aussi, être nommés qu'après l'avis préalable du gouverneur; comme les préfets, ils seront sous ses ordres. Il résultera de ces dispositions essentielles qu'il n'y aura plus en Algérie qu'un seul pouvoir et non trois ou quatre comme aujourd'hui.

Ce point n'est pas le seul : le gouverneur cessera d'être le délégué que le chef de chaque département ministériel garde à sa disposition, dans la colonie; tous les chefs de service ne correspondront avec Paris que par son intermédiaire.

Le système administratif existant à Tunis, auprès du Résident général, pourrait ici être pris comme exemple avec avantage. Les bureaux du Gouvernement général seraient disloqués pour être placés sous les ordres immédiats des chefs de service eux-mêmes : procureur général, recteur, inspecteur ou directeur des finances, inspecteur général des ponts et chaussées, conservateur des forêts, directeur de l'hydraulique agricole, etc. Le gouverneur ne garderait auprès de lui qu'un secrétariat général qui donnerait l'impulsion unique, centraliserait les affaires réservées. Les chefs des grands services publics, choisis parmi les hommes les plus compétents, seraient ainsi, chacun en ce qui le concernerait, comme de véritables ministres responsables, devant le gouverneur, des affaires de leur ressort. Réunis sous sa présidence, ils formeraient un conseil de gouvernement. La compétence de ses membres, leur autorité seraient un gage de bonne administration. Le Conseil de gouvernement préparerait le budget et d'une façon générale serait doté d'attributions étendues.

Chaque année, le gouverneur viendrait à Paris pour soutenir, devant les Chambres, en qualité de commissaire du gouvernement, la discussion du budget de la colonie; il fournirait au Parlement toutes les explications qui pourraient lui être demandées sur son administration.

Dans une pareille organisation le Conseil supérieur de l'Algérie subsisterait avec sa composition et ses attributions actuelles. Son principal rôle serait l'examen du budget présenté par le gouverneur; il demeurerait une assemblée purement consultative.

La situation faite au gouverneur général sera-t-elle celle d'un roi? Non, mais celle d'un vice-roi. Si le gouvernement et la haute administration sont à Alger, la haute direction, le haut contrôle demeureront à Paris; toutefois, direction et contrôle ne seront pas éparpillés entre tous les ministres. Un seul aura la responsabilité du gouvernement, de la politique suivie, ainsi que le contrôle, non des choses minimes, mais de la marche générale des affaires. A notre sens, le service de l'Algérie de Paris dépendrait du ministre de l'intérieur. C'est par son intermédiaire que les différents ministères seraient saisis de toutes les questions algériennes qui n'auraient pas un caractère essentiellement technique; c'est devant lui que le gouverneur aurait à répondre de son administration, de ses actes; il pourrait les annuler ou les réformer; c'est à lui que le gouverneur s'adresserait tant pour la décision des grosses affaires, des questions capitales, que pour avoir des instructions générales, ou obtenir la solution des affaires qui viendraient à Paris dans les ministères compétents.

Les avantages de ce système fort simple ne paraissent pas douteux : le gouverneur, dont l'autorité serait agrandie, entouré de chefs de services choisis parmi les hommes les plus distingués de chaque département ministériel, maître réel des services, serait bien au-dessus des querelles des *soff*, des intrigues locales, des menus faits et de la politique personnelle; les seuls intérêts généraux de la colonie le préoccuperaient, et il ne servirait que ceux-là. Il saurait, d'ailleurs, qu'il a à Paris, dans le ministre de l'intérieur, en même temps qu'un chef et un contrôleur permanent, un appui certain.

Veut-on toute notre pensée?

Le Président Grévy disait à propos de l'affaire Schnœbelé : « Je suis mon propre ministre des affaires étrangères ». Il jugeait, avec raison, que, quoique constitutionnellement irresponsable, il ne devait cesser de suivre d'un œil attentif les grandes questions de politique extérieure intéressant son pays. Serait-il hardi ou téméraire de penser que si les affaires algériennes n'ont pas la même importance que les questions de paix ou de guerre, elles doivent cependant être tenues au premier rang?

La France n'a pas cessé depuis soixante ans de faire en Algérie des placements considérables. Elle n'a pas seulement engagé des capitaux, elle a engagé des vies humaines, elle a engagé sa réputation et son honneur.

Les soldats morts sur le champ de bataille, les colons morts à la peine, ceux qui aujourd'hui travaillent et luttent, les sommes versées par le Trésor en Afrique, l'argent placé par les particuliers dans la terre et dans le commerce, tout cela représente une valeur inestimable dont nous devons compte aux générations futures.

Voudrait-on, d'autre part, tenir pour peu de chose l'engagement que la France a pris devant l'Europe, le jour où elle a décidé de demeurer en Algérie? En s'établissant dans une province du monde musulman, en entrant en contact avec des « primitifs », elle s'est créé l'obligation d'assurer la paix, la sécurité et, au moins, une vie matérielle meilleure aux populations conquises.

Est-il — même pour un vieil et riche pays dont l'histoire a tant de pages glorieuses comme le nôtre — responsabilités plus étendues, plus lourdes?

FIN

TABLE DES MATIÈRES

Introduction   v

LIVRE I

LES DONNÉES DU PROBLÈME ALGÉRIEN

CHAPITRE I

LA CONQUÊTE

Conditions toutes particulières de notre établissement en Algérie. — Anciennes relations de la France avec ce pays. — Mouvement des affaires entre Marseille et la côte africaine.

Insolence des pirates algériens. — Ils défient l'Europe. — Organisation de la Régence d'Alger en 1830. — Le coup d'éventail. — Hésitation du gouvernement de Charles X à venger l'injure. — Les propositions de Mehemet-Ali. — L'expédition est décidée, mais le gouvernement reste indécis quant à ses suites. — Les vues du prince de Polignac. — Prise d'Alger. — Raisons pour lesquelles la conquête de l'Algérie a duré plus d'un quart de siècle.

Période des hésitations de 1830 à 1841. — Les premières années de l'occupation. — Les débats devant la Chambre. — L'ordonnance de 1834. — Étendue de nos possessions vers cette époque. — Abd-el-Kader. — Le traité Desmichels. — Échec de la Macta. — Victoire de la Sikka. — Traité de la Tafna. — Les deux expéditions de Constantine. — La puissance d'Abd-el-Kader augmentée par les fautes des généraux français.

Rupture du traité de la Tafna. — Premiers combats. — Discussions à la Chambre. — Période de la conquête de 1841 à 1847. — Le général Bugeaud. — Tableau de nos possessions et de celles de l'Émir vers 1841. — Caractère de la guerre d'Afrique. — Bravoure et fanatisme

de nos adversaires. — Importance des forces exigées par la guerre.
— Lutte contre Abd-el-Kader. — Nos succès. — Prise de la Smala. —
Intervention du Maroc. — Victoire de l'Isly. — Traité de Tanger. —
La Grande Insurrection. — Ruine de l'influence d'Abd-el-Kader. —
Derniers succès de Bugeaud. — Son départ.
La reddition de l'Émir. — Les derniers mouvements. — Les fanatiques.
— Le siège de Zaatcha. — Les insurrections et la soumission du Sud.
— Le maréchal Randon. — Conquête de la Petite et de la Grande
Kabylie. — La conquête française et la conquête romaine. 1

CHAPITRE II

LA TERRE ET SES HABITANTS

La Terre. — Aspect général du Magreb ou Ile de l'Occident. — Principales lignes géographiques de l'Algérie. — Les deux chaînes de l'Atlas.
— Les trois zones. — Le Djurjura; l'Aurès. — Le Tell, ses djebels,
ses plaines et ses torrents. — Climat de la région tellienne. — Les
Hauts Plateaux. — Aridité de la steppe. — Les Chotts. — Chaîne de
l'Atlas méridional. — Le Désert; ses différentes formes. — Les
hamada, les vallées, les dunes. — Les eaux souterraines. — Les oasis.
Les habitants. — La configuration du pays indique qu'il n'est pas
habité par un seul peuple. — Pourquoi aucun des peuples de l'Algérie n'a su faire l'unité à son profit. — Les Arabes et les Berbères.
Les Arabes. — Leur vie; sa grande simplicité. — Ils sont pasteurs et
agriculteurs. — Les tribus et les douars. — Forme aristocratique de
la société arabe. — Les nomades sur les ruines romaines.
Les Berbères. — Les premières populations de l'Afrique ont été nomades.
— Les Lybiens; leurs mœurs. — Les Aurasiens. — Les Kabyles; ils
sont sédentaires, agriculteurs, commerçants et artisans. — Le village
kabyle. — La langue berbère. — Haine des Kabyles pour les Arabes.
— Traits de ressemblance entre les Kabyles et les paysans français.
Les Berbères et les Arabes dans les *ksour* et les oasis. — Soins donnés
aux palmiers. — Les Mzabites. — Les Touareg. — Proportion des
Arabes et des Berbères. — Arabisation et islamisation des Berbères.
— Mélange des deux races. — Le type a perdu de sa pureté. — Les
Maures, les Koulouglis, les Juifs, les Haratins, les Nègres. — Les
« Beni Ramassés ». — Caractères communs à toutes les populations
du Magreb central : misère, ignorance, état déplorable de l'agriculture, de l'industrie et du commerce.
Les « civilisés » d'Europe et les « primitifs » d'Algérie. 27

CHAPITRE III

LA RELIGION MUSULMANE

Les Berbères et les Arabes ont une même religion. — C'est elle qui les
unit. — Mahomet. — Le rôle qu'il s'est assigné. — Ce que l'on sait de
lui. — Simplicité de la religion qu'il a donnée. — Ses emprunts au
Judaïsme et au Christianisme. — Les cinq devoirs fondamentaux. —
Comment Mahomet est le « sceau des prophètes ». — Le Koran; ses
contradictions.
Les saints. — Le clergé séculier. — Les *Marabouts.* — Les *Chourfa.*
— Les biens *habbous.* — Le Koran renferme des prescriptions reli-

gieuses et juridiques. — Prescriptions religieuses : la prière, le jeûne, le pèlerinage. — Prescriptions juridiques : législation civile et pénale. — La *Sounah*, seconde source du droit islamique. — L'*idjma* et le *qiyas*. — Les quatre grands *imam* et leurs écoles. — Sidi Khelil et son Précis. — Toutes les questions de droit ont été prévues et tranchées par Mahomet et ses « compagnons ». — Situation de la femme. — Le droit pénal.

Le fatalisme et l'immobilité. — Controverse sur la prédestination et le libre arbitre. — Les *Motazelites*. — La prédestination et la promotion deviennent la seule doctrine orthodoxe. — La loi de l'immuable. — Influence de la religion de Mahomet sur les populations qui l'ont embrassée.

La vie religieuse au xive siècle de l'Hégire. — Son activité. — Les congrégations religieuses; leurs principales règles. — Organisation d'une congrégation : le *cheikh*, les *khalifa*, *moqaddem* et *khouan*. — Le *dikr* ou prière. — L'obéissance absolue. La *ziara* ou cotisation. — La direction; intelligence des chefs. — Le fanatisme. — Paroles du Koran contre les infidèles. — La Croisade d'Abd-el-Kader. — Les intrigues des *Khouan*.

La France est entrée en Afrique dans le monde musulman. — Son étendue. — Ses forces. — Le sultan de Constantinople et l'empereur du Maroc en rapport avec les musulmans d'Algérie. — Intervention directe et intrigues secrètes. 63

LIVRE II

LA COLONISATION FRANÇAISE

CHAPITRE I

DIFFICULTÉS QUE RENCONTRE LA COLONISATION

Difficultés particulières que la France doit rencontrer dans la colonisation de l'Algérie. — Intérêt que présente la comparaison de l'Algérie et de l'Australie. — En Algérie, une guerre de conquête de vingt-sept années; une population nombreuse établie sur le sol. — En Australie, aucune guerre; la terre libre. — Les « convicts » australiens. — Dix ans de tâtonnements en Algérie. — Erreurs administratives. — L'Algérie ne peut pas comme l'Australie recevoir tous les émigrants. — Les conditions climatériques dans les deux pays. — Les débuts comparés du peuplement. — La découverte des mines d'or. — L'Algérie est une *colonie mixte*; ses caractères propres. . . 87

CHAPITRE II

LA COLONISATION

Les premiers débuts de la colonisation. — Les colons « libres » et les colons « officiels ». — De 1830 à 1841. — La colonisation officielle du général Bugeaud. — Villages militaires. — Les Trappistes. —

La colonisation ouvrière de 1848-1850. — Des différents systèmes de colonisation essayés. — La Compagnie genevoise. — Les progrès de la colonisation libre. — De 1860 à 1870. — Les lettres de l'empereur sur l'Algérie. — Le système de la vente après 1863. — La Société de l'Habra et de la Macta et la Société générale algérienne. La colonisation officielle après 1870. — Installation des Alsaciens-Lorrains. — Les décrets de 1871 et de 1878. — Critique du décret de 1878. — Les résultats de la colonisation officielle d'après les statistiques de 1883. — Discussion de ces statistiques. — Le projet des 50 millions. — Son rejet ne fait pas abandonner le système des concessions gratuites. Critique de la colonisation officielle. — Pourquoi il fut nécessaire au début de donner des passages et des terres. — L'Angleterre a fait de la colonisation officielle en Australie et au Cap. — La faute a été de poursuivre trop longtemps le système des concessions. — Avantage de la vente sur la concession. — Des quelques ventes faites en Algérie dans ces dernières années. — Le système de la vente paraît devoir être prochainement préféré. — Discussion à la Chambre. — Le projet de loi adopté par le Sénat. — La construction des routes, des fontaines doit rester à la charge de l'État. — Des principales dispositions que devrait contenir une loi sur la vente des terres. — La vente aux enchères et la vente de gré à gré. — Les facilités de payement. — Les concessions deviendraient l'exception. — Une large publicité est indispensable à la vente des terres. — Le Domaine a des terres disponibles qu'il peut, dès maintenant, mettre en vente. — L'avenir est assuré. — Des compagnies de colonisation en Algérie. . . 95

CHAPITRE III

LE RÉGIME DES TERRES

Difficultés que la loi foncière musulmane opposait à l'établissement des colons. — Quelle était cette loi ? — Notre erreur à ce sujet pendant soixante ans. — Propriété *arch* et propriété *melck*. — Le véritable régime de la propriété indigène en 1830 : propriété individuelle, propriété familiale et propriété collective. — Loi de 1851. — Le cantonnement. — Lettre impériale et sénatus-consulte de 1863. — Le souverain avait-il sur toutes les terres un droit supérieur de disposition ? — Exécution du sénatus-consulte.
La loi de 1873 sur l'établissement de la propriété individuelle. — Critiques. — La loi de 1887. — Elle n'améliore pas l'état de choses créé par la loi précédente. — Graves résultats de ces deux lois. — La dualité de la législation immobilière. — La pulvérisation du sol. — La dépossession des indigènes au profit des marchands de biens. — L'exagération des dépenses. — Contradictions entre la loi et la jurisprudence.
Il est temps de suspendre l'application des lois de 1873 et de 1887. — Il faut revenir au sénatus-consulte de 1863. — La demi-immobilisation des terres indigènes ne saurait entraver le développement de la colonisation. — L'*Act Torrens*. — Il ne faut le donner aux indigènes qu'avec prudence.
La loi de 1885 sur la constitution de l'état civil des indigènes. — Erreur que nous avons commise en croyant que les indigènes n'avaient pas de noms propres. — Difficultés d'application de la loi. — Elle donnera peu de résultats. — Les indigènes ne l'acceptent pas. 124

CHAPITRE IV

LE PEUPLEMENT

La population indigène. — Le recensement de 1871. — Augmentation constatée dans les périodes quinquennales suivantes. — Elle est fort importante. — La vie et les mœurs des indigènes expliquent l'excédent des naissances sur les décès. — Les éléments kabyles et arabes ne progressent pas également.

La population européenne. — Les derniers recensements. — La population française est définitivement acclimatée. — Son augmentation a une quadruple cause. — La première : l'excédent des naissances sur les décès. — L'excédent des naissances sur les décès chez les étrangers est moins important. — La supériorité de l'élément français est de 40 000 personnes. — Cet excédent est-il réel? — Discussion des chiffres. — S'il y a beaucoup d'immigrants étrangers, il n'y a que des capitaux français. — La seconde cause d'augmentation : les mariages mixtes. — La troisième : les naturalisations. — La législation. — La loi de 1889; ses premiers résultats. — La naturalisation morale : les écoles et l'Église.

L'immigration est la quatrième cause de l'augmentation de la population française. — Elle n'est pas aujourd'hui suffisamment abondante. — La France a annuellement 20 à 25 000 émigrants; 8 à 10 000 pourraient venir en Afrique. — Pourquoi l'Algérie ne saurait recevoir tous nos émigrants. — Le caractère mixte de cette colonie ne laisse aucune place pour le prolétariat agricole. — Propagande que l'administration coloniale devrait faire pour appeler les émigrants. — Il importe, avant toute chose, que les immigrants ne soient pas sans ressources. — Un capital de 10 000 francs est nécessaire. — Les Français doivent être surtout des chefs d'exploitation. — Les indigènes seront les ouvriers agricoles. — Il en était ainsi au temps de la domination romaine. 142

CHAPITRE V

ASPECT GÉNÉRAL DU PAYS. — LES VILLAGES. — LES COLONS

Richesse de l'Afrique romaine. — Ses villes. — Ses cultures. — Etat misérable du pays à notre arrivée. — L'œuvre de la colonisation française. — Ses époques. — Un voyage en 1845; un voyage en 1870. — Premiers progrès. — Un voyage en 1892. — Grands progrès réalisés.

Le Tell. — Les contrastes en Algérie. — La province d'Oran : les vignobles, les villages, les fermes. — Les espaces incultes. — Les gourbis indigènes. — La vallée du Chélif. — La plaine de la Mitidja. — Solitudes. — Villages. — Orangeries. — Les luttes et les ruines des premiers colons. — Alger. — Le chemin de la Kabylie. — Cultures et villages kabyles. — La montagne. — La forêt. — Le Djurdjura. — Le golfe de Bougie. — La Petite Kabylie. — Un bordj; forêts de chênes-liège. — Vie française, vie indigène. — La plaine de Sétif. — Les blés. — Bône. — Philippeville. — La province de Constantine est la moins peuplée. — La route vers la Tunisie.

Les Hauts Plateaux. — Les plateaux d'Oran. — Leur aridité. — Où est « la mer d'alfa »? — Le Kreider. — Aïn-Sefra. — Les plaines d'Alger.

542   TABLE DES MATIÈRES.

— Djelfa et Laghouat. — Les troupeaux. — Les plaines de Constantine. — Les céréales.
Le désert. — La vue du désert. — Biskra. — Les oasis. — Le Mzab. — Les Oulad-Sidi-Cheikh. — El-Goléa.
Le travail. — Propriétaires et ouvriers agricoles. — Les indigènes colons tertiaires, khammès, ouvriers à la journée. — Ouvriers kabyles et ouvriers arabes. — Les salaires.
Les propriétés. — La grande propriété; les sociétés foncières. — La moyenne propriété; colons et capitalistes. — La petite propriété; le petit colon. — Le village, sa situation.
Le colon. — Ce qu'il faut en penser. — Le bon et le mauvais colon. — Principaux traits du caractère du colon. — Comparaison de l'Algérien avec le paysan français. — Visite chez quelques colons, leurs champs et leurs maisons. — Le vigneron. — Le cabaretier. — Le fils du colon de 1848. — Le mauvais village. — Le concessionnaire courageux. — Les colons sans volonté. — Le concessionnaire d'un lot de ferme. — Deux colons qui ont réussi.
Le colon de l'avenir. — Effet bienfaisant sur l'élément colon de la culture de la vigne. — Condamnation de la colonisation officielle. — Devoir de l'administration. — Les fautes qu'on lui reproche. — Elle doit se corriger. 161

CHAPITRE VI

LES CULTURES. — LES RICHESSES DE LA COLONIE

L'Algérie est un pays essentiellement agricole. — Les principales cultures.
La vigne. — Engouement de colons pour la vigne. — Les cépages plantés. — Les caves. — Le rendement à l'hectare. — Les prix de vente. — Les bénéfices. — Le phylloxera. — Avenir de la culture de la vigne. — L'art de la vinification. — Vignerons français; ouvriers kabyles.
Le bétail. — Etat de l'industrie pastorale. — Les pasteurs. — État des troupeaux. — Programme d'amélioration. — Le nombre des têtes de bétail.
Les céréales. — Importance de la culture des céréales. — Espaces ensemencés. — Ce sont les indigènes qui cultivent les céréales, non les Européens. — Rendement à l'hectare. — Infériorité de la culture indigène.
Les forêts. — Etendue du domaine forestier. — Il était autrefois beaucoup plus considérable. — Principales essences. — Les forêts sont menacées par les incendies et mal gardées. — Les forêts de l'État sont inexploitées; leur rapport est des plus minimes. — Forêts autrefois concédées à vil prix aux particuliers. — Quel système est le meilleur pour l'exploitation des chênes-liège? — Le fermage ou l'exploitation directe? — Le reboisement; importance de ce travail.
L'alfa. — La « mer d'alfa ». — Utilité de cette plante; son exploitation.
L'olivier. — Les arbres; leur production. — La fabrication de l'huile.
Les cultures secondaires. — L'oranger. — Les primeurs. — La ramie.
Le palmier. — Importance des palmeraies dans les oasis. — La région de l'Oued-Rir. — Progrès réalisés depuis 35 ans. — Nombre de palmiers. — Le désert peut-il connaître d'autres cultures?
Impression générale de richesse que donne la colonie. — Progression continue depuis 20 ans. — La dette hypothécaire. — Ce qu'il faut en

penser. — Les bénéfices réalisés dans toutes les exploitations agricoles. — Prix atteint par les terrains.
La pêche. — Les mines. — Les marbres. — L'Algérie n'a pas d'industrie. 195

CHAPITRE VII

LE RÉGIME DOUANIER ET LE MOUVEMENT COMMERCIAL

Importance qu'une législation douanière libérale a pour une colonie. — Les lois de 1867, de 1884 et de 1892. — Protection que cette dernière loi assure aux produits algériens. — Le commerce du Sud. — Nécessité d'une zone franche.
L'octroi de mer. — Sa législation; son caractère fiscal. — Décret du 19 septembre 1892.
Mouvement commercial de l'Algérie en 1891. — Importance des affaires entre la France et sa colonie. — Commerce avec l'étranger.
Mouvement de la navigation. 222

CHAPITRE VIII

LES TRAVAUX PUBLICS

Importance de l'œuvre en Algérie. — L'armée employée aux travaux publics. — Premiers travaux. — Le plan des travaux publics.
La politique hydraulique. — Les pluies en Algérie. — Conditions particulières des provinces d'Alger et de Constantine. — Les grands barrages. — Le barrage de l'Habra. — Sommes dépensées pour la construction des barrages. — Les points d'eau sur les Hauts Plateaux et les puits dans le Sahara. — Comment il faut poursuivre la *politique hydraulique*.
Les routes. — Statistiques. — La question des routes. — Leur entretien est souvent négligé. — Certains faits excusent ce mauvais entretien. — Insuffisance des routes. — Quelques exemples. — La Petite-Kabylie. — La cherté du prix de revient. — Les agents des travaux publics construisent trop chèrement. — Le « coulage ». — Les faux frais, les indemnités. — Ce qu'une commune mixte doit au service des travaux publics. — Exagération de la dépense. — Quel est son chiffre exact ? — Les condamnés militaires et civils employés aux travaux publics.
Les chemins de fer. — Statistiques. — Lourdeur de la dépense à la charge de l'État. — Prix de revient au kilomètre des lignes ferrées. — La voie large et la voie étroite. — Cherté des transports. — Comparaison des tarifs de France et d'Algérie pour quelques marchandises. — Abaissements qu'il est possible de réclamer. — Autres critiques. — L'œuvre de la construction des chemins de fer n'est pas achevée. — Programme des années à suivre. — Lignes de pénétration : Biskra, Tongourt, Ouargla. — Le Transsaharien. — Lignes d'intérêt local. — Le rôle des départements en matière de chemins de fer. — Les trois départements ont projeté la construction de chemins de fer d'intérêt local ou de tramways. — Plan adopté dans le département d'Alger. — Caractère de lignes affluentes que doivent avoir les chemins de fer départementaux.
De la continuation de l'œuvre des travaux publics. — Ce qui reste à faire. — Caractère budgétaire que prend la question ainsi posée. . 233

CHAPITRE IX

LES INSTITUTIONS DE CRÉDIT

Le prix de l'argent est toujours plus élevé dans les pays neufs que dans les vieilles sociétés. — Raisons que l'on peut donner de ces phénomènes économiques.
Les principales sociétés financières établies en Algérie. — La banque de l'Algérie. — Le taux de l'escompte. — Le Crédit foncier et agricole d'Algérie. — Les prêts hypothécaires. — La Compagnie algérienne. — Ses opérations. — Le Crédit lyonnais.
Les comptoirs d'escompte locaux. — Leur organisation. — Leur but.
Le crédit agricole. — Comment la Banque de l'Algérie a été amenée à faire le crédit à l'agriculture. — La création des comptoirs d'escompte locaux. — Affluence de l'argent. — Aide apportée à la colonisation. — Erreurs commises. — Les fautes de la Banque. — Crédit irréfléchi. — Les banquiers louches. — L'affaire des billets de Tlemcen. — La Banque veut se ressaisir. — Étude de sa situation actuelle. — La Banque propriétaire de vignobles. — Il lui est dû plus de 25 millions. — Les bénéfices des comptoirs locaux.
Le Crédit foncier d'Algérie. — Vice originel de sa constitution. — La cherté de ses prêts. — Les colons préfèrent s'adresser à la Banque. — Le domaine du Crédit foncier.
Dette hypothécaire de l'Algérie en 1892. — Les prêteurs de la métropole. — Conditions moyennes des prêts. — Il est permis d'espérer que le prix de l'argent ne cessera pas de baisser. — Les rentiers français peuvent chaque année consentir de gros prêts à l'Algérie.
Le renouvellement du privilège de la Banque. — Examen de la situation présente de la Banque en cas de liquidation. — Cette situation s'améliore. — Les adversaires du renouvellement. — La Banque de France en Algérie. — L'escompte à 3 p. 0/0 au lieu de 5 p. 0/0. — Réfutation d'une erreur économique. — La disparition du compte courant de la Banque au Trésor. — Comment ce compte courant pourrait être réduit. — Conclusion en faveur du renouvellement du privilège. — Il faut à l'Algérie un établissement spécial. — Garanties qu'il faut lui demander. 259

CHAPITRE X

LE BUDGET DE LA COLONIE

Ce que l'Algérie a coûté à la métropole. — Part des dépenses civiles et des dépenses militaires. — Premières observations suggérées par ces chiffres. — L'Algérie est rattachée financièrement à la France. — Unité du budget.
Les impôts en Algérie. — Les impôts indigènes. — L'*achour*. — Le *hokor*. — Le *zekkat*. — La *lezma*. — L'impôt de capitation en Kabylie. — Produit des impôts en 1891. — Les impôts européens. — Les patentes. — La contribution foncière. — Les impôts indirects. — Recettes du Trésor en 1891.
Critique des impôts indigènes. — Réformes à poursuivre. — Lourdeur de ces impôts. — Sommes totales payées annuellement par les indigènes algériens. — Situation privilégiée de l'Européen. — C'est l'indigène qui alimente les budgets départementaux et communaux.

Chiffres du budget de 1891. — Recettes et dépenses faites par la métropole.

La lourdeur de l'excédent annuel des dépenses a en partie sa cause dans les gaspillages et les dépenses exagérées. — Dépenses de colonisation. — Dépenses des travaux publics. — Dépenses des chemins de fer. — Critiques des conventions entre l'État et les compagnies algériennes. — Garantie forfaitaire. — Chiffres atteints dans ces dernières années par les garanties d'intérêt. — Nécessité pour l'Etat de reviser les conventions existantes. — Il faudrait en même temps poursuivre l'unification du réseau algérien. — Avantage que présenterait le remplacement des 5 compagnies existantes par une seule. — Abandon, à des conditions dérisoires, des forêts aux particuliers. — Exagération des dépenses du service de la propriété individuelle. — Comment l'administration n'exécute pas un décret pour satisfaire les colons. — La théorie de la tolérance administrative. — Histoire d'un barrage; subvention que l'État verse à un syndicat. — Les faiblesses de l'administration.

Régime de faveur dont bénéficiait la colonie à la fin de 1891. — La question des impôts nouveaux. — Le budget spécial. — Sa critique. — Il est écarté. — Système que lui substituent les Chambres pour 1892. — Taxe sur la propriété bâtie. — Droit sur l'alcool. — Protestations des Algériens. — Augmentation des crédits pour l'Algérie au budget de 1892. — Progression constante des recettes en Algérie. — Il faudra établir l'impôt sur la propriété non bâtie.

Examen du système du budget spécial. — Raisons pour lesquelles on a justement écarté le système. — La colonie n'a pas besoin du budget spécial pour avoir des ressources. — Elle n'est pas assez sage pour préparer son budget.

Le système adopté par les Chambres ne satisfait cependant pas à toutes les exigences. — Il ne permettrait pas de réaliser les travaux publics nécessaires. — Il faut pour répondre à ces besoins une *caisse spéciale*. — Elle serait alimentée par les départements, les communes et la métropole. — Les recettes d'un département français et d'un département algérien. — Les recettes d'une commune française et d'une commune algérienne. — Total des recettes ordinaires des communes d'Algérie. — Dépenses irrégulières, dépenses somptuaires, gaspillages des départements et des communes. — La question des chemins vicinaux dans le département d'Oran. — Attitude du conseil général. — Quelques chiffres relevés dans les budgets communaux des trois provinces. — Les dépenses somptuaires. — Le palais des Ecoles supérieures à Alger. — La préfecture de Constantine. — La mairie d'Aïn-Temouchent. — L'emprunt de 4 millions du département de Constantine. — Mesures prises en Amérique contre les dépenses somptuaires. — Comment les départements et les communes d'Algérie devraient contribuer aux dépenses des Travaux publics. — La commission des Travaux publics. — La commission des voies et moyens. — La *caisse spéciale* alimentée par les départements, les communes et l'État. — On pourrait faire pour 250 à 300 millions de travaux. — La métropole doit consentir un dernier sacrifice. Elle pourra plus tard se faire rembourser par la colonie. 285

LIVRE III

LA QUESTION INDIGÈNE

CHAPITRE I
POLITIQUE SUIVIE A L'ÉGARD DES INDIGÈNES
LA SOCIÉTÉ INDIGÈNE APRÈS 60 ANS D'OCCUPATION

Première partie.

Motifs de l'ordre suivi dans ce volume. — La colonisation européenne et la question indigène. — La *conquête morale* aurait dû suivre la *conquête matérielle*. — Sa difficulté. — Nous avons à peine songé à l'entreprendre. — Aucun programme n'a été adopté. — La politique des incertitudes.
La répression. — Répression trop sévère. — Opinion du général de Lamoricière. — La destruction des indigènes. — Contribution de guerre et séquestre en 1871. — Critique de l'administration des bureaux arabes. — Une expédition en Kabylie par le général Saint-Arnaud. — Le procès Doineau. — Des expéditions pour des croix.
Le refoulement des indigènes. — Le plan du général Bugeaud. — On en prend le contre-pied. — Le sénatus-consulte de 1863. — L'expropriation pour cause d'utilité publique. — Ses conséquences. — L'expropriation en grand : le projet des 50 millions. — L'expropriation devient aujourd'hui l'exception.
Les forêts. — Leur rôle dans la vie indigène. — Le Code forestier en Algérie. — Les règles qu'il impose. — La loi de 1885. — Interdiction du pâturage aux propriétaires dans leurs bois, aux usagers dans les forêts de l'État. — Les procès-verbaux, les saisies et les ventes. — La ruine d'une famille déjà misérable. — L'impôt des forêts sur les indigènes. — Reproches faits au service forestier.
Quelques erreurs administratives. — L'administration n'a pas su distinguer les Berbères des Arabes. — Mesures impolitiques en Kabylie. — Arabisation de l'Aurès. — Lois sur la propriété individuelle et l'état civil. — Leur résultat malheureux.
La justice. — La justice musulmane avant la conquête. — Notre intervention en matière pénale. — L'ordonnance de 1841. — Notre demi-intervention en matière civile. — Les décrets de 1859 et 1866. — Erreur que nous avons commise en les abandonnant. — Le décret de 1874 en Kabylie. — Campagne entreprise contre les cadis. — Leur vénalité. — L'administration prend un décret sans chercher le véritable intérêt des indigènes. — Les décrets de 1886 et 1889. — Politique d'assimilation. — L'administration est dans l'engrenage. — Changements introduits par la législation nouvelle. — Le justiciable musulman et le juge français en présence. — Les faux serments. — L'incapacité pour le juge de bien juger. — Justice lente et coûteuse. — Étendue des circonscriptions, nombre considérable des affaires. — Le prix de la justice. — 25 francs pour un jugement. — 25 francs pour un serment. — Régime des officiers judiciaires en Algérie. — Les populations ruinées du fait de notre justice.
Une autre erreur. — La naturalisation des juifs. — Haine des indigènes pour les juifs. — Leur métier d'usurier. — Ils ont ruiné les Arabes. — Influence du décret Crémieux sur l'insurrection de 1871. 333

CHAPITRE I

POLITIQUE SUIVIE A L'ÉGARD DES INDIGÈNES
LA SOCIÉTÉ INDIGÈNE APRÈS 60 ANS D'OCCUPATION

Deuxième partie.

Séparation profonde entre les deux races. — Le domestique français. — Le quartier indigène. — L'indigène se tient à l'écart. — La mosquée. — Promenade hors des villes. — Un marché arabe. — Un douar. — La veillée d'un village kabyle. — La vie indigène par toute l'Algérie. — Les « primitifs ». — La présence des Français n'a pas modifié le genre de vie des Arabes et des Kabyles. — Les transfuges. — Arabe et Chinois.

La race et la religion. — Effet de l'hérédité seule sur les indigènes d'Algérie. — La religion musulmane a parfait la race. — Les congrégations. — Elles se sont développées depuis la conquête. — L'ordre des Senoussya. — Sidi-Mohamed-el-Senoussi et Sidi-el-Mahedi. — Les doctrines de l'ordre. — Son rayonnement en Afrique. — Trois millions de sujets. — La *Zaouïa* de Djerbouh. — Elle est reliée à tout l'empire par des courriers. — La politique des Senoussya. — Leurs progrès en Algérie. — Pourquoi nous ne pouvons les connaître exactement. — Les Senoussya en Tunisie, au Maroc, dans le Sud et jusqu'au Niger. — *Zaouïa* et *Khouan* dans nos trois provinces. — Les Senoussya sont pour nous un grand péril. — Les congrégations. — 170 000 *khouan* et *moqaddem*. — Les marabouts locaux hostiles.

La France est, du fait de la conquête de l'Algérie, entrée dans le monde musulman. — Relations entre toutes les congrégations. — Le pèlerinage de la Mekke. — Il réunit les fidèles. — Les progrès de l'Islam. — Ses routes en Afrique. — Il compte 200 millions de fidèles. — A-t-il un chef? Les musulmans doivent avoir un seul *imam*. — Les prétentions du Sultan de Constantinople. — Sa politique « panislamique ». — Dangers qu'elle fait prévoir. — Des rivalités diminuent toutefois ce danger. — Qui serait le chef du mouvement panislamique?

Après la grande guerre. — Les insurrections. — Les Oulad-Sidi-Cheikh en 1864. — Importance du soulèvement. — La lutte se continue jusqu'en 1871. — L'insurrection de Kabylie. — Mokrani et Cheikh-el-Haddad. — La « guerre sainte ». — 340 combats. — 200 000 combattants. — Bou-Amama. — Ses premiers succès. — Agitations et insurrections dans l'Afrique musulmane. — Arabi en Égypte. — Les Français en Tunisie. — Les intrigues des Senoussya. — Nos avantages contre Bou-Amama et les Oulad-Sidi-Cheikh. — Rétablissement de la paix. — Bou-Amama dans le Sud. — En Égypte, la bataille de Tel-el-Kébir et l'insurrection du Mahedi. — Y a-t-il un lien entre ces faits?

Puissance que l'idée religieuse garde en Algérie. — Les mécontents politiques feront toujours appel à la religion. — Quels résultats obtenus en soixante ans? L'autre face de la médaille. — Quelques effets heureux de notre venue. — Les indigènes travaillent. — Les grands chefs sont diminués. — Des indigènes ont combattu à nos côtés pendant l'insurrection de 1871. — Les Français toutefois n'ont pas pénétré les indigènes. — Aucune sympathie entre les deux races. — Les communes de plein exercice et les indigènes. — Une commune dépouillant un douar. — L'affaire du cadi de Miliana. — Les fonctionnaires ne parlent pas l'arabe. — Les indigènes sont plus malheureux aujourd'hui qu'avant notre venue. — Contact des « civilisés » et des « primitifs ». — Part de la fatalité. — Part des lois. — Le refoulement, les « khammès ». — Les ruines de la guerre. — Le renchérissement de la vie. — Les dépenses inutiles. — L'emprunt. — L'usurier. — La loi mobilise la propriété. — Elle crée les gardes forestiers et les huissiers. — Une population de meurt-de-faim. — Fuite en Tunisie. — État des Kabyles et des populations du Sud. — État général de mécontentement dans toutes les classes. — Ni les Arabes, ni les Kabyles ne sont ralliés. — La guerre est une perpétuelle menace. 360

CHAPITRE II

POLITIQUE A SUIVRE A L'ÉGARD DES INDIGÈNES

Première partie.

Il faut adopter à l'égard des indigènes une politique nouvelle. — Un « coup de pistolet » a éveillé l'attention. — Accord unanime. — Quelle doit être cette politique ? — Utilité de comparer l'Angleterre dans l'Inde à la France en Algérie. — Difficultés spéciales que rencontre la France. — La religion ; la guerre ; les insurrections. — Facilité de la conquête de l'Inde. — Caractère du Brahmanisme. — La bataille de Plassey. — L'insurrection de 1857. — Les Indiens sédentaires. — La forme du protectorat dans l'Indoustan. — L'Inde n'est pas une colonie de peuplement. — Le colon s'établit en Algérie.

Qu'est-ce que « la civilisation » ? — Les Kabyles et les Arabes ne la comprennent pas. — Ce qu'ils nous répondent. — Tentative malheureuse du cardinal Lavigerie. — Les *negritos* des îles Philippines. — Les indigènes « assimilés ». — L'absinthe. — La vie indigène. — La vie européenne. — Immobilité : — L'hérédité. — Ses différents effets. — En Europe les « grands faits universels ». — En Afrique la conquête musulmane, l'isolement du monde. — Populations « impénétrées » et « impénétrables ». — Comment des « civilisés » européens doivent juger la société musulmane.

La forme du protectorat est impossible en Algérie. — Contraste avec la Tunisie. — Les Kabyles intermédiaires entre les Arabes et nous. — La « francisation » des Arabes par les Kabyles. — Une illusion. — Le Kabyle et le paysan français. — Caractère du Kabyle. — Combien il est éloigné du paysan. — Le droit d'après les *Kanoun*. — Expériences d' « assimilation ». — Les *Carouba* kabyles. — Le fanatisme. — La haine de la France.

La théorie de l'assimilation. — Elle se cache. — La naturalisation des indigènes. — Des électeurs musulmans. — Protestations des indigènes. — Les effets du suffrage universel chez les Arabes. — Le système de l'adjonction des capacités. — Les partisans du système. — Les dangers. — Les candidats. — Où sont les électeurs ? — Les musulmans appelés aux fonctions publiques. — Les indigènes dans les conseils municipaux. — Les idées du « corps électoral » indigène. — Pourquoi votent les électeurs.

Le service militaire des indigènes. — Tirailleurs algériens et spahis. — Qualités militaires des indigènes. — La question politique. — Le service militaire n' « assimile » pas les turcos. — Dangers que présenteraient des groupes nombreux d'anciens soldats. — Leur rôle dans une insurrection 398

CHAPITRE II

POLITIQUE A SUIVRE A L'ÉGARD DES INDIGÈNES

Deuxième partie.

La question des écoles. — Les écoles indigènes en 1880. — Le récent mouvement en faveur de l'instruction des indigènes. — Vote de crédits nouveaux. — La commission d'enquête sénatoriale et son rapporteur. — Les « bienfaits » de l'instruction. — Elle doit « assimiler » les indigènes. — Une consultation des indigènes en 1881. — Ils veulent des écoles! — La commission sénatoriale en Algérie. — Les cahiers modèles; l'indigène « francisé » par l'école. — Visite de l'école. — La classe des petits. — La classe des grands. — Les physionomies. — Les programmes. — Clovis et les Croisades. — L'Amérique. — La mémoire. — Le jeune Kabyle et le petit paysan français dans l'école. — La mémoire chez les enfants des races inférieures. — Les difficultés pour apprendre chez le Kabyle. — Le monde dans lequel il vit. — La crise intellectuelle de la quatorzième année. — Les élèves de la Bouzaréa. — On constate que l'intelligence des jeunes hommes indigènes se développe peu. — Explication fournie par l'atavisme. — L'intelligence n'a jamais travaillé. — Des quelques exceptions.

Que deviennent les élèves à la sortie de l'école? — Les Kabyles ne réclament pas des écoles. — Pourquoi ils y envoient leurs enfants. — Obligation légale et obligation morale. — Le père espère être cavalier d'administration. — L'enfant veut devenir « moniteur ». — La culture de la terre est trop difficile. — La foi des apôtres. — Le Kabyle « francisé ». — Les temps de Louis IX et de Louis XI. — Pourquoi la France a l'instruction obligatoire. — Mauvais effet de l'instruction française sur les esprits indigènes. — Part prise par les anciens élèves à l'insurrection de 1871. — Effets que l'instruction pourrait avoir.

La théorie de la supériorité de l'esprit sur la matière dans l'Inde. — Les écoles anglaises dans l'Inde. — Les effets de l'instruction dans l'Inde. — Les *babous*. — Le Congrès national de l'Inde. — Attitude de la presse indigène vis-à-vis des Anglais. — Des faits à méditer. — La question des écoles au point de vue budgétaire. — La commune de Fort-National condamnée au déficit.

Ce qu'il faut faire en matière d'école. — Une expérience à poursuivre. — Un délai de dix à vingt ans. — De nouveaux programmes. — Des livres spéciaux. — L'Histoire de France. — Le devoir du maître. — Le *taleb* dans l'école. — Son utilité. — Instruction religieuse et morale. — Enseignement de l'arabe en pays kabyle. — Les écoles professionnelles. — Le travail du fer et du bois. — Les conseils agricoles. — Les deux enseignements doivent être distincts. — Ne pas vouloir toujours enseigner le français. — Le programme poursuivi en Tunisie pour l'instruction des indigènes.

L'instruction des filles. — Les rêves des « assimilateurs ». — Les écoles, les maîtresses, les élèves. — Intelligence et sentiment des jeunes filles kabyles. — Comment elles sont grisées. — Leurs réflexions. — A quoi aboutit l'instruction. — La femme voulant fuir la société kabyle. — Désorganisation de la famille. — Voulons-nous faire œuvre de révolution?.. 429.

CHAPITRE II

POLITIQUE A SUIVRE A L'ÉGARD DES INDIGÈNES

Troisième partie.

Ce qu'il faut faire en matière indigène. — Erreurs qu'il convient de corriger. — Mesures nouvelles.
Condamnation des lois sur la propriété individuelle et l'état civil.
Les forêts. — Condamnation du Code forestier. — Mécontentement général contre le service forestier. — Sa défense. — Elle est bonne pour la France, inadmissible pour l'Algérie. — Une législation spéciale. — Conciliation des besoins des indigènes avec la conservation des forêts. — Les incendies. — La responsabilité collective. — Les forêts qui doivent être interdites au bétail. — Celles qui peuvent être ouvertes. — Les troupeaux « nettoient » les forêts. — Les propriétaires des forêts de la province de Constantine. — Discussion au Conseil supérieur. — Les forêts de l'Algérie doivent être l'auxiliaire de l'agriculture pastorale. — Le service sous les ordres du gouverneur général.
La réforme de la justice pour les indigènes. — La persistance des « assimilateurs ». — Le juge et le soldat. — Contradictions. — Le décret du 25 mai 1892. — Le cadi sur les marchés. — La « conférence ». — Les « demandes en annulation ». — Intervention des magistrats français dans la rédaction même du droit musulman. — Un droit prétorien musulman. — Le droit de *djabre*. — Le mariage. — Projet de codifier le droit musulman. — Un code Napoléon d'après la loi de Mahomet. — Il faut revenir aux décrets de 1859 et 1866. — Dispositions principales à adopter. — Le cadi juge de dernier et de premier ressort. — Les assesseurs musulmans dans nos tribunaux. — Les *medersa*. — Nécessité d'élever le niveau des études. — L'université de Fez. — Un meilleur recrutement des cadis. Les indigènes en cour d'assises. — Un jury de colons. — Modifications à apporter à la loi. — Les interprètes. — Il faut parvenir à leur suppression. — De l'insuffisance des magistrats français. — Une instruction; le juge et l'interprète. — Il faut à la colonie une magistrature spéciale.
Le droit musulman. — De la jurisprudence. — L' « effort législatif ». — Deux exemples d'interprétations législatives. — Le décret du sultan Mahmoud. — Le décret du bey de Tunis sur la location des biens *habbous*. — De l'institution d'un Conseil de législation musulmane. — Collaboration de magistrats français et de jurisconsultes musulmans. — Résultats qu'il est permis d'espérer. — Un Comité de coutumes kabyles. — Le rapport Béhic sur l'Algérie.
La religion musulmane. — Le « clergé officiel ». — Erreur que nous avons commise en n'en faisant pas un moyen d'influence. — Fautes à réparer. — Concours du clergé « officiel » et de plusieurs congrégations. — Les princes musulmans et les congrégations. — Incertitudes de notre politique. — Esprit libéral de certains ordres. — Mesures à prendre pour atteindre la propagande des ordres hostiles. — Les marabouts hostiles et les marabouts favorables. — Concurrence que nos amis pourraient faire à nos ennemis. — Paroles de conciliation et de paix.. 460

CHAPITRE II

POLITIQUE A SUIVRE A L'ÉGARD DES INDIGÈNES

Quatrième partie.

La société arabe et la société kabyle ne connaissent pas les droits de l'individu. — Le principe de la séparation des pouvoirs. — Le *hakem*. — Les mesures prises au lendemain de la conquête. — Souvenir des temps de la féodalité. — Situation des indigènes vis-à-vis des vainqueurs. — Comment il faut éviter en Algérie l'unification administrative.

L'administration. — Trois sortes de communes. — Communes de plein exercice. — Communes mixtes. — L'adjoint indigène. — Ses fonctions. — Etendue et population des communes mixtes. — Communes indigènes. — Administration militaire. — L'ancienne administration. — Les grands chefs. — Le régime militaire. — Une sorte de protectorat. — La politique d'amoindrissement des grands chefs. — Le régime civil organisé en 1870. — Le régime civil en Kabylie. — Extension du territoire civil depuis vingt ans. — Données statistiques.

Nous avons été trop vite. — Le refoulement des bureaux arabes a été une faute. — Pourquoi les administrateurs civils tiennent les populations indigènes. — Les communes de plein exercice sans habitants français. — Comment et pourquoi elles s'adjoignent des douars. — Les maires cabaretiers. — Les conseillers français dans les communes de plein exercice. — Erreur de la « démocratisation ». — Pour les grands chefs. — Révolution et « évolution ». — De la convocation des *djemâa*.

La sécurité. — Nous sommes en pays ennemi. — Surveillance constante. — Armes de guerre. — Armes de paix. — Le séquestre et la responsabilité collective. — De leur nécessité. — Faits insurrectionnels qu'il convient de réprimer. — Les incendies des forêts. — Le Code de l'indigénat. — Sa rédaction en 1874. — Application des peines par le juge de paix. — La loi de 1881. — Les peines prononcées par l'administration. — La loi de 1890. — Nécessité d'une législation spéciale. — Du rétablissement des commissions disciplinaires. — Les attentats contre les personnes et les biens. — Exemple de banditisme. — La *bechara*. — L'armée du crime. — Impuissance de l'administration et de la justice en territoire civil. — Pas de police dans les communes de plein exercice. — Impuissance ou complicité des chefs de douar.

Le remède au mal. — Augmentation des crédits de police. — Le gendarme français. — Un moyen radical. — Le dessaisissement des tribunaux ordinaires et la constitution de commissions disciplinaires. — Leur constitution. — Leurs attributions. — La commission supérieure.

Les intérêts matériels des indigènes. — Nous les avons jusqu'ici négligés. — Ils n'ont ni eau, ni routes. — Progrès agricoles. — Pépinières. — Progrès de l'élevage. — Nécessité pour les indigènes de pouvoir se procurer de l'argent. — Ils ne connaissent pas le crédit. — L'usure. — Le taux de 120 p. 0/0. — La « conversion » d'une dette. — Le remède au mal. — Sociétés indigènes de secours et de prêts mutuels. — Statistique. — Un projet de loi. — Le séquestre; il a ruiné des collectivités indigènes. — Une mesure de clémence. — La fusion des intérêts. — La solution de la question indigène est économique.

Les administrateurs. — Importance de leurs fonctions. — Intérêt de

leur tâche. — Personnel en exercice. Son insuffisance. — Un mauvais préfet en France ou un mauvais administrateur en Algérie? — Un meilleur recrutement. — Des fonctionnaires spéciaux pour l'Algérie. — Une « carrière » assurée. — Des contrôleurs. — Le rôle des *missi dominici*. — Amélioration de la situation des sous-préfets.
Conclusion. — « Civilisés » et « primitifs »........................... 487

CONCLUSIONS

Histoire d'un palais élevé sur des fondations mal établies. — La façade de l'Algérie. — Jugements favorables dont elle est l'objet. — Les dispositions intérieures de l'Algérie. — L'insuffisance des fondations.
Pourquoi la situation actuelle n'est pas satisfaisante. — Ni programme, ni vues d'ensemble. — Le « décret des rattachements ». — Les ministres indifférents aux affaires algériennes. — Le gouverneur impuissant. — Les forêts, les travaux publics « rattachés » à Paris. — Tiraillements. — Anarchie. — Où est l'autorité? — Les *soff* algériens. — Leurs appétits. — Petit nombre des électeurs. — Faiblesse des majorités. — La politique personnelle. — A Miliana. — A Aumale. — Les députés de l'Algérie rapporteurs du budget de la colonie. — Où est le gouverneur? Grandeur des intérêts de la France en Afrique. — Programme du gouvernement et de son représentant. — Question indigène. — Question de la colonisation. — Question du Sud. — A qui confier l'administration et le gouvernement? — Situation qu'il faut faire au gouverneur général. — Il doit être le seul maître. — Organisation des services. — Le conseil du gouvernement. — Le contrôle et les grosses affaires à Paris. — Le service de l'Algérie attaché au ministère de l'intérieur. — Le gouverneur devant les Chambres. — Grandeur de la tâche de la France en Algérie.......................... 521

Coulommiers. — Imp. Paul BRODARD.